Jonas Kreienbaum

Das Öl und der Kampf um eine Neue Weltwirtschaftsordnung

Studien zur Internationalen Geschichte

Herausgegeben von
Eckart Conze,
Julia Angster,
Simone Derix,
Marc Frey,
Kiran Klaus Patel und
Johannes Paulmann

Band 53

Jonas Kreienbaum

Das Öl und der Kampf um eine Neue Weltwirtschaftsordnung

Die Bedeutung der Ölkrisen der 1970er Jahre für die Nord-Süd-Beziehungen

DE GRUYTER
OLDENBOURG

Gedruckt mit Unterstützung der Gerda Henkel Stiftung, Düsseldorf

GERDA HENKEL STIFTUNG

Fritz Thyssen Stiftung
für Wissenschaftsförderung

ISBN 978-3-11-076970-8
e-ISBN (PDF) 978-3-11-077000-1
e-ISBN (EPUB) 978-3-11-077008-7
ISSN 2190-149X

Library of Congress Control Number: 2022931252

Bibliografische Information der Deutschen Nationalbibliothek
Die Deutsche Nationalbibliothek verzeichnet diese Publikation in der Deutschen Nationalbibliografie; detaillierte bibliografische Daten sind im Internet über http://dnb.dnb.de abrufbar.

Einbandabbildung: Gruppenfoto des Gipfeltreffens in Cancún, 23. Oktober 1981, Ronald Reagan Presidential Library.
Druck und Bindung: CPI books GmbH, Leck

www.degruyter.com

Dank

Die vorliegende Studie beruht auf meiner Habilitationsschrift, die im Sommer 2020 an der Universität Rostock angenommen wurde. Für die Publikation wurde sie leicht überarbeitet und aktualisiert.

In den beinahe zehn Jahren, in denen ich mich mit den Ölkrisen der 1970er Jahre und der Neuen Weltwirtschaftsordnung beschäftigt habe, haben mich viele Personen und Institutionen auf dankenswerte Weise unterstützt. Mein erster Dank gilt meinen Gutachter*innen Ulrike von Hirschhausen, Andreas Eckert und Jan Eckel sowie den Mitgliedern der Philosophischen Fakultät für ihre Mühen, ihr wertvolles Feedback und ihre Anerkennung der Arbeit als Habilitation. Vor allem Ulrike von Hirschhausen hat großen Anteil am erfolgreichen Abschluss dieses Projektes, das sie von Anfang an auf vielfältige Weise unterstützt hat und für das sie mir an ihrem Lehrstuhl immer wieder die notwendigen Freiräume gelassen hat. Ohnehin haben die vielen großartigen Kolleg*innen meine Zeit am Historischen Institut in Rostock zu einer angenehmen und anregenden gemacht. Andreas Eckert, der bereits meine Dissertation betreute, hat mich bei diesem Projekt ebenfalls über die volle Distanz mit Rat und Tat begleitet.

Ausgesprochen hilfreich war darüber hinaus der Austausch mit einer Vielzahl von Wissenschaftler*innen. In der Frühphase des Projektes haben Gespräche mit Rüdiger Graf, Christoph Kamissek, Dörte Lerp und Alexander Nützenadel geholfen, meine Ideen zu strukturieren und weiterzuentwickeln. Für ihre Auseinandersetzung mit meinen ersten Ideen und ihr kritisches Feedback bin ich ausgesprochen dankbar. Später boten zahlreiche Kolloquien, Workshops und Tagungen die Möglichkeit mein Projekt oder Teilaspekte meiner Forschungen zu präsentieren. Bei den Veranstalter*innen möchte ich mich ebenso für die Einladungen bedanken, wie bei den Teilnehmenden für ihre kritischen Kommentare, die mir halfen, meine Argumente zu schärfen. Mein besonderer Dank gilt hier Giuliano Garavini, der mich im Rahmen einer Tagung am ZZF Potsdam darauf aufmerksam machte, dass die von ihm beschafften OPEC-Protokolle nun über die Bibliothek der NYU Abu Dhabi zugänglich seien, was eine wichtige Ergänzung der Quellenbasis dieses Buches bedeutet.

Nicht möglich gewesen wäre meine Forschung ohne die finanzielle Unterstützung durch verschiedene Institutionen. Die Fritz-Thyssen-Stiftung förderte eine Forschungsreise nach Sambia im Jahr 2014, das Deutsche Historische Institut einen Rechercheaufenthalt in London im Sommer 2016. Schließlich erlaubte mir ein 18-monatiges Forschungsstipendium der Gerda Henkel Stiftung letzte Archivreisen und die zügige Fertigstellung des Manuskripts bis Herbst 2019. Die Gerda Henkel Stiftung ermöglichte darüber hinaus die Publikation der Arbeit

https://doi.org/10.1515/9783110770001-001

durch einen großzügigen Druckkostenzuschuss. Ebenso unverzichtbar war die Hilfe der zahlreichen Archivar*innen und Bibliothekar*innen in Abu Dhabi, Berlin, Bonn, Florenz, Koblenz, London, Lusaka, New York und Rostock, denen ich hiermit herzlich danken möchte. Mein Dank geht ebenfalls an Taylor Simooya, der für mich als *research assistant* letzte Nachrecherchen in den National Archives in Lusaka durchführte und mir wichtige Quellen erschloss.

Jürgen Dinkel, Maria Framke und Kristoffer Klammer haben dankenswerter Weise ihre Zeit geopfert und jeweils Teile des Manuskripts gelesen. Ihre Tipps und Kritik haben mir sehr weitergeholfen. Sigrid Weber hat den gesamten Text anschließend professionell lektoriert.

Schließlich gebührt mein Dank den Herausgeber*innen dieser Reihe – und hier vor allem Eckart Conze – sowie den anonymen Gutachter*innen für die Aufnahme meines Textes und die weiterführenden Anregungen. Rabea Rittgerodt hat als stets kompetente und unkomplizierte Ansprechpartnerin dafür gesorgt, dass die Zusammenarbeit mit dem Verlag ausgesprochen angenehm war.

Zuletzt – aber ganz sicher nicht letztens – möchte ich mich ganz herzlich bei Freunden und Familie bedanken, die den Entstehungsprozess dieses Buches auf vielfältige Weise mitgeprägt haben. Ohne familiäre Verbindungen nach Sambia hätte es dieses Projekt so nicht gegeben und Oswald, Winner und Hilda haben meine Zeit in Lusaka ungemein reicher gemacht. Antonia und Chris haben mich zum wiederholten Mal großzügig in ihrem Londoner Zuhause aufgenommen. Und die Familie hat nicht nur immer wieder ein offenes Ohr gehabt, sondern mich auch erstmals auf eine Forschungsreise begleitet, was alles so viel schöner gemacht hat. Danke!

Inhalt

Abbildungsverzeichnis

https://doi.org/10.1515/9783110770001-002

Tabellenverzeichnis

https://doi.org/10.1515/9783110770001-003

Einleitung

„You in the West are interested only in your oil“, erklärte ein indischer Delegierter einem Abgesandten der Europäischen Kommission während eines Treffens der United Nations Conference on Trade and Development (UNCTAD) im Spätsommer 1974 in Genf. „If you get that cheaply again, you would soon forget us. So we intend to use the oil crisis to force you into a general revision of the terms of trade giving us greater justice.“[1] Solche Forderungen nach einer veränderten Weltwirtschaftsordnung, die den Ländern der sogenannten Dritten Welt fairere Bedingungen garantieren sollten, waren nicht neu. Die seit dem Ende des Zweiten Weltkriegs stetig wachsende Zahl der dekolonisierten Länder hatte seit den 1960er Jahren wiederholt im Rahmen des Non-Aligned Movement, der Gruppe der 77 (G77) und der UNCTAD Umstrukturierungen gefordert. In diesem Punkt zeigten die Länder des globalen Südens, die in politischer, wirtschaftlicher und kultureller Hinsicht stark divergierten, eine erstaunliche Einheit. In den westlichen Industriestaaten stießen ihre Forderungen nach durchgreifenden Reformen der globalen Ökonomie jedoch auf wenig Gegenliebe, weswegen Resultate weitgehend ausblieben und die Frustration im Süden wuchs. Erst mit der Erfahrung des „Ölschocks“ schien sich die Situation zu verändern: Für den Süden ergaben sich Möglichkeiten, den Westen effektiv unter Druck zu setzen.

Die erste Ölkrise begann im Oktober 1973. Als Reaktion auf den vierten arabisch-israelischen Krieg riefen die arabischen Ölförderländer ein vollständiges Ölembargo gegen die Vereinigten Staaten und die Niederlande sowie Exporteinschränkungen gegen zahlreiche weitere Nationen aus. Der Einsatz der „Ölwaffe“, wie es in zahlreichen westlichen Medien hieß, sollte die westlichen Nationen dazu bringen, auf die weitere Unterstützung Israels zu verzichten und das Land zum Rückzug aus den 1967 besetzten Gebieten zu drängen.

Schon bald entpuppte sich die Ölkrise nicht als Krise der Versorgung, sondern primär als Krise des Preises: In keinem westlichen Land trat während des Winters 1973/74 ein ernsthafter Mangel an Heizöl oder Benzin ein. Doch bis Anfang 1974 hatte die Organization of Petroleum Exporting Countries (OPEC) den Ölpreis vervierfacht. Diese Entwicklung traf die westlichen Industriestaaten hart, die angesichts der gestiegenen Energiekosten in den Folgejahren tatsächlich tiefer in

1 Historical Archive of the European Union, Florenz (HAEU), BAC 25/1980, Nr. 987, S. 2: UNCTAD. Report on the First Part of the 14th Session of the Trade and Development Board, Geneva, 20th August – 14th September 1974, 30.9.1974.

https://doi.org/10.1515/9783110770001-004

die sich abzeichnende Rezession rutschten[2]. Vor allem aber schienen sich die globalen Machtverhältnisse zu verschieben. Westliche Beobachter wähnten den Aufstieg einer „Vierten Welt“: der Welt der Ölförderländer. Diese Welt sei zwar ebenso „unterentwickelt“ wie die „Dritte Welt“, schrieb Theo Sommer in der *Zeit*, „aber zugleich ungeheuer reich – und entschlossen, ihren Reichtum alsbald in Macht und Wohlstand umzusetzen“[3]. Auch wurde befürchtet, dass die OPEC nur der erste Zusammenschluss von Rohstoffproduzenten des Südens war, dem nach den durchschlagenden Erfolgen von 1973 nun weitere folgen würden. Der britische Premier Harold Wilson etwa warnte: „But we have to face the fact that the OPEC syndrome is catching on. There are already phosphate-pecs, bauxite-pecs, banana-pecs and others.“[4]

Die Dritte Welt schien plötzlich über Machtmittel zu verfügen, die den Westen an den Verhandlungstisch zwingen konnten. Und tatsächlich gelang es 1974, vor allem auf eine algerische Initiative hin, ein außerplanmäßiges Zusammentreffen der Generalversammlung der Vereinten Nationen einzuberufen, das mit dem Aufruf zur Schaffung einer Neuen Weltwirtschaftsordnung endete. Ein Jahr später begann die Conference for International Economic Cooperation, der sogenannte Pariser Nord-Süd-Dialog, der sich bis 1977 mit Energie-, Rohstoff-, Entwicklungs- und Finanzfragen auseinandersetzte. Die Dritte Welt hatte die Fragen der Nord-Süd-Beziehungen und speziell der Weltwirtschaftsordnung Mitte der 1970er Jahre erfolgreich auf die internationale Agenda gesetzt.

Doch traf die erste Ölkrise nicht nur die westlichen Industriestaaten, sondern auch denjenigen Teil des globalen Südens, der über keine eigenen Ölvorkommen verfügte, sich aber mit den Ölproduzenten solidarisiert hatte. Dazu zählten sogenannte Schwellenländer wie Südkorea oder Brasilien, die zunehmend mit dem Export von Industriegütern erfolgreich waren, Rohstoffexporteure wie Chile oder Sambia, deren Wirtschaft oft an einem einzigen Exportgut hing, sowie auch jene besonders armen *least developed countries*, die wie der Tschad oder Obervolta häufig auf dem afrikanischen Kontinent zu finden waren und kaum am internationalen Handel teilnahmen. Während die Schwellenländer die Folgen der Ölkrise

2 Jens Hohensee, Der erste Ölpreisschock 1973/74. Die politischen und gesellschaftlichen Auswirkungen der arabischen Erdölpolitik auf die Bundesrepublik Deutschland und Westeuropa, Stuttgart 1996, S. 92; Rüdiger Graf, Making Use of the „Oil Weapon“: Western Industrialized Countries and Arab Petropolitics in 1973–1974, in: Diplomatic History 36 (2012), 1, S. 185–208, hier 196.

3 Theo Sommer, „Iran – Großmacht schon morgen?“, in: Die Zeit, 29.3.1974, S. 3.

4 Minutes of the Rambouillet Economic Summit Meeting, 16.11.1975, in: Foreign Relations of the United States (FRUS) 1969–1976. Bd. XXXVII. Energy Crisis, 1974–1980, Washington 2012, Dok. 88; vgl. auch Fiona Venn, The Oil Crisis, London u. a. 2002, S. 177.

vergleichsweise gut abfangen konnten, litten die beiden letztgenannten Gruppen dreifach unter der Krise: Erstens mussten sie für die notwendigen Ölimporte jetzt ein Vielfaches zahlen. Zweitens brach mit der durch die Ölkrise verstärkten Weltwirtschaftskrise die Nachfrage und gleichzeitig der Preis für Rohstoffe ein und damit die Haupteinnahmequelle vieler dieser Länder. Und drittens verteuerte der höhere Ölpreis die westlichen Industrieprodukte, auf deren Import viele Länder der Dritten Welt angewiesen waren. Trotz verstärkter Hilfszahlungen der OPEC-Staaten führten diese Entwicklungen dazu, dass die Zahlungsbilanzen zahlreicher Entwicklungsländer dauerhaft aus dem Gleichgewicht gerieten und sich die Länder bis in die 1980er Jahre hinein tief verschuldeten[5]. Dass westliche Delegierte den eingangs zitierten indischen Delegierten während des UNCTAD-Treffens in Genf fragten, warum sich die übrigen Entwicklungsländer nicht von den OPEC-Staaten lossagten, war angesichts dieser Situation nur naheliegend[6].

Bereits mit der ersten Ölkrise war ein Prozess angestoßen, der Ende der 1970er Jahre mit dazu führen sollte, dass die einheitliche Front der Dritten Welt auseinanderbrach. Die zweite Ölkrise im Jahr 1979, die vor allem durch die iranische Revolution ausgelöst wurde, verstärkte diesen Trend. Der Ausfall der iranischen Ölproduktion führte zu Panikkäufen auf den Spotmärkten und zu einer Steigerung der Ölpreise von $ 12,70 im Dezember 1978 auf über $ 30,00 in den Folgemonaten[7]. Die Einnahmen der Ölproduzenten schossen erneut in die Höhe, während die Zahlungsbilanzen der anderen Entwicklungsländer noch weiter ins Ungleichgewicht gerieten. Diese diametralen Entwicklungen trugen erheblich zum immer sichtbareren Auseinanderbrechen der Solidarität des Südens bei. So war dieser nicht in der Lage, die gestärkte Position der OPEC-Länder gegenüber dem Westen wie noch nach 1973 auszunutzen, um weitere Veränderungen der Weltwirtschaftsordnung zu erkämpfen. Zudem folgte auf die zweite Ölkrise Anfang der 1980er Jahre eine Ölschwemme, die den Ölpreis zusehends in den Keller trieb und weitere Verhandlungen aus westlicher Perspektive überflüssig machte. Die Auseinandersetzungen zwischen Nord und Süd um eine Neue Weltwirtschaftsordnung war Anfang der 1980er Jahre faktisch an ihr Ende gelangt.

5 Vgl. ebd., S. 185.

6 HAEU, BAC 25/1980, Nr. 987, S. 2: UNCTAD. Report on the First Part of the 14th Session of the Trade and Development Board, Geneva, 20th August – 14th September 1974, 30.9.1974.

7 Zur zweiten Ölkrise siehe Daniel Yergin, Der Preis. Die Jagd nach Öl, Geld und Macht, Frankfurt a. M. 1991, S. 842–861; Venn, Oil Crisis, S. 21–29.

Fragestellung und Forschungsperspektiven

Für den indischen Gesandten ebenso wie für zahlreiche Zeitgenossen war der Zusammenhang zwischen den Entwicklungen auf dem Ölmarkt und den Verhandlungen um eine Neue Weltwirtschaftsordnung offensichtlich. Aber wie genau wirkten sich die Ölkrisen der 1970er Jahre auf die Auseinandersetzung um eine Neue Weltwirtschaftsordnung aus? Das ist die Leitfrage der vorliegenden Arbeit, die sich in zwei Fragenkomplexe aufschlüsseln lässt: Wie veränderten, erstens, die Ölkrisen die Einstellung zu und den Umgang mit den Nord-Süd-Beziehungen in den drei Ländergruppen, die an den Debatten prominent teilnahmen: den OPEC-Staaten, den westlichen Industrieländern und den Öl-armen Entwicklungsländern? Verschaffte die neue Ölmacht den Exporteuren auf internationaler Ebene tatsächlich das notwendige Gewicht, um eine durchgreifende Reform internationaler Wirtschaftsstrukturen durchzusetzen, und hatten sie angesichts ihres schnell wachsenden Reichtums daran überhaupt noch Interesse? Wie stark trafen die Ölkrisen die Volkswirtschaften des Westens und wie erpressbar wähnten diese sich mit Blick auf die Öl- und Rohstoffmacht des Südens? Wie beeinflussten die Ölpreisvervielfachungen schließlich die Entwicklungsanstrengungen der Öl-armen Staaten der Dritten Welt und ihre Einstellung zur OPEC und zum Projekt der Neuen Weltwirtschaftsordnung? Löste sich mit der nun verstärkt einsetzenden ungleichen Einkommensentwicklung zwischen Ölexporteuren und Ölimporteuren des Südens die viel beschworene Solidarität der Dritten Welt auf?

Der zweite Fragenkomplex widmet sich den Strategien der Akteure aus Nord und Süd. Mit welchen Mitteln versuchten die Entwicklungsländer, eine Neue Weltwirtschaftsordnung durchzusetzen, und welche Rolle spielte dabei die Ölmacht? Wie reagierte der Westen auf die Herausforderung aus dem Süden? Welche Narrative entwickelten beide Seiten, um die Ölkrisen und das Projekt einer Neuen Weltwirtschaftsordnung miteinander zu verknüpfen bzw. voneinander zu trennen?

Eine Arbeit, die diese Fragen in den Fokus rückt, knüpft an eine Reihe von Forschungsfeldern an und ordnet sich in diese ein. Zu nennen wäre erstens die Geschichte der postkolonialen Nord-Süd-Beziehungen, die von den Geschichtswissenschaften bis vor Kurzem kaum beachtet worden sind. Der Grund hierfür liegt in der Marginalisierung des Nord-Süd-Konflikts in der internationalen Politik seit den 1980er Jahren sowie der Prominenz des Ost-West-Konflikts als Deutungsangebot für die internationalen Beziehungen. Hinzu kam lange eine grundsätzliche Fokussierung auf die Nationalgeschichte westlicher Industriestaaten. Mit der allmählichen Entwicklung transnationaler und globalgeschichtlicher Ansätze in der Geschichtswissenschaft seit den 2000er Jahren, mit der

Öffnung der Cold War Studies für außereuropäische Regionen und mit dem Aufstieg von Ländern des Südens, wie Indien und vor allem China zu globalen Machtzentren, wuchs das Interesse[8].

In den letzten Jahren entwickelte sich die Geschichte der Nord-Süd-Beziehungen zu einem ausgesprochen lebendigen Forschungsfeld. Neben Arbeiten, die sich mit Dekolonisierung[9], Entwicklung[10] oder dem globalen Kalten Krieg[11] auseinandersetzen, fallen in diesen Bereich jüngst auch Studien zur Debatte um die ökonomische Dekolonisierung. In diesem Rahmen gehen erste Studien auch auf die Neue Weltwirtschaftsordnung ein[12]. Auffällig ist, dass diese Beiträge fast durchweg primär die westlichen Industriestaaten fokussieren, die Akteure der Dritten Welt hingegen oft holzschnittartig bleiben oder gar nicht erwähnt wer-

---

8 Vgl. Jürgen Dinkel, „Dritte Welt" – Geschichte und Semantiken, Version 1.0, in: Docupedia-Zeitgeschichte, 6.10.2014, http://docupedia.de/zg/dinkel_dritte_welt_v1_de_2014, 21.12.2021; auch Jürgen Dinkel/Steffen Fiebrig/Frank Reichherzer, Zur Historisierung globaler Beziehungen in der zweiten Hälfte des 20. Jahrhunderts: Eine Einleitung, in: Jürgen Dinkel/Steffen Fiebrig/Frank Reichherzer (Hg.): Nord/Süd. Perspektiven auf eine globale Konstellation, Berlin/Boston 2020, S. 1–19.

9 Etwa Jost Dülffer/Marc Frey (Hg.), Elites and Decolonization in the Twentieth Century, Houndsmill u. a. 2011; Anja Kruke (Hg.), Dekolonisation. Prozesse und Verflechtungen 1945–1990, Bonn 2009; Dietmar Rothermund, The Routledge Companion to Decolonization, London/New York 2006; Martin Shipway, Decolonization and Its Impact. A Comparative Approach to the End of the Colonial Empires, Malden/Oxford/Carlton 2008.

10 Siehe etwa Stephen J. Macekura/Erez Manela (Hg.), The Development Century. A Global History, Cambridge u. a. 2018; Themenheft „Entwicklungsarbeit und globale Modernisierungsexpertise", in: Geschichte und Gesellschaft 41 (2015), 4; Marc Frey/Sönke Kunkel/Corinna R. Unger (Hg.), International Organizations and Development, 1945–1990, Houndsmill/New York 2014; Hubertus Büschel/Daniel Speich (Hg.), Entwicklungswelten. Globalgeschichte der Entwicklungszusammenarbeit, Frankfurt a. M./New York 2009; vgl. auch FN 31.

11 Odd Arne Westad, The Global Cold War. Third World Interventions and the Making of Our Times, Cambridge 2005; Robert J. McMahon (Hg.), The Cold War in the Third World, New York 2013; Max Guderzo/Bruna Bagnato (Hg.), The Globalization of the Cold War. Diplomacy and Local Confrontation, 1975–85, London/New York 2010.

12 Vor allem Giuliano Garavini, After Empires. European Integration, Decolonization, and the Challenge From the Global South, 1957–1986, Oxford 2012; Christopher R. W. Dietrich, Oil Revolution. Anticolonial Elites, Sovereign Rights, and the Economic Culture of Decolonization, Cambridge u. a. 2017; Themenheft „New International Economic Order", Humanity 6 (2015), 1. Zu nennen wären außerdem einige Aufsätze, etwa Luciano Tosi, Europe, the United Nations and Dialogue with the Third World, in: Antonio Varsori/Guia Migani (Hg.), Europe in the International Arena During the 1970s. Entering a Different World, Brüssel 2011, S. 161–191; Valerio Perna, La politique international face aux jeunes États. Le cas de la Belgique, in: ebd., S. 231–240 oder Vanessa Ogle, State Rights against Private Capital: The „New International Economic Order" and the Struggle over Aid, Trade, and Foreign Investment, 1962–1981, in: Humanity 5 (2014), 2, S. 211–234.

den[13]. Zwar tauchen in Forschungen zur Neuen Weltwirtschaftsordnung die Ölkrisen auf, zumindest die erste von 1973/74, doch bleibt die Analyse, wie sie auf die Entwicklung der Nord-Süd-Beziehungen einwirkten, kursorisch. Lediglich der italienische Historiker Giuliano Garavini und der in New York lehrende Geschichtswissenschaftler Christopher Dietrich haben diesem Zusammenhang jüngst größere Aufmerksamkeit gewidmet. Nach Garavini stellte die Ölkrise von 1973/74 zwar den Höhepunkt der Bemühungen des Südens dar, die Spielregeln der internationalen Ökonomie zu verändern. Letztlich sei sie aber kein „turning point" gewesen. Die eigentliche Zäsur habe ein Jahrzehnt früher stattgefunden, als dieses Third World Project Fahrt aufnahm[14]. Dietrich misst der Ölkrise eine größere Bedeutung bei. Erst sie habe dem Projekt der Neuen Weltwirtschaftsordnung zum Durchbruch verholfen. Gleichzeitig hätte sie jedoch die Öl-armen Entwicklungsländer ökonomisch so überfordert, dass das Programm zur durchgreifenden Veränderung der internationalen Wirtschaftsordnung umgehend, das heißt noch 1974/75, kollabiert sei: „High oil prices killed the New International Economic Order, midwifed by oil insurrectionists, at birth."[15] Diese Arbeit widerspricht beiden Interpretationen. Sie argumentiert, dass die Ölkrise eine qualitativ neue Phase in den Nord-Süd-Beziehungen einleitete, indem sie nicht nur half, die Forderung nach einer Neuen Weltwirtschaftsordnung auf den Spitzenplatz der internationalen Agenda zu setzen, sondern sie dort auch bis etwa 1980 zu halten.

Das zweite Forschungsfeld ist die Geschichte des Öls und speziell der Ölkrisen. Auch wenn seit 1973 zahlreiche Studien erschienen sind, die sich mit diesem Themenkomplex auseinandergesetzt haben, weist die historische Erforschung der Ölkrisen weiterhin eklatante Leerstellen auf. Das liegt zunächst daran, dass nur ein Bruchteil davon von Historikerinnen und Historikern verfasst worden ist. Die meisten Werke stammen aus dem Bereich der Wirtschafts- und Sozialwissen-

13 Das gilt in gewisser Weise sogar für Christopher Dietrichs Studie zu den Öl-Eliten der Dritten Welt, die – neben veröffentlichten Quellen – ausschließlich auf Materialien aus westlichen Archiven fußt. Dietrich, Oil Revolution. Ausnahmen sind etwa Priya Lal, African Socialism and the Limits of Global Familyhood: Tanzania and the New International Economic Order in Sub-Saharan Africa, in: Humanity 6 (2015), 1, S. 17–31; Sönke Kunkel, Contesting Globalization: The United Nations Conference on Trade and Development and the Transnationalization of Sovereignty, in: Frey/Kunkel/Unger (Hg.), International Organizations, S. 240–258.

14 Guiliano Garavini, Completing Decolonization: The 1973 ‚Oil Shock' and the Struggle for Economic Rights, in: The International History Review 33 (2011), 3, S. 473–487; Guiliano Garavini/Francesco Petrini, Continuity or Change? The 1973 Oil Crisis Reconsidered, in: Varsori/Migani (Hg.): Europe in the International Arena, S. 211–230, hier S. 229 („Far from being the turning point [...]"); ausführlich Garavini, After Empires.

15 Dietrich, Oil Revolution, S. 268.

schaften oder sind populärwissenschaftliche Beiträge von Managern aus der Ölwirtschaft[16]. Die geschichtswissenschaftliche Aufarbeitung steht mithin noch am Anfang und hat sich eindeutig auf den Umgang mit der ersten Ölkrise in den westlichen Industrienationen und vor allem in den USA konzentriert. Das bekannteste Beispiel ist Daniel Yergins einflussreiches Werk „Der Preis" von 1991[17]. Im Zuge der globalgeschichtlichen Erweiterung der Geschichtswissenschaften sind erste transnational angelegte Arbeiten, wie Rüdiger Grafs Studie „Öl und Souveränität", entstanden, die die Reaktionen in verschiedenen Staaten des Westens miteinander in Beziehung setzen[18]. Während allmählich auch die Staaten des Warschauer Pakts in die Geschichte der Ölkrisen integriert werden, spielt die Dritte Welt – jenseits der OPEC – praktisch keine Rolle[19]. Mit Ausnahme einiger weniger wirtschaftswissenschaftlicher Artikel aus den 1970er und 1980er Jahren ist über die Folgen der Ölkrisen für die Länder des globalen Südens kaum etwas geschrieben worden[20]. Ein Ziel dieser Arbeit ist es, diese Lücke zu verkleinern, die Dritte Welt in die Analyse zu integrieren und damit der tatsächlich globalen Wirkung der Ölkrisen Rechnung zu tragen.

---

16 Besonders wichtig ist Raymond Vernon (Hg.), The Oil Crisis, New York 1976. Siehe auch Robert J. Lieber, Oil Decade, New York 1983; Peter Odell, Oil and World Power, 6. Aufl., London 1981; und auf Deutsch Fritz Lücke (Hg.), Ölkrise 10 Jahre danach, Köln 1984; aus der Ölbranche stammen Francisco Parra, Oil Politics. A Modern History of Petroleum. London/New York 2004; und Leonardo Maugeri: Age of Oil. The Mythology, History and Future of the World's Most Controversial Resource, Westport 2006.

17 Yergin, Der Preis; eine starke Konzentration auf die Vereinigten Staaten findet sich auch bei Meg Jacobs, Panic at the Pump. The Energy Crisis and the Transformation of American Politics in the 1970s, New York 2017; und Karen R. Merrill, The Oil Crisis of 1973 – 1974: A Brief History with Documents, Boston 2007.

18 Rüdiger Graf, Öl und Souveränität. Petroknowledge und Energiepolitik in den USA und Westeuropa in den 1970er Jahren, Berlin/München/Boston 2014; auch Hohensee, Ölpreisschock; Stefan Göbel, Die Ölpreiskrisen der 1970er Jahre: Auswirkungen auf die Wirtschaft von Industriestaaten am Beispiel der Bundesrepublik Deutschland, der Vereinigten Staaten, Japans, Großbritanniens und Frankreichs, Berlin 2013; Elisabetta Bini/Giuliano Garavini/Frederico Romero (Hg.), Oil Shock. The 1973 Oil Crisis and Its Economic Legacy, London/New York 2016.

19 Siehe Frank Bösch/Rüdiger Graf (Hg.), Themenheft „The Energy Crisis of the 1970s. Anticipations and Reactions in the Industrialized World", Historical Social Research/Historische Sozialforschung 39 (2014), 4; Oscar Sanchez-Sibony, Energy and Soviet Economic Integration: Foundations of a Future Petrostate, in: Bini/Garavini/Romero (Hg.), Oil Shock, S. 222 – 244; Jeronim Perović (Hg.), Cold War Energy. A Transnational History of Soviet Oil and Gas, Cham 2017.

20 Willard R. Johnson/Ernest J. Wilson III, The ‚Oil Crisis' and African Economies. Oil Wave on a Tidal Flood of Industrial Price Inflation, in: Daedalus 111 (1982), 2, S. 211 – 241; Paul Hallwood/Stuart W. Sinclair, Oil, Debt and Development: OPEC in the Third World, London 1981; K. A. Hammeed, The Oil Revolution and African Development, in: African Affairs 75 (1976), S. 349 – 358. Aktueller – und damit eine Ausnahme – ist Venn, Oil Crisis, S. 173 – 188.

Drittens ordnet sich die Arbeit in das Themenfeld der Zeitgeschichte ein und versteht sich hier als Beitrag zur laufenden Diskussion um die Signatur der 1970er Jahre. Diese sind zuletzt vielfach als Krisendekade verstanden worden, die das Ende des Nachkriegsbooms, des „goldenen Zeitalters", bedeutet hätten[21]. Den Ölkrisen wird dabei häufig eine Stellung als „turning point"[22] und den Jahren 1973 und 1979 ein besonderer Zäsurcharakter zugeschrieben[23]. Der mannigfaltige „Strukturbruch" der 1970er Jahre markierte aber nicht allein das Ende einer Epoche, sondern auch den Beginn einer neuen Ära, die Anselm Doering-Manteuffel und Lutz Raphael auf die Formel „nach dem Boom" gebracht haben[24]. Der Verlagerung von Arbeitsplätzen von der Schwerindustrie in den Service-Sektor, die sich ausbreitende Digitalisierung, der Siegeszug des Marktdenkens oder das Einsetzen einer neuen Welle der Globalisierung stellten „Umbrüche in die Gegenwart"[25] dar und führten, so das Narrativ, in unsere Welt des „digitalen Finanzmarkt-Kapitalismus"[26]. Auffällig ist, dass diese Überlegungen praktisch ausschließlich mit Blick auf (westliche) Industriestaaten entwickelt worden

21 Etwa Charles S. Maier, „Malaise": The Crisis of Capitalism in the 1970s, in: Niall Ferguson u. a. (Hg.), The Shock of the Global: The 1970s in Perspective, Cambridge/London 2010, S. 25–48. Vom „goldenen Zeitalter" sprach Eric Hobsbawm. Eric Hobsbawm, Das Zeitalter der Extreme. Weltgeschichte des 20. Jahrhunderts, 12. Aufl., München 2014. Zur Debatte um die 1970er Jahre siehe vor allem Anselm Doering-Manteuffel/Lutz Raphael, Nach dem Boom: Perspektiven auf die Zeitgeschichte seit 1970, 3. Aufl., Göttingen 2012; Ferguson (Hg.), The Shock of the Global. Jüngst auch Lutz Raphael, Jenseits von Kohle und Stahl. Eine Gesellschaftsgeschichte Westeuropas nach dem Boom, Suhrkamp 2019. Einen Überblick über die Deutungen bietet Frank Bösch, Zweierlei Krisendeutungen: Amerikanische und bundesdeutsche Perspektivierungen der 1970er Jahre, in: Neue Politische Literatur 58 (2013), S. 217–230.

22 Venn, Oil Crisis.

23 Siehe für 1973 etwa Hobsbawm, Das Zeitalter der Extreme, S. 361 f; Konrad H. Jarausch, Verkannter Strukturwandel. Die siebziger Jahre als Vorgeschichte der Probleme der Gegenwart, in: Konrad H. Jarausch (Hg.), Das Ende der Zuversicht? Die siebziger Jahre als Geschichte, Göttingen 2008, S. 9–26; Doering-Manteuffel/Raphael, Nach dem Boom. Für 1979 siehe Frank Bösch, Zeitenwende 1979. Als die Welt von heute begann, München 2019.

24 Doering-Manteuffel/Raphael, Nach dem Boom.

25 Frank Bösch, Umbrüche in die Gegenwart. Globale Ereignisse und Krisenreaktionen um 1979, in: Zeithistorische Forschungen/Studies in Contemporary History 9 (2012), S. 8–32.

26 Doering-Manteuffel/Raphael, Nach dem Boom, S. 8. Zur Durchsetzung eines neuen Typs des Finanzkapitalismus siehe auch Harold James, Finance Capitalism, in: Jürgen Kocka/Marcel van der Linden (Hg.), Capitalism. The Reemergence of a Historical Concept, London u. a. 2016, S. 133–163, hier 150 und 159. Vgl. auch Jürgen Kocka, Geschichte des Kapitalismus, München 2013, S. 92–99; Stefan Eich/Adam Tooze, The Great Inflation, in: Anselm Doering-Manteuffel u. a. (Hg.), Vorgeschichte der Gegenwart: Dimensionen des Strukturbruchs nach dem Boom, Göttingen/Bristol 2016, S. 173–196.

sind[27]. Wie aber verändert sich die Signatur der Dekade, wenn man den Blick gen Süden bzw. auf die Nord-Süd-Beziehungen richtet? Es ist naheliegend, dass bestimmte Bereiche des Wandels, wie der Wegfall ganzer Industriezweige – etwa Kohlebergbau und Schiffbau – im globalen Süden keine vergleichbare Rolle spielten. Dass der „shock of the global"[28] oder der Trend, wirtschaftliche Globalsteuerung durch das Wirken freier Märkte zu ersetzen, auch in der Dritten Welt zu spüren war, liegt hingegen auf der Hand. Auch haben sich in den 1970er Jahren in Teilen des globalen Südens spezifische Wandlungsprozesse vollzogen, die ganz anderen Logiken als in den westlichen Industriestaaten folgten. Es lohnt zu fragen, ob sich die 1970er Jahre auch mit Blick auf die Dritte Welt und die Nord-Süd-Beziehungen als Phase der tiefgreifenden Transformation und als „Vorgeschichte der Gegenwart"[29] fassen lassen. Mit Blick auf die Auseinandersetzung um die Neue Weltwirtschaftsordnung, die seit den 1980er Jahren so gänzlich von der Bildfläche verschwunden ist, soll argumentiert werden, dass der wahre „Umbruch in die Gegenwart" erst in diesem Jahrzehnt folgte.

Das vierte Themenfeld, an das diese Arbeit anknüpft, ist die Geschichte der Entwicklung. Im Bereich der diesbezüglichen Diskurse und Praktiken macht der Afrikahistoriker Frederick Cooper einen fundamentalen Wandlungsprozess aus. Für Afrika könne man zwischen 1940 und 1973 von einer „development decade" sprechen. Die spätkolonialen Entwicklungsmodelle hätten nicht nur die finalen Jahre der Kolonialherrschaft geprägt, sondern auch die frühe postkoloniale Phase[30]. Zielpunkt der Entwicklung bzw. Modernisierung, die spätkoloniale Beamte ebenso verfochten wie jene amerikanischen Sozialwissenschaftler, die in den 1950er und 1960er Jahren eine systematische Modernisierungstheorie entwickelten, sei die Industriegesellschaft nach westlichem Vorbild gewesen[31]. Zentraler Akteur der Entwicklung sollte der Staat sein, denn Märkte allein sah man nicht dazu in der Lage, die Bedingungen für eine funktionierende Marktwirtschaft zu schaffen. Erst mit den „Ölschocks" und der folgenden Rezession –

27 Eine seltene Ausnahme ist Maria Dörnemann, Modernisierung als Praxis? Bevölkerungspolitik in Kenia nach der Dekolonisation, in: Doering-Manteuffel (Hg.), Vorgeschichte der Gegenwart, S. 271–292.

28 Ferguson (Hg.), The Shock of the Global.

29 Doering-Manteuffel (Hg.), Vorgeschichte der Gegenwart; Jarausch, Verkannter Strukturwandel.

30 Frederick Cooper, Africa Since 1940. The Past of the Present, Cambridge 2002.

31 Frederick Cooper, Writing the History of Development, in: Journal of Modern European History 8 (2010), 1, S. 5–23, hier S. 14; Sara Lorenzini, Global Development. A Cold War History, Princeton/Oxford 2019, S. 60–67. Zur Entwicklung von Modernisierungstheorien in den USA siehe Nils Gilman, Mandarins of the Future. Modernization Theory in Cold War America, Baltimore 2003 und Michael E. Latham, The Right Kind of Revolution. Modernization, Development, and U.S. Foreign Policy from the Cold War to the Present, Ithaca/London 2011, S. 36–64.

so Cooper – hätte sich der Diskurs über Entwicklung dann grundlegend verändert. Der Staat erschien nun nicht mehr als Entwicklungsmotor, sondern als Hindernis[32]. An seine Stelle sollten nun Privatkapital und freie Märkte, aber zunehmend auch zivilgesellschaftliche Akteure treten[33], an die Stelle der Industrialisierung vermehrt landwirtschaftliche Produktion.

In den vergangenen zwanzig Jahren hat sich die historische Forschung eingehend mit den Motiven und Vorstellungen von Entwicklungshelfer*innen – vor allem im Kontext des Kalten Krieges – beschäftigt. Weit weniger intensiv ist die Verarbeitung und Produktion von Entwicklungstheorien unter den Eliten der Dritten Welt untersucht worden[34]. Hier verspricht die Beschäftigung mit der Neuen Weltwirtschaftsordnung Gewinn. Denn diese war letztlich auch das Produkt einer südlichen Kritik an den dominanten Entwicklungstheorien. Das Projekt stand in der Tradition von Denkern wie Raúl Prebisch, Kwame Nkrumah oder den Dependenztheoretikern, die in der unfairen, „neokolonialen" Ordnung der Weltwirtschaft das zentrale Hindernis für die erfolgreiche Entwicklung der Dritten Welt erblickten[35] und deshalb auf eine durchgreifende Umstrukturierung der weltwirtschaftlichen Spielregeln hinarbeiteten. Mit dieser globalen Ausrichtung unterschieden sie sich deutlich von westlichen Modernisierungstheoretikern wie Walt Rostow, die Entwicklung zwar im Kontext des Ost-West-Konflikts dachten, das Gelingen derselben aber letztlich an nationalen Bedingungen festmachten[36].

---

32 Cooper, History of Development, S. 7 f. Auch Daniel Speich Chassé verortet in den 1970ern eine Umbruchsphase im Entwicklungsdenken. Daniel Speich Chassé, Fortschritt und Entwicklung, Version 1.0, in Docupedia-Zeitgeschichte, 21.9.2012, http://docupedia.de/zg/chasse_fortschritt_v1_de_2012, 21.12.2021.

33 Bezeichnender Weise hat Terje Tvedt von den 1980er Jahren mit Blick auf Entwicklungshilfe als „the NGO decade" gesprochen. Terje Tvedt, Angels of Mercy or Development Diplomats? NGOs and Foreign Aid, Oxford 1998, S. 1. Vgl. auch Kevin O'Sullivan, A „Global Nervous System": The Rise and Rise of European Humanitarian NGOs, 1945–1985, in: Frey/Kunkel/Unger (Hg.), International Organizations, S. 196–219.

34 Corinna Unger, Histories of Development and Modernization: Findings, Reflections, Future Research, in: H-Soz-Kult, 9.12.2010, www.hsozkult.de/literaturereview/id/forschungsberichte-1130, 21.12.2021, S. 1–41, hier S. 17; auch Anna Calori/Ljubica Spaskovska, Reimagining the World: Decolonisation and the Promise of Development, in: Contemporary European History 30 (2021), S. 613–620, hier S. 614. Für einen aktuellen Überblick über die vielfältige Historiografie zum Themenfeld Entwicklung siehe auch Stephen J. Macekura/Erez Manela, Introduction, in: Macekura/Manela (Hg.), Development Century, S. 1–18.

35 Eine ausführlichere Auseinandersetzung mit diesen Traditionen folgt in Kapitel 1.

36 Johanna Bockman, Socialist Globalization against Capitalist Neocolonialism: The Economic Ideas behind the New International Economic Order, in: Humanity 6 (2015), 1, S. 109–128; Christoph Kalter, Die Entdeckung der Dritten Welt. Dekolonisierung und neue radikale Linke in Frankreich, Frankfurt a. M./New York 2011, S. 59 f.

Die vorliegende Arbeit geht von einer Wechselwirkung zwischen Vorstellungen von Entwicklung und der Auseinandersetzung um die Neue Weltwirtschaftsordnung aus und fragt, wie das Projekt das Entwicklungsdenken beeinflusste und wie sich die wandelnden Vorstellungen auf die Möglichkeiten auswirkten, das globalen Reformvorhaben durchzusetzen.

Der bereits erwähnte Trend zur Öffnung der Märkte gilt wiederum bedeutenden Teilen der Globalisierungsforschung als entscheidender Schritt hin zur Globalisierung der Welt, deren Beginn oder zumindest deren letzter Schub häufig in den 1970er Jahren verortet wird. Damit ist das fünfte und letzte Forschungsfeld angesprochen, an das diese Arbeit anknüpft. Zeitgenossen sprachen damals jedoch noch kaum von „Globalisierung“, sondern von „Interdependenz“. Der Terminus „Globalisierung“ setzte sich erst in den 1980/90er Jahren durch, und zwar vor allem in den Wirtschaftswissenschaften, bevor sich um die Jahrtausendwende eine historische Globalisierungsforschung etablierte[37]. Während in weiten Teilen der Globalisierungsliteratur die westlichen Industriestaaten und seit den späten 1970ern vor allem die Weltbank und der Internationale Währungsfonds in diesem Prozess als „Globalisierer“ präsentiert werden, erscheinen die postkolonialen Staaten häufig als Blockierer von weltwirtschaftlicher Verflechtung, die versuchten, ihre Ökonomien von der Weltwirtschaft abzukoppeln[38]. Das mag auch mit der anfangs engen Verbindung zwischen Globalisierungsforschung und Mo-

37 Peter N. Stearns, Globalization in World History, Abingdon/New York 2010, S. 1; Victor McFarland, The New International Economic Order, Interdependence, and Globalization, in: Humanity 6 (2015), 1, S. 217–233, hier S. 230. Als Überblick zu ökonomischen Globalisierungstheorien siehe Patrik Aspers, Economic Theories of Globalization, in: Bryan S. Turner (Hg.), The Routledge International Handbook of Globalization Studies, New York 2010, S. 42–61 und Michael D. Bordo, Globalization in Historical Perspective. Our Era is not as Unique as We Might Think, and Current Trends Are Not Irreversible, in: Business Economics 37 (2002), 1, S. 20–29. Für erste Überlegungen zur Historisierung des Globalisierungsdiskurses siehe Jan Eckel, Alles hängt mit allem zusammen. Zur Historisierung des Globalisierungsdiskurses der 1990er und 2000er Jahre, in: Historische Zeitschrift 307 (2018), S. 42–78. Siehe auch den Schwerpunkt der Vierteljahreshefte für Zeitgeschichte zur „Debatte um die Globalisierung“ in allen Ausgaben des Jahres 2020.

38 Ngaire Woods, The Globalizers. The IMF, the World Bank, and Their Borrowers, Ithaca 2006; Joseph E. Stiglitz, Globalization and Its Discontents Revisited. Anti-Globalization in the Era Trump, London 2017; Jürgen Osterhammel/Nils P. Petersson, Geschichte der Globalisierung. Dimensionen, Prozesse, Epochen, 5. Aufl., München 2012, S. 99; Andreas Wirsching, „Kaiser ohne Kleider“? Der Nationalstaat und die Globalisierung, in: Vierteljahreshefte für Zeitgeschichte 68 (2020), 4, S. 659–685. Vgl. auch Bockman, Socialist Globalization, S. 109; James Mark/Artemy M. Kalinovsky/Steffi Marung, Introduction, in: James Mark/Artemy M. Kalinovsky/Steffi Marung (Hg.), Alternative Globalizations. Eastern Europe and the Postcolonial World, Bloomington 2020, S. 1–31, hier S. 2.

dernisierungstheorien zusammenhängen, wobei – wie Angelika Epple schreibt – „alle Regionen und Gesellschaften, die tatsächlich oder vermeintlich nicht von diesem Prozess [der Modernisierung/Globalisierung, J. K.] erfasst wurden oder ihn scheinbar nicht beeinflussten, [...] als vormoderne, traditionale Gesellschaften mithin als unbedeutsam abqualifiziert" wurden[39]. Die Neue Weltwirtschaftsordnung setzte jedenfalls durchaus auf eine intensivierte Einbeziehung des Südens in die globalen Handelsströme – nur nach anderen Regeln, als es das Mantra des „Washington Consensus" von Deregulierung, Privatisierung und Marktöffnung vorsah. Es lässt sich insofern fragen, inwiefern die Neue Weltwirtschaftsordnung auch das Programm einer alternativen Globalisierung enthielt[40]. Und damit eng verbunden: Sollte Globalisierung nicht besser als „geteilte Globalisierung" gedacht werden, in deren Rahmen verschiedene, konkurrierende Projekte miteinander interagierten, anstatt von einem allein westlich getriebenen Prozess auszugehen[41].

Indem diese Arbeit nach den Auswirkungen der Ölkrisen auf die Auseinandersetzung um die Neue Weltwirtschaftsordnung fragt, versucht sie also zur Geschichte der Nord-Süd-Beziehungen, der Ölkrisen, zur Debatte um den Platz der 1970er Jahre in der Zeitgeschichte, zur Historiografie der Entwicklung und zur Globalisierungsforschung beizutragen. Auf welche Weise das geschehen soll, wird im folgenden Abschnitt erörtert.

---

39 Angelika Epple, Globalisierung/en, Version: 1.0, in: Docupedia-Zeitgeschichte, 11.6.2012, http://docupedia.de/zg/epple_globalisierung_v1_de_2012, 21.12.2021; vgl. auch Frederick Cooper, What is the Concept of Globalization Good for? An African Historian's Perspective, in: African Affairs 100 (2001), S. 189–213.

40 Diese Frage knüpft grob an neuere Forschung zu sozialistisch geprägten Initiativen der Globalisierung an. Siehe etwa Bockman, Socialist Globalization; Mark/Kalinovsky/Marung (Hg.), Alternative Globalizations; Max Trecker, Red Money for the Global South. East-South Economic Relations in the Cold War, London/New York 2020; Anna Calori u. a. (Hg.), Between East and South. Spaces of Interaction in the Globalizing Economy of the Cold War, Berlin 2019. Durchaus kompatibel erscheint auch die These Adom Getachews, dass es bei der antikolonialen Forderung nach Selbstbestimmung nicht allein um die Schaffung von Nationalstaaten, sondern um „worldmaking" ging, „to create a domination free and egalitarian international order". Adom Getachew, Worldmaking after Empire: The Rise and Fall of Self-Determination, Princeton/Oxford 2019, S. 3.

41 Andreas Eckert/Shalini Randeria, Geteilte Globalisierung, in: Shalini Randeria/Andreas Eckert (Hg.), Vom Imperialismus zum Empire. Nicht-westliche Perspektiven auf Globalisierung, 2. Aufl., Frankfurt a. M. 2015, S. 9–33; vgl. auch Mark/Kalinovsky/Marung: Introduction, S. 12–14.

Zuschnitt und methodische Ansätze

Die Diskussionen um eine Neue Weltwirtschaftsordnung, an denen zwischen 1973 und ca. 1983 über hundert Staaten beteiligt waren und die oft parallel in verschiedenen Foren geführt wurden, lassen sich nicht in ihrer Totalität – aus den Perspektiven aller Beteiligten – erfassen. Bislang haben Historiker*innen bei der Beschäftigung mit den oben genannten Themenfeldern ihren Fokus vor allem auf die westlichen Industriestaaten, westliche Akteure und Institutionen gelegt. Der Süden ist dementsprechend meist wenig konturiert geblieben. Diese Arbeit wählt hingegen einen dezidiert multiperspektivischen, globalhistorisch orientierten Ansatz, der südliche und nördliche Perspektiven integriert, um der Diskussion um den Zusammenhang von Ölkrisen und dem Projekt einer Neuen Weltwirtschaftsordnung eine neue Tiefe zu geben.

Für die Dritte Welt dient das zentralafrikanische Sambia als Ausgangspunkt für die Untersuchung der sogenannten „global negotiations" und damit als selektive analytische Sonde, die es erlaubt, sich dem kaum zu überschauenden Gesamtkomplex zu nähern[42]. Die Studie folgt damit dem Trend in der Globalgeschichte „to study very specific places, institutions, and people" anstatt sich mit Generalaussagen zu begnügen[43]. Das sambische Beispiel wird durch den vergleichenden Blick auf andere Entwicklungsländer wie Indien oder Kenia, Brasilien oder die Elfenbeinküste kontextualisiert, um spezifische Problemlagen und breitere Trends kenntlich zu machen. Vor allem Algerien und Saudi-Arabien dienen als Exempel für die Ölexporteure der OPEC. Für den Norden richtet sich der Blick der Arbeit primär auf die Vereinigten Staaten, die Bundesrepublik und Großbritannien. Im Kontext der Nord-Süd-Debatte spielten jedoch nicht allein Staaten eine Rolle. Auch internationale Organisationen – besonders die Vereinten Nationen, UNCTAD, die Bündnisfreien, die OPEC, die Weltbank und der IWF – beeinflussten die Diskussionen entscheidend und sind deshalb wichtige Akteu-

42 Ähnlich wie „imperiale Biographien" zuletzt als analytische Sonden für die Erforschung von imperialen Netzwerken vorgeschlagen worden sind. Vgl. David Lambert/Alan Lester (Hg.), Colonial Lives Across the British Empire. Imperial Careering in the Long Nineteenth Century, Cambridge 2006; Malte Rolf (Hg.), Themenheft „Imperiale Biographien", Geschichte und Gesellschaft 40 (2014), 1.

43 Richard Drayton/David Motadel, Discussion: The Futures of Global History, in: Journal of Global History 13 (2018), S. 1–21, hier S. 14. Die Autoren reagierten damit auf eine Kritik an der globalgeschichtlichen Dominanz durch Jeremy Adelman. Jeremy Adelman, What Is Global History Now?, in: Aeon, https://aeon.co/essays/is-global-history-still-possible-or-has-it-had-its-moment, 21.12.2021. Vgl. auch Saskia Sassen, Introduction: Deciphering the Global, in: Saskia Sassen (Hg.), Deciphering the Global. Its Scales, Spaces and Subjects, New York/London 2007, S. 1–18.

re[44]. Im Folgenden wird die Auswahl der Länder und Organisationen, die den multiperspektivischen Ansatz umsetzen, erläutert.

Sambia bietet sich aus zwei Gründen als analytische Sonde für die Untersuchung der Rolle der Öl-armen Entwicklungsländer im Feld von Ölkrisen und der Debatte um eine Neue Weltwirtschaftsordnung an. Erstens sind dort die Folgen der Ölkrisen in besonders zugespitzter Form zu beobachten. Galt Sambia nach seiner Unabhängigkeit 1964 zunächst als Land, das aufgrund seiner gewaltigen Kupfervorkommen in absehbarer Zeit westliche Lebensstandards erreichen könnte, so setzte Mitte der 1970er Jahre der rapide ökonomische Niedergang ein. Mit der durch die Ölkrise verstärkten weltweiten Rezession brachen Nachfrage und Kupferpreis und damit die Staatseinnahmen ein. Gleichzeitig stiegen die Kosten für westliche Industrieprodukte und den Import von Öl, das u. a. für den Betrieb der Kupferschmelzen benötigt wurde. Das entstehende Ungleichgewicht bei den Zahlungsbilanzen versuchte die Regierung Kenneth Kaundas, der zwischen 1964 und 1991 sambischer Präsident war, durch Anleihen auf den internationalen Finanzmärkten auszugleichen, was das Land – wie so viele andere Entwicklungsländer – in die Schuldenfalle trieb. Bald zählte das Land zu den 25 ärmsten Staaten der Welt. Zweitens eignet sich Sambia auch deshalb als Fallbeispiel, weil es ein aktiver Teil des internationalen Netzwerks zur Durchsetzung der gemeinsamen Interessen der Entwicklungsländer war. Präsident Kaunda hatte von 1970 bis 1973 den Vorsitz des Non-Aligned Movement inne, war im Süden wie im Norden hoch angesehen und galt als einer der Sprecher der Dritten Welt.

Die Fokussierung auf die USA, Großbritannien und die BRD als Vertreter der westlichen Industrieländer bietet sich aus folgenden Gründen an: Als Führungsmacht des Westens und ökonomisches Schwergewicht waren die Vereinigten Staaten der dominante Akteur in der kapitalistischen Weltwirtschaft, ohne den eine nennenswerte Reform der Spielregeln der internationalen Ökonomie nicht möglich war. Allein das macht ihre Reaktion auf den Ruf nach einer Neuen Weltwirtschaftsordnung zentral. Angesichts der bedeutenden heimischen Erdölproduktion und der insgesamt großen Ressourcenbasis des Landes waren die USA darüber hinaus besonders gut gewappnet, um der Öl- und Rohstoffmacht des Südens etwas entgegenzusetzen. Das unterschied sie von den Europäern (und

44 Teils ergriffen sie selbst die Initiative, teils nutzten Staaten internationale Organisationen, um die eigene Agenda effektiver umzusetzen. Zur Bedeutung internationaler Organisationen für die Geschichte des 20. Jahrhunderts siehe Akira Iriye, Global Community. The Role of International Organizations in the Making of the Contemporary World, Berkley/Los Angeles/London 2002. Vgl. auch Madeleine Herren, Internationale Organisationen seit 1865. Eine Globalgeschichte der internationalen Ordnung, Darmstadt 2009.

Japan) und vor allem von der Bundesrepublik, die praktisch über keine heimische Ölversorgung verfügte und dementsprechend besonders erpressbar war. Aufgrund der Ölfunde in der Nordsee galt dies für Großbritannien in der zweiten Hälfte der 1970er Jahre nicht mehr. Anders als Deutsche und Amerikaner, die im Süden in der Regel als konservative, marktgläubige Gegner einer Neuen Weltwirtschaftsordnung wahrgenommen wurden, gab sich das Vereinigte Königreich offener gegenüber den Forderungen aus der Dritten Welt – zumindest bis Margaret Thatcher 1979 die Regierung übernahm. Das lag wohl auch daran, dass das Land als ehemals größte Kolonialmacht und später über den Commonwealth besonders enge Kontakte zu vielen Entwicklungsländern pflegte. Die Fokussierung auf die drei Staaten mit ihrer unterschiedlichen Ressourcenbasis und ihren divergierenden Einstellungen gegenüber der Neuen Weltwirtschaftsordnung ermöglicht es, unterschiedliche Reaktionen innerhalb des Westens sichtbar zu machen und Rückschlüsse auf die Durchschlagskraft der „Ölwaffe“ zu ziehen.

Internationale Organisationen sind in zweierlei Hinsicht wichtig für eine Untersuchung des Zusammenhangs zwischen den Ölkrisen und der Neuen Weltwirtschaftsordnung. Zum einen dienten die UN-Generalversammlung und die UNCTAD-Konferenzen als zentrale Foren für die zu untersuchenden Debatten. Zwar wurden Nord-Süd-Fragen auch unter dem Dach anderer Organisationen diskutiert, etwa im Rahmen der International Labour Organization oder der UNESCO. Aber die wichtigsten Diskussionsrunden fanden in der Generalversammlung und während der UNCTAD-Treffen statt und stehen deshalb im Folgenden im Fokus. Zum anderen waren internationale Organisationen zentrale Akteure sowohl in den Nord-Süd-Debatten als auch bei der Entstehung der Ölkrisen. Das gilt natürlich für die OPEC, aber auch für die Bündnisfreien und die Gruppe der 77, die die Forderungen nach einer Neuen Weltwirtschaftsordnung erstmals ausformulierten. Auch das UNCTAD-Sekretariat spielte mit seinem Eintreten für ein „integriertes Rohstoffprogramm“ eine wichtige Rolle. Schließlich sollen die Weltbank und der Internationale Währungsfonds hervorgehoben werden, weil sie einerseits selbst Gegenstand der Reformvorhaben und andererseits wichtige Akteure waren. So initiierte der Weltbankpräsident Robert McNamara die Schaffung einer einflussreichen Nord-Süd-Kommission, während der Währungsfonds mit seinen Strukturanpassungsprogrammen deutlich zum Verschwinden des Projektes einer Neuen Weltwirtschaftsordnung Anfang der 1980er Jahre beitrug.

Mithin bemüht sich diese Arbeit darum, die internationale Geschichte in zweierlei Hinsicht methodisch zu erweitern. Zum einen durch die soeben angesprochene Integration von Akteuren und Perspektiven aus der Dritten Welt, die den üblichen Fokus auf den Westen transzendiert und eine erweiterte Perspektive auf die Ölkrisen und die Debatte um die Neue Weltwirtschaftsordnung bietet. Es handelt sich insofern um eine globalhistorisch erweiterte Geschichte der internationalen Beziehungen[45]. Zum anderen ergänzt diese Arbeit herkömmliche Ansätze der internationalen Geschichte um eine wirtschaftsgeschichtliche Perspektive, die immer noch selten ist. Denn trotz der dezidierten Öffnung des Feldes seit der Jahrtausendwende lässt sich eine weitgehende Aussparung ökonomischer Aspekte aus Arbeiten zur internationalen Geschichte feststellen[46]. Hier wird in grober Anlehnung an die Grundannahmen der Internationalen Politischen Ökonomie davon ausgegangen, dass sich bestimmte Vorgänge in den internationalen Beziehungen – insbesondere die Aushandlung internationaler Wirtschaftsbeziehungen – ohne den Rückbezug auf ökonomische Entwicklungen und Rahmenbedingungen nicht adäquat erklären lassen[47]. Gerade die wirtschaftlichen Folgen der Ölkrisen, so eine der zentralen Annahmen dieser Arbeit, beeinflussten maßgeblich die Art und Weise, wie über die Weltwirtschaftsordnung nachgedacht und international verhandelt wurde. Dieser Zusammenhang bildet entsprechend einen Schwerpunkt der Analyse. Damit soll keinem ökonomischen Determinismus das Wort geredet werden. Wenn sich etwa die Zahlungsbilanzen von Entwicklungsländern verschlechterten, weil die OPEC den Ölpreis anhob, bedeutete das nicht zwangsläufig, dass dies zu Spannungen zwischen diesen Staaten-

---

45 Hubertus Büschel, Internationale Geschichte als Globalgeschichte – Prämissen, Potenziale und Probleme, in: Zeithistorische Forschungen/Studies in Contemporary History 8 (2011), 3, S. 439–445; Alanna O'Malley, Everything the Light Touches. The Expanding Frontiers of International History, in: H-Soz-Kult 2.12.2021, http://hsozkult.geschichte.hu-berlin.de/forum/2021-12-001, 21.12.2021. Zu globalgeschichtlichen Ansätzen siehe auch Sebastian Conrad, Globalgeschichte. Eine Einführung, München 2013; Sebastian Conrad/Andreas Eckert/Ulrike Freitag (Hg.), Globalgeschichte. Theorien, Ansätze, Themen, Frankfurt a.M./New York 2007.

46 Siehe Hubert Zimmermann, Die politische Ökonomie der internationalen Geschichte, in: Eckart Conze/Ulrich Lappenküper/Guido Müller (Hg.), Geschichte der internationalen Beziehungen. Erneuerung und Erweiterung einer historischen Disziplin, Köln/Weimar/Wien 2004, S. 113–138. Auch in neueren Studien zur internationalen Geschichte spielt Ökonomie kaum eine Rolle. Vgl. Iris Schröder u.a. (Hg.), Themenheft „Internationale Ordnungen und neue Universalismen im 20. Jahrhundert", in: Zeithistorische Forschungen/Studies in Contemporary History 8 (2011), 3; Jost Dülffer/Wilfried Loth (Hg.), Dimensionen internationaler Geschichte, München 2012.

47 Robert Gilpin sprach in einer einflussreichen Formulierung von der Interaktion von „state and market", von Politik und Ökonomie, die für das Feld der Internationalen Politischen Ökonomie konstitutiv sei. Robert Gilpin, The Political Economy of International Relations, Princeton 1987, S. 7; vgl. John Ravenhill, International Political Economy, in: Christian Reus-Smit/Duncan Snidal (Hg.), The Oxford Handbook of International Relations, Oxford u.a. 2008, S. 539–557. Für eine Rückkehr der politischen Ökonomie sowohl in die Wirtschaftswissenschaft als auch die Zeitgeschichte hat vor einigen Jahren Charles Maier plädiert. Charles S. Maier, Das Politische in der Ökonomie. Zur Machtvergessenheit der Wirtschaftswissenschaft, in: Mittelweg 36 22 (2013), 2, S. 7–20.

gruppen führte. Zentral war vielmehr, wie Akteure wie Kenneth Kaunda, Houari Boumedienne, Willy Brandt oder Margaret Thatcher wirtschaftliche und politische Prozesse im nationalen wie im globalen Rahmen interpretierten, um zu verstehen, welche Handlungsoptionen sie zu haben glaubten und welcher Strategien sie sich schließlich bedienten.

Literatur und Quellenbasis

Der multiperspektivische Ansatz der Studie ist nur auf der Basis einer vielfältigen Literatur- und Quellenbasis möglich, wobei jeweils dezidiert sowohl auf Quellen zurückgegriffen wird, die von Akteurinnen und Akteuren aus der Dritten Welt produziert wurden, als auch auf solche aus der Feder von Personen aus den Industriestaaten.

Geht es um die Verhandlungen um eine Neue Weltwirtschaftsordnung im Rahmen von Vereinten Nationen, Pariser Nord-Süd-Dialog oder Lomé-Konvention, bildet zunächst die oben diskutierte umfangreiche Literatur zu den Nord-Süd-Beziehungen das erste Standbein der Analyse. Hinzu tritt eine Anzahl historischer wie sozialwissenschaftlicher Studien, die sich mit einzelnen Institutionen, Konferenzen und Teilaspekten beschäftigen, den Konflikt um die Neue Weltwirtschaftsordnung aber eher am Rande thematisieren[48]. Zu verweisen ist schließlich auf eine ganze Reihe von zeitgenössischen, meist sozial- und wirtschaftswissenschaftlichen Beiträgen, die sich mit dem Nord-Süd-Konflikt befassen, in dieser Arbeit aber – in Anlehnung an die Forderungen von Rüdiger Graf und Kim Priemel[49] – historisiert und als Quellen behandelt werden[50]. In dieser Lesart handelt

48 Zu nennen sind u. a. Christopher J. Lee (Hg.), Making a World after Empires. The Bandung Moment and Its Political Afterlives, Athens 2010; Mark Mazower, No Enchanted Palace. The End of Empire and the Ideological Origins of the United Nations, Princeton 2009; Rubens Ricupero, Beyond Conventional Wisdom in Development Policy. An Intellectual History of UNCTAD (1964–2004), Genf 2004; Woods, The Globalizers; Karl P. Sauvant, Group of 77, London 1981; Jürgen Dinkel, Bewegung Bündnisfreier Staaten. Genese, Organisation und Politik (1927–1992), Berlin 2015.

49 Rüdiger Graf/Kim Priemel, Zeitgeschichte in der Welt der Sozialwissenschaften. Legitimität und Originalität einer Disziplin, in: Vierteljahreshefte für Zeitgeschichte 59 (2011), 4, S. 479–508.

50 Stephen D. Krasner, Structural Conflict. The Third World against Global Liberalism, Berkeley 1985; Bernhard Nossiter, The Global Struggle for More. Third World Conflicts with Rich Nations, New York 1987; Jeffery A. Hart, The New International Economic Order. Conflict and Cooperation in North-South Economic Relations, 1974–77, London 1983; Robert L. Rothstein, Global Bargaining. UNCTAD and the Quest for a New International Economic Order, Princeton 1979; Jagdish N. Bhagwati (Hg.), The New International Economic Order: The North-South Debate, Cambridge/

es sich um Debattenbeiträge, die das damalige Denken über die Nord-Süd-Beziehungen mit prägten und so das zeitgenössische Handeln beeinflussten.

Die wichtigsten Primärquellenbestände zur Debatte um eine Neue Weltwirtschaftsordnung sind die entsprechenden Aktenüberlieferungen von Staaten aus Nord und Süd, die an den jeweiligen Gesprächen beteiligt waren. Hier sind primär die sambischen Akten aus den National Archives in Lusaka sowie aus dem Archiv der damals regierenden United National Independence Party (UNIP) zu nennen. Hinzu kommen die sehr umfangreichen Bestände in den National Archives in London und im Politischen Archiv des Auswärtigen Amtes in Berlin. In den genannten Aktenbeständen finden sich nicht nur Dokumentationen und Einschätzungen zu allen relevanten Verhandlungsrunden – UN Sondersitzungen, Nord-Süd-Dialog, Cancún-Gipfel usw. In London und Berlin liegen auch zahlreiche Botschaftsberichte aus den Hauptstädten westlicher Verbündeter sowie von Entwicklungsländern und Staaten des Warschauer Pakts, die die Positionen der Gastländer zu den Verhandlungen einzufangen versuchen. Diese Bestände erlauben es, weitere – wenn auch vermittelte – Perspektiven auf die „global negotiations" einzufangen und durch Berichte aus Moskau beispielsweise auch den Kontext des Kalten Krieges besser zu berücksichtigen. Für die Rekonstruktion der amerikanischen Perspektive(n) haben sich darüber hinaus die online zugänglichen Bände zu den Foreign Relations of the United States (FRUS) und das Digital National Security Archive als ausgesprochen hilfreich erwiesen. Ergänzt werden die genannten Quellenbestände punktuell durch Akten des UN-Archivs in New York, der Historical Archives of the European Union in Florenz und des Archivs für soziale Demokratie in Bonn. Durch diese Ergänzungen soll auch der Tatsache Rechnung getragen werden, dass nicht allein Staaten, sondern auch internationale Organisationen die Nord-Süd-Debatte prägten.

Schließlich ist auf weiteres publiziertes Material zu verweisen: Memoiren beteiligter Persönlichkeiten – vom guyanischen Außenminister und späteren Commonwealth-Generalsekretär Shridath Ramphal bis zum amerikanischen Außenminister Henry Kissinger –, Dokumentationen wie das „Yearbook of the United Nations" oder Quellensammlungen etwa zu den Bündnisfreien oder zur Gruppe der 77[51]. Auch Zeitungen und Zeitschriften sind hier wichtig, wobei neben

London 1977; Mohammed Bejaoui, Towards a New International Economic Order, Paris/New York 1979; Philippe Braillard/Mohammad-Reza Djalili (Hg.), The Third World and International Relations, London 1986.

51 Etwa Shridath Ramphal, Glimpses of a Global Life, Toronto 2014; Kurt Waldheim, In the Eye of the Storm. A Memoir, Bethesda 1986; Henry Kissinger, Years of Upheaval, Boston 1982. Z. B. United Nations, Yearbook of the United Nations 1974, Bd. 28, New York 1977. Odette Jankowitsch/Karl P. Sauvant/Jörg Weber (Hg.), The Third World Without Superpowers, Dobbs Ferry 1978 ff. Die Reihe

den üblichen westlichen Publikationen wie der *New York Times*, dem *Guardian* oder dem *Spiegel* konsequent auch die *Times of India* oder die *Zambia Daily Mail* berücksichtigt werden.

Die Analyse der Ölkrisen, der zweite thematische Schwerpunkt, fußt zunächst auf der einschlägigen Forschungsliteratur, die sich primär für die westlichen Industriestaaten interessiert. Diese Forschungsarbeiten liefern eine solide Basis, um die Folgen der Ölkrisen im Westen und den Umgang mit ihnen abzustecken. Lediglich wenn es um die konkrete Frage der Abhängigkeit von Erdöl aus der Dritten Welt und die Gefahr des Einsatzes der sogenannten Ölwaffe im Rahmen des Nord-Süd-Konflikts geht, ist der Rückgriff auf Primärquellen – von zeitgenössischen Medienberichten über ökonomische Expertisen bis hin zu Regierungsakten – essenziell. Weit weniger aussagekräftig ist die Literatur zu den Ölkrisen, wenn es um die Akteure und Wirkungen im globalen Süden geht. Für die Ölexporteure lässt sich dies durch Spezialliteratur zur OPEC[52] und zu einzelnen Ländern wie Algerien oder Saudi-Arabien weitgehend ausgleichen. Letztere räumt nicht nur der Ölpolitik bzw. Ölwirtschaft einen prominenten Platz ein, sondern im algerischen Fall auch der Nord-Süd-Politik[53]. Ergänzt wird diese Literatur durch die zahlreichen Interviews, Reden und Positionspapiere arabischer Akteure, die der *Middle East Economic Survey* (MEES) wöchentlich abdruckte, sowie die Protokolle der OPEC-Sitzungen, die seit Kurzem über die Bibliothek der New York University Abu Dhabi (NYUAD) zugänglich sind. Über die Bedeutung der Ölkrisen für Öl-arme Entwicklungsländer findet sich in Abhandlungen zur Geschichte des Öls nur sehr wenig. Aus diesem Grund ist die Fokussierung auf konkrete Beispiele – hier primär Sambia, aber auch Kenia, Indien oder Brasilien – unumgänglich.

besteht aus zwei Serien. Die erste enthält die gesammelten Dokumente der Bündnisfreien, die zweite jene der G77.

52 Ian Seymour, OPEC. Instrument of Change, London/Basingstoke 1980; Pierre Terzian, OPEC: The Inside Story, London 1985; Ian Skeet, OPEC: Twenty-Five Years of Prices and Politics, Cambridge u. a. 1988; Jahangir Amuzegar, Managing the Oil Wealth. OPEC's Windfalls and Pitfalls, London/New York 2001; jüngst auch Giuliano Garavini, The Rise and Fall of OPEC in the Twentieth Century, Oxford 2019 und Dag Harald Claes/Giuliano Garavini (Hg.), Handbook of OPEC and the Global Energy Order. Past, Present and Future Challenges, London/New York 2020.

53 Zu Saudi-Arabien siehe etwa Mordechai Abir, Saudi Arabia in the Oil Era. Regime and Elites, Conflict and Collaboration, London 1988; Tim Niblock, The Political Economy of Saudi Arabia, London 2007. Zu Algerien siehe Ali Aissaoui, Algeria. The Political Economy of Oil and Gas, Oxford 2001; Robert Malley, The Call From Algeria. Third Worldism, Revolution, and the Turn to Islam, Berkeley/Los Angeles/London 1996; Martin Evans/John Phillips, Algeria. Anger of the Dispossessed, New Haven/London 2007.

Allerdings bleibt selbst die Spezialliteratur zu diesen Ländern häufig oberflächlich, wenn es um die Ölkrisen geht[54]. Ein Blick auf die Historiografie zu Sambia verdeutlicht das Problem. Die einzige wissenschaftlich fundierte Geschichte Sambias wurde von Andrew Roberts bereits 1976 vorgelegt und konnte daher lediglich die ersten zehn Jahre nach der Unabhängigkeit berücksichtigen[55]. Eine aktuelle allgemeine Geschichte existiert ebenso wenig wie eine Wirtschaftsgeschichte des postkolonialen Sambia – geschweige denn eine Untersuchung zu Sambias Umgang mit den Ölkrisen[56]. Es gibt hingegen einige instruktive Studien zur Geschichte des *copperbelt*, zur politischen Geschichte seit der Unabhängigkeit und zur Außenpolitik[57], eine Handvoll sozial- und wirtschaftswissenschaftliche Publikationen zur ökonomischen Entwicklung Sambias[58] sowie anthropologische Studien zu den gesellschaftlichen Auswirkungen der ökonomischen Veränderungen[59], auf denen die geplante Arbeit aufbauen kann. So hat Miles Larmer gezeigt, wie die wirtschaftlichen Probleme Ende der 1970er Jahre oppositionellen Strömungen im Land Auftrieb gaben[60]. Welche Rolle dabei die Ölkrisen spielten und wie das veränderte politische Kräfteverhältnis die Politik der Kaunda-Regierung in Nord-Süd-Fragen beeinflusste, gilt es genauer zu klären.

In Anbetracht der skizzierten Defizite in der Erforschung der Ölkrisen in Sambia und weiten Teilen der Dritten Welt, kommt der Arbeit mit Quellen ein

---

54 Siehe beispielhaft William R. Ochieng'/Robert M. Maxon (Hg.), An Economic History of Kenya, Nairobi 1992; oder Dietmar Rothermund, An Economic History of India. From Pre-Colonial Times to 1986, Manohar 1988.

55 Andrew Roberts, A History of Zambia, London u. a. 1976. Lediglich ein Sammelband rückt die postkoloniale Phase in den Vordergrund. Jan-Bart Gewald/Marja Hinfelaar/Giacomo Macola (Hg.), One Zambia, Many Histories. Towards a History of Post-colonial Zambia, Leiden 2008.

56 Die einzige Ausnahme ist Jonas Kreienbaum, Der verspätete Schock. Sambia und die erste Ölkrise von 1973/74, in: Geschichte und Gesellschaft 43 (2017), 4, S. 612–633.

57 Alastair Fraser/Miles Larmer (Hg.), Zambia, Mining, and Neoliberalism. Boom and Bust on the Globalized Copperbelt, New York 2010; Miles Larmer, Mineworkers in Zambia. Labour and Political Change in Post-Colonial Africa, London 2007; Miles Larmer, Rethinking African Politics. A History of Opposition in Zambia, Franham u. a. 2011; Andy DeRoche, Kenneth Kaunda, the United States and Southern Africa, London 2016.

58 Siehe etwa Marcia M. Burdette, Zambia. Between two Worlds, Boulder 1988; Ben Turok (Hg.), Development in Zambia: A Reader, London 1979; oder Per-Ake Andersson, Foreign Aid, Debt, and Growth in Zambia, Uppsala 2000.

59 Hier besonders relevant James Ferguson, Expectations of Modernity. Myths and Meanings of Urban Life on the Zambian Copperbelt, Berkeley/Los Angeles/London 1999; siehe auch Arnold L. Epstein, Scenes From African Urban Life. Collected Copperbelt Essays, Edinburgh 1992; Henrietta L. Moore/Megan Vaughan, Cutting Down Trees. Gender, Nutrition, and Agricultural Change in the Northern Province of Zambia, 1890–1990, London u. a. 1994.

60 Larmer, Rethinking African Politics, S. 91–129.

besonderer Stellenwert zu. Die Bestände vor Ort – National Archives und das United National Independence Party Archive (UNIPA) – sind in dieser Hinsicht zentral, auch wenn sie bedeutende Lücken offenbaren. Um diese zu schließen, sind bestimmte publizierte Quellen ausgesprochen wertvoll: Vor allem die umfangreichen jährlichen „Economic Reports" des Planungs- und Finanzministeriums und der Bank of Zambia, die verschiedenen National Development Plans sowie die Publikationen des Central Statistical Office erlauben einen umfassenden Blick auf die ökonomische Lage des Landes während des Untersuchungszeitraums, den die Regierungsakten nur in Ansätzen liefern. Wichtig sind auch die beiden Tageszeitungen *Times of Zambia* und *Zambia Daily Mail*. Leider sind die genannten Publikationen nirgends vollständig gesammelt. Die Bestände der National Archives in Lusaka und der British Library in London liefern aber immerhin eine umfangreiche – wenn auch nicht vollständige – Auswahl. Wichtige Informationslieferanten sind darüber hinaus die Publikationen und Datensammlungen internationaler Organisationen, die vor allem die zentralen Wirtschaftsdaten bereitstellen und damit – im Zusammenspiel mit vorhandenen Studien zu einzelnen Ländern – auch den Vergleich Sambias mit anderen Entwicklungsländern erlauben[61].

Auf die Durchführung von Interviews zur Ergänzung der genannten Quellenbestände wurde für diese Arbeit bewusst verzichtet. Das lag einerseits daran, dass viele der zentralen Akteure gut vierzig Jahre nach den Ereignissen bereits tot oder zumindest sehr alt sind und deshalb oft nicht mehr für Gespräche zur Verfügung stehen. Andererseits liegt das große Potenzial von Oral History darin, dass sie subalterne Akteure hörbar macht, die keine verschriftlichten Erinnerungen

---

61 Zu nennen sind die jährlich seit 1978 erscheinenden World Development Reports der Weltbank und verschiedene Berichte zu einzelnen Ländern sowie die online zugängliche DataBank und hier vor allem die „World Development Indicators". World Bank, DataBank – World Development Indicators, https://databank.worldbank.org/source/world-development-indicators, 22.12.2021. Zu verweisen ist weiterhin auf die Annual Reports des Internationalen Währungsfonds und die ebenfalls online einsehbaren Statistiken der OECD. OECD, OECD.Stat, https://stats.oecd.org/, 22.12.2021. Hilfreich sind schließlich – auch wenn es sich hier nicht um Publikationen von internationalen Organisationen handelt – der seit den späten 1960er Jahren publizierte Africa Contemporary Record und BPs Statistical Review of World Energy.
Den Daten dieser Sammlungen ist jedoch mit einer gewissen Vorsicht zu begegnen. In der Regel stammen sie von den Regierungen der jeweiligen Länder, wobei sie keinesfalls immer akkurat sein müssen und vor allem nicht zwangsläufig nach den gleichen Kriterien erhoben worden sind. Folglich sind sie nur bedingt miteinander vergleichbar. Es geht bei den in dieser Arbeit angeführten Statistiken daher nicht um exakte Zahlen, sondern um die großen Trendlinien. Vgl. zu dieser Problematik David Kenneth Fieldhouse, Black Africa 1945–1980. Economic Decolonization & Arrested Development, London/New York 1986, S. xvi.

oder Berichte hinterlassen. Sie ist daher vor allem für die Alltagsgeschichte zentral[62]. Die Akteure dieser Arbeit sind hingegen Eliten, die auch im afrikanischen Fall vielfach Memoiren hinterlassen haben, also bereits über eine Stimme verfügen[63].

Terminologie

Eine Arbeit, die sich mit den postkolonialen Nord-Süd-Beziehungen beschäftigt, bewegt sich zwangsläufig auf terminologisch vermintem Gelände. Zahlreiche der zentralen zeitgenössischen Begriffe, die auch in der heutigen Wissenschaftssprache häufig verwendet werden, transportieren eurozentrische Annahmen über historische Entwicklungspfade oder markieren außereuropäische Regionen als inferior. Das beginnt bei dem ambivalenten Begriff „Dritte Welt", als dessen Schöpfer der französische Demograf Alfred Sauvy gilt, der ihn 1952 in einem Artikel für die Zeitung *L'Observateur* bekannt machte[64]. Seit den 1990er Jahren entwickelte er sich, wie Jürgen Dinkel schreibt, zur „Chiffre für Überbevölkerung, Armut, Hunger, Krankheit (insbesondere Aids), Flüchtlinge und Migration, ökologische Katastrophen, Korruption, Kriminalität, Gewalt und Terror"[65]. Diese negativen Konnotationen führten dazu, dass der Begriff im politischen wie wissenschaftlichen Kontext zunehmend als politisch unkorrekt galt und vermieden wurde. In den Jahrzehnten zuvor stellte sich das noch anders dar. Schon Sauvy bezeichnete als „Tiers Monde" jene Staaten bzw. jenen Teil der Welt, der ihm als „unterentwickelt" erschien. Allerdings definierte er die Dritte Welt im Kontext des Kalten Krieges auch politisch in Abgrenzung von den „Kapitalisten des Westens" und den „Kommunisten des Ostens". Außerdem verglich er sie mit dem Dritten

62 Zum Potenzial der Oral History siehe Christof Dejung, Oral History und kollektives Gedächtnis. Für eine sozialhistorische Erweiterung der Erinnerungsgeschichte, in: Geschichte und Gesellschaft 34 (2008), 1, S. 96–115, hier besonders S. 104–108; auch Dorothee Wierling, Oral History, in: Michael Maurer (Hg.), Aufriß der Historischen Wissenschaften. Bd. 7. Neue Themen und Methoden der Geschichtswissenschaft, Stuttgart 2003, S. 81–151.

63 Für sambische Politiker, die in dieser Arbeit eine Rolle spielen, siehe etwa Alexander Grey Zulu, The Memoirs of Alexander Grey Zulu, Ndola 2007; Vernon Mwaanga, An Extraordinary Life, Lusaka 1982; John Mwanakatwe, Teacher, Politician, Lawyer: My Autobiography, Lusaka 2003; oder Eljiha Mudenda, Zambia: A Generation of Struggle, Harare 1999.

64 Alfred Sauvy, Trois Mondes, Une Planète, in: L'Observateur, 14.8.1952, S. 14. Zum Begriff der Dritten Welt siehe Dinkel, „Dritte Welt"; Daniel Speich Chassé, Die „Dritte Welt" als Theorieeffekt. Ökonomisches Wissen und globale Differenz, in: Geschichte und Gesellschaft 41 (2015), S. 580–612; Kalter, Entdeckung der Dritten Welt, vor allem S. 44–80.

65 Dinkel, „Dritte Welt"; auch Kalter, Dritte Welt, S. 44.

Stand während der Französischen Revolution und schob ihr so – zumindest implizit – eine zentrale Akteursrolle bei der Veränderung der globalen Ordnung zu[66]. Daran knüpften in den 1960er und 1970er Jahren postkoloniale Eliten an, die ihre Forderungen nach einer Neuen Weltwirtschaftsordnung bzw. nach der Demokratisierung der internationalen Beziehungen nun selbstbewusst im Namen der Dritten Welt formulierten. Die Verwirklichung dieses utopischen Programms haben verschiedene Wissenschaftler*innen analog als „Third Worldism" bzw. „Third World Project" bezeichnet[67]. Der Begriff der Dritten Welt war also nicht allein eine westliche Fremdzuschreibung, sondern auch eine – mitunter positiv aufgeladene – Selbstbezeichnung der südlichen Akteurinnen und Akteure.

Ähnliches gilt für den Terminus „Entwicklungsland" oder „developing country", der im UN-Rahmen ab den 1960er Jahren die ältere Bezeichnung „underdeveloped country" ablöste[68]. Hierbei handelt es sich ebenfalls um einen Begriff, der sowohl als Fremd- wie als Selbstbezeichnung absolut gebräuchlich war. Gleichzeitig ist er in verschiedener Hinsicht verzerrend und problematisch. Schließlich liegen ihm – siehe oben – Vorstellungen von „Entwicklung" und „Modernisierung" zugrunde, die eine Annäherung der „weniger entwickelten" postkolonialen Staaten an das Vorbild westlicher Industriestaaten vorsahen und damit einen einheitlichen „westlichen" Entwicklungspfad für alle Gesellschaften[69]. Besonders für die späten 1970er und 1980er Jahre, als in vielen sogenannten Entwicklungsländern in Afrika und Lateinamerika etwa das Pro-Kopf-Einkommen und die Lebenserwartung rückläufig waren, ist der Begriff stark verzerrend. Auf dieses Problem hatte in den 1970er Jahren bereits Walter Rodney aufmerksam gemacht. Der Terminus „developing" erwecke den Eindruck, „that all the coun-

66 Sauvy, Trois Mondes.

67 Vijay Prashad, The Darker Nations. A People's History of the Third World, New York/London 2007; Jeffrey James Byrne, Mecca of Revoluton. Algeria, Decolonization, and the Third World Order, New York 2016; Malley, The Call From Algeria. Gleichzeitig imaginierte auch die radikale, neue Linke im Westen die Dritte Welt als Agenten des revolutionären Umbruchs. Siehe Kalter, Entdeckung der Dritten Welt.

68 Mahfuzur Rahman, World Economic Issues at the United Nations: Half a Century of Debate, Boston 2002, S. 43; Marc Williams, International Economic Organisations and the Third World, New York u. a. 1994, S. 5 – 8; vgl. auch Speich Chassé, Dritte Welt.

69 Es handelt sich hier zugegebener Maßen um eine starke Verkürzung. Corinna Unger weist zu Recht darauf hin, dass *modernization* und *development* „highly charged social constructs" seien, deren Charakter ständig im Wandel begriffen sei und die nur in ihrem spezifischen historisch-politischen Kontext verstanden werden könnten. Auch existierten parallel einflussreiche sowjetische Modernisierungskonzepte. Unger, Histories of Development. Siehe beispielhaft auch Nils Gilman, Mandarins of the Future. Modernization Theory in Cold War America, Baltimore 2003; Speich Chassé, Fortschritt und Entwicklung; Cooper, History of Development.

tries of Africa, Asia and Latin America are escaping from a state of economic backwardness relative to the industrial nations of the world, and that they are emancipating themselves from the relationship of exploitation. That certainly is not true.“[70]

Andererseits braucht eine Geschichte der Nord-Süd-Beziehungen übergreifende Termini für Regionen und Staatengruppen und es existieren auch keine perfekten Alternativen zu den genannten zeitgenössischen Begriffen. Das gilt gleichermaßen für den Terminus des „globalen Südens“, der in den 1990er Jahren erstmals auftauchte und den Begriff der Dritten Welt ersetzte, als dieser nach dem Ende des Kalten Krieges und der Auflösung der „zweiten Welt“ zunehmend anachronistisch erschien. Auch wirkte der „Global South“ in der Theorie weniger hierarchisch als seine Vorgänger. Letztlich ruft er aber die gleichen Vorstellungen von „Rückständigkeit“ auf und verschleiert, dass die Mehrzahl der Menschen, die ihm zugerechnet werden, auf der Nordhalbkugel leben, zumal Australien oder Neuseeland, die regional dem Süden zugehörig sind, ökonomisch zu den westlichen Industriegesellschaften zählen[71].

In dieser Arbeit werden die Begriffe Dritte Welt, (globaler) Süden und Entwicklungsländer synonym verwandt und der besseren Lesbarkeit halber nicht in Anführungszeichen gesetzt. Dass es sich dabei um Konstruktionen handelt, die verschiedenen theoretischen Konzeptionierungen verpflichtet sind und nie eine objektiv feststellbare Dritte Welt existierte, muss dabei jeweils mitreflektiert werden[72]. Als Gegenstück fungieren der Westen, der Norden oder die (westlichen) Industriestaaten. Diese Begriffe bezeichnen die marktwirtschaftlich orientierten Industrieländer Nordamerikas, Europas sowie Japan, Australien und Neuseeland, aber nicht die sozialistischen Staaten des Warschauer Pakts.

Der zentrale Begriff der Neuen Weltwirtschaftsordnung wird hier semantisch dezidiert offengelassen. Dies ist notwendig, da es gerade ein Charakteristikum der Auseinandersetzung um die New International Economic Order war, dass dieses Schlagwort von verschiedenen Personen im Süden wie im Norden genutzt und

70 Walter Rodney, How Europe Underdeveloped Africa, Nairobi/Kampala/Daressalam 2009 [1972], S. 14.

71 Zum Begriff des globalen Südens siehe Alif Dirlik, Global South: Predicament and Promise, in: The Global South 1 (2007), S. 12–23; Nina Schneider, Between Promise and Skepticism: The Global South and Our Role as Engaged Intellectuals, in: ebd. 11 (2017), 2, 18–38; Andrea Wolvers u. a., Concepts of the Global South. Introduction, in: Voices From Around the World 1 (2015).

72 Vgl. Unger, Histories of Development.

dabei immer wieder umgedeutet wurde[73]. In einem britischen Strategiepapier hieß es denn auch bezeichnenderweise: „Several heads of government, ministers and senior officials in developing countries are wedded to the idea of the New International Economic Order, without having any very definite ideas of what such an order should comprise.“[74] Je nach Sprecherin und Sprecher, Zeit und Ort erschien die Neue Weltwirtschaftsordnung mal als Programm des revolutionären Umsturzes der bestehenden globalen Verhältnisse und mal als kooperativer Akt der punktuellen Reform der bestehenden Ordnung. Und natürlich artikulierten die unterschiedlichen Akteur*innen zahlreiche Positionen zwischen diesen beiden Polen. Diese Wandelbarkeit des Begriffs ist in der Forschung bislang nicht ausreichend berücksichtigt worden. Im Folgenden soll es darum gehen, zu analysieren, wie sich die Vorstellungen von und die Verhandlungen um die Neue Weltwirtschaftsordnung im Zuge der Ölkrisen veränderten, und zwar sowohl aus nördlicher als auch aus südlicher Perspektive.

Aufbau der Arbeit

Die vorliegende Arbeit versucht die Leitfrage, wie sich die beiden Ölkrisen der 1970er Jahre auf die Debatte um eine Neue Weltwirtschaftsordnung auswirkten, in sechs Schritten zu beantworten. Kapitel eins widmet sich der Genese der Forderung des Südens nach Strukturveränderungen in der Weltwirtschaft in der Zeit nach dem Zweiten Weltkrieg bis 1973. Es fragt, warum die Bemühungen der jungen postkolonialen Staaten darin mündeten, eine gemeinsame Front zu bilden, die sich zunehmend auf weltwirtschaftliche Fragen konzentrierte und am Vorabend der ersten Ölkrise medienwirksam eine Neue Weltwirtschaftsordnung einforderte.

Kapitel zwei nimmt die Folgen der ersten Ölkrise für Ölexporteure, die übrigen Entwicklungsländer und die Industriestaaten in den Blick. Es untersucht zunächst, ob die neu gewonnene Ölmacht der Exporteure ausreichte, um eine durchgreifende Reform internationaler Wirtschaftsstrukturen durchzusetzen, und inwiefern sie daran angesichts ihres schnell wachsenden Reichtums überhaupt noch Interesse hatten. Dann thematisiert es den Einfluss der Ölpreisvervierfachung auf die Volkswirtschaften des Westens und die potenzielle Erpressbarkeit

73 Vgl. Paul Adler, „The Basis of a New Internationalism?“: The Institute for Policy Studies and North-South Politics from the NIEO to Neoliberalism, in: Diplomatic History 41 (2017), 4, S. 665–693.

74 National Archives London (NAL), FCO 96/665: Strategic Review of Relations with Developing Countries, Draft Paper, [ca. Mitte 1977].

der westlichen Akteure mit Blick auf die Ölmacht des Südens nach 1973. Schließlich wird diskutiert, wie die Ölkrise die Entwicklungsanstrengungen der Öl-armen Entwicklungsländer und ihre Einstellung zur OPEC und zum Projekt der Neuen Weltwirtschaftsordnung veränderte. Daraus wird die These entwickelt, dass die erste Ölkrise zwar die Bedingungen schuf, diesem Projekt international Gehör zu verschaffen, aber gleichzeitig bereits eine ökonomische Auseinanderentwicklung der Ölexporteure und der Ölimporteure der Dritten Welt anstieß, die mittelfristig die Solidarität des Südens und damit das Fundament des Kampfes für eine Neue Weltwirtschaftsordnung bröckeln ließ.

Kapitel drei konzentriert sich auf die recht erfolgreichen Versuche, die Neue Weltwirtschaftsordnung im Gefolge der Ölkrise – im Rahmen der UN, der Verhandlungen zwischen EWG und ehemaligen Kolonien und im Pariser Nord-Süd-Dialog –, auf die internationale Agenda zu setzen. Es fragt nach den konkreten Strategien, die sich Süd und Nord in diesen Debatten zunutze machten. Während vor allem die Vereinigten Staaten versuchten, die Allianz der Dritten Welt zu spalten, gelang es den Entwicklungsländern, diese zu konsolidieren. Entscheidend war dabei, so die These, dass es den OPEC-Staaten mit Algerien in der Protagonistenrolle gelang, ein Narrativ zu etablieren, dass die Probleme der Entwicklungsländer keine Folge der Ölkrise waren, sondern der (neo)kolonialen Weltwirtschaftsordnung.

Kapitel vier analysiert die ersten Auflösungserscheinungen der Solidarität der Dritten Welt in der zweiten Hälfte der 1970er Jahre. Während viele Entwicklungsländer unter anhaltenden ökonomischen Problemen litten, überwanden andere die Folgen von Öl- und Weltwirtschaftskrise oder akkumulierten wie Saudi-Arabien weitere Reichtümer. Die Interessen und Problemlagen der Länder des Südens entwickelten sich – so die These dieses Kapitels – zunehmend auseinander und ließen die Solidarität in der zweiten Hälfte der 1970er Jahre immer weiter erodieren, bis es zu ersten offenen Konflikten kam.

Die zweite Ölkrise von 1979/80, deren Folgen Kapitel fünf in den Blick nimmt, verstärkte die Fliehkräfte innerhalb der Dritten Welt. Mit einer weiteren Verdopplung des Ölpreises führte sie zwar den westlichen Industriestaaten erneut ihre Verwundbarkeit vor Augen. Diesmal wusste die Dritte Welt die Situation jedoch nicht auszunutzen. Das lag zum einen daran, dass die OPEC mit Beginn des Iran-Irak-Krieges 1980 ihre Handlungsfähigkeit weitgehend einbüßte. Zum anderen nahmen Länder wie Sambia diese Ölkrise angesichts der viel problematischeren nationalen Wirtschaftslage nun deutlich stärker als existenzielle Bedrohung für das eigene Land wahr. Dementsprechend begriffen sie die Ereignisse auch nicht als erneute Chance, eine gerechtere Weltwirtschaftsordnung zu erkämpfen und entsprechende Initiativen blieben nach 1979 aus.

Kapitel sechs analysiert schließlich die Gründe, warum der Nord-Süd-Dialog zunächst ins Stocken geriet und die Forderung nach einer Neuen Weltwirtschaftsordnung Anfang der 1980er Jahre faktisch von der internationalen Agenda verschwand. Sowohl weite Teile der Dritten Welt als auch die westlichen Industriestaaten verloren das Interesse an diesem Projekt. Das lag daran, dass einige Entwicklungsländer in der Umsetzung bestimmter Kernforderungen der Neuen Weltwirtschaftsordnung keinen Gewinn mehr sahen, die Dritte Welt im Zuge von Schuldenkrise und Ölschwemme ihre Verhandlungsmacht einbüßte und ein Wandel im Entwicklungsdenken das Konzept einer neuen Wirtschaftsordnung im Westen immer inakzeptabler erscheinen ließ.

Es folgte, was der britische Historiker Mark Mazower als „Real New International Economic Order" bezeichnet hat: Die „neoliberale" Form der Globalisierung, die unsere Welt bis heute prägt[75]. Diese war auch eine Antwort (gewisser Teile) des Westens auf die Forderungen aus der Dritten Welt, die Spielregeln der globalen Wirtschaft grundlegend zu reformieren. Indem diese Arbeit sich mit den Ölkrisen und der Auseinandersetzung um eine Neue Weltwirtschaftsordnung beschäftigt, hilft sie insofern die Genese der heutigen Welt zu verstehen. Sie ist auch eine Vorgeschichte der Gegenwart.

75 Mark Mazower, Governing the World. The History of an Idea, London 2012, S. 343–377. Eine ähnliche Einschätzung findet sich jüngst auch bei Samuel Moyn, Not Enough. Human Rights in an Unequal World, Cambridge/London 2019.

1 Die Nord-Süd-Beziehungen vor dem „Ölschock“, 1945–1973

In den ersten 25 Jahren nach dem Ende des Zweiten Weltkriegs schwappte eine beispiellose Dekolonisierungswelle zunächst über den asiatischen, dann auch über den afrikanischen Kontinent. Standen während der Zwischenkriegszeit etwa zwei Fünftel der Weltbevölkerung unter kolonialer Herrschaft, galt dies Anfang der 1970er Jahre nur noch für einige Gebiete im südlichen Afrika. Dieser Prozess, den der Indien-Historiker Dietmar Rothermund als „perhaps the most important historical process of the twentieth century“ bezeichnet hat, führte zu einer rapiden Umgestaltung der internationalen Beziehungen. Dies lässt sich nicht zuletzt an der Mitgliedschaft in den Vereinten Nationen ablesen. Gegründet im Jahr 1945 von 51 Staaten, wuchs die Mitgliederzahl der Organisation bis 1957 vor allem durch den Beitritt asiatischer und europäischer Länder auf 82 und mit der weitgehenden Dekolonisierung Afrikas auf 144 im Jahr 1975. Die Dritte Welt stellte nun die Mehrheit in der Generalversammlung der UN, was unübersehbare Folgen für deren Agenda und Beschlüsse haben sollte[76].

Mit der Erlangung der politischen Selbstständigkeit sahen viele Unabhängigkeitsbewegungen die Voraussetzungen geschaffen, nun einen Prozess der rapiden sozioökonomischen Entwicklung einzuleiten. Die berühmteste Formulierung dafür fand Kwame Nkrumah, der Anführer der antikolonialen Bewegung der Goldküste, dem ersten Gebiet im subsaharischen Afrika, dem 1957 die Unabhängigkeit unter dem Namen Ghana gelingen sollte. „Seek ye first the political kingdom“, erklärte Nkrumah, der an der Lincoln University in Pennsylvania Theologie studiert hatte, „and all things shall be added upon you.“[77] Sobald wirtschaftliche Entscheidungen im Interesse der lokalen Bevölkerung und der lokalen Wirtschaft und nicht mehr mit Blick auf die Metropole getroffen würden,

---

76 Rothermund, Decolonization, S. 1. Allgemein zum Prozess der Dekolonisation siehe etwa Shipway, Decolonization; Jan C. Jansen/Jürgen Osterhammel, Dekolonisation. Das Ende der Imperien, München 2013; Kruke (Hg.), Dekolonisation. Zur Veränderung innerhalb der UN siehe Mazower, No Enchanted Palace; und Paul M. Kennedy, Parlament der Menschheit. Die Vereinten Nationen und der Weg zur Weltregierung, Bonn 2007. Ab 1962 waren Ex-Kolonien, die seit dem Ende des Zweiten Weltkrieges die Unabhängigkeit erlangt hatten, in der Mehrheit.

77 Kwame Nkrumah, Ghana. The Autobiography of Kwame Nkrumah, London 1957, S. 164. Zu Nkrumahs Biographie vgl. David Birmingham, Kwame Nkrumah. The Father of African Nationalism, Athens 1998; Basil Davidson, Black Star. A View of the Life and Times of Kwame Nkrumah, Oxford 2007; Bea Lundt/Christoph Marx (Hg.), Kwame Nkrumah 1909–1972. A Controversial African Visionary, Stuttgart 2016. Ganz ähnlich äußerte sich z. B. Julius Nyerere, Third World Negotiating Strategy, in: Third World Quarterly 1 (1979), 2, S. 20–23.

https://doi.org/10.1515/9783110770001-005

wäre – so die Erwartung – ökonomischer Aufschwung die logische Folge. Nkrumah selbst hatte 1949 vollmundig versprochen, dass man Ghana innerhalb von zehn Jahren in ein Paradies verwandeln werde, sobald die Unabhängigkeit erreicht sei[78]. Entsprechend unter Druck standen seine und andere postkoloniale Regierungen, die Versprechen von Wohlstand und wirtschaftlicher Entwicklung, mit denen sie während des antikolonialen Widerstands geworben hatten, einzulösen[79].

Als Premierminister und ab 1960 als erster Präsident Ghanas begann Nkrumah umgehend mit einem ambitionierten Projekt der Modernisierung, wie es damals hieß, der ghanaischen Wirtschaft. Er nutzte die Einkünfte aus dem Kakaoexport, die Haupteinnahmequelle des Staates, um die Ökonomie zu diversifizieren und vor allem mit dem Volta-Staudamm sowie dem Aufbau einer Aluminium verarbeitenden Industrie einen Industrialisierungsprozess einzuleiten. Mitte der 1960er Jahre war allerdings klar, dass das Projekt zum Scheitern verurteilt war. Der Weltmarktpreis für Kakao war eingebrochen, was zum drastischen Sinken der Staatseinnahmen führte, so dass Ghana trotz einer Rekordernte im Jahr 1965 kurz vor dem Bankrott stand. Gleichzeitig gerieten durch den Aufbau des Aluminiumsektors relevante Teile der ghanaischen Wirtschaft in die Hände multinationaler Konzerne und internationaler Finanzinstitutionen, die die notwendige Technologie bzw. die benötigten Finanzmittel zur Verfügung stellten[80]. Angesichts dieses wirtschaftlichen Scheiterns warf Nkrumah – und mit ihm viele andere Anführer junger postkolonialer Staaten – sein Credo von der zwingenden ökonomischen Entwicklung als Folge der politischen Unabhängigkeit über Bord. Vielmehr kritisierte er die existierende Weltwirtschaftsordnung als „neokolonial", befand, dass die ehemaligen Kolonien ökonomisch immer noch von den westlichen Industriestaaten und vor allem den großen Konzernen (vom „monopoly capitalism") abhängig seien und unter diesen Umständen Entwicklung für die jungen Staaten in Afrika und Asien nicht möglich sei. Eine grundlegende Veränderung der Weltwirtschaftsordnung schien aus dieser Perspektive notwendig, wobei der Schlüssel für Nkrumah primär in der regionalen Integration, im afri-

78 Roger S. Gocking, The History of Ghana, Westport/London 2005, S. 116.
79 Vgl. Dinkel, Bewegung der Bündnisfreien, S. 125; David K. Fieldhouse, The West and the Third World. Trade, Colonialism, Dependence, and Development, Oxford 1999, S. 227; vgl. auch Daniel Speich, Der Entwicklungsautomatismus. Ökonomisches Wissen als Heilsversprechen in der ostafrikanischen Dekolonisation, in: Archiv für Sozialgeschichte 48 (2008), S. 183–212.
80 Cooper, Africa since 1940, S. 161–163; Gocking, Ghana, S. 115–145; John D. Esseks, Political Independence and Economic Decolonization: The Case of Ghana under Nkrumah, in: The Western Political Quarterly, 24 (1971), S. 59–64.

kanischen Kontext in der politischen und ökonomischen Einheit des Kontinents lag[81].

Im Folgenden wird gezeigt, warum die jungen postkolonialen Staaten vor allem seit den 1960er Jahren begannen, eine gemeinsame Front zu bilden, die sich zunehmend entschieden für die Einführung einer gerechteren Weltwirtschaftsordnung einsetzte. Dazu werden zunächst die zentralen Kritiken an der internationalen ökonomischen Ordnung der Nachkriegszeit in den Blick genommen und es wird erklärt, wie sich diese in der ersten Hälfte der 1960er Jahre in der Schaffung der UNCTAD niederschlugen. Anschließend rückt die Bewegung der Bündnisfreien in den Fokus, die auf ihrem Gipfeltreffen in Lusaka 1970 eine Refokussierung auf ökonomische Fragen erlebte, die 1973 – wenige Wochen vor Beginn der ersten Ölkrise – in Algier in der erstmaligen Forderung nach einer „New International Economic Order" mündete.

1.1 Neokolonialismus, Dependenztheorie und die Entstehung der UNCTAD

Nkrumah war nicht der Erste, der die koloniale Entstehungsgeschichte der Weltwirtschaftsordnung in den Blick nahm und die daraus resultierenden Handelsbeziehungen zwischen Entwicklungsländern und den westlichen Industriestaaten als zutiefst ungerecht und entwicklungshemmend kritisierte. Vor allem aus Lateinamerika waren ähnliche Vorwürfe zu vernehmen, wobei dem argentinischen Ökonomen Raúl Prebisch eine Vorreiterrolle zukam.

Prebisch, 1901 in der argentinischen Provinz geboren, erwarb sich in Buenos Aires schnell den Ruf eines „Wunderkindes" [82]. Mit 17 begann er sein Studium an der wirtschaftswissenschaftlichen Fakultät der Universität von Buenos Aires, wo er zwei Jahre später seine ersten Kurse gab. Mit 29 war er Staatssekretär im Finanzministerium und wirtschaftspolitischer Berater des Präsidenten. Mit 34 hatte er die argentinische Zentralbank reorganisiert und besetzte als Generaldirektor einen der Leitungsposten der Bank, die schnell ins Zentrum der argentinischen Wirtschaftspolitik rückte. Nach der Machtübernahme Juan Peróns sah sich Prebisch 1943 allerdings gezwungen, sein Heimatland zu verlassen. Nach verschiedenen Stationen auf dem amerikanischen Kontinent übernahm er 1949 die Lei-

81 Kwame Nkrumah, Neo-Colonialism: The Last Stage of Imperialism, New York 1966; vgl. auch Ama Biney, The Political and Social Thought of Kwame Nkrumah, New York/Houndsmill 2011, S. 131–133.

82 Edgar J. Dosman, The Life and Times of Raúl Prebisch, 1901–1986, Montreal u. a. 2008, S. 59; zu Prebischs Aufstieg in Argentinien vgl. ebd., S. 21–116.

tung der ein Jahr zuvor gegründeten Economic Commission for Latin America (ECLA) der Vereinten Nationen[83]. In dieser Funktion sollte er die Debatten um Welthandel und Entwicklung nachhaltig beeinflussen. Ein Schlüsselereignis war im Frühsommer 1949 die Vorstellung seines sogenannten „Havana Manifestos" auf der zweiten Konferenz der ECLA in der kubanischen Hauptstadt. In diesem Manifest mit dem Titel „The Economic Development of Latin America and Its Principal Problems" stellte Prebisch eine dezidierte Zentrum-Peripherie-Struktur der Weltwirtschaft fest, die dafür sorge trage, dass der Welthandel nicht gleichermaßen im Interesse der armen wie der reichen Länder arbeite: „[T]he centres kept the whole benefit of the technical development of their industries, the peripheral countries transferred to them a share of the fruits of their own technical progress."[84] Entwicklungsländer, die Peripherie, lieferten Rohstoffe an die entwickelten Staaten, das Zentrum, von dem der gemeinsame Konjunkturzyklus ausgehe, um im Gegenzug Industriegüter von dort zu importieren. Da die Produktivitätssteigerung in der Industrie grundsätzlich größer sei als in der Rohstofferzeugung, diese aber seit den 1870er Jahren nicht in niedrigere Preise übersetzt worden sei, sei es zu einer konstanten Verschlechterung der Terms of Trade der Entwicklungsländer gegenüber den Industriestaaten gekommen. Mit anderen Worten: Die Preise für Agrarprodukte, Erze etc. seien im Vergleich zu jenen für Maschinen, Werkzeuge oder Elektrogeräte gesunken, so dass die Exporte aus der Peripherie tendenziell von Jahr zu Jahr weniger dazu in der Lage seien, die Importe aus dem Zentrum zu finanzieren. Darüber hinaus seien die Entwicklungsländer in Zeiten von Wirtschaftskrisen anfälliger, da Gewerkschaften in den USA und Europa stark genug seien, um einen rapiden Preisverfall, wie er im landwirtschaftlichen Bereich in Rezessionsphasen eintrete, für Industriegüter zu verhindern. Beides zusammen – die stetige Verschlechterung der Terms of Trade und die größere Anfälligkeit für Konjunkturkrisen – bedeute eine strukturelle Asymmetrie der Weltwirtschaftsordnung, die mitgedacht werden müsse, wolle man effektive Wege finden, um in ökonomisch peripheren Regionen wie Lateinamerika Entwicklung zu ermöglichen[85].

83 Zur ECLA siehe Stella Krepp, Weder Norden noch Süden: Lateinamerika, Entwicklungsdebatten und die „Dekolonisierungskluft", 1948 – 1973, in: Dinkel/Fiebrig/Reichherzer (Hg.), Nord/Süd, S. 109 – 134.

84 Raúl Prebisch, The Economic Development of Latin America and Its Principal Problems, New York 1950, S. 10.

85 Ebd.; vgl. Dosman, Prebisch, S. 242 – 249; auch Andrés Rivarola Puntigliano/Örjan Appelqvist, Prebisch and Myrdal: Development Economics in the Core and on the Periphery, in: Journal of Global History 6 (2011), S. 29 – 52.

Prebischs Antwort auf diese strukturelle Benachteiligung war – und dabei orientierte er sich an seinen Erfahrungen mit der argentinischen Wirtschaft vor 1943 – die gezielte Industrialisierung. Entwicklungsländer sollten dazu übergehen, Industriegüter, die sie bislang importierten, selbst zu produzieren – sogenannte Importsubstitution zu betreiben. So ließe sich ein Industrialisierungsprozess einleiten, der die Abhängigkeit von der Ausfuhr von Rohstoffen mittelfristig beheben könne[86]. In den frühen 1960er Jahren hatte sich allerdings gezeigt, dass die Strategie der Industrialisierung durch Importsubstitution nicht funktionierte. Weder hatte sich dadurch die Armut in den lateinamerikanischen Staaten reduzieren lassen, noch waren diese in ihrer wirtschaftlichen Entwicklung unabhängiger von den Industriestaaten geworden. Die Ausbreitung multinationaler Konzerne, deren Hauptquartiere in der Regel in Nordamerika oder Westeuropa lagen und die in den technologisch anspruchsvollen Schlüsselindustrien in Lateinamerika eine zentrale Rolle spielten, verstärkte diesen Eindruck noch. Auch schrumpfte der Anteil der Entwicklungsländer am Welthandel insgesamt.

Angesichts dieser unwillkommenen ökonomischen Trends entwickelten verschiedene Wissenschaftler, vor allem innerhalb der ECLA, Prebischs Idee der strukturellen Benachteiligung, die oft auch als Prebisch-Singer-These[87] bezeichnet wird, in den 1960er Jahren zur sogenannten Dependenztheorie weiter. Grundgedanke dieses Ansatzes ist – bei allen unterschiedlichen Schwerpunkten und Spielarten – die Überzeugung, „that Latin American underdevelopment is due to age-old foreign influence, limiting its national sovereignty“. Die „Unterentwicklung“ wird historisch gesehen als ein Produkt der spanischen Kolonialherrschaft, anschließend des britischen *informal empire* und schließlich der technologisch-industriellen Abhängigkeit von den westlich kontrollierten multinationalen Konzernen verstanden[88]. In den besonders radikalen Varianten der Dependenztheorie, etwa bei André Gunder Frank, schien der Reichtum, den die Industriestaaten seit dem 16. Jahrhundert akkumuliert hatten, gar primär auf der Ausbeutung der Peripherien zu beruhen[89] –, eine These, die zeitgleich in ähnli-

---

86 Prebisch, Economic Development; Dosman, Prebisch, S. 244f. Zur Politik der Importsubstitution in Lateinamerika vgl. etwa auch Fieldhouse, Third World, S. 138–142.

87 Der in Cambridge promovierte deutschstämmige Ökonom Hans Singer hatte in den 1940er Jahren statistische Daten ausgewertet, um die konstatierte Verschlechterung der Terms of Trade für Rohstoffproduzenten empirisch zu belegen. Vgl. Lorenzini, Global Development, S. 96–103.

88 Walther L. Bernecker/Thomas Fischer, Rise and Decline of Latin American Dependency Theories, in: Itinerario 22 (1998), 4, S. 25–43, hier S. 32f; vgl. auch Hart, New International Economic Order, S. 7–12; Fieldhouse, Third World, S. 56–62.

89 André Gunder Frank, Capitalism and Underdevelopment in Latin America, New York 1967.

cher Form auch in Afrika zu finden ist: In „Die Verdammten dieser Erde“, einem Buch, das bald zur Bibel des antikolonialen Kampfes wurde, schrieb der auf Martinique geborene und nach Algerien übergesiedelte Psychiater Frantz Fanon: „Der Reichtum der imperialistischen Länder ist auch unser Reichtum. Europa hat sich an dem Gold und den Rohstoffen der Kolonialländer unmäßig bereichert: aus Lateinamerika, China und Afrika, aus all diesen Kontinenten, denen Europa heute seinen Überfluß vor die Nase setzt, werden seit Jahrhunderten Gold und Erdöl, Seide und Baumwolle, Holz und exotische Produkte nach eben diesem Europa verfrachtet. Dieses Europa ist buchstäblich das Werk der Dritten Welt. Die Reichtümer, an denen es erstickt, sind den unterentwickelten Völkern gestohlen worden.“[90] Und ganz ähnlich postulierte einige Jahre später der aus Guyana stammende Walter Rodney in seinem in Tansania entstandenen Bestseller „How Europe Underdeveloped Africa“, dass die Einnahmen aus dem transatlantischen Sklavenhandel eine notwendige Bedingung für die europäische Industrialisierung gewesen seien, während die „Unterentwicklung“ Afrikas umgekehrt ein Produkt des Kolonialismus sei[91].

Die strukturelle Asymmetrie der Weltwirtschaft war aber eben nicht nur ein historisches Phänomen, darin waren sich Prebisch, Fanon und Nkrumah einig, sondern charakterisierte auch in hohem Maße die Nachkriegsordnung. Die von den Alliierten im Juli 1944 im amerikanischen Bretton Woods geschaffene internationale Wirtschaftsordnung diente, so die verbreitete Kritik, ausschließlich den Interessen der Industriestaaten, deren primäres Ziel es zunächst war, den Wiederaufbau der im Krieg zerstörten europäischen Volkswirtschaften voranzubringen. Die 700 Delegierten aus 44 Staaten hatten in Bretton Woods ein Weltwährungssystem der fixen Wechselkurse beschlossen, das durch eine Goldparität des US-Dollars abgesichert wurde. Dieser wurde damit zur internationalen Leitwährung, zum neuen „Goldstandard“, auf den sich alle anderen Währungen bezogen, womit den Vereinigten Staaten eine herausgehobene Stellung zukam[92].

Zur Absicherung des neuen Systems beschlossen die Delegierten, zwei neue Institutionen zu schaffen, die die Marginalisierung der Entwicklungsländer weiter

---

90 Frantz Fanon, Die Verdammten dieser Erde, Frankfurt a. M. 1966, S. 83.

91 Rodney, How Europe Underdeveloped Africa. Er bezog sich damit nicht zuletzt auf die berühmte These Eric Williams von 1944. Vgl. zu ähnlichen Interpretationen auch Getachew, Worldmaking, S. 151–160.

92 Thomas W. Zeiler, Offene Türen in der Weltwirtschaft, in: Akira Iriye (Hg.), Geschichte der Welt. 1945 bis heute. Die globalisierte Welt, München 2013, S. 183–356, hier S. 192 f. Vgl. Jeffry A. Frieden, Global Capitalism. Its Fall and Rise in the Twentieth Century, New York/London 2007, S. 290–292; Eric Helleiner, States and the Reemergence of Global Finance. From Bretton Woods to the 1990s, Ithaca/London 1994, S. 25–77.

zu bestätigen schienen: den Internationalen Währungsfonds (IWF), der ausreichende Liquidität für den Welthandel bereitstellen sollte, und die Internationale Bank für Wiederaufbau und Entwicklung, die heute Teil der Weltbankgruppe ist. In beiden Institutionen hielten die westlichen Industriestaaten und vor allem die USA, da sie den größten Teil des Kapitals bereitgestellt hatten, die Mehrheit der Stimmrechte und bestimmten somit den Kurs. Die Ausrichtung der Weltbank in den ersten Jahren ihrer Existenz verdeutlicht den klaren Fokus auf Europa und die marginale Stellung der Länder, die damals als „unterentwickelt" bezeichnet wurden. Der Wiederaufbau der zerstörten Industriestaaten stand zunächst so sehr im Zentrum, dass das Thema Entwicklung im ersten Entwurf der Bankstatuten nicht einmal vorkam. Dementsprechend konzentrierte die Bank ihre Aktivitäten zunächst auch nahezu ausschließlich auf Europa, erst nach 1957 verlagerte sich der Schwerpunkt in die Dritte Welt[93].

Die entschiedenste Kritik aber machte sich am Fehlen einer weiteren Institution fest, die zunächst als dritte Stütze einer stabilen Nachkriegsordnung avisiert worden war: eine Internationale Handelsorganisation. Eine solche war 1945 während der Gründung der Vereinten Nationen in San Francisco vorgeschlagen worden und sollte für faire Regeln im internationalen Handel sorgen. Verschiedene Konferenzen berieten über den Entwurf einer Charta, die schließlich im März 1948 in Havanna von 53 der 56 anwesenden Delegationen angenommen wurde. Auf lateinamerikanischen Druck hin enthielt der Entwurf unter anderem Regelungen zur Enteignung ausländischer Firmen und zum Abschluss von internationalen Rohstoffabkommen, die dem von Prebisch identifizierten Problem der nachteiligen Terms of Trade für Entwicklungsländer Abhilfe schaffen sollten. Der Enthusiasmus, mit dem die Vereinigten Staaten das Projekt zunächst angestoßen hatten, war allerdings mittlerweile verflogen und der US-Kongress verweigerte die Ratifizierung der Charta. Das Beispiel machte Schule, lediglich Liberia ratifizierte das Dokument. Die Internationale Handelsorganisation war gescheitert[94].

An ihre Stelle trat mit dem sogenannten General Agreement on Tariffs and Trade (GATT) ein Provisorium, das ebenfalls auf amerikanische Initiative hin entstanden war und eigentlich mit der Schaffung der Internationalen Handelsorganisation hätte obsolet werden sollen. 1947 hatten 23 vornehmlich westliche Industriestaaten diesen internationalen Vertrag unterzeichnet, der durch die Ausdehnung des Meistbegünstigungsprinzips auf alle Vertragsparteien zum Abbau von Handelsschranken und zum Aufbau einer multilateralen Handelsord-

93 Vgl. Zeiler, Offene Türen, S. 192f; Williams, International Economic Organisations, S. 51–140; Garavini, After Empires, S. 21f; Woods, The Globalizers, S. 15–64.

94 Vgl. Zeiler, Offene Türen, S. 196f; Dosman, Prebisch, S. 379; Garavini, After Empires, S. 22f.

nung führen sollte[95]. Dabei, so fasst Edgar Dosman den Blick aus der Dritten Welt auf das Abkommen zusammen, sei es allein um die Interessen der Industriestaaten gegangen: „Lowering trade barriers in industrial goods and services where they had a comparative advantage, while ignoring agriculture and textiles where developing countries had an advantage."[96]

Aus der Perspektive vieler Dritt-Welt-Staaten zeigte sich also bis Anfang der 1960er Jahre, dass die Erwartung ökonomischer Dekolonisation und rapider sozio-ökonomischer Entwicklung als Folge der politischen Unabhängigkeit enttäuscht zu werden drohte. Anstatt zu den Industriestaaten aufzuschließen, vergrößerte sich der Abstand trotz moderater Wachstumsraten für die meisten Entwicklungsländer. Zwischen 1950 und 1960 sank etwa ihr Anteil am globalen Handel von 31 auf 21,4 Prozent[97]. Multinationale Konzerne transferierten jährlich mehr Geld aus der Dritten Welt in die Industriestaaten, als sie dort investierten und als an bi- und multilateraler Entwicklungshilfe gen Süden floss. Steigende „unsichtbare" Kosten für den Schiffstransport und die Versicherung von Waren, Wirtschaftszweige, die ebenfalls von Unternehmen aus den reichen Staaten dominiert wurden, belasteten darüber hinaus die Zahlungsbilanzen der Entwicklungsländer[98]. Kurz: Der Fehler schien im System zu liegen, das allein auf die Interessen der Industriestaaten zugeschnitten worden war. Konzertiertes Handeln auf der internationalen Ebene erschien vor diesem Hintergrund notwendig und Prebisch und Nkrumah gehörten zu denjenigen, die aktiv wurden.

1961 hatten sich die sogenannten blockfreien Staaten erstmals in Belgrad zu einem Gipfeltreffen zusammengefunden. Fragen von Weltwirtschaft und Entwicklung hatten, wie im Folgenden noch genauer erläutert wird, lediglich eine untergeordnete Rolle gespielt. Einige Delegierte – unter ihnen Nkrumah, der jugoslawische Präsident Josip Broz Tito und der äthiopische Kaiser Haile Selassie – hatten jedoch die Meinung vertreten, Wirtschaftsfragen müssten intensiver thematisiert werden und die Einberufung einer entsprechenden Folgekonferenz an-

95 Zollreduktionen, die ein Land einem der Vertragspartner zugestand, mussten dementsprechend automatisch allen übrigen GATT-Mitgliedern zugebilligt werden.

96 Dosman, Prebisch, S. 380; vgl. zum GATT auch Thomas W. Zeiler, Free Trade, Free World. The Advent of GATT, Chapel Hill 1999; Williams, International Economic Organisations, S. 141–178; Branislav Gosovic, UNCTAD. Conflict and Compromise. The Third World's Quest for an Equitable World Economic Order Through the United Nations, Leiden 1972, S. 8–14; Francine McKenzie, Free Trade and Freedom to Trade: The Development Challenge to GATT, 1947–1968, in: Frey/Kunkel/Unger (Hg.), International Organizations, S. 150–170.

97 Williams, International Economic Organisations, S. 15.

98 Diese Kritikpunkte finden sich etwa bei Nkrumah, Neo-Colonialism, S. 241–244.

geregt[99]. Diese Conference on the Problems of Economic Development, an der auch Prebisch als Repräsentant der UN teilnahm, fand im Juli 1962 in Kairo statt und richtete sich dezidiert nicht bloß an bündnisfreie, sondern an alle Entwicklungsländer. Das wichtigste Ergebnis des Treffens war der Aufruf zur Einberufung einer „international economic Conference within the framework of the United Nations", deren Agenda „all vital questions relating to international trade, primary commodity trade, economic relations between developing and developed countries" beinhalten sollte[100].

Die Vereinten Nationen nahmen den Vorschlag auf und die Generalversammlung beschloss im Dezember 1962 die Ausrichtung einer United Nations Conference on Trade and Development (UNCTAD) in Genf. Dass es dazu kam, war einerseits Ausdruck der beschriebenen Unzufriedenheit der Dritten Welt mit der existierenden Weltwirtschaftsordnung und andererseits Produkt der veränderten Mehrheitsverhältnisse in den Vereinten Nationen. Die westlichen Industriestaaten votierten zwar zunächst im mit Wirtschafts- und Finanzthemen betrauten Second Committee der Vereinten Nationen weitgehend gegen den Vorschlag, wurden aber von der Mehrheit der neu aufgenommenen postkolonialen Staaten überstimmt. Nicht zuletzt aufgrund der Furcht, die Entwicklungsländer mit dieser ablehnenden Haltung ins sowjetische Lager zu treiben, stimmten die westlichen Delegierten anschließend in der Generalversammlung ebenfalls für die vorgeschlagene Konferenz[101]. Hier wird einmal mehr deutlich wie der Kalte Krieg – umso mehr als die Kuba-Krise nur wenige Wochen zurücklag – in den 1950er und 1960er Jahren direkten Einfluss auf die Debatten um die ökonomische Entwicklung der Dritten Welt und den Prozess der Dekolonisierung nahm (und umgekehrt). Die historische Forschung hat in den letzten Jahren überzeugend herausgearbeitet, wie es postkolonialen Eliten einerseits immer wieder gelang, den Systemkonflikt

---

99 Dinkel, Bewegung der Bündnisfreien, S. 125 f; Garavini, After Empires, S. 15; G. H. Jansen, Nonalignment and the Afro-Asian States, New York/Washington 1966, S. 311 f; siehe auch Paragraph 22 der Deklaration von Belgrad. First Conference of Heads of State or Government of Non-Aligned Countries, Declaration, Belgrade, September 1–6, 1961, in: Jankowitsch/Sauvant (Hg.), The Third World Without Superpowers. Serie 1. Bd. 1, S. 3–7, hier S. 6.

100 Special Conference, Conference on the Problems of Economic Development, 1. Cairo Declaration of Developing Countries, Cairo, July 9–18, 1962, in: Jankowitsch/Sauvant (Hg.), Third World Without Superpowers. Serie 1. Bd. 1, S. 72–75, hier S. 74. Vgl. Zur Konferenz in Kairo auch Steffen Fiebrig, Unequal exchange? Post-koloniale Wirtschaftsordnung, Handelsliberalisierung und die UNCTAD, in: Dinkel/Fiebrig/Reichherzer (Hg.), Nord/Süd, S. 135–170, hier S. 141–145.

101 UN General Assembly Resolution 1785 (XVII). United Nations Conference on Trade and Development, 8.12.1962, https://undocs.org/en/A/RES/1785(XVII), 22.12.2021; Garavini, After Empires, S. 35; Williams, International Economic Organisations, S. 181–184; Gosovic, UNCTAD, S. 15–21.

zu ihren Gunsten auszunutzen, und wie die Supermächte andererseits Dekolonisierungskonflikte vielfach durch die Brille des Kalten Krieges wahrnahmen[102].

Im Januar 1963 ernannte UN-Generalsekretär U Thant Raúl Prebisch zum Generalsekretär der Genfer Konferenz, die vom 23. März bis zum 16. Juni 1964 im Palais des Nations stattfinden sollte. Prebisch stürzte sich in die Vorbereitungen und legte mit seinem Team mit „Towards a New Trade Policy for Development“ das wohl einflussreichste Papier des Treffens vor. In dem Bericht fasste der südamerikanische Ökonom die gemeinsamen Anliegen der Entwicklungsländer noch einmal systematisch zusammen und argumentierte, dass ein „trade gap“ die wirtschaftlichen Entwicklungsmöglichkeiten der Dritten Welt behindere. Wollten die Länder des Südens ein jährliches Wirtschaftswachstum von mindestens 5 Prozent[103] erreichen, wie es die First UN Development Decade, die US-Präsident John F. Kennedy im Januar 1961 ausgerufen hatte, vorsah, so wäre eine Exportsteigerung von jährlich 6 Prozent notwendig. Davon seien die Entwicklungsländer aber weit entfernt. Die Ausfuhrsteigerungen hätten sich in den 1950er Jahren auf durchschnittlich nicht einmal 2 Prozent jährlich belaufen, wenn man die Verschlechterung der Terms of Trade miteinbeziehe. Setze sich dieser Trend fort, würde die „Handelslücke“ wachsen und bis 1970 voraussichtlich 20 Milliarden Dollar jährlich betragen[104].

Prebisch schlug ein „integrated programme of measures“[105] vor, das die Steigerung der Erlöse aus dem Export von Rohstoffen und Industriegütern mit der Heraufsetzung von Hilfszahlungen kombinierte, um die notwendigen Mittel für Entwicklung bereitzustellen. Zentrale Instrumente sollten internationale Rohstoffabkommen und verbesserte Zugangsmöglichkeiten für Industrieprodukte der Dritten Welt zu den Märkten der reichen Industriestaaten sein. Sogenannte

102 Siehe beispielhaft Leslie James/Elisabeth Leake (Hg.), Decolonization and the Cold War. Negotiating Independence, London u. a. 2015; Lorenzini, Global Development; Robert J. McMahon, Die Macht der Schwachen, in: Bernd Greiner/Christian Th. Müller/Claudia Weber (Hg.), Ökonomie im Kalten Krieg, Hamburg 2010, S. 30 – 44; Westad: Global Cold War. Zur Kuba-Krise siehe etwa Bernd Greiner, Die Kuba-Krise. Die Welt an der Schwelle zum Atomkrieg, München 2010.

103 Wobei 5 Prozent Wirtschaftswachstum angesichts des schnellen Bevölkerungswachstums kaum ausreichend zu sein schienen, um das Lebensniveau der Bevölkerung signifikant zu heben.

104 Für eine kurze Zusammenfassung von Prebischs Argument siehe United Nations, Towards a New Trade Policy for Development. Report by the Secretary-General of the United Nations Conference on Trade and Development, New York 1964, S. 3 – 6; vgl. Dosman, Prebisch, S. 395. Zur Development Decade siehe D. I. Ajaegbo, First Development Decade, 1960 – 1970: The United Nations and the Economic Development of Africa, in: Transafrican Journal of History 15 (1986), S. 1 – 17; Rahman, World Economic Issues, S. 54 – 57.

105 United Nations, Towards a New Trade Policy for Development, S. ix.

Rohstoffabkommen existierten bereits für einige Produkte wie Zinn, Kaffee oder Zucker – zum Teil seit der Zwischenkriegszeit – und versuchten über verschiedene Wege, die Preisschwankungen der genannten Güter zu stabilisieren[106]. Damit Industriegüter aus der Dritten Welt Absatzmärkte fänden, gelte es wiederum, Zoll- und andere Handelsschranken der Industriestaaten einzureißen und ein Zollsystem der gezielten Bevorzugung von Entwicklungsländern einzuführen – ein sogenanntes allgemeines Präferenzsystem[107]. Schließlich sollten die Entwicklungshilfezahlungen angehoben werden, möglichst bis sie ein Prozent des Bruttoinlandsproduktes der reichen Industriestaaten erreichen würden. Zusätzlich könne ein Ausgleichsfinanzierungsmodell (*compensatory financing scheme*) einbrechende Exporterlöse ausgleichen.

Nach einem enthusiastischen Start der dreimonatigen Mammut-Konferenz mit über 4000 Delegierten aus 119 Ländern stellte sich bald heraus, dass in den meisten Sachfragen keine Einigung zwischen westlichen Regierungen und den Vertretern der Entwicklungsländer zu erzielen war. Zwar fanden sich dank der Stimmenmehrheit der postkolonialen Staaten im Final Act viele Empfehlungen aus dem Prebisch-Papier wieder, diese hatten jedoch keine bindende Kraft[108]. Bemerkenswert war hingegen, dass es den Staaten der Dritten Welt überhaupt gelungen war, sich auf gemeinsame Positionen zu einigen und diese als Gruppe gegenüber den kapitalistischen Industriestaaten zu vertreten. Schließlich waren die Handelsinteressen der verschiedenen Gruppen von Entwicklungsländern keinesfalls deckungsgleich. Vor allem zwischen Lateinamerikanern und Afrikanern gab es Spannungspotenzial. Während die vergleichsweise reichen und entwickelten Staaten Süd- und Mittelamerikas ein starkes Interesse daran hatten, durch ein allgemeines Präferenzsystem für Entwicklungsländer für ihre Industriegüter einen privilegierten Zugang zu westlichen Märkten zu schaffen, spielte dieser Punkt für afrikanische Staaten keine Rolle. Sie exportierten praktisch keine Industrieprodukte und sahen durch ein allgemeines Präferenzsystem eher ihre bevorzugten Handelsbedingungen mit der EWG bedroht. Zentral erschien ihnen jedoch die Stabilisierung von Rohstoffpreisen[109].

---

106 Zu Rohstoffabkommen siehe Marcelo Raffaelli, The Rise and Demise of Commodity Agreements: An Investigation Into the Breakdown of International Commodity Agreements, Cambridge 1995; Rahman, World Economic Issues, S. 211–220.

107 Zur Idee eines *generalized system of preferences* siehe Gosovic, UNCTAD, S. 65–92.

108 United Nations, Proceedings of the United Nations Conference on Trade and Development, Geneva, 23 March – 16 June 1964. Bd. 1. Final Act and Report, New York 1964; vgl. Garavini, After Empires, S. 40 f.

109 Dosman, Prebisch, S. 404; Gosovic, UNCTAD, S. 68.

Trotz dieser Differenzen hatten sich bereits während der Vorbereitungstreffen zur Konferenz 75 Länder aus Afrika, Asien und Lateinamerika zusammengetan und eine gemeinsame Resolution eingebracht. Zwei weitere Staaten kamen bald hinzu und so konstituierte sich, was als sogenannte Gruppe der 77 (G77) dauerhaft Bestand haben sollte: eine Art „trade union of Third World governments", wie es Giuliano Garavini genannt hat, „that [...] would become a major actor in international economic negotiations until at least the end of the 1970s" [110]. Diese globale „Gewerkschaft" war, so schrieb Branislav Gosovic in einer der frühen Analysen von UNCTAD und G77, von Beginn an in „radicals" und „moderates" gespalten. Während die Moderaten – etwa Indien, aber auch Prebisch war einer von ihnen – die Genfer Konferenz als gemeinsamen Versuch von Erster und Dritter Welt verstanden, eine Kompromisslösung für die ökonomischen Probleme der Entwicklungsländer zu finden, ging es für die Radikalen – wie Burma, Indonesien oder Algerien – um „class-struggle against the rich nations".[111] Damit ist ein ausgesprochen relevanter Fragenkomplex aufgeworfen, auf den in den folgenden Kapiteln zurückzukommen sein wird. Offensichtlich gab es innerhalb der Dritten Welt unterschiedliche Vorstellungen, wie die Weltwirtschaftsordnung zu verändern sei, um den eigenen Interessen gerecht zu werden. Ging es den einen um eine revolutionäre Veränderung, die durch eine konfrontative Strategie des globalen Klassenkampfes erstritten werden musste, handelte es sich für die anderen um ein kooperatives Projekt, in dem die existierende marktwirtschaftliche Ordnung lediglich reformiert werden sollte. Wer aber vertrat welchen Ansatz? Welche Vorstellung gewann die Oberhand? Und wie gingen Akteure der westlichen Industriestaaten mit den verschiedenen Positionen um?

Neben der Formierung der G77 war die Genfer Konferenz vor allem auf institutioneller Ebene folgenreich. Gerade weil sich keine Einigung in inhaltlichen Fragen erzielen ließ, schien es vielen Delegierten notwendig, einen Erfolg auf diesem Feld vorzuweisen und so die institutionellen Bedingungen zu schaffen, um die ausstehenden Sachfragen mittelfristig zu lösen. Dies gelang mit der schließlich einstimmigen Entscheidung, die UNCTAD im Rahmen der Vereinten Nationen zu verstetigen. Alle drei Jahre sollte es zu einer Großkonferenz nach dem Genfer Vorbild kommen[112]. Zusätzlich richtete man mit dem 56-köpfigen Trade and Development Board, einem Sekretariat mit Prebisch als permanentem Generalsekretär und drei Arbeitsgruppen zu „commodities", „manufactured goods"

110 Garavini, After Empires, S. 38.
111 Gosovic, UNCTAD, S. 50.
112 Faktisch bürgerte sich ein Vierjahresrhythmus ein.

und „invisibles“ weitere ständige Institutionen ein[113]. Damit war es den Staaten der Dritten Welt gelungen, den westlich dominierten Bretton-Woods-Institutionen Weltbank, IWF und GATT eine weitere hinzuzufügen, die ihre Interessen im Auge hatte. Auch beeinflussten die Konferenz und die neu geschaffenen Arbeitsgruppen nachhaltig die Debatten um Rohstoffe, Zoll-Präferenzen und Entwicklungshilfe.

Hatten die armen Länder also mit der UNCTAD eine „permanent arena“ hinzugewonnen, um ihre Forderungen zu formulieren, wie die *New York Times* nach Genf urteilte, musste diese Institution in den Folgejahren beweisen, dass sie handfeste Ergebnisse liefern konnte[114]. Spätestens nach der zweiten großen UNCTAD-Konferenz, die die indische Premierministerin Indira Gandhi am 1. Februar 1968 in Neu-Delhi eröffnete, war allerdings klar, dass dies vorerst nicht gelingen würde. Bereits während der Konferenz hatte Prebisch die „Decade of Development“ angesichts der Ergebnislosigkeit der Nord-Süd-Gespräche und der mauen Wirtschaftslage in der Dritten Welt als „Decade of Frustration“ bezeichnet[115]. Und die Frustration steigerte sich noch einmal, als die Konferenz – mit Ausnahme einer vagen und lediglich grundsätzlichen Einigung über die Schaffung eines allgemeinen Präferenzsystems – ohne die im Vorhinein versprochenen Resultate endete[116]. „[N]ever before have so many words been spoken by so large a number, for so little“, fasste die *Times of India* die Geschehnisse treffend zusammen, während die *New York Times* ganz ähnlich kommentierte: „The results were depressing for all concerned.“[117] Zu den enttäuschten Hoffnungen trat in diesen Jahren noch die Befürchtung, dass die Entspannung zwischen den Supermächten, die sich seit den späten 1960er Jahren ausmachen ließ, zu Lasten der Dritten Welt gehen könnte. Internationale Entscheidungen, so die Angst, könnten nun zunehmend allein unter den Großmächten ausgehandelt werden, während sich „new structures of domination and dependency“ in den Nord-Süd-Bezie-

---

113 United Nations, UNCTAD Final Act; vgl. auch Garavini, After Empires, S. 41; Williams, International Economic Organisations, S. 183 f.

114 Richard E. Mooney, Trade Novices’ Round. U.N. Parley Ends Without a Decision, But Poor Lands Win Permanent Arena, in: The New York Times, 16.6.1964, S. 55.

115 Dosman, Prebisch, S. 428.

116 Zu den Ergebnissen von UNCTAD II vgl. Dosman, Prebisch, S. 434; Garavini, After Empires, S. 88; John Toye/Richard Toye, The UN and Global Political Economy. Trade, Finance, and Development, Bloomington/Indianapolis 2004, S. 227–229; Fiebrig, Unequal exchange, S. 152–161.

117 O. A., 58-day UNCTAD – II ends, result not adequate, says Baghat, in: The Times of India, 30.3.1968, S. 1; Terence Smith, For UNCTAD, a Long Morning After, in: The New York Times, 31.3.1968, S. 1, 5.

hungen ausbreiten könnten[118]. Letztlich schuf das Zurücktreten des Ost-West-Gegensatzes in den folgenden Jahren hingegen den Raum für neue Themen in der internationalen Politik – nicht zuletzt im Nord-Süd-Bereich. Vor diesem Hintergrund begannen die 1970er Jahre, in denen die Forderung nach einer substanziellen Reform der Weltwirtschaftsordnung zu ungeahnter Prominenz gelangen sollte. Und ein erster Schritt in diese Richtung wurde 1970 in Sambia vollzogen.

1.2 Die Refokussierung der Blockfreien, Lusaka 1970

„Slowly the infectious rhythm of a Zambian freedom song, with its refrain ‚Let's go forward with one heart,' filled the magnificent copper-lined Mulungushi Hall. Zambian President Kenneth Kaunda led the song in a clear, sure voice and was joined, first hesitantly, then enthusiastically, by the dignified monarchs, presidents, princes and prime ministers, clapping in unison." So beschrieb Marvine Howe, Korrespondent der *New York Times*, das Ende des Gipfeltreffens der Blockfreien, das vom 8. bis 10. September 1970 in der sambischen Hauptstadt Lusaka stattfand. Für Howe war dieser Abschluss sinnbildlich für eine Konferenz, in der die Afrikaner den Ton angegeben hatten und die Delegierten aus Asien, Lateinamerika und dem Nahen Osten ihnen gefolgt waren[119]. Die riesige Konferenz, die bis dahin größte im subsaharischen Afrika, für die Sambia mithilfe der jugoslawischen Firma Energoprojekt binnen weniger Wochen eine gigantische Konferenzhalle mit 1500 Sitzen sowie ein Dorf mit 62 Villen für die verschiedenen Delegationen zu horrenden Kosten aus dem Boden hatte stampfen lassen, sollte die Blockfreien wiederbeleben[120]. Die beiden ersten Gipfeltreffen in Belgrad (1961) und Kairo (1964) lagen schon eine ganze Weile zurück und heutige Historiker*innen bestätigen vielfach die Befunde zeitgenössischer Beobachter, die große Zeit der Blockfreien sei Ende der 1960er Jahre vorbei gewesen[121]. So prognosti-

118 United Nations Archive, New York (UNA), S-0972–0003–04–00001: Indonesia, The Role of Non-Alignment Today, 4.9.1973 (NAC/ALG/CONF.4/M/C.1/L.14); vgl. auch ebd.: Inaugural Address Delivered by President Houari Boumediene, Fourth Summit Conference of Non-Aligned Countries, Algier 5.–8. September 1973, (NAC/ALG/CONF.4/3); oder Jim Hoagland, Nonaligned Nations Start Relying More on Each Other, in: The Washington Post, 16.9.1970, S. A17.

119 Marvine Howe, Unaligned Find Common Cause in Africa, in: The New York Times, 13.9.1970, S. 2.

120 O. A., Zambia Is Spending $14-Million for a 5-Day Conference, in: The New York Times, 21.8. 1970, S. 2; John Tagliabue, How a Yugoslav Company Built an International Market, in: The New York Times, 28.3.1983, S. D3.

121 Siehe etwa Lorenz M. Lüthi, Non-Alignment, 1961–1974, in: Sandra Bott u. a. (Hg.): Neutrality and Neutralism in the Global Cold War. Between or Within the Blocs, London/New York

zierte etwa Dan Morgan in der *Washington Post* kurz vor Konferenzbeginn, die Dritte Welt sei heute weit weniger einflussreich, als sie es in den frühen 1960ern, zur Zeit der großen Spannungen zwischen Moskau und Washington, gewesen sei, und das Treffen in Lusaka werde wohl kaum Beachtung finden und umgehend vergessen sein[122]. Hier soll stattdessen argumentiert werden, dass in Lusaka eine thematische Refokussierung der Bündnisfreien begann, die eine zweite Hochphase der Bewegung einleitete[123].

Bereits in der Rede, mit der Sambias Präsident Kaunda das Gipfeltreffen eröffnete, ließ sich die inhaltliche Verschiebung erkennen. An das alte Thema der Friedenssicherung anknüpfend erklärte er: „We agreed we need peace and that peace is the theme of the non-aligned movement, but it is quite clear that peace can only be secured and maintained successfully if it is based on meaningful and sound economic development and social justice. Time has come for the non-aligned countries to take measures in this direction."[124] Neben Friedenssicherung, der Unabhängigkeit von den Machtblöcken des Kalten Krieges und den alten Kolonialmächten, was Kaunda mit Blick auf die Situation im südlichen Afrika besonders am Herzen lag, sollte nun ein weiterer Fokus auf die wirtschaftliche Entwicklung der Dritten Welt gelegt werden. Dies erschien umso notwendiger, als sich der ökonomische Abstand „between the rich and the poor, between the developed and the developing nations, between the Continents in the North and those in the South" seit den ersten beiden Konferenzen der Blockfreien vergrößert habe. Er fuhr fort: „The existence of the gap between the rich and the poor nations breeds exploitation of the economically weak by the strong. The UNCTAD conferences held in Geneva and New Delhi, as well as the First United Nations Development Decade, have failed to achieve their objectives."[125] Nun sollte es, so

2016, S. 90 – 107; Mark Atwood Lawrence, The Rise and Fall of Non-Alignment, in: McMahon (Hg.), Cold War, S. 139 – 155; Rothermund, Decolonization, S. 48.

122 Dan Morgan, Yugoslavs Hope Lusaka Conference Will Restore Strength of Neutrals, in: The Washington Post, 2.9.1970, S. 14; vgl. auch Open Society Archives: Zdenko Antic, Third Non-Aligned Summit in Lusaka, Radio Free Europe Research, 7.9.1970, http://catalog.osaarchivum.org/catalog/osa:b14bc9c2-e437-4a04-bec7-8716c9f7a946, 22.12.2021.

123 Dies ist anschlussfähig an die Interpretation Jürgen Dinkels, der den Höhepunkt der Bewegung im Zuge des Nord-Süd-Konfliktes der 1970er Jahre sieht. Vgl. Jürgen Dinkel, „Third World Begins to Flex Its Muscles". The Non-Aligned Movement and the North-South Conflict During the 1970s, in: Bott (Hg.), Neutrality, S. 108 – 123, hier S. 108

124 National Archives of Zambia, Lusaka (NAZ), GP, Box 61E, S. 12: Address by his Excellency the President of the Republic of Zambia, Dr. K. D. Kaunda, on the Occasion of the Opening of the Third Summit Conference of Heads of State and Government of Non Aligned Countries, Mulungushi Hall, Lusaka, 8.9.1970.

125 Ebd., S. 10.

einigten sich die Delegationen der 53 teilnehmenden Staaten in ihrer offiziellen „Declaration on Non-Alignment and Economic Progress“, zu einer schnellen Transformation des Weltwirtschaftssystems kommen. Das ungerechte Wirtschaftssystem stamme aus kolonialer Zeit und bringe durch seinen „Neokolonialismus“ unüberwindliche Schwierigkeiten bei der Überwindung von Armut und ökonomischer Abhängigkeit[126].

Die angestrebten Veränderungen in der Weltwirtschaftsordnung lassen sich grob den drei Bereichen Handel, Finanzen und Technologie zurechnen und spiegelten in weiten Teilen die bereits im Rahmen der UNCTAD vorgetragenen Forderungen. Die weltweite Nutzung von Rohstoffen sollte ausgeweitet, den Produzenten durch den Abschluss von internationalen Rohstoffabkommen gerechtere Preise garantiert werden und die Verarbeitung dieser Güter in zunehmendem Maße in den Ursprungsländern erfolgen. Um die Handelseinnahmen der Dritten Welt endlich zu steigern, sollte darüber hinaus die Wirtschaftsstruktur in der industrialisierten Welt angepasst und ein wachsender Anteil von Industriegütern in Entwicklungsländern hergestellt werden. Und damit Rohstoffe und Industriegüter aus der Dritten Welt schließlich Absatzmärkte fänden, war das in Neu-Delhi 1968 im Grundsatz akzeptierte allgemeine Präferenzsystem ohne weitere Verzögerung umzusetzen. Im Finanzbereich wiederholten die Blockfreien die Forderung nach einer Erhöhung der Hilfszahlungen auf mindestens ein Prozent des Bruttoinlandsprodukts der Industriestaaten, wobei diese Gelder zu weichen Konditionen, das heißt mit langen Rückzahlungsfristen und zu niedrigen Zinsen oder gleich als Zuschuss und ohne weitere Bedingungen bereitgestellt werden sollten. Außerdem sollte der Internationale Währungsfonds – eine genuin neue Forderung – weitere Mittel bereitstellen, indem ein sogenannter Link zwischen Sonderziehungsrechten (SZR), der 1969 vom Internationalen Währungsfonds geschaffenen Reservewährung zur Sicherung der internationalen Liquidität[127], und „development finance“ hergestellt würde. Dieser Link sollte dafür sorgen, Entwicklungsländern einen möglichst großen Teil der neu geschaffenen Mittel automatisch zur Verfügung zu stellen[128]. Parallel dazu forderten die Bündnisfreien,

---

126 Third Conference of Heads of State or Government of Non-Aligned Countries: Declaration on Non-Alignment and Economic Progress, in: Jankowitsch/Sauvant (Hg.), Third World Without Superpowers. Serie 1. Bd. 1, S. 85 – 90.

127 Diese Liquiditätserhöhung war notwendig, da die Goldreserven zusammen mit den etablierten Reservewährungen des US-Dollar und des britischen Pfunds nicht ausreichten, um mit der rasanten Ausweitung des internationalen Handels und der Finanzströme mitzuhalten.

128 Zum Link siehe Rahman, World Economic Issues, S. 245 f; Krasner, Structural Conflict, S. 138; Toye/Toye, UN, S. 236 – 238; oder John Williamson, SDRs: The Link, in: Bhagwati (Hg.), The New International Economic Order, S. 81 – 100.

die Schuldenlast der Entwicklungsländer zu reduzieren. Schließlich drängten sie darauf, die wachsende technologische Lücke zwischen armen und reichen Ländern durch die Erleichterung von Technologietransfers zu schließen[129].

Diese weitreichenden Veränderungen sollten in Kooperation mit den westlichen Industriestaaten im Rahmen der Vereinten Nationen erreicht werden, wobei die Überzeugung geäußert wurde, dass eine Weltwirtschaftsordnung, die der Dritten Welt mehr Prosperität bringe, letztlich auch im Interesse der entwickelten Staaten liege. Während die „Declaration on Non-Alignment and Economic Progress“ selbst keine Ankündigungen enthielt, was passieren würde, sollte die industrialisierte Welt nicht kooperieren, machte sich das Economic Committee der Konferenz darüber durchaus Gedanken. In einem Papier hieß es, die Bündnisfreien sollten sich in verschiedenen „pressure groups“ zusammenschließen, die die Produktion von „primary products“ beherrschen. „[F]aced with a united front of copper producers, or coffee growers, or rubber suppliers“, so das Kalkül, „they [die Industriestaaten, J. K.] would be far more inclined to resist their own domestic pressures against competition from the developing world in manufactures.“ Dementsprechend gelte es, weitere solcher Gruppen zu gründen, wo diese noch nicht existierten[130]. Hier formulierten die Bündnisfreien eine wahrlich zukunftsweisende Strategie, die im Zuge der ersten Ölkrise drei Jahre später eine zentrale Rolle für die erhoffte Durchsetzung einer Neuen Weltwirtschaftsordnung spielen sollte.

Neben der Formierung von Rohstoffkartellen sei es, so gingen die Überlegungen weiter, notwendig, die ökonomische Zusammenarbeit zwischen den Entwicklungsländern, etwa durch den Abbau von Zollschranken, auszubauen – „at sub-regional, and inter-regional levels for accelerating their economic growth and social development“[131]. Hier lässt sich durchaus von einem Ansatz zu einer alternativen Form der ökonomischen Globalisierung sprechen, die aber weniger auf die Integration der Entwicklungsländer in die westlich dominierten Märkte setzte, sondern vielmehr auf Süd-Süd-Vernetzung. Diese sollte natürlich auch dazu dienen, die Abhängigkeit von den Industriestaaten zu verringern und sich dementsprechend weniger erpressbar zu machen. Zur Förderung dieser Kooperation, so ein Vorschlag, den etwa die sambischen Gastgeber propagierten, der jedoch nicht umgesetzt wurde, solle ein „Non-Aligned Development Bureau“

129 Third Conference of Heads of State or Government of Non-Aligned Countries: Declaration on Non-Alignment and Economic Progress, S. 89 f.

130 NAZ, GP, Box 61E, S. 5: Third Summit Conference of Non-Aligned Nations: Draft Document No. 23. Economic Development and Co-operation among Non-Aligned Countries, 6.9.1970.

131 Third Conference of Heads of State or Government of Non-Aligned Countries: Declaration on Non-Alignment and Economic Progress, S. 87.

eingerichtet werden. Dieses könne schließlich dazu dienen, die armen Länder in einer Art „trade union on a world scale" zusammenzuschließen[132].

Wie neu aber waren die ökonomischen Forderungen der Blockfreien? Handelt es sich tatsächlich um eine bedeutende thematische Neuausrichtung? Blickt man zurück auf die beiden ersten Gipfeltreffen der Non-Aligned in Belgrad (1961) und Kairo (1964), so lässt sich feststellen, dass weltwirtschaftliche Themen auch dort angesprochen worden waren. In der Deklaration der Belgrader Konferenz hieß es etwa: „The participants in the Conference consider that efforts should be made to remove economic inbalance [sic] inherited from colonialism and imperialism." In diesem Sinne sollten ein United Nations Capital Development Fund eingerichtet, Rohstoffpreise stabilisiert und der Technologietransfer zu Entwicklungszwecken erleichtert werden. Außerdem hätten alle Staaten das Recht, frei über die Nutzung ihrer Rohstoffe zu verfügen, selbst wenn dies etwa gegen existierende Verträge – wie Bergbaukonzessionen – verstieße[133]. Drei Jahre später kam etwa die Ausweitung von Kapitaltransfers in die Entwicklungsländer und die Verbesserung des Zugangs zu den Märkten der Industriestaaten hinzu, um eine neue und gerechte Wirtschaftsordnung zu kreieren[134]. Obwohl Fragen von Entwicklung und weltwirtschaftlicher Ordnung also von Beginn an auf der Agenda der Bündnisfreien standen, spielten sie zunächst eine Nebenrolle. Maximal vier von 27 Paragrafen lassen sich in der Deklaration von Belgrad diesem Themenfeld zuordnen. In Kairo befasste sich eine von elf Sektionen mit „Economic Development and Cooperation". Der eindeutige Fokus lag, wie es Odette Jankowitsch und Karl Sauvant formuliert haben, auf den Themen „decolonization, non-interference in the international affairs of states, disarmament, non-involvement in the Cold War, and the strengthening of the United Nations"[135].

Ähnliches lässt sich für das vielfach mythisch verklärte Treffen der Delegationen von 29 afrikanischen und vor allem asiatischen Staaten im indonesischen Bandung von 1955 sagen, das wiederholt als Ursprung der Blockfreien präsentiert worden ist[136]. Historikern wie Christopher Lee oder Jürgen Dinkel gilt diese Kon-

---

132 NAZ, GP, Box 61E, S. 4 f: Economic Development and Co-operation; vgl. auch ebd.: Appendix A: Developing Countries and the Structure of International Trade.

133 First Conference of Heads of State or Government of Non-Aligned Countries: Declaration.

134 Second Conference of Heads of State or Government of Non-Aligned Countries: Programme for Peace and International Co-operation, Cairo, October 5–10, 1964, in: Jankowitsch/Sauvant (Hg.), The Third World Without Superpowers. Serie 1. Bd. 1, S. 44–59, hier vor allem S. 56–58.

135 Odette Jankowitsch/Karl P. Sauvant, Introduction. The Non-Aligned Countries, in: Jankowitsch/Sauvant (Hg.): The Third World Without Superpowers. Serie 1. Bd. 1, S. xxx–lv, hier S. xlviii.

136 Siehe etwa A. W. Singham/Shirley Hume, Non-alignment in the Age of Alignments, London/Westport/Harare 1986, S. 67; vgl. die abweichende Interpretation bei Dinkel, Die Bewegung Bündnisfreier Staaten, S. 59–98.

ferenz als kaum zu überschätzender Moment, in dem die Dritte Welt als neuer Akteur in den internationalen Beziehungen sichtbar wurde. Diese zunächst positiv konnotierte Koalition junger postkolonialer Staaten trat nun für die Schaffung einer neuen Weltordnung ein, die sich der Durchsetzung der Menschenrechte, der Selbstbestimmung und des Weltfriedens verschrieb[137]. Eines der Themenfelder, das in Bandung ebenfalls angeschnitten wurde, war das der ökonomischen Kooperation. So empfahl das Abschlusskommuniqué unter anderem die baldige Schaffung eines Special United Nations Fund for Economic Development (SUNFED), das Bereitstellen weiterer Mittel durch die Weltbank für postkoloniale Staaten und die Stabilisierung von Rohstoffpreisen. Diese Überlegungen nahmen jedoch im Schlusskommuniqué einen eher geringen Raum ein, waren, wie Giuliano Garavini vermerkt, noch wenig präzise und es findet sich auch noch nicht die Forderung nach einer grundlegend anderen Weltwirtschaftsordnung[138].

Waren Fragen der Weltwirtschaft in Bandung, Belgrad und Kairo also eher randständig, änderte sich die Gewichtung in Lusaka spürbar. Nun trat neben einen politischen Arbeitsausschuss ein gleichberechtigter ökonomischer. In diesen Komitees wurden die Deklarationen und Resolutionen erarbeitet, die anschließend vom Plenum einstimmig verabschiedet werden mussten. Analog zur Aufteilung in zwei Arbeitsgruppen beschlossen die Delegierten nun erstmals nicht eine, sondern zwei separate Deklarationen: eine primär politische „on Peace, Independence, Development, Co-operation and Democratization of International Relations“ und eine ökonomische „on Non-Alignment and Economic Progress“. Durch diese Zweiteilung, die sich auf den folgenden Konferenzen wiederholen sollte, unterstrichen die Blockfreien seit 1970 symbolisch die Bedeutung ökonomischer Fragen für ihre Bewegung[139]. Auch in ihren Reden betonten verschiedene Delegierte die Wichtigkeit der Themen Entwicklung und weltwirtschaftliche Ordnung. So bezeichnete etwa Haile Selassie I, der äthiopische Kaiser, das Ent-

137 Siehe Christopher J. Lee, Introduction, in: Lee (Hg.): Making a World After Empires, S. 1–42, hier S. 15; Dinkel, Die Bewegung Bündnisfreier Staaten, S. 88.

138 Final Communique of the Asian-African Conference, in: The Ministry of Foreign Affairs. Republic of Indonesia, Asia-Africa Speaks from Bandung, Jakarta 1955, S. 161–169; Garavini, After Empires, S. 12. Ganz anders sieht das Bret Benjamin, der in Bandung den Beginn einer Ära sieht, die erst mit der Neuen Weltwirtschaftsordnung endete. Bret Benjamin, Bookend to Bandung: The New International Economic Order and the Antinomies of the Bandung Era, in: Humanity 6 (2015), 1, S. 33–46.

139 Jürgen Dinkel datiert diese Hervorhebung der ökonomischen Resolutionen erstaunlicher Weise erst auf die Außenministerkonferenz in Guyana 1972. Dinkel, Die Bewegung der Blockfreien Staaten, S. 221. Die Resolutionen finden sich in Jankowitsch/Sauvant, Third World Without Superpowers. Serie 1. Bd. 1, S. 80–90.

wicklungsproblem als „our greatest concern" und forderte die Umsetzung der weltwirtschaftlichen Entscheidungen der UNCTAD[140]. Die indische Premierministerin Indira Gandhi legte den eindeutigen Schwerpunkt ihrer Ansprache auf Wirtschaftsfragen und forderte, die Anstrengungen gegen die neokolonialen Handelsbeziehungen zu verdoppeln[141]. Und Tansanias Präsident Julius Nyerere hatte schon im Vorfeld der Konferenz betont, die wichtigste Aufgabe der Bündnisfreien in Lusaka sei es, eine „trade union of the poor nations" zu schaffen[142].

Diese Statements zeigen außerdem, dass es sich bei der ökonomischen Neuausrichtung der Blockfreien in Lusaka keinesfalls um einen sambischen Alleingang handelte. Natürlich, Sambia spielte eine wichtige Rolle: Es stellte mit Reuben Kamanga, dem früheren Außenminister und aktuellen Minister für ländliche Entwicklung, den Vorsitzenden des Gipfels und hatte auch die 22 Resolutionsentwürfe vorbereitet, die den beiden Konferenzausschüssen als Arbeitsgrundlage dienten[143]. Auch betonten zahlreiche Beobachter, dass Kaunda, der auf der Konferenz zum ersten Vorsitzenden der Bündnisfreien ernannt wurde und die gefassten Beschlüsse sowohl an die Großmächte als auch in den Vereinten Nationen kommunizieren sollte, die prägende Figur gewesen und zum Anführer der Dritten Welt aufgestiegen sei. Der britische *Observer* meinte gar: „Never before has a Third World leader achieved such massive authority and respect."[144] Es war in der Tat ein steiler Aufstieg für den 46-jährigen, der aus einer Missionarsfamilie stammte und zunächst zum Lehrer ausgebildet worden war, bevor er begann sich im anti-kolonialen Kampf zu engagieren. Kaunda vertrat einen gemäßigten demokratischen Sozialismus, er selbst sprach von Humanismus, den er mit christlichen Elementen vermischte und den er mit seinem fru-

---

140 NAZ, GP, Box 61E, S. 16–30: Third Summit Conference of Non-Aligned Countries: Verbatim Record of the First Meeting held at Mulungushi Conference Hall, Lusaka on Tuesday, 8 September 1970, at 10 a.m. (NAC/CONF.3/PV.1).

141 Indira Gandhis Rede ist abgedruckt in Indira Gandhi, Indira Gandhi spricht, Percha 1975, S. 218–228.

142 O. A., Nyerere Urges Poor Nations to Unite, in: The Guardian, 8.9.1970, S. 3.

143 O. A., Heads of Nonaligned States Gather in Africa, in: The New York Times, 8.9.1970, S. 3; vgl. auch Summary Record of the Third Meeting. Held at Mulungushi Conference Hall, Lusaka, on Monday, 7 September 1970, at 9.40 a.m., in: Jankowitsch/Sauvant (Hg.), Third World Without Superpowers. Serie 1. Bd. 1, S. 143–147.

144 Colin Legum, Kaunda Faces His Big Test as a New World Leader, in: The Observer, 13.9.1970, S. 5; siehe auch v. K., Konferenz der Blockfreien. Die vielgepriesene Einheit, in: Die Zeit, 18.9.1970, S. 6; Angus McDermid, ‚Third World' Nations Set Up Headquarters: Zambian Chief Heads..., in: The Christian Science Monitor, 15.9.1970, S. 3; Politisches Archiv des Auswärtigen Amtes, Berlin (PA AA), LUSA, 11617: Fernschreiben Botschaft Lusaka an AA, 15.9.1970.

galen Lebensstil vorzuleben schien[145]. Doch die Präsenz wirtschaftlicher Themen in den Redebeiträgen der verschiedenen Delegationen belegt, dass die thematische Refokussierung der Blockfreien eine breitere Grundlage hatte. Vor allem Jugoslawien, Indien und Tansania können in dieser Hinsicht hervorgehoben werden. So hatte Nyerere bereits während des Vorbereitungstreffens in Daressalam im April 1970 darauf gedrungen, dass ökonomischen Fragen auf der kommenden Gipfelkonferenz die zentrale Rolle zugewiesen werden solle[146]. Jugoslawien übernahm dann in Lusaka den Vorsitz über das Wirtschaftskomitee und stellte auch ein eigenes Positionspapier zu „Economic and Social Development“ zur Diskussion[147]. Und Indien hatte an der neuen Prominenz wirtschaftlicher Themen einen entscheidenden Anteil, wie die *Times of India* nicht müde wurde zu betonen[148].

Die thematische Neuausrichtung blieb auch den journalistischen Beobachtern und den Analysten in den Außenministerien westlicher Industriestaaten nicht verborgen. Dementsprechend fand die Refokussierung auch Eingang in die Rezeption des Gipfels, wirkte also auch auf der Ebene, die im Endeffekt eine weit größere Bedeutung hatte als die eigentliche Konferenz, wie schon Jansen für Bandung festgestellt hatte[149]. Colin Legum schrieb im *Observer:* „The other major new aim of the non-aligned nations is to foster mutual economic co-operation among developing countries and to transform the world economic system by achieving a more equitable partnership between themselves and the leading trading nations.“[150] In der *Times of India* sprach Dilip Mukherjee von einem „new

---

145 Zu Kaunda siehe Burdette, Zambia, S. 77, 107–109; Fergus Macpherson, Kenneth Kaunda of Zambia. The Times and the Man, Lusaka 1974. Eine geschichtswissenschaftliche Biographie zu Kaunda steht noch aus, vgl. Andy DeRoche, Asserting African Agency: Kenneth Kaunda and the USA, 1964–1980, in: Diplomatic History 40 (2016), 5, S. 975–1001, hier S. 976. Zu Kaundas politischen Vorstellungen siehe Kenneth D. Kaunda, Humanism in Zambia and a Guide to Its Implementation, 2. Bde., Lusaka 1968–1974.

146 Siehe dazu Julius K. Nyerere, Non-Alignment in the 1970s. Opening Address Given on Monday, 13th April, 1970, Daressalam 1970; Christopher Parker, Lusaka Summit Will Try to Reduce Economic Gap, in: The Guardian, 10.8.1970, S. 3.

147 NAZ, GP, Box 61E: Draft Document on Economic and Social Development. Paper Submitted by Yugoslavia, 7.9.1970 (NAC/CONF.3/CM/E/Working Paper 1); siehe auch PA AA, LUSA, 11617: Fernschreiben Botschaft Lusaka an AA, 7.9.1970.

148 Dilip Mukerjee, All Lusaka is Busy with Plans to Welcome Leaders, in: The Times of India, 5.9.1970, S. 9; M.V. Kamath, U.S. Reactions to Lusaka Summit. Muted Hostility, in: ebd., 30.9.1970, S. 10.

149 Jansen, Nonalignment, S. 182.

150 Colin Legum, Kaunda Faces His Big Test as a New World Leader, in: The Observer, 13.9.1970, S. 5

economic underpinning“ der Blockfreien[151]. Und der bundesdeutsche Botschafter in Lusaka, Karl-Heinz Wever, erkannte, dass ein „wirtschaftliches [sic] ‚new deal‘“ für die Dritte Welt nun Priorität habe[152]. In seinem abschließenden Bericht zur Konferenz einige Tage später führte er aus:

> [D]ie Konferenzmehrheit [hat sich] davon überzeugen lassen, daß den Problemen der wirtschaftlichen Entwicklung ihrer Länder und der Suche nach Möglichkeiten einer engen Zusammenarbeit untereinander eine alle anderen Fragen überragende Bedeutung zukommt. Damit hat sich die sogenannte Dritte Welt offensichtlich in der Erkenntnis, daß der Ostwest-Konflikt nicht mehr eine brauchbare Kampfbasis darstellt, unerwartet rasch auf die neue Konzeption geeinigt, daß die Auseinandersetzung mit den Großmächten an der Frontlinie des Nordsüd-Gegensatzes geführt werden muß. Das neu gefundene Wirtschaftsbewußtsein der Unterentwickelten, denen zudem das Trauma der kolonialen Ausbeutung gemeinsam ist, wird die Industrienationen unter Einschluß der Ostblockstaaten in Zukunft weitaus mehr beschäftigen als bisher.[153]

Mit dieser Prognose sollte Wever für das gerade beginnende Jahrzehnt ins Schwarze getroffen haben, worauf noch näher einzugehen sein wird. Gleichzeitig sollte die weltwirtschaftliche Auseinandersetzung zwischen Nord und Süd, Dritter Welt und Industriestaaten, in den kommenden Jahren genau die thematische Kohäsion der Bündnisfreien herstellen, die zahlreiche Kommentatoren vor Beginn des Lusaka-Gipfels hatten schwinden sehen. Der Ruf nach einer grundlegenden Reform der Weltwirtschaftsordnung, lieferte den Impuls, „that would revitalize and nourish the movement“[154]. Anstatt in der Bedeutungslosigkeit zu verschwinden, deutete sich in Lusaka der Beginn einer der aktivsten und bedeutendsten Phasen der Bewegung an.

1.3 Der Ruf nach einer Neuen Weltwirtschaftsordnung, Algier 1973

Drei Jahre später, vom 5. bis 9. September 1973, versammelte sich eine noch größere Anzahl an Staatschefs zum vierten Gipfeltreffen der Bündnisfreien in Algier.

151 Dilip Mukherjee, New Economic Strategy for Neutrals Hammered Out. Steps to Expand Trade, Production Outlined, in: The Times of India, 11.9.1970, S. 1.

152 PA AA, LUSA, 11617: Fernschreiben Botschaft Lusaka an AA, 15.9.1970.

153 PA AA, LUSA, 11617: Fernschreiben Botschaft Lusaka an AA, betr.: Gipfelkonferenz der blockfreien Staaten in Lusaka, 24.9.1970.

154 Open Society Archives: Zdenko Antic, Third Non-Aligned Summit in Lusaka, Radio Free Europe Research, 7.9.1970, http://catalog.osaarchivum.org/catalog/osa:b14bc9c2-e437-4a04-bec7-8716c9f7a946, 22.12.2021.

Die insgesamt etwa 7.000 Teilnehmer*innen, darunter fast 1.000 Journalist*innen, wurden auf den Straßen der algerischen Hauptstadt von großen Bannern begrüßt, als sie vom Flughafen in den etwa 25 Kilometer außerhalb gelegenen Club des Pins, die Konferenzanlage, fuhren. Mit Slogans wie „Down with racism and apartheid!" oder „Down with imperialist monopolies!" deuteten sie auf einen neuen „combative tone" hin, der diese Veranstaltung prägen sollte[155]. In Lusaka waren zwar Änderungen der Weltwirtschaftsordnung prominent eingefordert worden, die Abschlussresolutionen präsentierten diese Forderungen jedoch eher als Reformprojekt, das durch die verstärkte Zusammenarbeit der Entwicklungsländer und in Kooperation mit den westlichen Industriestaaten zu erreichen sei. Sie kleideten ihre Äußerungen in die Sprache der Interdependenz, die in den zeitgenössischen Sozialwissenschaften ein prominentes Deutungsangebot darstellte[156]. In Algier hatte der Ruf nach einer gerechteren internationalen Wirtschaftsordnung dann nicht mehr den Charakter eines einvernehmlichen Nord-Süd-Dialogs, sondern – so das Argument dieses Abschnitts – eines konfrontativen Nord-Süd-Konflikts.

Zwischen den beiden Gipfeln der Bündnisfreien lagen zwei Treffen, die die zunehmende Radikalisierung der Entwicklungsländer bereits andeuteten. Am 13. April 1972 begann die dritte UNCTAD-Konferenz in Santiago de Chile, die laut Garavini den Beginn einer wachsenden „combativeness in the developing world" markiert. Salvador Allendes sozialistisch regiertes Chile hatte nach den gewonnenen Wahlen 1970 begonnen, die von US-Firmen dominierte Kupferproduktion zu nationalisieren. Nun setzte die Konferenz unter anderem eine Kommission ein, die eine „Charter of the Economic Rights and Duties of States" erarbeiten sollte und in der das Recht zur Nationalisierung endgültig festgeschrieben werden sollte[157]. Im August folgte eine Außenministerkonferenz der Bündnisfreien in

155 Henry Giniger, Nonaligned, But Also not Aligned, in: The New York Times, 9.9.1973, S. 207; PA AA, B 46/100730: Botschaft Algier an AA, 21.9.1973; Henry Giniger, Affluent Setting for Nonaligned, in: The New York Times, 9.9.1973, S. 21.

156 Zu den aufkommenden sozialwissenschaftlichen Interdependenz-Theorien seit den späten 1960er Jahren vgl. etwa Daniel J. Sargent, A Superpower Transformed. The Remaking of American Foreign Relations in the 1970s, Oxford/New York 2015, S. 167–170. Jüngst und mit stärkerem Blick auf die Nord-Süd-Thematik Martin Deuerlein, Das Zeitalter der Interdependenz. Globales Denken und internationale Politik in den langen 1970er Jahren, Göttingen 2020; und Martin Deuerlein, Interdependenz: Nord-Süd-Beziehungen und die Auseinandersetzung um die Deutung der Welt, in: Dinkel/Fiebrig/Reichherzer (Hg.), Nord/Süd, S. 21–44.

157 Garavini, After Empires, S. 132–141; Fiebrig, Unequal exchange, S. 161–165; Sönke Kunkel, Zwischen Globalisierung, internationalen Organisationen und „global governance". Eine kurze Geschichte des Nord-Süd-Konflikts in den 1960er und 1970er Jahren, in: Vierteljahreshefte für Zeitgeschichte 60 (2012), 4, S. 555–577, hier S. 567 f.

Abb. 1: Die Eröffnung des 4. Gipfeltreffens der Bündnisfreien in Algiers. (v.l.) Der Generalsekretär der Konferenz Aft Shalai, UN-Generalsekretär Kurt Waldheim, der scheidende Vorsitzende der Bündnisfreien Kenneth Kaunda und sein Nachfolger Houari Boumedienne, 5. September 1973, AFP via Getty Images.

Georgetown, Guyana. Die Minister verabschiedeten ein „Action Programme for Economic Co-operation", in dem sie das Recht eines jeden souveränen Staates herausstellten, „to dispose of its natural wealth and resources, including nationalization", und sich gegenseitig Unterstützung in diesem Prozess zusicherten. Dazu sollte auch die Schaffung und Stärkung von „producers' associations in primary commodities such as copper, bauxite, tea, jute, petroleum, oil seeds, cocoa, bananas and other" sein[158].

Algerien, der Gastgeber des vierten Gipfeltreffens der Bündnisfreien, war zweifellos einer der radikalen Staaten der Dritten Welt. Bereits während des Unabhängigkeitskrieges, der 1962 mit dem Rückzug Frankreichs endete, hatte der Front de Libération Nationale (FLN) begonnen, antikoloniale Gruppen in Kamerun, Belgisch-Kongo, dem Senegal, der Elfenbeinküste, Mali, Marokko, Tunesien

158 Conference of Ministers of Foreign Affairs of Non-Aligned Countries: 1. Third Conference of Ministers of Foreign Affairs of Non-Aligned Countries: b. The Action Programme for Economic Cooperation, Georgetown, August 8–12, 1972, in: Jankowitsch/Sauvant (Hg.), Third World Without Superpowers. Serie 1. Bd. 1, S. 446–458, hier S. 447 und 450.

und Niger auszubilden und mit Geld und Waffen zu versorgen[159]. Algerien wurde, wie der Historiker Jeffrey James Byrne kürzlich dargelegt hat, zu einem „Mecca of revolution". Algerische Bündnisfreiheit war die „neutrality of the insurgent: subversive, provocative, combative"[160]. Dies gilt auch – und im ökonomischen Bereich besonders – für die Phase nach dem erfolgreichen Putsch gegen den ersten Präsidenten Ahmed Ben Bella im Jahr 1965. Houari Boumedienne, der vormalige Verteidigungsminister und Vertraute Ben Bellas, riss das Präsidentenamt an sich. Das Hauptziel seiner Politik, die auch wesentlich von Industrieminister Belaid Abdessalam getragen wurde, war die Überwindung des als unterentwickelt wahrgenommenen Zustands des Landes und die Erlangung der ökonomischen Unabhängigkeit von Frankreich und den übrigen westlichen Industriestaaten durch ein ambitioniertes Industrialisierungsprogramm. Zentraler Baustein dieser Strategie war die staatliche Übernahme der Minen-, Banken-, Versicherungs- und Industriesektoren und vor allem die erfolgreiche Nationalisierung der Öl- und Gasförderung[161].

Ihren Höhepunkt erreichte diese Politik, als Algerien am 24. Februar 1971 die unilaterale Übernahme von 51 Prozent der vormals französisch kontrollierten Öl- und Gasindustrie bekannt gab. Damit war Algerien das erste OPEC-Mitglied, das substanzielle Anteile seiner Petroleumproduktion nationalisierte. Libyen und Irak folgten dem algerischen Beispiel in den Folgemonaten und zogen die Wut der enteigneten Ölkonzerne auf sich, da sie sich weigerten, größere Kompensationszahlungen zu leisten. Den beiden arabischen Staaten gelang es dann, durch geschickte Ausnutzung des Kalten Krieges die Boykottmaßnahmen der Ölkonzerne ins Leere laufen zu lassen und das nationalisierte Öl an sozialistische Staaten zu verkaufen. Die übrigen Golfstaaten wählten einen weniger konfrontativen Weg und handelten im Oktober 1972 eine „Partizipationsvereinbarung" mit den Ölkonzernen aus, die ihnen umgehend 25 Prozent des Gesellschaftsbesitzes übertrug – ein Anteil, der bis 1983 auf 51 Prozent steigen sollte. Parallel trotzten die OPEC-Staaten den Ölgesellschaften 1971 in Teheran und Tripolis neue Abkommen

159 Byrne, Mecca of Revolution, S. 84. Zum Algerienkrieg siehe Matthew Connelly, A Diplomatic Revolution. Algeria's Fight for Independence and the Origins of the Post-Cold War Era, Oxford u. a. 2002.

160 Byrne, Mecca of Revolution, S. 174. Eine ähnliche Einschätzung findet sich in Evans/Phillips, Algeria, S. 68 f.

161 Evans/Phillips, Algeria, S. 87 f; Mahfoud Bennoune, The Making of Contemporary Algeria, 1830–1987. Colonial Upheavals and Post-Independence Development, Cambridge u. a. 1988, S. 114–161; Assassi Lassassi, Non-Alignment and Algerian Foreign Policy, Aldershot u. a. 1988, S. 121–123.

ab, die ihnen einen gesteigerten Anteil – 55 statt vormals 50 Prozent – an den Öleinnahmen einbrachte[162].

Das alles war nur möglich, weil sich die Kräfteverhältnisse auf dem internationalen Ölmarkt gedreht hatten. Während des wirtschaftlich „goldenen Zeitalters" nach dem Zweiten Weltkrieg war die Nachfrage nach Erdöl als Energieträger global massiv gewachsen. Allein die westlichen Industriestaaten steigerten ihren Verbrauch von 19 Millionen Barrel pro Tag im Jahr 1960 auf 44 Millionen 1972. 1970 erreichten sowohl die amerikanische als auch die venezolanische Produktion ihre bis auf Weiteres maximale Kapazität. Die enorme weltweite Verbrauchssteigerung war nur möglich, weil die Ölförderländer des Nahen Ostens ihre Produktion massiv hochfuhren. Der Westen war zunehmend von Lieferungen der OPEC abhängig. Damit hatte sich der internationale Erdölmarkt seit den frühen 1960er Jahren von einem Käufer- zu einem Verkäufermarkt entwickelt. Nur vor diesem Hintergrund lassen sich die erfolgreichen Nationalisierungen und Verhandlungen mit den Ölkonzernen verstehen[163].

Hinzu kam, dass sich innerhalb der Öl-Elite der Dritten Welt, aber auch bei anderen anti- bzw. postkolonialen Akteuren, seit den späten 1940er Jahren zunehmend die Vorstellung durchgesetzt hatte, dass „permanente Souveränität" über die eigenen Ressourcen das gute Recht von Nationalstaaten sei. Diese Form der Souveränität erschien als Grundvoraussetzung, die eigene wirtschaftliche Entwicklung in Gang bringen zu können und wurde unter anderem 1962 und 1966 durch UN-Resolutionen bestätigt. In diesen wurde explizit auch das Recht formuliert, nationale und ausländische Firmen zu enteignen, wenn dies im nationalen Interesse liege. Kompensation sollte nach nationalem – nicht etwa internationalem – Recht gezahlt werden[164]. Sogenannte Nationalisierungen ausländischer Unternehmen waren dementsprechend in den späten 1960er und frühen 1970er Jahren auch außerhalb der Ölwirtschaft in postkolonialen Staaten nichts Ungewöhnliches. Chile enteignete etwa – wie bereits erwähnt – die bis dato

162 Dietrich, Oil Revolution, S. 228–262; Venn, Oil Crisis, S. 38–40; Yergin, Der Preis, S. 706 f; Giuliano Garavini, From Boumedienomics to Reaganomics: Algeria, OPEC, and the International Struggle for Economic Equality, in: Humanity 6 (2015), 1, S. 79–92; Skeet, OPEC, S. 58–91. Zu Algerien konkret vor allem Aissaoui, Algeria, S. 78–85 und Hocine Malti, Algeria and OPEC, in: Claes/Garavini (Hg.), Handbook of OPEC, S. 57–63.

163 Vgl. Yergin, Der Preis, S. 688 f; Venn, Oil Crisis, S. 33–42.

164 Dietrich, Oil Revolution; auch Anthony Anghie, Imperialism, Sovereignty and the Making of International Law, Cambridge u. a. 2005, S. 196–244; UN General Assembly Resolution 1803 (XVII), Permanent Sovereignty Over Natural Resources, 14.12.1962, https://www.un.org/ga/search/view_doc.asp?symbol=A/RES/1803%28XVII%29, 22.12.2021; UN General Assembly Resolution 2158 (XXI), Permanent Sovereignty Over Natural Resources, 25.11.1966, https://www.un.org/ga/search/view_doc.asp?symbol=A/6316(SUPP), 22.12.2021.

ausländisch kontrollierte Kupferindustrie und das Gleiche tat Sambia. Allerdings erklärte sich der afrikanische Staat bereit, ansehnliche Entschädigungszahlungen zu leisten, was die Beziehungen zu den Unternehmen und ihren westlichen Herkunftsländern vergleichsweise unbelastet ließ[165].

Boumedienne legte großen Wert auf die Übernahme der vollständigen Kontrolle über die eigenen Rohstoffe. Bereits während des Ministertreffens der G77 im Oktober 1967 in Algier, das der Vorbereitung auf die anstehende UNCTAD-Konferenz in Neu-Delhi diente, betonte er, dass die Stabilisierung von Rohstoffpreisen auf dem Weltmarkt allein nichts bringe. Solange die Produktion dieser Rohstoffe nicht unter eigene Kontrolle gebracht worden sei, kämen die höheren Einnahmen lediglich den beteiligten multinationalen Konzernen zugute. Daher sei die Nationalisierung der notwendige erste Schritt. Diese Position vertrat er auch 1973[166].

In seiner Eröffnungsrede des Algier-Gipfels klagte er die „Plünderung der nationalen Ressourcen der afrikanischen, asiatischen und lateinamerikanischen Länder" an, die nicht nur zu immer größerer Rückständigkeit, sondern zu einer kritischen Vergrößerung des Abstands zwischen armen und reichen Ländern mit jedem weiteren Jahr führe. Er geißelte den sich intensivierenden „Neokolonialismus" und forderte, „to respect the natural right of peoples to recover and freely utilize their riches without being subject to pressures which oblige them to pay a premium to those who deprive them of and exploit their riches, when they ought to be paying compensation to the developing countries for having exploited them for so long." Insgesamt gelte es „radical changes" durchzusetzen[167]. Oder wie es Boumediennes Außenminister, Abdelaziz Bouteflika, in einem Interview einige Tage zuvor ausgedrückt hatte: „un changement complet et radical dans la structure des rapports entre pays avancés et pays du Tiers monde"[168]. Insgesamt war es Algeriens Ziel, die Konferenz auf die eigene konfrontative Interpretation

---

165 Vgl. Kreienbaum, Der verspätete Schock, S. 616 f; Miles Larmer, Historical Perspectives on Zambia's Mining Booms and Busts, in: Fraser/Larmer (Hg.), Zambia, Mining and Neoliberalism, S. 31–58. Zur Politik der Nationalisierung bzw. „Indigenisierung" in Afrika insgesamt siehe auch Stephanie Decker, Dekolonisation der Wirtschaft? Wirtschaftsnationalismus in Afrika nach 1945, in: Archiv für Sozialgeschichte 48 (2008), S. 461–486.

166 Conference des „77", 10.10.1967, in: Ministère de l'Information et de la Culture, Discours du President Boumediene, 19 Juin 1965–19 Juin 1970, Constantine 1970, S. 537–542. Vgl. Auch Garavini, After Empires, S. 76.

167 UNA, S-0972–0003–04–00001: Inaugural Address Delivered by President Houari Boumediene, Fourth Summit Conference of Non-Aligned Countries, Algier 5.–8. September 1973, (NAC/ALG/CONF.4/3).

168 „Sur trois fronts". Une interview d'Abdelaziz Bouteflika, recueillie par Jean-Pierre Séréni, in: Jeune Afrique, 1.9.1973, S. 11–14.

der internationalen Lage als „Frontstellung der Entwicklungsländer gegenüber den Industriestaaten" einzuschwören[169].

Der „scharfe Ton" Boumediennes schien auch in den Ausführungen des chilenischen Außenministers auf, dessen Land dem Wirtschaftskommitee der Konferenz vorsaß, und über den ein westdeutscher Diplomat berichtete, dass er „entgegen seiner äußerlich bürgerlichen Erscheinung stark revolutionäre Töne anschlug". Dagegen charakterisierte er Indira Gandhis Rede als „wohl abgewogen, sich jeder Polemik enthaltend, aber das wahre Problem der Entwicklungsländer, nämlich Überwindung der Armut, darstellend"[170]. Gandhi betonte den interdependenten Charakter der internationalen Beziehungen und erinnerte die Entwicklungsländer daran, „that affluent countries had also to look out for their own interests, and unless they were convinced that some of their interests would be served by helping the poor nations, they were not likely to give any help"[171].

Am mäßigenden Einfluss Gandhis, aber auch der jugoslawischen Delegation dürfte es gelegen haben, dass es bei Weitem nicht alle radikalen Forderungen aus den von Algerien vorbereiteten Konferenzpapieren in die offiziellen Abschlussdokumente schafften[172]. In einem Papier mit dem Titel „The Third World Countries and the Energy Crisis" hatte Algerien etwa dafür geworben, Rohstoffe, speziell Erdöl, als Waffe gegen die westlichen Industriestaaten zu nutzen, um das eigene Programm durchzusetzen. Die Forderung schaffte es aber nicht in die Resolutionen[173]. Kontrovers wurde dann vor allem der Vorschlag diskutiert, ein ständiges Sekretariat der Bündnisfreien einzurichten, was zu größeren Verzögerungen in der Arbeit des politischen Komitees führte und dafür sorgte, dass der Gipfel um einen Tag verlängert werden musste[174]. In den ökonomischen Fragen schien die Einigkeit insgesamt größer. Das Wirtschaftskomitee beendete die Arbeit pünktlich und

169 PA AA, B 46/100730: Fernschreiben Botschaft Paris an AA, 14.9.1973. Vgl. auch ebd.: Wever an Staatssekretär, betr.: Die 4. Konferenz der Nichtgebundenen Staaten in Algier – der Versuch einer Bewertung, 14.9.1973.

170 Ebd.: Fernschreiben Botschaft Algier an AA, 6.9.1973.

171 O. A., Indira Calls for Joint Stand at U.N., in: The Times of India, 10.9.1973, S. 1.

172 Vgl. NAL, FCO 93/8, S. 2: Fourth Non-Aligned Summit Conference, Algier, 5–9 September 1973: An Assessment; J. D. Singh, Indira Set to Play Big Role, in: The Times of India, 6.9.1973, S. 1.

173 Colin Legum, Third World Begins to Flex Its Muscles, The Observer, 9.9.1973, S. 6; Lassassi, Non-Alignment, S. 134. Tatsächlich hatten die USA im Vorfeld versucht, auf Saudi-Arabiens König Feisal einzuwirken, um dessen Zustimmung „to use oil as a political weapon" in Algier zu verhindern. Memorandum From the President's Assistant for National Security Affairs (Kissinger) to President Nixon, Washington, 4.9.1973, in: FRUS 1969–1976. Bd. XXXVI. Energy Crisis 1969–1974, Washington 2011, Dok. 199.

174 O. A., Secretariat Plan Shelved, in: The Times of India, 10.9.1973, S. 1; O. A., No Decisions Without the Third World Taking Part, in: South China Morning Post, 11.9.1973, S. 3.

das Nebeneinanderlegen des algerischen Deklarationsentwurfs und der schließlich verabschiedeten „Economic Declaration" offenbart, dass die Kernpunkte erhalten blieben und lediglich um weitere ergänzt wurden[175].

Die Deklaration und das zugehörige „Action Programme" enthielten zunächst eine Reihe von Forderungen, die die Bündnisfreien schon in Lusaka erhoben hatten: etwa die Einführung bzw. Ausweitung eines allgemeinen Zollpräferenzsystems für Entwicklungsländer, die Erhöhung von Mitteln für Entwicklung durch den sogenannten Link, die Vereinfachung von Technologietransfers und die stärkere Süd-Süd-Kooperation. Hinzu kam mit Blick auf die anstehende Welthandelsrunde (*multinational trade negotiations*), die sogenannte Tokyo-Runde des GATT, und die notwendige Reform des Weltfinanzsystems, die stärkere Einbindung der Dritten Welt in diese Prozesse und vor allem die Berücksichtigung ihrer Interessen. Jamaika schlug die Schaffung eines „Economic and Social Development Fund for Non-Aligned Countries" vor, in den vor allem die OPEC-Staaten ihre Überschüsse einzahlen könnten, um für die ärmeren Staaten Notfall- und Entwicklungsgelder bereitzustellen[176]. Hinzu kamen aber vor allem auch die konfrontativen Vorschläge, die es in Lusaka nicht in die Abschlussdokumente geschafft hatten. Im Abschnitt zu „sovereignty and natural resources" hieß es nun:

> The Conference gives its unreserved support to the application of the principle that nationalization carried out by States as an expression of their sovereignty, in order to safeguard their natural resources, implies that each State is entitled to determine the amount of possible compensation and its mode of payment and that any disputes which might arise should be settled in accordance with the national legislation of each State.

Die Resolution verteidigte also das Recht, ausländische Produktionsanlagen im Zweifelsfall auch ohne Kompensationszahlungen verstaatlichen zu können – aus westlicher Sicht eine Kampfansage. Weiter regte der Gipfel die Schaffung effektiver „solidarity bodies for the defence of the interests of raw material producing countries" nach dem Vorbild von OPEC und der Conseil intergouvernemental des

175 UNA, S-0972–0003–06–00001: Draft Economic Declaration of the Fourth Summit Conference of the Non-Aligned Countries; Fourth Conference of Heads of State or Government of Non-Aligned Countries, Economic Declaration, Algier, September 5–9, 1973, in: Jankowitsch/Sauvant (Hg.), Third World Without Superpowers. Ser. 1. Bd. 1, S. 214–226.

176 Fourth Conference of Heads of State or Government of Non-Aligned Countries, Economic Declaration; Fourth Conference of Heads of State or Government of Non-Aligned Countries, Action Programme for Economic Co-operation, in: Jankowitsch/Sauvant (Hg.), Third World Without Superpowers. Ser. 1. Bd. 1, S. 227–237; NAL, FCO 63/1053: British High Commission Kingston an FCO, 21.9.1973.

pays exportateurs de cuivre (CIPEC) an. Diese Schritte sollten dazu dienen, die Solidarität unter den Entwicklungsländern zu stärken, die eigenen Exporteinnahmen zu steigern und schließlich eine „new international economic order", eine Neue Weltwirtschaftsordnung zu sichern[177]. Damit war ein Schlagwort in die Welt gesetzt, das in den kommenden Jahren im Fokus internationaler Debatten stehen sollte[178].

In den westlichen Industriestaaten waren sich die Beobachter des Gipfels einig, dass für die Bündnisfreien der Ost-West-Gegensatz nun endgültig durch einen ökonomisch geprägten Nord-Süd-Konflikt verdrängt worden war. „It was a gathering of the ‚have-nots', in conclave together, to decide how best they can acquire a larger share of the world's wealth and power, and the very number of States represented constitute a very powerful lobby", urteilte etwa der britische Botschafter in Algier[179]. Während im bundesdeutschen Außenministerium die Auffassung vorherrschte, im Endeffekt hätten sich die Moderaten gegen die radikale algerische Linie durchgesetzt, sah die Bewertung in Großbritannien und den USA anders aus[180]. „[T]he movement is becoming more radical and more aligned", hieß es in einer Einschätzung des Foreign and Commonwealth Office[181]. Und ein Telegramm der US Botschaft bei den Vereinten Nationen fragte, „whether the more moderate among the nonaligned will continue to follow hard-line, Algerian-style leadership"[182].

Insgesamt rechneten die Analysten für die Zukunft mit verstärkten Auseinandersetzungen um Wirtschaftsfragen. Im französischen Außenministerium er-

177 Fourth Conference of Heads of State or Government of Non-Aligned Countries, Economic Declaration, S. 222; Das Schlagwort von der „new international economic order" fehlte tatsächlich im algerischen Entwurf noch. Dort hieß es: „[...] secure the establishment of an international economic order in accordance with the requirements of genuine democracy." UNA, S-0972–0003–06–00001: Draft Economic Declaration of the Fourth Summit Conference of the Non-Aligned Countries. Zur Wahrnehmung im Westen siehe beispielhaft NAL, FCO 93/8: J. W. Hodge, UN Department, an T. A. H. Solesby, Algier Non-Aligned Conference: Economic Declaration, 2.10.1973.

178 Dosman verweist darauf, dass Prebisch den Begriff bereits 1963 in der Vorbereitung auf das erste UNCTAD-Treffen in Genf verwendet habe. Allerdings entwickelte sich der Ausdruck erst 1973/74 zu einem Schlagwort in den Diskussionen um die internationale politische Ökonomie. Dosman, Prebisch, S. 429.

179 NAL, FCO 93/7: Diplomatic Report No. 424/73: The Fourth Non-Aligned Summit Conference at Algier, 19.9.1973.

180 PA AA, B 46/100730: Botschaft Algier an AA, 10.9.1973.

181 NAL, FCO 93/7, S. 5: Diplomatic Report No. 424/73: The Fourth Non-Aligned Summit Conference at Algier, 19.9.1973.

182 Tel. 4973 From the Mission to the United Nations to the Department of State, 21.11.1973, in: FRUS 1969–1976. Bd. E-14. Teil 1. Documents on the United Nations, Washington 2008, Dok. 9.

wartete man, „die sich abzeichnende neue Orientierung könne sich in einer unnachgiebigeren Haltung bei der Rohstoffversorgung, insbesondere Ölpolitik, und insgesamt in den Wirtschafts-, Finanz- und Währungsbeziehungen, niederschlagen"[183] Und in einem internen Bericht des Auswärtigen Amtes hieß es: „Die Industrienationen insgesamt unter Einschluss der Ostblockstaaten werden sich darauf einstellen müssen, dass die Blockfreien, die sich bisher vorwiegend als moralische Kraft zwischen den Blöcken empfanden, sich mehr und mehr trotz aller Gegensätze zu einer wirtschaftlichen Interessengemeinschaft zusammenfinden werden, die als Gewerkschaft der Unterprivilegierten gegenüber dem Block der Reichen ihre Beteiligung an der Entwicklung und am Wohlstand mit Kampfmaßnahmen durchzusetzen versuchen werden."[184] Gerade angesichts der sich in den letzten Jahren verschiebenden Kräfteverhältnisse in der internationalen Ölwirtschaft schien es angeraten, diese Konfrontation nicht auf die leichte Schulter zu nehmen. In einer Bewertung der Konferenz durch das britische Information Research Department las sich das so: „Led by the oil-rich countries the former [die Rohstoffproduzenten, J. K.] are learning that unity is strength and that not all the cards are stacked against them. In UNCTAD and in other international economic bodies they are likely to form an increasingly powerful lobby. The non-aligned movement may represent mainly the poorer nations in money terms, but they control most of the world's raw materials, which the rich nations cannot do without."[185] Der New Yorker Journalist Cyrus Leo Sulzberger ging sogar so weit zu prognostizieren, dass die Dritte Welt gerade angesichts der sich abzeichnenden Energiekrise des Westens alle „key trumps to be played in the coming decade's power game" in den Händen halte. Dabei dachte er explizit auch an die gezielte Verknappung der Ölversorgung durch die arabischen Produzenten, um ihre politischen Ziele durchzusetzen – eine Taktik, die nur Wochen später in die Tat umgesetzt werden sollte[186].

183 PA AA, B 46/100730: Fernschreiben Botschaft Paris an AA, 14.9.1973.

184 PA AA, B 46/100730: Wever an Staatssekretär, betr.: Die 4. Konferenz der Nichtgebundenen Staaten in Algier – der Versuch einer Bewertung, 14.9.1973.

185 NAL, FCO 93/8: Information Research Department: Fourth Non-Aligned Summit Conference, Algier, 5–9 September 1973: An Assessment, 1.10.1973.

186 C. L. Sulzberger, Algier Summit: Third World's Trumps, in: South China Morning Post, 12.9.1973, S. 2.

1.4 Zwischenfazit

Nach dem Erlangen der politischen Souveränität in den Jahrzehnten nach dem Zweiten Weltkrieg realisierten die jungen postkolonialen Staaten schnell, dass die politische Unabhängigkeit nicht automatisch mit ökonomischer Prosperität einherging. Die existierende Weltwirtschaftsordnung schien lediglich die Interessen der reichen Industriestaaten zu befriedigen, die ehemaligen Kolonien aber in „neokolonialen" Ausbeutungsstrukturen festzuhalten. Lediglich eine grundlegende Reform der weltwirtschaftlichen Spielregeln schien diesem Problem abhelfen zu können. Der politischen musste eine ökonomische Dekolonisierung folgen. Diese Forderungen führten in den frühen 1960er Jahren zur Gründung der UNCTAD, die für die Schaffung einer gerechteren Weltwirtschaftsordnung eintrat. Als die Erfolge in den darauffolgenden Jahren ausblieben, nahm sich die Bewegung der Bündnisfreien der Thematik an. Dies geschah zunächst auf dem Gipfel von Lusaka im Jahr 1970 in dezidiert moderater Weise. Die Reform der Weltwirtschaft sollte in Kooperation mit den kapitalistischen Industriestaaten erreicht werden, die letztlich auch ein Eigeninteresse an der Entwicklung der Dritten Welt haben müssten. Auf der nächsten Gipfelkonferenz 1973 in Algier hatte sich der Ton dann entscheidend verändert. Vor allem die Gastgeber wähnten die Welt in einer Konfrontation zwischen reichen und armen Staaten. Sie riefen zur Schaffung einer „new international economic order" auf, die durch Produzentenkartelle und die Nationalisierung von westlichen Konzernen erkämpft werden sollte. Auch wenn das Ziel dieser Anstrengungen weiterhin die Industrialisierung der postkolonialen Staaten nach nördlichem Vorbild war, so lässt sich hier doch eine deutliche Verschiebung in den Vorstellungen von Entwicklung ausmachen. Diese waren nun viel stärker an vorteilhafte internationale Rahmenbedingungen geknüpft, als das etwa bei prominenten Modernisierungstheoretikern wie Walt Rostow der Fall war.[187] Auch setzten die Regierungen aus dem Süden nun verstärkt auf Abgrenzung und Konfrontation gegenüber westlichen Wirtschaftsinteressen – vor allem im Hinblick auf multinationale Konzerne. Gerade angesichts der neuen Macht der OPEC-Staaten, vor allem der nun zunehmend diskutierten Möglichkeit, das Öl als politische Waffe zu nutzen, schien es vorstellbar, den vielfach beklagten „lack of political will"[188] in den Industriestaaten zur Umgestaltung der Weltwirtschaftsordnung zu überwinden. Im Herbst 1973 war der

187 Vgl. Bockman, Socialist Globalization; auch Corinna R. Unger, International Development. A Postwar History, London u. a. 2018, S. 127–142.

188 Fourth Conference of Heads of State or Government of Non-Aligned Countries: Political Declaration, Algier, September 5–9, 1973, in: Jankowitsch/Sauvant (Hg.), Third World Without Superpowers. Ser. 1. Bd. 1, S. 189–206, hier S. 204.

Einsatz der „Ölwaffe" offensichtlich in den Möglichkeitsbereich gerückt, auch wenn noch nicht klar war, was das konkret bedeuten würde. Bezeichnend ist in dieser Hinsicht folgende Reaktion des chilenischen Diplomaten, der das Wirtschaftskomitee während der Algier-Konferenz geleitet hatte. Als ihn ein niederländischer Ökonom einige Monate später fragte, ob die Energiekrise während des Algier-Gipfels schon absehbar gewesen sei, antwortete er: „I think so, but not in its full magnitude."[189]

189 Interview mit Hernán Santa Cruz, in: Willem Oltmans, On Growth II, New York 1975, S. 202–208, hier S. 202.

2 Die erste Ölkrise, 1973/74

Nur einen Monat nach der Algier-Konferenz der Bündnisfreien setzten die arabischen Ölförderländer die Gedankenspiele in die Tat um und brachten ihre „Ölwaffe“ ins Spiel, wie es in zahlreichen westlichen Medien hieß[190]. Am 17. Oktober 1973 verkündeten die in Kuwait versammelten arabischen Ölminister eine Reduzierung ihrer Erdölproduktion um 5 Prozent, wobei jeden Folgemonat eine Verringerung um weitere 5 Prozent folgen würde. Hintergrund war der sogenannte Jom-Kippur- oder Oktoberkrieg, der vierte arabisch-israelische Krieg, der mit einem Überraschungsangriff ägyptischer und syrischer Truppen am 6. Oktober begonnen hatte. Nach anfänglichen arabischen Erfolgen hatte sich das Kriegsglück gedreht und israelische Truppen begannen am 16. Oktober, den Suez-Kanal zu überqueren und sogar die ägyptische Hauptstadt Kairo zu bedrohen. Angesichts der hohen Intensität der Kämpfe gingen allen Kriegsparteien schnell die Nachschubgüter aus und die beiden Supermächte begannen wenige Tage nach Kriegsbeginn mit der Lieferung von Kriegsgerät. Dabei überstiegen die amerikanischen Lieferungen an Israel die sowjetischen an Ägypten und Syrien deutlich. Erst in dieser Situation der drohenden arabischen Niederlage und der Unterstützung Israels durch die USA – und nicht bereits zu Kriegsbeginn – entschlossen sich die arabischen Ölminister zum Einsatz der sogenannten „Ölwaffe“[191].

In den Folgetagen einigten sich die arabischen Exportländer auf ein vollständiges Ölembargo gegen die USA und die Niederlande, die als besonders Israel-freundlich galten. Dieses Embargo wurde anschließend in einer Geste der Solidarität mit den unabhängigen afrikanischen Staaten und Befreiungsbewegungen auf die „racist regimes“ in Portugal, Südafrika und Rhodesien ausgedehnt. Nachdem ein Waffenstillstand die Kampfhandlungen im Nahen Osten bereits beendet hatte, erhöhten die arabischen Minister auf einem weiteren Treffen in Kuwait den Druck noch einmal. Dort verkündeten sie am 5. November, dass die Erdölproduktion im November um 25 Prozent unter dem Septemberwert liegen werde. Erneut drohten sie mit sukzessiven Kürzungen um 5 Prozent pro Monat, bis sich die israelischen Truppen aus den 1967 besetzten Gebieten – wie

190 Siehe etwa o. A., Öl-Sperrung nicht ernst gemeint, in: Frankfurter Allgemeine Zeitung, 19.10.1973, S. 2; William D. Smith, The Arab Oil Weapon Comes Into Play, in: The New York Times, 21.10.1973, S. 1. Vgl. David Römer, Wirtschaftskrisen. Eine linguistische Diskursgeschichte, Berlin/Boston 2017, S. 199 – 201 und Kristoffer Klammer, ‚Wirtschaftskrisen‘. Effekt und Faktor politischer Kommunikation. Deutschland 1929 – 1976, Göttingen 2019, S. 313 – 337.

191 Zum Hintergrund des Jom-Kippur-Krieges siehe Venn, Oil Crisis, S. 7 – 21; vgl. auch Garavini, Completing Decolonization, S. 479 f; Communiqué. Conference of Arab Oil Ministers, Kuwait, 17.10.1973, in: Jordan J. Paust/Albert P. Blaustein, The Arab Oil Weapon, Dobbs Ferry 1977, S. 42 f.

https://doi.org/10.1515/9783110770001-006

Golanhöhen, Sinai-Halbinsel und Ostjerusalem – zurückgezogen hätten. Befreundete Länder – die arabischen Staaten, die meisten afrikanischen, aber auch Großbritannien und Frankreich – sollten von den Kürzungen nicht betroffen sein, während feindliche nichts erhielten und neutrale Staaten – wie zunächst etwa Japan und die BRD – lediglich mit reduzierten Mengen beliefert werden sollten[192]. Auch wenn das ursprünglich formulierte Ziel der israelischen Räumung der besetzten Gebiete nicht erreicht wurde, lockerten die arabischen Produzenten ab November die Sanktionen, hoben die Erdölproduktion Ende Dezember wieder um 10 Prozent an und das Embargo gegen die USA und die Niederlande schließlich im März bzw. Juli 1974 auf. Damit war, wie Jens Hohensee konzediert, „die Ölwaffe endgültig entschärft und ins Arsenal zurückgebracht worden"[193].

Neben der Politik von Embargo und Produktionskürzung hatte die Ölkrise von 1973/74 aber noch eine weitere Facette: die Vervierfachung des offiziellen Ölpreises zwischen Oktober und Dezember 1973. Bereits einen Tag vor der Verkündung der Produktionseinschränkungen, nämlich am 16. Oktober, waren Delegierte der sechs Golfstaaten der OPEC zu einem Treffen in Kuwait zusammengekommen und hatten sich auf die Anhebung des sogenannten *posted price*[194] von $ 3,011 auf $ 5,119 pro Barrel verständigt[195]. Vorangegangen waren dieser Entscheidung gescheiterte Verhandlungen mit den großen Ölmultis in Wien. Die Golfstaaten hatten eine Verdopplung des Preises verlangt, während die Unterhändler der Konzerne lediglich autorisiert waren, ein paar Cents nach oben zu gehen. So platzten die Verhandlungen am 12. Oktober. Zum Abschied riet der saudische Ölminister Ahmed Zaki Yamani seinen westlichen Gesprächspartnern: „Hören Sie

192 Communiqué. Conference of Arab Oil Ministers, Kuwait, 4.-5.11.1973, in: Paust/Blaustein, Oil Weapon, S. 46; Arab Summit Decision, Algier, 26.-28.11.1973. Text of the Summit Communiqué, in: ebd., S. 54–62; Venn, Oil Crisis, S. 17–19; Hohensee, Ölpreisschock, S. 57–108.

193 Hohensee, Ölpreisschock, S. 94. Es ist trefflich über Erfolg und Misserfolg der Embargopolitik gestritten worden. Interpretativ überzeugt vor allem Rüdiger Grafs jüngerer Beitrag, der das Embargo als komplexen kommunikativen Prozess versteht und vor einer einfachen Bewertung anhand der Durchsetzung der ursprünglich formulierten Embargoziele warnt. Graf, Making Use of the „Oil Weapon". Andere Interpretationen etwa bei Roy Licklider, Political Power and the Arab Oil Weapon. The Experience of Five Industrial Nations, Berkeley/Los Angeles/London 1988; Hohensee, Ölpreisschock; Paust/Blaustein, Oil Weapon; Hanns Maull, Oil and Influence. The Oil Weapon Examined, in: Gregory Treverton (Hg.), Energy and Security, Westmead/Montclair 1980, S. 3–39.

194 Der *posted price* ist der Richtwert, anhand dessen die Höhe der Abgaben (*royalties*) und Steuern, die die Ölkonzerne an die Förderländer zahlen mussten, berechnet wurde. Dieser Preis wurde ab Oktober 1973 unilateral von den Förderländern festgesetzt. Der Marktpreis, zu dem das Öl von den Konzernen dann faktisch an die Kunden weiterverkauft wurde, wich von diesem Preis jedoch je nach Marktlage ab.

195 Skeet, OPEC, S. 88–90; Yergin, Preis, S. 734.

Radio."[196] Via Radio, Zeitung und Fernsehen erfuhren diese dann vier Tage später von der unilateralen Preiserhöhung[197].

Dieser Schritt schloss einen längeren Prozess der Machtverschiebung in der Welt des Öls ab, der im vorangegangenen Kapitel bereits skizziert worden ist und sich in den frühen 1970er Jahren in Nationalisierungen bzw. Partizipationszusagen sowie in den Abkommen von Teheran und Tripolis niedergeschlagen hatte. Eigentlich hatten diese Vereinbarungen von 1971 den Ölpreis für fünf Jahre bei etwa $ 3 fixieren sollen, waren aber angesichts des starken Wertverlusts des US-Dollars aus Sicht der Förderländer Ende 1973 dringend revisionsbedürftig. Dass die sechs Golfstaaten den neuen *posted price* nun erstmals unilateral festsetzten und nicht mehr mit den Konzernen aushandelten, unterstrich symbolisch die Metamorphose des Erdölmarkts von einem Käufer- zu einem Verkäufermarkt. War die Preisfestsetzung bis zur Gründung der OPEC im Jahr 1960 allein eine Sache der „Seven Sisters", der sieben großen Ölmultis[198], gewesen, war der Preis anschließend das Ergebnis von Verhandlungen mit den Produzentenländern. Im Oktober 1973 hatte sich die Sache nun vollständig gedreht. Dementsprechend kommentierte Scheich Yamani in Kuwait: „Dies ist ein Augenblick, auf den ich lange gewartet habe. Nun ist er gekommen. Wir sind die Herren über unsere eigene Ware."[199]

Zum Verständnis der Ölkrise ist es wichtig anzuerkennen, dass die beiden Facetten der Ölkrise – Embargo und Produktionskürzungen einerseits, Preiserhöhungen andererseits[200] – distinkte Phänomene waren, die ihren eigenen, separaten Logiken folgten und von unterschiedlichen Akteursgruppen bestimmt wurden. Während die Embargopolitik Teil des arabisch-israelischen Konflikts war und von den arabischen Förderländern betrieben wurde, war die Preissteigerung am 16. Oktober von den Golfstaaten der OPEC angestoßen worden. Dazu gehörte mit dem Iran auch ein nicht-arabisches Mitglied, das sich bald als einer der größten Preistreiber erweisen sollte. Die nicht-arabischen OPEC-Mitglieder hatten kein Interesse daran, die arabische Embargopolitik mitzutragen, und Iran, In-

---

196 Zitiert nach Yergin, Preis, S. 728.

197 Graf betont, dass bereits am 16. Oktober Informationen bis zur *New York Times* durchgesickert waren. Graf, Öl und Souveränität, S. 100 f.

198 Die Seven Sisters setzten sich zusammen aus den fünf in den USA entstandenen Konzernen Exxon, Gulf, Texaco, Mobil and Socal sowie der in London beheimateten BP und der britisch-niederländischen Shell. Anthony Sampson, The Seven Sisters. The Great Oil Companies and the World They Made, London 1975.

199 Zitiert nach Yergin, Preis, S. 735. Zu den Entwicklungen auf dem Ölmarkt vgl. Venn, Oil Crisis, S. 33–42; Skeet, OPEC, S. 15–98; Dietrich, Oil Revolution.

200 Fiona Venn spricht gar von vier sich überlagernden Krisen. Dazu zählen neben den beiden genannten auch der Jom-Kippur-Krieg und – ein Ausdruck der Amerikazentriertheit ihres Buches – der Watergate-Skandal. Venn, Oil Crisis, S. 7–21.

donesien und Nigeria erhöhten stattdessen ihre Fördermengen[201]. Es würde aber zu weit gehen, mit dem deutschen Historiker Jens Hohensee anzunehmen, dass die beiden Konferenzen in Kuwait am 16. und 17. Oktober und damit die Entscheidung zur Preiserhöhung einerseits und zum Embargo andererseits „in keinem Zusammenhang" miteinander stünden[202]. Tatsächlich bereiteten die Produktionskürzungen bis zu einem gewissen Punkt den Boden für weitere OPEC-Preiserhöhungen, die im Dezember 1973 folgten. Sie verknappten das ohnehin rarer werdende Öl auf dem internationalen Markt weiter, was dazu führte, dass auf den sogenannten Spotmärkten, auf denen Produzentenländer ihr Partizipationsöl[203] verkauften, Preise weit über dem neuen *posted price* erzielt wurden. Mitte Dezember etwa auktionierte der Iran eine Menge von 475.000 Barrel Erdöl pro Tag zu einem Preis von $ 17,04 pro Barrel, während Nigeria etwa zur selben Zeit sogar über $ 20 pro Barrel erzielte[204]. Diese Entwicklung führte dazu, dass eine weitere deutliche Erhöhung des *posted price* gerechtfertigt erschien. Irak und Algerien forderten $ 14 pro Barrel, Saudi-Arabien befürwortete hingegen lediglich eine moderate Steigerung auf $ 8. Schließlich setzte sich der iranische Vorschlag durch und das Golf-Komitee der OPEC verkündete am 23. Dezember 1973 einen neuen Preis von $ 11,651, der ab dem 1. Januar 1974 gelten sollte und für die gesamte OPEC zum Richtwert wurde[205]. Damit hatte sich der Ölpreis binnen weniger Wochen von etwa drei auf knapp zwölf Dollar beinahe vervierfacht.

Die Doppelkrise aus Ölembargo und Preisexplosion schien für viele Zeitgenossen die weltwirtschaftlichen Kräfteverhältnisse auf den Kopf zu stellen und die etablierte Weltwirtschaftsordnung ins Wanken zu bringen. Ein Experte der Weltbank meinte, einen „radical turning point in the outlook for the world economy" zu erkennen[206]. In einer internen Denkschrift begriff Bundesfinanzminister Helmut Schmidt es als eine „reale Möglichkeit der Weltwirtschaft", dass die

---

201 David S. Painter, Oil and Geopolitics. The Oil Crises of the 1970s and the Cold War, in: Historical Social Research/Historische Sozialforschung 39 (2014), 4, S. 186 – 208, hier S. 190 f; Yergin, Preis, S. 746; Seymour, OPEC, S. 120.

202 Hohensee, Ölpreisschock, S. 80; durchaus ähnlich Garavini, Completing Decolonization, S. 480; vgl. auch Timothy Mitchell, Carbon Democracy. Political Power in the Age of Oil, London/New York 2011, S. 181 – 186.

203 Partizipationsöl ist jenes Erdöl, das im Zuge der zunehmenden Partizipation der Gastgeberländer in der Produktion des Rohöls seit den frühen 1970er Jahren nun direkt von den Regierungen dieser Länder auf den Markt gebracht werden konnte. Zuvor war alles von den internationalen Ölkonzernen vermarktet worden.

204 Skeet, OPEC, S. 100 f.

205 Skeet, OPEC, S. 101 f; Venn, Oil Crisis, S. 9.

206 Hobert Rowen, Soaring Oil Costs Threaten to Swamp World Economy: Impact of Oil Price Rise Huge, in: The Washington Post, 30.12.1973, S. A1.

Ölkrise der „Beginn des ersten Aktes" eines Prozesses sei, der mit dem Zerbrechen der „demokratischen Strukturen in den Industriegesellschaften" enden könnte[207]. Der renommierte New Yorker Ölexperte Walter J. Levy, der auch verschiedene Regierungen beriet, sah desaströse Folgen sowohl für die Industrie- als auch die Öl importierenden Entwicklungsländer, die sich das Öl zu den stark gestiegenen Preisen schlicht nicht mehr würden leisten können. „Was sich in Wirklichkeit abspielt", schrieb er in der *Zeit*, „ist ein gewaltiger Transfer von Wohlstand. Die Öl exportierenden Staaten werden zu Besitzern eines immer größeren Anteils der Weltwirtschaftsressourcen, und zwar auf Grund einer monopolistischen Ölmacht."[208] Der *Spiegel* ging noch einen Schritt weiter, indem er der „Dritten Welt" insgesamt und nicht nur den OPEC-Staaten eine neue Machtposition gegenüber den westlichen Industriestaaten zuschrieb: „Die Entwicklungsländer, Ausgebeutete von gestern, beginnen sich an ihren Expropriateuren zu rächen." Für Letztere hingegen würde sich das wirtschaftliche Wachstum verlangsamen und ein radikaler Wandel der Lebensweise anstehen[209].

Damit schienen sich die globalen Ausgangsbedingungen für eine ökonomische Dekolonisierung grundlegend zu verändern und die Weltwirtschaftsordnung in Bewegung zu geraten. Erstmals, so waren viele Zeitgenossen überzeugt, hielten „Entwicklungsländer" ökonomische Machtmittel – vorneweg das Erdöl – in den Händen, mit denen sie ihren Vorstellungen von einer gerechteren Weltwirtschaftsordnung Nachdruck verleihen könnten. Dieses Kapitel widmet sich den Folgen der ersten Ölkrise und überprüft, inwiefern sie die internationalen Kräfteverhältnisse tatsächlich in dem wahrgenommenen respektive behaupteten Maße veränderte. Zunächst fragt es nach den Auswirkungen auf die OPEC-Staaten. Bedeuteten die Entwicklungen von 1973 die erfolgreiche ökonomische Dekolonisierung der Ölexporteure? Hatten sie, nachdem sie nun zunehmend zu den Reichen der Welt gehörten, noch Interesse an einer Veränderung der Weltwirtschaftsordnung? Und kontrollierten sie nun die Machtmittel, um solche Veränderungen durchzudrücken? Anschließend rücken die Wahrnehmungen und Re-

---

207 Archiv der sozialen Demokratie, Bonn (AdsD), Depositum Herbert Ehrenberg, Box 1/HEAB300128: Helmut Schmidt, Denkschrift, 15.4.1974. Für diesen Hinweis danke ich Kristoffer Klammer. Zu der Denkschrift vgl. auch Kristina Spohr, Helmut Schmidt. Der Weltkanzler, Darmstadt 2016, S. 33 f; und Werner Abelshauser, Deutsche Wirtschaftsgeschichte. Von 1945 bis zur Gegenwart, Bonn 2011, S. 392 f.

208 Walter J. Levy, Neureiche, die die Welt erschüttern, in: Die Zeit, 15.3.1974, S. 56; vgl. auch William D. Smith, Energy Economist Says Result May Be Depression, in: The New York Times, 17.1.1974, S. 55.

209 O. A., „Mit knappen Vorräten sorglos geaast", in: Der Spiegel, 19.11.1973, S. 25–30.

aktionen der westlichen Industriestaaten und schließlich der Öl-armen Entwicklungsländer in den Fokus.

2.1 Die neue Macht der OPEC

Ende November 1973 unternahmen der saudi-arabische Ölminister Ahmed Zaki Yamani und sein algerischer Kollege Belaid Abdessalam eine ausgedehnte Tour durch die wichtigsten westlichen Hauptstädte. In Europa, den Vereinigten Staaten und Japan erläuterten sie die arabische Politik von Embargo und Produktionskürzungen sowohl in Zeitungs- und Fernsehinterviews als auch in Gesprächen mit Ministern und Staatschefs. Die Aufmerksamkeit, die ihnen bei ihrer Reise zuteilwurde, spiegelt symbolisch den Zuwachs an ökonomischer Macht und damit die deutliche Aufwertung, die die Ölexportländer im Zuge der ersten Ölkrise erfuhren. In Paris, London oder Bonn trafen die beiden Minister nicht nur mit den Außen- oder Industrieministern zusammen, sondern auch mit dem Präsidenten, Premierminister bzw. Kanzler[210]. Und während Yamanis vorangegangene vier Besuche in Japan praktisch unbemerkt vonstattengegangen waren, wurden die beiden Ölminister nun sogar vom Kaiser empfangen – ein Privileg, das eigentlich Staatsoberhäuptern vorbehalten war. Gleichzeitig waren sich die arabischen Emissäre ihres aufgewerteten Status deutlich bewusst. So verschoben sie ihren Besuch in der Bundesrepublik Ende November spontan, um zunächst in Washington mit Außenminister Kissinger zu konferieren, womit sie für Verärgerung im Auswärtigen Amt sorgten. Kurzfristig hatten sie auf einem längeren Gespräch mit Bundeskanzler Brandt bestanden, das ursprünglich gar nicht vorgesehen war, und außerdem die Unterbringung im repräsentativeren Hotel Königshof gefordert. Als Yamani und Abdessalam dann im Januar 1974 tatsächlich nach Bonn kamen, residierten sie tatsächlich im Königshof und wurden von Brandt zu einem 90-minütigen Gespräch empfangen[211].

Yamani wurde zum Gesicht der arabischen Ölpolitik, während der eher uncharismatische Abdessalam in den westlichen Öffentlichkeiten vergleichsweise wenig mediale Aufmerksamkeit auf sich zog. Oder wie es Yamanis Biograf etwas lapidar ausdrückte: „Abdessalam's role was by now very much reduced to being

---

210 Hier ist die männliche Form gewählt, weil es sich bei den Ministern und Regierungsspitzen ausschließlich um Männer handelte. Politik – und erst Recht internationale Politik – war, trotz einiger Ausnahmen wie Indira Gandhi oder Margaret Thatcher, in den 1970er Jahren noch fast vollständig männlich dominiert.

211 Graf, Öl und Souveränität, S. 110 – 121.

second banana."[212] Der 1930 in Mekka geborene Yamani hatte in Kairo, New York und Harvard Jura studiert und war bereits mit 32 Jahren von König Feisal zum Ölminister ernannt worden. Ab Oktober 1973 wurde er dann „zur Verkörperung des OPEC-Imperiums und seines Aufstiegs zur Ölmacht".[213] Westliche Journalisten belegten ihn mit Superlativen, titulierten ihn als „the Arabs' Kissinger" und „superman"[214]. Seine Verhandlungspartner betonten seine ruhige, beharrliche Art, seine Kompetenz in Ölfragen, nahmen ihn teils als „vollendeten Strategen" wahr[215]. Ähnlich unterschiedlich wie die beiden arabischen Emissäre waren ihre Herkunftsländer, die innerhalb der OPEC zwei Extreme repräsentierten. Auf der einen Seite das „moderate", konservative, pro-amerikanische Saudi-Arabien mit seiner kleinen Bevölkerung von etwa sechs Millionen und den weltweit mit Abstand größten bekannten Erdölreserven, das seine gigantischen Einnahmen in Gänze kaum im eigenen Land anlegen konnte. Das Königreich war der Prototyp des sogenannten *low absorber*. Auf der anderen Seite das „radikale" Algerien, dessen Öleinnahmen und -reserven bei einer weit größeren Bevölkerung von damals etwa 16 Millionen weit geringer waren. Entsprechend benötigte dieser *high absorber*, dessen Entwicklungsmöglichkeiten dank weiterer Rohstoffe zeitgenössisch letztlich aber deutlich höher veranschlagt wurden, jeden Petrodollar im eigenen Land. Am Beispiel dieser beiden Staaten werden im Folgenden die Auswirkungen der ersten Ölkrise für die OPEC-Staaten untersucht.

Saudi-Arabien

Die Vervierfachung des Ölpreises im letzten Quartal des Jahres 1973 bedeutete einen gigantischen Transfer von Finanzkapital aus der ganzen Welt in die Staatskassen der Erdöl exportierenden Länder. Und nirgendwo landete ein so großes Stück vom Kuchen wie in Saudi-Arabien, dem mit Abstand größten Erdölexporteur der Welt. Bereits in den frühen 1970er Jahren hatten sich die saudischen Einnahmen verdoppelt, vor allem da die Ölproduktion von 1970 bis 1972 von 3,8 auf 6,02 Millionen Barrel pro Tag gewaltig gestiegen war. Mit der Anhebung des Ölpreises explodierten die Einnahmen auf gut \$ 35 Milliarden 1974 – ein Jahr

---

212 Jeffrey Robinson, Yamani. The Inside Story, London 1989, S. 159.
213 Yergin, Preis, S. 785. Zur Person Yamanis siehe auch Robinson, Yamani; Graf, Öl und Souveränität, S. 115 – 119.
214 O. A., Personality in the News. Saudi Oil Minister – The Arabs' Kissinger, in: The Los Angeles Times, 3.12.1973, S. 5; Joe Morris, Mercedes for ‚Superman.' Bonn Gives Oil Sheik High-Octane Welcome, in: The Los Angeles Times, 21.1.1974. Vgl. Hohensee, Ölpreisschock, S. 92.
215 Yergin, Preis, S. 785; Hohensee, Ölpreiskrise, S. 92 f; Robinson, Yamani, S. 161 f.

zuvor waren es noch knapp $ 9 Milliarden gewesen.[216] Das Bruttoinlandsprodukt (BIP) stieg von $ 9,7 Milliarden 1972 auf $ 45,4 Milliarden 1974, wobei das BIP pro Kopf 1974 einen Wert von $ 6.433 erreichte. Das war mehr als in der Bundesrepublik ($ 5.617) und unterschritt den Wert der USA ($ 7.242) nur knapp. Kuwait hingegen spielte mit $ 13.478 dank seiner noch einmal deutlich kleineren Bevölkerung in einer eigenen Liga[217].

Folgt man dem „common wisdom", wie ihn der Politologe Stephen Krasner Mitte der 1980er Jahre wahrnahm, dass es den Staaten der Dritten Welt in der Auseinandersetzung mit dem Norden im Grunde um mehr Reichtum ging, waren die „capital surplus oil exporters" wie Saudi-Arabien, Kuwait oder Libyen 1974 am Ziel[218]. Und tatsächlich stellten sich Zeitgenossen die Frage, ob diese Staaten eigentlich noch auf der Seite der Entwicklungsländer stünden. So kommentierte etwa der britische Wirtschaftsjournalist Peter Hobday: „At first, Saudi Arabia's ability to hold the West at ransom, as it must have seemed to militant Third World leaders, won the approval of the non-aligned and Third World nations. But instead of continuing the rapid redistribution of wealth that the oil price increase started, Saudi Arabia seemed, in their eyes, to start to backtrack. [...] the Third World became worried that their champion would sell out. [...] the feeling grew that in the end the kingdom would go over, lock, stock and barrel, to the wealthy West."[219] Yamani schien diese Befürchtungen Anfang Dezember 1973 in einem Interview mit dem *Spiegel* zu bestätigen, als er erklärte: „Denn wir betrachten uns selbst als einen Teil der freien Welt, wir fühlen uns stark an Europa, die Vereinigten Staaten und an Japan gebunden. Wir verstehen uns als Teil Ihrer Welt." Gleichzeitig schätzte er die Wahrscheinlichkeit, dass das OPEC-Beispiel Schule machen könnte und die Dritte Welt nun auch andere Rohstoffe als Waffe nutzen könnte, skeptisch ein. Das Öl sei momentan „einmalig", da es der einzige Rohstoff sei, „auf den die gesamte industrialisierte Welt angewiesen ist"[220].

Die Nähe zum Westen ist hier aber wohl eher als Positionierung im Kontext des Kalten Krieges zu verstehen, wie der Begriff „freie Welt" nahelegt, denn als Absage an die Zugehörigkeit zur Dritten Welt. Dementsprechend präzisierte der

---

216 Amuzegar, Managing the Oil Wealth, S. 264; Niblock, Saudi Arabia, 54–57; Victor McFarland, Oil Powers. A History of the U.S.-Saudi Alliance, New York 2020, S. 154–156.

217 The World Bank, DataBank – World Development Indicators, http://databank.worldbank.org/data/reports.aspx?source=world-development-indicators, 22.12.2021.

218 Krasner, Structural Conflict, S. 3.

219 Peter Hobday, Saudi Arabia Today. An Introduction to the Richest Oil Power, London 1978, S. 8.

220 O. A., „Auf König Feisal können Sie sich verlassen", in: Der Spiegel, 3.12.1973, S. 36–44, hier S. 41.

saudische Ölminister im Verlauf des Gesprächs, dass das Königreich „ebenso Teil der arabischen Welt“ sei. Außerdem sei es eines der primären Ziele, wie in den meisten anderen Entwicklungsländern, Saudi-Arabien zügig zu industrialisieren[221]. Denn auch wenn das Land nun extrem reich war, so war es, wie der Politikwissenschaftler und Nahostexperte Tim Niblock betont, immer noch „underdeveloped in so many ways“[222].

Um diesen Zustand zu beenden, formulierte das Königreich – wie nahezu alle anderen Länder der Dritten Welt in den 1970er Jahren – ambitionierte Entwicklungspläne. Der erste umfasste die Phase von 1970 bis 1975 und ein Volumen von acht Milliarden US-Dollar. Der zweite (1975–1980) trug der enormen Expansion der Öleinnahmen nach 1973 Rechnung und veranschlagte Ausgaben von etwa $ 140 Milliarden, wobei faktisch dann sogar etwa $ 180 Milliarden investiert wurden. Neben substanziellen Rüstungsimporten flossen die Gelder in Infrastrukturmaßnahmen – den Ausbau des Verkehrsnetzes, inklusive der Häfen, Telekommunikation, Wasser und Abwasser und ins Elektrizitätsnetz. Hinzu kamen massive Investitionen in die soziale Infrastruktur – den Ausbau der Gesundheitsversorgung, der Wohlfahrtseinrichtungen und des Bildungssystems, nicht zuletzt um den stark spürbaren Mangel an qualifizierten Arbeitskräften zu lindern. Schließlich ging es darum, die heimische Wirtschaft zu diversifizieren, ihre totale Abhängigkeit von den Rohölexporten zu durchbrechen, gerade auch mit Blick auf die Zeit, wenn die Ölreserven einmal zur Neige gehen würden. In verschiedenen Industriekomplexen sollten jetzt nicht nur Ölraffinerien und petrochemische Werke entstehen, um den heimischen Rohstoff zu verarbeiten, sondern etwa auch Fabriken zur Produktion von Stahl, Aluminium und Zement. Außerdem war der Ausbau der Landwirtschaft avisiert. Im Zusammenspiel mit der Entscheidung, im Jahr 1973 sämtliche Steuern abzuschaffen und großzügige Subventionen einzuführen, führten diese Maßnahmen zur Schaffung einer breiten saudischen Mittelschicht und einer generellen Anhebung des Wohlstandsniveaus. Das Regime erkaufte sich so, trotz der Weigerung, politische Reformen und breitere politische Partizipation zuzulassen, innenpolitische Stabilität[223]. Mit der Übernahme der Kontrolle über die Ölindustrie, der Vervielfachung der Ölein-

221 Ebd.

222 Niblock, Saudi Arabia, S. 66.

223 Zu den saudischen Entwicklungsplänen siehe Niblock, Saudi Arabia, S. 52–93; McFarland, Oil Powers, S. 152–180; Hobday, Saudi Arabia, S. 47–56; Hossein Askari, Saudi-Arabia's Economy. Oil and the Search for Economic Development, Greenwich 1990, S. 1–12; Abir, Saudi Arabia, S. 108–148; James M. Bedore, Saudi Arabian Industrialization: History and Prospects, in: Klaus Jürgen Gantzel/Helmut Mejcher (Hg.), Oil, the Middle East, North Africa and the Industrial States, Paderborn u. a. 1984, S. 185–206.

nahmen und der folgenden sozioökonomischen Veränderungen stellten die frühen 1970er Jahre in der Tat eine Zäsur in der Geschichte Saudi-Arabiens – und allgemeiner der OPEC-Staaten – dar.

Die saudischen Entwicklungspläne überstiegen zwar im Volumen deutlich das, was zeitgleich in anderen Entwicklungsländern formuliert wurde, erinnern aber in den Grundzügen an die Vorhaben anderer Staaten, die primär vom Export eines Rohstoffs abhängig waren, wie später noch am sambischen Beispiel verdeutlicht werden wird[224]. Saudi-Arabien war also trotz der sprudelnden Einnahmen in vielerlei Hinsicht weiterhin ein Entwicklungsland und teilte in zunehmendem Maße zentrale Kernsätze des „Third Worldism". So hatte sich Yamani Anfang der 1970er Jahre von den „radikalen" OPEC-Mitgliedern überzeugen lassen, dass permanente Souveränität über die eigenen Ressourcen essenziell sei. Dementsprechend trieb er die saudische Partizipation in der Ölförderung nun schnell voran. Nachdem 1972 25 Prozent des Aramco-Konsortiums[225] in staatlichen Besitz übergegangen waren, übernahm das Königreich im Juni 1974 60 Prozent, um wenige Monate später 100 Prozent zu fordern[226].

In den frühen 1970er Jahren entwickelten sich Algerien und Saudi-Arabien, wie es ein US-Diplomat formulierte, zu den „strange bedfellows" der Öl-Geopolitik[227]. So unterstützte Yamani die algerische Forderung, im Zuge der „Ölrevolution", wie die OPEC-Staaten die Ereignisse von Ende 1973 nannten, eine grundsätzliche Diskussion über die „global economic situation from all its angles" zu beginnen[228]. Dabei handelte es sich sicher auch um einen taktischen Schritt, der – wie Rüdiger Graf unlängst argumentiert hat – dazu dienen sollte, das Image der Ölförderländer im Rest der Dritten Welt zu verbessern, indem man sich als ihre Speerspitze im Kampf um eine Neue Weltwirtschaftsordnung inszenierte. Angesichts der finanziellen Belastung, die die Vervierfachung des Ölpreises für die übrigen Entwicklungsländer bedeutete, erschien eine entsprechende Maßnahme

224 Zu den Investitionsstrategien anderer OPEC-Staaten vgl. Georg Philip, The Political Economy of International Oil, Edinburgh 1994, S. 173–192.

225 An dem einige Jahre zuvor gegründeten Konsortium waren seit 1948 die großen amerikanischen Ölkonzerne Socal, Texaco, Exxon und Mobil beteiligt. Aramco war faktisch der Monopolist bei der Ölförderung in Saudi-Arabien. Siehe Sampson, The Seven Sisters, S. 114–119; Robert Vitalis, America's Kingdom. Mythmaking on the Saudi Oil Frontier, Stanford 2007.

226 Es dauerte noch bis 1980 bis die vollständige Übernahme abgewickelt war. Yergin, Preis, S. 800–802; Guido Steinberg, Saudi Arabien: Öl für Sicherheit, in: Eno Harks/Friedemann Müller (Hg.), Petrostaaten. Außenpolitik im Zeichen von Öl, Baden-Baden 2007, S. 54–78, hier S. 59.

227 Dietrich, Oil Revolution, S. 252–255.

228 Vgl. Skeet, OPEC, S. 122; Venn, Oil Crisis, S. 181. Auch Garavini betont, dass Yamani in den frühen 1970er Jahren nicht mehr der „Moderate" der späten 1960er Jahre gewesen sei. Garavini, OPEC, S. 207–209.

dringend angeraten[229]. In diesem Sinne erklärte Yamani später gegenüber seinem Biografen: „This was my chance to take the developing nations away from Kissinger and bring them into our camp."[230] Die Tatsache aber, dass in den 1970er Jahren selbst im konservativen Saudi-Arabien Sprache und Ideen der ökonomischen Dekolonisierung Fuß fassten, deutet darauf hin, dass Taktik und Überzeugung hier durchaus Hand in Hand gingen. Angesichts der Industrialisierungsbestrebungen hatte das Königreich ein unmittelbares Interesse daran, eine Neue Weltwirtschaftsordnung zu verwirklichen, die den Zugang zu Technologie und Märkten der industrialisierten Welt sicherte. Auch das brachte Yamani im Gespräch – diesmal mit westlichen Journalisten – auf den Punkt: „Wir wollen Industrie und können diese Industrie nur entwickeln, wenn wir zwei Dinge besitzen: erstens Technologie, zweitens Märkte. Sie verfügen über beides. Bringen Sie also beides zu uns."[231]

Welche Druckmittel standen Saudi-Arabien nun nach 1973 zur Durchsetzung einer anderen weltwirtschaftlichen Ordnung zur Verfügung? Erstens war eine Fortführung bzw. Wiederholung der Embargopolitik denkbar. Tatsächlich waren die OPEC-Staaten und speziell das saudische Königreich nun im Grunde besser in der Lage, eine effektive Politik der Produktions- und Exporteinschränkungen zu verfolgen. Einerseits war die „Ölwaffe" im Zuge des Yom-Kippur-Krieges im Vergleich zum vormaligen Einsatz 1967 deutlich effektiver gewesen, so dass die Drohung mit einem erneuten Embargo eine größere Wirkung erzeugen sollte[232]. Andererseits hatten die Preiserhöhungen dazu geführt, dass die Ölstaaten über weit größere finanzielle Spielräume verfügten und den Einnahmeausfall, der eine Embargopolitik begleiten musste, länger würden verschmerzen können[233]. So wähnten sie sich im Falle eines erneuten Embargos in einer deutlich stärkeren Position als die europäischen Industriestaaten, die ein solches – angesichts ihrer

---

229 Graf, Öl und Souveränität, S. 318. Sönke Kunkel spricht von einer Art „Vorwärtsverteidigung" der Ölförderländer. Kunkel, Globalisierung, S. 570. Vgl. auch Parra, Oil Politics, S. 191.
230 Robinson, Yamani, S. 172.
231 O. A., „Auf König Feisal können Sie sich verlassen", in: Der Spiegel, 3.12.1973, S. 44. Vgl. dazu auch die Diskussionen während der 37. OPEC-Konferenz. New York University Abu Dhabi Library (NYUAD), Giuliano Garavini Collection (GGC), AD-MC-038 – 043, vor allem S. 18: OPEC, Minutes of the Thirty-Seventh (Extraordinary) Meeting of the Conference held in Geneva, January 7 – 9, 1974.
232 Die Drohung mit dem Embargo lässt sich bereits als Teil einer Embargo-Politik verstehen. Vgl. Graf, Making Use of the „Oil Weapon".
233 1967 war den Ölexporteuren noch nach einer Woche das Geld ausgegangen. Siehe Sheikh Rustum Ali, Saudi Arabia and Oil Diplomacy, New York 1976, S. 106.

starken Abhängigkeit von Energieexporten aus dem Nahen Osten und Nordafrika – nicht lange würden überstehen können[234].

Zweitens konnten die Förderländer Konzessionen beim Preis für Erdöl an Fortschritte bei der Umgestaltung der weltwirtschaftlichen Beziehungen knüpfen. Saudi-Arabien war hier erneut in einer besonders guten Situation, da es dank der Überschüsse auch mit einem niedrigeren Ölpreis leben konnte. Das sah etwa im Iran, angesichts der großen Bevölkerung und der ambitionierten Entwicklungspläne des Schahs, durchaus anders aus. In Anbetracht der enormen ungenutzten Produktionskapazitäten, über die die Saudis verfügten, konnte das Königreich darüber hinaus praktisch im Alleingang Erhöhungen des Ölpreises verhindern, indem es die Förderung hochfuhr. Eine Preisveränderung gegen den Willen des Königreichs war unter diesen Umständen kaum möglich, wie sich in den Folgejahren noch zeigen sollte.

Drittens bekam das Königreich nun auch noch eine finanzielle „Waffe" in die Hand. Die Explosion der saudischen Einnahmen war so enorm, dass trotz des gigantischen Investitionsvolumens der Entwicklungspläne noch beträchtliche Mittel ungenutzt blieben, die die heimische Wirtschaft nicht absorbieren konnte. Diese Mittel investierte das Königreich im Ausland, primär in den westlichen Industriestaaten. Zwischen 1972 und 1982 legte Saudi-Arabien etwa $ 190 Milliarden jenseits der eigenen Grenzen an. Zeitgleich pumpten auch die anderen arabischen Ölstaaten mit einem bedeutenden Kapitalüberschuss – Kuwait, die Vereinigten Arabischen Emirate und Katar – im großen Stil Mittel in die industrialisierte Welt. Das Geld floss zu großen Teilen in die sogenannten „Eurocurrency deposits"[235], die für den Umgang der Öl-armen Entwicklungsländer mit der Ölkrise eine zentrale Rolle einnehmen sollten, wie noch zu zeigen sein wird. Im Jahr 1974 war das nahezu die Hälfte der etwa $ 84 Milliarden, die den Weg aus den OPEC-Staaten in den Westen fanden[236]. Diese Anlagen im Ausland boten nicht nur eine weitere stetige Einnahmequelle für Länder wie Saudi-Arabien, sie ließen sich potenziell auch als weiteres Druckmittel einsetzen. Genau daran dachte die irakische Führung, als sie im Oktober 1973 vorschlug, sämtliche Devisenreserven aus den USA abzuziehen. Sie konnte sich mit dieser radikaleren Linie aber im Rahmen der

---

234 O. A., „Auf König Feisal können Sie sich verlassen", in: Der Spiegel, 3.12.1973, S. 42. Vgl. auch Abdulaziz Al-Sowayegh, Arab Petropolitics, London 1984, S. 195 f.

235 Der *eurodollar market* entstand aus Dollars, die multinationale Konzerne bei europäischen Banken anlegten, nicht zuletzt um US-Finanzkontrollen zu entgehen. Daraus entwickelte sich bald ein allgemeiner *eurocurrency market*, auf dem nun nicht allein Anlagen in US-Dollar, sondern auch in anderen ausländischen Währungen getätigt werden und der sich nationalen Finanzkontrollen weitgehend entzieht. Siehe Newton, Global Economy, S. 87–90.

236 Askari, Saudi Arabia's Economy, S. 56–60; vgl. auch Niblock, Saudi Arabia, S. 57.

Organization of Arab Petroleum Exporting Countries (OAPEC) nicht durchsetzen[237]. In einem Kommuniqué erklärte die irakische Regierung den Schritt: „These funds are so large that their withdrawal would constitute a blow to American economic interests and weaken the American economy, particularly insofar as the US balance of payments is concerned."[238] Und der iranische „ambassador at large" in Washington D. C., Jahangir Amuzegar, äußerte im Zuge der Nord-Süd-Debatte, ebenso übrigens wie Yamani, öffentlich ganz ähnliche Gedanken[239]. Angesichts des rapiden Anwachsens dieser Anlagen nach 1973 gewann diese „Finanzwaffe" dann noch einmal mächtig an Durchschlagskraft[240].

In den Augen vieler Zeitgenossen hatte die „Ölrevolution" Saudi-Arabien zu einer ernst zu nehmenden Macht werden lassen. Mordechai Abir konstatierte für die 1970er Jahre gar: „The kingdom with its enormous oil reserves and wealth was now considered by the international community a minor superpower."[241] Zaki Yamani gab sich überzeugt, mit dem Öl eine „real strong weapon" in den Händen zu haben[242]. Tatsächlich erklärte er den anwesenden Ölministern während eines OPEC-Treffens im Januar 1974, sie hätten nun die Macht, die Ökonomien der Industriestaaten zu ruinieren: „They could now increase their prices to any level they wished if they applied the measures they wanted, in which case they would create chaos in the entire world."[243] Und der venezolanische Ölmanager Alberto Quirós Corradi konstatierte einige Jahre später: „Saudi Arabia was and is widely perceived as being able to control prices for the entire world."[244] Andererseits war

237 Vgl. etwa Hohensee, Ölpreisschock, S. 79 f. Vgl. auch McFarland, Oil Powers, S. 115–117.

238 Middle East Economic Survey (MEES), 26.10.1973, S. 4.

239 Jahangir Amuzegar, OPEC in the Context of the Global Power Equation, in: Paust/Blaustein (Hg.), The Arab Oil Weapon, S. 181–188, hier S. 187 f. Der Aufsatz war ursprünglich 1974 im Denver Journal of International Law and Policy erschienen. Nach der Revolution von 1979 sollte die iranische Regierung dann tatsächlich einen Abzug sämtlicher Finanzmittel aus den Vereinigten Staaten ankündigen. Siehe Charles Lipson, International Debt and National Security: Comparing Victorian Britain and Postwar America, in: Barry Eichengreen/Peter H. Lindert (Hg.), The International Debt Crisis in Historical Perspective, Cambridge/London 1989, S. 189–226, hier S. 210. Zu Yamani vgl. PA AA, B 71/113907: Energiepolitische Bedeutung der arabischen erdölproduzierenden Länder für Europa und die Bundesrepublik Deutschland, 6.11.1975.

240 Zur westlichen Angst vor dem Einsatz dieser „Finanzwaffe" siehe Kapitel 2.2.

241 Abir, Saudi Arabia, S. 147. Für Giuliano Garavini wurde Saudi-Arabien in den frühen 1970er Jahren zur „oil superpower". Garavini, OPEC, S. 182.

242 Interview in Newsweek vom 24.12.1973, zit. n. MEES, XVII, No. 9, 21.12.1973, S. V; vgl. auch o. A., „Auf König Feisal können Sie sich verlassen", in: Der Spiegel, 3.12.1973, S. 42.

243 NYUAD, GGC, AD-MC-038–043, S. 36: OPEC, Minutes of the Thirty-Seventh (Extraordinary) Meeting of the Conference held in Geneva, January 7–9, 1974.

244 Alberto Quirós Corradi, Energy and the Exercise of Power, in: Foreign Affairs 57 (1979), 5, S. 1144–1166, hier S. 1151.

das Königreich nur bedingt bereit, diese Waffe zum Schaden der industrialisierten Welt einzusetzen. Das lag nicht zuletzt daran, dass ökonomisches Chaos im Westen die Nachfrage nach weiterem Erdöl und außerdem die eigenen Geldanlagen gefährdet hätte. So betonte Yamani auf seiner Tour durch Europa immer wieder, dass man den Industriestaaten gar nicht schaden wolle: „Ich möchte, daß Sie begreifen, daß, wenn Ihre Wirtschaft in Schwierigkeiten gerät, auch Saudi Arabien letzten Endes darunter leiden wird. Wir investieren in diesem Teil der Welt, eine Rezession oder starke Inflation in den westlichen Nationen trifft auch uns."[245] Yamani zeichnete das Bild einer interdependenten Welt, und dementsprechend setzte Saudi-Arabien auf Kooperation statt Konfrontation im Umgang mit den Industriestaaten[246].

Algerien

In Algerien sah das ganz anders aus. Wie mit Blick auf den Gipfel der Bündnisfreien im September 1973 in Algier herausgearbeitet worden ist, stand Boumediennes Regime für eine konfrontative Haltung gegenüber den reichen Staaten des Westens. Das hatte einerseits weltanschauliche Gründe, hing aber auch mit der sozioökonomischen Ausgangslage des Landes zusammen. Wie in Saudi-Arabien vervielfachten sich die Exporteinnahmen im Zuge der Ereignisse im Ölsektor von $ 1,1 Milliarden im Jahr 1970 auf $ 4,3 Milliarden 1975[247]. Das war zwar eine sehr willkommene Finanzspritze, entsprach aber nicht einmal einem Sechstel der Einnahmen des saudischen Königreichs, bei einer mehr als doppelt so großen Bevölkerung. Anders als die kleinen Öl-reichen und Kapital-starken Staaten auf der arabischen Halbinsel benötigte der nordafrikanische Staat daher alle „Petrodollars" für das ambitionierte heimische Entwicklungsprogramm. Algerien hatte mithin keine überschüssigen Mittel zur Verfügung, die es im großen Stil in den westlichen Industriestaaten hätte anlegen können. Außerdem war die algerische Spitze grundsätzlich gegen eine solche Anlagestrategie, da sie den Transfer von Mitteln in die Industriestaaten als Perpetuierung der Ausbeutung wahrnahm. So stellte etwa der algerische Generalsekretär der OPEC, Abderrahmane Khene, in einem Interview klar: „Die Zurverfügungstellung der Erdölüberschüsse der Pro-

245 O. A., „Auf König Feisal können Sie sich verlassen", in: Der Spiegel, 3.12.1973, S. 42. Vgl. auch Robinson, Yamani, S. 178. Durchaus ähnlich äußerte sich etwa auch der Bahrainische Außenminister Mohammed Al Chalifa. O. A., „Wir wollen niemanden ruinieren", in: Der Spiegel, 19.11.1973, S. 118.

246 Vgl. Ali, Oil Diplomacy, S. 97.

247 Aissaoui, Algeria, S. 10.

duzentenländer an die Industrieländer ist keine Lösung der gegenwärtigen Wirtschaftsprobleme, sondern eine weitere Verschiebung der Reichtümer von Süden nach Norden, d. h. die Fortsetzung der Ausbeutung der armen Länder durch die reichen."[248]

Da Algerien also nicht wie Saudi-Arabien in den westlichen Industriestaaten investierte, war das Interesse an der ökonomischen Prosperität des Westens dementsprechend geringer. Vielmehr lieh sich Algerien in den 1970er Jahren etwa drei bis vier Milliarden Dollar pro Jahr im Ausland, um die eigene Industrialisierung noch weiter zu beschleunigen[249]. Angesichts des hohen Devisenbedarfs kann es nicht verwundern, dass Algerien anders als Saudi-Arabien auch nach der Ölpreisexplosion von 1973 für weitere Preissteigerungen eintrat, um die eigenen Einnahmen zu maximieren – ein Umstand, der ebenfalls dazu beitrug, das Land eher auf einen Kollisionskurs mit der industrialisierten Welt zu führen[250].

Wie Saudi-Arabien setzte Algerien auf eine Strategie der Diversifizierung der eigenen Wirtschaft, um der enormen Abhängigkeit vom Export von Erdöl und zunehmend auch Erdgas entgegenzuwirken. Die ersten beiden Vierjahrespläne von 1970 bis 1973 und 1974 bis 1977 sahen hohe Investitionen vor allem im Industriebereich vor, der jeweils zwischen 50 und 60 Prozent der tatsächlich verausgabten Mittel von $ 5,6 bzw. $ 26,4 Milliarden absorbierte. Energie- und Industrieminister Abdessalam, der „Architekt der Industrialisierung"[251], ging in Anlehnung an den französischen Ökonomen Gérard Destanne de Bernis davon aus, dass die Schaffung von „industrializing industries" als Motor dienen und den Rest der Wirtschaft mitziehen würde[252]. Dementsprechend sahen die Pläne neben dem Ausbau der Öl- und Gasproduktion, der Raffinerien und Petrochemie große Investitionen in anderen Industrien – vor allem im Stahlbereich –, im Minen- und Elektrizitätssektor vor. Dabei kam Algerien zugute, dass es neben Öl und Gas auch über weitere Ressourcen – wie Eisenerz oder Phosphate – verfügt. Bedeutende Summen flossen außerdem in den Bildungs- und Gesundheitsbereich. Anders als in Saudi-Arabien konnte es sich der algerische Staat aber nur bedingt leisten, die eigene Bevölkerung zu alimentieren, und der private Konsum blieb entsprechend

248 PA AA, B 71/113907: Botschaft Wien an AA, 2.10.1974. Vgl. auch ebd.: Botschaft Abu Dhabi an AA, 9.2.1975.
249 Mohammed Ben-Madani, A Comparison of Development in Two Oil Based Economies: Algeria and Libya, in: Gantzel/Mejcher (Hg.), Oil, S. 159–169, hier S. 161.
250 Aissaoui, Algeria, S. 172; vgl. dazu auch Abdessalams Äußerungen in Tokio PA AA, B 71/113907: Vertrauliche Aufzeichnung über den Besuch der Minister Yamani und Abdessalam in Tokio.
251 Evans/Phillips, Algeria, S. 88.
252 Malley, The Call from Algeria, S. 137.

gering. Die Wirtschaft hingegen wuchs schnell: von 1970 bis 1977 inflationsbereinigt um durchschnittlich etwa 7 Prozent pro Jahr[253].

Gleichzeitig ging die Nationalisierung ausländischer Unternehmen, die 1971 mit der Übernahme der französischen Ölanlagen im Land ihren Höhepunkt erreicht hatte, auch Mitte der 1970er Jahre weiter. Nationalisierung und Industrialisierung entsprachen den von Boumedienne 1967 formulierten Zielen: „[F]irst, to free our economy from foreign dependence and to recover our national wealth; second, to build an independent national economy on a solid foundation."[254] Für den algerischen Wissenschaftler Mahfoud Bennoune führte der eingeschlagene Weg der Entwicklung das federführende Ministerium für Industrie und Energie „to the forefront of the struggle against internal backwardness and against the control of the advanced capitalist countries and their multinational firms over the resources of third world countries" und „into a head-on collision". Dementsprechend wichtig war das Ministerium für die Ausarbeitung der Nord-Süd-Politik Algeriens in den kommenden Jahren[255]. Andererseits ließen sich die ehrgeizigen Entwicklungsziele Algeriens aber auch nicht ohne „Western financial, engineering and technological resources" verwirklichen[256]. Das Land war zwar auf dem Weg der ökonomischen Dekolonisierung ein gutes Stück vorangekommen, hatte die Kontrolle im neuralgischen Kohlenwasserstoff-Sektor übernommen, war aber in bestimmten Bereichen weiterhin von den alten Kolonialmächten abhängig. Die angestrebten Veränderungen der Weltwirtschaftsordnung sollten nun den Zugang zu westlicher Technologie, zu Maschinen und weiteren Finanzmitteln öffnen, um den angestoßenen Entwicklungsprozess erfolgreich fortführen zu können.

Die sichtbaren ökonomischen Erfolge Algeriens ließen das Land umso mehr als Vorbild für die Dritte Welt erscheinen und erhöhten die Strahlkraft auf dem internationalen Parkett. Außerdem stellte die Ölkrise – wie Robert Malley notiert – die finanziellen und politischen Mittel bereit, „to match its [Algeria's, J. K.] ambitious foreign policy objectives"[257]. Präsident Boumedienne befand sich also nach 1973 in einer gestärkten Position, um der bereits zuvor formulierten Forderung nach einer Neuen Weltwirtschaftsordnung Nachdruck zu verleihen. Wie er-

---

253 Zur algerischen Entwicklungsstrategie in den 1970er Jahren siehe Bennoune, Algeria, S. 114–161; Aissaoui, Algeria, S. 226–229; Evans/Phillips, Algeria, S. 81–101; Malley, The Call from Algeria, S. 115–156; Konrad Schliephake, Micro- and Macro-Regional Effects of Oil Industry: National and International Implications with Cases from Algeria and Saudi Arabia, in: Gantzel/Mejcher (Hg.), Oil, S. 171–184.

254 Zitiert nach Malley, The Call from Algeria, S. 138.

255 Bennoune, Algeria, S. 132f.

256 Aissaoui, Algeria, S. 84.

257 Malley, The Call from Algeria, S. 145.

folgreich ihm das gelang, wird im dritten Kapitel thematisiert. Für den Staatspräsidenten stand jedenfalls ebenso wie für OPEC-Generalsekretär Khene fest, dass das Öl ein geeignetes Druckmittel war, um eine „Neuordnung der Weltwirtschaftsordnung“ zu erreichen[258]. Am 28. Januar 1974 stellte Khene während eines Vortrags vor der Österreichischen Gesellschaft für Außenpolitik und Internationale Beziehungen klar, dass der neue Ölpreis mit Blick auf die Marktlage „gemäßigt und weise“ sei. Sollten die Industriestaaten ihren Beitrag für eine Neue Weltwirtschaftsordnung jedoch nicht leisten, würde die OPEC „den Preis ihres Erdöls erhöhen müssen.“[259]

2.2 Der Westen unter Druck

„When the war began, there was vague talk in our government about a possible oil embargo. Remembering the experience of 1967, few believed that it could have any lasting impact“, notierte der ehemalige US-Außenminister Henry Kissinger in seinen Memoiren[260]. Der Direktor des in Saudi-Arabien tätigen Aramco-Öl-Konsortiums wiederum gab zu Protokoll: „Die Möglichkeit eines Embargos kam mir überhaupt nicht in den Sinn.“[261] Und die renommierte britische Ökonomin Edith Penrose blickte Anfang 1974 auf die Ereignisse des Vorjahres zurück und konstatierte: „Historians looking back may be puzzled, not so much at what has happened, as at the degree to which governments and qualified observers were surprised at the course of events. In particular, governments in the oil importing countries seem to have been largely unprepared [...].“[262] Das Narrativ, die Ölkrise sei wie ein „Blitz aus heiterem Himmel“[263] gekommen, findet sich auch vielfach in geschichtswissenschaftlichen Studien. So urteilte etwa Daniel Yergin: „Das Embargo kam, wie der Krieg selbst, als eine Überraschung und ein Schock.“[264]

---

258 Boumedienne erklärte UN-Generalsekretär Waldheim am Rande der 6. Sondergeneralversammlug 1974 in New York, dass die Dritte Welt nun erstmals „real bargaining power“ besitze. Waldheim, Eye of the Storm, S. 115.

259 Abderrahmane Khene, Die Krise aus Sicht der OPEC, in: Wolfgang Hager (Hg.), Erdöl und internationale Politik, München 1975, S. 17–27, hier S. 24.

260 Kissinger, Years of Upheaval, S. 871.

261 Zitiert nach Yergin, Preis, S. 739.

262 Edith Penrose, Origins and Developments of the International Oil „Crisis“, in: Millenium 3 (1974), S. 37–44, hier S. 37.

263 Graf, Öl und Souveränität, S. 87.

264 Yergin, Preis, S. 708. In eine ähnliche Richtung geht auch Hohensee, Ölpreisschock, S. 44–55 und jüngst Nuno Luis Madureira, Waiting for the Energy Crisis: Europe and the United States on the Eve of the First Oil Shock, in: Historical Social Research/Historische Sozialforschung 39

Jüngere Forschungen haben hingegen gezeigt, dass diese Einschätzung kaum haltbar ist. James Akins, Energiespezialist im US State Department, war mit seinem nachträglich viel zitierten Artikel in *Foreign Affairs* „This Time the Wolf is Here" keinesfalls der einsame Wolf, der allein die Warnung vor den Gefahren einer Ölkrise in die Nacht heulte, zu dem er vielfach stilisiert worden ist[265]. Rüdiger Graf hat unlängst überzeugend dargelegt, dass sich westliche Regierungen zumindest seit 1970 möglicher Ölversorgungsprobleme bewusst waren und Strategien entwickelten, mit solchen Situationen umzugehen und ihre Energieversorgung auf eine sicherere Basis zu stellen. Damals hatten die Vereinigten Staaten ihren Verbündeten in der High Level Group Oil der OECD (Organisation for Economic Co-operation and Development) mitgeteilt, dass sie über keine ungenutzten Kapazitäten in der Ölförderung mehr verfügten und dementsprechend nicht mehr in der Lage seien, den Partnern im Notfall – wie während des Ölembargos von 1967 – mit amerikanischem Erdöl unter die Arme zu greifen[266]. Auch hatte es an teils öffentlichen Ankündigungen aus arabischen Staaten, Warnungen und Gedankenspielen hinsichtlich eines Einsatzes der „Ölwaffe" – nicht zuletzt auf dem Algier-Gipfel der Bündnisfreien – im Laufe des Jahres 1973 nicht gemangelt[267].

Auch wenn die zuständigen Regierungsstellen in den westlichen Industriestaaten nicht wussten, wann genau und in welchen Dimensionen sich eine Ölkrise einstellen würde, so waren sie sich der wachsenden Gefahr von Lieferausfällen und Preissteigerungen bewusst und bemühten sich, der Herausforderung mit nationalen Energieprogrammen und Notfallplänen zu begegnen. Dennoch entwickelte sich das Narrativ vom ungeahnten „Öl-Schock" zur dominanten Erzählung, vermutlich weil die breitere Öffentlichkeit tatsächlich von den Ereignissen überrascht wurde, aber sicherlich auch, weil die handelnden Akteure auf diese Weise „von Versäumnissen und der eigenen Verantwortung für die Energieprobleme der 1970er Jahre" ablenken konnten[268]. Wie aber reagierten Letztere auf die Ereignisse vom Oktober 1973? Wie stark wurden die westlichen Wirtschaften tat-

---

(2014), 4, S. 70 – 93. Vgl. auch Frank Bösch/Rüdiger Graf, Reacting to Anticipations: Energy Crises and Energy Policy in the 1970s. An Introduction, in: ebd., S. 7 – 21, hier S. 8.

265 James Akins, The Oil Crisis. This Time the Wolf is Here, in: Foreign Affairs 51 (1973), 3, S. 462 – 490.

266 Graf, Öl und Souveränität, S. 51 – 87. Zu einer ähnlichen Einschätzung kommen auch Duco Hellema/Cees Wiebes/Toby Witte, The Netherlands and the Oil Crisis. Business as Usual, Amsterdam 2004, S. 47. Zur High Level Group Oil siehe Marloes Beers, The OECD Oil Committee and the International Search for Reinforced Energy-Consumer Cooperation, 1972 – 3, in: Bini/Garavini/Romero (Hg.), Oil Shock, S. 142 – 171.

267 Ein Blick in die Ausgaben des MEES in den Monaten vor dem Embargo verdeutlicht das.

268 Graf, Öl und Souveränität, S. 51.

sächlich durch die Ölkrise erschüttert? Wie abhängig waren sie von Ölimporten aus der Dritten Welt und damit wie erpressbar? Und glaubten sie, nun auf Forderungen nach einer Neuen Weltwirtschaftsordnung eingehen zu müssen? Diese Fragen sollen im Folgenden beantwortet werden, wobei zunächst die nationalen Bewältigungsstrategien in den westlichen Industriestaaten im Vordergrund stehen. Anschließend richtet sich der Blick auf Ansätze, mit internationalen Initiativen – wie der Washingtoner Energiekonferenz oder einem Dialog zwischen Erdölproduzenten und -konsumenten – der Herausforderung zu begegnen. Auf dieser Grundlage wird abschließend die Wahrnehmung der eigenen Abhängigkeit vom Erdöl aus den arabischen Staaten thematisiert.

Autofreie Sonntage und Project Independence – Nationale Reaktionen auf die Ölkrise

Ende 1973 stand für westliche Regierungen zunächst die Sorge im Vordergrund, ob eine ausreichende Versorgung der heimischen Wirtschaft und Haushalte mit Erdölprodukten aufrechterhalten werden könne. Das galt nicht nur für die Nationen, die vom Vollembargo betroffen waren, sondern auch – zum Teil sogar in stärkerem Maße – für jene Industriestaaten, die von den Arabern als „neutral" oder sogar „befreundet" klassifiziert worden waren. Entscheidend war hier der Anteil, den importiertes Öl aus dem arabischen Raum in der nationalen Energieversorgung ausmachte. Ein Blick auf Tabelle 1 verdeutlicht, dass in dieser Hinsicht große Unterschiede zu verzeichnen waren.

Tab. 1: Ölimportabhängigkeit im Jahr 1973[269]

	Westeuropa	USA	Japan
Ölimporte in Mill. t	736,2	300,7	282,5
Anteil Importe am Energiebedarf (in %)	62,9	17,4	85,4
Anteil Importe aus arabischen Ländern am Energiebedarf (in %)	45,0	5,0	33,0

Während Japan – aber auch die BRD oder Frankreich – stark von Erdölimporten aus den OAPEC-Staaten abhängig war, galt dies in weit geringerem Maße für die Vereinigten Staaten. Diese deckten 1973 immer noch über 80 Prozent ihres Energiebedarfs aus nationalen Quellen, importierten Erdöl ansonsten vor allem aus

269 Zahlen aus Maull, Oil and Influence, S. 5.

Lateinamerika, wohingegen der Anteil von arabischen Exporteuren lediglich 5 Prozent des gesamten Energieverbrauchs ausmachte. Die arabische Embargopolitik traf die USA, die ja eigentlich ihr Hauptziel waren, daher weit weniger als andere Industriestaaten. Das lag nicht zuletzt auch daran, dass die Seven Sisters, die großen multinationalen Ölkonzerne, eine Strategie des „gleichen Elends“[270] verfolgten. Sie hielten sich zwar an die arabischen Vorgaben, schränkten die Produktion ein und lieferten kein arabisches Erdöl mehr an die USA und die Niederlande. Dafür leiteten sie aber nicht-arabisches Öl in die vom Embargo betroffenen Staaten um. Die Ölgesellschaften wurden zu den „eigentlichen Krisenmanagern“[271] und betrieben ein komplexes System der Umverteilung, das die Lieferausfälle gleichmäßig auf die verschiedenen Konsumenten verteilte[272]. Das führte dazu, dass etwa das als befreundet eingestufte Frankreich, das aus OAPEC-Sicht so viel Erdöl wie im September 1973 hätte bekommen sollen, faktisch weit stärker unter der Krise litt als die USA. Es büßte von Dezember 1973 bis März 1974 im Vergleich zum Vorjahreszeitraum 7,3 Prozent seiner Erdölversorgung ein, etwa ebenso viel wie die Supermacht jenseits des Atlantiks[273]. Allerdings war der Anteil des Erdöls im französischen Energiemix mit 70 Prozent 1973 deutlich höher als in den Vereinigten Staaten (48 Prozent)[274]. Die „neutral“ eingestufte BRD erhielt sogar 11,5 Prozent und die „feindlichen“ Niederlande ganze 15,6 Prozent weniger[275]. Insgesamt gingen die Erdöllieferungen im Dezember, dem Zeitpunkt der größten Kürzungen, um 4,4 Millionen Barrel pro Tag oder etwa 9 Prozent der in der „freien Welt“ vormals verfügbaren Menge zurück[276].

Um den erwarteten Lieferkürzungen, von denen Ende 1973 niemand sagen konnte, wie hoch sie eigentlich ausfallen würden, zu begegnen, entwarfen verschiedene Regierungen unterschiedliche Strategien, wobei sich bestimmte Ele-

270 Yergin, Preis, S. 754.

271 Helga Haftendorn, Sicherheit und Stabilität. Außenbeziehungen der Bundesrepublik zwischen Ölkrise und Nato-Doppelbeschluß, München 1986, S. 50.

272 Zur Umverteilung durch die Seven Sisters siehe Yergin, Preis, S. 754–762; oder Hohensee, Ölpreisschock, S. 161–173.

273 Zu Frankreich siehe Romano Prodi/Alberto Clô, Europe, in: Vernon (Hg.), Oil Crisis, S. 91–112, hier S. 102; zu den USA siehe Robert D. Lifset, A New Understanding of the American Energy Crisis of the 1970s, in: Historical Social Research/Historische Sozialforschung 39 (2014), 4, S. 22–42, hier S. 29. Vgl. auch die teils abweichenden Zahlen in Maull, Oil and Influence, S. 8 f.

274 Die entsprechenden Daten sind entnommen aus BP Statistical Review of World Energy 2019 – all data, 1965–2018, https://www.bp.com/en/global/corporate/energy-economics/statistical-review-of-world-energy.html, 12. 8. 2019.

275 Die Daten für die europäischen Länder stammen aus Prodi/Clô, Europe, S. 102.

276 Yergin, Preis, S. 746; Skeet spricht leicht abweichend von 4,2 Millionen Barrel. Skeet, OPEC, S. 100.

mente wiederholten. Ulf Lantzke, Energieexperte des deutschen Bundeswirtschaftsministeriums und dort direkt für den Umgang mit der Ölkrise zuständig, unterstrich rückblickend das Informationsdefizit: „It soon became clear that a reliable assessment of the world-market situation was not at all easy to obtain; information available to governments of the industrialized countries, as well as to the oil companies, concerning events in the oil-producing countries was incomplete, contradictory, and confusing."[277] Eine erste allgemeine Reaktion bestand darin, das „Petro-Knowledge" zu erhöhen, um so eine bessere Informationsgrundlage für die eigenen Entscheidungen zu schaffen. Dabei ging es um das Sammeln von Energie- bzw. Öl-relevanten Daten und die Ausarbeitung von Energieprognosen. In Westdeutschland lagerte das Wirtschaftsministerium diese Tätigkeit an private Wirtschaftsforschungsinstitute aus, in den USA, Frankreich und Großbritannien übernahmen staatliche Einrichtungen diese Aufgabe[278].

Damit einher gingen die Aufwertung und der Ausbau staatlicher Institutionen, die sich der Energieproblematik annahmen. Dieser Prozess hatte in den Vereinigten Staaten, wo sich bereits im Winter 1972/73 eine „Energiekrise" entwickelt hatte, bereits vor dem Oktober 1973 begonnen. Im Juni 1973 hatte Präsident Nixon mit John A. Love erstmals einen sogenannten „Energiezaren" an die Spitze des neuen Energy Policy Office gesetzt, um die energiepolitischen Kompetenzen, die zuvor in verschiedenen Ministerien angesiedelt waren, zu bündeln. Kurz darauf entstanden im Zuge der Ölkrise dann zusätzlich die Federal Energy Administration unter William E. Simon, vormals Staatssekretär im Finanzministerium, die Loves Institution bald den Rang ablief. Simon war der neue „Energiezar" und seine Behörde wurde zur zentralen energiepolitischen Institution des Landes, die 1977 unter Jimmy Carter schließlich im Department of Energy aufging[279]. Ein solches Department war in Großbritannien bereits im Januar 1974 – also auf dem Höhepunkt der Krise – eingerichtet worden. Und in Dänemark, um ein drittes Beispiel zu nennen, wuchs zunächst die Anzahl der Mitarbeiter, die sich vor allem im Handelsministerium mit Energie- und Rohstofffragen beschäftigte, bevor 1976 eine dänische Energieagentur und 1979 ein eigenes Energieministerium geschaffen wurden[280].

277 Ulf Lantzke, The OECD and Its International Energy Agency, in: Daedalus 104 (1975), 4, S. 217–227, hier S. 219.
278 Graf, Öl und Souveränität, S. 238.
279 Ebd., S. 129–137.
280 Göbel, Ölpreiskrisen, S. 273; Mogens Rüdiger, The 1973 Oil Crisis and the Designing of Danish Energy Policy, in: Historical Social Research/Historische Sozialforschung 39 (2014), 4, S. 94–112, hier S. 103.

Diese aufgewerteten Energieabteilungen bzw. die Regierungsspitzen, die sich nun häufig erstmals mit Energiefragen befassten, versuchten der Herausforderung der arabischen Embargopolitik ab Oktober 1973 auf Basis des gesammelten bzw. zu sammelnden Petro-Knowledge zu begegnen. Typischerweise betonten sie dabei sowohl die Notwendigkeit, sparsamer mit der vorhandenen Energie umzugehen, als auch die Energieversorgung zu diversifizieren. Am ambitioniertesten war sicherlich das von Richard Nixon ausgerufene „Project Independence". In einer Fernsehansprache erklärte der Präsident am 7. November 1973 pathetisch:

> Let us set as our national goal, in the spirit of Apollo, with the determination of the Manhattan Project, that by the end of this decade we will have developed the potential to meet our own energy needs without depending on any foreign energy sources.
>
> Let us pledge that by 1980, under Project Independence, we shall be able to meet America's energy needs from America's own energy resources.[281]

Um dieses autarkiepolitische Ziel zu erreichen, sollte die Umstellung von Kohle auf Öl in der Elektrizitätserzeugung zumindest zum Teil rückgängig gemacht und die Konstruktion von Kernkraftwerken beschleunigt werden. Außerdem gelte es, den Bau der politisch umstrittenen Alaska-Pipeline nun umgehend zu genehmigen, um die nationale Erdölproduktion zu steigern, und die nationalen Erdgasreserven zu nutzen. Um der aktuellen Versorgungskrise zu begegnen, seien, so erklärte Nixon, ferner Einsparungen in der Energienutzung vonnöten. Er kündigte eine Reduktion von Flügen um 10 Prozent an und mahnte die Bevölkerung, Heizungen und Klimaanlagen herunterzudrehen, mit reduzierter Geschwindigkeit und nicht alleine zu fahren und am besten verstärkt auf öffentliche Verkehrsmittel umzusteigen. Außerdem ermutigte er die Gouverneure, das Tempolimit auf maximal 50 Meilen pro Stunde zu senken[282]. Drei Wochen später kündigte Nixon dann noch Tankstellenschließungen von Samstagabend bis Montagmorgen und die Einschränkung der Weihnachtsbeleuchtung bzw. der Außenbeleuchtung von Gebäuden an[283].

War die ausgerufene Energieautarkie schon für die USA mit ihrer breiten Ressourcenbasis ein vollkommen unrealistisches Ziel, wie Nixons Beraterstab diesem unverblümt mitteilte, galt dies umso mehr für das Gros der übrigen Industriestaaten[284]. Diesen ging es nicht um die Unabhängigkeit von Energieim-

---

281 Richard Nixon, The Energy Emergency, 7.11.1973, in: Merrill, The Oil Crisis, S. 66–71.

282 Ebd.; vgl. auch Graf, Öl und Souveränität, S. 163–172.

283 Graf, Öl und Souveränität, S. 170

284 Yergin, Preis, S. 751.

porten, sondern darum, die Abhängigkeit vom Erdöl aus dem Nahen Osten zu verringern. Dabei kamen wie im amerikanischen Fall die beiden Strategien der Energieträgerdiversifizierung und der Einsparungen zum Zug, jedoch je nach nationaler Ausgangslage in unterschiedlicher Ausprägung. Die BRD griff bei der Stromerzeugung nun wieder stärker auf die hochpreisige heimische Kohle zurück, und steigerte – ebenso wie Dänemark – die Nutzung von Erdgas[285]. Dieses musste zwar genauso wie Erdöl importiert werden, allerdings standen mit den Niederlanden und der Sowjetunion Exporteure jenseits des arabischen Raums zur Verfügung. Ein gewisses Maß an Abhängigkeit vom „Ostblock" in der Energieversorgung erschien angesichts der jüngsten Ereignisse offenbar eher tolerabel als die bisherige starke Fokussierung auf Importe aus dem Nahen Osten[286]. Frankreich hingegen, das über keine größeren Kohlevorkommen verfügte, konzentrierte sich in viel stärkerem Maß als die Bundesrepublik auf den Ausbau der Kernkraft[287]. Norwegen und Großbritannien waren in einer besonderen Lage, da sie angesichts der Ölfunde in der Nordsee darauf hoffen konnten, mittelfristig tatsächlich zu Energieselbstversorgern oder sogar zu Exporteuren zu werden. Kurzfristig half diese Aussicht dem Vereinigten Königreich allerdings wenig, das sich während der Ölkrise zusätzlich mit einem Streik der Kohlebergarbeiter konfrontiert sah. Der Ausfall der Kohle- und – in weit geringerem Maße – der Ölversorgung führte dazu, dass die Regierung unter Edward Heath vom 1. Januar bis 7. März 1974 aufgrund des Energiemangels die 3-Tage-Woche für die heimische Industrie anordnen musste. Großbritannien, das als „befreundeter" Staat, als Sitz von zwei der großen Ölmultis und mit der Aussicht auf eine substanzielle eigene Ölproduktion eigentlich in einer vergleichsweise privilegierten Situation war, hatte im Zuge der Ölkrise mit besonders großen Problemen zu kämpfen[288].

Flankiert wurde die Diversifizierung in der Energieversorgung in allen europäischen Ländern durch Einsparungen. Dabei kamen neben den für die USA bereits aufgezählten Maßnahmen vor allem Sonntagsfahrverbote in zahlreichen Ländern hinzu. Die Niederlande waren der Vorreiter. Hier kündigte Wirtschaftsminister Rudolphus Lubbers ein erstes Autofahrverbot für den 4. November 1973 an. Zwei Wochen später folgten Belgien und Griechenland, am 25. November

285 Vgl. Prodi/Clô, Europe, S. 102; Frank Bösch, Energy Diplomacy: West Germany, the Soviet Union and the Oil Crises of the 1970s, in: Historical Social Research/Historische Sozialforschung 39 (2014), 4, S. 165–185; Rüdiger, Danish Energy Policy.

286 Vgl. Bösch, Energy Diplomacy. Siehe auch PA AA, B 71/113894: Die Energieversorgung in der deutschen Aussenpolitik, 30.12.1973.

287 Lieber, Oil Decade, S. 76–94; Venn, Oil Crisis, S. 122f.

288 Charles More, Black Gold. Britain and Oil in the Twentieth Century, London 2009, S. 139–157; Venn, Oil Crisis, S. 120–122.

kamen dann die BRD, die Schweiz, Luxemburg und Dänemark hinzu. In Italien blieben erstmals am 1. Dezember die Autobahnen verwaist. Ab Januar 1974 nahmen die meisten Staaten die Fahrverbote dann aber wieder zurück[289]. Bilder von autofreien Straßen oder Radfahrern auf den Autobahnen entwickelten sich zu den ikonografischen Darstellungen der ersten Ölkrise in Europa. Sie waren das Äquivalent zu den Autoschlangen vor US-amerikanischen Tankstellen, die jenseits des Atlantiks zu Symbolen der Krise wurden.

Die Einsparungen hatten den Vorteil, dass sie anders als die Umstrukturierungen der Energiewirtschaft ohne zeitliche Verzögerung wirksam sein konnten. Sie waren die unmittelbare Antwort auf die Lieferkürzungen. Das Auffinden und Erschließen neuer Ölquellen oder die Planung und der Bau neuer Kraftwerke nahmen hingegen mehrere Jahre in Anspruch, so dass die Diversifizierung der eigenen Energieversorgung zwangsweise nur mittel- und langfristig zu erreichen war[290]. Beides – Einsparungen und Diversifizierung – waren primär Versuche, der einen Seite der Ölkrise zu begegnen: Embargo und Lieferkürzungen. Anfang 1974 wurde den westlichen Regierungen jedoch zunehmend klar, dass ein eigentlicher Ölmangel nicht zu befürchten war, sondern die andere Seite der Ölkrise die größere Gefahr darstellte: der gewaltige Preisanstieg.

Der Ölanalyst Walter J. Levy schlug im März 1974 dramatische Töne an:

> Die Erdölkrise ist von einem Mengenproblem zu einem Preisproblem geworden. Die enormen Steigerungen der Ölpreise seit Mitte Oktober vergangenen Jahres drohen die wirtschaftlichen und monetären Strukturen aller ölimportierenden Länder zu sprengen. Keine Maßnahme der Importländer zur Verringerung ihrer Ölbedürfnisse scheint kurzfristig geeignet, die Nachfrage in genügendem Umfang zu dämpfen und die Preislast wirklich zu mildern.[291]

Schätzungen gingen davon aus, dass sich die Einnahmen der Ölexportländer von etwa $ 6 Milliarden 1973 auf $ 60 Milliarden 1974 verzehnfachen würden. Dieser Einnahmenexplosion standen entsprechende Mehrausgaben bei den Importländern gegenüber, deren Löwenanteil auf die westlichen Industriestaaten entfiel[292].

---

289 Zu den Niederlanden siehe Hellema/Wiebes/Witte, Netherlands, S. 97–116; zur BRD Jens Hohensee, Und sonntags wieder laufen...Die erste „Ölkrise“ 1973/74 und ihre Perzeption in der Bundesrepublik Deutschland, in: Michael Salewski/Ilona Stölken-Fitschen (Hg.), Moderne Zeiten. Technik und Zeitgeist im 19. und 20. Jahrhundert, Stuttgart 1994, S. 175–196; für den europäischen Kontext Hohensee, Ölpreisschock, S. 175–179.

290 Vgl. Graf, Öl und Souveränität, S. 220.

291 Walter J. Levy, Neureiche, die die Welt erschüttern, in: Die Zeit, 15.3.1974, S. 56.

292 Siehe etwa Paper Prepared in the Office of Economic Research, Central Intelligence Agency, Januar 1974, in: FRUS 1969–1976. Bd. XXXVI. Dok. 277. Vgl. Venn, Oil Crisis, S. 156; William Glenn Gray, Learning to ‚Recycle‘: Petrodollars and the West, 1973–5, in: Bini/Garavini/Romero (Hg.), Oil Shock, S. 172–197, hier S. 181.

Entsprechend verschlechterten sich die Zahlungsbilanzen der meisten dieser Staaten im Jahr 1974, wie sich Tabelle 2 entnehmen lässt. Insgesamt wurde aus einem Zahlungsbilanzplus aller OECD-Staaten von $ 3 Milliarden 1973 ein Defizit von $ 35 Milliarden ein Jahr später[293].

Tab. 2: Zahlungsbilanz ausgewählter Industriestaaten in Milliarden US-Dollar, 1973–1978 (nominale Preise)[294]

	1973	1974	1975	1976	1977	1978
BRD	4,18	9,08	3,10	3,75	3,90	9,28
Frankreich	1,47*	-3,90*	2,74	-3,36	-0,40	7,06
Italien	-2,84	-8,27	-0,66	-2,86	2,34	6,05
Japan	0,1	-4,5	-0,4	4,0	11,2	18,0
Kanada	-2,06	-4,57	-8,20	-7,64	-7,00	-8,19
Niederlande	3,22	3,04	2,39	3,59	1,41	-0,90
UK	-2,41	-7,45	-3,46	-1,38	0,14	2,16
USA	7,58	1,70	17,88	3,84	-15,1	-15,75

Auf die gesteigerten Importkosten reagierten viele Staaten mit dem Versuch, die eigenen Exporte ebenfalls auszubauen, und das nicht zuletzt in die nun sehr liquiden OPEC-Staaten. Besonders erfolgreich war in dieser Hinsicht die Bundesrepublik, die ihre Exporte zwischen 1973 und 1980 verfünffachte. So verkaufte Daimler-Benz, um nur ein Beispiel zu nennen, in den Jahren 1974 bis 1977 im Jahresdurchschnitt neun Mal so viele Lkw nach Saudi-Arabien und in den Irak wie 1973[295]. Petrodollars flossen außerdem über westliche Banken, über die manche Ölstaaten nun im großen Stil anlegten, aber auch über den IWF, der eine sogenannte *Oil Facility* schuf, in die Industriestaaten zurück. Diese Finanzströme halfen, die explodierten Ölimportkosten zu finanzieren und die Petrodollar zu „recyceln", ohne dass, wie viele Zeitgenossen befürchtet hatten, das internatio-

293 Hallwood/Sinclair, Oil, Debt and Development, S. 29.
294 The World Bank, Data, https://data.worldbank.org/indicator/BN.CAB.XOKA.CD?end=1987&locations=IT-DE-FR-CA-NL-GB-US&start=1970, 22.12.2021. Vgl. auch die leicht abweichenden Zahlen der OECD, OECD.Stat, http://stats.oecd.org/Index.aspx?DataSetCode=MEI_BOP6#, 22.12.2021. Aus dieser Quelle stammen auch die mit * gekennzeichneten Daten. Die Daten für Japan finden sich in International Monetary Fund, Annual Report 1977, Washington 1977, S. 16 und International Monetary Fund, Annual Report 1980, Washington 1980, S. 22.
295 Hohensee, Ölpreisschock, 224 f; vgl. auch Venn, Oil Crisis, S. 159.

nale Währungssystem zusammenbrach. Vor allem US-Finanzminister Simon setzte sich in diesem Zuge dafür ein, die noch existierenden Kapitalkontrollen in den Vereinigten Staaten abzuschaffen, so dass private Bankhäuser die Hauptrolle in diesem Recyclingprozess spielen konnten. Bald folgten weitere Staaten Simons Vorbild. Hiermit war eine der wichtigsten Voraussetzungen für den Prozess der „financialization" geschaffen, der die sich globalisierende Wirtschaft in den kommenden Jahrzehnten prägen sollte[296].

Bei der Konsolidierung der Zahlungsbilanzen sollten außerdem Einsparungen im Erdölverbrauch helfen, die ja als Reaktion auf den befürchteten Ölmangel bereits im letzten Quartal 1973 angeregt worden waren. Tatsächlich ging der Erdölverbrauch in den Industriestaaten Mitte der 1970er Jahre zurück, nachdem er zwischen 1945 und 1973 rapide gewachsen war (siehe Tabelle 3). Das war allerdings weniger eine Folge der Einsparmaßnahmen, die – gerade was gesetzliche Vorgaben, etwa zum Bau sparsamerer Autos, anging – nur langfristig wirken konnten, sondern vor allem Produkt der einsetzenden Wirtschaftskrise[297]. War die Weltwirtschaft in den Jahren 1971 bis 1973 noch um rekordverdächtige 17 Prozent gewachsen, so trat sie nun in ihre schärfste Krise seit dem Zweiten Weltkrieg ein. Zwischen 1974 und 1976 lag das Wachstum nur noch bei 1,5 Prozent jährlich und in einigen Ländern wie Frankreich (-1 %, 1975) oder Japan (-1,2 %, 1974) schrumpfte das Bruttoinlandsprodukt sogar[298]. Die nachlassende ökonomische Aktivität brachte zwangsläufig auch einen Rückgang der Nachfrage nach Energie mit sich.

296 Vgl. Gray, Learning to ‚Recycle'; Dietrich, Oil Revolution, S. 282–289; McFarland, Oil Powers, S. 185–190. Zum Prozess der Finanzialisierung siehe Greta R. Krippner, Capitalizing on Crisis. The Political Origins of the Rise of Finance, Cambridge/London 2011; Andrew Glyn, Capitalism Unleashed. Finance, Globalization, and Welfare, Oxford u. a. 2006; Helleiner, Global Finance.

297 Zu den amerikanischen Regelungen zur Steigerung der „fuel efficiency" von Automobilen siehe Brian Black, Struggling to Green the American Ride: Consumer Culture Meets Petroleum Scarcity, Vortrag gehalten während der Konferenz „The Energy Crises of the 1970s as Challenges to the Industrialized World" am Zentrum für Zeithistorische Forschung Potsdam, September 2013; vgl. auch Joel Darmstadter, Energy Today and Tomorrow. Living With Uncertainty, New Jersey 1983, S. 38 f.

298 Venn, Oil Crisis, S. 155; Joel Darmstadter/Hans H. Landsberg, The Economic Background, in: Daedalus 104 (1975), 4, S. 15–37, hier S. 17 f. World Bank, DataBank – World Development Indicators, https://databank.worldbank.org/source/world-development-indicators, 22. 12. 2021.

Tab. 3: Erdölverbrauch in Millionen Barrel pro Tag, 1965–1978[299]

	1965	1973	1974	1975	1978
BRD	1,71	3,25	2,96	2,87	3,23
Frankreich	1,06	2,50	2,37	2,18	2,40
Italien	0,98	1,98	1,93	1,81	1,98
Japan	1,70	5,26	5,07	4,79	5,42
Kanada	1,11	1,68	1,71	1,68	1,85
UK	1,47	2,23	2,07	1,81	1,90
USA	11,52	17,31	16,63	16,33	18,76
OECD	23,11	41,28	39,57	38,52	43,86
Welt	30,73	55,66	54,87	54,41	62,95

Die Weltwirtschaftskrise, die die Industriestaaten vor das ungewöhnliche Problem der „Stagflation" stellte, also Stagnation des Wachstums bei gleichzeitiger Inflation, wurde von Regierungsvertretern jetzt vielfach als direkte Folge der Ölkrise hingestellt. Für Henry Kissinger handelte es sich etwa ganz simpel um eine „period of recession induced by the oil price explosion"[300]. Dass die ökonomischen Probleme Mitte der 1970er Jahre zwar auch, aber keinesfalls allein Resultat der Ölkrise waren, wird dabei verdeckt. Die OPEC fungierte als Sündenbock, dem sich die Verantwortung für die Malaise zuschieben ließ[301]. Gerade die inflationären Tendenzen waren aber schon vor 1973 in Erscheinung getreten. Sie waren vor allem durch die wachsenden Importe und Zahlungsbilanzdefizite der USA verursacht worden, was zwischen 1971 und 1973 zur Auflösung der Weltwährungsordnung von Bretton Woods mit ihren festen Wechselkursen und der Gold-Dollar-Parität geführt hatte[302]. Bereits 1972 lag die weltweite Inflationsrate bei 7 bis 8 Prozent, was im Übrigen direkt zur Entstehung der Ölkrise beitrug, da die Entwertung des Dollar eine faktische Reduktion der Einnahmen der Ölexporteure

299 Daten aus BP Statistical Review of World Energy 2019 – all data, 1965–2018, https://www.bp.com/en/global/corporate/energy-economics/statistical-review-of-world-energy.html, 12.8.2019.

300 Kissinger, Years of Upheaval, S. 246. Vgl. Knut Anton Mork/Robert E. Hall, Energy Prices, Inflation, and Recesssion, 1974–1975, in: The Energy Journal 1 (1980), 3, S. 31–63, hier S. 31.

301 Vgl. Venn, Oil Crisis, S. 161 und 163; auch Garavini, OPEC, S. 231.

302 Newton, Global Economy, S. 96–107; Frieden, Global Capitalism, S. 339–360; Hohensee, Ölpreisschock, S. 223 f.

bedeutete[303]. Die Hochkonjunktur vor Einsetzen der Ölkrise verstärkte die inflationäre Entwicklung weiter. 1974 schoss die Inflationsrate in den westlichen Industriestaaten auf über 13 Prozent hoch[304]. Dass die Vervierfachung des Ölpreises dabei eine wichtige Rolle spielte, ist eindeutig, wie hoch der Anteil genau zu beziffern ist, jedoch umstritten[305]. Gleichzeitig wuchs die Zahl der Arbeitslosen in den Industriestaaten von acht Millionen 1973 auf 15 Millionen 1975[306].

Als die Konjunktur dann 1976 wieder anzog, begann auch der globale Erdölverbrauch erneut zu steigen. Während sich die Verbrauchszahlen bis 1978, also unmittelbar vor der zweiten Ölkrise, in Westeuropa nun wieder dem Level von 1973 annäherten, hatten sie dieses in den Vereinigten Staaten bereits deutlich überschritten. Dementsprechend wuchs in den USA die Abhängigkeit von Ölimporten, so dass die Autarkieziele des „Project Independence" deutlich verfehlt wurden. Aber auch erfolgreiche nationale Einsparungspolitiken hatten isoliert betrachtet kaum Einfluss auf das globale Verhältnis von Angebot und Nachfrage und damit auf die Grundlage der Preisgestaltung und der OPEC-Macht. Hier konnte nur koordiniertes Vorgehen der wichtigsten Konsumenten etwas bewirken. Außerdem hingen Preis und Angebot auch vom Verhältnis der Industriestaaten zu den Erdölproduzenten ab. In beiden Fällen bedurfte es des Handelns auf der internationalen Ebene[307].

Konfrontation oder Kooperation – Internationale Initiativen zum Umgang mit der Ölkrise

Als der japanische Minister für internationalen Handel und Industrie, Yasuhiro Nakasone, Mitte Januar 1974 wieder in seiner Heimat ankam, konnte er zufrieden sein. Zuvor war er auf „Welttournee"[308] gewesen und wie ein „Junkie in need of a fix", wie es der Journalist Crocker Snow ausdrückte, unter anderem im Iran und Irak aufgeschlagen, um seinem Land so viel Öl wie möglich zu sichern[309]. Denn er

---

303 Vgl. Venn, Oil Crisis, S. 152.

304 International Monetary Fund, Annual Report 1975, Washington 1975, S. 3.

305 Ian Seymour geht von zusätzlichen 2 Prozentpunkten Inflationsrate aus, Thomas Enders, US Under Secretary of State, von etwa 3,5 und Charles More kommt für Großbritannien sogar auf 10 Punkte bei einer allerdings auch höheren britischen Inflationsrate von 16 Prozent 1974. Thomas O. Enders, OPEC and the Industrial Countries: The Next Ten Years, in: Foreign Affairs 53 (1974–5), S. 625–637; Seymour, OPEC, S. 152; More, Black Gold, S. 154 f. Vgl. Venn, Oil Crisis, S. 155.

306 Newton, Global Economy, S. 108.

307 Vgl. Venn, Oil Crisis, S. 128 f.

308 O. A., Nakasone on World Tour, South China Morning Post, 8.1.1974, S. 38.

309 Crocker Snow Jr, Fukuda – Man of the Hour, in: South China Morning Post, 20.1.1974, S. 19.

war davon überzeugt, dass das ressourcenarme Japan, das vom arabischen Öl stärker abhängig war als jedes andere Industrieland, „alles tun musste, was in seiner Macht stand, um seine Wirtschaft vor dem Kollaps zu bewahren“[310]. Im Irak hatte er einen willigen „Dealer“ gefunden. Am 17. Januar hatten er und sein irakischer Kollege, Industrieminister Taha al-Jazrawi, eine Vereinbarung unterzeichnet, die dem Zweistromland einen Kredit in Höhe von einer Milliarde US-Dollar gewährte. Diese Summe sollte zur Finanzierung einer Exportraffinerie, eines Gasverflüssigungswerks, von Zement- und Aluminiumwerken sowie eines petrochemischen Komplexes dienen, die japanische Firmen „schlüsselfertig“ übergeben sollten. Im Gegenzug verpflichtete sich der Irak, Japan in den kommenden zehn Jahren mit 90 Millionen Tonnen Rohöl und 70 Millionen Tonnen Raffinerieprodukten und verflüssigtem Gas zu beliefern. Der Deal sollte zu einem Viertel von der japanischen Regierung und zu drei Vierteln von japanischen Unternehmen getragen werden[311].

Japan war keinesfalls alleine in dem Versuch, die eigene Energieversorgung durch „government-to-government“ Deals zu sichern. „Bilateral Deals: Everybody’s Doing It“, titelte am 18. Januar 1974 der in Ölfragen wohlinformierte *Middle East Economic Survey* (MEES)[312]. Neben Japan verfolgten Frankreich und Großbritannien diese Strategie besonders entschieden, wobei die Franzosen eines der größten Abkommen abschlossen. Industrieprojekte und vor allem Atomreaktoren im Wert von 4,5 Milliarden Dollar sollten im Tausch gegen Energielieferungen in den Iran gehen[313]. Aber auch die BRD und die USA, die sich solchen Vereinbarungen gegenüber vielfach kritisch geäußert hatten, zogen mit. Die Vereinigten Staaten bauten ihre Beziehungen zu Saudi-Arabien aus und lieferten nicht zuletzt moderne Waffen in Milliardenhöhe in den Nahen Osten[314]. Insgesamt, so kalkulierte die *New York Times*, hatten die marktwirtschaftlich orientierten Industriestaaten bereits Ende Januar 1974 bilaterale Öldeals im Wert von sechs Milliarden

---

310 So erklärte Nakasone 1982 in einem autobiographischen Aufsatz. Zitiert nach Richard Katz, How Japan’s Nakasone Should Play His Cards against Henry Kissinger, in: Executive Intelligence Review 9 (1982), 48, S. 47–50, hier S. 48. Vgl. auch Yasuhiro Nakasone, The Making of the New Japan. Reclaiming the Political Mainstream, Richmond 1999, S. 192–195.

311 MEES, XVII, No. 13, 18.1.1974, S. 3. Vgl. auch Tetseo Hamauzu, The Changing Structure of Oil Connections, in: John Anthony Allan/Kaoru Sugihara (Hg.), Japan and the Contemporary Middle East, London/New York 2005, S. 50–76, hier S. 69 f.

312 MEES, XVII, No. 13, 18.1.1974, S. 1.

313 Joe Stork, Middle East Oil and the Energy Crisis, New York/London 1975, S. 265.

314 Siehe etwa Tel. From the President’s Deputy Assistant for National Security Affairs (Scowcroft) and Charles A. Cooper of the National Security Council Staff to Secretary of State Kissinger in Damascus, 1.3.1974, in: FRUS 1969–1976. Bd. XXXVI, Dok. 330. Vgl. McFarland, Oil Powers, vor allem S. 123–180.

Dollar abgeschlossen, während sich weitere Abkommen im Gesamtwert von fünf Milliarden im Verhandlungsstadium befänden[315]. Frank McFadzen, ein alter Ölmann von Shell, staunte angesichts der neuen Zustände: „Delegationen und Emissäre, Politiker und Freunde von Politikern, die meisten von ihnen ohne genauere Kenntnis des Ölgeschäfts, gehen auf den Nahen Osten nieder wie eine neuzeitliche Heuschreckenplage."[316]

Die Deals waren aber nicht der einzige Weg, auf dem westliche Regierungen versuchten, die eigene Ölversorgung zu sichern. Ein anderer, geradezu entgegengesetzter, setzte auf Konfrontation und Abschreckung und spielte vor allem für die USA eine Rolle. Am 21. November 1973 erklärte Außenminister Kissinger auf einer Pressekonferenz in Washington: „However, it is clear that if pressures continue unreasonably and indefinitely, that then the United States will have to consider what counter-measures it may have to take." Yamani reagierte am Folgetag mit einem Interview im dänischen Fernsehen, in dem er erklärte, im Falle einer militärischen Intervention würde Saudi-Arabien sämtliche Ölanlagen in die Luft jagen und die westliche Ölversorgung so für mehrere Jahre lahmlegen[317]. Die Möglichkeit einer militärischen Besetzung nahöstlicher Ölfelder brachte vor allem US-Verteidigungsminister James Schlesinger wiederholt ins Spiel, was auf arabischer Seite jeweils – wenig überraschend – zu heftigen rhetorischen Reaktionen führte[318]. Alternativ wurde überlegt, dem Öl- ein Nahrungsmittelembargo entgegenzustellen oder die US-Konten arabischer Staaten einzufrieren. All diese Überlegungen schafften es allerdings nicht ins Stadium konkreter Planungen, da

---

315 Ihsan A. Hijazi, Oil-Hungry Nations Spend 6-Billion in Mideast Deals, in: The New York Times, 28.1.1974, S. 1. Vgl. auch Paper Prepared in the Office of Economic Research, Central Intelligence Agency, 4.2.1974, in: FRUS 1969–1976. Bd. XXXVI, Dok. 299.

316 Zitiert nach Yergin, Preis, S. 768 f. Vgl. für Saudi-Arabien Hobday, Saudi Arabia, S. 51–56. Zum Zusammenhang von Petrodollar-Recycling und Waffenverkäufen siehe Mitchell, Carbon Democracy, S. 155–162.

317 MEES, XVII, No. 5, 23.11.1973, S. 8–12.

318 Drew Middleton, A Word to the Arabs – ‚Risk' – Is Kicking Up a Storm, in: The New York Times, 12.1.1974, S. 3; Congressional Research Service, Library of Congress, Oil Fields as Military Objectives. A Feasibility Study. Prepared for the Special Subcommittee on Investigations of the Committee on International Relations, Washington 1975; Miles Ignotius, Seizing Arab Oil, März 1975, in: Merrill, Oil Crisis, S. 116–122. Zu den arabischen Reaktionen siehe beispielhaft Kuwait Says Oil Fields Mined Against Possible US Attack, in: The Boston Globe, 10.1.1974, S. 15; PA AA, B 71/113907: Botschaft Algier an AA, Gipfelkonferenz der OPEC-Staaten in Algier am 4.3.1975, 5.3.1975. Vgl. auch McFarland, Oil Powers, S. 168–170.

ihre Realisierbarkeit bzw. Wirksamkeit den Entscheidungsträgern in Washington von vornherein als fragwürdig galt[319].

Neben diesen bilateralen Strategien, mit der Herausforderung der Ölkrise umzugehen, bemühten sich verschiedene Akteure auch um eine multilaterale Antwort. Hierbei lässt sich ebenfalls zwischen eher kooperativen und eher konfrontativen Ansätzen unterscheiden, wobei Erstere vor allem mit Frankreich und der EWG und Letztere mit den Vereinigten Staaten assoziiert werden können.

In seiner Rede auf dem renommierten Londoner Pilgrim's Dinner am 12. Dezember 1973 hatte Kissinger erstmals öffentlich angeregt, Europa, Nordamerika und Japan sollten eine „Energy Action Group of senior and prestigous individuals" schaffen[320]. „Super K" wie ihn das Time Magazine getauft hatte, hatte 1973 den Friedensnobelpreis erhalten und war zusätzlich zu seinem Posten als Nationaler Sicherheitsberater Nixons zum Außenminister ernannt worden. In diesen Funktionen entwickelte Kissinger, den Jeremy Suri als „the era's most influential policymaker" bezeichnet, die amerikanische Antwort auf die Herausforderung durch die Ölkrise entscheidend mit[321]. Am 9. Januar 1974, einen knappen Monat nach Kissingers Rede, lud Präsident Nixon dann die größten Industriestaaten offiziell zu einer Energiekonferenz in Washington ein[322]. Beide bemühten sich, diese Initiative nach außen nicht als konfrontativen Schritt gegenüber den OPEC-Staaten erscheinen zu lassen. Nixon flankierte sein Einladungsschreiben mit Briefen an die 13 OPEC-Staaten, in denen der Präsident die Energiekonferenz lediglich zu einem ersten vorbereitenden Schritt erklärte, dem innerhalb von 90 Tagen ein Treffen zwischen Produzenten und Konsumenten folgen sollte[323]. Auf einer Pressekonferenz am Folgetag betonte Kissinger: „[W]hat we are proposing is not intended as a confrontation, but it is intended to permit a rational consideration of issues in which long-term interests of the consumers and producers are

319 Graf, Öl und Souveränität, S. 199 f; vgl. Hohensee, Ölpreisschock, S. 87 f. Auch Memorandum From the Under Secretary of State for Economic Affairs (Casey) to Secretary of State Kissinger, 3.11. 1973, in: FRUS 1969 – 1976. Bd. XXXVI, Dok. 235.

320 Address by Secretary of State Kissinger, 12.12.1973, in: FRUS 1969 – 1976. Bd. XXXVIII. Teil 1. Foundations of Foreign Policy, 1973 – 1976, Washington 2012, Dok. 24.

321 Jeremi Suri, Henry Kissinger and the Geopolitics of Globalization, in: Ferguson u. a. (Hg.), The Shock of the Global, S. 173 – 188, hier S. 174; vgl. auch Daniel J. Sargent, The United States and Globalization in the 1970s, in: ebd., S. 49 – 64. Zu Kissingers Biographie siehe etwa Jeremi Suri, Henry Kissinger and the American Century, Cambridge 2007; Niall Ferguson, Kissinger. Bd. 1. 1923 – 1968. The Idealist, London 2015; Greg Grandin, Kissingers langer Schatten, München 2016.

322 President Nixon's Letter to Eight Oil Consuming Countries, 9.1.1973, in: MEES, XVII, No. 12, 11.1.1974, S. i–ii.

323 Ebd.; und President Nixon's Letter to 13 OPEC Member States, 9.1.1973, in: ebd., S. ii.

not necessarily divergent."[324] Intern wurden jedoch andere Töne angeschlagen. Als ein Mitarbeiter bei einem Staff Meeting im State Department keine zwei Wochen vor der Energiekonferenz fragte, ob man wirklich klar genug betont habe, dass es nicht um die Bildung einer einheitlichen Front gegen die Ölproduzenten gehe, machte Kissinger seiner „famously volatile temper"[325] alle Ehre und ging an die Decke:

> We have said it a hundred times and it's bull... – excuse me for using that language. It is, of course, designed to create a united front. That's the only purpose of a consumer meeting. And we can waffle around this and we can say elegant things. And, of course, we should say it – but, for God Sakes, in a senior group here, let's not kid ourselves. The purpose is to create a consumer group that improves the bargaining position of the consumers.[326]

In seiner Rede zur Eröffnung der Konferenz wandte sich der Secretary of State dann dezidiert gegen die Praxis bilateraler Öldeals, die in den letzten Monaten so zahlreich abgeschlossen worden waren. Er warnte, dass diese im Endeffekt den Ölpreis nur nach oben treiben würden und daher nicht im Interesse der Konsumenten liegen könnten. Stattdessen gelte es, für die Industriestaaten gemeinsame Lösungen zu finden. Außerdem drohte er, dass die USA, sollte keine kooperative Strategie entwickelt werden, in Konkurrenz zu den Europäern und Japanern um bilaterale Erdöldeals treten würden und dabei dank ihres ökonomischen und machtpolitischen Gewichts sicher nicht als Verlierer vom Platz gingen[327]. Die Amerikaner drängten also auf Kooperation innerhalb des westlichen Bündnisses, um anschließend gestärkt in die Auseinandersetzung mit den Ölproduzenten gehen zu können. Unterstützung erhielten sie von Bundesfinanzminister Helmut Schmidt, der sich für eine Zusammenarbeit im Sinne der Vereinigten Staaten aussprach und außerdem herausstellte, dass die Konfrontation von OPEC und OAPEC initiiert worden sei:

> [...] we cannot overlook the fact that there has been created a sort of confrontation insofar as all the countries represented in this room plus the less developed consumer countries are confronted

---

324 Excerpts from Kissinger-Simon News Conference, 10.1.1974, in: ebd., S. ii–x, hier S. ix.

325 Barbara Keys, Henry Kissinger: The Emotional Statesman, in: Diplomatic History 35 (2011), 4, S. 587–609, hier S. 588.

326 Minutes of the Secretary of State's Staff Meeting, 31.1.1974, in: FRUS 1969–1976. Bd. XXXVI, Dok. 293.

327 PA AA, B 71/113894: Opening Remarks of the Honorable Henry A. Kissinger, Secretary of State, February 11, 1974. Graf, Öl und Souveränität, S. 299; Henning Türk, The Oil Crisis of 1973 as a Challenge to Multilateral Energy Cooperation among Western Industrialized Countries, in: Historical Social Research/Historische Sozialforschung 39 (2014), 4, S. 209–230, hier S. 220.

- With a concerted action of a cartel of oil producing countries [...];
- With a threatening shortage of oil;
- With dramatic increases in oil prices;
- With a dramatic impact on consumer prices (3 %);
- And with a dramatic drop of both employment and real income in our economies.[328]

Ganz anders sah das hingegen Frankreichs Außenminister Michel Jobert, der in seiner Rede offen für ökonomischen Nationalismus eintrat und herausstrich, dass das eigentliche Ziel der Konferenz keinesfalls die oft betonte Vorbereitung der Kooperation mit den Ölstaaten sei, sondern die Formierung einer gemeinsamen Konsumentenfront gegen die OPEC, um den Ölpreis wieder nach unten zu drücken[329]. Frankreich schlug stattdessen einen unmittelbaren Dialog mit den Produzenten vor, wie noch zu erläutern sein wird, blieb in Washington aber isoliert. Die USA hatten – wie in der Literatur vielfach betont – ihre starke Position in Energiefragen genutzt, um ihre hegemoniale Stellung im westlichen Bündnis zu unterstreichen und Europa wieder stärker an sich zu binden. Ihnen gelang mithin, woran sie im Zuge der „Year of Europe"-Initiative des Vorjahres noch krachend gescheitert waren[330].

Resultat der Konferenz war die Schaffung einer Energiekoordinierungsgruppe, die bis September ein Internationales Energieprogramm ausformulierte. Dieses sollte von einer neu geschaffenen Internationalen Energieagentur (IEA) im Rahmen der OECD umgesetzt werden, der mit Ausnahme Frankreichs bald nahezu alle marktwirtschaftlich orientierten Industriestaaten beitraten. Die IEA diente für die Industriestaaten einerseits als Forum, um sich über Energiefragen auszutauschen und um Daten zu sammeln, und sollte damit dazu beitragen, die nationalen Programme zu Energieeinsparungen, Energieträgerdiversifizierung und Forschung besser zu koordinieren. Andererseits sollte sie die Mitgliedsstaaten für den Fall einer erneuten Ölkrise wappnen. Dazu wurde beschlossen, die nationalen Ölreserven zu vergrößern, und zwar auf einen Umfang, der 90 Tage des durchschnittlichen Verbrauchs abdeckte. Außerdem – das Herzstück der Maßnahmen – einigten sich die Mitgliedsstaaten auf ein quasi-automatisches System der Erdölverteilung im Krisenfall. Sollten Lieferausfälle von mindestens 7 Prozent

328 Helmut Schmidt, The German View, in: Atlantic Quarterly Review 12 (1974), 1, S. 37–42, hier S. 37.
329 Graf, Öl und Souveränität, S. 303.
330 Aurélie Élisa Gfeller, Building a European Identity. France, the United States, and the Oil Shock, 1973–1974, New York/Oxford 2015; Daniel Möckli, European Foreign Policy During the Cold War: Heath, Brandt, Pompidou and the Dream of Political Unity, London u. a. 2009; Graf, Öl und Souveränität, S. 287–317; Türk, Multilateral Energy Cooperation.

einen oder mehrere IEA-Staat(en) treffen, würde – ohne einen weiteren Regierungsbeschluss notwendig zu machen – der Umverteilungsmechanismus ausgelöst. Der Vorteil im Vergleich zu dem bereits existierenden System im Rahmen der OECD war, dass nun keine einstimmige Entscheidung zur Ingangsetzung des „oil sharing" notwendig war, was einen Einsatz während der Ölkrise 1973 verhindert hatte, und dass die USA mit ihrer bedeutenden heimischen Ölproduktion jetzt mit im Boot waren[331].

Die OPEC-Staaten bewerteten die Washingtoner Energiekonferenz und die IEA als das, was sie nach Kissingers Plänen auch sein sollte: als Mittel zur Vorbereitung der Konfrontation. Yamani äußerte diese Befürchtung bereits unmittelbar, nachdem die Konferenz angekündigt worden war. Im Gespräch mit japanischen Ministern in Tokyo räsonierte er, dass die USA dort die Konsumenten hinter bestimmten Vorstellungen zum Ölpreis und zur Ölversorgung vereinen wollten, um diese anschließend den Ölproduzenten aufzuoktroyieren. Er warnte, dass eine solche Konfrontation „serious consequences, entailing further problems for the oil-consuming countries" haben würde[332]. Der algerische Ölminister Abdessalam formulierte dies auf einer Ministerkonferenz der OPEC in Algier im Januar 1975 dann ungleich radikaler. In Anlehnung an ähnliche Äußerungen des französischen Außenministers Jobert bezeichnete er die IEA als eine „machine de guerre" gegen die Völker der OPEC[333].

Es war nicht zuletzt diese strikte Ablehnung einer Konsumentenkonferenz seitens der arabischen Produzenten, die Frankreich gegen die amerikanische Initiative einnahm. Frankreich, dessen Ölimporte 1973 etwa 70 Prozent des nationalen Gesamtenergiebedarfs deckten, war im Zuge der Krise darum bemüht, die traditionell guten Beziehungen in die arabische Welt aufrechtzuerhalten, um den Status als „befreundete" Nation und damit die eigene Erdölversorgung nicht noch weiter zu gefährden. Die Unterstützung des US-Vorstoßes schien – im Übrigen nicht nur den Franzosen – diesbezüglich als ernsthaftes Gefährdungsmoment[334].

---

331 Zur Entstehung der IEA und ihren Aufgaben siehe Graf, Öl und Souveränität, S. 309–317; Robert J. Lieber, Oil and the Middle East War: Europe and the Energy Crisis, Cambridge 1976, S. 38 f; Türk, Multilateral Energy Cooperation, S. 221–226.

332 PA AA, B 71/113907: Vertrauliche Aufzeichnung über den Besuch der Minister Yamani (Saudi-Arabien) und Abdessalam (Algerien) in Tokio, Januar 1974. Vgl. auch MEES, XVII, No. 13, 18.1.1974, S. iii–iv.

333 Den Text der Rede drahtete die bundesrepublikanische Botschaft nach Bonn. PA AA, B 71/113907: Botschaft Algier an AA, 29.1.1975. Zu Joberts Äußerungen siehe etwa Sandra Tauer, Störfall für die gute Nachbarschaft? Deutsche und Franzosen auf der Suche nach einer gemeinsamen Energiepolitik (1973–1980), Göttingen 2012, S. 139.

334 Gfeller, Building a European Identity, S. 123.

Statt einer Konsumentenkonferenz wandte sich Außenminister Jobert am 18. Januar mit einem Schreiben an UN-Generalsekretär Kurt Waldheim, in dem er die Ausrichtung einer „Conference Mondiale de l'Energie" im Rahmen der Vereinten Nationen vorschlug. Dort sollten „die allgemeinen Prinzipien der Kooperation zwischen Energieproduzenten und -konsumenten" festgelegt werden, um so eine ausreichende Versorgung der Welt unter für alle Länder vernünftigen und fairen Bedingungen sicherzustellen[335]. Doch auch der französische Vorschlag stieß bei den Förderländern auf wenig Gegenliebe. Diese bestanden – wie in Kapitel drei noch thematisiert werden wird – auf einem erweiterten Dialog, der neben Energiefragen auch die weiteren Themen von Welthandel und Entwicklung einbezog. An dieser Haltung scheiterten parallel auch die Bemühungen der Energiekoordinierungsgruppe, der Washingtoner Energiekonferenz ein Konsumenten-Produzenten-Treffen folgen zu lassen, was zunächst noch ganz oben auf der Agenda gestanden hatte[336].

Abschließend sei auf die arabische Initiative während des EG-Gipfels im Dezember 1973 in Kopenhagen hingewiesen, einen Euro-Arabischen Dialog ins Leben zu rufen. Das französische Außenministerium reagierte schnell und positiv und legte noch vor Jahresende einen Plan vor, der eine weitreichende Kooperation zwischen der EG und den arabischen Staaten vorsah – vor allem in den Bereichen Öl, Technologie und Wirtschaft. Wütende Reaktionen aus Washington verhinderten aber, dass der Dialog, der tatsächlich im Juli 1974 begann, auch Energiethemen einschloss[337]. Auf multilateraler Ebene blieb also vorerst nur der amerikanische Vorstoß, der in die Schaffung der IEA mündete und die Welt des Öls nach der Krise des Winters 1973/74 veränderte.

Zerstörerisch wie eine Atombombe? – Die westliche Wahrnehmung der arabischen Ölmacht

„Not since the Trojan horse and the atomic bomb had a new war weapon been devised that was as devastatingly effective as Arabs' use of their newly acquired oil power", kommentierte die Journalistin und Erdölexpertin Ruth Knowles Mitte

---

335 Der Text des Schreibens sowie ein französisches Aide Memoire finden sich u. a. in PA AA, B 54/122128. Vgl. Gfeller, Building a European Identity, S. 123 f

336 NAL, FCO 96/74: D. F. Murray an J. O. Wright, International Discussion on Oil Matters, 26. 3. 1974. Vgl. Türk, Multilateral Energy Cooperation, S. 222; Gfeller, Building a European Identity, S. 124.

337 Gfeller, Building a European Identity, S. 99 – 104; Lieber, The Oil Decade, S. 65 f.

der 1970er Jahre[338]. Auch wenn diese Einschätzung mit Blick auf die gerade dargelegten realen Auswirkungen der Ölkrise in den westlichen Industriestaaten offensichtlich übertrieben ist, sagt sie doch etwas über deren Wahrnehmung aus und diese war – gerade zur Zeit der großen Ungewissheit Ende 1973 – nicht selten von Panik gekennzeichnet. „The oil shortage created feelings of uncertainty and helplessness among the Japanese public", schrieb etwa Yoshi Tsurumi 1975[339]. Die Araber schienen die Macht zu haben, ein „Zeitalter der Knappheit", das „Ende der Überflussgesellschaft" einzuläuten, Rezession und Inflation auszulösen[340]. Wie aber nahmen westliche Regierungen die neue Ölmacht wahr und den Druck, auf die Interessen der Förderländer eingehen zu müssen, um Schaden von ihren eigenen Ländern fernzuhalten?

In den turbulenten Wochen ab Mitte Oktober 1973 war die Beurteilung der Situation zunächst von großer Unsicherheit gekennzeichnet, da niemand wusste, wie sich die arabischen Maßnahmen tatsächlich auswirken würden. Selbst in den USA, deren Energieversorgung zu 85 Prozent aus nationalen Quellen gedeckt wurde, fürchtete die Administration dramatische Engpässe, sollte das Embargo aufrechterhalten bleiben. Während eines Treffens am 20. November zwischen Regierungsvertretern und Managern aus der Ölbranche warnte etwa Robert O. Anderson, Vorstandsvorsitzender bei der Atlantic Richfield Company: „By the end of the year, the supply problem will be catastrophic for us." Sein Kollege Kenneth J. Jamieson von Standard Oil of New Jersey (Exxon) pflichtete ihm bei, dass am Ende des Winters im Nordosten der Vereinigten Staaten lediglich die Hälfte des benötigten Erdöls zur Verfügung stehen könnte[341]. Gut eine Woche später unterstrich dann der Deputy Secretary of Defense William P. Clements Jr. während eines weiteren internen Treffens noch einmal den Ernst der Lage: „I can't emphasize how important the next five weeks are for the well-being and security of the United States. [...] If we do not have a new line of communication opened with some oil flowing to us before Christmas, that 17 % short-fall the President talks about will be 23 %."[342]

---

338 Ruth Sheldon Knowles, America's Oil Famine. How it Happened and When it Will End, New York 1975, S. 107.

339 Yoshi Tsurumi, Japan, in: Daedalus 104 (1975), 4, S. 113 – 127, hier S. 114.

340 „Ende der Überflußgesellschaft" lautete etwa ein Spiegel-Titel aus dem November 1973. Der Spiegel, 19.11.1973. Auch Yergin, Preis, S. 747 – 751. Vgl. auch die Analyse des Ölkrisen-Diskurses in der BRD bei Klammer, ‚Wirtschaftskrisen', besonders S. 330 – 337 und Römer, Wirtschaftskrisen, vor allem S. 220 – 242.

341 Memorandum of Conversation, Meeting with Oil Company Executives, 20.11.1973, in: FRUS 1969 – 1976. Bd. XXXVI, Dok. 243.

342 Minutes of Washington Special Actions Group Meeting, 29.11.1973, in: ebd., Dok. 254. Für weitere ähnliche Aussagen siehe McFarland, Oil Powers, S. 137.

Abb. 2: Gib Crocketts Karikatur von 1974 zeigt US-Außenminister Henry Kissinger, der über das arabische Ölembargo gestolpert ist. Sie steht stellvertretend für die westliche Wahrnehmung, dass sich die globalen Machtverhältnisse im Zuge der Ölkrise tiefgreifend verändert hatten, Washington Star.

Um den Jahreswechsel, als klar wurde, dass ernsthafte Versorgungsengpässe ausbleiben würden, änderte sich dann die Lagebeurteilung. Bereits Anfang Dezember 1973 wurde in einem Memorandum an Kissinger das Ölembargo lediglich als „Unbequemlichkeit" eingeschätzt. „It does not threaten our vital interests if we manage our resources well." Möglicherweise würden die Saudis auf Dauer mit dem Embargo deutlich schlechter leben als die USA, da dieses die Konsumenten zur Nutzung anderer Energiequellen treibe und somit langfristig die Erdölreserven unter dem arabischen Wüstensand entwerte[343]. Ähnlich argumentierte Kissinger

343 Memorandum From the Director of Policy Planning Staff (Lord) to Secretary of State Kissinger, 1.12.1973, in: FRUS 1969 – 1976. Bd. XXXVI, Dok. 256.

nun auch in Gesprächen mit dem saudischen Ölminister Yamani, bei denen er sich grundsätzlich bemühte, Stärke zu zeigen[344]. Ansonsten, so erklärte er in einem Staff Meeting, öffne man weiteren Erpressungsversuchen Tür und Tor: „[O]ur view has been that if we once begin to let ourselves be blackmailed, this weapon will be used time and time again [...].“[345]

Ganz anders stellte sich die Lagebewertung im Winter 1973/74 hingegen in japanischen und europäischen Regierungskreisen dar, wie sich anhand der Gespräche rund um die Washingtoner Energiekonferenz verdeutlichen lässt. In Paris, Bonn oder Tokyo war man hochgradig nervös. Man befürchtete, die Förderländer könnten die Konferenz als konfrontativen Schritt verstehen und mit weiteren Produktionskürzungen oder Preiserhöhungen beantworten. Bereits wenige Tage, nachdem Kissinger die Formierung einer Konsumentengruppe in seiner Pilgrim-Rede angeregt hatte, äußerte der französische Präsident Pompidou in einem Gespräch mit dem Secretary of State Bedenken:

> If we are talking about a dialogue between consumers and producers, we can discuss the modalities of such a dialogue without any problem. I would not concur, however, in establishing a *consortium* of consumers that would seek to impose a solution on the producers. You only rely on the Arabs for about a tenth of your consumption. We are entirely dependent upon them. We can't afford the luxury of three or four years of worry and misery waiting for the Arabs to understand the problem. I won't be able to accept, no matter what conditions are established, a situation which requires us to forego Arab oil, for even a year. I would like to be able to take advantage of the resources of Texas and Venezuela, etc., but I don't have that option.[346]

Keine zwei Wochen vor Konferenzbeginn instruierte Bonn dann den deutschen Botschafter in Washington, in einem Gespräch mit Kissinger noch einmal auf die Problematik hinzuweisen. In der Begründung hieß es:

> Mehr noch als die amerikanische Seite allerdings müssen wir wegen der anders gearteten ölpolitischen Ausgangslage darauf bedacht sein, daß die Konferenz nicht von den Erzeugerländern als Beginn einer Konfrontation mißdeutet werden kann. Aus diesem Grund hat der Bundeskanzler in seinem Schreiben zum Ausdruck gebracht, daß wir die Washingtoner Konferenz als ersten Schritt zu einem umfassenden Dialog mit den Erzeugerländern verstanden sehen wollen. Deshalb würden wir es für gut halten, wenn die Konferenz dazu führt, daß eine Einladung zum Dialog mit den Förderländern ausgesprochen wird. Andererseits

344 Memorandum of Conversation, Meeting with Saudi and Algerian Oil Ministers, 5.12.1973, in: ebd., Dok. 263. Zur amerikanischen Embargo-Kommunikation der Stärke vgl. Graf, Öl und Souveränität, S. 187–201.

345 Minutes of the Secretary of State's Staff Meeting, 26.12.1973, in: FRUS 1969–1976. Bd. XXXVI, Dok. 270.

346 Memorandum of Conversation, 20.12.1973, in: ebd., Dok. 269.

> wollen wir vermeiden, daß die Konferenz von anderen Verbrauchern (Entwicklungsländern) als Zusammenschluß nur der Reichen angesehen wird.[347]

Angesichts solcher Warnungen waren sich die Amerikaner der unterschiedlichen Wahrnehmung der Lage bei ihren Verbündeten bewusst. Kissinger machte bei ihnen einen „sense of panicky impotence" aus, „which is now motivating them, in which everyone feels he must run for the nearest exit or assure his own supplies because he doesn't know, because there is some stark spector that he has to avoid"[348].

Neben der Bedrohung durch Produktionskürzungen, Embargo und weitere Preissprünge fürchtete der Westen nun zunehmend auch die gestiegene Finanzkraft vor allem der reichen Ölexportstaaten auf der arabischen Halbinsel. Bezeichnend ist in dieser Hinsicht, dass Mitte der 1970er Jahre mit „The Billion Dollar Killing" und „The Petrodollar Takeover" gleich zwei Romane erschienen, die ein Szenario entwarfen, in dem Saudi-Arabien seine Finanzmacht nutzt, um die USA in einen Krieg gegen den Iran zu treiben[349]. Zur Angst vor dem Einsatz der arabischen „Finanzwaffe" trugen nicht nur entsprechende Andeutungen von Yamani und anderen – siehe Kapitel 2.1. – bei, sondern auch „the wildest speculative forecasts of OPEC surplus" nicht zuletzt vonseiten der Weltbank, die eine mögliche Gefahr überzeichneten[350].

Angesichts der neuen Ölmacht traute man den OPEC-Staaten im britischen Foreign und Commonwealth Office nun sogar eine Umgestaltung der Weltwirtschaftsordnung zu: „Although the OPEC countries do not yet seem to have pursued this thought, they may now have it in their power to operate a massive transfer of resources and wealth from the developed to the developing world through manipulation of oil prices and aid programmes to developing countries. This could have serious political and economic consequences."[351] Bei dieser Transformation, so eine weitere Befürchtung, könnten auch weitere Rohstoff-

---

347 PA AA, B 71/113893: Hermes an Botschaft Washington, 31.1.1974.

348 Memorandum of Conversation, 6.2.1974, in: FRUS 1969–1976. Bd. XXXVI, Dok. 305.

349 Paul Erdman, The Billion Dollar Killing, London 1973; Peter J. Tanous/Paul Rubinstein, The Petrodollar Takeover, New York 1975; vgl. Hobday, Saudi Arabia, S. 7.

350 Abbas Alnasrawi, Arab Nationalism, Oil, and the Political Economy of Dependency, New York/Westport/London 1991, S. 102; vgl. Richard H. Pfaff, Petrodollars and the Legitimacy Crisis in the Middle East, in: Gantzel/Mejcher (Hg.), Oil, S. 253–277, hier S. 260 f; Michael C. Jensen, Petrodollar Outlook, in: The New York Times, 13.2.1975, S. 69. PA AA, B 71/113907: Metzger, Energiepolitische Bedeutung der arabischen erdölproduzierenden Länder für Europa und die Bundesrepublik Deutschland, 6.11.1975. Vgl. auch Terzian, OPEC, S. 204.

351 NAL, FCO 96/183: J. L. Taylor to Permanent Under-Secretary, Handling of Economic Repercussions of oil shortage, 31.12.1973.

kartelle eine Rolle spielen. Der Ökonom und vormalige Kissinger-Berater für internationale ökonomische Beziehungen C. Fred Bergsten hatte in einem Artikel für *Foreign Policy* bereits wenige Wochen vor der Ölkrise vor diesem „Threat of the Third World“ gewarnt. Angesichts des Erfolgs der Ölproduzenten legte er im Frühjahr 1974 nach und beschwor die Gefahr des Entstehens von „One, Two, Many OPEC's“[352]. Auch in den Außenministerien der Industriestaaten beschäftigte man sich mit dieser Möglichkeit[353]. Insgesamt hatte die Energiekrise westlichen Regierungen das Bewusstsein der ökonomischen Abhängigkeit von den Rohstoffproduzenten in einer zunehmend vernetzten Welt schlagartig vor Augen geführt. Kissinger sprach in diesem Sinne von den „birth pains of global interdependence“, die die Energiekrise mit sich gebracht habe[354]. Es lässt sich mit Daniel Sargent argumentieren, dass Kissinger und Nixon erst im Moment der Krise begannen „to acknowledge the reality of an interdependence in which the autonomy of nations was becoming limited by transnational flows of energy and goods, of money and ideas, and even [...] of pollution and diseases.“[355] Es waren die OPEC-Staaten, die westlichen Regierungseliten die Realität der zunehenden Globalisierung vor Augen führten, die den „shock of the global“ vermittelten[356].

Den Boden für die Angst vor der Rohstoffmacht der Dritten Welt hatte nicht zuletzt der viel beachtete Bericht an den Club of Rome aus dem Jahr 1972 bereitet. In der Studie mit dem sprechenden Titel „The Limits to Growth“ war ein wissenschaftliches Team des Massachusetts Institute of Technology (MIT) mithilfe eines computergestützten Modells zu dem Schluss gekommen, dass die Ressourcen des Planeten Erde bei anhaltendem Wachstum innerhalb des nächsten Jahrhunderts erschöpft sein würden. Der Bericht, der durch die Ölkrise unmit-

352 C. Fred Bergsten, The Threat From the Third World, in: Foreign Policy 11 (1973), S. 102–124; C. Fred Bergsten, The Threat is Real, in: Foreign Policy 14 (1974), S. 84–90. Stephen Krasner hatte Bergsten zwischenzeitlich widersprochen und betont, dass die Voraussetzungen für die Kartellbildung im Ölbereich andere als für andere Rohstoff-Produzenten seien. Stephen D. Krasner, Oil is the Exception, in: Foreign Policy 14 (1974), S. 68–84; vgl. auch O. A., „Mit knappen Vorräten sorglos geaast“, in: Der Spiegel, 19.11.1973, S. 29.

353 PA AA, B 71/113907: Botschaft Genf an AA, 30.1.1974; NAL, FCO 96/183: Economists Department, The Economics of Cartels, 29.4.1974; Minutes of the Rambouillet Economic Summit Meeting, 16.11.1975, in: FRUS 1969–1976. Bd. XXXVII. Energy Crisis, 1974–1980, Washington 2012, Dok. 88.

354 PA AA, B 71/113894: Opening Remarks of the Honorable Henry A. Kissinger, Secretary of State, February 11, 1974.

355 Sargent, The United States and Globalization, S. 51; vgl. auch Deuerlein: Zeitalter der Interdependenz, S. 175–183.

356 Niall Ferguson, Introduction: Crisis, What Crisis? The 1970s and the Shock of the Global, in: Ferguson u. a. (Hg.), The Shock of the Global, S. 1–21.

telbar bestätigt zu werden schien, wurde ein in über 30 Sprachen übersetzter Bestseller, erhielt weltweite Aufmerksamkeit und verstärkte bei vielen den Eindruck, dass schon jetzt mit knapp werdenden Ressourcen zu rechnen sei. Angesichts dieser Zukunftserwartung erschien die Drohung der Produzenten, knapp werdende Rohstoffe als Waffe zu verwenden, sicherlich weitaus beunruhigender[357].

Im Zuge der sich 1974/75 entfaltenden globalen Rezession sank – wie oben beschrieben – die Nachfrage nach Erdöl und Analysten gingen von einem Angebotsüberhang von mehreren Millionen Barrel pro Tag aus[358]. Außerdem hatte die enorme Ausweitung der Entwicklungspläne und speziell die „überdimensionierte auftragsvergabe an das ausland in erwartung steigender erdoeleinnahmen" vor allem in den bevölkerungsreichen OPEC-Staaten wie Iran oder Algerien dazu geführt, dass sie sich Einnahmeeinbußen nicht mehr leisten konnten. Laut dem Bericht eines deutschen Diplomaten hielten die OPEC-Beobachter in Wien Drohungen mit Produktionseinschränkungen und Verstaatlichungen im Mai 1975 daher für immer weniger plausibel[359]. Dennoch blieb die grundsätzliche Abhängigkeit von Energielieferungen aus dem Nahen Osten bestehen und ebenso die Annahme, dass sich dies – angesichts der langen Zeiträume, die die Entwicklung von Alternativen benötigte – auch bis in die 1980er Jahre nicht grundlegend verändern würde. Ein Gutachten aus dem Auswärtigen Amt vom Spätherbst 1975 ging davon aus, dass arabisches Erdöl mindestens die nächsten 15 bis 20 Jahre von „größter Bedeutung" für die westlichen Industrieländer bleiben würde[360]. Auch das britische Foreign and Commonwealth Office (FCO) warnte, „despite the slack of demand OAPEC is still capable on its own of causing serious shortfall in

---

357 Donella Meadows u. a. (Hg.), The Limits to Growth. A Report for the Club of Rome's Project on the Predicament of Mankind, New York 1972; Elke Seefried, Towards *The Limits to Growth?* The Book and its Reception in West Germany and Britain 1972–73, in: German Historical Institute London Bulletin 33 (2011), 1, S. 3–37. Rüdiger Graf gibt zu bedenken, dass die Reaktion auf den Bericht jenseits „der konservativen Umwelt- und Heimatschützer sowie des linksliberalen, ökologischen Milieus" mehrheitlich negativ war. Graf, Öl und Souveränität, S. 378–384, Zitat auf S. 379.

358 Siehe etwa Paper Prepared in the Office of Economic Research, Central Intelligence Agency, The Future of OPEC as a Cartel, 5.3.1974, in: FRUS 1969–1976. Bd. XXXVI, Dok. 333; auch Maull, Oil and Influence, S. 3.

359 PA AA, B 71/113907: Botschaft Wien an AA, 28.5.1975.

360 Ebd.: Metzger, Energiepolitische Bedeutung der arabischen erdölproduzierenden Länder für Europa und die Bundesrepublik Deutschland, 6.11.1975. Diese Einschätzung wurde auch in OPEC-Kreisen geteilt. Siehe NYUAD, GGC, AD-MC-38–36, S. 20 f: OPEC, The Present Energy Crisis and Its Future Implications, March 1973.

supply"[361]. Dabei bezogen sich die Mitarbeiter des Energy Department im FCO auch auf die Analyse des Politikwissenschaftlers Hanns Maull, der in einem Aufsatz aus demselben Jahr argumentiert hatte, „the oil weapon has become, and will continue to be, a force in the international system"[362]. In Regierungskreisen in Westeuropa und Japan, deutlich weniger in den Vereinigten Staaten, war das Bewusstsein der eigenen Vulnerabilität gegenüber der arabischen Ölmacht also zumindest bis in die Mitte der 1970er Jahre hinein durchaus ausgeprägt und sollte für die Diskussionen um Veränderungen der Weltwirtschaftsordnung eine wichtige Rolle spielen.

2.3 Die Wurzeln der Spaltung

Ein wichtiges Element des Ölkrisen-Diskurses in den westlichen Industriestaaten war die Betonung, dass die Entwicklungsländer, die über kein Erdöl verfügten, zu den größten Verlierern gehören würden. In einer von der *Zeit* organisierten Gesprächsreihe zur Energiekrise erklärte etwa Helmut Schmidt Anfang 1974: „Die Preissteigerung für das importierte Öl wird die Entwicklungsländer zu Mehrausgaben zwingen, die der Gesamtsumme der Entwicklungshilfezahlungen aller Geberländer zusammen entsprechen. Es ist daher ganz klar, daß die Entwicklungsländer sehr viel mehr leiden werden als wir. Ihnen droht die größte Katastrophe [...]."[363] In dieselbe Kerbe schlug Henry Kissinger während seiner Eröffnungsrede der Washingtoner Energiekonferenz: „Their futures are the most profoundly affected of all. Unable to meet present prices for oil and fertilizers, they face the threat of starvation and the tragedy of abandoned hopes for further economic development."[364] Gerade die öffentliche Betonung der schädlichen Folgen der OPEC-Politik für die armen Staaten diente dabei ganz offensichtlich auch dazu, die gemeinsame Front der Dritten Welt aufzubrechen und mithilfe der Entwicklungsländer den Druck auf die Ölförderländer zu verstärken. Aber auch intern wurden vergleichbare Befürchtungen geäußert. In einem CIA-Report hieß es: „The long-run impact on the developing countries will be severe even for those who do not face immediate difficulties in feeding their population. The oil price

361 NAL, FCO 96/331: R. Kinchen an Harris, Kealy, Dimond, 28.8.1975.

362 Maull, Oil and Influence. Zur Rezeption des Aufsatzes im FCO siehe NAL, FCO 96/331.

363 Ralf Dahrendorf u. a., Die Energiekrise. Episode oder Ende einer Ära? Eine Diskussion zwischen Ralf Dahrendorf, Hans Joachim Langmann, Helmut Schmidt, Hans Karl Schneider, Carl Friedrich von Weizsäcker. Vorwort von Marion Gräfin Dönhoff, Hamburg 1974, S. 54.

364 PA AA, B 71/113894: Opening Remarks of the Honorable Henry A. Kissinger, Secretary of State, 11.2.1974.

augmented slumps and inflation in the industrial countries will rebound with doubled force against the developing nations. Slower growth in the industrial countries will inevitably result in reduced demand for LDC exports of raw materials and declining raw material prices.“[365]

Wie aber wurde die Ölkrise in den Ländern der Dritten Welt selbst wahrgenommen? Wie wirkte sie sich auf die Wirtschaften dieser Staaten aus? Und veränderte sie in diesen Ländern die Einstellungen zum Projekt der Neuen Weltwirtschaftsordnung und zur OPEC? Wie in der Einleitung angekündigt, können diese in der Forschung bislang kaum gestellten Fragen nicht für alle Entwicklungsländer untersucht werden. Deshalb dient hier Sambia als Beispiel, als analytische Sonde, um sich diesem Fragenkomplex in einem ersten Schritt zu nähern. Anschließend werden die sambischen Erfahrungen mit Blick auf weitere Staaten der Dritten Welt kontextualisiert. Es wird die These vertreten, dass Sambia, ohne es zunächst zu realisieren, im Dritt-Welt-Vergleich besonders stark von der Krise getroffen wurde. Schließlich soll in einem dritten Schritt gezeigt werden, wie die Ölkrise das Verhältnis zur OPEC und zum Projekt einer Neuen Weltwirtschaftsordnung veränderte.

Der verspätete Schock – Sambia in der ersten Ölkrise

„Our oil gets green light“, titelte die *Zambia Daily Mail* am 7. November 1973. Das Blatt berief sich auf die Aussagen des ägyptischen Botschafters in Lusaka, der versichert hatte: „There will be no change, all your imports will continue as they are and there will be no price increase.“[366] Einschätzungen wie diese waren typisch für die Berichterstattung der sambischen Presse, in der die Krise zunächst als Krise der anderen wahrgenommen wurde. Betroffen schienen lediglich die pro-israelischen westlichen Industriestaaten, gegen die sich die Embargopolitik der arabischen Förderländer richtete. Sambia aber hatte – wie nahezu alle postkolonialen afrikanischen Staaten – im Oktober 1973 die diplomatischen Beziehungen zu Israel abgebrochen, unterstützte die arabischen Forderungen im Nahen Osten und schien dementsprechend nichts befürchten zu müssen[367].

Hinzu kam, dass das zentralafrikanische Land, das am 24. Oktober 1964 die Unabhängigkeit erlangt hatte, Ende 1973 auf ein Jahrzehnt des fast kontinuierli-

---

365 Paper Prepared in the Office of Economic Research, CIA, Impact of High Oil Prices on Inflation and Output 28.6.1974, in: FRUS 1969–1976. Bd. XXXVI, Dok. 356.

366 O. A., Our Oil Gets Green Light, in: Zambia Daily Mail, 7.11.1973, S. 1.

367 O. A., Ties Cut with Israel and Chile, in: Zambia Daily Mail, 27.10.1973, S. 1; O. A., Use Oil to Smash Racists, in: ebd., 20.11.1973, S. 1; vgl. auch Dinkel, Bewegung Bündnisfreier Staaten, S. 207.

chen Wirtschaftswachstums zurückblicken konnte. Vor diesem Hintergrund nahmen sich mögliche Preissteigerungen beim Erdöl als nicht allzu bedrohlich aus. Die Handelsbilanz war positiv, die Devisenreserven beachtlich und vor allem war der Kupferpreis, von dem die ökonomische Performanz vor allen Dingen abhing, aufgrund der boomenden Weltwirtschaft auf Rekordniveau gestiegen. Es lohnt sich, an dieser Stelle einen etwas genaueren Blick auf die ökonomische Entwicklung des Landes in der ersten Dekade der Unabhängigkeit zu werfen, da nur vor diesem Hintergrund der Umgang mit der Ölkrise und deren Folgen verständlich werden.

Der junge Staat hatte aus der Kolonialzeit eine ausgesprochen einseitig ausgerichtete Wirtschaft mitgebracht. Die Kupferindustrie erwirtschaftete im Jahr der Unabhängigkeit 45 Prozent des gesamten Bruttoinlandsproduktes, steuerte 53 Prozent der Staatseinnahmen und sogar 92 Prozent der sambischen Exporterlöse bei. Doch jenseits des Kupfergürtels und des Gebiets um die eine Bahnlinie, die die Minen via Lusaka und Livingstone mit Südrhodesien und den Häfen in Mosambik verband, existierte praktisch keine physische oder soziale Infrastruktur. In diesen ländlichen Regionen lebten etwa 70 Prozent der sambischen Bevölkerung als Subsistenzwirtschaft betreibende Bauern[368].

Dennoch versprach der Kupferreichtum des Landes eine rosige Zukunft. Mitte der 1960er Jahre war Sambia der drittgrößte Kupferproduzent der Welt. Damals, so hat es der Anthropologe James Ferguson ausgedrückt, wusste jeder, dass Afrika im Kommen war: „And no place was emerging faster or more hopefully than Zambia [...].“[369] Im sambischen Copperbelt schien sich eine „African Industrial Revolution“ zu vollziehen und das sambische BIP pro Kopf würde, so nahmen die Experten an, schon bald das Niveau ärmerer europäischer Länder erreichen[370].

Die wirtschaftliche Strategie der neuen Staatslenker um Präsident Kenneth Kaunda und seine United National Independence Party (UNIP) verfolgte vor allem zwei Richtungen: Zum einen sollte eine vorsichtige Diversifizierung der sambischen Wirtschaft weg von der monokulturellen Kupferökonomie eingeleitet werden. Zum anderen sollte die erreichte politische Unabhängigkeit durch eine zunehmende Selbstständigkeit im ökonomischen Bereich komplementiert werden, wovon 1964 keine Rede sein konnte. Im Jahr der Unabhängigkeit hatte die British South Africa Company zwar ihre Rechte an den Bodenschätzen des Landes an den sambischen Staat abgetreten, aber die Kupferindustrie blieb fest in der Hand

368 Burdette, Zambia, S. 78–80.

369 Ferguson, Expectations of Modernity S. 1. Vgl. auch Jan-Bart Gewald/Marja Hinfelaar/Giacomo Macola, Introduction, in: Gewald/Hinfelaar/Macola (Hg.), One Zambia, S. 1–13, hier S. 2. Ein Beispiel für diese Sichtweise ist Sikota Wina, The Night Without a President, Lusaka 1985, S. 2.

370 Ferguson, Expectations of Modernity, S. 6.

ausländischer Unternehmen, der südafrikanischen Anglo American Corporation und dem britisch-amerikanischen Roan Selection Trust. Anspruchsvolle Jobs – gerade auch in den Minen – waren mit Ausländern besetzt, die ein Vielfaches der Löhne unqualifizierter sambischer Arbeiter erhielten. Darüber hinaus war Sambia hochgradig von den weißen Siedlerregimen im Süden – Südrhodesien und Südafrika – und der portugiesischen Kolonie Mosambik abhängig. Aus dem Süden bezog Sambia Koks und Kohle für die Kupferschmelzen, Elektrizität und Öl, das Gros der Bedarfsgüter für die Bevölkerung und über diese Länder musste es praktisch seinen kompletten Außenhandel abwickeln[371].

Kaundas Administration vertraute – wie zahlreiche andere postkoloniale Staaten – auf die Formulierung nationaler Entwicklungspläne zur Steuerung der nationalen Wirtschaft. Den ersten dieser Pläne, den Transitional National Development Plan, der den Zeitraum von Anfang 1965 bis Mitte 1966 umfasste und den Primat der Kupferindustrie weiter festschrieb, formulierten ausländische Experten – ein Faktum, das einmal mehr die von Frederick Cooper festgestellte Kontinuität in der wirtschaftlichen Ausrichtung auch über den Moment der politischen Unabhängigkeit hinaus illustriert.[372] Der folgende First National Development Plan (1966 bis 1971) sollte dann verstärkt dem Aufbau sozialer und physischer Infrastrukturen dienen, auf diese Weise die wirtschaftliche Basis verbreitern, die Dominanz des Kupfers und die Abhängigkeit von den südlichen Nachbarn reduzieren. Die Straßen nach Tansania und Malawi wurden ebenso wie das Eisenbahnnetz ausgebaut, in Lusaka ein internationaler Flughafen und von der tansanischen Hauptstadt Daressalam bis ins sambische Ndola eine Ölpipeline gebaut, wo 1973 eine Ölraffinerie eröffnete. Neue Wasserkraftwerke machten das Land ab Mitte der 1970er Jahre zum Selbstversorger im Elektrizitätsbereich und die neu eröffneten Kohlegruben in Nkandabwe und später Maamba deckten weite Teile des sambischen Bedarfs. Der Staat investierte auch in verarbeitende Unternehmen, die primär der Importsubstitution dienen sollten, und – in geringerem Maße – in die Landwirtschaft. Machte die verarbeitende Industrie 1964 noch

371 Vgl. Roberts, Zambia, S. 224–229; Burdette, Zambia, S. 78–84. Ausführlich zum Transfer der Rechte an den Bodenschätzen und zur Kupferindustrie im Moment der Unabhängigkeit siehe Larry J. Butler, Copper Empire. Mining and the Colonial State in Northern Rhodesia, c. 1930–64, Houndsmill/New York 2007, S. 255–292.

372 Republic of Zambia, Central Planning Office, An Outline of the Transitional Development Plan, Lusaka 1965; Vgl. Burdette, Zambia, S. 78. Zur Langlebigkeit der Vorstellungen von Modernisierung im Sinne einer Industrialisierung nach westlichem Vorbild über den Moment der Unabhängigkeit hinaus siehe etwa Cooper, Africa Since 1940, S. 85–90; vgl. auch Joseph Morgan Hodge, Triumph of the Expert. Agrarian Doctrines of Development and the Legacies of British Colonialism, Athens 2007, vor allem S. 254–276.

6,1 Prozent des BIP aus, waren es 1972 bereits 11 Prozent – ein Anzeichen, dass die Diversifizierung der Wirtschaft zumindest gewisse Fortschritte machte. Gleichzeitig bedeutete der Ausbau der Wirtschaft und der Verkehrswege eine größere Unabhängigkeit von den „Rassisten" im Süden[373].

Ende der 1960er Jahre begann Kaundas Regierung parallel zur Diversifizierung die beschleunigte „Sambianisierung" der Wirtschaft. Im Rahmen der sogenannten „Mulungushi Reforms", die sich in mehreren Schritten von 1968 bis in die 1970er Jahre zogen, nationalisierte der Staat ausländische Firmen bzw. Beteiligungen in Schlüsselbereichen der Wirtschaft. Hauptziel war es, wie im Second National Development Plan von 1971 im Rückblick formuliert wurde, „to give effective control and the management of the economy to Zambians"[374]. Der Nationalisierungsprozess begann mit Unternehmen im Transport-, Bau- und Einzelhandelssektor, umfasste später die Übernahme ausländischer Banken und Versicherungen und machte schließlich auch vor der Kupferindustrie nicht halt. 1969 erklärte Kaunda in Matero, einem Vorort Lusakas, der Staat würde 51 Prozent der beiden großen Minengesellschaften übernehmen – ein Schritt, der an die oben angesprochenen, zeitgleich stattfindenden Nationalisierungen der Ölindustrie in zahlreichen OPEC-Staaten erinnert und durchaus als Teil jener sich zuspitzenden Konfrontation zwischen armen Rohstoffexporteuren und reichen Importländern verstanden werden kann. Sambia folgte zwar weiterhin westlichen Entwicklungsmodellen, die auf Industrialisierung setzten, forcierte aber andererseits den Bruch mit den aus der Kolonialzeit geerbten Besitzverhältnissen. Die Nationalisierungen führten in Sambia zur Entstehung eines großen parastaatlichen Sektors[375]. Gleichzeitig strebte die Regierung die „Sambianisierung" auch der höheren Posten in Wirtschaft und Verwaltung an, die zu großen Teilen von westlichen *expatriates* besetzt waren. Zentrale Voraussetzung dafür war das Vorhandensein qualifizierten sambischen Personals, was große Investitionen im Bildungsbereich nötig machte, gab es doch zum Zeitpunkt der Unabhängigkeit lediglich 109 Sambier mit einem Universitätsabschluss. Das UNIP-Regime investierte dementsprechend – wie viele postkoloniale Staaten in Afrika – im großen

---

373 Republic of Zambia, Office of Development and Planning, First National Development Plan, 1966–1970, Lusaka 1966 (FNDP); zu den Ergebnissen des FNDP siehe auch Republic of Zambia, Ministry of Development Planning and National Guidance, Second National Development Plan. January, 1972 – December, 1976, Lusaka 1971, S. 1–29 (SNDP); vgl. auch Burdette, Zambia, S. 84 f; zur erreichten größeren Unabhängigkeit vom Süden vgl. Roberts, Zambia, S. 229.

374 SNDP, S. 28.

375 Burdette, Zambia, S. 85–90. Zur Nationalisierung der Minen vgl. auch Larmer, Historical Perspectives, S. 35–38.

Stil in den Ausbau des Bildungs- und auch des Gesundheitssystems und erzielte hier große Erfolge[376].

All diese Maßnahmen, der Ausbau der sozialen wie physischen Infrastruktur, die Diversifizierung der Wirtschaft sowie die Nationalisierung von Unternehmen, deren Besitzer großzügig entschädigt wurden, kosteten viel Geld. Finanziert werden konnte diese Politik durch die Abgaben der Kupferindustrie. Dabei profitierte das Land von den hohen Kupferpreisen in den Jahren nach der Unabhängigkeit sowie Änderungen in der Besteuerung der Minenunternehmen, die größere Anteile der gemachten Gewinne in die Staatskasse spülten. Von 1964 bis 1969 stieg der Kupferpreis um durchschnittlich 7 Prozent. 1971 und 1972 brach er kurzzeitig ein, von durchschnittlich 748 Britischen Pfund pro Tonne 1970 auf 444 Pfund (1971) bzw. 428 Pfund (1972), was Sambia das erste Zahlungsbilanzdefizit seit der Unabhängigkeit einbrachte. 1973 erholte sich der Kupferpreis dann wieder und erreichte im April 1974 einen Höchststand von 1.400 Britischen Pfund, was das Land 1973 in die Lage versetzte, die Minenunternehmen mit einem Schlag mit über 80 Millionen Pfund für die Nationalisierungen zu entschädigen[377]. Der hohe Kupferpreis in der Dekade nach der Unabhängigkeit trug ebenfalls entscheidend dazu bei, dass das Bruttoinlandsprodukt von 1965 bis 1970 real durchschnittlich um 10,6 Prozent wuchs bzw. um 8,2 Prozent pro Kopf[378]. Gleichzeitig kaschierte der vorteilhafte Kupferpreis allerdings, dass gerade in der Minenindustrie nur wenig wirkliches Wachstum stattfand. Von 1964 bis 1973 stieg die Kupferproduktion lediglich von 633.800 auf 687.000 Tonnen an[379].

Die weitgehend positive ökonomische Entwicklung des Landes, der hohe Kupferpreis und die pro-arabische Haltung der Regierung trugen aber nicht nur dazu bei, die Ölkrise in der Presse als Problem der Industriestaaten abzutun. Auch von politischer Seite ließen sich beschwichtigende Aussagen vernehmen. John Kalinda, Staatssekretär im Ministerium für Handel und Industrie, erklärte Mitte November, dass angesichts der weltweit gestiegenen Rohölpreise zwar auch in Sambia in Zukunft kleinere Preissteigerungen für Ölprodukte möglich seien. Die „oil pinch" würde aber definitiv niemand zu spüren bekommen[380]. Die Bestäti-

---

376 Burdette, Zambia, S. 65–70. Für den größeren afrikanischen Rahmen siehe Christoph Marx, Geschichte Afrikas. Von 1800 bis zur Gegenwart, Paderborn 2004, v. a. S. 293 und 299.

377 Diese Zahlen finden sich bei Roberts, Zambia, S. 229–231. Vgl. Republic of Zambia, Ministry of Planning and Finance, Economic Report 1973. Presented to the National Assembly, Lusaka 1974, S. 60–77.

378 SNDP, S. 1.

379 SNDP, S. 18; Ministry of Planning, Economic Report 1973, S. 46.

380 O. A., Oil Price Will Rise, in: Zambia Daily Mail, 15.11.1973, S. 1; O. A., Oil: We Are Okay, Motorists Assured, in: ebd., 7.12.1973, S. 1. Ljubica Spaskovska hat kürzlich darauf hingewiesen,

gung dieser Prognose kam am 27. Dezember 1973, als die parastaatliche Unternehmensgruppe INDECO dann tatsächlich eine nur marginale Preiserhöhung für Benzin von 12,4 auf 13,2 Ngwee und für Super von 13,1 auf 14 Ngwee pro Liter bekannt gab[381].

Angesichts dieser Wahrnehmung der Lage kann es nicht verwundern, dass die Kaunda-Administration Ende 1973 wenig Handlungsbedarf sah. Energiesparmaßnahmen wie in Europa standen zu diesem Zeitpunkt nicht zur Debatte. Lediglich in einer Hinsicht wurde die Regierung in Lusaka noch vor Jahresende aktiv. Damit die Ölkrise das Land auch weiterhin möglichst wenig beeinflussen würde, traten sambische Offizielle – wie viele ihrer europäischen Kollegen – in direkte Verhandlungen mit arabischen Förderländern ein. Indem man Öl direkt bei den Exportländern erwarb und dementsprechend die „Mittelsmänner" der Ölmultis aus dem Geschäft heraushielt, so die Überlegung, ließe sich vermeiden, dass die Seven Sisters ihre Politik des „gleichen Elends" auch auf Sambia ausdehnten und das arabische Ölembargo somit spürbar würde. Nachdem bereits Mitte Dezember eine arabische Delegation zu Verhandlungen in Lusaka war, flog keine zwei Wochen später ein sambisches Team unter Humphrey Mulemba, dem Vorsitzenden des Economic and Finance Committee der UNIP, nach Libyen[382]. Von dort bezog Sambia – so offenbart ein Vermerk aus dem Ministry for Power, Transport and Works – bald Teile seines Rohöls[383]. Im März 1974 machte Präsident Kaunda persönlich in Saudi-Arabien halt, in der Hoffnung arabische Investitionen in Sambia erwirken zu können und eventuell auch einen Preisnachlass für das importierte Öl. Nur einen Monat später erreichte der erste Tanker mit saudischem Rohöl Daressalam[384].

---

dass in Jugoslawien zeitgleich ein ähnlich „overly optimistic reasoning" vorgeherrscht habe. Ljubica Spaskovska, ‚Crude' Alliance – Economic Decolonisation and Oil Power in the Non-Aligned World, in: Contemporary European History 30 (2021), 4, S. 1–16, hier S. 11.

381 O. A., New Petrol Prices Announced by Government, in: Zambia Daily Mail, 28.12.1973, S. 1. 100 Ngwee entsprechen einem Kwacha. Ein Kwacha war 1970 $ 1,40 und 1975 $ 1,55 wert. Siehe World Bank, Zambia. Country Economic Memorandum. Economic Reforms and Development Prospects, Washington 1986.

382 O. A., Arabs Here for Oil Talks, in: Zambia Daily Mail, 18.12.1973, S. 1; O. A., Zambia to Drop Oil Trade Middlemen, in: ebd., 27.12.1973, S. 1.

383 NAZ, MCT 1/4/27: Vermerk R. M. Kampangala, 7.6.1974. In einem Bericht der Bank of Zambia heißt es allerdings widersprechend, dass die sambische Rohölversorgung seit April 1974 ausschließlich direkt aus Saudi-Arabien erfolgt sei. Bank of Zambia, Report and Statement of Accounts for the Year Ended December 31st 1974, Lusaka 1975, S. 44.

384 O. A., Opinion, in: Times of Zambia, 4.3.1974, S. 1; O. A., KK Arrives for Talks in Egypt, in: ebd., 6.3.1974, S. 1. NAZ, ZIMCO 5/7: Tazama Pipeline Limited. 35th Board Meeting, Lusaka, 24.5.1974.

Erst im Januar 1974 begann sich in sambischen Regierungskreisen und Zeitungsredaktion – also etwa drei Monate verspätet – die Erkenntnis Bahn zu brechen, dass die Ölkrise auch für Sambia schmerzhafte Folgen zeitigen könnte. Auslöser war eine Nachricht aus Kenia, dass sich Saudi-Arabien gegen einen reduzierten Ölpreis für afrikanische Abnehmer ausgesprochen habe. Gespräche zwischen einem Kommitee der Organisation of African Unity (OAU) und der Arabischen Liga in Addis Abeba bestätigten diese Befürchtung wenig später[385]. Die Vervierfachung des Rohölpreises auf $ 11,51, die seit dem 1. Januar 1974 Realität war, würde also – anders als es etwa der ägyptische Botschafter in Sambia noch im November verlautbart hatte – auch für die Dritte Welt, auch für Sambia gelten. „Face it – we're in trouble, too", titelte daraufhin die *Times of Zambia:* „It has happened at last. The thing we have been so gloomy about for so long: the realisation that the world oil crisis will come home to roost in Zambia as anywhere else."[386] Andrew Kashita, Minister of Mines and Industry, warnte in einem Interview, dass zwar Sambias Ölversorgung sicher sei, nicht aber der Preis, zu dem diese erfolge. Während man im vergangenen Jahr $ 2,80 pro Barrel gezahlt habe, dürfte der Preis nun bei $ 15 bis $ 20 liegen, was die Ölimportrechnung von bislang 25 Millionen Kwacha auf mindestens 70 Millionen Kwacha steigern würde. Er erwarte Probleme für die sambische Zahlungsbilanz, die Nachfrage nach Kupfer werde nachlassen, da die Industriestaaten unter der Ölkrise litten, Sambias Importe hingegen würden teurer, da die Produzenten die höheren Input-Kosten weitergeben würden. „So a tough ride is ahead for all of us", schloss Kashita[387].

Aber auch jetzt überdeckten die Kupfereinnahmen noch das Ausmaß der Krise. Nachdem der Kupferpreis bereits am 5. Dezember 1973 einen Rekordwert erklommen hatte, stieg er bis April 1974 noch einmal signifikant an. Dieser erneute Anstieg lag auch darin begründet, dass Anleger – nach der kurz zuvor erfolgten Freigabe der Wechselkurse – aus unsicher erscheinenden Währungen flohen und stattdessen in Kupfer investierten. Dies galt speziell für OPEC-Staaten, die ihre explodierenden Einnahmen reinvestieren wollten, so dass der Rekordpreis für

385 O. A., No Cut Price Oil Deal for Africa, in: Times of Zambia, 19.1.1974, S. 3; O. A., Minister Fears Oil Price Setback, in: ebd., 21.1.1974, S. 1; vgl. auch die Akten in NAL, FCO 31/1741.
386 O. A., Face It – We're in Trouble, Too, in: Times of Zambia, 22.1.1974, S. 2.
387 Vgl. ebd. Eine ähnliche Einschätzung traf wenig später auch Alexander Chikwanda, Minister of Planning and Finance. Siehe o. A., Energy Crisis Could Disrupt Our Economy, in: Times of Zambia, 26.4.1974, S. 1; vgl. ebenfalls NAZ, MCT 1/4/27: Vermerk R. M. Kampangala, 7.6.1974.

Kupfer in einem direkten Zusammenhang mit der Ölkrise stand[388]. Vor diesem Hintergrund schien Sambia trotz der weltwirtschaftlichen Turbulenzen durchaus optimistisch in die Zukunft blicken zu können. Der Deputy Director of Research der Bank of Zambia glaubte noch im Mai, dass die sambische Wirtschaft sich in einem regelrechten Boom befände und nun durch massive Investitionen die Basis für die mittel- und langfristige Entwicklung der Ökonomie des Landes gelegt werden sollte[389]. Und auch das Ministry of Planning and Finance wagte – trotz der weltweiten Ölpreiskrise – mit Blick auf die Gesamtsituation in Sambia eine vorsichtig positive Prognose für das Jahr 1974: „On balance, therefore, while the outlook for international economic situation makes the prospects of the Zambian economy during 1974 somewhat sombre, there is ample room for confident hope that the highly significant developments which have taken place in political economic and social spheres of the Nation in the past few months, the various policies and measures adopted by the Government, good climate, etc., would add greater strength to the economy in real terms.“[390]

Diese optimistische Einschätzung der Perspektive der sambischen Wirtschaft änderte sich schlagartig, als in der zweiten Hälfte des Jahres 1974 der Kupferpreis mehr als die Hälfte seines Werts einbüßte[391]. Man kann geradezu von einem Paradigmenwechsel in der Beurteilung der ökonomischen Lage sprechen. Nun war das eingetreten, was Minister Kashita und andere bereits vor Monaten prognostiziert hatten. Die Weltwirtschaft rutschte 1974/75 in ihre schwerste Rezession seit dem Zweiten Weltkrieg, was die Nachfrage nach Rohstoffen – auch nach Kupfer – und mittelbar ihren Preis massiv sinken ließ. Während die Weltkupferproduktion 1974 um 4 Prozent wuchs, sank die Nachfrage um 6 Prozent und im folgenden Jahr um weitere 16 Prozent[392]. Die Ölkrise war – siehe oben – nicht der alleinige Grund für die Probleme der Weltwirtschaft, aber eben ein wichtiger Faktor für den weltwirtschaftlichen Einbruch und damit mittelbar auch für den rapiden Verfall der globalen Kupferpreise. Hinzu kam der zusätzliche Inflationsschub, der von der Ölpreissteigerung ausging und ein zusätzliches Problem für Länder wie Sambia bedeutete, die für ihre unverzichtbaren Importe aus den Industriestaaten

---

388 Ministry of Finance, Economic Report 1973, S. 15; Bank of Zambia, Report 1974, S. 22; O. A., Copper Set to Continue on its ‚High Price' Path, in: Times of Zambia, 7.5.1974, S. 2. Vgl. auch C. Fred Bergsten, A New OPEC in Bauxite, in: Challenge 19 (1976), 3, S. 12–20, hier S. 13.

389 O. A., Zambia's economy is booming – bank chief, in: Times of Zambia, 31.5.1974, S. 9.

390 Ministry of Finance, Economic Report 1973, S. 28.

391 Republic of Zambia, Ministry of Finance, Economic Report 1975. Presented to National Assembly, Lusaka 1976, S. 5.

392 Ebd., S. 4.

nun deutlich mehr zahlen mussten[393]. Während Sambias Einnahmen durch den Verkauf von Kupfer im Gefolge von Öl- und folgender Weltwirtschaftskrise einbrachen, musste es nun zusätzliche Mittel aufbringen, um die gleiche Menge an Waren zu importieren wie zuvor. Kurz: Sambias Terms of Trade verschlechterten sich Mitte der 1970er Jahre massiv. Das führte dazu, dass das sambische Inlandsprodukt, das 1975 um etwa 3 Prozent sank, nach Schätzungen des Finanzministeriums effektiv um 24,6 Prozent verloren hatte, wenn man die veränderten Terms of Trade miteinbezog[394].

Jetzt stellte sich die Ausrichtung der sambischen Wirtschaft als hochgradig problematisch heraus. Kaundas UNIP, die seit der Unabhängigkeit den Kurs bestimmt hatte und seit Anfang 1973 die einzige Partei in der sogenannten „one-party participatory democracy" war, hatte auf Diversifizierung und Importsubstitution gesetzt[395]. Güter, die bislang importiert werden mussten, sollten lokal hergestellt werden, um so die Abhängigkeit vom Ausland zu reduzieren und Devisen einzusparen. Tatsächlich verzeichnete die herstellende Industrie nennenswerte Wachstumsraten, doch führte dies nicht zur Erreichung der genannten Ziele. Die Abhängigkeit verschob sich lediglich. Nun wurden Autos, um ein Beispiel zu nennen, nicht mehr zwangsläufig importiert, sondern zumindest teilweise durch die Livingstone Motor Assemblers im Land selbst zusammengebaut. Allerdings fehlte es an den entsprechenden Zulieferern, so dass praktisch alle verbauten Materialien mit Devisen aus dem Ausland beschafft werden mussten[396]. Vergleichbares galt für die meisten anderen Industriezweige, die in hohem Maße von importierten Materialien, Technologien, Maschinen, Ersatzteilen und qualifizierten Arbeitskräften abhingen. Im *Mid-term Review* des Second National Development Plan (SNDP), der Sambias ökonomische Ausrichtung von 1972 bis 1976 bestimmen sollte, hieß es dann auch nüchtern: „[I]n one of the vital objectives of the SNDP, namely, import substitution, it appears that the wrong interpretation has been placed on this policy, as in many cases projects implemented for import substitution purposes have failed to reduce the overall import bill, the increase in

393 Diese Problematik im afrikanischen Rahmen betrachten Johnson/Wilson, Oil Crisis.

394 Ministry of Finance, Economic Report 1975, S. 1; vgl. auch den Graphen zu „Terms of Trade for Zambian Copper" in Burdette, Zambia, S. 101.

395 Zum politischen Wandel in Sambia siehe Bizeck Juba Phiri, A Political History of Zambia. From the Colonial Period to the Third Republic, 1890–2001, Trenton 2006; Larmer, Rethinking African Politics.

396 Republic of Zambia, Ministry of Planning and Finance, Development Planning Division, Mid-term Review of the Second National Development Plan (Performance of the Zambian Economy, 1972–1974), Lusaka 1974, S. 59; Bank of Zambia, Report 1974, S. 30 f.

raw material or intermediate goods imports often compensating for the reduction in the inflow of finished products.“[397]

Das System funktionierte so lange – zumindest halbwegs –, wie die Minen ausreichend Devisen erwirtschafteten, um alle Inputs für die herstellende Industrie und natürlich ebenso für den Bergbau selbst zu importieren. Mit dem Einbruch des Kupferpreises ab Mitte 1974 hörten die Minen auf, profitabel zu arbeiten, wodurch neben den Staatseinnahmen auch die Deviseneinnahmen einbrachen, was dem Produktionsregime die Basis entzog. Bereits in den Vorjahren war der ausreichende Import von notwendigen Gütern ins Stottern geraten. Einerseits weil die Regierung als Reaktion auf die relativ niedrigen Kupferpreise der Jahre 1971 und 1972 und das daraus resultierende Zahlungsbilanzdefizit ein Importlizensierungsverfahren eingeführt hatte, das die Einfuhren 1973 effektiv begrenzte. Andererseits hatte das weiße Siedlerregime in Rhodesien im Januar 1973 die Grenze für sambisches Kupfer geschlossen, was Sambia mit einer generellen und permanenten Grenzschließung beantwortete, so dass Im- und Exporte über andere Routen umgelenkt werden mussten, was faktisch zu einer Reduktion der Einfuhren führte. Diese Importschwierigkeiten hatten die Realisierung neuer Projekte und den Ausbau der Kupferminen erschwert und sorgten dafür, dass viele Unternehmen ihre Produktionskapazitäten aufgrund mangelnder Inputs nicht ausschöpfen konnten[398]. 1974 nahmen die Importe dann wieder zu, doch als ein Jahr später mit den Kupferpreisen auch die Deviseneinnahmen wegbrachen, drohte das Importproblem neue Dimensionen zu erreichen. Dies umso mehr, als die weltweite Inflation Einfuhren aus den Industriestaaten nun zunehmend verteuerte und weil Erdöl, das Sambia importieren musste, seinen Preis vervielfachte. Hatte Sambia 1972 noch etwa 36 Millionen Kwacha für Öl ausgegeben, waren es 1974 bereits über 80 Millionen[399]. Damit wuchs der Anteil der Ölimportkosten an den Gesamtkosten für Importe von 5,7 Prozent 1973, auf 9 Prozent

---

397 Ministry of Finance, Mid-term Review, S. 58. Vgl. Burdette, Zambia, S. 92. Für eine zeitgenössische Kritik an der Import-Substitution in Sambia siehe Ann Seidman, The Distorted Growth of Import Substitution: The Zambian Case, in: Turok (Hg.), Development in Zambia, S. 100 – 127.
398 Vgl. Ministry of Finance, Economic Report 1973, S. 99, 191 f.; Ministry of Finance, Mid-term Review, S. 9 f., 59.
399 Diese Zahlen in Ministry of Finance, Mid-term Review, S. 75; vgl. auch O. A., Opinion, in: Times of Zambia, 7.3.1974, S. 1. Dort wird aufgeschlüsselt, dass die etwa K 35 Millionen für 1973 sich aus etwa K 20 Millionen an Devisen für den Import und K 15 Millionen für Raffinierung und Distribution zusammensetzen. Der Devisenanteil würde 1974 nun auf schätzungsweise K 53 Millionen anwachsen.

1974 und ganze 13,5 Prozent 1976[400]. Andere Länder hatten aber noch höhere Rechnungen zu akzeptieren, wie noch auszuführen sein wird.

Wie reagierte die sambische Regierung in dieser Situation? Zunächst einmal ist bemerkenswert, dass die Krise nun im Bewusstsein der Regierenden angekommen war. Der jährliche „Economic Report“ des Finanzministeriums des Jahres 1975 begann mit den Worten: „The Economy of Zambia faced serious problems during 1975.“[401] Präsident Kaunda machte in seiner viel beachteten „Watershed Speech“ an den UNIP National Council im Juni 1975 klar, dass das Land am Scheideweg stehe. Die hohen Kupfereinnahmen hätten das Land verleitet, zu glauben, es wäre reich: „We thought we were rich. We are not rich. We are a poor people [...].“[402] Jetzt müssten sie Verschwendung, Ineffizienz und Unehrlichkeit den Krieg erklären. Dazu gehörte nun auch das Einführen von Maßnahmen, die den Verbrauch von Erdölprodukten einschränken sollten. So sei das „unnecessary driving of motor cars, burning up of costly petrol and wearing out of motor cars“ abzustellen. „The time is now when this National Council should, in order to protect our foreign exchange, turn to petrol rationing and to stricter limits on the importing of motor cars.“ Auch zu schnelles Fahren, so erklärte der Präsident, gelte es nun zu bekämpfen und er kündigte eine Herabsetzung der Geschwindigkeitsbegrenzung auf 80 km/h auf Fernstraßen und 50 km/h in Ortschaften an[403]. Sambia führte also Mitte 1975, etwa eineinhalb Jahre nachdem die Ölkrise viele andere Staaten zu vergleichbaren Schritten gebracht hatte, Maßnahmen zur Reduzierung des Erdölverbrauchs ein.

Insgesamt gewann die Energiepolitik – wie auch in den westlichen Industriestaaten – an Bedeutung[404]. Im bereits erwähnten Evaluationsbericht zum Second National Development Plan hieß es: „[A]s a consequence of the recent oil crisis it has become imperative to evolve a properly co-ordinated energy policy.“[405] Aus den nur bruchstückhaft überlieferten Quellen ist allerdings nicht ersichtlich,

---

400 Die entsprechenden Werte für Importe und Ölimporte finden sich in O. A., Opinion, in: Times of Zambia, 7. 3. 1974, S. 1; United National Independence Party, A Review of the Implementation of the National Policies for the Decade 1974–1984, Lusaka [1984?], S. 129; und Republic of Zambia, Office of the President, National Commission for Development Planning, Third National Development Plan, 1979–1983, Lusaka 1979, S. 8 (TNDP).

401 Ministry of Finance, Economic Report 1975, S. 1.

402 NAZ, GP, Box 130 A, S. 2: United National Independence Party, Report No. 1 (A), Summary Report of the Economic Situation in Zambia Presented by His Excellency the President to the United National Independence Party National Council on 30th June, 1975.

403 Ebd., Box 130 B, S. 39: Republic of Zambia, The ‚Watershed‘ Speech by His Excellency the President Dr. K. D. Kaunda 30th June – 3rd July, 1975.

404 Vgl. Graf, Öl und Souveränität, S. 391.

405 Ministry of Finance, Mid-term Review, S. 3.

wie konsequent über eine neue Energiepolitik in Partei und Regierung nachgedacht wurde und was sie genau beinhalten sollte. Erdölexploration war eines der Felder, das in diesem Kontext eine Rolle spielte, auch wenn die Erfolgsaussichten als „very remote" eingeschätzt wurden[406]. Eine zweite Möglichkeit, die Kaunda vor allem während der zweiten Ölkrise von 1979/80 betonen sollte, war die vermehrte Nutzung von Kohle, die in Maamba bereits lokal abgebaut wurde[407]. Ein solcher Energieträgerwechsel aber war schwer zu realisieren, da Sambia im Zuge des 1972 begonnenen Second National Development Plans gerade erst eine zunehmende Umstellung der Wirtschaft auf Erdöl begonnen hatte. Im Mai 1973 war in Ndola eine Ölraffinerie in Betrieb genommen worden, die Rohöl, das durch eine Pipeline aus der tansanischen Hauptstadt geliefert wurde, für den sambischen Markt weiterverarbeitete. Im Zuge dessen hatten auch die Minengesellschaften ihren Betrieb zunehmend von Kohle auf Schweröl umgestellt – eine Entscheidung, die sich jetzt als fatal erwies, aber nicht mehr einfach rückgängig zu machen war. Auch die neue Tanzania Zambia Railway (TAZARA), die 1975 vor allem dank massiver chinesischer Hilfe[408] fertiggestellt wurde, lief mit Diesel. Diese Entwicklungen führten dazu, dass sich der sambische Ölverbrauch von 1972 auf 1973 von 3,6 auf 6,5 Millionen Barrel nahezu verdoppelte[409]. Um dennoch eine Reduzierung des Ölverbrauchs zu erzielen, entschied sich die Regierung – neben der bereits erwähnten Einführung von Tempolimits –, die Preise für Raffinerieprodukte ab dem 14. Juni 1974 um 20 bis 130 Prozent anzuheben. Die höchsten

406 Ebd., S. 56.

407 UNIP Archives (UNIPA), UNIP 1/3/23, S. 63–65: Address by Kaunda in Mulungushi Hall, Blue Print for Economic Development (a guide on how to clear obstacles), 8.10.1979. Für ein frühes Denken in diese Richtung siehe UNIPA, UNIP 8/3/12, S. 2: H. Mulemba, Programme of Work Based on the National Policies for the Next Decade 1974–1984, Appendix.

408 Verschiedene westliche Regierungen und Hilfsorganisationen hatten sich zuvor geweigert, das Projekt zu finanzieren und die Volksrepublik stieg so in den frühen 1970er Jahren zu einem von Sambias wichtigsten Gebern auf. Jessica Achberger hat jüngst argumetiert, dass die chinesische Hilfe vor allem im Kontext der chinesischen Bemühungen zu verstehen sei, unter postkolonialen Staaten Unterstützung für die Aufnahme in die Vereinten Nationen zu generieren. Gleichwohl handle es sich auch um die Vorgeschichte des massiven chinesischen Engagements in Afrika in den letzten Jahren. In den Jahrzehnten dazwischen war Chinas Präsenz aber weit weniger spürbar. Jessica Lynn Achberger, „Forward With the Nation": Zambia, China, and the West, 1960–1970 (Dissertation, University of Texas, 2012); vgl. zur TAZARA auch Jamie Monson, Working Ahead of Time. Labor and Modernization During the Construction of the TAZARA Railway, 1968–1986, in: Lee (Hg.), Making a World After Empire, S. 235–265; und Jamie Monson, Africa's Freedom Railway: How A Chinese Development Project Changed Lives and Livelihoods in Tanzania, Bloomington/Indianapolis 2009.

409 Ministry of Finance, Mid-term Review, S. 2f; Ministry of Finance, Economic Report 1975, S. 12f, 50.

Steigerungsraten galten für Benzin und trafen somit die Endverbraucher an den Tankstellen. Das Finanzministerium schätzte, dass die Teuerungen 1975 zu einer Verbrauchsreduktion von 5 Prozent führten. Dennoch stieg die Menge des importierten Erdöls 1975 auf schätzungsweise 7,2 Millionen Barrel, nachdem sie 1974 leicht auf 6,2 Millionen Barrel gesunken war[410].

Abb. 3: Ölraffinerie im sambischen Ndola. Die Eröffnung der Raffinerie im Mai 1973 kreierte Pfadabhängigkeiten, die dafür sorgten, dass Sambia trotz der Vervierfachung der Ölpreise in den kommenden Monaten mehr Öl importieren musste als je zuvor, ENI's Historical Archive.

Neben dem Versuch, Importkosten durch die Reduktion des Ölverbrauchs zu senken, bemühte sich die Regierung, den Einbruch der eigenen Einnahmen zu stoppen. Dies sollte einerseits durch die Stabilisierung des Kupferpreises geschehen. Im November 1974 beschloss die CIPEC, das Äquivalent zur OPEC im Kupferbereich, die Kupferproduktion um 10 Prozent zu reduzieren, 1975 erhöhte sie die Quote sogar auf 15 Prozent. Doch der Erfolg blieb aus, die Kupferpreise

410 Ministry of Finance, Economic Report 1975, S. 12 f, 50. Zur Anhebung der Preise verschiedener Erdölprodukte siehe auch Bank of Zambia, Report 1974, S. 43.

stagnierten auf niedrigem Level und damit blieben die Deviseneinnahmen gering[411]. Andererseits bemühte sich die Regierung, den Zahlungsbilanzproblemen durch Kreditaufnahme zu begegnen. Sambia lieh nun bei Kreditinstituten, bei der Bank of Zambia und im internationalen Eurodollar-Segment, das jüngst Milliarden Petrodollar absorbiert hatte und das der sambische Finanzminister in einem Memorandum an das Kabinett aus dem Dezember 1974 zwar als „very expensive", aber auch als „only alternative" bezeichnet hatte[412]. Das führte dazu, dass sich das Level der Schulden mit kurzen Rückzahlungsfristen, das in Sambia 1974 knapp über 34 Millionen Kwacha gelegen hatte, 1975 auf annähernd 300 Millionen Kwacha fast verzehnfachte[413]. Die Basis für die Überschuldungskrise der folgenden Jahre und Jahrzehnte, die noch zu diskutieren sein wird, war gelegt[414].

„Most seriously affected" – Indien und Kenia und die Krise

Am 21. Februar 1974 legte „Her Majesty's Treasury Working Party on World Economic Prospects" ihren Abschlussbericht vor, in dem sie sich dezidiert mit den ökonomischen Folgen der Ölkrise auseinandersetzte. Während die britischen Finanzbeamten zu dem Schluss kamen, dass Länder wie Südkorea, Taiwan oder Sambia durch die Ölpreissteigerungen nur „moderately affected" würden, da sie während des letzten Booms große Devisenreserven angehäuft hätten, sah die Prognose für Indien und die kleineren afrikanischen Staaten düster aus.

> These countries in general have low reserves[,] limited borrowing facilities, and in a number of cases rely significantly on oil imports. [...] India, in particular, has no scope for running down reserves. It seems likely to receive aid and capital flows of about $ 700 million in both 1974 and 1975, and may take advantage of a $ 1 billion IMF drawing facility, but the volume of

---

411 Ministry of Finance, Economic Report 1975, S. 5.

412 UNIPA, UNIP 8/3/12: Memorandum by the Minister of Planning and Finance, Cabinet: Budget: Levels of Expenditure – 1975, 11.12.1974. Tatsächlich waren die Zinssätze angesichts der hohen Inflationsraten Mitte der 1970er Jahre ausgesprochen niedrig. Vgl. Anthony Sampson, The Money Lenders. Bankers and a World in Turmoil, New York 1982, S. 143.

413 Siehe Republic of Zambia, Financial Report for the Year Ended 31st December 1974, Lusaka 1975, S. vi; Republic of Zambia, Financial Report for the Year Ended 31st December 1975, Lusaka 1976, S. vi.

414 Ähnliches lässt sich für viele Länder Afrikas und allgemeiner der Dritten Welt attestieren. Vgl. etwa Johnson/Wilson, Oil Crisis, S. 236; oder Jonathan Baker, Oil and African Development, in: The Journal of Modern African Studies 15 (1977), 2, S. 175 – 212, hier S. 192 f, 203; Venn, Oil Crisis, S. 185.

its imports seem likely to fall in both 1974 and 1975 with adverse effects on future economic growth prospects.[415]

Als die Vereinten Nationen dann im Gefolge der in Kapitel drei zu thematisierenden sechsten Sondersitzung eine „Emergency Operation" auflegten, um den von den Ölpreissteigerungen am stärksten betroffenen Entwicklungsländern zu helfen, gehörte Indien zu den zunächst 33 „most seriously affected" (MSA). Zu dieser Gruppe, die in den nächsten Jahren immer weiter ausgedehnt wurde, zählten auch 21 afrikanische Staaten, Sambia aber nicht. Generalsekretär Waldheim beauftragte am 7. Mai Raúl Prebisch mit der Leitung der Operation, dem es in kurzer Zeit gelang, bei den OPEC- und Industriestaaten Hilfe im Wert von fast $ 5 Milliarden einzusammeln, um die besonders stark Betroffenen bei der Realisierung der dringendsten Importe – vor allem Nahrung, Dünger und industrielle Inputs – zu unterstützen[416]. Mit Indien und Kenia sollen im Folgenden zwei der „most seriously affected" im Vordergrund stehen, um das sambische Beispiel besser einordnen zu können.

Wie stark diese beiden Staaten von den Veränderungen auf dem Ölmarkt betroffen wurden, verdeutlicht zunächst einmal ein Blick auf die Ölimportkosten. Indiens Ölimportrechnung etwa verfünffachte sich von 264 Millionen Dollar im Jahr 1972 auf 1,4 Milliarden Dollar 1975, wobei der Anteil der Ölimporte an den Gesamteinfuhren von unter 10 Prozent (1973) auf 25 Prozent (1974) stieg.[417] Einen vergleichbaren Anteil an den Gesamtimporten hatten die Öleinfuhren 1974 auch in Kenia, in Sambia waren es im Vergleich „nur" 9 Prozent[418]. Damit fehlten Devisen, um andere notwendige Inputs zu finanzieren. In Kenia galt das zuvorderst – wie in Sambia – für die importsubstituierenden Industrien, was zum Einbruch der Wachstumsraten vor allem im Bereich des herstellenden Gewerbes führte[419]. In

415 NAL, FCO 96/74, S. 45 f: Her Majesty's Treasury Working Party on World Economic Prospects: Final Report, 21. 2. 1974.

416 Vgl. Robert F. Meagher, An International Redistribution of Wealth and Power. A Study of the Charter of Economic Rights and Duties of States, New York 1979, S. 205 f; Hammeed, Oil Revolution; Dosman, Prebisch, S. 470 – 472; Baker, Oil and African Development, S. 197; United Nations, Yearbook 1974, S. 357 – 362.

417 Raju C. G. Thomas, India, in: Raju C. G. Thomas (Hg.), Energy & Security in the Industrializing World, Lexington 1990, S. 13 – 34, hier S. 16 f; vgl. auch Rothermund, An Economic History of India, S. 153.

418 Johnson/Wilson, Oil Crises, S. 216. Weitere Zahlen in Hallwood/Sinclair, Oil, Debt and Development, S. 62 – 64.

419 R. T. Ogonda, Kenya's Industrial Progress in the Post-Independence Era: An Overview of Kenya's Industrial Performance up to 1980, in: Ochieng'/Maxon (Hg.), An Economic History of Kenya, S. 287 – 312, hier S. 308.

Indien waren vor allem Düngemittel betroffen, die nicht in ausreichendem Maße im Lande selbst hergestellt werden konnten, jedoch mit Beginn der „Green Revolution“ in der Landwirtschaft in den späten 1960er Jahren umso dringender benötigt wurden. Der Preis dieses zentralen Importguts vervielfachte sich – nicht zuletzt aufgrund der Ölpreissteigerung – ebenfalls und die Kombination aus Düngemittelknappheit und schlechten Wetterbedingungen sorgte für massive Ernteausfälle im Jahr 1974. Zur Energie- drohte nun eine Hungerkrise zu treten. Die Inflationsrate stieg auf über 25 Prozent, es kam zu Streiks und Aufständen, die Premierministerin Indira Gandhi schließlich 1975 mit der Ausrufung des Notstands beantwortete[420].

Ähnlich wie in Sambia schien die indische Regierung die Gefahren der Ölkrise nicht schnell genug zu realisieren. Zumindest betonten westliche Journalisten dies wiederholt, was sich etwa im Titel eines Artikels von Bernard Weinraub im Januar 1974 in der *New York Times* niederschlug: „India Slow to Grasp Oil Crisis“[421]. Dazu passt, dass die Premierministerin zum Jahreswechsel noch keine Auskunft darüber geben konnte, mit welchen Maßnahmen der Herausforderung begegnet werden sollte. Auf einer Pressekonferenz erklärte sie, dass Sonntagsfahrverbote nicht infrage kämen, da die Einsparungen marginal wären, und sie äußerte sich ebenfalls skeptisch zur Einführung einer Fünftagewoche[422]. Andererseits war Indien – wie Sambia und die meisten Entwicklungsländer – von der arabischen Embargopolitik schlicht wenig betroffen und erst die zweite, massivere Preiserhöhung, die zum 1. Januar gültig wurde, bedeutete für das Land eine drängende Gefahr. Insofern ist die „späte“ Reaktion der Administration durchaus verständlich. In jedem Fall setzte sie deutlich früher ein als in Sambia, wo die Bedrohlichkeit der Situation erst mit dem Einbruch der Kupferpreise Mitte 1974 richtig erkannt wurde.

Die vom indischen Nationalkongress gestellte Regierung bemühte sich ab Anfang 1974 mit einer Palette von Maßnahmen, der Energiekrise zu begegnen. Dabei spielte die Reduzierung des Energieverbrauchs nur eine kleine Rolle. Zwar wurden die Benzinpreise verdoppelt, um den privaten Verbrauch zu beschränken, was zu einer spürbaren Reduzierung des Autoverkehrs in den großen Städten

---

420 Rothermund, An Economic History of India, S. 144–166; B. R. Thomlinson, The Economy of Modern India. From 1860 to the Twenty-First Century, 2. Aufl., Cambridge 2013, S. 164–181.

421 Bernard Weinraub, India Slow to Grasp Oil Crisis, Now Fears Severe Economic Loss, in: The New York Times, 20.1.1974, S. 2; Bernhard Weinraub, Oil Crisis Setback for India, in: South China Morning Post, 25.1.1974, S. 2.

422 O. A., Oil: India in Touch With Many Nations, in: The Times of India, 1.1.1974, S. 5.

führte[423]. Die Industrie sollte aber eben nicht durch eine Unterversorgung mit Energie ausgebremst werden. Hier ging es vielmehr darum, anstelle der Nutzung teuren Importöls auf lokale Energieträger zuzugreifen. Dabei dachte Neu-Delhi erstens an die reichen Vorräte an indischer Kohle, die vor allem in der Stromerzeugung das zum Teil eingesetzte Schweröl relativ unkompliziert ersetzen konnten[424]. Des Weiteren räsonierte der Minister für Erdöl und Chemie über die Möglichkeiten der Kohleverflüssigung, um Erdölprodukte auch in anderen Bereichen substituieren zu können[425]. Trotz der bedeutenden lokalen Vorräte stagnierte die Kohleproduktion allerdings seit Jahren, was sich auch nach 1972, als die Regierung die Minen nationalisiert hatte, nicht änderte. Außerdem fehlten die Eisenbahnkapazitäten, um mehr Kohle an ihren Bestimmungsort zu transportieren, und als dann die All-India Railwaymen's Federation einen nationalen Streik ausrief, verbrauchten die Kraftwerke trotz der Umstellungsversuche aufgrund des Kohlemangels notgedrungen sogar mehr Erdöl als vor Beginn der Ölpreisexplosion. Der schnellen Umstellung der Energiewirtschaft auf die verstärkte Nutzung von Kohle standen also nennenswerte Probleme im Weg[426].

Das zweite Standbein der Strategie, vermehrt auf lokale Energieträger zu setzen, war die Intensivierung der Explorationstätigkeit im Ölbereich. Indien produzierte bereits 1973 etwa ein Drittel des benötigten Erdöls selbst und das Auffinden neuer Reserven schien nicht unrealistisch. Im Zuge eines „crash programs" begann die Suche im Offshore-Bereich, wobei nun auch die zuvor schwer vorstellbare Kooperation mit amerikanischen Unternehmen praktiziert wurde[427]. Ein unmittelbarer Erfolg war die erste Bohrung im schon vor der Krise entdeckten Bombay-High-Feld vor der Küste von Mumbai. Damit konnte Indien die heimische Ölproduktion von 148.000 Barrel pro Tag 1973 auf 265.000 pro Tag 1979 fast verdoppeln. Das bedeutete eine Steigerung des Anteils heimischen Erdöls am Gesamtverbrauch von 31,2 auf 41,8 Prozent und mittelfristig eine gewisse Entlastung der Importrechnung[428].

---

423 Bernard Weinraub, India Slow to Grasp Oil Crisis, Now Fears Severe Economic Loss, in: The New York Times, 20.1.1974, S. 2; Vgl. Paul F. Power, The Energy Crisis and Indian Development, in: Asian Survey 15 (1975), 4, S. 328–345, hier S. 332.

424 Power, Energy Crisis and Indian Development, S. 335

425 O. A., Steps to Meet Oil Crisis Explained, in: The Times of India, 20.2.1974, S. 5.

426 Vgl. Thomas, India, S. 21. O. A., Oil-Saving Plan Goes Awry, in: The Times of India, 10.6.1974, S. 1. Balraj Mehta, India and the World Oil Crisis, Neu-Delhi 1974, S. 76–84.

427 Power, Energy Crisis and Indian Development, S. 334.

428 Die Zahlen enstammen dem BP Statistical Review of World Energy 2019 – all data, 1965–2018, https://www.bp.com/en/global/corporate/energy-economics/statistical-review-of-world-energy.html, 12.8.2019.

Zumindest kurzfristig sah sich Indien aber vor einem massiven Problem, diese Rechnung zu begleichen, worauf es im internationalen Rahmen zu reagieren versuchte. Wie viele Industriestaaten bemühte sich Indien, bilaterale Deals mit einzelnen OPEC-Staaten abzuschließen und war dabei erfolgreich. Nennenswert waren vor allem Abmachungen mit dem Iran und Irak, den beiden für Indien wichtigsten Öllieferanten. Die beiden Ölexportländer erklärten sich bereit, die Öllieferungen durch Kredite zu finanzieren, wobei der Irak sogar einen Verkaufspreis unter Weltmarktniveau akzeptierte. Teile der iranischen Lieferungen sollten durch indische Warenlieferungen – Eisenerz, Aluminium, Zement und Zucker – abgegolten werden. Außerdem versprach Indien, technisches Personal zum Aufbau von Industrieanlagen im Iran bereitzustellen, eine Option, die keinem afrikanischen Ölimportland offenstand, und der Iran im Gegenzug, den Ausbau einer Raffinerie im indischen Madras zu unterstützen[429]. Insgesamt gelang es Indien, von 1974 bis 1977 im Nahen Osten Projekte im Wert von $ 1,2 Milliarden an Land zu ziehen[430]. Eine weitere Konsequenz des Ölbooms im Nahen Osten war die massenhafte Anwerbung von indischen Migranten, deren Transferzahlungen in die Heimat bald zu einer wichtigen Einnahmequelle für Devisen wurden und so die indischen Zahlungsbilanzdefizite linderten[431].

Schließlich bemühte sich Indira Gandhi, den Problemen auf multi-lateraler Ebene zu begegnen. In Gesprächen mit ihrer Amtskollegin aus Sri Lanka, Sirimavo Bandaranaike, und dem jugoslawischen Präsidenten Josip Broz Tito dachte sie über die Einberufung eines vorgezogenen Treffens der Bündnisfreien nach, um über die ernsten Konsequenzen der Ölkrise zu sprechen[432]. Ein ähnlicher Vorstoß kam aus der Karibik. Auf einem Treffen des Büros der blockfreien Staaten am 21. März 1974 sprachen der guyanische Außenminister Shridath „Sonny" Ramphal und Jamaikas Präsident Michael Manley die Frage der Notfallhilfe für bündnisfreie Staaten an, die von den Ölpreiserhöhungen schwer belastet wurden. Guyana und Jamaika mussten ihre Importe und Entwicklungsprogramme wie Indien und viele andere drastisch kürzen, und dennoch reichten die Deviseneinnahmen nicht aus und die Arbeitslosenzahlen stiegen. Das Büro der Bündnisfreien setzte eine Arbeitsgruppe ein, die ihre Ergebnisse schließlich auf der 40. OPEC-Ministerkonferenz im Juni in Quito vorstellte. Die Grundidee, die Ramphal als Vorsitzender der Gruppe in Ecuador umriss, bedeutete im Kern eine weitere Steigerung des

---

429 Power, Energy Crisis and Indian Development, S. 330 f. O. A., Agreement with Iran May Help Ease India's Oil Crisis, in: South China Morning Post, 18.1.1974, S. 30.

430 Hallwood/Sinclair, Oil, Debt and Development, S. 8.

431 Tirthankar Roy, India in the World Economy. From Antiquity to the Present, Cambridge 2016, S. 228; Rothermund, An Economic History of India, S. 163.

432 O. A., PMs for Non-aligned Talks on Oil Crisis, in: The Times of India, 24.1.1974, S. 1.

Ölpreises für die Industriestaaten um knapp einen Dollar pro Fass, um mit den Mehreinnahmen eine deutliche Reduzierung des Ölpreises für Entwicklungsländer finanzieren zu können[433]. Hierbei handelte es sich um den Versuch, ein zweigleisiges Preissystem für Erdöl einzuführen. Einen separaten, niedrigeren Ölpreis für Dritt-Welt-Staaten hatten zuvor ebenfalls Abgesandte aus Kenia und Uganda ins Spiel gebracht, nachdem die Organisation of African Unity bereits im November 1973 über die Folgen der Ölkrise debattiert und mithilfe der Economic Commission for Africa ein Gutachten erstellt hatte. Dieses warnte vor dem kombinierten Effekt von höheren Importpreisen für Erdöl und Industrieprodukte aus dem Westen sowie sinkenden Preisen für Rohstoffexporte afrikanischer Staaten. Dies würde – wie bereits am sambischen Beispiel sichtbar wurde – zu einer gravierenden Belastung der Zahlungsbilanzen führen[434]. Alle diese Initiativen für einen reduzierten Ölpreis wurden von den Ölproduzenten allerdings abschlägig oder gar nicht beantwortet[435].

Tab. 4: Wirtschaftswachstum und Zahlungsbilanzen ausgewählter Entwicklungsländer, 1973–1978[436]

Land	1973		1974		1975		1976		1977		1978	
	BIP	BoP	BIP	BoP	BIP	BoP	BIP	BoP	BIP	BoP	BIP	BoP
Guyana	1,2	-	7,7	-	8,5	-	1,5	-	-2,6	-98	-1,8	-30
Indien	3,3	-341	1,2	-607	9,1	-148	1,7	1579	7,3	2119	5,7	692
Kenia	5,9	-136	4,1	-319	0,9	-215	2,2	-119	9,5	37	6,9	-659
Sambia	-1,0	211	6,4	70	-2,3	-608	6,2	-63	-4,6	-279	0,6	-281
Sub-Sah. Afrika	4,4	-	7,9	-	0,0	-	5,2	-	2,4	-	-0,2	-

433 Ramphal, Glimpses of a Global Life, S. 280–285; NYUAD, GGC, AD-MC-38–46, S. 43–52: OPEC, Minutes of the Fortieth Meeting of the Conference Held in Quito, June 15th–17th, 1974; Vgl. auch Skeet, OPEC, S. 112. Dennis Benn, Multilateral Diplomacy and the Economics of Change. The Third World and the New International Economic Order, Kingston/Miami 2003, S. 163.

434 NAL, FCO 31/1741: Organization of African Unity, Impact of Oil Embargo on African Member States of the Organization of African Unity. A Technical Study; ebd.: Statement by Kenya's Foreign Minister, 20.2.1974; O. A., No Cut Price Oil Deal for Africa, in: Times of Zambia, 19.1.1974, S. 3.

435 Ramphal, Glimpses of a Global Life, S. 280–285. O. A., Cut-price Oil for Africa is Rejected, in: Times of Zambia, 26.1.1974, S. 3.

436 BIP = Bruttoinlandsprodukt, reales Wachstum in Prozent, BoP = Balance of Payments in Millionen US-Dollar. Daten aus World Bank: World Development Indicators, http://databank.worldbank.org/data/reports.aspx?source=2&series=BN.CAB.XOKA.CD#, 2.1.2022. BoP-Daten 1973/74 zu Kenia und Sambia aus Colin Legum (Hg.), Africa Contemporary Record. Bd. 8. Annual Survey and Documents 1975–1976, London/New York 1976, S. B232, B399 und zu Indien

Ohne einen Preisnachlass verschlechterten sich die Zahlungsbilanzen der erdölarmen Entwicklungsländer massiv (siehe Tabelle 4). Schätzungen beziffern das Defizit für die gesamte Gruppe auf circa $ 32 Milliarden allein für das Jahr 1974, wobei bereits die Erhöhung der Ölimportkosten im Vergleich zum Vorjahr auf $ 12 Milliarden taxiert wird[437]. Anstelle eines Konzessionspreises entschied sich die OPEC, ihre Hilfszahlungen in die Dritte Welt massiv zu erhöhen. Insgesamt verteilten die Ölexporteure $ 3,4 Milliarden 1974 und je $ 5,5 Milliarden in den drei Folgejahren[438]. Das reichte aber bei Weitem nicht aus, um die Mehrkosten der Entwicklungsländer für Erdöl auszugleichen. Das gilt in besonderem Maße, wenn man bedenkt, dass das Gros der Unterstützung in die muslimische Welt ging und somit keineswegs gleichmäßig verteilt war. Hier entpuppten sich manche Länder tatsächlich als Nettogewinner. In Lateinamerika, Süd- und Ostasien sowie dem sub-saharischen Afrika kam hingegen wenig Hilfe an. Einer Kalkulation von Paul Hallwood und Stuart Sinclair folgend belief sich die Höhe der „OPEC aid" 1974 in Sambia auf 3,8 Prozent der Ölmehrkosten. Im recht kräftig unterstützten Indien waren es 26,7 Prozent. Kenia hingegen erhielt zum gleichen Zeitpunkt noch keinerlei Unterstützung[439].

Mit der Belastung der Zahlungsbilanzen einher ging der Einbruch der Wachstumsraten, auch wenn dieser nicht so stark wie in den westlichen Industriestaaten ausfiel. Indien und Kenia gelang es wie einer Reihe anderer Staaten, Mitte der 1970er Jahre ihr Zahlungsbilanzdefizit einzudämmen und auf einen moderaten Wachstumspfad zurückzukehren. Kenia profitierte dabei auch von einem Kaffeeboom Mitte der 1970er Jahre. Sambia, das 1973/74 noch weit besser durch die Krise zu kommen schien, gelang das vor allem aufgrund des anhaltend niedrigen Kupferpreises nicht. Mittelfristig entpuppte sich das Land – wie viele der besonders armen afrikanischen Staaten –[440] als tatsächlich „more seriously affected" vom Ölpreisschock als viele MSAs.

aus Deepak Nayyar, India's Balance of Payments, in: Economic and Political Weekly 17 (1982), 14/16, S. 641–660, hier S. 649.

437 Zu den verschiedenen Kalkulationen siehe Johnson/Wilson, Oil Crises, S. 214–216. Hallwood und Sinclair geben das akkumulierte Defizit mit $ 24 Milliarden 1974, $ 38 Milliarden 1975 und $ 25 Milliarden 1976 an. Hallwood/Sinclair, Oil, Debt and Development, S. 7.

438 Hallwood/Sinclair, Oil, Debt and Development, S. 96. Vgl. auch Ibrahim F. I. Shihata, The Other Face of OPEC. Financial Assistance to the Third World, London 1982 und Ibrahim F. I. Shihata (Hg.), The OPEC Fund for International Development. The Formative Years, London/New York 1983.

439 Die genannten Prozentzahlen beziehen sich auf eine Preissteigerung von $ 8 pro Barrel. Hallwood/Sinclair, Oil, Debt and Development, S. 107–129.

440 Vgl. Johnson/Wilson, Oil Crises, S. 238; auch Hammeed, Oil Revolution.

Die NOPECs, OPEC und die Neue Weltwirtschaftsordnung

Wie beeinflussten die skizzierten Folgen der Ölkrise nun die Haltung der NOPECS (Non-Oil-Exporting Countries), wie die Erdöl-armen Staaten der Dritten Welt jetzt mitunter bezeichnet wurden, gegenüber der OPEC und dem Projekt einer Neuen Weltwirtschaftsordnung? Die vorherrschende Interpretation der Ereignisse in den meisten Entwicklungsländern deckte sich mit der Sicht der Erdölexporteure. Balraj Mehta, ein indischer Ökonom und Journalist, etwa kommentierte:

> With the various countries in West Asia coming into their own, the situation has changed. They have begun taking steps to exercise control on their own natural resources. The development of the last few months accelerated this process. The oil weapon thus passed into the hands of those to whom it rightfully belonged. But there could be no reason for the developing countries to feel tragic about this development. [...] The basic issue posed by the sharp rise in crude prices, however, is the need for the establishment of a system of fair exchange of goods and services and for the determination of a rational structure of relative prices in international commerce. Not just the oil producing countries but all developing countries are deeply interested in this.[441]

Auch der tansanische Präsident Julius Nyerere, einer der wichtigsten Sprecher der Dritten Welt, begrüßte den arabischen Einsatz der „Ölwaffe". Diese erschüttere das „old pattern of unjust world economic relations" wie ein „Erdbeben" und verleihe damit den berechtigten Forderungen nach Änderungen im Weltwirtschaftssystem Gewicht[442]. Ähnlich hieß es in einem Bericht des sambischen Ministry of Planning and Finance: „It seems equally clear that both the developed and the developing countries would do well to take stock of the situation created by the developments in 1973 with a view to arriving at a more just and fairer basis of mutual relationships."[443] Ein Leitartikler der *Times of Zambia* glaubte schließlich mit Blick auf die Veränderungen im Ölbereich gar: „The days of Africa being held to ransom by the richer nations of the world are rapidly coming to an end. [...] The turning tide of 1974 can bring with it a self-determination which has been unknown since the first colony on this continent became independent."[444]

Als eine Möglichkeit, die ökonomischen Machtverhältnisse zwischen Nord und Süd neu auszutarieren und die eigene Position im Welthandel zu verbessern,

441 Mehta, India and the World Oil Crisis, S. 25–27.

442 O. A., Nyerere Hails Arab Oil Weapon Scheme, in: Times of Zambia, 16.1.1974, S. 3. Zu Nyereres Forderungen nach einer Veränderung der Weltwirtschaftsordnung siehe auch Lal, African Socialism.

443 Ministry of Finance, Economic Report 1973, S. 2.

444 O. A., Opinion, in: Times of Zambia, 10.1.1974, S. 1.

erschien es, dem Beispiel der OPEC zu folgen und weitere Rohstoffkartelle zu bilden. Sambia versuchte dies dezidiert im Rahmen der 1967 in Lusaka gegründeten Conseil Intergouvernemental des Pays Exportateurs de Cuivre (CIPEC), einem Zusammenschluss der wichtigsten Kupferexporteure des Südens, dem zunächst Chile, Kongo, Peru und Sambia angehörten[445]. Alexander Grey Zulu, der als damaliger Minister of Mines an der Gründung beteiligt war, bestätigte rückblickend die Vorbildfunktion der OPEC: „In order to strengthen our position as copper exporting countries, we wanted to establish an organization like OPEC."[446] Die CIPEC bemühte sich nicht nur, ähnlich wie es die OPEC für Öl getan hatte, die Preisbildung für Kupfer aus den Händen westlicher Player, der London Metal Exchange, zu nehmen und stattdessen einen sogenannten „copper floor price" einzuführen. Radikalere Vertreter, etwa der peruanische Außenminister Miguel Angel de la Flor, forderten auf dem Höhepunkt der Ölkrise, die CIPEC solle dem Beispiel der Ölförderländer folgen und zur „copper weapon" greifen, um die eigenen Forderungen durchzusetzen. Im Zuge dieser Überlegungen bemühte sich das Sekretariat der CIPEC um eine Kooperation mit der OPEC, die es als in diesen Dingen stärker und erfahrener wahrnahm und um deren Solidarität es sich bemühte. Ein Deklarationsentwurf wurde ausgearbeitet, der die Solidarität von Öl- und Kupferexporteuren bei der Verteidigung der Souveränität über ihre Ressourcen und fairer Preise für ihre Exporte proklamierte. Als die OPEC-Minister dann aber im November 1973 darüber berieten, lehnte die Mehrheit die Resolution ab, da die Ölexporteure diese Ziele im Vormonat bereits erreicht hätten und die Proklamation daher substanzlos sei[447]. Das kurzfristig erfolgreichste Rohstoffkartell nach dem der Ölproduzenten war die 1974 gegründete International Bauxite Association, mit deren Hilfe es Ländern wie Jamaika, Guyana oder Guinea innerhalb weniger Monate gelang, ihre Einnahmen aus dem Bauxitexport zu vervielfachen[448].

Das Steigern der eigenen Exporteinnahmen durch die Erhöhung der Preise für exportierte Rohstoffe war in der neuen Situation nach der Ölkrise auch deshalb so

---

445 Zur CIPEC siehe Karen A. Mingst, Cooperation or Illusion: An Examination of the Intergovernmental Council of Copper Exporting Countries, in: International Organization 30 (1976), 2, S. 263 – 287; Alastair Fraser, Introduction, S. 20 f.

446 Zulu, Memoirs, S. 303.

447 NAZ, NCDP 2/17/7: Memorandum by the Minister of Mines and Mining Development, Mineral Resources, Inter Governmental Council of Copper Exporting Countries: Copper Floor Price; O. A., Copper Weapon Plan by Peru, in: Times of Zambia, 19.4.1974, S. 1; siehe auch die Dokumente in NAZ, MM 1/6/7. NYUAD, GGC, AD-MC-38 – 41, S. 65 – 67: OPEC, Minutes of the Thirty-Sixth Meeting of the Conference Held in Vienna, November 19 – 20, 1973.

448 Bergsten, A New OPEC in Bauxite; vgl. auch Prashad, Darker Nations, S. 224 – 244.

wichtig, weil es eine Möglichkeit bieten konnte, die aufgeblähte Ölimportrechnung zu finanzieren. Mit dem Einbruch vieler Rohstoffpreise im Zuge der globalen Rezession 1974/75 erlangten dann zentrale Forderungen, die unter dem Schlagwort der Neuen Weltwirtschaftsordnung vertreten wurden, für viele Dritte-Welt-Staaten eine geradezu existenzielle wirtschaftliche Bedeutung. Sambia etwa war ökonomisch auf Gedeih und Verderb von einem akzeptablen Kupferpreis abhängig, dessen Export um die 90 Prozent der nationalen Deviseneinnahmen ausmachte, und hatte dementsprechend ein vitales Interesse an Maßnahmen, die diesen auf hohem Niveau zu stabilisieren versprachen. Das sogenannte „integrated programme for commodities", zentraler Bestandteil der avisierten Neuen Weltwirtschaftsordnung, diente genau diesem Ziel. Konnte die sambische Regierung Anfang 1974, als sich der Kupferpreis auf dem Weltmarkt auf Rekordniveau befand, solche Initiativen noch mit einem gewissen Gleichmut registrieren, musste sie wenige Monate später ein entschiedenes Interesse an ihrer Verwirklichung haben. Genau aus diesem Grund, so urteilte ein Bericht des Auswärtigen Amtes, unterstützt Sambia „die Kernforderungen der auf der 6. SGV [Sondergeneralversammlung, J. K.] verabschiedeten ‚Neuen Weltwirtschaftsordnung' in vollem Umfang"[449].

Den Höhepunkt ihrer Popularität, zumindest auf dem afrikanischen Kontinent, erreichten die Erdölproduzenten, als die Arab Summit Conference in Algier am 28. November 1973 einem entsprechenden Aufruf der Organisation of African Unity folgte, das totale Ölembargo, das bislang nur für die USA und die Niederlande galt, nun auch auf Rhodesien, Südafrika und Portugal auszudehnen[450]. Das war ein klares Signal der Unterstützung im Kampf um die Befreiung des südlichen Afrika von kolonialer Herrschaft und weißen Minderheitsregierungen, der ganz oben auf der außenpolitischen Agenda vieler postkolonialer afrikanischer Staaten stand. Kaunda, der als Präsident eines *Frontline States* direkt betroffen war, lobte das neue arabische Engagement umgehend als Wendepunkt im Kampf um Freiheit und Gerechtigkeit im südlichen Afrika[451]. Ganz offensichtlich beabsichtigen die Araber, sich auf diese Weise für die politische Unterstützung Afrikas im Nahostkonflikt erkenntlich zu zeigen.

Als dann aber im Januar klar wurde, dass die OPEC-Staaten keinem günstigeren Ölpreis für die Dritte Welt zustimmen würden und der neue Preis massiven wirtschaftlichen Schaden in den NOPEC-Staaten anrichten würde, ließ sich ein gewisser Stimmungsumschwung ausmachen. Die offizielle Staatslinie blieb zwar

449 PA AA, LUSA 11613: AA an Botschaft Lusaka, VN-Länderbericht Sambia, 11.6.1975.

450 Siehe o. A., OAU Votes for Full Embargo on Racists, in: Zambia Daily Mail, 22.11.1973, S. 1 und O. A., Arab Summit Declares Total Oil Embargo on Racists, in: ebd., 29.11.1973, S. 1.

451 O. A., KK Hails Arab Support for Liberation, in: ebd., 19.12.1973, S. 1.

in der Regel pro-OPEC, aber in der Presse – vor allem in den Leserbriefspalten – fanden sich nun mitunter offene Angriffe auf „die Araber". In einem besonders eindrücklichen Brief fragte ein sambischer Leser: „Who needs friends like the Arabs?" Diese hätten Afrika, trotz der geleisteten Unterstützung im Konflikt mit Israel, betrogen und nur ihre eigenen „selbstsüchtigen Interessen" im Blick. Er schloss mit einer Warnung: „Surely if the Arabs think they can rule the world with their oil, it is time the world came back with a fitting answer."[452] Ein anderer erboster Leser wetterte, die Araber gehörten nicht nach Afrika und die Befreiung des afrikanischen Kontinents solle auch die „Arab occupied African lands" miteinschließen[453]. In einem Brief an die *Times of India* wiederum bemerkte ein Leser kritisch, es sei „indeed ironical", dass Saudis und Iraker $ 11 bzw. $ 15 pro Barrel haben wollten und insistierten, man solle direkt bei ihnen kaufen, während die Ölmultis lediglich gut $ 8 pro Fass nähmen – und das alles trotz „India's moral and material support to the Arabs"[454]. Die Journalistin Judith Listowel schließlich konstatierte in einem Bericht aus Nairobi über die kenianischen Probleme angesichts der Ölkrise: „It is a bitter lesson for all African leaders, but primarily for the Kenyans, to realise the unyielding attitude of the Arabs."[455] Ende 1974 notierte man dann zufrieden im britischen Außenministerium, dass nun auch afrikanische Staatsspitzen anfingen, einen kritischeren Ton gegenüber den Ölförderländern anzuschlagen. Sambias Präsident Kaunda hatte im Oktober in Daressalam erklärt: „The Arab world must be told in plain language that black African countries are suffering following the oil crisis." Und Präsident Mobutu aus Zaire vertrat gar die Auffassung, dass „divisions between the ‚third world' and industrialised countries no longer existed because some countries of the ‚third world' who were oil producers were now richer than those which could be described as industrialised"[456]. Erste Risse in der gemeinsamen Front der Dritten Welt begannen nun offen sichtbar zu werden. Die ökonomischen Folgen der Ölkrise hatten Spannungen erzeugt, die das Solidaritätsbündnis in der Zukunft zu spalten drohten. Genau diese Einigkeit der Dritten Welt war aber eine Grundvoraussetzung zur Durchsetzung einer Neuen Weltwirtschaftsordnung.

---

452 Ernest Musonda, Who Needs Friends Like the Arabs?, in: Times of Zambia, 8.3.1974, S. 6.
453 Francis I. J. Sande, Arabs Don't Belong to Africa, in: ebd., 30.1.1974, S. 4.
454 J. C. Malhoira, Oil Crisis, in: The Times of India, 8.2.1974, S. 4.
455 Judith Listowel, Kenyans Face Their Biggest Problem Yet, in: Times of Zambia, 18.2.1974, S. 4. Weitere Kommentare afrikanischer Akteure zitiert Colin Legum, Africa, Arabs and Oil, in: Colin Legum (Hg.), Africa Contemporary Record. Bd. 7. Annual Survey and Documents 1974–75, London/New York 1975, S. A102–A113.
456 NAL, FCO 31/1741: Helen Kimble an Miss Southworth, Zaires Economy, 30[?].10.1974.

2.4 Zwischenfazit

In der Tat veränderte die erste Ölkrise nachhaltig die Voraussetzungen, unter denen Erdölexporteure, westliche Industriestaaten und Entwicklungsländer in den 1970er Jahren über die weltwirtschaftliche Ordnung sprechen konnten. Sie brachte eine massive Umverteilung von Reichtum aus den beiden letztgenannten Gruppen in die OPEC-Staaten, verschärfte die globalen inflationären Tendenzen und vertiefte die weltweite Rezession von 1974/75. Der wirtschaftliche Impact der Ölkrise war aber gerade im Westen nicht so katastrophal, wie er von manchen Zeitgenossen antizipiert worden war. Gerade diese Wahrnehmung und Interpretation der Ereignisse aufseiten der verschiedenen Akteure war für die Verhandlungen um eine neue Weltwirtschaftsordnung, um die es in den Folgekapiteln gehen wird, allerdings von zentraler Bedeutung. In der OPEC setzte sich der Eindruck fest, man habe mit dem Erdöl eine – in Yamanis Worten – wirklich starke Waffe in der Hand. Gleichzeitig wuchs die Bereitschaft auch bei den „Gemäßigten" wie Saudi-Arabien, diese im Rahmen der Nord-Süd-Thematik ins Spiel zu bringen – sicher nicht zuletzt, weil sich so die Unterstützung der übrigen Dritten Welt gewinnen und einer breiten Konsumentenfront, die Nord und Süd vereinte, vorbeugen ließ. Diese Interpretation der Kräfteverhältnisse deckte sich weitgehend mit der Wahrnehmung der Westeuropäer und Japaner, die angesichts ihrer großen und kurzfristig nicht zu behebenden Abhängigkeit von Energieimporten aus dem Nahen Osten peinlich genau darauf bedacht waren, sich der OPEC– und vor allem ihren arabischen Mitgliedern – gegenüber möglichst konziliant zu geben. Es war die Ölkrise, die westlichen Regierungen, auch in Washington, die neuen Bedingungen einer sich globalisierenden Welt vor Augen führte.

In den Vereinigten Staaten, deren Importabhängigkeit gering war, sah die Gefahrenbewertung allerdings zumindest ab dem Jahreswechsel 1973/74, als die erste Panik abgeklungen war, anders aus als bei den Verbündeten. Nixon und Kissinger bemühten sich, den Westen nun auf Konfrontationskurs mit der OPEC zu lenken. Die NOPEC-Staaten positionierten sich, trotz mancher Avancen aus der industrialisierten Welt, klar an der Seite der Erdölexporteure, deren Erfolg sie als wichtigen Schritt auf dem gemeinsamen Weg der ökonomischen Dekolonisierung verstanden. Als die massiven ökonomischen Lasten der Ölpreisexplosion aber spürbar wurden und sich die OPEC weigerte, den Entwicklungsländern einen Konzessionspreis zu gewähren, begannen sich innerhalb der Dritten Welt Spannungen zu zeigen. Diese gefährdeten die Einheit des Südens und damit die Grundlage eines erfolgreichen Kampfes für eine Neue Weltwirtschaftsordnung. Während die erste Ölkrise der Dritten Welt also einerseits erst das Mittel in die Hand gab, ihren Forderungen nach Veränderungen der weltwirtschaftlichen Spielregeln gegenüber der industrialisierten Welt Gehör zu verschaffen, unterminierte sie andererseits mittelfristig eine andere wichtige Grundbedingung zur Durchsetzung ihrer Forderungen. Wie sich diese Spannungen in den konkreten Verhandlungen um eine Neue Weltwirtschaftsordnung auswirkten, ist Thema der folgenden Kapitel.

3 Die neue Durchschlagskraft des Südens, 1974–1975

Am 30. Januar 1974 wandte sich der algerische Präsident Houari Boumedienne in seiner Funktion als amtierender Vorsitzender der Bündnisfreien an den Generalsekretär der Vereinten Nationen. Er verwies auf die Bemühungen der „Staaten der Dritten Welt", die existierenden „relationships of domination" durch gerechtere Beziehungen auf der Basis von Gleichheit und Respekt für die Souveränität der Staaten zu ersetzen. Dabei stellte er nicht zuletzt den algerischen Anteil heraus, indem er prominent auf die Algier-Charta von 1967 und den Algier-Gipfel der Blockfreien aus dem Vorjahr verwies. Die Bemühungen der Entwicklungsländer seien jedoch bislang am „lack of political will" der Industriestaaten gescheitert. Nun, und gerade mit Blick auf die jüngsten gemeinsamen Aktionen der Erdölproduzenten, die im Kontext der „general relations between the third world and the developed countries" verstanden werden müssten, war seiner Ansicht nach ein erneuter Anlauf angebracht. Daher ersuchte er Waldheim, „in order that useful discussions may be held on development and on international economic relations and all their implications with a view to establishing a new system of relations based on equality and the common interest of all States", alle notwendigen Schritte zur Ausrichtung einer Sondersitzung der Vereinten Nationen einzuleiten[457].

Diese 6. Special Session der Generalversammlung bildete den Auftakt für eine Reihe von Konferenzen und Gesprächsrunden zwischen Entwicklungsländern und Industriestaaten, in denen es im Kern um die Umgestaltung der Weltwirtschaftsordnung ging. Anhand von ausgewählten Beispielen – der 6. und 7. Sondergeneralversammlung, den Verhandlungen um ein Assoziierungsabkommen zwischen zahlreichen postkolonialen Staaten und der EWG sowie dem beginnenden Pariser Nord-Süd-Dialog – sollen in diesem Kapitel die verschiedenen Ziele und Strategien der beteiligten Ländergruppen untersucht werden. Bei diesen Verhandlungen, so das Argument, gelang es den Entwicklungsländern gerade in der ersten Phase nach der Ölrevolution, die Ölmacht der OPEC-Staaten geschickt zu nutzen, um die Etablierung einer Neuen Weltwirtschaftsordnung auf die internationale Agenda und die Industriestaaten an den Gesprächstisch zu bringen. Das war in den Jahrzehnten zuvor trotz intensiver Bemühungen nicht gelungen. Zentral für den Erfolg des Südens war dabei auch die Aufrechterhaltung der Kohäsion innerhalb der Dritten Welt, die angesichts der oben untersuchten

457 NAL, FCO 61/1169: Houari Boumedienne an Kurt Waldheim, 30.1.1974.

https://doi.org/10.1515/9783110770001-007

ökonomischen Folgen der Ölpreissteigerungen zunehmend belastet wurde. Tatsächlich entwickelte sich eine Art Kampf zwischen Öl- und Industriestaaten um die Zugehörigkeit der übrigen Entwicklungsländer, den die OPEC-Staaten in dieser Phase klar für sich entschieden. Dabei spielte das narrative Framing der „Ölkrise" bzw. „Ölrevolution" als ökonomische Dekolonisierung oder Ursache der ökonomischen Probleme der übrigen Entwicklungsländer eine gewichtige Rolle.

3.1 Zwischen Konfrontation und Gesprächsbereitschaft – Die 6. und 7. UN-Sondergeneralversammlung, New York 1974/75

Die beiden Sondersitzungen der Generalversammlung der Vereinten Nationen, die im April 1974 und September 1975 für jeweils mehrere Wochen zusammentraten, zählten zu den wichtigsten und prominentesten Foren, in denen sich die Diskussion um eine Neue Weltwirtschaftsordnung entspann. Am New Yorker East River trafen sich jeweils – teils hochkarätig besetzte – Delegationen aus weit über 100 Ländern, um über „raw materials and development" bzw. „development and international economic cooperation" zu debattieren. So ähnlich sich die beiden Special Sessions in dieser Hinsicht waren, so unterschiedlich nahmen Delegierte und Beobachtende den Charakter der Treffen wahr: Das Klima der Konfrontation, das 1974 noch überwogen hatte, wich im Folgejahr zunehmend einem der Kooperation.

Die sechste Sondersitzung, 1974

Einige Tage vor Beginn der sechsten Sondersitzung beobachtete die Journalistin Jane Rosen eine Szene an der Bar in der Delegates Lounge im Hauptquartier der Vereinten Nationen. Ein asiatischer Diplomat beschwerte sich bei seinem arabischen Kollegen, dass sein Heimatland aufgrund der exorbitant gestiegenen Erdölpreise vor dem Ruin stehe. Ein Vertreter aus dem Westen stand dabei und drückte sein Mitgefühl aus, woraufhin ihn die beiden anderen scharf attackierten. „But it's the industrialised countries who are to blame. You began the inflation that forced OPEC to raise oil prices. Their oil used to be cheaper than your mineral water", brachte der Abgesandte aus Asien vor. Und der arabische Delegierte ergänzte: „You Westerners will have to start paying higher prices for all the raw materials you buy from the developing world. Why should your standard of living

be so much better than our world's? That's what we want the special session to focus on."[458]

Dieses Gespräch war in vielerlei Hinsicht typisch für die Konstellation, die Narrative und den Ausgang der Sondersitzung. Tatsächlich bedeutete die Vervierfachung der Rohölpreise – wie im vorangegangen Kapitel herausgearbeitet – eine massive ökonomische Belastung für viele Öl importierende Staaten der Dritten Welt. Vor allem hinter den Kulissen äußerten deren Delegierte das auch und drängten auf Hilfsmaßnahmen. Vor Beginn der Sondersitzung hatten westliche Diplomaten nachhaltig auf diese Konstellation hingewiesen. Der deutsche UN-Botschafter drahtete etwa aus New York, dass sich bei den Vorbereitungstreffen der G77 und der Blockfreien für die Konferenz „tiefgreifende Meinungsverschiedenheiten" offenbart hätten. Der Kern der Spaltung liege darin, dass nach der Energiekrise die Interessen der OPEC-Staaten und der übrigen Dritten Welt auseinandergingen und Erstere bislang noch kein ausreichendes Angebot zur finanziellen Kompensation gemacht hätten. Tatsächlich würden sich die „nichterdoelproduzierenden entwicklungsländer – von ihrer interessenlage im energiebereich her gesehen – sich mehr in dem selben boot mit industrielaendern befinden als – wie in der vergangenheit – im verband mit gesamtheit der entwicklungslaender"[459]. Ganz ähnlich fiel auch die Einschätzung im amerikanischen State Department aus und man hielt es durchaus für möglich, dass der Konflikt während der Sondersitzung offen zutage treten würde[460].

Diese Lageeinschätzung beeinflusste die Konferenzstrategie und die Reden westlicher Vertreter während der Generaldebatte, die die ersten beiden Wochen der Sondersitzung füllten. Einerseits betonten sie den Ernst der Lage, in der sich viele NOPECs infolge der Ölpreissteigerungen befänden, und legten damit immer wieder den Finger in die offene Wunde. Für den Bundesaußenminister Walter Scheel, der direkt am ersten Tag der Debatte vor der Generalversammlung sprach, hatte die Energiekrise wie ein Blitz eingeschlagen. Auch wenn die Industriestaaten die Folgen spürten, so sei ihr „Lebensnerv [...] nicht berührt". In „Afrika, Asien und Lateinamerika" hingegen, bemerkte er prominent am Anfang seiner Ausführungen, gehe es „um die nackte Existenz"[461]. Eine knappe Woche später

---

458 Jane Rosen, Developing Nations Seek Bigger Slice of the Cake, in: The Guardian, 8.4.1974, S. 3.

459 PA AA, B1/580: New York Uno an Bonn AA, Nr. 398, 7.3.1974.

460 Ebd.: Washington an Bonn AA, Nr. 1007, 27.3.1974.

461 Ebd.: Rede des Bundesministers des Auswärtigen der Bundesrepublik Deutschland, Walter Scheel, auf der 6. Sondersitzung der Generalversammlung der Vereinten Nationen am 10. April 1974 in New York.

unterstrich dann US-Außenminister Henry Kissinger noch einmal: „Producers must understand that the recent rise in energy prices has placed a great burden on all consumers, one virtually impossible for some to bear."[462] Andererseits insistierten Vertreter des Westens, dass die alte Einteilung in reiche Industriestaaten und arme Entwicklungsländer mit Blick auf die Veränderungen der letzten Monate ihre Gültigkeit verloren habe. Kissinger etwa bemerkte: „The contemporary world can no longer be encompassed in traditional stereotypes. The notion of the northern rich and the southern poor has been shattered. The world is composed not of two sets of interests but many."[463] In der Welt nach der Ölkrise, so die Botschaft, lagen die Interessen von NOPECs und OPEC nicht mehr automatisch beisammen. Und auch wenn dies öffentlich nicht artikuliert wurde, so zielten diese Aussagen auf die Spaltung der Dritten Welt. Ganz in diesem Sinne hatte der britische UN-Botschafter Donald Maitland vor Beginn der Sondersitzung prognostiziert, dass die neue Situation, das „new ball game", wie er es nannte, „enables us, without overt wedge driving, to loosen solidarity of the Group of 77"[464].

Wie in der Szene in der Delegates Lounge hatten die westlichen Diplomaten mit dieser Strategie jedoch herzlich wenig Erfolg und prallten mit ihrer strategischen Empathie für die ressourcen-armen Entwicklungsländer auf eine Wand der Dritt-Welt-Solidarität. Boumedienne gab in seiner Eröffnungsrede den Ton vor. Er erkannte natürlich die gravierenden Probleme an, vor denen viele arme Staaten standen, wollte sie aber eben nicht als Folge der Ölpreissteigerungen verstanden wissen. „Generally speaking," erklärte er, „they are all the problems inherent in the profound imbalance of international economic relations, problems that arose long before petroleum and are still with us today." Schuld an der Misere waren also nicht die Ölexporteure, sondern die „colonialist and imperialist Powers", die das Selbstbestimmungsrecht der Kolonialvölker erst dann anerkannten, als sie die entsprechenden Institutionen eingerichtet hatten, „that would perpetuate the system of pillage established in the colonial era". Dementsprechend könnten sich die Industriestaaten bis heute die Ressourcen der Dritten Welt unter den Nagel reißen. „That is the basis of the economic order of the world in which we live

---

462 Henry A. Kissinger, Address to the Sixth Special Session of the United Nations General Assembly, in: International Organization 28 (1974), 3, S. 573 – 583, hier S. 576.
463 Ebd., S. 574.
464 NAL, FCO 61/1168: Donald Maitland an P. H. R. Marshall, 20. 3. 1974. Vgl. auch NAL, FCO 45/1558: P. M. Foster an Campell, 10.1.197[4] und Telegram 99106 From the Department of State to Certain Diplomatic Posts, 13. 5. 1974, 2237Z, in: FRUS 1969 – 1976. Bd. E-14. Teil 1, Dok. 13.

today", folgerte der algerische Präsident[465]. Seine OPEC-Kollegen pflichteten ihm in den Folgetagen bei. Der irakische Außenminister Saadun Hamadi etwa, um nur ein Beispiel zu nennen, erkannte zwar eine gewisse zusätzliche Belastung für die NOPECs durch höhere Ölpreise an, machte aber deutlich, dass das „basic problem of the chronic external imbalances of those countries is caused by structural factors related to the inequitable system of international trade"[466]. Entscheidend war aber vor allem, dass sich dieser Argumentation auch die Delegierten aus den Öl-armen Entwicklungsländern anschlossen. Zwar bemerkten einige von ihnen durchaus, dass die stark gestiegenen Ölimportrechnungen ihnen zu schaffen machten. Doch ließen sie keinen Zweifel daran, dass sie die Schritte der OPEC begrüßten und dass das Grundproblem „the arbitrariness of the economic system inherited from a past in which colonialism and other forms of exploitation were the dominant features" sei[467]. „Our OPEC brothers", so formulierte es der sambische Außenminister Vernon Mwaanga gegenüber der Generalversammlung, „should use their growing monetary power to strengthen the hands of the developing countries in formulating a new and just world order in international trade and monetary affairs."[468]

Von der Analyse ausgehend, dass das Grundproblem im Fortbestehen eines ungerechten, quasi-kolonialen, globalen Ausbeutungssystems bestehe, leiteten die Vertreter der Dritten Welt nun die Notwendigkeit einer Neuen Weltwirtschaftsordnung ab und nahmen damit das Schlagwort des Algier-Gipfels der Bündnisfreien auf. Im Vorlauf der Special Session hatten sie zwei Dokumente ausgearbeitet, die der Etablierung einer solchen neuen Ordnung dienen sollten. Dabei handelte es sich um eine „Declaration on the Establishment of a New International Economic Order" und um ein zugehöriges „Programme of Action". Der Deklarationsentwurf eröffnete mit der Formel „We, the members of the united nations", reflektierte dann aber – wie die bundesdeutsche Botschaft aus New York meldete – allein die Interessen der Entwicklungsländer. Zwar sei immer wieder von ökonomischer Interdependenz und Kooperation die Rede, der De-

465 Address by Mr. Houari Boumediène, in: United Nations General Assembly, Sixth Special Session, Official Records, 2208th Plenary Meeting, 10.4.1974.

466 Address by Mr. Hammadi, in: United Nations General Assembly, Sixth Special Session, Official Records, 2217th Plenary Meeting, 16.4.1974. Vgl. auch Graf, Öl und Souveränität, S. 321.

467 Address by Mr. Singh, in: United Nations General Assembly, Sixth Special Session, Official Records, 2223rd Plenary Meeting, 19.4.1974.

468 NAZ, MCT 1/6/31: Address to the Sixth Special Session of the United Nations General Assembly on Raw Materials and Development by Hon. Vernon J. Mwaanga, 11.4.1974. Auch abgedruckt in United Nations General Assembly, Sixth Special Session, Official Records, 2211th Plenary Meeting, 11.4.1974.

klarationstext spreche aber letztlich „nur von rechten der entwicklungslaender und pflichten der industrielaender, insofern reiht er sich nahtlos in konfrontationssituation ein, die sich auf ordentlichen generalversammlungen abspiele". In der Sache handle es sich um eine Wiederholung von Forderungen, die die Dritte Welt bereits zuvor im Rahmen von UNCTAD etc. formuliert habe, die die Industriestaaten aber bislang abgelehnt hätten[469].

Die wichtigsten Punkte griff dann Präsident Boumedienne in seiner bereits zitierten Eröffnungsrede auf. In dieser „militant address"[470], die von den Delegationen der Entwicklungsländer mit großem Beifall quittiert und auch von westlichen Diplomaten umgehend als „politisches Zeitdokument"[471] gewürdigt wurde, erschien die Ölrevolution der OPEC „not as a problem [...] but as an example and a source of hope". Zunächst müssten alle Entwicklungsländer – wie Algerien zuvor – die Kontrolle über ihre Wirtschaft zurückgewinnen, indem sie ausländische Unternehmen nationalisierten und so die permanente Souveränität über ihre Ressourcen zurückgewännen. Zweitens gelte es, Kontrolle über die „levers of price" zu erlangen. „We must create, product by product, common fronts among exporting countries which will enable us collectively to defend our rights and to fix the prices of our products at appropriate levels"[472]. Dieser „revolutionaer abgefassten forderung"[473] folgten, drittens, der Hinweis auf die Notwendigkeit verstärkter Hilfe durch die reichen Industrieländer, viertens, die Entlastung der Entwicklungsländer etwa durch Schuldenerlasse und schließlich, fünftens, ein Soforthilfeprogramm für die von der momentanen Wirtschaftskrise besonders betroffenen Staaten.

Hinzu kamen in den beiden Resolutionen weitgehend bekannte Forderungen nach mehr Mitspracherecht in den internationalen Finanzinstitutionen, der verstärkten Kontrolle von multinationalen Konzernen, Unterstützung bei der Indu-

---

469 PA AA, B 1/580: New York Uno an Bonn AA, Sondersitzung GV, Nr. 538, 28.3.1974. Vgl. auch NAL, FCO 61/1168: T. W. Keeble, Special Session of the United Nations General Assembly on Raw Materials and Development: Steering Brief, 3.4.1974. Vgl. Kunkel, Globalisierung, S. 571.

470 Airgram A-4568 From the Department of State to All Diplomatic Posts, Washington, 5.6.1974, in: FRUS 1969 – 1976. Bd. E-14. Teil 1, Dok. 16. In einer Staff Conference des Secretary of State bezeichnete Assistant Secretary William B. Buffum die Rede als „confrontation in substance but not in tone". Digital National Security Archive (DNSA), KT01095: The Secretary's Principals and Regional Staff Meeting, 11.4.1974.

471 PA AA, B 1/580: New York Uno an Bonn AA, Rede von Staatspräsident Boumedienne, Nr. 631, 12.4.1974.

472 Address by Mr. Houari Boumediène, in: United Nations General Assembly, Sixth Special Session, Official Records, 2208th Plenary Meeting, 10.4.1974.

473 PA AA, B 1/580: New York Uno an Bonn AA, Rede von Staatspräsident Boumedienne, Nr. 631, 12.4.1974.

strialisierung sowie besseren Marktzugängen für Exportgüter der Entwicklungsländer und vereinfachten Technologietransfers. Gerade die letzten beiden Punkte zielten auf eine intensivierte Einbindung der Volkswirtschaften der Dritten Welt in den Welthandel sowie auf den verstärkten Austausch von technologischem Wissen und damit auf mehr Globalisierung. Dazu passend hielt die Deklaration fest, die Neue Weltwirtschaftsordnung solle neben „equity" und „sovereign equality" auch auf „interdependence, common interest and cooperation among all States" basieren. Neu war die Idee eines „over-all integrated programme" für Rohstoffe, in dem Rohstoffabkommen, die Schaffung von Ausgleichslagern zur Preisstabilisierung sowie Kompensationszahlungen bei Preiseinbrüchen kombiniert werden sollten. Diese Forderung sollte in den Verhandlungen der kommenden Jahre eine zentrale Rolle spielen. Außerdem enthielt das Aktionsprogramm den Vorschlag, die Preise von Rohstoffen und Industrieprodukten zu indexieren, also aneinander zu binden[474].

Die Auflistung zeigt, dass sich unter dem Schlagwort Neue Weltwirtschaftsordnung ein ganzer Katalog von Forderungen verbarg. In den Folgejahren verschwanden dann bestimmte Punkte von der Agenda, andere kamen hinzu[475]. Der Begriff der Neuen Weltwirtschaftsordnung stand also nicht für ein konkretes, fixes Programm, sondern wurde vielmehr – wie in der Einleitung angesprochen – immer wieder neu gefüllt und umgedeutet, was ein integraler Teil der Debatten war. Nicht umsonst wies ein britischer Diplomat nach der Special Session darauf hin, dass kritische Fragen gestellt werden könnten „about the exact meaning of the ‚new economic order' that was being proclaimed"[476]. Je nach Auslegung und Betonung der verschiedenen Punkte erschien das Projekt mal eher als Reformprogramm, das die existierende kapitalistische Ordnung einhegen und gerechter machen sollte, aber an ihren marktwirtschaftlichen Prinzipien grundsätzlich festhielt, oder als revolutionärer Bruch mit dem System. Auf letzteres wiesen im Westen vor allem konservative oder neoliberale Stimmen hin, die darin die Einführung von „socialist concepts on a global scale" sahen. Der Schweizer Ökonom Karl Brunner sprach von der New International Economic Order sogar als einem „New Marxist-Leninist Manifesto"[477].

---

474 United Nations General Assembly, Resolutions adopted by the General Assembly during its Sixth Special Session, 9 April – 2 May 1974, New York 1974. Vgl. Benn, Multilateral Diplomacy, S. 28–35.

475 Hart, The New International Economic Order, S. 53–55.

476 NAL, FCO 61/1153: Richard an Callaghan, 12.6.1974.

477 Zitate in Jennifer Bair, Taking Aim at the New International Economic Order, in: Philip Mirowski/Dieter Plehwe (Hg.), The Road from Mont Pèlerin. The Making of the Neoliberal Thought Collective, Cambridge/London 2009, S. 347–385, hier S. 361 und 369. US-Finanzminister William

Als die Sondersitzung nach gut drei Wochen am 2. Mai 1974 schloss, waren Deklaration und Aktionsprogramm dann tatsächlich beschlossen worden – und zwar nicht in einer Kampfabstimmung, in der die Dritte Welt innerhalb der UN automatisch die Mehrheit hatte, sondern ohne Gegenstimmen. Die Herstellung eines Konsenses war zu Beginn der Session das erklärte Ziel der Entwicklungsländer gewesen, aber angesichts der Radikalität der vorgelegten Dokumente ausgesprochen unwahrscheinlich. Kernforderungen wie das Recht auf Nationalisierung von ausländischen Unternehmen ohne Kompensation oder der Aufruf zur Bildung weiterer Rohstoffkartelle waren aus Sicht der Industriestaaten schlicht inakzeptabel[478]. Aus deutscher Perspektive liefen die angestrebten Veränderungen im internationalen Handel, vor allem im Rohstoffbereich, darauf hinaus, „den Marktmechanismus außer Kraft zu setzen“, also die marktwirtschaftliche Weltwirtschaftsordnung abzulösen[479]. Die BRD war zwar, wie es Außenminister Scheel in seiner Rede formulierte, zu gewissen Reformen der Weltwirtschaftsordnung bereit, aber keinesfalls zu einem solch revolutionären Umbruch[480]. Wie konnte es angesichts dieser Interessenunterschiede zu einer Annahme der Dokumente ohne Gegenstimmen kommen?

Zunächst schaltete sich UN-Generalsekretär Waldheim ein, der ein Scheitern der Sondersitzung verhindern wollte. Nach etwa zwei Wochen lud er ausgewählte Länder zu einer informellen Sitzung ein, bei der sich herausstellte, dass eine Einigung bei der Deklaration möglich war, das Aktionsprogramm hingegen von den Industriestaaten so nicht akzeptiert werden konnte[481]. Die G77 reagierte mit einer Überarbeitung der Dokumente. Bestimmte Passagen wurden entschärft, wobei gerade moderate Staaten wie Indien eine zentrale Rolle spielten – sicher auch weil sie fürchteten, dass Hilfen für die von der Ölkrise am stärksten getroffenen Länder

Simon und Fords Wirtschaftsberater William Seidman sprachen von der Neuen Weltwirtschaftsordnung ebenfalls als „based on socialist principles“. Memorandum From the Economic Policy Board to President Ford, Washington [undatiert], in: FRUS 1969 – 1976. Bd. XXXI, Dok. 291.

478 PA AA, B 1/580: New York Uno an Bonn AA, Nr. 720, 24.4.1974; Airgramm A-4568 From the Department of State to All Diplomatic Posts, 5.6.1974, in: FRUS 1969 – 1976. Bd. E-14. Teil 1, Dok 16.

479 PA AA, B 54/122010: Der Bundesminister für Wirtschaft, Beitrag für die Kabinettsvorlage: Folgearbeiten der 6. Sonder-GV der UN, 19.9.1974; vgl. ebd.: Gesprächsvorschlag, Folgen der 6. Sonder-Generalversammlung der Vereinten Nationen, insbesondere Aktionsprogramm zur Errichtung einer neuen Weltwirtschaftsordnung, 13.9.1974.

480 PA AA, B 1/580: Rede Scheel, 10.4.1974.

481 Ebd.: New York Uno an Bonn AA, Nr. 699, 22.4.1974; ebd.: New York Uno an Bonn AA, Sitzung bei GS Waldheim, Nr. 706, 23.4.1974; ebd.: New York Uno an Bonn AA, Nr. 720, 24.4.1974.

Abb. 4: UN-Generalsekretär Kurt Waldheim (2. v.r.) gibt ein Dinner anlässlich der Sechsten Sondersitzung der Generalversammlung. Neben ihm (v.l.) Chinas Vizepremierminister Deng Xiaoping, Algeriens Präsident Houari Boumedienne und Liberias Präsident William R. Tolbert, 9. April 1974, UN Photo/Yukata Nagata.

bei einem Zusammenbruch der Verhandlungen unterbleiben könnten[482]. Der neue Entwurf betonte nun, um ein Beispiel zu nennen, zwar weiter das Recht auf Nationalisierungen, der Zusatz aus der ersten Fassung, dass jedes Land das Recht habe, die Summe einer möglichen Kompensationszahlung selbstständig festzusetzen, und im Streitfall nationales Recht gelte, wurde aber gestrichen[483]. Auch drohte die G77, sofern die Industriestaaten nicht mitziehen würden, die Resolutionen zur Abstimmung zu stellen, wobei eine Annahme dank ihrer Stimmmehrheit gewiss sei[484].

---

482 Ebd.: New York Uno an Bonn AA, Nr. 723, 24.4.1974, PA AA. Airgramm A-4568 From the Department of State to All Diplomatic Posts, 5.6.1974, in: FRUS 1969 – 1976. Bd. E-14. Teil 1, Dok 16. NAL, FCO 61/1153: Richard an Callaghan, 12.6.1974.

483 PA AA, B 1/580: New York Uno an Bonn AA, Nr. 538, 28.3.1974; vgl. United Nations General Assembly, Resolutions adopted by the General Assembly during its Sixth Special Session.

484 Vgl. Airgramm A-4568 From the Department of State to All Diplomatic Posts, 5.6.1974, in: FRUS 1969 – 1976. Bd. E-14. Teil 1, Dok 16.

Nun stellte sich heraus, dass sich die reichen Staaten des Westens in der Ablehnung der Dokumente keinesfalls einig waren. Auf einem EG-Koordinierungstreffen in New York am 24. April warb der niederländische Minister für Entwicklungszusammenarbeit Jan Pronk dafür, neben der Deklaration auch dem Aktionsprogramm zuzustimmen. Seiner Meinung nach enthalte das Programm „keine radikalen oder zu weitgehenden wuensche [...]. fuer niederlande sei aktionsprogramm mit wenigen ausnahmen annehmbar."[485] Durchaus ähnlich sahen das die skandinavischen Delegierten. Mit Blick auf die größeren Industriestaaten lässt sich die Offenheit bzw. Opposition zu den Vorschlägen der Dritten Welt mit Blick auf die verschiedenen Positionen zur Gestaltung der internationalen Rohstoffmärkte veranschaulichen. Während Frankreich „the uncontrolled interplay of market forces" über Bord werfen und durch internationale Rohstoffabkommen und einen organisierten Markt ersetzen wollte und damit den Positionen der Entwicklungsländer deutlich näher war, traten die Vereinigten Staaten vom Grundsatz her gegen jegliche Rohstoffabkommen ein. Großbritannien und die BRD bewegten sich dazwischen. Die Bundesrepublik setzte auf das Spiel der Märkte, akzeptierte aber wie die Briten ihre Regulierung durch Rohstoffabkommen in Einzelfällen – „where appropriate"[486].

Die USA, Großbritannien und die BRD waren es dann auch, die den Widerstand gegen die Resolutionen bis kurz vor Ende der Abschlusssitzung aufrechterhielten. Erst als sich die G77 bereit erklärte, darauf zu verzichten, dass die Resolutionen ausdrücklich „konsensual" beschlossen würden, konnten sie ohne Abstimmung angenommen werden. Allerdings nicht ohne dass die Industriestaaten eine Reihe von Vorbehalten zu Protokoll gaben. Am weitesten gingen dabei die USA. Für sie fanden sich gerade im Aktionsprogramm nur sehr wenige Details, die „totally unobjectionable" waren. Zusätzlich verlautbarte ihr UN-Botschafter, „the word ‚consensus' cannot be applied in this case", außerdem fühle man sich an die Beschlüsse der Special Session nicht gebunden[487]. Für besonderen Ärger bei den Amerikanern hatte auch gesorgt, dass ein Last-minute-Vorschlag über ein Vier-Milliarden-Dollar-Hilfsprogramm, das sie kurz vor Ende der

---

485 PA AA, B 1/580: New York Uno an Bonn AA, Nr. 723, 24.4.1974.

486 Address by Mr. Jobert (France), in: United Nations General Assembly, Sixth Special Session, Official Records, 2209th Plenary Meeting, 10.4.1974; Address by Mr. Ennals (United Kingdom), ebd.; PA AA, B 1/580: Rede Scheel; ebd.: Washington an Bonn AA, Nr. 1007, 27.3.1974. Vgl. auch Hart, New International Economic Order, S. 103 – 123.

487 Airgramm A-4568 From the Department of State to All Diplomatic Posts, 5.6.1974, in: FRUS 1969 – 1976. Bd. E-14. Teil 1, Dok. 16; Mr. Scali (United States of America), in: United Nations General Assembly, Sixth Special Session, Official Records, 2229th Plenary Meeting, 1.5.1974; PA AA, B 54/122010: Bundesministerium der Finanzen an AA, 4.10.1974.

Sondersitzung vorgelegt hatten, von der G77 ohne Diskussion abgelehnt worden war[488]. Die US-Administration nahm das Vorgehen der Dritten Welt offensichtlich als konfrontativ wahr[489].

Andere westliche Delegationen – etwa Dänemark, Österreich oder die Niederlande – sprachen in der Abschlusssitzung jedoch durchaus von einem Konsens beim Beschluss der beiden Resolutionen. Der französische UN-Botschafter Louis de Guiringaud betonte diesen Umstand in seinem Abschlussstatement sogar gleich vier Mal[490]. Auch hier wurde die Uneinigkeit der Industriestaaten deutlich. Manch europäische Vertreter gaben darüber hinaus zu verstehen, dass sie für die Schaffung einer Neuen Weltwirtschaftsordnung eintreten würden. Ivor Richard, der neu ernannte britische UN-Botschafter, etwa erklärte: „We support that declaration because we endorse its broad approach and particularly its commitment to a new international economic order based on co-operative interdependence.“[491] Allerdings verdeutlicht ein Blick auf die umfangreichen Vorbehalte und Erklärungen zu den Resolutionen, dass diese Weltwirtschaftsordnung wenig mit dem revolutionären Projekt Boumediennes und anderer radikaler Vertreter des Südens zu tun hatte, sondern allenfalls auf eine gewisse Reform der existierenden Ordnung hinauslief.

Vertreter der Entwicklungsländer betonten einerseits den historischen Erfolg, den die Sondersitzung bedeute. Der algerische Außenminister Abdelaziz Bouteflika gab sich überzeugt: „The international community as a whole concedes that the sixth special session is an important turning-point in international economic relations.“ Durch konstruktives Vorgehen, das auf Konfrontation verzichtete, sei es den Entwicklungsländern gelungen, in einen Dialog mit den Industriestaaten zu treten und schließlich einen Konsens über die Etablierung einer Neuen Weltwirtschaftsordnung zu erzielen. Die *Times of India* sprach ebenfalls von einem „tactical victory“, sah diesen aber weniger im Dialog als durch das Formulieren von Maximalforderungen erreicht. Entscheidend für den Erfolg sei der „impressive sense of unity“ der G77 gewesen. Letzteres unterstrich auch

---

488 Airgramm A-4568 From the Department of State to All Diplomatic Posts, 5.6.1974, in: FRUS 1969 – 1976. Bd. E-14. Teil 1, Dok 16. Kathleen Teltsch, U.S., at U.N. Session, Asks $4-Billion for Poor Nations, in: The New York Times, 1.5.1974, S. 93.

489 Vgl. auch O. A., U.N. Session on Resources Ends in Bitterness, in: The New York Times, 5.5. 1974, S. E4.

490 Mr. Isaksen (Denmark), in: United Nations General Assembly, Sixth Special Session, Official Records, 2230th Plenary Meeting, 2.5.1974; Mr. Jankowitsch (Austria), in: ebd.; Mr. Kaufmann (Netherlands), in: ebd.; Mr. De Guiringaud (France), in: ebd., 2229th Plenary Meeting, 1.5.1974.

491 Mr. Richard (United Kingdom), in: United Nations General Assembly, Sixth Special Session, Official Records, 2231st Plenary Meeting, 2.5.1974. Vgl. auch das dänische Statement Mr. Isaksen (Denmark), in: ebd., 2230th Plenary Meeting, 2.5.1974.

Bouteflika, der sicher nicht ohne Stolz feststellte: „The third world is no fiction. It is a contemporary reality. It is a force, a responsible force."[492] Andererseits zeigten sich andere Delegierte enttäuscht über die weitreichenden Vorbehalte, die in der Abschlusssitzung vorgebracht wurden. Pikiert reagierten vor allem der iranische UN-Botschafter Fereydoon Hoveyda, der zuvor als Vorsitzender des Ad-hoc-Komitees großen Anteil am Zustandekommen der Resolutionen gehabt hatte, sowie der Iraker al-Chalabi. Letzterer erklärte: „It was not the intention of my delegation to speak on the documents which have been adopted by consensus. However, I feel compelled to do so after having noted that certain delegations chose not to abide by the spirit of consensus, but have expressed in strong terms their reservations and interpretations [...]. Those reservations, I am sad to say, have tended not only to reduce the effectiveness of this hard-worked-for consensus but to render it inoperative."[493]

Insgesamt war es den Entwicklungsländern auf der Sondersitzung geglückt, darin waren sich auch die Beobachter in Washington, London und Bonn einig, einen bedeutenden Erfolg zu erzielen. Insbesondere Algerien ging als Gewinner aus der Sitzung hervor, da es dem Land gelungen war, die Einheit der Dritten Welt zu wahren und die eigene Führungsrolle zu untermauern. Die neu gewonnene Ölmacht hatte dabei eine bedeutende Rolle gespielt. Einerseits weil sie half, die Einigkeit des Südens zu festigen, da es sich kein Entwicklungsland mit den reichen OPEC-Staaten, auf deren Unterstützung sie nun immer stärker angewiesen waren, verscherzen wollte[494]. Andererseits, weil auch die Industriestaaten die sogenannte Ölwaffe nicht vergessen hatten und sich entsprechend bemühten, die Forderungen aus der Dritten Welt ernst zu nehmen. So resümierten die Mitarbeiter im Auswärtigen Amt unmittelbar nach Ende der Sondersitzung: „das vorgehen entwicklungslaender auf sgv [Sondergeneralversammlung, J. K.] zeigt, dass sie sich der durch energiekrise zugespitzten weltwirtschaftslage bedient haben, um unter der allgemeinen thematik ‚rohstoffe und entwicklung' eine politische demonstration ihrer potentiellen macht zu praktizieren."[495] Mit den unterschiedlichen Graden an Abhängigkeit von Erdölexporten lässt sich zum Teil vielleicht

---

492 Mr. Bouteflika (Algeria), in: United Nations General Assembly, Sixth Special Session, Official Records, 2230th Plenary Meeting, 2.5.1974; vgl. auch M.V. Kamath, After the Special U.N. Session. A Tactical Victory, in: The Times of India, 17.5.1974, S. 4.

493 Mr. Al-Chalabi (Iraq), in: United Nations General Assembly, Sixth Special Session, Official Records, 2230th Plenary Meeting, 2.5.1974; und Mr. Hoyveda (Iran), in: ebd.

494 Vgl. Airgramm A-4568 From the Department of State to All Diplomatic Posts, 5.6.1974, in: FRUS 1969 – 1976. Bd. E-14. Teil 1, Dok 16; auch PA AA, B 1/580: Dohms, Ortex Nr. 48, 3.5.1974.

495 PA AA, B 1/580: Dohms, Ortex Nr. 48, 3.5.1974. Vgl. auch NAL, FCO 61/1169: FCO an Prime Minister, Special Session of the United Nations General Assembly, 9.4.1974.

sogar das divergierende Verhalten westlicher Delegationen auf der Sondersitzung erklären. So waren die im Energiebereich vergleichsweise unabhängigen USA von Beginn der Sondersitzung an bemüht, klare Kante zu zeigen. Kissinger bemerkte etwa in einem Staff Meeting am 10. April mit Blick auf die Forderungen der G77: „We ought to make clear in my speech what is possible and what is not. We ought to attack their plan head on."[496] Die Niederlande hingegen mögen sich auch deshalb so offen gegenüber einer Neuen Weltwirtschaftsordnung gegeben haben, weil sie dies als Chance begriffen, ihr eigenes Image in der arabischen Welt aufzupolieren, um so das immer noch nicht aufgehobene Erdölembargo endlich loszuwerden[497].

Die 29. Generalversammlung

Zwar waren die verabschiedeten Resolutionen keine rechtlich bindenden Beschlüsse. Der Dritten Welt war es aber „gelungen, eine umfangreiche referenzgrundlage zu schaffen, die es ihnen bei verhandlungen in anderen vn-gremien ermoeglicht, industrielaender zumindest unter moralischen druck zu setzen und ihren verhandlungsspielraum einzuengen"[498]. Tatsächlich tauchte der Begriff Neue Weltwirtschaftsordnung im Laufe des Jahres 1974 immer wieder in den verschiedenen Gremien der Vereinten Nationen auf, wobei die Entwicklungsländer mitunter versuchten zu übergehen, dass vonseiten der Industriestaaten Vorbehalte gegenüber Deklaration und Aktionsprogramm vorgebracht worden waren[499]. Nicht zuletzt dieser Umstand führte in Bonn zu einem Umdenken. Hatten die deutschen Diplomaten die Annahme der Resolutionen ohne Abstimmung zunächst noch begrüßt, da dies eine Konfrontation vermieden hätte, äußerte sich nun vor allem das Bundeswirtschaftsministerium kritisch in dieser Sache: „Der Konsensus verdeckt dann einen sachlichen Dissens, wirkt aber legitimierend für die Positionen der Dritten Welt. Unsere Vorbehalte verlieren langfristig an Kraft." Daher solle man bei strittigen Fragen „nicht mehr einem Schein-Konsensus zu-

496 DNSA, KT01095: The Secretary's Principals and Regional Staff Meeting, 11.4.1974.

497 Vgl. hierzu Hellema/Wiebes/Witte, The Netherlands and the Oil Crisis, S. 241–245.

498 PA AA, B 1/580: Dohms, Ortex Nr. 48, 3.5.1974.

499 Siehe etwa PA AA, B 54/122010: Gesprächsvorschlag, Folgen der 6. Sonder-Generalversammlung der Vereinten Nationen, insbesondere Aktionsprogramm zur Errichtung einer neuen Weltwirtschaftsordnung, 13.9.1974.

stimmen, sondern [...] auf Abstimmung bestehen und einer Konfrontation nicht ausweichen"[500].

Zu einem ganz anderen Schluss kam der britische UN-Botschafter Ivor Richard in einem in der britischen Administration breit diskutierten Schreiben an Außenminister James Callaghan. Für Richard war das Ergebnis der Special Session Ausdruck eines globalen „shift of power" im Gefolge der Energiekrise. Außerdem sei der Westen „disunited" gewesen und habe sich überrumpeln lassen. Das sei bei zukünftigen Verhandlungsrunden zu vermeiden. Anders als die Mitarbeiter des Bundeswirtschaftsministeriums argumentierte Richard nun aber nicht für verstärkte Zusammenarbeit der Industriestaaten, um anschließend eine harte Linie gegenüber den Forderungen der Dritten Welt zu fahren. Er verwies auf den Umstand, dass die Entwicklungsländer bereits gezeigt hätten, „that they are capable of dealing crippling blows to the economies of industrialized countries". Angesichts dieser Verletzlichkeit, gerade in Zeiten von Inflation und weltweiter Rezession, sei es angeraten, auf die Dritte Welt zuzugehen: „We can begin to adjust to the new situation in the developing world and try to secure for ourselves the best available deal with the longer future in view." Nun gelte es umgehend, eine gemeinsame Linie der Industriestaaten gerade im Hinblick auf die für September 1975 angesetzte 7. Sondersitzung der Vereinten Nationen zu erarbeiten[501].

Mit Blick auf die reguläre 29. Generalversammlung, die am 17. September begann und in der Nord-Süd-Fragen im Vordergrund standen, dominierte aber eindeutig der konfrontative Ansatz, der bereits beim Ausgang der Special Session zunehmend spürbar geworden war. In einem langen Telegramm berichtete Rüdiger von Wechmar, der neue UN-Botschafter der Bundesrepublik, über die Generaldebatte, die für ihn Ausdruck einer „neuen Ära" war, „in der die alte internationale Ordnung einer neuen weicht". Angesichts der Ölkrise und dem jüngst erfolgreich durchgeführten indischen Atomtest habe sich die „weltpolitische Machtstruktur" grundlegend verändert. Er sprach von der „Revolution" der Dritten Welt, die in ihrem Kern ein „wirtschaftlicher Umverteilungskampf" sei, von der „geschlossenen Front" der Entwicklungsländer, die auch angesichts der Belastung stark gestiegener Erdölpreise auf absehbare Zeit nicht auseinanderzu-

---

500 Ebd.: Änderungsvorschläge des Bundesministers für Wirtschaft zur Vorlage an die Staatssekretäre bzw. das Wirtschaftskabinett über die aus der 6. Sondergeneralversammlung zu ziehenden Konsequenzen, versandt am 9.10.1974. Für ähnliche Befürchtungen, dass sich die nichtbindendenden Resolutionen mit der Zeit verfestigen könnten vgl. Quinn Slobodian, Globalisten. Das Ende der Imperien und die Geburt des Neoliberalismus, Bonn 2020, S. 351–353.

501 NAL, FCO 61/1153: Richard an Callaghan, 12.6.1974. Die umfangreiche Debatte, die dieses Schreiben in London auslöste, füllt noch die folgenden beiden Aktenbände (FCO 61/1154 und 1155).

brechen drohe, und vom Widerstand der Industriestaaten, der von den USA angeführt werde. Das ganze Vokabular Wechmars zeugte vom Geist der Konfrontation, der nun in New York vorherrschte. Der Botschafter schloss mit der Beobachtung: „die generaldebatte blieb ein dialog [der] tauben. ansaetze zu einer loesung wurden nirgends sichtbar. auf die dauer laesst sich dieses patt nicht aufrechterhalten, ohne dass aus dem kampf der worte ein kampf der taten wird."[502]

Bezeichnend für die konfrontative Dynamik auf der Generalversammlung war, dass selbst ein moderater Mann wie der sambische Außenminister Vernon Mwaanga einen „harten Ton"[503] anschlug. Er hatte unter anderem in Oxford und in den USA studiert und im britischen Foreign and Commonwealth Office hieß es, dass er seine Zeit dort sehr genossen habe. Bislang war er nicht als radikaler Vertreter der Dritten Welt aufgetreten, sondern galt den britischen Diplomaten als „accessible, honest and constructive"[504]. Nun aber sprach er im algerischen Duktus: „The Special Session served to highlight the fact that since the sordid and sad chapter of slavery came to a close and foundations were laid for a community of free nations, economic relations among nations have but undergone a cosmetic change. Instead, there has been a remarkable change in the sharpening and sophistication of instruments of exploitation of the weak and poor nations by their powerful and privileged counterparts."[505] Einige Wochen später nahm ein Leitartikel in der *Times of Zambia* den aggressiven Ton auf und erklärte, die übrigen Rohstoffproduzenten sollten dem Beispiel der OPEC folgen und den Kampf aufnehmen. Bisher seien sie zu vorsichtig gewesen, aber „[t]he world today moves forward more by revolution than by evolution"[506]. Nicht zuletzt diese Äußerungen dürften dazu beigetragen haben, dass die bundesdeutsche UN-Botschaft Sambia nun nicht mehr als „moderat" klassifizierte, sondern dem „mehr radikalen Flügel der Dritten Welt" zurechnete[507].

---

502 PA AA, B 91/512: New York Uno an AA, Nr. 1951, 17.10.1974. Zur Bewertung der 29. Generalversammlung in den USA siehe Intelligence Memorandum Prepared in the Central Intelligence Agency, 11.2.1975, in: FRUS 1969–1976. Bd. E-14. Teil 1, Dok. 20.

503 PA AA, B 30/127981: New York Uno an AA, VN-Länderbericht Sambia, Nr. 1060, 10.6.1975.

504 NAL, FCO 45/1761: F. S. Miles an FCO, 18.6.1975; ebd., FCO 45/1560: Mwaanga, Vernon Johnson.

505 NAZ, MCT 1/6/31: Statement by Hon. Vernon J. Mwaanga, M.P., Minister of Foreign Affairs to the 29th Regular Session of the United Nations General Assembly, New York, 24.9.1974.

506 O. A., Opinion, in: Times of Zambia, 10.3.1975, S. 1.

507 PA AA, B 30/127981: New York Uno an AA, VN-Länderbericht Sambia, Nr. 1060, 10.6.1975. Das sollte sich in den Folgejahren wieder ändern. Siehe etwa ebd.: New York Uno an AA, Ergänzung Länderbericht Sambia, Nr. 0003, 2.1.1976.

Die Verhärtung der Fronten zwischen Nord und Süd lässt sich auch am Umgang mit der „Charter of Economic Rights and Duties of States" ablesen, in der „generally accepted norms to govern international economic relations" festgelegt werden sollten. Bei der Charta handelte sich um eine mexikanische Initiative, die auf der 1972er UNCTAD-Konferenz in Santiago de Chile vorgestellt worden war. In den folgenden zwei Jahren hatte eine Arbeitsgruppe versucht, einen Textentwurf zu erarbeiten, war aber an der Uneinigkeit zwischen Entwicklungsländern und Industriestaaten in verschiedenen Sachfragen gescheitert. Schließlich hatte die G77 die Arbeit der Arbeitsgruppe übernommen und einen Entwurf vorgelegt, der nun von der 29. Generalversammlung angenommen wurde. Eigentlich hatte der Schirmherr der Charta, Mexikos Präsident Luis Echeverría, wie Christy Thornton argumentiert, wiederholt betont, es handle sich um eine moderate, reform-orientierte Initiative, die einer weiteren revolutionären Radikalisierung der Dritten Welt vorbeugen solle. Aus westlicher Perspektive war der verabschiedete Text nun aber an entscheidenden Punkten deutlich radikaler als die Resolutionen der 6. Sondersitzung, in denen die Charta ebenfalls erwähnt worden war. Erneut wurde die permanente Souveränität aller Staaten über ihre natürlichen Ressourcen bestätigt sowie das Recht, ausländische Unternehmen zu nationalisieren. In diesem Falle sollten Kompensationszahlungen geleistet werden, die aber nicht nach internationalem Recht zu bestimmen seien, wie es die Industriestaaten verlangten, sondern nach nationalem. Im Streitfall seien ebenfalls nationale Gerichte zuständig. Aus der „Declaration on the Establishment of a New International Economic Order" war der Verweis auf die Zuständigkeit nationaler Gerichte und die Gültigkeit nationaler Rechtsnormen während der Verhandlungen noch gestrichen worden, um einen Kompromiss zu ermöglichen. Anders als die Resolutionen der Special Session wurde die Charta dementsprechend auch nicht ohne Abstimmung angenommen. Vielmehr votierten die USA, Großbritannien, die BRD, Dänemark, Belgien und Luxemburg gegen die entsprechende Resolution. Weitere zehn Industriestaaten enthielten sich ihrer Stimme[508]. Der „Schein-Konsensus" der 6. Sondergeneralversammlung war Ende 1974 der offenen Konfrontation gewichen.

---

508 Das Ergebnis war 120 Ja-Stimmen, 6 Nein-Stimmen und 10 Enthaltungen. UN General Assembly Resolution 3281 (XXIX). Charter of Economic Rights and Duties of States, 12.12. 1974, https://www.un.org/ga/search/view_doc.asp?symbol=A/RES/3281(XXIX), 3.12.2021. Zur Charter vgl. Benn, Multilateral Diplomacy, S. 35–38 und Charles N. Brower/John B. Tepe, Jr., The Charter of Economic Rights and Duties of States: A Reflection or Rejection of International Law?, in: International Lawyer 9 (1975), 2, S. 295–318; Anghie, Imperialism, S. 220–223; Ogle, State Rights, S. 219–221. Zu den bis 1917 zurückreichenden Wurzeln der Charter in Mexiko siehe Christy Thornton, A Mexican International Economic Order? Tracing the Hidden Roots of the Charter of Economic Rights and Duties of States, in: Humanity 9 (2018), 3, S. 389–421.

Die siebte Sondersitzung, 1975

Am 21. Dezember 1974 trafen sich die Außenminister Algeriens und der Vereinigten Staaten im UN-Gebäude an der Turtle Bay im Osten Manhattans, um über die gerade beendete 29. Session der Generalversammlung und über zukünftige Themen zu sprechen. Dabei kam Kissinger auch auf die im September des nächsten Jahres anstehende 7. Special Session zu sprechen. Er betonte die Notwendigkeit, endlich Lösungen zu finden und kooperativ zu sein. Würde die Sondersitzung ein „symbol of the cooperation between us“ werden, dann ließe sich viel erreichen. Für den Fall einer „session of confrontation“ mache er sich jedoch große Sorgen. Bouteflika versicherte ihm: „It would never be a confrontation.“[509] Und auch wenn solche Versicherungen in den vorangegangenen Monaten wenig praktische Bedeutung erlangt hatten, so sollte die 7. Sondersitzung tatsächlich durch ein kooperatives Klima gekennzeichnet sein.

Als Bouteflika die Sitzung dann am 1. September 1975 eröffnete, schien allerdings zunächst von seiner Zusicherung, es würde keine Konfrontation geben, nicht mehr viel übrig. Erneut geißelte er den Westen, dessen Reichtum auf der Ausbeutung der Dritten Welt beruhe. Er pries die Entscheidung der OPEC, „to put an end to several centuries of plunder“, und die bewiesen habe, dass die Rohstoffe der Entwicklungsländer als das entscheidende Instrument zu ihrer ökonomischen Befreiung dienen könnten. Schließlich unterstellte er den Industriestaaten „the secret hope of maintaining or re-establishing, if possible, the domination destroyed by the struggle for emancipation which the peoples of the third world now intend to carry into the field of economic liberation“[510]. Für den britischen Botschafter Ivor Richard handelte es sich angesichts solcher Töne um eine „partisan lecture on the NIEO [New International Economic Order]. [...] It almost sounded as though it had been drafted 9 months ago.“[511]

Dass die 7. Sondersitzung dennoch anders verlief als die vorherige, lag vor allem an der US-Rede, die der neu ernannte UN-Botschafter Daniel Patrick Moynihan noch am selben Tag in Kissingers Namen verlas. Sie unterschied sich deutlich von dem „kampflustigen“[512] Statement, das der Secretary of State im April 1974 in der Generalversammlung vorgetragen hatte, und war Ausdruck einer neuen US-Strategie im Umgang mit den ökonomischen Forderungen der Dritten

509 Memorandum of Conversation, 21.12.1974, in: FRUS 1969–1976. Bd. E-14. Teil 1, Dok. 18.

510 Mr. Abdelaziz Bouteflika (Algeria), in: United Nations General Assembly, Seventh Special Session, Official Records, 2326th Plenary Meeting, 1.9.1975.

511 NAL, FCO 61/1310: FM UKMIS NEW YORK an FCO, Nr. 951, 1.9.1975.

512 So hatte es Houari Boumedienne bei einem Dinner mit Kissinger bezeichnet. Vgl. DNSA, KT01124: Memorandum: Conversation at the People's Palace, Algier, April 29, 1974, Secret.

Welt. Anstatt wieder „auf die Barrikaden zu gehen“, so erklärte Kissinger in einem Strategie-Meeting bei Präsident Ford Ende Mai, und sich in „theologischen“ Debatten über Sinn und Unsinn einer Neuen Weltwirtschaftsordnung zu verlieren, solle man „more forthcoming on the rhetoric“ sein „and have substance that supports a more positive response“. Andernfalls würde man sich isolieren und sogar die Unterstützung der Europäer verlieren. Gar nicht einverstanden zeigten sich andere Teile der US-Administration, vor allem das Treasury Department. Der neu zum Finanzminister ernannte William E. Simon sprach sich dafür aus, den „freien Markt“ offensiv zu verteidigen. Denn wenn die Vereinigten Staaten das nicht täten, wer würde es sonst tun? Kissinger aber wusste den Präsidenten hinter sich zu bringen, indem er klarstellte, dass auch er hinter dem System der freien Markwirtschaft stehe. „Obviously we can’t accept the new economic order“, erklärte er, „but I would like to pull its teeth and divide these countries up, not solidify them.“[513] Im Grunde handelte es sich also nur vordergründig um ein Abrücken von der US-Strategie der Konfrontation. Durch entgegenkommende Rhetorik und einige Zugeständnisse in Sachfragen – „money on the table“ – sollte die Dritte Welt eingelullt werden. Die Diskussion über Sachfragen würde dann dazu führen, dass die Entwicklungsländer ihrer unterschiedlichen Interessen stärker gewahr würden und ihre Solidarität schwände. „The main point is political“, so hatte es Assistant Secretary of State Thomas Enders bereits im Februar formuliert, „breaking up the bloc of 77.“[514]

513 Memorandum of Conversation, IEA and OECD Ministers, 24.5.1975, in: FRUS 1969 – 1976. Bd. XXXI. Foreign Economic Policy, 1973 – 1976, Washington 2009, Dok. 293; und Memorandum of Conversation, 26.5.1975, in: ebd., Dok. 294.

514 Memorandum of Conversation, Commodity Initiative, 22.2.1975, in: ebd., Dok. 286. Zu den Auseinandersetzungen innerhalb der Ford-Administration vgl. Christopher R. W. Dietrich, Oil Power and Economic Theologies: The United States and the Third World in the Wake of the Energy Crisis, in: Diplomatic History 40 (2016), 3, S. 500 – 529, hier S. 519 – 526; und Sargent, A Superpower Transformed, S. 176 – 182; Daniel J. Sargent: North/South: The United States Responds to the New International Economic Order, in: Humanity 6 (2015), 1, S. 201 – 216. Deutliche Kritik an Kissingers Linie kam auch aus den Reihen der Neokonservativen. Siehe Michael Franczak, Losing the Battle, Winning the War: Neoconservatives versus the New International Economic Order, 1974 – 82, in: Diplomatic History 43 (2019), 5, S. 867 – 889. Die zweite Seite der neuen US-Strategie war, die Kritik der Dritten Welt am „Imperialismus“ der USA in den Vereinten Nationen nun mit Verweisen auf deren eigene schlechte Menschenrechts-Bilanz zu kontern, also zum Gegenangriff überzugehen. Moynihan war gerade deswegen zum UN-Botschafter ernannt worden, weil er bereit war in diesem Feld „hard ball“ zu spielen. Memorandum of Conversation, 27.8.1975, in: FRUS 1969 – 1976. Bd. E-14. Teil 1, Dok. 26. Vgl. hierzu Jan Eckel, Die Ambivalenz des Guten. Menschenrechte in der internationalen Politik seit den 1940er Jahren, Göttingen 2014, S. 776 f und Mazower, Governing the World, S. 305 – 311.

Gemäß der neuen Strategie forderte Kissinger in seiner Rede an die Generalversammlung: „Let us put aside the sterile debate over whether a new economic order is required or whether the old economic order is adequate. Let us look forward and shape the world before us." Anschließend kündigte er eine ganze Reihe von Initiativen an, die den Entwicklungsländern entgegenkommen sollten. Damit bewegten sich die USA in einigen wichtigen Punkten auf die Forderungen des Südens zu. Unter anderem kündigte Kissinger eine zehn Milliarden Dollar schwere „new development security facility" des IWF an, die Entwicklungsländern bei sinkenden Exportpreisen unter die Arme greifen sollte, sowie die Bereitschaft der USA, Rohstoffabkommen beizutreten, die zur Preisstabilisierung auch über Ausgleichslager verfügen könnten. Er erklärte, dass das amerikanische allgemeine Zollpräferenzsystem zum 1. Januar 1976 endlich in Kraft treten würde, um den Marktzugang für Produkte aus dem Süden zu verbessern. Schließlich versprach er diverse Hilfsmaßnahmen im kritischen Nahrungsmittelbereich. Andere zentrale Forderungen der Dritten Welt – wie der Link zwischen der Schaffung neuer Liquidität durch den IWF und der Bereitstellung von Entwicklungsgeldern, die Indexierung der Preise für Rohstoffe und Industrieprodukte oder das immer mehr ins Zentrum der Forderungen rückende „integrated programme for commodities" – ignorierte der Secretary of State hingegen. Auch einen kleinen Seitenhieb auf die Ölproduzenten und ihre „arbitrary increases in price" wollte sich Kissinger, trotz des insgesamt sehr versöhnlichen Tons seiner Ansprache, nicht verkneifen[515].

Tatsächlich setzte der neue US-Ansatz auch manch anderen Industriestaat unter Druck, mehr Konzessionsbereitschaft zu zeigen. Im Auswärtigen Amt machte sich etwa die Sorge breit, dass die Vorschläge der Amerikaner in verschiedenen Bereichen weiter gingen als die eigenen bzw. die der Europäischen Gemeinschaft. Nicht zuletzt das Sekretariat der Vereinten Nationen warnte davor, dass die Bundesrepublik unter den Entwicklungsländern zunehmend als „erzkonservativer Buhmann" gesehen würde. Um der eigenen Isolierung auf der Sondergeneralversammlung vorzubeugen, überlegte man in Bonn, die eigenen Positionen weiter auf die Forderungen des Südens zuzubewegen, und kam u. a. zu dem Schluss, dass man dem Link eventuell doch zustimmen könnte, sofern das verhandlungstaktisch notwendig würde[516].

---

515 Mr. Moynihan (United States of America), in: United Nations General Assembly, Seventh Special Session, Official Records, 2327th Plenary Meeting, 1.9.1975.

516 PA AA, B 1/579: Helmut Debatin, Beigeordneter Generalsekretär der Vereinten Nationen, an Bundesminister des Auswärtigen Amtes, 20.6.1975; ebd.: Klaus-Heinrich Standke, Inoffizielle Betrachtung über die Position der Bundesrepublik Deutschland in den Vereinten Nationen aus

Das Statement der Amerikaner konnte zwar die „Radikalen" der Dritten Welt nicht überzeugen, bei den „Moderaten" wurde es hingegen positiv aufgenommen und steigerte die Verhandlungsbereitschaft[517]. Auch damit dürfte zusammenhängen, dass der mexikanische Außenminister seinem amerikanischen Amtskollegen am 6. September ein von Venezuela, Jugoslawien, Algerien und Mexiko ausgearbeitetes Papier übergab, das „essential elements to be included in the conclusions of the special session" enthielt und einen „definite step towards Western views by key members of the 77" darstellte. An den Folgetagen arbeiteten die Amerikaner fieberhaft an einem Text, der die Vorschläge aus Kissingers Rede in den Rahmen der Konferenzvorlage der G77 einpasste und in den Augen des britischen UN-Botschafters „a genuine effort to accomodate Kissinger's speech wherever possible to the proposals of the 77" darstellte[518]. Zusammen mit einem weiteren Entwurf der Europäischen Gemeinschaft dienten die beiden Texte als Grundlage für die finalen Verhandlungen.

Trotz der vergleichsweise günstigen Vorzeichen standen diese einige Tage später kurz vor dem Scheitern. Generalsekretär Waldheim appellierte daraufhin an verschiedene Industriestaaten, die Verhandlungen nicht scheitern zu lassen, und nach einer viertägigen Verlängerung kam es tatsächlich zu einer echten Einigung[519]. Am 16. September verabschiedete die Generalversammlung einstimmig und mit vergleichsweise wenigen Vorbehalten der Industriestaaten Resolution 3362 (S-VII) mit dem Titel „Development and international economic co-operation". Bezeichnend war, dass sogar der amerikanische UN-Botschafter Moynihan während der abschließenden Plenarsitzung von einem „genuine accord" sprach[520]. Das Abschlussdokument versammelte auf acht Seiten eine Fülle von Ansätzen, darunter viele der amerikanischen Initiativen. Hinzu kamen u. a. Verweise zum „integrated programme", zur Indexierung und zum Link, die aber in Formulierungen verpackt wurden, die für den Westen zustimmungsfähig waren. So wurde in der Regel lediglich die zukünftige Prüfung der umstrittenen Maßnahmen in anderen Foren festgelegt. Es handelte sich, in den Worten des nie-

---

der Sicht eines deutschen Sekretariatsangehörigen, 19.6.1975; ebd.: 7. SGV, Analyse der Erklärung der USA, 5.9.1975 und ebd.: Anlage I – Sprechzettel zur Frage des „link".

517 NAL, FCO 61/1310: FM UKMIS New York an FCO, 1.9.1975; PA AA, B 1/579: Verlauf und Ergebnis der 7. Sondergeneralversammlung der Vereinten Nationen vom 1. – 16. September 1975 in New York, 16.9.1975.

518 NAL, FCO 61/1310: FM UKMIS New York an FCO, Nr. 1009, 8.9.1975.

519 PA AA, B 1/579: New York Uno an AA, Intervention von VN-GS Waldheim, Nr. 1876, 13.9.1975.

520 Ebd.: New York Uno an AA, Abschließende Plenarsitzung, Nr. 1927, 16.9.1975; auch ebd.: Ortex Nr. 125, 7. SGV, 18.9.1975; NAL, FCO 61/1313: Secretary of State for Foreign and Commonwealth Affairs: Report on the Seventh Special Session of the United Nations General Assembly 1–16 September 1975, London 1975.

derländischen Entwicklungsministers Jan Pronk, der das Ad-hoc Komitee geleitet hatte, das über die Resolution verhandelte, im Endeffekt um „commitments to commit“[521].

Mit dem Ausgang der Session zeigten sich viele Delegierte, Beobachterinnen und Beobachter zufrieden. Im Bundesaußenministerium war man offensichtlich erfreut, dass es „ohne Preisgabe von wesentlichen Sachpositionen“ gelungen war, die Entwicklungsländer von „unserem Verständnis für ihre Probleme zu überzeugen. Wir haben damit unserem eigenen Ansehen gedient und zugleich einen Beitrag zur Entspannung des Nord-Süd-Gegensatzes geleistet.“ Ebenso wie im britischen Foreign and Commonwealth Office waren sich die Beamten aber darüber im Klaren, dass die Dritte Welt ihre Forderungen nach einer grundlegenden Änderung der Weltwirtschaftsordnung keinesfalls begraben hatten und den „verbalen Konzessionen“ der Sondersitzung auf den folgenden Treffen auch echte Zugeständnisse, einschließlich geforderter Strukturanpassungen, folgen mussten. In London begründete man die kooperative Haltung der Industriestaaten dabei explizit mit der eigenen ökonomischen Verwundbarkeit gegenüber den Entwicklungsländern. Die Erfahrungen der Ölkrise wirkten offensichtlich auch 1975 noch spürbar nach. Darüber hinaus werteten es die Europäer als großen Erfolg, dass die neun EG-Staaten es in der UN erstmals geschafft hatten, mit einer Stimme zu sprechen[522]. Positiv war auch das Bild, das weite Teile der Presse zeichneten. Sogar das zuvor ausgesprochen kritische *Wall Street Journal* konzedierte: „They came up with a consensus resolution that, if implemented, might even accomplish something by laying guidelines for more fundamental changes in the world's economic structure.“[523] Die kanadische *Globe and Mail* sprach gleich vom „best document on development the UN has ever produced“[524]. Dennoch, so fasste es ein Mitarbeiter der britischen UN-Mission zusammen, kam auf jeden Korrespondenten, der meinte, es sei ein riesiger Schritt vorwärts gelungen auf dem Weg, die Kluft zwischen Reich und Arm zu schließen, ein anderer,

521 United Nations General Assembly, Resolutions adopted by the General Assembly during its Seventh Special Session, 1–16 September 1975, New York 1976; NAL, FCO 61/1313: FCO, Seventh Special Session of the UN General Assembly: Results and Follow Up, 17.10.1975.

522 PA AA, B 1/579: Verlauf und Ergebnis der 7. Sondergeneralversammlung der Vereinten Nationen vom 1. – 16. September 1975 in New York, 16.9.1975; NAL, FCO 61/1313: FCO, Seventh Special Session of the UN General Assembly: Results and Follow Up, 17.10.1975; vgl. auch ebd., FCO 61/1312: US Views on Special Session, 26.9.1975.

523 Everett G. Martin, A Bit More Realism at the UN, in: The Wall Street Journal, 18.9.1975, S. 22.

524 Douglas Roche, Poor People of the World as Poker Chips, in: The Globe and Mail, 18.9.1975, S. 7.

der das Ergebnis der Sondersitzung als westlichen PR-Coup auf Kosten der radikalen Dritt-Welt-Staaten interpretierte[525].

Zufriedenheit mit der Sondersitzung ließ sich aber auch aufseiten der Entwicklungsländer feststellen. Die *Times of India* registrierte zwar die unveränderte Ablehnung, die die amerikanische Delegation dem Konzept der Neuen Weltwirtschaftsordnung entgegenbrachte. Andererseits argumentierte das Blatt, dass die in der Abschlussresolution aufgeführten Maßnahmen zwangsläufig diese neue Ordnung herbeiführen würden. „If they are faithfully carried out, the economic situation of the poor countries, both domestically and internationally, will be much stronger than it is today." Daher sei die Resolution ein „major triumph for the third world"[526]. Ganz ähnlich sah die Lageeinschätzung in Sambia aus. In einem geheimen Bericht schrieb ein Delegierter von der 1976 folgenden UNCTAD-Konferenz in Nairobi, nach der 7. Sondersitzung habe man geglaubt, die internationale Gemeinschaft sei „at long last willing to accept the new international economic order [...]. The Third World was of the opinion that the Seventh Session of the United Nations General Assembly had succeeded in changing the views of those industrialised countries who still worshipped and advised the old in[ternational, J. K.] economic order in which they were the privileged class."[527] Der Geist der Konfrontation, der 1974 an der Turtle Bay vorherrschend gewesen war, war 1975 dem Willen zum Dialog gewichen. Aus Lusaka oder Neu-Delhi betrachtet schien es, als würde der Traum einer Neuen Weltwirtschaftsordnung nun Wirklichkeit werden.

3.2 Vorbildliche Beziehungen – Die Konvention zwischen EWG und AKP, Lomé 1975

Die UN-Sondersitzungen hatten rechtlich nicht bindende Resolutionen erbracht. Dementsprechend war die Umsetzung der genannten Maßnahmen keineswegs gesichert. Anders sah dies bei der „convention of cooperation" aus, die die Europäische Wirtschaftsgemeinschaft am 28. Februar 1975 nach 18-monatigen Verhandlungen mit 46 ehemaligen Kolonialländern aus Afrika, der Karibik und dem Pazifik – kurz AKP – in der togolesischen Hauptstadt Lomé abschloss. Die Europäer, die ein starkes Interesse daran hatten, die Lomé-Konvention vor dem Hintergrund der Forderungen nach einer Neuen Weltwirtschaftsordnung als

525 NAL, FCO 61/1312: S. P. Day, Special Session As Seen From the Press Floor, 18.9.1975.

526 O. A., Some Gains, in: The Times of India, 19.9.1975, S. 8.

527 UNIPA, UNIP 7/2/31: Report by Hon. Dr. H. K. Matipa, MP., on the Fourth Session of United Nations Conference on Trade and Development, 27th April to 30th May, 1976 – Nairobi.

großen Erfolg auf dem Weg zu faireren Nord-Süd-Beziehungen zu präsentieren, priesen die Vereinbarung als Vorzeigemodell[528]. Judith Hart etwa, die für die Verhandlungen zuständige britische Ministerin für Overseas Development, erklärte kurz nach Abschluss der Verhandlungen im House of Commons: „The Agreement has rightly been described as historic. In its detail, it embodies a new economic relationship between the developing countries concerned and the industrialised nations of the Community. It is my hope that it may, in the longer term, contribute towards a new international order.“[529] Bemerkenswerter war, dass Vertreter der AKP-Staaten ähnliche Worte wählten. Der guyanische Außenminister Shridath Ramphal, Sprecher der karibischen Gruppe und einer der zentralen Akteure während des Aushandlungsprozesses, äußerte während der feierlichen Unterzeichnung in Lomé:

> By the convention of Lome „we do not imitate – but are a model to others“. For us, this too is a major cause for satisfaction; for, throughout the negotiations, we have been conscious of their relevance to the evolution of a new model of relationships, operable not only between ourselves and the Community, but universally applicable between developed and developing countries the world over. We have been determined, and remain determined, to ensure that the Convention contributes to the realisation of the aspirations of the international community for a New International Economic Order.[530]

Bedeutete das Abkommen von Lomé aber tatsächlich einen Schritt hin zur Verwirklichung einer Neuen Weltwirtschaftsordnung? Und welche Rolle spielte das Öl beim Zustandekommen des Vertrags? Diese Fragen sollen im Folgenden im Vordergrund stehen.

Im Vergleich zu seinen Vorläufern, den Assoziierungsabkommen zwischen der EWG und den Associated African States and Madagascar, die 1963 und 1969 in Kameruns Hauptstadt Jaundé abgeschlossen worden waren, brachte das Abkommen von Lomé in der Tat substanzielle Veränderungen. Das lässt sich zunächst mit Blick auf die beteiligten Staaten feststellen. Handelte es sich bei den Assoziierten von Jaundé zunächst um 18 ehemalige französische und belgische Kolonien, erweiterte sich der Kreis mit dem Beitritt Großbritanniens zu den Eu-

528 Diese Strategie wurde etwa ganz explizit formuliert in NAL, FCO 30/2633: UKMIS UN an UKREP Brüssel, Publicity for the ACP Agreement, 13.2.1975; oder ebd.: UKMIS UN an FCO, The Lome Convention (ACP) and the United Nations, 10.2.1975; vgl. auch die übrige Korrespondenz in diesem Zusammenhang, ebd.

529 NAL, FCO 30/2631: Parliamentary Statement by Mrs. Hart on ACP/EEC Convention, 3.2.1975.

530 NAL, FCO 30/2634: Statement by Hon. Shridath S. Ramphal, Foreign Minister of Guyana, on Behalf of the ACP States on the Occasion of the Signing of the ACP-EEC Convention of Lome at Lome, Togo, on February 28, 1975.

ropäischen Gemeinschaften[531] am 1. Januar 1973 gewaltig. Die ehemaligen Kolonien des Britischen Empire in Afrika, der Karibik und dem pazifischen Raum vergrößerten den Kreis bis zur Unterzeichnung der Lomé-Konvention auf über 40. Gleichzeitig legten diese sogenannten „Associables" großen Wert darauf, dass das neue Abkommen mit der EWG einen grundlegend anderen Charakter erhalten sollte als die Assoziierungsabkommen der 1960er Jahre. Sie hielten, so drückte es ein britischer Diplomat aus, die beiden Jaundé-Konventionen für „neo-colonialist and beneath their dignity"[532]. Zentral waren in dieser Hinsicht zwei Forderungen der AKP-Staaten, die vor allem symbolisch von großer Bedeutung waren. Zum einen sollte der Grundsatz der Reziprozität aufgegeben werden, der für die Beziehungen zu den Assoziierten seit den Römischen Verträgen von 1957 grundlegend gewesen war. Für den freien Zugang zum europäischen Markt hatten diese den Europäern die gleiche Vorzugsbehandlung auf ihren Binnenmärkten zukommen lassen müssen. Ein solches Arrangement sei, so verlautbarte etwa der *Government Information Service* von Barbados, „unthinkable at this stage of international dialogue"[533]. Zum anderen legten die postkolonialen Staaten nun Wert darauf, dass der Terminus der Assoziation gänzlich aus dem neuen Abkommen gestrichen würde, da er „something less than equality" impliziere[534].

Trotz Widerstands – vor allem aus Frankreich – setzten sich die AKP-Staaten mit beiden Forderungen durch. Das AKP-EWG-Abkommen von Lomé, wie es nun offiziell hieß, bedeutete aber nicht nur symbolisch einen neuen Aufbruch. Auch

531 Europäische Gemeinschaften war der Sammelbegriff für die Europäische Gemeinschaft für Kohle und Stahl, die EWG und die Europäische Atomgemeinschaft.

532 NAL, FCO 30/2636: Michael Palliser an James Callaghan, The Negotiation of the Lome Convention Between the European Community and its Member States and the African, Carribean and Pacific States, 27. 3. 1975.

533 NAL, FCO 30/2634: Margaret Hope, Lome Convention – A Major Breakthrough for the Third World. A Government Information Service Feature, 18. 3. 1975. Auch die Vereinigten Staaten waren im Übrigen gegen diese Reziprozität und versprachen, eine entsprechende Regelung, die auf eine Gegenseitigkeitsklausel verzichtete und deswegen Probleme im GATT bereiten könnte, durch diese Institution zu schleusen. Vgl. etwa Lili Reyels, Die Entstehung des ersten Vertrags von Lomé im deutsch-französischen Spannungsfeld 1973 – 1975, Baden-Baden 2008, S. 87, 194 oder Guia Migani, Lomé and North-South Relations (1975 – 1984): From the „New International Economic Order" to a New Conditionality, in: Claudia Hiepel (Hg.), Europe in a Globalising World. Global Challenges and European Responses in the „long" 1970s, Baden-Baden 2014, S. 123 – 146, hier S. 129.

534 Colin Legum, Third World Gets a Better Deal From the EEC, in: Times of Zambia, 17. 2. 1975, S. 4. Zu den Jaundé-Abkommen siehe Kurt Düwell, Die Entwicklungspolitik der Europäischen Gemeinschaft zwischen Jaunde und Lomé (1963 – 1984), in: Franz Knipping/Matthias Schönwald (Hg.), Aufbruch zum Europa der zweiten Generation. Die europäische Einigung 1969 – 1984, Trier 2004, S. 187 – 200.

substanziell hatte es Neues zu bieten. Am wichtigsten war in dieser Hinsicht das zunächst von der Europäischen Kommission vorgeschlagene Erlösstabilisierungsmodell STABEX. Es sollte dazu dienen, die teils extremen Einnahmenausfälle vieler AKP-Staaten, die auf den Export von einigen wenigen, im Preis oft stark fluktuierenden Rohstoffen angewiesen waren, durch die Gewährung von zinsfreien Darlehen auszugleichen. Sambias bereits thematisierte Kupferabhängigkeit ist in diesem Kontext ein Beispiel unter vielen. Beim STABEX-Modell handelte es sich um den Versuch einer europäischen Antwort auf eines der zentralen ökonomischen Probleme der Entwicklungsländer, das auch in der Diskussion um eine Neue Weltwirtschaftsordnung eine wichtige Rolle spielte. Allerdings favorisierte die G77 ein Modell der Preis- nicht der Erlösstabilisierung, das bereits erwähnte „integrated programme for commodities", das Mitte der 1970er Jahre immer mehr ins Zentrum der Nord-Süd-Diskussionen rückte. Trotz des anderen Ansatzes begrüßten die AKP-Staaten den Kommissionsvorschlag, machten ihn sich zu eigen und setzten ihn gegen die Widerstände insbesondere aus der BRD und den Niederlanden durch. Allerdings vermochten sie es in den Verhandlungen nicht, all ihre Vorstellungen durchzudrücken. Zwar erreichten sie, dass sie über den Einsatz der gewährten Darlehen frei entscheiden konnten. Doch die Kontrolle des STABEX blieb allein bei den Europäern. Auch war es den AKP-Unterhändler*innen nicht wie erhofft gelungen, die Liste der berücksichtigten Rohstoffe entscheidend zu erweitern. Mit Ausnahme von Eisenerz handelte es sich ausschließlich um Agrarprodukte. Kupfer, das im ursprünglichen Kommissionsvorschlag noch enthalten war, hatte es nicht in das System geschafft. Hinzu kamen im Rahmen der Lomé-Konvention u. a. ein ambitioniertes Programm industrieller Zusammenarbeit und kurz vor Ende der Verhandlungen ein Zuckerprotokoll, das den AKP-Zuckerproduzenten Preis- und Abnahmegarantien zugestand und damit praktisch die Vorteile der EWG-internen Common Agricultural Policy auf sie ausdehnte. Außerdem verdreifachte sich die Summe des Europäischen Entwicklungsfonds auf über drei Milliarden Verrechnungseinheiten (etwa $ 3,6 Milliarden)[535]. Die AKP-Staaten waren zwar mit dieser Summe nicht einverstanden, sie

535 Zum Inhalt der Konvention siehe Generalsekretariat des Rates der Europäischen Gemeinschaften: Am 28. Februar 1975 unterzeichnetes AKP-EWG-Abkommen von Lomé und dazugehörige Dokumente, https://publications.europa.eu/en/publication-detail/-/publication/c973175b-9e22-4909-b109-b0ebf1c26328/language-en, 3.1.2022. Vgl. auch Migani, Lomé; Düwell, Die Entwicklungspolitik der Europäischen Gemeinschaft; und Reyels, Lomé, S. 11–14. Zur deutschen Kritik am STABEX-System siehe PA AA, B 54/122130: Der Bundesminister für Wirtschaft, Vermerk: Assoziierungsvorschläge der Kommission, 10.4.1973. Auch Hans-Jürgen Wischnewski, Mit Leidenschaft und Augenmaß: in Mogadischu und anderswo; politische Memoiren, München 1989, S. 179–182.

hatten acht Milliarden gefordert, doch die EWG war damit zum weltweit wichtigsten Geber von offizieller Entwicklungshilfe geworden[536].

Letztlich war das Abkommen für die ehemaligen Kolonien ein Erfolg. Von Tansania über Barbados bis auf die Fiji-Inseln ließen sich offizielle Verlautbarungen vernehmen, die die Lomé-Konvention als wichtigen Schritt in die richtige Richtung lobten, gar als „major breakthrough for the Third World“[537]. Auch in der historischen Forschung gilt das Abkommen von 1975, dem Lomé II (1979), III (1984) und IV (1989) folgen sollten, als „probably the best one the ACP states were able to negotiate“, sogar als „probably the most positive result of the campaign for a new international economic order“[538]. Nichtsdestotrotz bedeutete es nicht die volle Anwendung der Prinzipien der Neuen Weltwirtschaftsordnung auf die AKP-EWG-Beziehungen. Bezeichnend ist, dass bestimmte Kräfte innerhalb der EWG es erfolgreich zu verhindern wussten, dass ein Verweis auf die Neue Weltwirtschaftsordnung, wie ihn die AKP-Staaten wünschten, in die Präambel der Konvention aufgenommen wurde. Der luxemburgische Premierminister Gaston Thorn etwa setzte sich mit der Bemerkung, die „new economic order [...] smacked too much of Facism“, innerhalb der EWG erfolgreich gegen das Vorhaben ein[539]. Und auch das Erlösstabilisierungsmodell STABEX war den AKP-Staaten zwar willkommen, entsprach aber nicht den Ansätzen zur Preisstabilisierung im Rohstoffbereich – Indexierung und „integrated programme“ –, wie sie im Zentrum der G77-Forderungen standen[540]. Die Lomé-Konvention lässt sich insofern als Entgegenkommen in Bezug auf die weltwirtschaftlichen Forderungen der Dritten Welt werten, aber sicher nicht als Realisierung ihrer Kernforderungen.

Wie lässt sich der Erfolg der AKP-Staaten erklären? In einer Meldung des auf Entwicklungsfragen spezialisierten *Gemini News Service* beschrieb Malcolm Subhan kurz vor Abschluss der Verhandlungen das Zögern der AKP-Minister, den Deal mit den Europäern tatsächlich abzuschließen: „They [die AKP-Minister, J. K.] feel they are now in a much stronger position than they were when negotiations

---

536 Newton, Global Economy, S. 116.

537 NAL, FCO 30/2634: Margaret Hope, Lome Convention – A Major Breakthrough for the Third World. A Government Information Service Feature, 18.3.1975; zu Tanzania vgl. Malcolm Subhan, EEC-ACP Deal, in: Daily News, 13.2.1975 und o. A., Jamal Hails Pact: EEC Allows More Farm Exports From ACP, ebd., 20.2.1975; zu Fiji vgl. NAL, FCO 30/2634: Speech by Ratu Sir K. K. T. Mara, Prime Minister of Fiji.

538 Migani, Lomé, S. 133; Newton, Global Economy, S. 116. Vgl. auch Garavini, After Empires, S. 191; Emmanuel C. Onwuka, The Lome Convention and the Search for a New International Economic Order, in: The Indian Journal of Economics 299 (1995), S. 479 – 495, hier S. 492 f; Zeigler, Offene Türen, S. 288.

539 NAL, FCO 30/2630: R. Manning an P. S. Fairweather, Protocoll 22: General Texts, 16.1.1975.

540 Siehe beispielhaft PA AA B 200/105618: Botschaft Daressalam an Bonn, Nr. 24, 28.1.1975.

opened." Für diesen Wandel machte er vor allem zwei Faktoren verantwortlich, die im Folgenden beleuchtet werden: die Einigkeit der AKP-Staaten und die gestärkte ökonomische Position der Dritten Welt im Zuge von Ölkrise und Rohstoffknappheit[541].

Für Shridath Ramphal begann die Einigkeit der AKP-Akteure auf dem Rasen vor dem Sitz des guyanischen Premierministers während der 1972er-Konferenz der bündnisfreien Außenminister in Georgetown. Im Bewusstsein der bevorstehenden Verhandlungen mit der EWG trommelte Ramphal, der Chefunterhändler für die karibischen Staaten, dort die betroffenen Außenminister der Commonwealth-Länder zu einem Treffen zusammen. „The upshot of the ad-hoc Meeting", so erklärte er später in seinen Memoiren, „was the idea of close collaboration between the African, Caribbean and Pacific countries taking part in the negotiations with Europe on how the interaction might begin. The Meeting decided that a team of Caribbean officials would visit Commonwealth African capitals for more comprehensive technical discussions."[542] Ebenso wichtig war aber, dass es den Afrikanern im Mai 1973 gelang, zu einer gemeinsamen Position zu kommen, die die Spaltung in frankophone bereits assoziierte Staaten und anglophone Assoziierbare überwand. Bezeichnend war in dieser Hinsicht, dass die Afrikaner, als die Gespräche mit der EWG im Juli in Brüssel begannen, einen gemeinsamen Sprecher bestimmten, der eine gemeinsame Erklärung abgab. Hinzu kam jeweils ein gemeinsames Statement der karibischen und der pazifischen Staaten. Beim folgenden Ministertreffen im Oktober sprachen die AKP-Staaten dann tatsächlich nur noch mit einer Stimme[543].

Mit einer solchen Einigkeit, die von Beginn bis Ende der Verhandlungen anhalten sollte, hatten die Europäer nicht gerechnet. Nach der ersten Verhandlungsrunde im Juli 1973 hatte man etwas erstaunt die „Einmütigkeit, mit der die 3 Sprecher der Entwicklungsländer ihre Positionen dargelegt haben", notiert[544]. Und noch während des Ministertreffens Mitte Januar 1975, das eigentlich den Abschluss des Verhandlungsmarathons hatte bilden sollen, präsentierten die AKP-Staaten ein beeindruckendes Beispiel ihrer Gruppensolidarität. Nachdem

541 NAL, FCO 30/2631: Malcolm Subhan, The ACP Countries Take a Hard Line With Europe, Gemini News Service, 24.1.1975.

542 Ramphal, Glimpses of a Global Life, S. 162–164.

543 Vgl. ebd., S. 165–167; NAL, FCO 30/2636: Palliser an Callaghan, The Negotiations of the Lome Convention between the European Community and the African, Carribean and Pacific Countries. Summary, 27.3.1975; auch Migani, Lomé, S. 126 f.

544 PA AA, B 54/122130: Assoziierungs- und Entwicklungspolitik der EWG, 13.8.1973. Vgl. auch NAL, FCO 30/2636: Palliser an Callaghan, The Negotiations of the Lome Convention between the European Community and the African, Carribean and Pacific Countries. Summary, 27.3.1975.

der jamaikanische Handelsminister Percival Patterson erklärt hatte, ein Abkommen sei ohne eine Einigung in der immer noch strittigen Zuckerfrage nicht zu bekommen, trugen die Afrikaner, die auf eine schnelle Unterzeichnung der Konvention gehofft und wenig Interessen in diesem Bereich hatten, die karibische Linie mit. Die Verhandlungen mussten noch einmal um zwei Wochen vertagt werden, bevor sie nach weiteren Konzessionen der Europäer zu einem erfolgreichen Abschluss kamen[545]. Hier wird deutlich, dass Einmütigkeit keinesfalls durchgängige Interessenidentität bedeutete, sondern dass Meinungsverschiedenheiten lediglich innerhalb der AKP-Gruppe ausgetragen wurden, sie nach außen aber durchgängig mit einer Stimme sprachen. Bedeutend ist ebenfalls, dass die Europäer – anders als die USA auf UN-Ebene – nicht versuchten, die Einigkeit der AKP-Staaten zu unterlaufen. Sie hießen sie vielmehr explizit willkommen, auch wenn das vonseiten des Südens nicht immer so gesehen wurde[546].

Die AKP-Solidarität trug auch dazu bei, dass Länder wie Nigeria oder Sambia, denen das Abkommen wirtschaftlich nur geringe Vorteile versprach, nicht ausscherten. So empfahl der sambische Handelsminister dem heimischen Kabinett die Annahme der Lomé-Konvention, obwohl Sambias primäres Exportgut Kupfer bereits jetzt freien Zugang zum EWG-Markt genoss und in das Exporterlössystem nicht einbezogen wurde. Auch führte das Land keine anderen Güter in ausreichendem Maße aus, als dass das STABEX-System zum damaligen Zeitpunkt relevant gewesen wäre, und die Vorteile im Bereich der technischen und finanziellen Kooperation hielt der Minister für „at a minimal level“. Dagegen betonte er, dass kein Entwicklungsland bei der momentanen Weltwirtschaftslage viel erwarten könne, wenn es allein stünde. In dieser Hinsicht hielt er die Konvention für ein „springbord of African economic union. It will cut across sectional and regional interests and bring about unity within the ACP group.“[547] Ganz ähnlich

545 PA AA, B 200/105618: Brüssel Euro an AA, Nr. 143, 16.1.1975; NAL, FCO 30/2634: Margaret Hope, Lome Convention – A Major Breakthrough for the Third World. A Government Information Service Feature, 18.3.1975; ebd., FCO 30/2632: FM UKREP Brussels an FCO, Conclusion of Negotiations: Comment, 5.2.1975.

546 In einem Konzept des Auswärtigen Amtes hieß es etwa: „Eine Spaltung [...] liegt nicht in unserem Interesse.“ Siehe PA AA, 200/105618: Ministerkonferenz EG-AKP am 30./31.1.1975 in Brüssel, 28.1.1975. Vgl. auch NAL, FCO 30/2636: Palliser an Callaghan, The Negotiations of the Lome Convention between the European Community and the African, Carribean and Pacific Countries. Summary, 27.3.1975. Der Vorwurf der Spaltung findet sich etwa in o. A., EEC Accused of ‚Blocking‘ Entry Bid, in: Times of Zambia, 20.1.1975, S. 5.

547 UNIPA, UNIP 7/5/18: Memorandum by the Hon. Minister of Commerce, Cabinet. International Agreements: ACP-EEC Rome [sic] Convention Trade, Technical and Financial Co-operation, 19.2.1975. Auch die Kommentierung in der sambischen Presse war positiv. Siehe etwa Colin Legum,

dachte man in nigerianischen Regierungskreisen, wo man in der Konvention einen „wichtigen Brückenschlag zwischen den anglophonen und francophonen Ländern Afrikas" erblickte[548].

Kritik an dem Abkommen kam hingegen aus anderen Teilen der Dritten Welt. Gerade lateinamerikanische Politiker*innen beäugten die Vorzugsbehandlung der AKP-Staaten mit Argwohn, da sie zu Lasten der eigenen Handelsinteressen gehen könnte. Kolumbien etwa demarchierte kurz vor Unterzeichnung der Lomé-Konvention in Bonn, „um Stoerungen in den Handelsstroemungen zwischen der Europäischen Gemeinschaft und Kolumbien zu vermeiden". Nicht zuletzt fürchtete Bogotá, dass das Internationale Kaffeeabkommen beeinträchtigt werden könnte[549]. Andere sahen die Konvention als Instrument Europas, um die G77 in „ACP and non-ACP countries" zu spalten. So formulierte es etwa die regierungsnahe tansanische Zeitung *Daily News*. Und auch bei den Vereinten Nationen in New York mangelte es nicht an ähnlichen Äußerungen[550]. Die Einheit der AKP-Staaten, die für den Erfolg der Verhandlungen mit der EWG so wichtig gewesen war, erschien in dieser Interpretation als Problem für die Dritte Welt im Allgemeinen.

Der zweite Erfolgsfaktor für die Unterhändler aus Afrika, der Karibik und dem pazifischen Raum war die sich während der Verhandlungen entfaltende Erdöl- und Rohstoffkrise. Zwar finden sich in den ausgewerteten Aktenbeständen keine Hinweise darauf, dass die AKP-Staaten explizit mit der sogenannten Ölwaffe oder alternativen Rohstoffkartellen drohten, um den Europäern weitere Konzessionen abzutrotzen. Da unter den beteiligten Staaten lediglich Nigeria ein bedeutender Erdölexporteur und Mitglied der OPEC war, wäre ein solcher Schritt vermutlich auch unrealistisch gewesen. Dennoch spielte der Kontext der unsicher gewordenen Rohstoffversorgung Europas in den Verhandlungen keine unwichtige Rolle. Bereits die früheren Assoziierungsabkommen hatten auch dem Zweck gedient, eben diese Versorgung nach dem Ende der formalen Kolonialherrschaft auf dauerhaft sichere Füße zu stellen[551]. Nach dem Oktober 1973 mussten solche

---

Third World Gets a Better Deal from the EEC, in: Times of Zambia, 17. 2. 1975, S. 4. Vgl. auch PA AA, B 200/105618: Botschaft Lusaka an AA, 11. 3. 1975.

548 PA AA, B 200/105618: Botschaft Lagos an AA, Haltung Nigerias zur Konvention von Lomé, 3. 4. 1975.

549 Ebd.: Verbalnote der Botschaft von Kolumbien an das AA, 24. 2. 1975. Zur brasilianischen Haltung siehe ebd., B 71/113911: Bericht über die ‚Fact-finding'-Mission von StM Wischnewski, 5. 8. 1975. Für weitere Kritik vgl. Migani, Lomé, S. 124.

550 Malcolm Subhan, EEC-ACP Deal, in: Daily News, 13. 2. 1975; PA AA, B 200/105618: New York UNO an AA, Nr. 575, 27. 3. 1975.

551 Düwell, Die Entwicklungspolitik der Europäischen Gemeinschaft, S. 191, 200; vgl. auch Reyels, Lomé, S. 41 f.

Überlegungen dann deutlich an Priorität gewinnen, wie sich auch an Äußerungen verschiedener beteiligter Akteure ablesen lässt. Als auf der Ministerkonferenz von Kingston im Juli 1974 der entscheidende Durchbruch bei den Verhandlungen geglückt war, nachdem diese zuvor monatelang stagniert hatten, erklärte etwa Staatssekretär Dhoore, der für Belgien an den Gesprächen teilgenommen hatte: „Nur durch eine echte, auf gegenseitigem Vertrauen basierende Zusammenarbeit mit den Entwicklungsländern könnten Rohstoffkrisen ähnlich der Ölkrise in Zukunft vermieden werden." Er ergänzte, dass die Konferenz von Kingston hier den Weg gewiesen habe[552]. In eine ähnliche Richtung lässt sich auch die folgende Äußerung Claude Cheyssons, Europäischer Kommissar für Entwicklung und eine der zentralen Figuren während der Lomé-Verhandlungen, interpretieren. Dieser warnte die europäischen Partner in einer Vorbereitungssitzung auf die finale Verhandlungsrunde eindringlich, „man müsse sich darüber klar sein, dass es zu einer politischen Krise komme, wenn in der Ministerkonferenz keine Einigung zwischen Gemeinschaft und AKP zustandekäme". Diese Gefahr sahen auch alle Delegationen und drängten daher auf einen erfolgreichen Abschluss der Verhandlungen[553]. Angesichts der frischen Erfahrungen mit der Energiekrise, der Forderungen nach einer Neuen Weltwirtschaftsordnung und der Drohung mit weiteren Rohstoffkartellen im globalen Rahmen waren die Europäer offensichtlich zu weiteren Konzessionen bereit, um das Verhältnis zu den Entwicklungsländern und ihre eigene Rohstoffversorgung zu sichern[554].

Das Resultat war die Lomé-Konvention, die – wie gezeigt – zwar nicht der Verwirklichung einer neuen Weltwirtschaftsordnung gleichkam, aber dennoch ein spürbares Entgegenkommen gegenüber den Forderungen der Dritten Welt bedeutete. Und in der Tat sollte das Abkommen – und hier vor allem das STABEX-System – einen gewissen Modellcharakter haben. So lobte Indien die Erlösstabilisierung in den Vereinten Nationen als „a forward and progressive step whose scope and coverage need to be universalised."[555] Die Vorschläge zum „compensatory financing", die u. a. die USA aber auch die BRD im Rahmen der 7. Sondergeneralversammlung der UN vorstellten, lassen sich als eine ebensolche Universalisierung verstehen. Wenige Wochen nach der Unterzeichnungszeremonie in Lomé und noch bevor die Generalversammlung der Vereinten Nationen zu ihrer siebten Sondersitzung zusammenkam, entstand mit der Vorkonferenz für einen Dialog zwischen Erdölproduzenten und -konsumenten ein weiteres Forum, das die Nord-Süd-Debatte in den kommenden zwei Jahren mitbestimmen sollte.

552 PA AA, B 200/105617: Botschaft Brüssel an AA, 12.9.1974.
553 Ebd., B 200/105618: Brüssel Euro an AA, Nr. 66, 10.1.1975.
554 Ähnlich sehen das auch Garavini, After Empires, S. 192 und Migani, Lomé, S. 133 – 135.
555 PA AA, B 1/579: New York Uno an AA, Nr. 938, 23.5.1975.

3.3 Der Nord-Süd-Dialog beginnt – Der Weg in die Konferenz für internationale wirtschaftliche Zusammenarbeit, Paris 1975

Am 24. Oktober 1974 trat der erst im Juni ernannte französische Präsident Valéry Giscard d'Estaing vor die Presse. Den etwa 400 Journalisten, die im Elysée-Palast versammelt waren, offerierte der ehemalige Finanzminister ein düsteres Bild der aktuellen Weltlage. Die Welt sei unglücklich, erklärte er, weil sie nicht wisse, worauf sie zusteuere, und weil sie ahne, dass das Ziel nur eine Katastrophe sein könne. Verschiedene Entwicklungen bereiteten dem Präsidenten Sorgen und eine zentrale war offensichtlich die Ölkrise des Vorjahres mit ihren Folgen für die Weltwirtschaft und das globale Finanzsystem. In diesem Zusammenhang bestätigte er noch einmal die französische Linie, sich aus der „oil-sharing-group" herauszuhalten, die im Gefolge der Washingtoner Energiekonferenz zwischen den westlichen Industriestaaten vereinbart worden war, da er sie für konfrontativ hielt. Stattdessen brachte er erneut eine Idee ins Spiel, die sein Amtsvorgänger bereits Anfang des Jahres vorgetragen hatte und die auch auf der Agenda der International Energy Group stand: eine Erdölkonferenz, an der Produzenten und Konsumenten, Industrie- und Entwicklungsländer gleichermaßen beteiligt sein sollten. Diese Konferenz sollte sich von den großen UN Special Sessions durch ihre Konzentration auf das Energiethema und eine stark beschränkte Teilnehmerzahl von zehn bis zwölf unterscheiden. Als zentrales Problem, das in diesem Rahmen zu lösen sei, nannte Giscard die Sicherung der Exporterlöse der Erdölstaaten und verwies ganz explizit auf ein Lieblingskonzept der OPEC, eine mögliche „indexation du prix du pétrol sur un certain nombre d'éléments de référence"[556].

Den westlichen Verbündeten erklärten die Franzosen, dass die Abhängigkeit der Industriestaaten vom Erdöl in naher Zukunft nicht behebbar sei. Vor diesem Hintergrund gehe es darum, einer Verschlechterung der internationalen Lage, die sich „u. a. in der Verschärfung des Tones in der Auseinandersetzung zwischen Erdölimporteuren und -exporteuren manifestiere", vorzubeugen. Gerade angesichts des aggressiven Klimas während der zeitgleich stattfindenden Generaldebatte der Vereinten Nationen – siehe oben – schien diese Sorge nicht unbegründet. Konkret hatte Paris die Mitte Dezember anstehende Konferenz der OPEC

556 Für Giscards Erklärung siehe NAL, FCO 96/74. Flora Lewis, Giscard Asserts World is in Grip of Fiscal Crisis, in: The New York Times, 25.10.1974, S. 81; Paul Webster, Giscard Lays Down his Own Oil Formula, in: The Guardian, 25.10.1974, S. 3; Jonathan C. Randal, France Stays Out of Oil Plan, in: The Washington Post, 25.10.1974, S. A27.

im Blick, auf der der Erdölpreis für 1975 festgelegt werden sollte. Würde es gelingen, das Vorbereitungstreffen für den vorgeschlagenen Energiedialog noch vor der OPEC-Sitzung abzuhalten, so würde dies – so die Hoffnung im Quai d'Orsay – die Verhandlungsposition der gemäßigten Erdölstaaten stärken und so zu einem niedrigeren Ölpreis beitragen[557].

Die Verbündeten selbst waren von der französischen Idee weit weniger begeistert. Nicht nur in Washington hatte man gehofft, dass der Wechsel von Pompidou zu Giscard mit einer Wiederannäherung an die USA und einer Neuausrichtung der internationalen Energiepolitik Frankreichs einhergehe, die im Idealfall zum Einstieg in das Internationale Energieprogramm führen würde. Giscards Pressekonferenz bedeutete nun einen zweifachen Dämpfer. Einerseits erteilte er dem westlichen *oil-sharing* eine Absage und andererseits überraschte er die Partnerländer mit seiner Konferenzinitiative, ohne sie zuvor in dieser Sache konsultiert zu haben. Insbesondere in Washington schien dieses Vorgehen tiefe Enttäuschung hervorzurufen. Ein inoffizielles Non-Paper der Vereinigten Staaten mahnte an, dass die Voraussetzung für einen erfolgreichen Dialog die effektive Kooperation der Konsumenten sei. Da diese aber noch nicht hergestellt sei, könne die französische Konferenz unmöglich positive Ergebnisse liefern[558]. Das Auswärtige Amt hielt das französische Vorgehen ebenfalls für übereilt, forderte mehr Zeit für eine eingehende Vorbereitung und war naturgemäß skeptisch gegenüber den Indexierungsvorschlägen aus Paris. Grundsätzlich aber begrüßte Bonn – wie die anderen Europäer – eine Konferenz zwischen Erdölproduzenten und -konsumenten[559].

Auch die eingeladenen Entwicklungsländer und die OPEC-Staaten stimmten schließlich der Einberufung einer Vorkonferenz zu, auf der die prozeduralen Fragen bezüglich des Dialogs geklärt werden sollten. Ihre Vorstellungen hinsichtlich der zu behandelnden Themen wichen jedoch massiv von jenen der Gastgeber und der übrigen Industriestaaten ab. Dieses Kapitel beschäftigt sich mit dem schwierigen Vorbereitungsprozess, der schließlich zur Pariser Conference on

---

557 PA AA, B 71/113909: Sigrist an Hermes, 29.10.1974. Siehe auch Memorandum From the President's Deputy Asssistant for National Security Affairs (Scowcroft) to President Ford, 25.10. 1974, in: FRUS 1969 – 1976. Bd. XXXVII, Dok. 12. Tatsächlich hielten Diplomaten in Washington und London die Sorge vor einer erneuten Ölpreiserhöhung für das zentrale Motiv hinter Giscards Initiative. Vgl. NAL, FCO 96/74: Callaghan an FCO, [verm. Ende Oktober 1974].

558 PA AA, B 71/133909: Points of Concern with Respect to the French Proposed Producer-Consumer Conference; vgl. auch ebd.: Analyse der energiepolitischen Ausführungen des Staatspräsidenten Giscard d'Estaing auf der Pressekonferenz am 24. Oktober.

559 Ebd.: Hermes an Minister, 6.11.1974; NAL, FCO 96/74: Fenn an Wilton, International Energy Questions: Conversations with US and France, 7.11.1974.

International Economic Cooperation führte, und bei dem es den Entwicklungsländern gelang, diesen sogenannten Nord-Süd-Dialog in ein weiteres Forum über die Neue Weltwirtschaftsordnung umzuformen. Wie schon bei den Verhandlungen im Rahmen der UN und um die Lomé-Konvention, so das Argument, präsentierte sich die Dritte Welt in Paris als Einheit und nutzte die Ölmacht der OPEC-Staaten erfolgreich, um ihre Themen auf die Tagesordnung zu setzen.

Einen Monat bevor die Vorkonferenz am 7. April in Paris zusammentrat, kamen erstmals die Staatsspitzen der OPEC-Länder zu einem Gipfeltreffen zusammen. Wie so häufig in diesen Jahren handelte es sich um eine algerische Initiative und wie so häufig fand der Gipfel in der algerischen Hauptstadt statt. Als Schah Reza Pahlavi, der irakische Vize Saddam Hussein, Venzuelas Präsident Carlos Andrés Pérez und die anderen Delegationschefs der 13 OPEC-Mitgliedsstaaten am 4. März mal wieder durch die Straßen von Algier zum Palais des Nations fuhren, verkündeten Banner: „OPEC is the shield of the Third World.“[560] Gastgeber Boumedienne stellte den Gipfel, der nicht zuletzt wegen des angekündigten Pariser Dialogs angesetzt worden war, ganz unter das Motto der Solidarität zwischen den Erdölexporteuren und den übrigen Entwicklungsländern[561]. In seiner Eröffnungsrede regte er einen $ 10- bis 15-Milliarden-Fonds der OPEC zur Unterstützung der Dritten Welt an und griff die iranische Idee des Baus von zehn großen Düngemittelfabriken in den Ölstaaten auf, die die armen Länder mit zwei Dritteln ihres Bedarfs an Kunstdünger zu Produktionskosten versorgen sollten. Vor allem aber erklärte er sich gegenüber den Industriestaaten zur Reduktion der Erdölpreise bereit, sofern diese substanziellen Zugeständnissen hinsichtlich der Neuen Weltwirtschaftsordnung zustimmten[562]. Am Ende des dreitägigen Gipfels verabschiedeten die Staatsspitzen eine „Solemn Declaration“, in der sie auch ihre Haltung zum französischen Konferenzvorschlag fixierten. Unmissverständlich erklärten sie, dass sie keine reine Energiekonferenz akzeptieren würden: „The agenda of the aforementioned conference can in no case be confined to an examination of the question of energy; it evidently includes the questions of raw materials of the developing countries, the reform of the international monetary system and international co-operation in favour of development in order to

560 Garavini, Completing Decolonization, S. 483.

561 Anthony Sampson, It's Kiss and Make up Time for the Oil-rich, in: The Guardian, 9.3.1975, S. 9. Vgl. auch Garavini, From Boumedienomics to Reaganomics, S. 80, 87.

562 Juan de Onis, Boumedienne Proposes a Broad Oil Deal With the West, in: The New York Times, 5.3.1975, S. 3; Jim Hoagland, Algeria Proposes Oil Prize Freeze, in: The Washington Post, 5.3.1975, S. A8.

achieve world stability."[563] Eine vergleichbare Linie hatten bereits die 110 Staaten, die sich im Vormonat zur Conference of Developing Countries on Raw Materials in Dakar, Senegal, versammelt hatten, vertreten[564].

Angesichts dieser Haltung sowohl der OPEC-Staaten als auch der Entwicklungsländer insgesamt begann die Vorkonferenz in Paris mit einer gewaltigen Hypothek. Schnell stellte sich heraus, dass die zehn Delegationen aus hohen Beamten, die vom 7. bis 15. April im Centre des Conferences Internationales zusammenkamen, vor allem über die Frage der Tagesordnung der Hauptkonferenz streiten würden. Dabei war auffällig, dass die Delegationen keineswegs in die drei Gruppen zerfielen, die bei der Einladung ins Auge gefasst worden waren, sondern lediglich zwei Blöcke bildeten. Entsprechend eines Vorschlags des saudischen Ölministers Yamani aus dem Vorjahr waren für die Erdölexporteure Algerien, Venezuela, Saudi-Arabien und Iran eingeladen worden. Die Erdöl importierenden Entwicklungsländer wurden durch Brasilien, Indien und Zaire repräsentiert, während die Industriestaaten durch die USA, Japan und die Europäische Gemeinschaft vertreten wurden. Algerien hatte jedoch von Beginn der Vorkonferenz an betont, dass es sich trotz dieser Einladungspolitik keinesfalls um eine „reunion tripartite" handle, sondern die Entwicklungsländer mit und ohne Öl eine Einheit bildeten. Dementsprechend formierten sich in Paris eine Gruppe der „Sieben" und eine der „Drei", die jeweils ein gehöriges Maß an Kohäsion aufwiesen[565].

Auch wenn sich beide Seiten im Grundsatz einig waren, dass die Hauptkonferenz erneut aus einer begrenzten Anzahl an Teilnehmern bestehen sollte, die Gruppen aber zu erweitern und Entscheidungen nach dem Konsensprinzip zu fassen seien, konnte in diesen Punkten keine finale Einigung erzielt werden. Das lag daran, dass der Streit um die Tagesordnung der Hauptkonferenz alle Aufmerksamkeit absorbierte. Nach über einer Woche, zahlreichen Gesprächen in

563 Solemn Declaration I, Conference of Sovereigns and Heads of State of OPEC Member Countries, Algier, Algeria, 4 – 6 March 1975, in: OPEC Solemn Declarations, https://www.opec.org/opec_web/static_files_project/media/downloads/publications/Solemn_Declaration_I-III.pdf, 3.1.2022. Zum OPEC-Gipfel insgesamt vgl. Skeet, OPEC, S. 124 – 128; und Terzian, OPEC, S. 213 – 217.

564 Conference of Developing Countries on Raw Materials. Resolution I. Strengthening the Unity and Solidarity of the Developing Countries, Dakar, 3rd to 8th February 1975, in: International Legal Materials 14 (1975), 2, S. 534 f; NAL, FCO 96/267: Annex B. Main Points of the Dakar Conference of developing countries on raw materials, 17. 2. 1975. Diese Position teilte auch Sambia. Siehe UNIPA, UNIP 7/23/51: Brief for the Zambian Delegation to the United States Led by His Excellency, Dr. K. D. Kaunda, President of the Republic of Zambia, April 18th to 21st, 1975.

565 PA AA, B 71/113909: Secretariat General de Conseil, Aide Memoire, Réunion préparatoire à la Conférence Internationale propsée par le Président de la République française, 22. 4. 1975. Ebd.: Kruse an Herrn Staatssekretär, Bericht über den Stand der Vorkonferenz erdölverbrauchender und erdölproduzierender Länder, 15. 4. 1975.

kleinen Kontaktgruppen und diversen Tagesordnungsentwürfen sowohl der Entwicklungs- als auch der Industrieländer waren sich die beiden Seiten in der Grundsatzfrage kaum nähergekommen. Die Industriestaaten wollten immer noch eine Energiekonferenz, in der die weiteren Fragen von Rohstoffen, Entwicklung und Weltfinanzordnung nur am Rande vorkommen sollten, da sie in anderen Foren ohnehin bereits im Fokus stünden – nicht zuletzt auf der anstehenden 7. Sondergeneralversammlung der UN im September. Die Staaten der Dritten Welt hingegen blieben dabei, dass für sie nur ein Dialog infrage käme, der das gesamte Themenspektrum abdeckte und damit faktisch erneut im Licht der Neuen Weltwirtschaftsordnung stünde[566]. Gerade die Ölländer und hier vor allem Algerien mussten an einer solchen Ausweitung ein vitales Interesse haben, da eine Isolierung des Energiethemas die ernste Gefahr einer Spaltung der Entwicklungsländer heraufbeschworen hätte. Während die Länder des Südens auf der abstrakten Ebene der Rohstoffbeziehungen zwischen Nord und Süd oder der Mitbestimmung in Fragen der Weltwirtschaftsordnung gemeinsame Interessen identifizieren konnten, mussten die Interessengegensätze zwischen OPEC- und NOPEC-Staaten bei einer isolierten Betrachtung der Erdölpreisfrage ungeschminkt hervortreten. Es ist in dieser Hinsicht bezeichnend, dass die algerische Regierungszeitung *El Moudjahid* die Vorkonferenz als Erfolg für die Entwicklungsländer bezeichnete, obwohl sie zuvor ergebnislos unterbrochen worden war. Zentral war aus Sicht des Blattes, dass eine Spaltung der Dritten Welt vermieden worden war[567].

Die Unterbrechung der Vorkonferenz erschien den Delegationen am Morgen des 15. April nach einer sechsstündigen Nachtsitzung als letzter Ausweg, um ein endgültiges Scheitern zu verhindern. Gerade die Industriestaaten legten dabei Wert darauf, die Atmosphäre zwischen den beiden Seiten nicht zu belasten, um die Tür für eine Wiederaufnahme der Konferenz offenzuhalten und eine verstärkte Konfrontation zu vermeiden. Einig zeigten sich die Beobachter in den westlichen Hauptstädten in der Einschätzung, dass die Industriestaaten ein großes Maß an Kompromissbereitschaft an den Tag gelegt hätten und die Gespräche vor allem an

---

566 Zum Verlauf der Vorkonferenz vgl. ebd.: Sachstand: Die Vorkonferenz der erdölverbrauchenden und erdölproduzierenden Länder, 16.4.1975. Für mehr Details siehe die verschiedenen Drahtberichte aus Paris, ebd.

567 Vgl. ebd.: Algier an AA, Nr. 140, 17.4.1975. Nicht unähnlich war die Bewertung in Caracas. Vgl. ebd.: Caracas an AA, Nr. 79, 21.4.1975. Giscard brachte es im Gespräch mit Ford auf den Punkt: „producer's don't want to seem the villain". Memorandum of Conversation, 15.12.1974, in: FRUS 1969–1976. Bd. XXXVII, Dok. 24.

der intransigenten Haltung der Entwicklungsländer gescheitert seien[568]. Auf der anderen Seite sah man das naturgemäß anders. Aus der Perspektive von Kinshasa, Abidjan oder Algier waren es die Industriestaaten, vor allem die Vereinigten Staaten, die sich nicht bewegten, stattdessen versuchten, die Dritte Welt zu spalten und damit für den Abbruch verantwortlich seien. Ganz in diesem Sinne erklärte Yamani auf Kissingers Nachfrage, warum die Konferenz gescheitert sei: „Well, the Americans screwed it up."[569]

Während das britische Foreign and Commonwealth Office das vorläufige Scheitern der Vorkonferenz nicht sonderlich tragisch nahm, nicht zuletzt weil die Londoner Beamten ohnehin mit keinem Erfolg gerechnet hatten, sah die Bewertung andernorts anders aus[570]. Vor allem in Bonn erschien eine baldige und dann erfolgreiche Wiederaufnahme der Gespräche dringlich, was primär dem Wunsch nach einer sicheren Erdölversorgung geschuldet war. Hansheinrich Kruse, der Erdölreferent des Auswärtigen Amtes, argumentierte, dass auch ein thematisch erweiterter Dialog im Interesse der Bundesrepublik liege, da dieser helfe, ein Klima des Vertrauens und der Zusammenarbeit zu schaffen. Außerdem trage er dazu bei, die Versorgung mit Energie und Rohstoffen zu sichern, und helfe bei der Vermeidung eines erneuten „Einsatzes des Erdöls als Waffe"[571]. Ganz konkret schien das Scheitern der Pariser Gespräche eine Preiserhöhung auf der nächsten OPEC-Konferenz wahrscheinlicher zu machen. Ein solcher Zusammenhang war von algerischer und iranischer Seite bereits angedeutet worden und auch Saudi-Arabien, das eine Preiserhöhung im Grunde ablehnte, hielt einen solchen Schritt nun für wahrscheinlich[572]. Tatsächlich sollte die OPEC den Ölpreis während ihres Treffens im September 1975 in Wien um 10 Prozent erhöhen[573].

---

568 PA AA, B 71/113909: Paris OECD an AA, Nr. 290, 16.4.1975; ebd.: Lautenschlager an Herrn Staatssekretär, 17.4.1975; vgl. auch Archive of European Integration (AEI), COM (75) 293 final, http://aei.pitt.edu/48313/1/A9792.pdf, 3.1.2022: Commission of the European Communities, Commission Communication to the Council on the Future of the Dialogue Begun at the Paris Preparatory Meeting (7 to 16 April 1975), 11.6.1975.

569 Siehe PA AA, B 71/113909: Kinshasa an AA, Nr. 58, 23.4.1975; ebd.: Botschaft Abidjan an AA, Nr. 340/75, 17.4.1975; ebd.: Algier an AA, Nr. 140, 17.4.1975; Memorandum of Conversation, 19.4.1975, in: FRUS 1969 – 1976. Bd. XXXVII, Dok. 55.

570 PA AA, B 71/113909: London Diplo an AA, Nr. 739, 23.4.1975.

571 Ebd.: Hansheinrich Kruse an D 4, 21.4.1975. Der Zusammenhang zwischen der Wiederaufnahme des Dialogs und der Sicherung der eigenen Rohstoffversorgung spielte auch für andere europäische Nationen eine wichtige Rolle. Vgl. Garavini, After Empires, S. 218 f.

572 PA AA, B 71/113909: Botschaft Algier an AA, Nr. 145, 22.4.1975; Memorandum of Conversation, 19.4.1975, in: FRUS 1969 – 1976. Bd. XXXVII, Dok. 55. Zum Iran siehe Elias Antar, Oil Producer, Consumer Talks Collapse in Paris, in: The Boston Globe, 16.4.1975, S. 1 und 16 und PA AA, B 71/113911: Botschaft Algier an AA, Nr. 121/75, 4.2.1975. Auch in der westlichen Presse wurde dieser

Angesichts dieser Lage beschloss das Bundeskabinett am 9. Juni 1975, Initiative zu zeigen und Staatsminister Hans-Jürgen Wischnewski auf eine „Fact-Finding-Mission" in die sieben Entwicklungsländer zu schicken, die an der Pariser Vorkonferenz teilgenommen hatten. Als Wischnewski zwei Monate später von seiner Reise zurückkehrte, war er sich sicher, dass seine Mission „notwendig und erfolgreich" gewesen war. Sie sei als Zeichen verstanden worden, dass die Bundesrepublik „in Zukunft einen aktiveren Beitrag zum multilateralen Dialog und damit zur Entspannung im Nord-Süd-Verhältnis leisten wird". Vor allem aber hätten die Gespräche mit Regierungsspitzen und zuständigen Ministern ergeben, dass in der Frage der Wiederaufnahme des Pariser Dialogs ein hohes Maß an Übereinstimmung zwischen den Industrieländern, den Erdöl- und Entwicklungsländern herrsche. Einer zweiten Vorkonferenz stehe daher nichts mehr im Wege[574]. Auch Japan und Frankreich führten parallel zahlreiche bilaterale Gespräche mit den „Sieben", um den Boden für eine erfolgreiche Fortsetzung des Dialogs zu bereiten[575]. Sogar die Vereinigten Staaten, die der französischen Dialog-Initiative ausgesprochen skeptisch gegenübergestanden hatten, schalteten sich in die Konsultationstätigkeit ein, nachdem der saudische Ölminister Yamani gegenüber Kissinger die unbedingte Notwendigkeit einer Wiederaufnahme der multilateralen Gespräche unterstrichen hatte[576].

Im Sommer 1975 zeichnete sich eine Einigung in allen vormals kritischen Fragen ab, so dass Präsident Giscard d'Estaing die zehn Teilnehmenden der ersten Vorkonferenz für ein zweites Treffen nach Paris einlud, das allerdings erst nach Abschluss der 7. Special Session der Vereinten Nationen zusammentreten sollte. Als die Delegierten vom 13. bis 16. Oktober dann erneut aufeinandertrafen, verliefen die Gespräche weitgehend reibungslos. Die Teilnehmerzahl der Conference on International Economic Co-operation, wie die Hauptkonferenz nun heißen

---

Zusammenhang betont. Etwa John M. Goshko, Gulf Widens in Viewpoints of Rich and Poor Nations, in: The Washington Post, 20.4.1975, S. M1.

573 Skeet, OPEC, S. 131 f.

574 PA AA, B71/113911: Vermerk: „Fact finding mission" von Herrn StM Wischnewski, 24.6.1975 und ebd.: Bericht über die ‚Fact-finding'-Mission von StM Wischnewski, 5.8.1975; Peter Hermes, Meine Zeitgeschichte 1922–1987, Paderborn 2007, S. 227–229. Vgl. auch Graf, Öl und Souveränität, S. 328 f.

575 PA AA, B 71/113911: Bericht über die ‚Fact-finding'-Mission von StM Wischnewski, 5.8.1975.

576 Memorandum of Conversation, 19.4.1975, in: FRUS 1969–1976. Bd. XXXVII, Dok. 55; Minutes of the Secretary of State's Staff Meeting, 12.5.1975, in: ebd., Dok. 61. Tel. From the Department of State to the Embassy in France, 24.7.1975, in: ebd., Dok. 71. Nicht ganz eindeutig ist, ob Kissinger der Ausweitung der Konferenzagenda über Energiefragen hinaus nur zustimmte, weil er eine solch umfassende Konferenz als ohnehin zum Scheitern verurteilt einschätzte. Siehe Memorandum of Conversation, 26.4.1975, in: ebd., Dok. 56.

sollte, wurde auf 27 erweitert – acht Industrie- und 19 Entwicklungsländer. Keine Einladung erhielten die Staaten des Warschauer Paktes. Damit unterstrich die Vorkonferenz die (Selbst-)Marginalisierung, die die Rolle des „Ostblocks" im Rahmen der gesamten Nord-Süd-Debatte charakterisierte. An den UN-Sondersitzungen und den UNCTAD-Konferenzen hatten zwar Delegierte aus Osteuropa teilgenommen, aber in den Auseinandersetzungen keine nennenswerte Rolle gespielt. Rhetorisch schlugen sie sich auf die Seite des Südens, dessen Armut sie mit der Ausbeutung durch die ehemaligen Kolonialmächte erklärten. Als Antiimperialisten wiesen sie aber jede historische Verantwortung von sich, die ökonomische Entwicklung der Dritten Welt unterstützen zu müssen. Diese Einstellung geriet in den 1970er Jahren immer stärker in die Kritik des Südens, vor allem da sie sich in minimalen Entwicklungshilfezahlungen der sozialistischen Staaten niederschlug. Nicht zuletzt angesichts dieser Konstellation bemühten sich die osteuropäischen Staaten, in der Nord-Süd-Debatte möglichst wenig Profil zu zeigen, um keine Angriffsfläche zu bieten – „to stay aloof", wie es ein britisches Planning Paper formulierte. Vollkommen im Abseits standen sie nun also bei den Gesprächen in Paris[577].

Zentral für das Gelingen der zweiten Vorkonferenz war, dass die Industriestaaten nun der Ausweitung der Konferenzagenda im Sinne der Entwicklungsländer zustimmten. Neben eine Kommission für Energiefragen traten nun gleichberechtigte Gremien, die sich mit Rohstoffen, Entwicklungs- sowie Finanzfragen befassen sollten. Aus der Energiekonferenz war also tatsächlich eine Gesprächsrunde über die Neue Weltwirtschaftsordnung geworden. Im Gegenzug erkannten die „Sieben" die Internationale Energieagentur (und diverse andere Organisationen) als Beobachter an – ein Schritt, den sie im April noch abgelehnt hatten, da sie die Agentur als Konfrontationsinstrument des Westens betrachteten. Wichtig war den Entwicklungsländern darüber hinaus, dass die vier Kommissionen miteinander vernetzt waren, so dass Verhandlungsfortschritte in Energiefragen an Ergebnisse in den anderen Bereichen gekoppelt werden konnten. Das Erdöl sollte ganz offensichtlich weiterhin als Druckmittel dienen, um

577 NAL, FCO 28/3119, Zitat auf S. 13: Draft Planning Paper: The North/South Dialogue and the Soviet Union, [November 1977]; PA AA, B 202/122480: Sachstand: Deutsch-sowjetische Direktoren-Konsultationen in Moskau, 22. – 24. März 1977, 10.3.1977; vgl. Kunkel, Globalisierung, S. 557. Allgemein zu den Ost-Süd-Beziehungen siehe beispielweise Roger E. Kanet, Vier Jahrzehnte sowjetische Wirtschaftshilfe, in: Greiner/ Müller/ Weber (Hg.), Ökonomie im Kalten Krieg, S. 45 – 62; Michael E. Latham, The Cold War in the Third World, 1963 – 1975, in: Melvyn P. Leffler/Odd Arne Westad (Hg.), The Cambridge History of the Cold War. Bd. II. Crises and Détente, Cambridge 2010, S. 258 – 280; Mark/Kalinovsky/Marung (Hg.), Alternative Globalizations; Trecker, Red Money; Calori (Hg.), Between East and South.

Konzessionen im weiteren Feld der Entwicklung zu erwirken, ebenso wie es bereits entscheidend dazu beigetragen hatte, den Industriestaaten das erweiterte Konferenzkonzept aufzuoktroyieren[578]. „It is not often you have a trump card like oil to play and we have to use it", hatte es der algerische Chefdelegierte Messaoud Ait Challal während der ersten Vorkonferenz auf den Punkt gebracht[579]. Wie sich im Oktober herausstellte, hatten die „Sieben" ihr Blatt in der Tat gekonnt gespielt.

3.4 Zwischenfazit

„Oil power, and the unity and solidarity of the developing countries" waren, wie Dennis Benn richtig festgestellt hat, die zentralen Faktoren, die es der Dritten Welt im Gefolge der Ölkrise von 1973/74 erlaubt hatten, die Forderung nach einer Neuen Weltwirtschaftsordnung auf den Spitzenplatz der internationalen Agenda zu rücken[580]. In den Augen vieler Zeitgenossen bedeutete dies eine Zäsur in den internationalen Beziehungen, gar den Beginn einer „neuen Ära". Den Entwicklungsländern war es gelungen, den „sense of panicky impotence"[581] der Industriestaaten angesichts der unsicheren Erdölversorgung aus der Dritten Welt geschickt auszunutzen, um die reichen Länder an den Verhandlungstisch zu bringen und ihnen dort eine Reihe von Konzessionen abzuringen. Dazu zählten verschiedene milliardenschwere Sonderhilfsprogramme für die Ärmsten bzw. von der Energiekrise besonders betroffenen Staaten des Südens und die Vergünstigungen im Rahmen der Lomé-Konvention. Zu nennen sind aber auch die bislang nicht erwähnten Veränderungen im Internationalen Währungsfonds, die im Januar 1976 in Kingston beschlossen wurden. Das Reformpaket sicherte den OPEC-Staaten eine Verdoppelung ihrer Stimmanteile von 5 auf 10 Prozent und kam

578 Zu den Ergebnissen der zweiten Vorkonferenz siehe Tel. From the Embassy in France to the Department of State, 16.10.1975, in: FRUS 1969–1976. Bd. XXXVII, Dok. 85. Zum „link" zwischen den verschiedenen Kommissionen vgl. auch Memorandum of Conversation, 19.4.1975, in: ebd., Dok. 55; Tel. From the Department of State to Secretary of State Kissinger, 2.7.1975, in: ebd., Dok. 68; und PA AA, B 71/113911: Zweiter Vermerk, Erkundungsgespräche von Staatsminister Wischnewski in Algier am 26. Juni 1975, 1.7.1975.

579 O. A., Comment: The Stock Market and the Energy Conference, in: The Guardian, 17.4.1975, S. 15; vgl. auch Clyde H. Farnsworth, Widening Chasm on Oil, in: The New York Times, 17.4.1975, S. 70; vgl. auch PA AA, B 71/113911: Zweiter Vermerk, Erkundungsgespräche von Staatsminister Wischnewski in Algier am 26. Juni 1975, 1.7.1975.

580 Benn, Multilateral Diplomacy, S. 137.

581 Memorandum of Conversation, 6.2.1974, in: FRUS 1969–1976. Bd. XXXVI, Dok. 305.

damit der Forderung entgegen, die Entwicklungsländer stärker an den Entscheidungsprozessen in der internationalen Wirtschaft zu beteiligen[582].

Hatte im Jahr 1974 ein konfrontativer Ton die Gespräche im Rahmen der Vereinten Nationen dominiert, so wich er im Folgejahr einer deutlich konzilianteren, kooperativen Atmosphäre, die bis in die späten 1970er Jahre erhalten bleiben sollte. Das lag auch an einem Strategiewechsel der USA, die die Spaltung der G77 nun nicht mehr durch direkte Kollision, sondern mittelfristig durch gewisse Konzessionen und das Verstricken in konkrete Verhandlungen zu erreichen suchte, bei denen die Interessenunterschiede der Entwicklungsländer klar zutage treten sollten. Flankiert wurde diese Taktik durch eine rhetorische Annäherung an die Positionen der Entwicklungsländer. Delegierte aus dem Westen übernahmen Schlagworte wie „Neue Weltwirtschaftsordnung", deuteten sie aber tendenziell so um, dass ihr vormals revolutionärer Gehalt verschwand und lediglich eine gewisse Reform der existierenden marktwirtschaftlichen Ordnung implizierte.

Trotz der neuen Strategie glückte es den Industriestaaten 1974/75 nicht, einen Keil in die gemeinsame Front des Südens zu treiben, deren Einheit auf der 6. und 7. Sondersitzung der UN-Generalversammlung und während der Lomé-Verhandlungen beeindruckend war[583]. Zentral war in dieser Hinsicht, dass es den Ölexporteuren – mit Algerien in der Protagonistenrolle – gelang, die Deutungshoheit über die Ursachen der ökonomischen Probleme der Dritten Welt zu behaupten. Erfolgreich konterten sie das westliche Argument, dass die Folgen der Ölpreiserhöhung für die armen Länder fatal seien, mit dem Narrativ, dass deren Probleme Produkte der kolonialen und neokolonialen Ausbeutung seien und die Ölrevolution vielmehr ein Akt der erfolgreichen wirtschaftlichen Dekolonisierung. Neben der Einheit der Dritten Welt blieb auch die Forderung nach einer Neuen Weltwirtschaftsordnung bis in die zweite Hälfte der 1970er Jahre intakt. Christopher Dietrichs Einschätzung, dass das „program for a New International Econo-

582 Außerdem beschloss das versammelte Komitee des Board of Governors verschiedene Instrumente, um den Entwicklungsländern zusätzliche Mittel zugänglich zu machen. Vgl. Tom des Vries, Jamaica, or the Non-Reform of the International Monetary System, in: Foreign Affairs 54 (1976), 3, S. 577–605; und International Monetary Fund, Annual Report 1976, Washington 1976, S. 122–124; Margaret Garritsen de Vries, The International Monetary Fund 1972–1978. Cooperation on Trial. Bd. 1. Narrative and Analysis, Washington 1985, S. 524–527.

583 Diese Einigkeit der Dritten Welt spricht gegen Rüdiger Grafs These, es habe in den 1970er Jahren gar keinen Nord-Süd-Konflikt gegeben, da die stark unterschiedlichen „ökonomischen Ausgangslagen und politische Interessen" gegen die Existenz einheitlicher Gruppen „des Nordens" und „des Südens" spreche. Natürlich waren Nord und Süd konstruierte Größen, aber sie waren Mitte der 1970er Jahre ausgesprochen wirkmächtig. Vgl. Rüdiger Graf, Der Konflikt der nicht stattfand: Ressourcen, Interdependenz, Sicherheit und die Erwartung des Nord-Süd-Konflikts in den 1970er Jahren, in: Dinkel/Fiebrig/Reichherzer (Hg.), Nord/Süd, S. 423–446, Zitate auf S. 438.

mic Order“ bereits 1974 ausfaserte, um sich 1975 gänzlich aufzulösen, ist daher zu widersprechen[584]. 1975 war das Projekt noch quicklebendig. Erst in der zweiten Hälfte der 1970er Jahre verdichteten sich die Zeichen, dass die Solidarität der Dritten Welt brüchig zu werden drohte. Ein Phänomen, dem im folgenden Kapitel nachgegangen wird.

584 Dietrich, Oil Revolution, S. 268.

4 Die Solidarität bröckelt, 1975–1978

Nach den Erfolgen der beiden vergangenen Jahre begannen die Delegierten aus der Dritten Welt im Dezember 1975 die Hauptkonferenz des Pariser Nord-Süd-Dialogs „with much enthusiasm and great hope“, wie es der iranische IWF-Exekutivdirektor und Ökonom Jahangir Amuzegar in der Rückschau formulierte. Als die Konferenz dann Mitte 1977 endete, waren Enthusiasmus und Hoffnung verflogen und Amuzegar stimmte ein „Requiem for the North-South Conference“ an[585]. Während in den Industriestaaten Mitte der 1970er Jahre langsam ein wirtschaftlicher Erholungsprozess einsetzte, hielten die Folgen von Erdöl- und Weltwirtschaftskrise weite Teile der Dritten Welt nach wie vor fest im Griff. Viele von ihnen schlitterten immer tiefer in eine Schuldenkrise. Andere kamen langsam wieder aus dem Tal heraus, während Länder wie Saudi-Arabien immer noch mehr einnahmen, als sie ausgeben konnten. Die Interessen und Problemlagen der Länder des Südens entwickelten sich zunehmend auseinander und dies sorgte dafür – so die These dieses Kapitels –, dass die Basis der Solidarität des Südens in der zweiten Hälfte der 1970er Jahre immer weiter schwand. Dies wird zunächst mit Blick auf die schwierige wirtschaftliche Entwicklung in Sambia und verschiedenen anderen NOPEC-Staaten verdeutlicht, die nun zunehmend zu Kritik an der Preispolitik der OPEC führte. Anschließend rücken die Erdölexporteure in den Fokus. Auch weil die ökonomischen Problemlagen innerhalb dieser Gruppe stark divergierten, so das Argument, konnten sie sich Ende 1976 nicht mehr auf einen gemeinsamen Ölpreis einigen. Diese wachsende Uneinigkeit des Südens manifestierte sich gegen Ende des Pariser Dialogs nun erstmals auch wieder in einer internationalen Gesprächsrunde mit den Industriestaaten – blieb also nicht nur intern. Die Solidarität des Südens bröckelte und damit eine der Grundlagen des erfolgreichen Kampfes für eine Neue Weltwirtschaftsordnung.

4.1 Der wirtschaftliche Niedergang der NOPECs

Am 7. und 8. Januar 1976 trafen sich die Finanzminister der 20 Industrie- und Entwicklungsländer des Interim Committee of the Board of Governors des Internationalen Währungsfonds in Kingston. Fast fünf Jahre nachdem das alte Weltwährungssystem von Bretton Woods mit seinen fixen Wechselkursen kollabiert

585 Jahangir Amuzegar, A Requiem for the North-South Conference, in: Foreign Affairs 56 (1977), S. 136–159, hier S. 136.

https://doi.org/10.1515/9783110770001-008

war, beschlossen sie ein neues System der „managed floats".[586] Kontrovers diskutiert wurde in Jamaika aber vor allem die Frage, wie dem wachsenden Zahlungsbilanzdefizit der armen Länder begegnet werden könnte. Nachdem sich das Defizit der Öl-armen Entwicklungsländer allein 1975 auf $ 35 Milliarden belaufen hatte, gingen die Minister für 1976 von einem ähnlich hohen Betrag aus. In seinem Communiqué hielt das Komitee fest[587]:

> A special source of concern to the Committee was the deterioration in the external position of the primary producing countries, especially the developing ones. The general picture for the developing countries in 1975 was again one of large balance of payments deficits on current account, financed through heavy external borrowing and through the use of reserves already eroded by the inflation in recent years. With large current account deficits still in prospect this year, the Committee felt that the ability of many developing countries to maintain an adequate flow of imports in 1976, and to follow appropriate adjustment policies, would also depend on the availability of adequate credit from the Fund.[588]

Sambia ist ein Paradebeispiel für die hier angedeuteten Probleme und steht zunächst im Vordergrund. Anschließend werden auch Länder in den Blick genommen, denen es in der zweiten Hälfte der 1970er Jahre gelang, ihre durch die Ölkrise stark belasteten Zahlungsbilanzen nun wieder ausgeglichen zu gestalten bzw. neues Wirtschaftswachstum zu generieren, sowie die sogenannten Schwellenländer, auf die in den 1970er Jahren ebenfalls ein Schuldenproblem zukam, die aber vor anderen wirtschaftlichen Herausforderungen standen. Wie sich diese ökonomischen Entwicklungen auf die Einstellung dieser Länder gegenüber den Erdölexporteuren und der Forderung nach einer Neuen Weltwirtschaftsordnung auswirkten, steht abschließend im Zentrum des Interesses.

---

586 *Managed floating* meint ein Wechselkursregime, bei dem Währungen zwar grundsätzlich frei schwanken können, die Zentralbanken aber intervenieren, um zu große Ausschläge zu verhindern.

587 Hobart Rowen, IMF Conference to Take Big Steps in Journey to Monetary Reform, in: The Washington Post, 5.1.1976, S. C7; Edwin L. Dale Jr., Full Agreement on a Money Pact Reached by I.M.F., in: The New York Times, 9.1.1976, S. 65; Vries, Jamaica; Margaret Garritsen de Vries, The International Monetary Fund 1972–1978. Cooperation on Trial. Bd. 2. Narrative and Analysis, Washington 1985, S. 757–762; Zum *Interim Committee* siehe Williams, International Economic Organizations, S. 66 f, 75.

588 International Monetary Fund, Annual Report 1976, S. 122.

Praktisch Bankrott – Sambia

Sambia hatte die Gefahren, die von der Ölkrise ausgingen, zunächst verschlafen (siehe Kapitel 2.3). Erst als Mitte 1974 in der Folge von Öl- und Weltwirtschaftskrise der internationale Kupferpreis einbrach, erkannte Kenneth Kaundas Regierung den Ernst der Lage und versuchte, mit Einsparungen zu reagieren. Vor allem aber hoffte Lusaka, dass sich der Kupferpreis und damit die eigene Zahlungsbilanz bald wieder erholen würde, und baute für die Zwischenzeit darauf, sich mit Krediten über Wasser zu halten. Das Land lieh nun primär auf den sogenannten Eurodollar-Märkten, in die die kapitalstarken arabischen Ölförderländer ihre überschüssigen Einnahmen leiteten.

Die ökonomische Krisensituation und die Masse an verfügbaren Petrodollars auf den internationalen Finanzmärkten verleiteten manch sambischen Politiker zu ausgesprochen ambitionierten Plänen. Humphrey Mulemba, Vorsitzender des Economic and Finance Committee der Regierungspartei UNIP, schlug Anfang 1975 mit Blick auf die unvorhersehbaren Veränderungen, die die Grenzschließung zu Rhodesien und die Ölpreissteigerungen gebracht hatten, eine Abkehr vom Second National Development Plan vor[589]. Stattdessen plädierte er für eine „rapid expansion in the industrial fields with the object of dominating the regional markets"[590]. Die sambische Agrarproduktion solle – ebenso wie die Industrieproduktion u. a. durch die Errichtung eines Stahlwerks – stark ausgeweitet und die Verkehrsverbindungen in die Nachbarländer ausgebaut werden, um die jeweiligen Märkte für sambische (Industrie-)Produkte zu erschließen. Das Stromnetz gelte es, mit den Netzen von Zaire und Mosambik/Malawi zu vereinen und die sambische Stromproduktion zu diversifizieren. Schließlich solle die sambische Raffinerie in Ndola ausgebaut werden, um zum einen Shaba, Zaires benachbarte Kupferprovinz, über eine neu zu errichtende Pipeline zu versorgen, und zum anderen Botswana, dessen Ölversorgung durch das Ölembargo gegen Südafrika eingeschränkt worden war. Sambias Nachteil „of being land-locked" könne so in einen Vorteil umgemünzt werden: „into a strategic location in the heartland of Africa as a unique advantage permitting ready access to the regional markets of Mozambique, Malawi, Botswana, Angola, South-East Africa Zaire and, soon all of

---

589 Dieser Plan wird in folgenden Memoranden ausgebreitet: UNIPA, UNIP 8/3/9: H. Mulemba, Second National Development Plan 1972–1976, Top Secret; ebd.: Memorandum by Chairman of Economic and Finance Committee, Central Committee: Second National Development Plan 1972–1976, 26.2.1975; ebd., UNIP 8/3/12: H. Mulemba, Programme of Work Based on the National Policies for the Next Decade 1974–1984 und Appendix.

590 UNIPA, UNIP 8/3/9, S. 4: Memorandum by Chairman of Economic and Finance Committee, Central Committee, Second National Development Plan 1972–1976, 26.2.1975.

Rhodesia“[591]. Finanziert werden solle das ehrgeizige Programm, so Mulemba, durch gigantische Kredite in Höhe von 500 Millionen Kwacha „of the now abundant ‚Oil Money‘“[592].

Tatsächlich schossen diese Pläne weit an der Realität vorbei. Sambia lieh sich Geld, aber ökonomischer Aufschwung und Diversifizierung blieben aus. Trotz der Kredite mangelte es vor allem an Devisen, so dass Investitionen in neue Unternehmen utopisch waren. Die vorhandenen Mittel reichten nicht einmal aus, um alle Importe zu tätigen, auf die die sambische Wirtschaft angewiesen war. Auch wurden vorhandene Mittel nicht immer effektiv eingesetzt, mitunter veruntreut oder versickerten in Patronagenetzwerken wie der Politikwissenschaftler Morris Szeftel dokumentiert hat. Ein eklatantes Beispiel liefert das Management der Zambia Railways, das aufhörte seine Bahnschwellen direkt aus Malawi zu beziehen, um stattdesssen bei einer sambischen Firma zu kaufen. Diese importierte die Schwellen lediglich aus dem Nachbarland und berechnete der Eisenbahngesellschaft nun 13 statt 7 Kwacha pro Stück[593]. Angesichts des Mangels an Kapital und notwendiger Importe sank die Kapazitätsauslastung in den meisten herstellenden Betrieben, bis sie Anfang der 1980er Jahre bei unter 50 Prozent lag[594]. Dementsprechend nahm die Profitabilität der Unternehmen ab. Reparaturen konnten aufgrund fehlender Ersatzteile, die nur im Ausland hergestellt werden konnten, nicht durchgeführt werden.

Ein prominentes Beispiel für diese Probleme bieten die Livingstone Motor Assemblers. Das Unternehmen, das 1974 mit der Produktion von Fiat-Automobilen begonnen hatte, um den sambischen „commonman“ mit günstigen und zuverlässigen Fahrzeugen zu beliefern, kämpfte schon seit Jahren mit schwerwiegenden Problemen, die typisch für die sambische Wirtschaftsmalaise waren. Zunächst hatte die Firma die Produktion zeitweise herunterfahren müssen, weil es schwierig war, die gefertigten Autos auch zu verkaufen. Importierte Wagen waren einfach günstiger – zumindest bis die Regierung die Einfuhr von ausländischen Modellen 1977 wegen Devisenmangels stoppte. Profitieren konnten die Motor Assemblers davon aber nicht, weil ihnen selbst die Materialien ausgingen. Mit wenigen Ausnahmen – Lack, Batterien und Bremsen – wurden sämtliche Bauteile der Autos von Fiat in Turin gefertigt und anschließend nach Sambia verschifft.

591 Ebd., S. 2

592 UNIPA, UNIP 8/3/12, S. 10: H. Mulemba, Programme of Work Based on the National Policies for the Next Decade 1974–1984, Appendix.

593 Morris Szeftel, Political Graft and the Spoils System in Zambia: The State as a Resource in Itself, in: Review of African Political Economy 24 (1982), S. 4–21, hier S. 19; vgl. auch Burdette, Zambia, S. 97 und 130 f.

594 Siehe Burdette, Zambia, S. 118 f.

Diese Teile blieben immer wieder in den verstopften Häfen von Lobito (Angola) oder Daressalam hängen oder weil die Bahnlinie aus Angola wegen des 1975 ausgebrochenen Bürgerkriegs gleich ganz gesperrt wurde. Das noch größere Problem war aber, dass Sambia nach dem Einbruch des Kupferpreises Mitte 1974 das Geld ausging. Bereits von September 1976 bis August 1977 waren aus diesem Grund keine Lieferungen aus Italien abgegangen. Ein Kredit aus Turin half kurzfristig, für Materialnachschub zu sorgen. Doch ab Januar 1978 arbeitete das Werk nur noch „on half shift", um die Produktion im April dann vorerst ganz einzustellen[595].

Auch in der Landwirtschaft behinderten die Importengpässe die Produktivität – besonders was Düngemittel anging, deren Importpreis von 1972 bis 1975 um 333 Prozent gestiegen war. Mit Ausnahme einer guten Ernte im Jahr 1976 stagnierte die landwirtschaftliche Produktion und trug somit kaum zur wirtschaftlichen Erholung bei[596]. Die Probleme betrafen mit den Kupferminen schließlich auch das Herzstück der sambischen Wirtschaft. Deren Produktionsvolumen ging von 734.000 Tonnen 1974 auf 584.000 Tonnen 1979 und gerade einmal 257.000 Tonnen im Jahr 2000 zurück[597]. Noch entscheidender war jedoch, dass der Kupferpreis nach dem Absturz von 1974 nicht – wie erhofft – schnell wieder anstieg. Zwar setzte mit dem langsamen Anziehen der westlichen Wirtschaften in der zweiten Hälfte des Jahres 1975 eine gewisse Erholung ein. Als sich der weltwirtschaftliche Erholungsprozess Ende 1976 aber eine Auszeit nahm, sank auch der Kupferpreis an der London Metal Exchange wieder, bis er im August 1977 den tiefsten Stand seit 20 Jahren erreichte[598]. Mit diesen Preisen arbeiteten die sambischen Minen nicht mehr profitabel. Die Staatseinnahmen, die 1974 noch zu über 50 Prozent aus

595 NAZ, ZIMCO 2/202: Livingstone Motor Assemblers, The 16th Board Meeting of Directors to be Held in the Board Room, 8th Floor, ZIMCO House, Cairo Road, Lusaka, on Tuesday, 25th February 1975 at 09.00 Hours; ebd., ZIMCO 2/260: Livingstone Motor Assemblers Limited, Matters Arising From 26th Board Meeting: Comments; ebd.: O. Cagna an Chama, 18.10.1977; O. A., LMA – It is Time to Face the Truth, in: Times of Zambia, 18.8.1976, S. 4; O. A., Fiat Assemblers Seek Vital Loan from Italy, in: ebd., 21.9.1977, S. 2; O. A., LMA Fiasco Should be Big Lesson, in: ebd., 27.4.1978, S. 2.
596 Vgl. Burdette, Zambia, S. 119 f. Siehe auch beispielhaft UNIPA, UNIP 8/3/49: Ministry of Lands and Agriculture, Agriculture – Brief Comment on ZCTU Position Paper, 10.11.1978; NAZ, GP, Box 130 A, S. 7: United National Independence Party, Report No. 1 (A): Summary Report of the Economic Situation in Zambia, presented by his Excellency the President to the United National Independence Party National Council on 30th June, 1975. Zum Beitrag der Landwirtschaft zum BIP siehe Republic of Zambia, Office of the Prime Minister, National Commission for Development Planning, Economic Report 1978, Lusaka 1979, S. 14.
597 Siehe Ministry of Finance, Economic Report 1975, S. 46; Burdette, Zambia, S. 99; Alastair Fraser, Introduction: Boom and Bust on the Zambia Copperbelt, in: Fraser/Larmer (Hg.), Zambia, Mining, and Neoliberalism, S. 1–30, hier S. 9; vgl. auch Larmer, Historical Perspectives, S. 41.
598 National Commission for Development Planning, Economic Report 1977, S. 14.

der Kupferindustrie gekommen waren, brachen ein[599]. Die 1976 fast wieder ausgeglichene Zahlungsbilanz wies in den Folgejahren erneut ein deutliches Minus von je etwa $ 280 Millionen aus. In den Jahren 1975 bis 1978 sank das Bruttoinlandsprodukt – trotz einer deutlichen zwischenzeitlichen Erholung 1976 – insgesamt um 1,3 Prozent[600].

Angesichts der wirtschaftlichen Malaise und vor allem der Zahlungsbilanzschwierigkeiten benötigte Sambia weitere Finanzspritzen. Bereits Anfang 1976 war das Land in einer so verzweifelten Lage, dass Kaunda seinen Wirtschaftsberater L. M. Lishomwa als Kopf einer Regierungsdelegation nach Bonn schickte, um dort um Unterstützung zu bitten. In einem umfangreichen vertraulichen Bericht zeichnete die sambische Regierung ein dramatisches Bild der aktuellen ökonomischen Lage und ersuchte die Bundesregierung, die bereits vereinbarte Projekthilfe um $ 100 Millionen „programme loan assistance“ zu ergänzen, „to tide over the present difficult position“. Trotz „heavy external borrowing“, so der Bericht, habe man das Jahr 1975 mit einem kräftigen Zahlungsbilanzdefizit abgeschlossen[601]. Lishomwa erläuterte im Bundeswirtschaftsministerium, dass die schwache sambische Bilanz ein Produkt exogener Faktoren sei: der niedrigen Kupferpreise, der Transportprobleme, der Erhöhung der Erdölpreise sowie der weltweiten Inflation. Hausgemachte Probleme wie Missmanagement und Korruption, die ebenfalls zur Misere beitrugen, verschwieg der Präsidentenberater. Schließlich verwies er darauf, dass die benötigten Summen so groß seien, dass sie von Weltbank und Internationalem Währungsfonds allein nicht erbracht werden könnten[602].

Nichtsdestotrotz entwickelte sich der Internationale Währungsfonds in den folgenden Jahren zum wichtigsten sambischen Geldgeber. Im Juli 1976 handelten Abgesandte der Bank of Zambia und des Finanzministeriums ein erstes nennenswertes „Standby Agreement“ über 62 Millionen Sonderziehungsrechte aus. Anders als bei den kleineren Krediten in den Vorjahren knüpfte der Fonds die Auszahlung an die Erfüllung bestimmter Konditionen. Sambia sollte seine Währung um 20 Prozent abwerten, nicht zuletzt, um die Minen wieder profitabel zu

599 Burdette, Zambia, S. 102, 110 – 113; NAL, FCO 45/2319: F. S. Miles an FCO, Zambian Valedictory: A Country Out of Its Depth, DR 130/78, 10. 2. 1978.

600 Zu den Zahlenangaben siehe Tabelle 4 auf S. 121.

601 Bundesarchiv Koblenz (BAK), B 102/213012: Government of the Republic of Zambia, Economic and Technical Co-operation Between the Federal Republic of Germany and the Republic of Zambia, 3. 2. 1976; ebd.: V. Schickfus an Unterabteilungsleiter V B, betr.: Deutsch-sambische Konsultationen, 17. 2. 1976.

602 Ebd.: Vermerk Howald, betr.: Ergebnis des Gesprächs mit einer Regierungsdelegation aus Sambia im BMWi am 18. 2. 1976, 23. 2. 1976.

machen, und die nationale Kreditvergabe begrenzen, um die Inflation einzudämmen. Als das Land im April 1978 einen weiteren, bedeutend höheren Kredit über 250 Millionen Sonderziehungsrechte abschloss, bestand der IWF unter anderem auf einer weiteren Geldabwertung um 10 Prozent, der Reduzierung der Subventionen für Grundnahrungsmittel und den Verzicht auf größere Lohnerhöhungen[603].

Das Land war zu diesem Zeitpunkt „virtually bankrupt", wie es ein britischer Diplomat ausdrückte. Ausländische Unternehmen weigerten sich mittlerweile, Waren ins Land zu liefern, da sie seit Monaten auf ihr Geld warteten. Die „pipeline of debt" lag Ende 1977 schätzungsweise bei 350 Millionen Kwacha ($ 440 Millionen) und überstieg damit sogar das Volumen des 1978er IWF-Kredits[604]. Dementsprechend hatte Sambia keine andere Wahl, als den Deal mit dem Währungsfonds anzunehmen, auch wenn das mit spürbaren Einschnitten in die wirtschaftspolitische Souveränität des Landes verbunden war. Faktisch stand die Einmischung des IWF im Widerspruch zum Programm der ökonomischen Dekolonisierung, auf das Kaundas Regierung in den Vorjahren gesetzt hatte und das die „commanding heights" der nationalen Wirtschaft in sambische Hände hatte bringen sollen. Hierbei handelte es sich aber nicht um die Wiederherstellung der traditionellen Abhängigkeit von der alten Kolonialmacht oder den weißen Siedlerregimen im Süden, sondern um eine neue Variante, in der die westlich dominierten internationalen Finanzinstitutionen die zentrale Rolle spielten.

Hinzu kam, dass die vom IWF geforderten Maßnahmen in weiten Teilen der Bevölkerung hochgradig unpopulär waren, da sie spürbar zur Steigerung der Lebenshaltungskosten bei stagnierenden Haushaltseinkommen beitrugen. Laut Regierungsangaben kletterte der „Consumer Price Index" in den Jahren 1975 bis 1978 jeweils um etwa 20 Prozent – Tendenz steigend. Miles Larmer geht sogar von

---

603 International Monetary Fund, Zambia: History of Lending Arrangements as of April 30, 2018, https://www.imf.org/external/np/fin/tad/extarr2.aspx?memberkey1=1080&date1Key=2018-04-30, 3.1.2022; Caleb Fundanga, The Role of the IMF and World Bank in Zambia, in: Bade Onimode (Hg.), The IMF, the World Bank and African Debt. Bd. I. The Economic Impact, London/New Jersey 1989, S. 142–148, hier S. 143; Burdette, Zambia, S. 122–127; Larmer, Mineworkers, S. 48 f. Diese Kredite lassen sich durchaus als Vorläufer der Strukturanpassungenprogramme verstehen, die die Arbeit von IWF und Weltbank in den 1980er Jahren prägten. Jüngst hat Paul Kershaw für Mexiko argumentiert, dass der Ursprung der Programme auf das Jahr 1976 datiert werden kann. Paul V. Kershaw, Averting a Global Financial Crisis: The US, the IMF, and the Mexican Debt Crisis of 1976, in: The International History Review 40 (2018), 2, S. 292–314.

604 NAL, FCO 45/2319: F.S. Miles an FCO, Zambia: Annual Review for 1977, DR 94/78, 9.1.1978; vgl. NAZ, CO 2/1/7, S. 12 und 26: Up-Dated Information in Support of Zambia's Application for Treatment as „Most Seriously Affected (MSA)" Country, May 1978.

Inflationsraten von 35 Prozent 1975 und 50 Prozent im Jahr 1976 aus[605]. Verbunden mit der wachsenden Arbeitslosigkeit, die die mangelnde Auslastung und die Pleiten von Unternehmen mit sich brachten, sowie dem um sich greifenden Mangel an essenziellen Gebrauchsgütern wie Seife, Salz oder Speiseöl, nahm die Unzufriedenheit bedrohliche Ausmaße an. 1978 entlud sie sich in einer Streikwelle und im Auftrieb oppositioneller Strömungen im Vorfeld der Präsidentschaftswahlen, die für Dezember angesetzt waren. Die UNIP-Spitze fühlte sich sogar veranlasst, Kaundas prominente Konkurrenten um die Kandidatur, Simon Kapwepwe und Harry Nkumbula, mit einem dubiosen Eingriff in die Statuten der Partei auszustechen. Beide hatten zuvor massive Kritik an Kaundas Wirtschaftspolitik geübt. Bei der eigentlichen Wahl wurde Kaunda dann aber mit 80 Prozent Ja-Stimmen als Präsident bestätigt[606].

In gewisser Weise verschärften die vom IWF geforderten Maßnahmen Sambias Probleme noch. Die Devaluierung des Kwacha mochte helfen, die Minen wieder rentabel zu machen, verteuerte aber gleichzeitig die Importe, ohne die die sambischen Unternehmen nicht arbeiten konnten[607]. Auch erhöhte sie die Energieimportkosten. Verlor der Kwacha gegenüber dem Dollar an Wert, bedeutete das faktisch, dass mehr Geld für die benötigten Erdölimporte ausgegeben werden musste, da diese in der amerikanischen Währung gehandelt wurden. So sank die Menge des importierten Rohöls in den Jahren 1976, 1977 und 1978 aufgrund der lahmenden Wirtschaft jeweils im Vergleich zum Vorjahr, während sich die Importrechnung Jahr für Jahr erhöhte[608].

Die anhaltende Wirtschaftskrise und die wachsende Unzufriedenheit im Land bewegten Kaunda dazu, seine Politik in einigen Bereichen anzupassen. Im Oktober 1978, kurz vor der Wahl, öffnete er die Grenze zu Rhodesien, die seit 1973 abgeriegelt war. Ökonomisch machte der Schritt, den Kapwepwe vehement gefordert hatte, unbedingt Sinn. Die Benguela-Bahn nach Angola war durch den Bürgerkrieg weiterhin blockiert und die einzige verbliebene Bahnlinie zur Küste, die Ende 1975 eröffnete TAZARA nach Daressalam war genauso chronisch überlastet wie der Hafen der tansanischen Küstenstadt. Die ständigen Transportprobleme hatten einen großen Anteil daran, dass die Kosten für sambische Im- und Exporte in den letzten Jahren gehörig gewachsen waren, und dementsprechend

605 National Commission for Development Planning, Economic Report 1978, S. 22–25; Larmer, Mineworkers, S. 48.

606 Larmer, Rethinking African Politics, S. 121–127.

607 Vgl. Fundanga, IMF and World Bank in Zambia, S. 144.

608 Bank of Zambia, Report and Statement of Accounts for the Year Ended December 31st 1978, Lusaka 1979, S. 52; vgl. auch NAZ, CO 2/1/7, S. 22: Up-Dated Information in Support of Zambia's Application for Treatment as „Most Seriously Affected (MSA)" Country, May 1978.

mitverantwortlich dafür, dass die sambischen Minen nicht mehr profitabel operieren konnten. Eine Wiedereröffnung des kürzeren Bahnwegs über Rhodesien nach Mosambik versprach Linderung. Allerdings gab Kaunda damit seine konsequente Linie in der Auseinandersetzung mit dem illegitimen Siedlerregime südlich der Grenze ein Stück weit auf. Angesichts der hohen Priorität, die der sambische Präsident dem Kampf um „majority rule" im südlichen Afrika beimaß, war dies ein erstaunlicher Kompromiss, der veranschaulicht, wie sehr die wirtschaftlichen Probleme den Präsidenten unter Druck setzten[609].

Ein zweites Feld, in dem sich Kaunda und die UNIP bewegten, war das des eingeschlagenen Entwicklungspfades. Hatten die ersten beiden nationalen Entwicklungspläne das Schwergewicht auf die Minen und den Ausbau der verarbeitenden Betriebe gelegt – auf Industrialisierung durch Importsubstitution – rückte der Third National Development Plan verstärkt die Landwirtschaft in den Fokus[610]. Das drückte sich nun anders als im zweiten Plan nicht allein darin aus, dass die Regierung die Wichtigkeit der Landwirtschaft gebetsmühlenartig betonte, sondern auch in den Investitionsplänen. Waren dem ländlichen Sektor im letzten Plan nicht einmal 40 Prozent der Mittel zugeteilt, die in die Minen fließen sollten, waren es nun 75. Das Verhältnis der Investitionen im Vergleich zur herstellenden Industrie verbesserte sich derweil von 60 auf gut 110 Prozent[611]. Angesichts der tatsächlich vorhandenen Investitionsmittel handelte es sich bei all diesen Kalkulationen jedoch lediglich um „wishful thinking"[612].

Dazu trug auch die wachsende Schuldenlast nicht unwesentlich bei. Laut Statistiken der Weltbank verdoppelten sich die sambischen Auslandsschulden zwischen 1973 und 1978 von $ 982 auf $ 1.819 Millionen, während sich die Kosten, die das Land für Zinsen und Rückzahlungen aufbringen musste, nun auf $ 242 Millionen jährlich erhöht hatten. Anders als in den frühen 1970ern ließ sich dieser sogenannte Schuldendienst nun aber angesichts des anhaltend niedrigen Kupferpreises nicht mehr aus satten Handelsüberschüssen finanzieren. 1978 gingen 26 Prozent der gesamten Exporteinnahmen direkt in die Schuldenfinanzierung und trugen dazu bei, dass die Zahlungsbilanzen im roten Bereich blieben

609 Zum Problem der hohen Transportkosten siehe Burdette, Zambia, S. 110–114. Zu Kaundas Politik im südlichen Afrika siehe allgemein DeRoche, Kenneth Kaunda, und zur Grenzöffnung speziell S. 138–140. Julius Nyerere und Mosambiks Samora Machel hatten noch vergeblich versucht Kaunda umzustimmen.

610 TNDP; Burdette, Zambia, S. 114; Seidman, Distorted Growth, S. 103.

611 SNDP, S. 43 und TNDP, S. 37. Vgl. auch Michael W. Bell, The Decline and Fall of Planning in Zambia, in: The University of Aston Management Centre. Working Paper Series 213 (1981).

612 Burdette, Zambia, S. 114.

und Investitionsmittel faktisch kaum vorhanden waren[613]. Teil des Problems war, dass Sambia ob seines relativ hohen Pro-Kopf-Einkommens zu Krisenbeginn kaum Kredite zu weichen Konditionen erhalten hatte. Um diesem Problem zu begegnen, bemühte sich die Regierung ab 1976, in die Liste der durch die Öl- und Wirtschaftskrise „most seriously affected" aufgenommen zu werden. Das hätte ihr Zugriff auf günstigere Kreditlinien und zusätzliche Hilfen ermöglicht. 1978 kam jedoch die ernüchternde Antwort aus dem UN-Hauptquartier, dass Sambias Antrag gar nicht ernsthaft geprüft worden sei, da der Special Fund für die besonders betroffenen Länder aufgrund von Kapitalmangel wohl ohnehin aufgelöst werde[614]. Immerhin erhielt das Land ab 1978 erstmals zinsfreie Kredite der International Development Association der Weltbank, für die es zuvor nicht zugelassen gewesen war[615].

Sambias Krise hatte sich insgesamt als langwieriger und tiefgreifender erwiesen, als irgendjemand Mitte 1974 geahnt hätte. Vier Jahre später stand das Land am Rande des Bankrotts, die Krise war zum Dauerzustand geworden und die Zukunftsperspektiven düster.

Auf dem Weg in die Schuldenfalle – Andere Entwicklungsländer

Was für Sambia galt, traf auch auf viele andere Länder der Dritten Welt zu. Vor allem Zaire teilte als weiterer großer Kupferproduzent die spezifischen Probleme des Nachbarn und stand ebenfalls vor dem ökonomischen Kollaps. Insgesamt, so hat David Fieldhouse für Afrika nachgewiesen, verschlechterten sich in den

---

613 World Bank, Zambia. Country Economic Memorandum. Issues and Options for Economic Diversification, Washington 1984, S. 62 und 87; siehe auch NAZ, CO 2/1/7, S. 23–25: Up-Dated Information in Support of Zambia's Application for Treatment as „Most Seriously Affected (MSA)" Country, May 1978.

614 NAZ, CO 2/1/7: Ministry of Economic and Technical Cooperation: A Case for Zambia's Inclusion in the List of MSA Countries, Draft, 6.5.1976; ebd.: Up-Dated Information in Support of Zambia's Application for Treatment as „Most Seriously Affected (MSA)" Country, May 1978; ebd.: Gordon K. Goundry an Lilly Monze, 11.7.1978. Während Konsultationen um den Jahreswechsel 1977/78 bat Kaunda auch Willy Brandt, die Bundesregierung zur Unterstützung des sambischen Antrags auf MSA-Status zu ermutigen. Siehe AfsD, WBA, A 9/13: Willy Brandt, Vermerk, betr.: Sambia, vertraulich, 19.1.1978.

615 NAZ, CO 2/1/7, S. 25: Up-Dated Information in Support of Zambia's Application for Treatment as „Most Seriously Affected (MSA)" Country, May 1978. Zur International Development Association (IDA) allgemein siehe Williams, International Economic Organisations, S. 108 f; und ausführlicher Devesh Kapur/John P. Lewis/Richard Webb, The World Bank. Its First Half Century. Bd. 1. History, Washington 1997, S. 1119–1160.

1970er Jahren insbesondere die Terms of Trade jener Länder, die vom Export mineralischer Rohstoffe lebten[616]. Aber auch Länder wie Indien, Kenia (siehe Kapitel 2.3) oder die Elfenbeinküste, für die das nicht zutraf und denen es Mitte der 1970er Jahre gelang, ihre Zahlungsbilanzen wieder positiv zu gestalten, häuften wachsende Schuldenberge an. Das lag in Kenia – um ein Beispiel auszuführen – daran, dass der für afrikanische Verhältnisse relativ große industrielle Sektor der Ökonomie, wie im Falle Sambias, weitgehend auf importierte Inputs angewiesen war. Deren Preis legte nach 1973 kräftig zu und sorgte in Kombination mit den vervielfachten Ölimportkosten dafür, dass dieser „moderne Sektor" der kenianischen Wirtschaft nur durch externe Kredite am Leben erhalten werden konnte. Daran änderten auch die boomenden Kaffeepreise in den Jahren 1976/77 wenig, die zwar zwischenzeitlich die Zahlungsbilanzen des Landes aufpolierten, aber die Notwendigkeit externer Finanzspritzen nicht behoben. So verdoppelten sich die Auslandsschulden des ostafrikanischen Landes von $ 433 Millionen 1973 auf $ 821 Millionen 1977[617]. Indien spielte derweil in einer anderen Liga. Der Schuldenberg des südasiatischen Riesen wuchs von 1970 bis 1976 von $ 7,9 auf $ 12,4 Milliarden, was angesichts der Größe der nationalen Wirtschaft allerdings ein vergleichsweise moderater Wert war. Nach Weltbankberechnungen machten Indiens Auslandsschulden 1976 lediglich 14,6 Prozent des Bruttosozialprodukts aus. Kenias Wert lag zeitgleich bei 22,2 und Zaires bei 63,8 Prozent.

Die wahren Schuldenkönige unter den Entwicklungsländern waren aber die Schwellenländer – vor allem in Lateinamerika. Mexiko und Brasilien vervielfachten ihre Auslandsschulden im Laufe der 1970er Jahre auf über $ 25 bzw. 28 Milliarden (siehe Tabelle 5). Brasilien hatte wie so viele Entwicklungsländer schon lange eine Strategie der Industrialisierung durch Importsubstitution verfolgt. Anders als Länder wie Sambia oder Kenia war das südamerikanische Schwergewicht dabei aber seit den 1930er Jahren viel weiter vorangekommen und verfügte darüber hinaus über einen nennenswerten Binnenmarkt. Während die kleinen afrikanischen Staaten lediglich Konsumgüter im eigenen Land herstellten, dazu aber auf den Import von Maschinen, Know-how und Halbfertigprodukten angewiesen waren, hatte Brasilien die Produktion bis in die frühen 1970er Jahre auch in diese Bereiche ausgedehnt. Die wachsende brasilianische Autoindustrie etwa konnte dementsprechend – anders als die sambischen Livingstone Motor Assemblers – auf eine heimische Zuliefererindustrie und eine lokale Stahlproduktion zurückgreifen, was zu tatsächlichen Deviseneinsparungen

616 Fieldhouse, Black Africa, S. 104 f.

617 Zu Kenias Schulden siehe Fieldhouse, Black Africa, S. 172; D. Katete Orwa, Independent Kenya's External Economic Relations, in: Ochieng'/Maxon (Hg.), Economic History of Kenya, S. 389–403; Ogonda, Kenya's Industrial Progress.

führte. Die Jahre 1967 bis 1973 gingen als „brazilian miracle“ in die Geschichte ein – mit jährlichen Wachstumsraten von über 10 Prozent. Allerdings basierte das brasilianische Wirtschaftsmodell weiterhin auf dem Import von Kapital und Technik aus dem Westen, einiger Rohstoffe – wie etwa Kupfer – und von 75 Prozent des dringend benötigten Erdöls. Letzteres entpuppte sich nach 1973 als Problem.

Tab. 5: Auslandsschulden ausgewählter Entwicklungsländer, 1970–1978[618]

	1970		1976		1977		1978	
	Mio. $	% BSP	Mio. $	% BSP	Mio. $	% BSP	Mio. $	% BSP
Brasilien	3680	8,0	14852	11,7	19221	11,8	28821	15,6
Indien	7935	14,8	12392	14,6	14531	14,7	15326	13,1
Kenia	284	18,5	688	22,2	821	19,7	953	17,9
Mexiko	3228	9,8	15547	20,8	19208	26,5	25775	28,7
Sambia	548	32,0	1184	53,7	1392	59,5	1396	51,6
Singapur	141	7,3	687	11,8	994	15,5	1134	14,8
Südkorea	1904	22,8	6690	26,8	8472	26,9	11992	26,1
Zaire	309	17,3	2002	63,8	2666	52,8	2566	33,4

1974 explodierten die brasilianischen Ölimportkosten auf etwa $ 3 Milliarden und trugen entscheidend zu einem massiven Handelsbilanzdefizit von fast $ 5 Milliarden bei. In den Vorjahren war die Handelsbilanz noch ausgeglichen gewesen. Anders als die meisten anderen Staaten setzte die Regierung von Präsident Ernesto Beckmann Geisel nun allerdings nicht auf Nachfragereduzierung, sondern auf ein kreditfinanziertes Programm der wirtschaftlichen Expansion, das mittelfristig den Verzicht auf weitere Importe erlauben und auch die eigenen Exporte im Bereich der Industriegüter stimulieren sollte. Im Grunde handelte es sich um jene Strategie, die Humphrey Mulemba 1975 ebenfalls für Sambia ins Spiel bringen sollte. Dieser Petrodollar-finanzierte Stimulus sorgte dafür, dass die brasilianische Wirtschaft bis Ende der 1970er Jahre weiter wuchs – wenn auch nur noch

618 World Bank, World Development Report 1978, Washington 1978, S. 96 f; World Bank, World Development Report 1979, Washington 1979, S. 154 f; World Bank, World Development Report 1980, Washington 1980, S. 138 f. Zur Verschuldung der Dritten Welt vgl. auch Fieldhouse, Black Africa, S. 108 – 122 und Edward V. K. Jaycox u. a., The Nature of the Debt Problem in Eastern and Southern Africa, in: World Bank Reprint Series 378 (1986).

etwa halb so schnell wie in den Vorjahren. Da die Zinssätze Mitte der 1970er niedrig, zeitweise sogar negativ, waren, machte diese Strategie „perfect sense", wie Jeremy Adelman argumentiert. Allerdings wuchs der Berg an Auslandsschulden dadurch in schwindelerregende Höhen[619].

Sogar Südkorea, das als einer der vier asiatischen „Tiger" Teil der größten wirtschaftlichen Erfolgsgeschichte der Dritten Welt in den 1970er und 1980er Jahren war und dessen Bruttoinlandsprodukt 1973 um sagenhafte 14,8 Prozent gewachsen war, entwickelte in diesen Jahren ein Schuldenproblem. Anders als Brasilien hatte sich das ostasiatische Schwellenland auf das Modell des Export-getriebenen Wachstums verlegt. Nachdem es sich zunächst auf die Herstellung von leichtindustriellen Produkten – vor allem Textilien – spezialisiert hatte, sollte nach 1973 der gezielte Aufbau der Schwerindustrie folgen. Zusammen mit den etwa verdreifachten Energieimportkosten belasteten die dazu erforderlichen großen Investitionen die Zahlungsbilanzen des Landes in den Folgejahren massiv. Die Defizite deckte das Park-Regime mit ausländischen Krediten. Ähnlich wie in Brasilien wuchs Koreas Wirtschaft so auch nach 1973 weiter, wenn auch mit etwas reduziertem Tempo. Ende des Jahrzehnts ließ sich das Schuldenproblem dann jedoch nicht mehr ignorieren[620].

Anders als Sambia oder Zaire standen Brasilien und Südkorea Ende der 1970er Jahre aber noch nicht unmittelbar vor dem Bankrott. Dieser sollte – im Falle verschiedener lateinamerikanischer Staaten – erst in den frühen 1980er Jahren folgen. Aber das Problem war wie in weiten Teilen der Dritten Welt kaum noch zu ignorieren und beeinflusste die Einstellungen zur OPEC und zum Projekt der Neuen Weltwirtschaftsordnung, wie im Folgenden gezeigt werden wird.

---

619 Jeremy Adelman, International Finance and Political Legitimacy. A Latin American View of the Global Shock, in: Ferguson (Hg.), The Shock of the Global, S. 113–127, hier S. 123; Francisco Vidal Luna/Herbert S. Klein, Brazil Since 1980, Cambridge 2006, S. 143–245; Stephan Haggard, Pathways from the Periphery. The Politics of Growth in the Newly Industrializing Countries, Ithaca 1990, S. 161–188; Fernando de Holanda Barbosa, Economic Development: the Brazilian Experience, in: Akio Hosano/Neantro Saavedra-Rivano (Hg.), Development Strategies in East Asia and Latin America, Basingstoke/London 1998, S. 69–87; Gabriela Comel, Die Rückwirkungen von realen Ölpreisänderungen auf die Wirtschaftsentwicklung in Lateinamerika, insbesondere in Brasilien und Mexiko, in: Lücke (Hg.), Ölkrise, S. 305–308; speziell zur Ölproblematik siehe auch PA AA, B71/113912: Sachstand: Deutsch-Brasilianische Konsultation in Brasilia, hier: Die Erdölkrise: Auswirkungen auf die Bundesrepublik Deutschland und Brasilien; Weltwirtschaftliche Perspektiven, 6.8.1974.

620 Richard Halloran, Effects of Oil Crisis Are Severe in South Korea, in: The New York Times, 11.2.1974, S. 53; Nigel Harris, The End of the Third World. Newly Industrializing Countries and the Decline of an Ideology, London 1986, S. 31–45; Haggard, Pathways, S. 130–138. Zu den koreanischen Wachstumsraten siehe World Bank: DataBank – World Development Indicators, http://databank.worldbank.org/data/reports.aspx?source=world-development-indicators, 3.1.2022.

Die Kritik wächst – Das Verhältnis zu OPEC und Neuer Weltwirtschaftsordnung

Im Rahmen der Vereinten Nationen hatte sich die Dritte Welt 1974/75 einig in der Interpretation gezeigt, dass die wirtschaftlichen Probleme der NOPECs eine Folge der westlichen Ausbeutung und unfairer Strukturen der Weltwirtschaft seien und nicht der Ölpreiserhöhungen der OPEC. Als die Ölexporteure Anfang 1974 klar machten, dass sie sich nicht auf einen reduzierten Ölpreis für Entwicklungsländer einlassen würden, regte sich vereinzelt Kritik. Diese fand sich aber vor allem in Leserbriefspalten und nur ausnahmsweise in Äußerungen von Regierungsvertretern. Als in den Folgejahren aber deutlich wurde, wie tief das Tal war, in das die Wirtschaften vieler Entwicklungsländer stürzten, verschoben sich die Grenzen des Sagbaren.

Das galt zunächst einmal für die internen Bewertungen der eigenen Wirtschaftsprobleme. Im Vorwort zum Third National Development Plan erklärte etwa der sambische Präsident Kaunda ziemlich genau entlang der Interpretationslinie, die westliche Politiker im Nord-Süd-Rahmen immer wieder vertraten:

> I know the economic situation at present prevailing in the country may not be considered propicious for embarking upon a bold programme of development. The oil crisis has complicated the world economic situation which has, in turn, aggravated our economic problems. We are paying K 100 million more on our oil imports as compared to our pre-1973 oil bill. We pay more on the imports of goods from developed countries because they are recycling increases in their energy costs by inflating the prices of their manufactured goods which we import. We also suffer because recession in the economies of developed countries, caused by the energy crisis, depresses the price of our major export commodity, that is, copper. Thus, we are hit thrice by the oil crisis.[621]

Ähnliche Töne schlugen Vertreter der Erdöl importierenden Entwicklungsländer nun auch in bilateralen Gesprächen mit westlichen Diplomaten an. V. K. Ahuja aus dem indischen Außenministerium etwa erklärte seinen britischen Gesprächspartnern im Oktober 1977, dass sein Land enorm unter den Folgen der Ölpreiserhöhungen leide und Indien die OPEC-Staaten daran erinnert habe, dass sie auf die Interessen der Entwicklungsländer Rücksicht nehmen sollten[622]. Als Staatsminister Wischnewski während seiner Fact-Finding-Mission in Brasilia weilte, machten ihm seine brasilianischen Gesprächspartner wiederum klar, dass die Energieproblematik für sie im Zentrum des angestrebten Nord-Süd-Dialogs stehe. Die Vervierfachung des Ölpreises sei eine rein politische Entscheidung

621 TNDP, S. iv.

622 NAL, FCO 59/1528, S. 5: Record of the Indo-British talks held to discuss North/South issues at the MEA, New Delhi at 1100 hours on 18 October 1977.

gewesen und belaste die brasilianische Wirtschaft massiv[623]. Besonders nachdrücklich hatte sich Kenneth Kaunda bereits im Dezember 1974 in einem Gespräch mit Siegfried Bangert geäußert, dem Leiter der internationalen Abteilung der Friedrich-Ebert-Stiftung. Kaunda hatte ihn eigens zu einem vertraulichen Gespräch nach Lusaka gebeten – übrigens nicht zum ersten Mal – und ihm aufgetragen, den Inhalt an den Bundeskanzler weiterzukommunizieren. Er betonte die verheerenden Folgen der arabischen Ölpolitik und drohte: „Er werde in Kürze diesbezüglich gegenüber den Arabern aktiv werden und notfalls so weit gehen, den Arabern aufzuzeigen, wie Sambia sich wehren könne (Kupfer-Embargo großflächig angestrebter afrikanischer politischer Druck).“ Weiter bat Kaunda Bangert zu übermitteln, dass Sambia gegenüber der westlichen Welt „nie Ressourcen als politisches oder finanzielles Druckmittel einsetzen werde“[624].

Äußerungen dieser Art in bilateralen Gesprächen mit Diplomaten aus den westlichen Industriestaaten sind allerdings mit Vorsicht zu betrachten. Wiederholt beschwerten sich die Diplomaten etwa darüber, dass Vertreter aus dem Süden in direkten Gesprächen ausgesprochen konziliant aufträten, in den Vereinten Nationen den Westen dann aber doch oft scharf attackierten[625]. Was Kaunda im Austausch mit Gesprächspartnern aus dem Norden zu Protokoll gab, war eine Sache, was er dachte eine andere und was er in Gesprächen mit OPEC-Vertretern oder in multilateralen Foren äußerte, eine dritte. Dementsprechend muss es nicht verwundern, dass die brasilianischen Repräsentanten zwar die arabische Ölpolitik gegenüber Wischnewski kritisierten, während des Dialogs in Paris aber in dieser Sache äußerst zurückhaltend agieren wollten. Die große Abhängigkeit von Ölimporten aus den OPEC-Staaten ließ eine andere Politik aus brasilianischer Sicht ausgesprochen riskant erscheinen[626]. In gewisser Weise befand sich Brasilien in einer ähnlichen Lage wie die auf Energieimporte angewiesenen Europäer. Und im Grunde erinnert die Kommunikationsstrategie vieler Entwicklungsländer

---

623 PA AA, B 71/113911, S. 11: Bericht über die ‚Fact-finding‘-Mission von StM Wischnewski, 5. 8. 1975.

624 Hervorhebung im Original. PA AA, LUSA 11613, S. 8: S. Bangert, Aufzeichnung über zwei Gespräche mit dem sambischen Staatspräsidenten Dr. Kenneth Kaunda in Lusaka am 12. und 13. Dezember 1974; ebd.: S. Bangert an Helmut Schmidt, 19. 12. 1974. Zu Bangerts Verhältnis zu Sambia siehe auch o. A., „Immer auf der Sonnenseite des Lebens“, in: Der Spiegel, 16. 4. 1979, S. 42–54.

625 Siehe etwa PA AA, B 30/127981: Sachstand: Verhalten Sambias auf der 31. Generalversammlung, 11. 11. 1976; oder Memorandum From the Undersecretary of State for Economic Affairs (Cooper) to Secretary of State Vance, 11. 6. 1977, in: FRUS 1977–1980, Bd. III. Foreign Economic Policy, Washington 2013, Dok. 266.

626 PA AA, B 71/113911, S. 11: Bericht über die ‚Fact-finding‘-Mission von StM Wischnewski, 5. 8. 1975; ebd., B 71/113909: Fernschreiben Botschaft Brasilia an AA, Nr. 87, 24. 3. 1975.

gegenüber der OPEC einerseits und den Industriestaaten andererseits an die vielfach beschriebene Strategie im Kalten Krieg, sich keinem Lager anzuschließen und auf bilateralem Wege Hilfsleistungen von beiden Supermächten und eventuell auch noch von China einzustreichen[627]. Im Vergleich zur offensiven Solidarisierung von Erdölexporteuren und anderen Entwicklungsländern in den Monaten nach der Ölrevolution bezeugt dieses ambivalente Verhalten das zunehmende Bröckeln der Einheit der Dritten Welt in der zweiten Hälfte der 1970er Jahre – und sicher auch ein gewisses Maß an pragmatischem Realismus.

Auch die Öl-Exporteure waren sich der Gefahr, die von einem solchen Stimmungsumschwung ausgehen konnte, bewusst. Während eines Treffens im Dezember 1975 in Wien sprachen die anwesenden Minister ausführlich über die öffentliche Kritik an den OPEC-Staaten, die sie primär als Resultat einer Propaganda-Kampagne des Westens verstanden, die aber eben auch in den Entwicklungsländern Wirkung gezeigt habe. Es bestehe die echte Gefahr, bemerkte etwa Minister Mana Saeed al-Otaiba aus den Vereinigten Arabischen Emiraten, dass sie „in their own area, namely the Third World“ an Boden verlören. Dem gelte es, da war sich die Konferenz einig, in Zukunft mit gezielten Public-Relations-Strategien entgegenzuwirken, wozu sowohl der Ausbau der OPEC-internen Informationsabteilung als auch die Beauftragung von PR-Firmen in den Industriestaaten ins Auge gefasst wurden. Die irakische Delegation argumentierte darüber hinaus, dass praktisches Handeln am besten geeignet sei, das angekrazte Image aufzupolieren. Dabei dachten sie an „favourable loans, grants, or even [...] the investment of surplus money“ in den Entwicklungsländern[628].

Die langwierigen ökonomischen Probleme vieler NOPECs beeinflussten aber auch die Schwerpunktsetzungen innerhalb der Debatte um die Neue Weltwirtschaftsordnung[629]. Angesichts der Schuldenberge, die die meisten Entwicklungsländer nach 1973 anhäuften, rückten Fragen nach einem generellen Schuldenerlass oder dem Zugang zu neuen Krediten ab 1976 in den Fokus der Debatte, wie unten thematisiert werden wird. Die betroffenen Länder waren sich allerdings keineswegs einig, welcher Weg hier der Richtige sei. Noch prominenter war in den späten 1970er Jahren lediglich die Forderung nach einem sogenannten integrierten Programm zur Hebung und Stabilisierung der Rohstoffpreise. Gerade Länder wie Sambia, deren Terms of Trade sich im Zuge von Öl- und Weltwirtschaftskrise extrem verschlechtert hatten, mussten ein vitales Interesse in diesem

627 Vgl. dazu etwa Robert J. McMahon, Introduction, in: McMahon (Hg.), Cold War, S. 1–10, hier S. 9; Lawrence, Nonalignment; Byrne, Mecca of Revolution, vor allem S. 113–171.

628 NYUAD, GGC, AD-MC-038–053, Zitate auf S. 16 und 20: OPEC, Minutes of the Forty-Sixth Meeting of the Conference held in Vienna, December 1975.

629 Siehe dazu ausführlicher und konkreter Abschnitt 3 in diesem Kapitel.

Bereich haben. Ohne eine Erholung des Kupferpreises konnte es für Sambia oder Zaire keine wirtschaftliche Trendwende geben. Die Ausgangslage der Schwellenländer in Lateinamerika und (Süd-)Ostasien, deren Hauptaugenmerk zusehends auf der Industrieproduktion und nicht mehr auf dem Rohstoffexport lag, war hingegen eine gänzlich andere. Und auch innerhalb der OPEC ließen sich nun verstärkt Interessengegensätze identifizieren, die ebenfalls viel mit unterschiedlichen ökonomischen Entwicklungen zu tun hatten. Sie stehen im Zentrum des folgenden Abschnitts.

4.2 Der Streit in der OPEC um einen einheitlichen Ölpreis

„They are not rational people", regte sich der irakische Präsident im Gespräch mit dem venezolanischen Botschafter auf. „So what are they? They are uncultured, illiterate, erratic Bedouins, product of one of the most backward regions in the world that aside from oil has nothing but sand."[630] Es war das Jahr 1977 und die „unkultivierten, irrationalen Beduinen", die Saudis, blockierten seit Jahren größere Steigerungen beim Preis für Erdöl, was Präsident Ahmad Hasan al-Bakr offensichtlich die Zornesröte ins Gesicht trieb. Im vorigen Dezember hatte sich die OPEC während ihrer Ministerkonferenz in Doha erstmals nicht mehr auf einen gemeinsamen Preis einigen können. Seitdem verlangten die Saudis 5 Prozent weniger für ihr Rohöl als die meisten anderen OPEC-Staaten. Die Spannungen innerhalb der Organisation, die schon auf den vorangegangenen Treffen zunehmend zutage getreten waren, hatten eine symbolisch und ökonomisch neue Qualität erreicht. Der folgende Abschnitt widmet sich den wachsenden Differenzen zwischen den Ölexporteuren. Er skizziert zunächst die ökonomische Entwicklung verschiedener OPEC-Staaten ab Mitte der 1970er Jahre, um zu zeigen, dass weder die Haltung des saudischen Königreichs noch die der Preisfalken wie Iran oder Irak irrational war. Es war vor allem die jeweils spezifische ökonomische Lage, die Saudi-Arabien zu einer anderen Preispolitik trieb als den Schah. Anschließend widmet sich das Kapitel der Konferenz von Doha, auf der es zum offenen Bruch kam.

630 Zitiert nach Garavini, After Empires, S. 244.

High absorber unter Stress – Die ökonomische Entwicklung der Ölexporteure

Als Ahmed Zaki Yamani und Henry Kissinger im April 1975 zu einem Gespräch zusammentrafen, gab der saudische Ölminister seinem amerikanischen Kollegen einen Einblick in das Innenleben der OPEC: „The Algerians are already pressing very hard to have another OPEC meeting at the end of this month. They are concerned over their declining earnings. [...] Your friends in Iran are also very keen to have another price increase.“[631] Das Problem, vor dem der Iran ebenso stand wie Algerien und die anderen sogenannten *high absorber* mit relativ großer Bevölkerung und begrenzten Ölreserven, bestand darin, dass ihre ambitionierten Entwicklungsprogramme kaum noch aus den aktuellen Exporteinnahmen gedeckt werden konnten. Beide Länder hatten ihre Investitionspläne im Angesicht des Ölbooms von 1973/74 noch einmal kräftig aufgebläht. Irans fünfter Fünfjahresplan (1973–1978) war mit einem Volumen von $ 37 Milliarden ohnehin schon fast dreieinhalb Mal so groß gewesen wie sein Vorgänger. In der Euphorie der Ölrevolution aber korrigierten die iranischen Planer die Zahlen noch weiter auf annähernd $ 70 Milliarden nach oben. Die Wirtschaft des Landes wuchs zwar ohnehin schon schnell, doch 1974 wollte der Schah mehr. „The Shah insisted“, so fasst George Philip zusammen, „upon a crash programme of state investment which was intended to make it grow more rapidly still.“[632] Das Ziel war es, so Ministerpräsident Amir Abbas Hoyveda, den „Entwicklungsvorsprung der anderen so schnell wie möglich ein[zu]holen“ und das Land bis Ende des Jahrhunderts zu einer „der vier oder fünf Großmächte der Erde“ zu machen[633].

Diese Planungen fußten auf dem Axiom, dass weitere Ölpreissteigerungen zu erwarten seien oder sich die hohen Preise des Jahres 1974 zumindest halten würden[634]. Doch die globale ökonomische Entwicklung machte den Kalkulationen einen Strich durch die Rechnung. Einerseits sorgte die kräftige Inflation dafür, dass die Kaufkraft der Mitte der 1970er Jahre nominell stagnierenden Einnahmen aus dem Erdölexport real zurückging. Inflationsbereinigt lag der Ölpreis 1978 etwa 10 Prozent unter dem Wert von 1974[635]. Andererseits ließ die globale Rezession der Jahre 1974/75 die Nachfrage nach Erdöl zurückgehen (siehe Tabelle 3), so dass die OPEC-Staaten zunehmend Probleme hatten, ihr Produkt zu ver-

631 Memorandum of Conversation, 19.4.1975, in: FRUS 1969–1976. Bd. XXXVII, Dok. 55.
632 Philip, International Oil, S. 190; vgl. auch Amuzegar, Managing Oil Wealth, S. 67–74.
633 Sommer, Iran – Großmacht schon morgen?, in: Die Zeit, 29.3.1974, S. 3. Vgl. auch Yergin, Preis, S. 780 f; Elton L. Daniel, The History of Iran, Westport/London 2001, S. 158–161.
634 Amuzegar, Managing Oil Wealth, S. 49; vgl. auch Sommer, Iran – Großmacht schon morgen?, in: Die Zeit, 29.2.1974, S. 3.
635 Yergin, Preis, S. 793.

äußern. Algeriens Zahlungsbilanzen sanken ab 1975 deutlich in den roten Bereich und selbst Irans gewaltiges Plus von über $ 12 Milliarden im Jahr 1974 schmolz bis 1978 nahezu vollständig ab. Gleichzeitig nahmen beide Länder im Ausland Kredite auf, um die heimischen Investitionsprogramme nicht umgehend wieder zusammenstreichen zu müssen. Algeriens Auslandsschulden wuchsen zwischen 1974 und 1978 von $ 3,3 auf $ 15,7 Milliarden, Irans immerhin auf $ 7,3 Milliarden.

Tab. 6: Zahlungsbilanzen und Auslandsschulden ausgewählter OPEC-Staaten in Millionen US-Dollar, 1974–1978[636]

	1974		1975		1976		1977		1978	
	BoP	Debt	BoP	Debt	BoP	Debt	BoP	Debt	BoP	Debt
Algerien	176	3366	-1658	4633	-882	6114	-2325	10,599	-3540	15.734
Iran	12.267	4079	4708	3815	7660	4298	2816	6182	104	7372
Kuwait	9066	0	5929	0	6929	0	4561	0	6130	0
Nigeria	4898	1881	42	1687	-357	1338	-1016	3146	-3757	5901
Saudi-Arabien	23.026	0	14.385	0	14.360	0	11.991	0	-2212	0

Mit Genugtuung stellte Henry Kissinger angesichts dieser Situation im Juni 1975 fest: „Algeria, for all its big talk, is getting to the point where it can't cut production without hurting itself. Libya – all of them are down to their production limit." Der erneute Einsatz des Erdöls als Waffe erschien dem Secretary of State in dieser Situation zunehmend unwahrscheinlicher. Einen solchen Schritt konnten sich die *high absorber* 1975 schlicht nicht mehr leisten. Vielmehr hoffte Kissinger, einen der OPEC-Staaten dazu bewegen zu können, aus der gemeinsamen Front der Produzenten auszuscheren, um den eigenen Absatz zu vergrößern[637]. Konkret arbeitete er an einem bi-lateralen Deal mit dem Iran. Die USA boten an, die überschüssige persische Ölproduktion für ihre neue strategische Reserve aufzukaufen. Im Gegenzug sollte der Schah beim Preis Entgegenkommen zeigen und

636 BoP = Balance of Payments in Millionen US-Dollar, Debt = Auslandsschulden. Zahlungsbilanzdaten aus Amuzegar, Managing Oil Wealth, S. 265. Die Daten zu Auslandsschulden entstammen der Serie „External debt stocks, total (DOD, current US$)" in The World Bank: Data-Bank – World Development Indicators, http://databank.worldbank.org/data/reports.aspx?source=world-development-indicators, letzter Zugriff: 3.1.2022. Lediglich die Zahlen zu Irans Schulden entstammen World Bank, World Debt Tables. Bd. II. External Public Debt of Developing Countries, Washington 1980, S. 82.

637 Memorandum of Conversation, 10.7.1975, in: FRUS 1969–1976. Bd. XXXVII, Dok. 65. Eine ähnliche Einschätzung findet sich in PA AA, B 71/113907: Wien inter an AA, Nr. 163, 28.5.1975.

unter dem offiziellen OPEC-Preis verkaufen. Intern erklärte Kissinger Anfang 1976: „I want there to be a visible gap between the price we're paying for oil and the OPEC price. I want the Shah to break the OPEC line."[638] Das sei der Schlüssel, um schließlich die gesamte Organisation zu sprengen[639]. Letztlich kam der Deal nicht zustande – vor allem da die Nachfrage auf dem globalen Ölmarkt 1976 wieder anzog und Iran daher keine Probleme mehr hatte, die eigene Produktion zu vermarkten[640]. An Preissteigerungen waren Iran, Algerien und andere *high absorber* aber weiterhin hochgradig interessiert.

In Saudi-Arabien und bei den übrigen reichen und bevölkerungsarmen *low absorbern* sah die Situation hingegen anders aus. Das Königreich verfügte – ebenso wie Kuwait oder die Vereinigten Arabischen Emirate – trotz der (in Kapitel 2.1) beschriebenen Industrialisierungsstrategie auch Mitte der 1970er Jahre noch über mehr Exporteinnahmen, als es im eigenen Land sinnvoll anlegen konnte. Vor allem aber lagen unter dem saudischen Wüstensand die mit Abstand größten bekannten Erdölreserven der Welt. 1974 umfassten die „proven oil reserves" 173 Milliarden Barrel und damit über 20-mal mehr als die bekannten algerischen Vorräte. Kuwait belegte Platz zwei mit 81 Milliarden Barrel, gefolgt von Iran mit 66 Milliarden[641]. Darüber hinaus galt es als sicher, dass das saudische Königreich über bedeutende noch unentdeckte Felder verfügte. Anders als in Algerien oder Nigeria – und bis zu einem gewissen Grad auch im Iran –, wo man hoffte, die limitierten Reserven zu maximalen Preisen zu verkaufen, um mit dem Gewinn die wirtschaftliche Basis für die absehbare Zeit nach dem Öl zu schaffen, würden in Saudi-Arabien Ölexporte bis weit ins 21. Jahrhundert den zentralen Baustein der Ökonomie ausmachen. Dementsprechend waren die Saudis immer darauf bedacht, den Ölmarkt der Zukunft nicht durch exorbitante Preise in der Gegenwart zu gefährden, die die Konsumenten zur Entwicklung alternativer Energieformen hätten motivieren können[642]. Yamani fasste diese Erkenntnis während eines Essens mit Journalisten sehr anschaulich in eine Parabel: „In our literature someone had a little hen which gave him a golden egg everyday. And then one day he became so greedy, he wanted to know the secret of what was inside that hen – there must be a fortune. So he slaughtered that hen, and he found nothing and he lost everything. Now we are living in an international

638 Memorandum of Conversation, 13.3.1976, in: FRUS 1969–1976. Bd. XXXVII, Dok. 95.

639 Siehe Memorandum From the President's Assistant for National Security Affairs (Kissinger) to President Ford, 15.8.1975, in: ebd., Dok. 77.

640 Memorandum of Conversation, 8.11.1976, in: ebd., Dok. 109.

641 Zahlen aus Amuzegar, Managing Oil Wealth, S. 246.

642 Siehe etwa Venn, Oil Crisis, S. 49; Yergin, Preis, S. 781.

community. We cannot slaughter this hen."[643] Hinzu kam, dass die bedeutenden Kapitalanlagen, die das Königreich im Westen akkumulierte, drohten, entwertet zu werden, sollten zu große Preissprünge beim Erdöl den kapitalistischen Wirtschaften schaden. Schließlich spielten politische Aspekte eine Rolle. Einerseits galt es Rücksicht auf die Vereinigten Staaten zu nehmen, auf deren Unterstützung in der Sicherheitspolitik das Königreich angewiesen war. Dieses Moment gewann nach der Ermordung König Faisals im Januar 1975, der Regierungsübernahme durch dessen Bruder Khalid und die Ernennung des amerikafreundlichen Kronprinzen Fahd zum Premierminister noch einmal an Bedeutung. Andererseits fürchtete das stark antikommunistisch eingestellte Königshaus, den Sowjets in die Hände zu spielen, sollten die westlichen Industriestaaten durch die Energiekrise zu stark geschwächt werden[644].

Angesichts seiner anderen ökonomischen Ausgangslage – und auch der politischen Interessen wegen – war es für das saudische Königreich nach 1973 also absolut rational, auf die Preisbremse zu treten. Das hatte sich bereits während der Ölkrise angekündigt, als die Saudis für einen deutlich vorsichtigeren Preisanstieg votiert, sich aber letztlich die Falken um den Iran durchgesetzt hatten. Der Konflikt zwischen *high* und *low absorbern* bei der Preisgestaltung sollte in den Folgejahren aber noch deutlich an Intensität zulegen.

Spaltung in Doha – Die OPEC-Konferenz vom Dezember 1976

Im Dezember 1974 hatte die 42. OPEC-Konferenz auf saudi-arabische Initiative hin ein neues Preissystem beschlossen. Zwar senkte die OPEC den *posted price* in diesem Zuge offiziell leicht ab, erhöhte aber gleichzeitig die Steuern und sonstigen Abgaben, so dass die internationalen Ölkonzerne faktisch einen höheren Betrag pro Barrel zu entrichten hatten als zuvor. Der neue *marker price* für die saudische Rohölsorte Arabian Light, der nun den *posted price* als zentralen Richtwert der Ölwirtschaft ablöste, lag damit Ende 1974 bei $ 10,46 pro Barrel. Gleichzeitig beschloss die Organisation, die Preise bis September 1975 auf diesem Niveau einzufrieren[645]. Als die OPEC-Minister dann kurz vor Ablauf der Frist zu ihrem 45. Treffen in Wien zusammenkamen, war die Konfrontation zwischen den Preis-

643 Ian Seymour, Saudi Arabia to Maintain 8.5 Million b/d Output Ceiling, in: Supplement to MEES XIX, No. 43, 16.8.1976, S. 3.

644 Yergin, Preis, S. 782; Venn, Oil Crisis, S. 49; Seymour, OPEC, S. 148 f; McFarland, Oil Powers, vor allem Kapitel 7 und 8. Zu Khalid und Faisal siehe Abir, Saudi Arabia, S. 128, 135–139.

645 Skeet, OPEC, S. 115 f.

Falken und -Tauben vorprogrammiert. Iran hatte in den Vorwochen öffentlich eine 35-prozentige Steigerung gefordert, während Saudi-Arabien lediglich 5 Prozent anbot. In letzter Minute einigten sich die Antagonisten auf eine 10-prozentige Erhöhung und einen erneuten neunmonatigen „price freeze", aber erst nachdem Yamani die Konferenz auf dramatische Weise verlassen hatte, um sich in London mit Kronprinz Fahd kurzzuschließen, und der venezolanische Präsident persönlich den Schah bekniet hatte, den Kompromiss zu akzeptieren[646].

Als die Erdölexporteure Ende Mai 1976 erneut zu Preisgesprächen zusammenkamen, ließ Saudi-Arabien die Muskeln spielen. Gegen den Wunsch nahezu aller anderen Mitglieder setzte das Königreich durch, den Preis nicht anzuheben. Entscheidend war, dass Ölminister Yamani jederzeit mit einer Erhöhung der eigenen Produktion drohen konnte, um den Ölpreis durch ein vergrößertes Angebot unter Druck zu setzen. Bislang hatte sich Saudi-Arabien selbst ein Produktionslimit von 8,5 Millionen Barrel pro Tag auferlegt, für Yamani sprach aber nichts dagegen, den Output im Rahmen der installierten Kapazität auf 11,8 Millionen anzuheben. Das naheliegende Ergebnis des saudischen Alleingangs waren Verbitterung und öffentliche Anschuldigungen vor allem aus Iran und Irak. Und der Schrei nach Preiserhöhungen auf dem nächsten Meeting[647].

Vor diesem Hintergrund begann am 15. Dezember 1976 das Ministertreffen in Doha, Katar, auf dem die Spaltung der OPEC symbolträchtig zutage treten sollte. In den Vorwochen hatten alle Seiten das Terrain noch einmal abgesteckt. Schah Reza Pahlavi bezeichnete in einem ausführlichen Interview mit dem *Spiegel* einen Preisanstieg von 15 Prozent als „sehr vernünftig", verwies aber auch darauf, dass andere Länder 40 Prozent ins Auge fassen würden[648]. Das Economic Commission Board der OEPC war zu dem Ergebnis gekommen, dass die Importkosten der Ölexporteure seit der letzten Preisanpassung im September 1975 um 26 Prozent angezogen hätten, und vor allem der Irak trat für eine entsprechend bemessene Ölpreiserhöhung ein[649]. Yamani hingegen erklärte direkt vor Beginn der Konfe-

646 Seymour, OPEC, S. 160 – 163; Skeet, OPEC, S. 131 f. Anthony Sampson hatte schon für Anfang 1975 die Spannungen zwischen dem Schah und Yamani beschrieben. Sampson, Seven Sisters, S. 22.

647 Ian Seymour, OPEC Price Freeze Continues After Stormy Session in Bali, in: Supplement to MEES XIX, Nr. 33, 7.6.1976; Skeet, OPEC, S. 134 f; vgl. auch Parra, Oil Politics, S. 196 f.

648 O. A., „Ich mache den Deutschen ein Angebot", in: Der Spiegel, 22.11.1976, S. 140 – 154, hier S. 141 und 145; vgl. auch o. A., Some OPEC Views on the Impending Oil Price Increase, in: MEES XX, Nr. 6, 29.11.1976, S. i–x.

649 Ian Seymour, OPEC Prices: A Parting of the Ways, in: Supplement to MEES XX, Nr. 9, 20.12. 1976, S. 1 – 7, hier S. 2. Zu den verschiedenen Größenvorstellungen der Delegationen hinsichtlich einer Preiserhöhung siehe die Auflistung in NYUAD, GGC, AD-MC-038 – 056, S. 37: OPEC, Minutes of the Forty-Eigth Meeting of the Conference held in Doha, Qatar, December, 1976.

renz, dass Saudi-Arabien angesichts der stotternden wirtschaftlichen Erholung im Westen nun doch keine Erhöhung gutheißen könne. Auch wiesen die Saudis auf andere Studien hin, die die Inflationsrate lediglich auf 4 Prozent taxierten[650].

Die anwesenden Journalisten konnten zunächst noch herzliche Begrüßungsszenen beobachten und vor allem, wie Yamani und Jamschid Amuzegar, der iranische Ölminister, demonstrativ Arm in Arm durch das Golf-Hotel schlenderten. Doch als sich die Delegierten dem Thema der Ölpreiserhöhung zuwandten, prallten die beiden „Ölgroßmächte" aufeinander[651]. Die Mehrheit der OPEC-Staaten, die davon ausgegangen war, dass sich die verschiedenen Lager bei einem Kompromiss von 10 Prozent würden treffen können, waren ehrlich erstaunt ob der harten Linie der Saudis. Yamani signalisierte keine Konzessionsbereitschaft, verließ dann am Nachmittag des zweiten Tages das Golf-Hotel und jettete zurück nach Jiddah, um mit Kronprinz Fahd Rücksprache zu halten. Als er kurz vor Mitternacht nach Doha zurückkehrte, offerierte er gerade einmal 5 Prozent für das gesamte Jahr 1977. Die Mehrheit, elf der 13 OPEC-Mitglieder, reagierte in den frühen Morgenstunden des 17. Dezember mit dem Beschluss einer 10-prozentigen Preiserhöhung zum 1. Januar 1977, der sechs Monate später weitere 5 Prozent folgen sollten. Saudi-Arabien und die Vereinigten Arabischen Emirate verkündeten einige Stunden später, dass sie den Preis für ihr Erdöl lediglich um 5 Prozent erhöhen würden[652]. Erstmals seit die OPEC 1973 zur unilateralen Festsetzung der Ölpreise übergegangen war, konnten sich die Mitglieder nicht mehr auf einen gemeinsamen Preis einigen. Und nicht nur die westliche Presse fragte: „Hat der Anfang vom Ende der OPEC begonnen?"[653]

Belaid Abdessalam, der algerische Ölminister, gab sich zunächst zuversichtlich, dass die OPEC den 5-prozentigen Preisunterschied absorbieren könne. Noch kurz vor Abschluss der Konferenz hatte er an seine Kollegen appeliert, die bisherigen Produktionslevel beizubehalten und die Preisunterschiede nicht auszunutzen, um Marktanteile zu gewinnen. Denn das würde der Kohäsion der Organisation schaden zufügen[654]. Nach Konferenzabschluss erklärte er dann: „I

650 O. A., Saudi Arabia, in: MEES XX, Nr. 9, 20.12.1976, S. 2; Vgl. auch Ian Seymour, OPEC Prices: A Parting of the Ways, in: Supplement to MEES XX, Nr. 9, 20.12.1976, S. 6.

651 Andreas Kohlschütter, Scheich Yamanis kühnes Spiel, in: Die Zeit, 24.12.1976, S. 5.

652 Zum Konferenzverlauf siehe Seymour, OPEC Prices: A Parting of the Ways, in: Supplement to MEES XX, Nr. 9, 20.12.1976; Seymour, OPEC, S. 163–167; Skeet, OPEC, S. 134 f; Tel. From the Department of State to All Diplomatic Posts, 22.12.1976, in: FRUS 1969–1976. Bd. XXXVII, Dok. 113.

653 Kohlschütter, Scheich Yamanis kühnes Spiel, in: Die Zeit, 24.12.1976, S. 5; vgl. auch o. A., Failure to Agree Threatens OPEC Future, in: The Globe and Mail, 21.12.1976, S. B7; Thomas W. Lippman, OPEC Sets 2 Rates of Price Rise, in: The Washington Post, 17.12.1976, S. A1.

654 NYUAD, GGC, AD-MC-038–056, S. 54: OPEC, Minutes of the Forty-Eigth Meeting of the Conference held in Doha, Qatar, December, 1976.

think there will be no real distortion – unless Saudi Arabia raises production. That would be an act of direct aggression against OPEC." Auch der Schah warnte, dass eine saudische Produktionssteigerung einen „aggressiven Akt" darstelle[655]. Doch genau diesen Schritt kündigte Yamani auf einer Pressekonferenz nach dem Doha-Treffen an. Er erklärte, das Königreich werde die eigene Produktion so schnell wie möglich ausweiten[656]. Das Kalkül war offensichtlich. Mit drei Millionen Barrel zusätzlichem, günstigerem saudischen Erdöl auf dem Markt würde die OPEC-Mehrheit ganz schnell merken, dass sie ihren Preis nicht würde halten können oder massiv Marktanteile verlieren[657]. Auf der Gegenseite hoffte der irakische Ölminister Tayeh Abdul-Karim, dass die „Arab public opinion" die Saudis bald wieder auf Kurs bringen würde. Diese werde es keinem arabischen Produzenten erlauben, „to undermine the price structure and violate OPEC solidarity."[658] Und er begann auch gleich damit, Öl ins Feuer zu gießen, indem er erklärte, das Königreich sei in Doha enttarnt worden „as a defeatist and compromising reactionary cell working inside and outside OPEC against the interests of the oil producing countries and other developing states"[659]. Im Iran konzentrierte sich der Zorn auf den „Verräter" Yamani. So hieß es etwa in der offiziellen Tageszeitung *Rastakhiz:* „The Third World and all the anti-colonialist elements of the world express their hatred towards Yamani for selling the interests of his nation to the imperialists."[660]

Es ist jedoch wichtig klarzustellen, dass das – zumindest in Teilen – der Dritten Welt tatsächlich ganz anders gesehen wurde. Sambias Präsident Kaunda etwa lobte nach Doha ganz explizit die zurückhaltende Haltung Saudi-Arabiens in der Preisfrage, und ein Kommentar in der *Times of Zambia* geißelte die Preiserhöhungen der OPEC-Mehrheit angesichts der verheerenden Folgen für die übrigen Entwicklungsländer als „oil imperialism" und „economic aggression". Der Kommentar schloss in der Hoffnung, dass die Neue Weltwirtschaftsordnung auch die Festsetzung des Ölpreises unter UN-Kontrolle stellen möge[661]. In Vorbereitung des arabisch-afrikanischen Gipfels, der im März 1977 in Kairo stattfinden sollte, ar-

655 Seymour, OPEC, S. 166 f. Vgl. auch NAL, PREM 16/1417: Tel. FM Bagdad an FCO, Nr. 540, 20.12. 1976.

656 O. A., Saudi Arabia, in: MEES XX, Nr. 10, 27.12.1976, S. i.

657 O. A., Saudis Planning to Undercut OPEC, in: The Globe and Mail, 18.12.1976, S. B12; vgl. auch Skeet, OPEC, S. 135.

658 Seymour, OPEC Prices: A Parting of the Ways, in: Supplement to MEES XX, Nr. 9, 20.12.1976, S. 7.

659 O. A., Iraq, in: MEES XX, Nr. 10, 27.12.1976, S. iii.

660 Zitiert nach o. A., Iran, in: MEES XX, Nr. 10, 27.12.1976, S. ii–iii.

661 Mohammed Y. Urdoh, Did Cairo Talks Heal Third World's Economic Wounds?, in: Times of Zambia, 12.3.1977, S. 4; O. A., Opinion, in: ebd., 18.12.1976, S. 1.

beitete die sambische Regierung dann Pläne für eine afrikanische Initiative „in support of Saudi Arabia's oil policy" aus. Dies verstand Lusaka durchaus auch als Reaktion auf den Druck, dem die Saudis aus den Reihen der OPEC seit Doha ausgesetzt waren. „In such a move", so hieß es in einem Memorandum, „we should stress Africa's demand for the oil prices to be reduced."[662]

Auch Saudi-Arabien stellte die eigene Preispolitik dezidiert in einen Zusammenhang mit der Neuen Weltwirtschaftsordnung und dem Wohl der Dritten Welt. Yamani, der schon in den Wochen zuvor immer wieder die Ölpreisfrage und die Ergebnisse des Pariser Nord-Süd-Dialogs miteinander in Beziehung gesetzt hatte, erklärte in Doha: „I want you to know that we expect the West to appreciate what we did, especially the US. That appreciation has to be shown on two fronts: first, the North-South Dialogue in Paris, and second, the Arab-Israeli conflict."[663] Aber auch die OPEC-Mitglieder, die für eine Preiserhöhung eintraten, begründeten ihre Haltung mit der Pariser Konferenz. Abdessalam regte an, die Preiserhöhung mit einer deutlichen Aufstockung des OPEC Special Fund um $ 1,5 Milliarden zu flankieren. Diese Mittel sollten einerseits dazu dienen, eine Störung der Wirtschaft der „Most Seriously Affected Countries" der Dritten Welt zu verhindern, und andererseits zur Finanzierung von Rohstoffabkommen im Zuge des „integrated programme for commodities" beitragen. Letzteres rückte, wie unten beschrieben wird, nun immer mehr ins Zentrum der Diskussionen um die Einführung einer Neuen Weltwirtschaftsordnung. „[I]n this way", erklärte der algerische Minister, „OPEC would succeed in turning the tables on the industrialized countries, which, in turn, would then – at their March Meeting [in Paris, J.K.] – have to undertake something to match the moves made by OPEC."[664]

Nach einem halben Jahr einigten sich die OPEC-Staaten dann wieder auf einen gemeinsamen Preis. Saudi-Arabien musste einsehen, dass die eigene Produktionskapazität in der Realität nicht ganz so groß war wie auf dem Papier. Außerdem schränkten außergewöhnlich schlechtes Wetter im Januar und Februar sowie ein Großbrand im Mai die Förderung ein, so dass es nicht gelang, die anderen Ölexporteure ausreichend unter Druck zu setzen. Es reichte aber, um die OPEC-Mehrheit zum Verzicht auf die avisierte zweite Preiserhöhung von 5 Prozent

---

662 UNIPA, UNIP 7/23/59: Gamal Gad, On the Arab-African Heads of State Meeting, 16.2.1977.

663 O. A., Saudi Arabia, in: MEES XX, Nr. 10, 27.12.1976, S. i. Siehe auch Flora Lewis, Saudis Warn the West to Show Appreciation of Oil-Price Restraint, in: The New York Times, 18.12.1976, S. 49. Für entsprechende Äußerungen in den Wochen vor Doha siehe etwa o. A., Some OPEC Views on the Impending Oil Price Increase, in: MEES XX, Nr. 6, 29.11.1976, S. i; oder o. A., The Forthcoming OPEC Price Increase and Saudi Oil Policy, in: ebd., Nr. 2, 1.11.1976, S. i.

664 NYUAD, GGC, AD-MC-038–056, S. 26: OPEC, Minutes of the Forty-Eigth Meeting of the Conference held in Doha, Qatar, December, 1976.

im Juli zu bewegen. Nachdem die Pariser Nord-Süd-Konferenz dann Anfang Juni aus OPEC-Sicht mit enttäuschendem Ergebnis zu Ende gegangen war, erklärte Saudi-Arabien, dass es den eigenen Ölpreis nun umgehend auf das Niveau der anderen Exporteure anheben würde. Dabei handle es sich um eine direkte Reaktion auf das Scheitern von Paris[665]. Obwohl es den Erdölexporteuren im Juli 1977 also gelang, zumindest halbwegs die Fassade der Einheit wieder herzustellen, war der Preis-Split von Doha ein weltweit deutlich sichtbares Zeichen der Spannungen innerhalb der OPEC und der Dritten Welt.

4.3 Die Hauptkonferenz für internationale wirtschaftliche Zusammenarbeit, Paris 1975–1977

18 Monate zuvor, am 16. Dezember 1975, hatte der französische Präsident Valéry Giscard d'Estaing den Pariser Nord-Süd-Dialog, die „Konferenz für internationale wirtschaftliche Zusammenarbeit", wie sie im Deutschen hieß, eröffnet. Damals waren die Spannungen innerhalb der Dritten Welt, zwischen Entwicklungsländern mit und ohne Erdöl und innerhalb der OPEC, wie eben dargestellt, noch weit weniger offensichtlich. Die Delegationen aus dem Süden waren in einer „mood of optimism" in die Stadt an der Seine gekommen, wie es ein sambischer Diplomat formulierte. Nach den positiven Erfahrungen während der 7. Sondergeneralversammlung der Vereinten Nationen einige Wochen zuvor ging er davon aus, dass „the main elements of difference between the poor nations and the industrialised countries had been eroded"[666]. Als Giscard d'Estaing die Außenminister der 27 teilnehmenden Länder dann mit den Worten begrüßte, der Nord-Süd-Dialog solle zur Schaffung „einer neuen Weltwirtschaftsordnung" beitragen und damit die Rhetorik der Dritten Welt übernahm, steigerte er noch einmal die ohnehin hohen Erwartungen des Südens[667]. Als die Konferenz im Juni 1977 schließlich endete, waren die hochfliegenden Hoffnungen aufseiten der Entwicklungsländer weitgehend enttäuscht worden. Das Kapitel widmet sich zunächst den Zielen und Strategien, die sich Süd und Nord für den Pariser Dialog zurechtgelegt hatten, um anschließend den Verlauf der Konferenz in den Blick zu nehmen. Die Gründe für das Scheitern sind – so das Argument – sowohl in der erfolgreichen Ablenkungsstrategie des Westens als auch der zunehmenden Uneinigkeit der Dritten

665 Seymour, OPEC, S. 167–171; Skeet, OPEC, S. 135f.

666 UNIPA, UNIP 7/2/31: Report by Hon. Dr. H. K. Matipa, MP., on the Fourth Session of United Nations Conference on Trade and Development, 27th April to 30th May, 1976 – Nairobi.

667 Jim Hoagland, Rich-Poor Dialogue Begins in Paris, in: The Washington Post, 17.12.1975, S. A8.

Welt zu suchen. Auch die Drohung mit der sogenannten Ölwaffe konnte am Misserfolg der Konferenz letztlich nichts mehr ändern.

Die Ausgangslage – Ziele und Strategien in Süd und Nord

Die Delegationen aus dem Süden reisten mit großen Ambitionen nach Paris. „Let's be quite frank", erklärte etwa ein Vertreter aus Sambia, das zu den zwölf Staaten aus dem Süden gehörte, die bei den Vorkonferenzen im April und Oktober noch nicht dabei gewesen waren: „This conference is about organizing a fairer world economic system."[668] Priorität hatte für die Zentralafrikaner die Stabilisierung der Rohstoffpreise – vor allem für Kupfer. Wie oben ausgeführt war der Preis des Metalls Mitte 1974 eingebrochen und hatte die sambische Wirtschaft, die vom Kupferexport hochgradig abhängig war, in eine tiefe Krise gestürzt. In bilateralen Konsultationen zwischen Sambia und der BRD, die im Februar 1976 in Bonn und im März in Lusaka stattfanden und der Abstimmung im Hinblick auf den Pariser Dialog und die im Mai anstehende vierte UNCTAD-Konferenz in Nairobi dienen sollten, erläuterte der Sonderberater des Präsidenten für Wirtschaftsfragen, L. M. Lishomwa, die sambische Position. „Angemessene" – also höhere – Preise für Kupfer und ein gewisser Schutz vor den extremen Preisschwankungen der Vergangenheit seien unbedingt notwendig. In dieser Hinsicht seien zumindest bestimmte Elemente des integrierten Programms für Rohstoffe, das das UNCTAD-Sekretariat ausgearbeitet hatte, für Sambia „sehr attraktiv"[669]. Ganz ähnlich sah die Prioritätensetzung für den Dialog im benachbarten Zaire aus, dessen ökonomisches Wohlergehen ebenfalls unter der Kupferbaisse litt[670].

Die Sambier gaben aber auch zu erkennen, dass ihre Interessen nicht deckungsgleich mit denen aller anderen Entwicklungsländer waren. Außenminister Banda etwa kritisierte mit Blick auf den Pariser Dialog ganz offen die Haltung Brasiliens und vor allem dessen restriktive Kupferimportpolitik[671]. Brasilien war außerdem nicht an einem allgemeinen Schuldenerlass für Entwicklungsländer

668 Clyde H. Farnsworth, Poor Lands See Gains at Parley, in: The New York Times, S. 7.

669 PA AA, LUSA 11613: Siegrist und Landau an AA, Sambische Konsultationen in Lusaka, 30.3.1976; ebd.: Ergebnisprotokoll der Besprechung im AA, Abt. 4, MDg Dr. Sigrist, Leitung S.E. Herrn Lishomwa, Sonderberater des Präsidenten in Wirtschaftsfragen, am 18. Februar 1976, von 10.00 bis 12.00 Uhr, 19.2.1976; vgl. auch ebd.: Ackermann und Metzger an Herrn Minister, Konsultationen in Lusaka und Daressalam, 8.4.1976.

670 PA AA, B 71/113911: Botschaft Kinshasa an AA, Nr. 113, 5.7.1975.

671 Ebd., LUSA 11613: Dolmetscheraufzeichnung über das Gespräch BM/AM Banda am 14.1.1976 (unter vier Augen).

interessiert, wie ihn viele andere Staaten forderten, da es fürchtete, damit die Möglichkeit zu verlieren, auf den Kapitalmärkten des Westens weitere Kredite aufzunehmen[672]. Angesichts des immer noch schnellen Wachstums der heimischen Wirtschaft waren private Banken – anders als im sambischen Fall – trotz der hohen Schulden weiterhin gerne bereit, Brasilien Geld zu leihen. Und Argentinien gab in Konsultationen mit Vertretern aus dem Westen zu erkennen, dass es zwar einer Stabilisierung der Rohstoffpreise nicht abgeneigt sei, aber „alles Interesse" habe, „seine im Aufbau begriffene Industrie vor ruinösen Forderungen fremder Rohstofflieferanten zu schützen"[673]. Für viele OPEC-Staaten stand weniger das integrierte Rohstoffprogramm oder ein Schuldenerlass als vielmehr die Sicherung der eigenen Erdöleinnahmen im Zentrum des Interesses. Gerade *high absorber* wie Iran oder Algerien, die ihre ambitionierten Entwicklungsprogramme 1975 kaum noch aus den eigenen Öleinnahmen finanzieren konnten, drängten auf die Sicherung ihrer Kaufkraft. Eine Indexierung, die den Ölpreis an die Preise für jene Industriegüter aus dem Westen koppelte, die die OPEC-Staaten einführten, schien aus ihrer Sicht unbedingt geboten[674]. Für Überschussländer wie Saudi-Arabien war hingegen die Einführung von Maßnahmen wichtiger, die den realen Wert ihrer bedeutenden Kapitalanlagen im Westen schützten[675].

Angesichts der unterschiedlichen Prioritätensetzung der teilnehmenden Entwicklungsländer griffen sie während ihres Vorbereitungstreffens in Manila zu der bewährten Taktik, ihre Einzelforderungen zu addieren und unter dem Schlagwort der Neuen Weltwirtschaftsordnung zu versammeln[676]. „The much-awaited dialogue", so fasste dementsprechend etwa die *Times of India* zusammen, „aimed at securing a new world economic order that could reduce the existing disparities between the rich and poor nations."[677]

---

672 Hart, New International Economic Order, S. 94. Brasilien sah sich selbst auf einer Zwischenstufe zwischen Entwicklungsland und Industrieland mit anderen Bedürfnissen als der ärmere Rest der Dritten Welt. Siehe PA AA, B 1/579: New York Uno an AA, BM-Gespräch mit brasilianischem AM Azerdo da Silveira, Nr. 1709, 3.9.1975.

673 Ebd., B 71/113932: Botschaft Buenos Aires an AA, Konferenz über internationale wirtschaftliche Zusammenarbeit, 8.1.1976.

674 Ebd., B 71/113911: Bericht über die ‚Fact-finding'-Mission von StM Wischnewski, 5.8.1975.

675 Briefing Paper Prepared in the Department of State, Saudi Arabia, undatiert, in: FRUS 1977–1980. Bd. XVIII. Middle East Region; Arabian Peninsula, Washington 2015, Dok. 143.

676 PA AA, B 71/113911: ‚Fact-Finding' Mission von StM Wischnewski (Zwischenergebnisse); Third Ministerial Meeting of the Group of 77: Manila-Declaration and Programme of Action, Manila, 2–7 February 1976, in: Sauvant, The Third World Without Superpowers. Ser. 2. The Collected Documents of the Group of 77. Bd. 3, Dobbs Ferry 1981, S. 34–57. Dieses Phänomen im Rahmen der UNCTAD beschreibt auch Rothstein, Global Bargaining, S. 110.

677 O. A., Green Signal for Talks on New World Order, in: The Times of India, 20.12.1975, S. 1.

Auch wenn Giscard d'Estaing das Schlagwort der Neuen Weltwirtschaftsordnung in seiner Eröffnungsrede affirmativ aufgriff, waren die westlichen in Paris vertreten Industriestaaten keinesfalls an einer grundlegend neuen Ordnung interessiert. Das wird einmal mehr deutlich, wenn man den Blick auf die Treffen richtet, auf denen sie vorab ihre Positionen abstimmten. Dies geschah zunächst auf nationaler Ebene zwischen den beteiligten Ressorts bzw. Ministerien, dann innerhalb der Europäischen Wirtschaftsgemeinschaft und schließlich im Rahmen der OECD und des erstmals im November 1975 abgehaltenen Weltwirtschaftsgipfels der größten Industriestaaten. Im Château de Rambouillet, der Sommerresidenz des französischen Präsidenten 50 Kilometer vor den Toren von Paris, trafen sich die Staatschefs, Außen- und Finanzminister der USA, Japans, der BRD, Großbritanniens, Frankreichs und Italiens. Diese Runde – erweitert um Kanada – sollte sich von nun an jedes Jahr versammeln, um als sogenannte „G7" in einen informellen Austausch über die drängenden Fragen der Wirtschafts-, Außen- und Sicherheitspolitik zu treten[678].

Am Nachmittag des 16. November kam das Gespräch in Rambouillet auf die Themen Energie, Rohstoffe und Entwicklung und damit auch auf den direkt bevorstehenden Nord-Süd-Dialog. Bundeskanzler Schmidt fasste die Grundeinstellung der Versammelten zu einer radikalen Umgestaltung der Weltwirtschaftsordnung noch einmal zusammen: „All of us have a deep interest in free trade in the world, which we discussed this morning before lunch. I want to stress this particularly – that we should make it clear that we are not giving up the market economy for something else. [...] We should keep as much of the system as can be maintained. I am opposed to any international dirigism. There may have to be exceptions on oil, but those who depend on the world market should use the dialogue to indicate that we are not giving up the market." Anstatt auf die Forderung nach einer revolutionären Umgestaltung der Weltwirtschaftsordnung einzugehen, schlug Schmidt vor, die „unholy alliance" zwischen der OPEC und den übrigen Entwicklungsländern zu zerbrechen, auch wenn man das öffentlich so natürlich nicht sagen könne: „We should do this in the C[onference on] I[nternational] E[conomic] C[ooperation] by discussing the balance of payments problems of the L[ess] D[eveloped] C[ountrie]s and showing how they are being damaged by this situation." Kissinger sprang Schmidt umgehend zur Seite, dessen Ausführungen auf der amerikanischen Linie lagen: „Our strategy is to link these energy discussions with commodities. We should try to break what the

678 Zu den G7-Gipfeln siehe Enrico Böhm, Die Sicherheit des Westens. Entstehung und Funktion der G7-Gipfel (1975–1981), München 2014; Spohr, Der Weltkanzler, S. 47–74; Garavini, After Empires, S. 203–215; Frederico Romero, How OPEC Made the G7. Western Coordination in the Wake of the ‚Oil Shock', in: Claes/Garavini (Hg.), Handbook of OPEC, S. 111–120.

Chancellor correctly called the unholy alliance between the LDC's and OPEC. This can happen, and we can achieve our results, if they know that their disruptive actions could stop discussions on commodities or that they will pay a price in terms of cooperation, or military exports. In this way we can combat our dependence with a coherent strategy."[679]

Im Rahmen der Spaltungsstrategie hielt Schmidt es aber auch für notwendig, die Entwicklungsländer vom westlichen „genuine interest in their well-being" zu überzeugen, indem man sich im Bereich der Rohstoffe auf diese zubewege. Schmidt selbst favorisierte ein weltweites System der Exporterlösstabilisierung, um armen Rohstoffexporteuren bei einbrechenden Weltmarktpreisen finanziell unter die Arme zu greifen – eine Art globales STABEX[680]. Ein solcher Ansatz fand auch die Billigung der übrigen Anwesenden, die überdies zum Teil zusätzliche weitergehende Vorschläge ins Spiel brachten. Der britische Premierminister Harold Wilson, der sich im Rahmen eines Commonwealth-Gipfels im Mai in Jamaika mit einer „commodity initiative"[681] hervorgetan hatte, hielt etwa den flankierenden Abschluss von Rohstoffabkommen für sinnvoll. Und Giscard D'Estaing erklärte, die Industriestaaten sollten sich auch in der Frage der von der OPEC gewünschten Indexierung der Ölpreise gesprächsbereit zeigen. Beide waren darüber hinaus der Meinung, eine Aufstockung der Entwicklungshilfezahlungen sei dringend geboten – gerade mit Blick auf die zunehmende Überschuldung vieler Länder. An diesem Punkt widersprach Schmidt entschieden. Er halte „classic development aid" für nicht so zentral. In einem Anflug von quasi-kolonialem Paternalismus, der in den Äußerungen westlicher Regierungseliten immer wieder durchschien, erklärte er: „It is more important that we educate the developing countries to understand, think, and operate in market economy terms. We should make them understand that in the long run they can't spend more than they earn."[682]

---

679 Minutes of the Rambouillet Economic Summit Meeting, 16.11.1975, in: FRUS 1969 – 1976. Bd. XXXVII, Dok. 88. Siehe zur morgentlichen Sitzung NAL, PREM 16/1417: Note of the Second Session of the Conference of Heads of Government of France, Germany, Italy, Japan, the United Kingdom and the United States at the Chateau de Rambouillet on Sunday, 16 November 1975 at 11.00 A.M.

680 Minutes of the Rambouillet Economic Summit Meeting, 16.11.1975, in: FRUS 1969 – 1976. Bd. XXXVII, Dok. 88; siehe auch NAL, PREM 16/1417: Exporterlösstabilisierung (Überlegungen der Regierung der Bundesrepublik Deutschland zur Stabilisierung der Rohstoffexporterlöse der Entwicklungsländer), 17.3.1977.

681 Zur britischen Rohstoffinitiative siehe kurz NAL, PREM 16/712: FCO an Certain Posts, Commonwealth Heads of Government Meeting: UK Initiative on Commodities, 25.4.1975. Mehr dazu in den Akten PREM 16/317 und 710 – 713.

682 Minutes of the Rambouillet Economic Summit Meeting, 16.11.1975, in: FRUS 1969 – 1976. Bd. XXXVII, Dok. 88.

Trotz der Lippenbekenntnisse einiger westlicher Politiker zu einer Neuen Weltwirtschaftsordnung existierte also vor Beginn der Konferenz für internationale wirtschaftliche Zusammenarbeit aufseiten der Industriestaaten keine Bereitschaft zu einer radikalen Umgestaltung der existierenden Ordnung. Die Notwendigkeit, die Weltwirtschaftsordnung punktuell zu reformieren und der Dritten Welt gewisse Zugeständnisse zu machen, war hingegen akzeptiert. Allerdings setzte die anhaltende globale Rezession der westlichen Konzessionsbereitschaft, gerade was den tatsächlichen Ressourcentransfer in den Süden anging, enge Grenzen[683].

Verlauf und Ergebnis der Pariser Konferenz

Aufgrund der unterschiedlichen Ziele, mit denen Nord und Süd den Dialog begannen, und der ungünstigen weltwirtschaftlichen Vorzeichen ging die Arbeit in den vier Kommissionen, die die Minister entsprechend der Beschlüsse der Vorkonferenz im Dezember 1975 einsetzten, zunächst schleppend voran. Das galt vor allem für die erste „analytische Phase" zwischen Februar und Juli 1976, in der die verschiedenen Kommissionen jeweils fünf Mal zusammentraten, um zunächst eine Bestandsaufnahme der verschiedenen Themenfelder vorzunehmen. Verzögernd wirkte dabei auch, dass im Mai parallel die vierte UNCTAD-Konferenz in Nairobi, Kenia, zusammentrat, die sich mit ganz ähnlichen Themenfeldern auseinandersetzte und auf deren Ergebnisse die Pariser Kommissionen in gewisser Weise warteten[684].

In Nairobi standen Rohstofffragen im Zentrum der Verhandlungen. Nachdem der wenige Tage zuvor neu ernannte Generalsekretär der UNCTAD, Gamani Corea, während der Sechsten Sondersitzung der UN im April 1974 erfolgreich für die Idee eines neuen „multidimensional approach"[685] in Rohstofffragen geworben hatte, hatte das Sekretariat der UNCTAD im Laufe des Jahres einen Vorschlag für ein „integrated program of commodities" vorgelegt. Dieses integrierte Programm, das viele ältere Ideen aufgriff, sollte eine Reihe von Maßnahmen unter einem Dach vereinigen und rückte zunächst zehn „core commodities" in den Vordergrund.

683 Ebd.; vgl. Garavini, After Empires, S. 224.

684 PA AA, B 71/113932: Lautenschlager an Herrn Minister, Konferenz über internationale wirtschaftliche Zusammenarbeit (KIWZ), 23.6.1976. Vgl. auch Graf, Öl und Souveränität, S. 329 f und Benn, Multilateral Diplomacy, S. 71.

685 Statement to the Ad hoc Committee of the Sixth Special Session of the General Assembly, 15 April 1974, zitiert nach: Gamani Corea, Taming Commodity Markets. The Integrated Programme and the Common Fund in UNCTAD, Manchester/New York 1992, S. 28.

Das Herzstück der Maßnahmen war die Errichtung von internationalen Lagerstätten (*buffer stocks*), die durch einen Gemeinsamen Fonds (*common fund*) finanziert werden sollten. Sank der Preis eines Rohstoffs unter einen bestimmten Wert, sollte das Management des *buffer stock* das entsprechende Produkt kaufen und einlagern, um den Preis zu stützen. Näherte sich der Preis wiederum dem vereinbarten Höchstwert, verkaufte es aus den Lagerbeständen, erhöhte so das Angebot und verhinderte damit eine weitere Preissteigerung. Es handelte sich also um einen Mechanismus zur Preisstabilisierung. Hinzu kamen im Rahmen des Programms der Abschluss von multilateralen Langzeitverträgen zur Rohstoffversorgung, Kompensationszahlungen bei Exporterlösausfällen, der Ausbau der Weiterverarbeitung der Rohstoffe in den Produzentenländern und mitunter auch Überlegungen zur Koppelung der Preise von Rohstoffen und Industriegütern (Indexierung)[686]. Diese Maßnahmen zielten letztlich auch darauf ab, den Handel zwischen Süd und Nord auszuweiten und damit globale Verflechtungen zu stärken. Es handelte sich also keinesfalls um eine Absage an Globalisierungstendenzen. Vielmehr lässt sich von einer alternativen Form der Globalisierung sprechen, die an die Stelle der konsequenten Marktliberalisierung (die vorherrschende Vorstellung von ökonomischer Globalisierung), eine Einhegung, jedoch keine Abschaffung der Märkte setzte.

Nachdem die Gespräche über das integrierte Programm in den zwei Jahren zuvor nicht vorangekommen waren, erhoffte sich die Gruppe der 77 nun den Durchbruch auf der Welthandelskonferenz in Nairobi[687]. Die meisten Industriestaaten hingegen lehnten das integrierte Rohstoffprogramm grundsätzlich ab, da es einen Eingriff in die Marktmechanismen bedeutete. Außerdem fürchteten sie, dass es den Entwicklungsländern nicht allein um Preisstabilisierung ginge, sondern auch um eine langfristige Anhebung der Rohstoffpreise über das Niveau hinaus, das der Markt hergeben würde. Sie vermuteten also, dass das UNCTAD-Programm auch ein Mittel zum Ressourcentransfer vom Norden in den Süden sei. Nicht zuletzt weil das Element des Ressourcentransfers im Modell der Kompensationszahlungen bei Exporterlösausfällen, dem westlichen Gegenvorschlag, fehlte, konnte dieses in den Augen der G77 aber nicht mehr als eine Teilantwort auf ihre Probleme sein. Selbiges galt für die „International Resources Bank“, die Kissinger in Nairobi ins Spiel brachte[688].

686 Zum integrierten Programm siehe UNCTAD, An Integrated Program for Commodities, Genf 1974; Rothstein, Global Bargaining, S. 81–102; Corea, Taming Commodity Markets.

687 Die Idee des integrierten Programms hatte die G77 auf ihrem Vorbereitungstreffen in Manila in ihr Programm aufgenommen. Siehe Manila-Declaration and Programme of Action, S. 37 f.

688 Zu den Befürchtungen der Industriestaaten siehe etwa PA AA, B 54/122128: Überlegungen zu einem Gesamtkonzept für die KIWZ, 18.3.1976; vgl. auch Rothstein, Global Bargaining, S. 75.

Angesichts der stark divergierenden Standpunkte kamen die Gespräche in Kenia nicht von der Stelle. Erst in der vierten und letzten Woche des Treffens wurde ein Teilkompromiss möglich und die Konferenz nahm schließlich ohne Gegenstimmen eine Resolution an, in der die Annahme des integrierten Rohstoffprogramms verkündet wurde. In der Frage des Gemeinsamen Fonds, die sich immer mehr zu einem „cause celebre [sic]"[689] entwickelt hatte, wurde aber deutlich, wie wenig Einigkeit tatsächlich bestand. Die Resolution sah vor, dass UNCTAD-Generalsekretär Corea bis spätestens März 1977 eine „negotiating conference" dazu einberufen sollte, der einige Vorbereitungstreffen vorgeschaltet sein sollten. Während die G77 betonte, dass es dabei nur um die konkrete Ausgestaltung des Fonds ginge, machten verschiedene Industriestaaten klar, dass sie der Einrichtung des Common Fund keinesfalls zugestimmt hätten. Sie hätten sich lediglich bereit erklärt, in den Vorkonferenzen zu prüfen, ob die Finanzierung von „buffer stocks, including common funding" wünschenswert sei[690].

Aus Sicht der Dritten Welt war die Nairobi-Konferenz sicher kein Erfolg, wie der sambische Delegationsleiter und Vizepräsident der zentralen Rohstoff-Kommission nach Lusaka meldete. „It is important to note", urteilte er, „that the failure of Nairobi UNCTAD IV was due to the stubborn attitude adopted by UK, Japan, West Germany and the US. They rejected all the important proposals of commodities, Money and Finance submitted by the Group of 77."[691] Ganz ähnlich sah die Einschätzung in Paris aus. Als die vier Kommissionen der Konferenz über internationale wirtschaftliche Zusammenarbeit im Juni 1976 wieder zusammenkamen, verlasen die jeweiligen Kopräsidenten[692] aus den Entwicklungsländern eine Erklärung, „die deutliche Kritik an der Haltung der I[ndustrie]L[änder] auf UNCTAD IV und die Aufforderung enthielt, ihren politischen Willen zu demonstrieren,

689 Benn, Multilateral Diplomacy, S. 68.

690 Zu den Verhandlungen in Nairobi siehe ebd., S. 50–69; UNIPA, UNIP 7/2/31: Report by Hon. Dr. H. K. Matipa, MP., on the Fourth Session of United Nations Conference on Trade and Development, 27th April to 30th May, 1976 – Nairobi; United Nations, Proceedings of the United Nations Conference on Trade and Development, Fourth Session, Nairobi, 5–31 May 1976, Bd. I. Report and Annexes, New York 1977. Hier finden sich auch die Vorbehalte der verschiedenen Delegationen zum Common Fund, S. 47–52.

691 UNIPA, UNIP 7/2/31, S. 41: Report by Hon. Dr. H. K. Matipa, MP., on the Fourth Session of United Nations Conference on Trade and Development, 27th April to 30th May, 1976 – Nairobi.

692 Die Kommissionen bestanden jeweils aus zehn Delegierten aus den Entwicklungsländern und fünf aus den Industrieländern. Beide Gruppen stellten jeweils einen der beiden Kopräsidenten.

Lösungen für die wirtschaftlichen Probleme der E[ntwicklungs]L[änder] zu finden“[693].

Trotz der mauen Ergebnisse der Welthandelskonferenz von Nairobi und der schleppenden Kommissionsarbeit „ohne wesentliche sachliche Fortschritte“ kam das Auswärtige Amt einige Wochen später zu einem durchaus positiven Ergebnis der bisherigen Arbeiten in Paris. Das Verhandlungsklima sei immer noch gut, auch wenn die Skepsis der „19“ nach UNCTAD IV gewachsen sei. Für die im Juli beginnende zweite „operative“ Phase des Dialogs sei es allerdings notwendig, dass sich der Westen zu gewissen Konzessionen bereitfände, sonst sei ein erfolgreicher Abschluss im Dezember gefährdet[694]. Ende des Jahres war von substanziellen Fortschritten allerdings immer noch nicht viel zu sehen. Eines der Hauptprobleme war, dass sich die Industriestaaten nicht einigen konnten, in welchen Bereichen sie nachgeben sollten. Alle waren sich einig, dass man nicht auf alle Forderungen des Südens eingehen könne. Ob Zugeständnisse nun aber eher im Bereich des integrierten Rohstoffprogramms liegen sollten, was etwa Frankreich begrüßt hätte, aber die BRD aus ordnungspolitischen Gründen ablehnte, oder in einem Sofortprogramm zugunsten der ärmsten Länder, wofür Bonn eintrat, war hochumstritten. Hinzu kam, dass zwar die Außenministerien – und teils auch die Entwicklungshilfe- und Wirtschaftsressorts – in den meisten Industriestaaten Konzessionen befürworteten, sich die Finanzministerien allerdings mit Händen und Füßen gegen weitere finanzielle Verpflichtungen wehrten[695].

Angesichts der verfahrenen Lage schlugen die beiden Kopräsidenten der Gesamtkonferenz, der Venezolaner Manuel Pérez-Guerrero und der Kanadier Allan MacEachum im Dezember 1976 eine Vertagung der geplanten Ministerkonferenz vor. Dabei spielte auch eine Rolle, dass der im Januar anstehende Regierungswechsel in den Vereinigten Staaten abgewartet werden sollte, da man vom neuen demokratischen Präsidenten Jimmy Carter eine in Nord-Süd-Fragen offe-

693 PA AA, B 71/113932: Lautenschlager an Herrn Minister, 23.6.1976; Group of 19 of the Group of 77, Paris, 9 June 1976. Statement, in: Mourad Ahmia (Hg.), The Collected Documents of the Group of 77. Bd. VI, New York 2015, S. 352. Die Bewertung des UNCTAD-Treffens in Nairobi wandelte sich übrigens in den Folgejahren. In der Rückschau erschien es als „relatively successful“. Siehe Overseas Development Institute, UNCTAD V: A Preview of the Issues, in: ODI Briefing Paper 2 (1979).

694 PA AA, B 71/113932: Lautenschlager an Herrn Minister, 23.6.1976.

695 NAL, PREM 16/1417: European Council, Rome, 25/26 March, North/South Dialogue: Introductory Statement by the Prime Minister; PA AA, B 54/122128: Lautenschlager an Herrn Minister, Nord-Süd-Dialog, 6.10.1976; ebd., B 202/122480: 438. Tagung des Rates der EG am 8. März 1977, TOP KIWZ, 4.3.1977; vgl. auch Tosi, Dialogue with the Third World, S. 175f.

nere Politik erwartete[696]. Es sollte bis zum 30. Mai 1977 dauern, bis die finale Ministertagung tatsächlich nachgeholt wurde. Zuvor hatten sich die Industriestaaten auf folgende Punkte geeinigt: Grundsätzlich könnten sie einem Common Fund zustimmen, dessen genaue Ausgestaltung im Rahmen der UNCTAD verhandelt werden müsse. Damit gingen sie über die Zusage von Nairobi hinaus, als sie sich lediglich bereit erklärt hatten, über einen solchen Fonds zu sprechen. Außerdem stimmten sie zu, zusätzliche Spezialhilfe für die ärmsten Länder in Höhe von $ 1 Milliarde zur Verfügung zu stellen und ihre Hilfszahlungen grundsätzlich aufzustocken[697].

Der Westen hatte sich auch deswegen zu diesen Konzessionen durchgerungen, weil er die Konsequenzen eines offenen Scheiterns des Dialogs fürchtete. Während des G7-Weltwirtschaftsgipfels, der kurz vor dem Finale der Konferenz für internationale wirtschaftliche Zusammenarbeit in London stattfand, warnte etwa der kanadische Premier Pierre Elliot Trudeau, dass zusätzliche Anstrengungen und ein „Geist der Großzügigkeit“ dringend geboten seien. Denn „if we did not find this money willingly, it would be taken from us unwillingly through rising oil prices“. Der britische Premierminister stimmte ihm umgehend zu: „If the C[onference on] I[nternatioanl] E[conomic] C[ooperation] ran into the sand, all of us would suffer.“[698] Diesen Zusammenhang hatten auch einzelne OPEC-Staaten immer wieder hergestellt. Wie bereits erwähnt wurde, hatte Saudi-Arabien seine Zurückhaltung in der Ölpreisgestaltung Ende 1976 mit der Forderung an den Westen verbunden, dass sich dieser in Paris kooperativ zeigen müsse. Im Grunde waren sich vor der OPEC-Konferenz in Doha sogar alle wichtigen Ölexporteure einig, dass die Höhe der nächsten Ölpreisanhebung auch von den Ergebnissen des Nord-Süd-Dialogs abhänge. Ein Angebot des Westens, das in den Augen der Entwicklungsländer als unzureichend wahrgenommen würde, drohte also eine direkte Ölpreiserhöhung nach sich zu ziehen[699]. Kuwaits Ölminister erklärte nach

---

696 PA AA, B 71/113932: Paris OECD an AA, Nr. 1039, 9.12.1976; Memorandum of Conversation, 8.11.1976, in: FRUS 1969–1976. Bd. XXXVII, Dok. 109.

697 NAL, PREM 16/1417: Extract of Note of the Third Session of the Downing Street Summit Conference at 10 Downing Street on Sunday 8 May 1977 at 1045; PA AA B 202/122480: Sachstand: Konferenz über internationale wirtschaftliche Zusammenarbeit – KIWZ, 10.5.1977. Vgl. auch Garavini, After Empires, S. 226 f.

698 NAL, PREM 16/1417: Extract of Note of the Third Session of the Downing Street Summit Conference at 10 Downing Street on Sunday 8 May 1977 at 1045.

699 O. A., OPEC. Pressure Mounts for Oil Price Increase in January, in: MEES XIX, Nr. 51, 11.10. 1976, S. 1.

Doha dann tatsächlich, dass der mangelnde Fortschritt des Nord-Süd-Dialogs für die Preiserhöhung der OPEC-Mehrheit ursächlich sei[700].

Bundeskanzler Schmidt wiederum hatte vor dem OPEC-Treffen in Katar versucht, den Spieß umzudrehen. Während des Gipfels des Europäischen Rates im November 1976 in Den Haag hatte er angeregt, dass dieser androhen solle, weitere Ölpreissteigerungen von den Industriestaaten mit einer Reduktion des Ressourcentransfers in den Süden zu beantworten. Sein britischer Kollege widersprach ihm aus taktischen Gründen. Premierminister Callaghan befürchtete, Schmidts Argumentation „might also incur the long-term rise of the oil price weapon being used whenever developing countries thought we had not gone far enough to meet them over particular issues in the North/South Dialogue“. Konkret rechneten die Beamten im Foreign and Commonwealth Office damit, dass die „Hardliner“, sollte der Link zwischen Ölpreis und Nord-Süd-Dialog in den Vordergrund rücken, die „G19“ zu einer Politik bringen würde, die Pérez-Guerrero bereits angedeutet hatte: Die OPEC könnte den Preis anheben und den übrigen Entwicklungsländern die Mehrkosten erstatten. „This could make the oil weapon more popular with non-oil developing countries.“[701]

Andererseits war auch den Vertretern der Industriestaaten nicht entgangen, dass die Solidarität innerhalb der G77 zu bröckeln begonnen hatte. Die finale Ministerkonferenz in Paris lieferte ein weiteres eindrückliches Beispiel dafür. Dort ging es vor allem noch um die westliche Forderung nach dauerhaften Konsultationen im Energiebereich. Jamaika und einige andere NOPECs unterstützten den Vorschlag gemeinsam mit Saudi-Arabien und dem Iran. Sie wurden allerdings von den Hardlinern um Venezuela und Irak überstimmt[702]. Der Iraner Jahangir Amuzegar notierte dazu treffend in seinem „Requiem for the North-South Conference“: „Frequently, the open manifestations of these conflicts (not only in corridor talks but also in various position papers) betrayed the collective invincibility on which they [die Dritte Welt, J. K.] had staked their rights; it also invited the North to maintain its intransigence.“[703] War in den Vorjahren die unbedingte Einigkeit der Entwicklungsländer gegenüber den Industriestaaten während der UN-Sondersitzungen und im Rahmen der Lomé-Verhandlungen noch einer der

700 NAL, PREM 16/1417: Tel. Jedda an FCO, Nr. 763, 20.12.1976; ebd.: Tel. FM Kuwait an FCO, Nr. 472, 21.12.1976; Charles Cook, Rendering the Account for the Misjudgment of Paris, in: The Guardian, 6.6.1977, S. 9.

701 NAL, PREM 16/1417: Tel. FCO an FM Bonn, Nr. 630, 10.12.1976.

702 O. A., ‚Fundamental Error‘: MacEachen Criticizes Third World Stance, in: The Globe and Mail, 4.6.1977, S. 11.

703 Amzugar, Requiem, S. 151.

größten Trümpfe des Südens gewesen, zeigte er nun erstmals in einer Gesprächsrunde mit dem Norden wieder Bruchstellen.

Vor diesem Hintergrund der schwindenden Einigkeit des Südens schien es westlichen Beobachtern nicht unbedingt ausgemacht, dass die Ölexporteure tatsächlich ihre Ölmacht nutzen würden, um etwa die Forderung nach einem integrierten Rohstoffprogramm durchzusetzen, die nicht direkt in ihrem Interesse lag. Bereits 1976 hatte das Overseas Development Institute, ein unabhängiger Londoner Thinktank für Entwicklungsfragen, die Bereitschaft der Golfstaaten zur effektiven Schützenhilfe für die anderen Entwicklungsländer infrage gestellt: „It is yet far from clear whether the major OPEC ‚low absorbers', Saudi Arabia and the Gulf states, which cannot spend their oil reserves except in the long term, and which have the muscle to bring pressure to bear on behalf of the poorer ldcs, have the inclination to do so."[704] Die *Washington Post* ging nach Konferenzabschluss sogar noch einen Schritt weiter und urteilte, dass angesichts der engen „US-Saudi ‚connection'" zumindest zu diesem Zeitpunkt keine Gefahr von Saudi-Arabien ausgehe[705]. Bemerkenswert ist auch, dass das State Department vergleichsweise ruhig blieb, als der venezolanische Kopräsident Pérez-Guerrero angesichts der bescheidenen Ergebnisse des Dialogs mit dem erneuten Einsatz der Ölwaffe drohte. In einem Memorandum für Außenminister Cyrus Vance bemerkte der Secretary of State for Economic Affairs kühl: „This is an instrument which is not at Venezuela's disposal, and its actual use depends on how much pressure OPEC countries can bring on Saudi Arabia on NIEO [New International Economic Order] and other grounds."[706]

Es hing wohl auch mit diesem Eindruck zusammen, dass zentrale OPEC-Staaten letztlich offenbar nicht bereit waren, ihre Ölmacht rückhaltlos für die Neue Weltwirtschaftsordnung einzusetzen, dass der Westen die Forderungen der G77 zumindest nicht in der Substanz akzeptierte. Es schien ausreichend, ein gewisses Maß an Konzessionsbereitschaft zu signalisieren – rhetorisch wie finanziell –, um die Gefahr zu bannen. Dementsprechend sollte es sich bei dem Rohstofffonds, den die Industriestaaten im Grundsatz akzeptieren wollten, keinesfalls

---

704 Overseas Development Institute, The Paris Conference on International Economic Co-operation (CIEC), in: ODI Briefing Paper (August 1976).

705 Hobart Rowen, Some Reluctant Steps to Help Poor Countries, in: The Washington Post, 9.6.1977, S. A27.

706 Memorandum From the Undersecretary of State for Economic Affairs (Cooper) to Secretary of State Vance, 11.6.1977, in: FRUS 1977–1980. Bd. III, Dok. 266. Die Verbindung zwischen der Pariser Konferenz und der OPEC sei „more rhetorical than actual" hieß es darüber hinaus in einem Telegramm des State Department vom 22. November 1976, das der niederländischen Presse zugespielt wurde. Der Text ist abgedruckt in MEES XX, Nr. 9, 20.12.1976, S. 1f.

um die $ 6-Milliarden-Variante handeln, die den Entwicklungsländern vorschwebte und der von ihnen kontrolliert würde. Gerade die in Marktfragen konservativeren Staaten des Westens – die USA, Japan und die BRD – schlossen ein solches Konstrukt aus. Die Vereinigten Staaten stellten sich den Common Fund vielmehr als „pooling of the funds of various buffer stocks" vor, der also über keine eigenen Mittel verfügte und im Bedarfsfall durch Weltbankkredite gestützt werden könnte. Die Bundesrepublik wiederum beabsichtigte, ihre begrenzten Angebote im Bereich der Exporterlösstabilisierung und des Abschlusses von Rohstoffabkommen in Einzelfällen als „ein integriertes Rohstoffprogramm" zu verkaufen[707]. Die Zusagen der Industriestaaten waren also in weiten Teilen Lippenbekenntnisse. Westliche Politiker hüllten die moderaten Konzessionen, zu denen sie bereit waren, bewusst in die Sprache der Dritten Welt, redeten von „common fund", „integrated programme" oder „New International Economic Order", um den Eindruck zu erwecken, die Forderungen aus dem Süden zu befriedigen. Es ging ihnen darum, ein offenes Scheitern des Dialogs mit den Entwicklungsländern zu verhindern, um eine erneute Konfrontation zu vermeiden, die die Versorgungssicherheit mit Erdöl und anderen Rohstoffen hätte gefährden können. Materielle Zugeständnisse gingen dementsprechend immer nur so weit, wie sie notwendig waren, um die Gespräche am Laufen zu halten[708]. Ähnlich sah das auch bei der Special Action für die ärmsten Länder aus, zu der sich die Industriestaaten in Paris bereit erklärten. Sie sollte vor allem als Symbol dienen, dass der Westen etwas tat, und gleichzeitig die Forderung aus dem Süden nach einem generellen Schuldenerlass begraben helfen. Giscard d'Estaing selbst machte im Rahmen des G7-Gipfels in London darauf aufmerksam, dass die Summe von $ 1 Milliarde „not very generous" sei, sondern niedrig, vor allem wenn man sie mit dem „oil deficit of $45 billion" vergleiche, das die Entwicklungsländer belaste[709].

Am 3. Juni 1977 endete dann die Konferenz für internationale wirtschaftliche Zusammenarbeit nach einer abschließenden viertägigen Ministertagung. Ergeb-

---

707 Memorandum From the President's Assistant for National Security Affairs (Brezinski) to President Carter, 14.4.1977, in: FRUS 1977–1980. Bd. III, Dok. 263. Siehe vor allem das Memorandum, das unter Tab A angefügt ist. PA AA, B 54/122128: Vermerk „Rohstoffe", 6.4.1976.

708 Vgl. Rothstein, Global Bargaining, S. 135 f. Diese Strategie wird sehr deutlich in Memorandum From the President's Assistant for National Security Affairs (Brezinski) to President Carter, 14.4.1977, in: FRUS 1977–1980. Bd. III, Dok. 263; vgl. auch Corea, Taming Commodity Markets, S. 66 f.

709 NAL, PREM 16/1417: Extract of Note of the Third Session of the Downing Street Summit Conference at 10 Downing Street on Sunday 8 May 1977 at 1045. Der europäische Kommissionspräsident Roy Jenkins wies im selben Gespräch darauf hin, dass die Special Action dazu dienen solle, „to shift the argument away from the idea of a Debt Moratorium."

nis war ein Kommuniqué, das neben den drei „bread and butter"-Resultaten – prinzipielle Zustimmung zum Common Fund, eine Milliarde Dollar Special Action und Erhöhung der offiziellen Entwicklungshilfe der Industriestaaten auf 0,7 Prozent des eigenen BIP – in 21 Punkten vor allem herausstellte, wo Nord und Süd überkreuz lagen. Trotz eines „enormous amount of hard bargaining" während der letzten Tage war den Ministern keine weitere substanzielle Einigung gelungen. Das galt für die Indexierung von Erdöl und anderen Rohstoffen ebenso wie für einen generellen Schuldenerlass oder weitere Fortschritte beim integrierten Rohstoffprogramm – alles zentrale Forderungen der G77. Genauso wenig aber konnten die Industriestaaten ihr wichtigstes konkretes Anliegen durchbringen – einen dauerhaften Konsultationsmechanismus zu etablieren, der ihnen ein gewisses Maß an Mitsprache bei der Ölpreisgestaltung ermöglicht hätte[710]. Sein wichtigstes strategisches Ziel hatte der Westen aber erreicht: Der Dialog war nicht offen gescheitert.

Die Bewertung des Pariser Dialogs in Süd und Nord

Dass die Bewertung der Konferenz im globalen Süden und Norden auseinanderging, verdeutlichte bereits das Abschlusskommuniqué. Explizit verwies es auf die divergierenden Interpretationen. Aus Sicht der Teilnehmenden aus den Entwicklungsländern „the conclusions of CIEC fall short of the objectives envisaged for a comprehensive and equitable program of action designed to establish the new international economic order"[711]. Die *Times of India* sprach von „failure in Paris". Die *Times of Zambia* bezeichnete die zugesagte Sonderhilfe für die Ärmsten als „a pittance compared with the needs of the poorest countries of the world" und meinte: „The North South dialogue was about the standard of living of the rich. Unless it left them as rich as they are now, they would not help the poor."[712] Auch als die 31. Generalversammlung der Vereinten Nationen im September 1977 erneut zusammentrat, um die Ergebnisse des Pariser Dialogs zu evaluieren, hatte sich die Einschätzung bei den Entwicklungsländern nicht nennenswert verändert. Der pakistanische UN-Botschafter, Iqbal Akhund, erklärte als Sprecher der G77: „In the circumstances, it is difficult not to agree with

710 Amuzegar, Requiem, S. 137–145; Conference on International Economic Cooperation, Final Communique on Energy, Raw Materials and Trade, Development, and Finance, in: International Legal Materials 16 (1977), 4, S. 970–976.

711 Conference on International Economic Cooperation, Final Communique, S. 974.

712 O. A., Failure in Paris, in: The Times of India, 4.6.1977, S. 8; O. A., Opinion, in: Times of Zambia, 4.6.1977, S. 1.

the assessment of the group of 19 developing countries participating that the conclusions of the Paris Conference fell short of the objectives set for it by both groups of participants." Vor ihm hatte sich bereits der venezolanische Kopräsident des Pariser Dialogs, Manuel Pérez-Guerrero, in ähnlichen Worten an die Generalversammlung gewandt. Er unterstrich noch einmal, dass die Neue Weltwirtschaftsordnung eine „Notwendigkeit" sei und beklagte den mangelnden politischen Willen der Industriestaaten, in diese Richtung zu wirken: „Despite statements of support for radical change in the system, efforts are still being made in the industrialized countries, consciously or subconsciously, to restore the old order of international economic relations."[713] Um dem politischen Willen im Westen zukünftig auf die Sprünge zu helfen, so hatte er bereits einige Wochen zuvor erklärt, werde die Dritte Welt nun ihre Ölmacht nutzen[714]. Und tatsächlich hoben Saudi-Arabien und die Vereinigten Arabischen Emirate im Juli den Preis für ihr Rohöl um 5 Prozent an und begründeten dies auch mit dem Scheitern von Paris[715]. Diese Erhöhung war aber nicht in der Größenordnung, die den Westen ernsthaft unter Druck gesetzt hätte. Sie unterstreicht vielmehr, dass der Wille zum tatsächlichen Einsatz der sogenannten Ölwaffe zur Durchsetzung der Neuen Weltwirtschaftsordnung 1977 begrenzt war und die Preisanpassung primär dem Ziel diente, das Preissystem der OPEC wieder zu vereinheitlichen.

Die Delegierten aus den Industriestaaten teilten die Enttäuschung der Dritten Welt nicht. Für sie war der Pariser Dialog „a qualified success"[716]. Im Abschlusskommuniqué begrüßten sie den „spirit of cooperation", der die gesamte Konferenz begleitet habe, auch wenn leider nicht in allen wichtigen Bereichen eine Einigung habe erzielt werden können[717]. Der kanadische Kopräsident MacEachum meinte sogar, für die Dritte Welt seien die Resultate „pretty damn good considering the positions of the industrial countries a few months ago"[718]. Tatsächlich war die positive Bewertung der Nord-Süd-Konferenz auch taktisch motiviert. Bei ersten Aussprachen unter den Industriestaaten über das Dialogergebnis, die im Juni in New York stattfanden, einigten sich die Delegierten auf eine

---

713 United Nations General Assembly, Thirty-First Session, Official Records, 108th Plenary Meeting, 13.9.1977; für eine Zusammenfassung der Debatte siehe United Nations, The Yearbook of the United Nations 1977. Bd. 31, New York 1980, S. 395–400.

714 O. A., Oil Weapon Ready, in: South China Morning Post, 10.6.1977, S. 43; PA AA, B 54/122128: New York Uno an AA, Nr. 1260, 9.6.1977.

715 Seymour, OPEC, S. 170; Skeet, OPEC, S. 143.

716 Benn, Multilateral Diplomacy, S. 73.

717 Conference on International Economic Cooperation, Final Communique, S. 974.

718 O. A., ‚Fundamental Error': MacEachen Criticizes Third World Stance, in: The Globe and Mail, 4.6.1977, S. 11.

„möglichst positive, konstruktive Darstellung", um „Anzeichen der Enttaeuschung" aufseiten der Entwicklungsländer vorzubeugen und zukünftige Diskussionen im UN-Rahmen zu erleichtern. An diese Linie hielten sich die Vertreter des Westens dann auch bei der Aussprache in der UN-Generalversammlung im September[719]. Aber auch intern war die Bewertung der Konferenz eher positiv. In einem Papier des britischen Foreign and Commonwealth Office hieß es etwa: „[...] the Conference was an important step in the development of a co-operative approach to many North/South issues. We have to build on this. It was unrealistic to expect the CIEC to solve all the problems put before it. But the progress made there has had a dynamic effect on the progress in the Dialogue as a whole." Ganz ähnlich urteilte das amerikanische State Department: „It ended with meager results, but with a very good tone. I believe we came out about as well as we could reasonably have expected to do."[720] In weiten Teilen der westlichen Presse hingegen fiel die Bewertung der Pariser Marathonkonferenz negativ aus. Der *Guardian* sprach von „failure". Für die *Washington Post* war der Dialog zwar kein „total failure", schränkte aber gleich wieder ein, „but it came close to it": Und die *New York Times* bezeichnete das Ergebnis der Verhandlungen als „a disappointingly limited agreement", das sich, so Charles Cook im *Guardian*, in einer unmittelbaren Erhöhung des Ölpreises auf der nächsten OPEC-Konferenz niederschlagen würde[721]. Eine solche blieb mit Ausnahme der kleinen Anpassung Saudi-Arabiens und der Emirate aus. Im Folgejahr sollten dann aber vom Iran Schockwellen ausgehen, die den Ölpreis in neue Höhen trieben und die Gesamtkonstellation noch einmal deutlich veränderten.

4.4 Zwischenfazit

In der zweiten Hälfte der 1970er Jahre zeigte sich, dass die ökonomischen Folgen aus Öl- und Weltwirtschaftskrise viele Entwicklungsländer vor massive und

---

719 PA AA, B 54/122128: New York Uno an AA, Nr. 1260, 9.6.1977; United Nations, Yearbook 1977, S. 395–400.

720 NAL, FCO 59/1528: Economic Relations Between Developed and Developing Countries, Brief by Foreign and Commonwealth Office, 21.12.1977; Memorandum From the Undersecretary of State for Economic Affairs (Cooper) to Secretary of State Vance, 11.6.1977, in: FRUS 1977–1980. Bd. III, Dok. 266.

721 John Palmer, Oil Price Threat in Deadlock, in: The Guardian, 3.6.1977, S. 24; Hobart Rowen, Some Reluctant Steps to Help Poor Countries, in: The Washington Post, 9.6.1977, S. A27; Paul Lewis, Commodities: A ‚Rigged' Market Seldom Works, in: The New York Times, 5.6.1977, S. E2; Charles Cook, Rendering the Account for the Misjudgement of Paris, in: The Guardian, 6.6.1977, S. 9.

langwierige Probleme stellten. Fast alle entwickelten ein ausgewachsenes Schuldenproblem. Es herrschte jedoch keinesfalls Einigkeit darüber – vor allem nicht zwischen den sogenannten Schwellenländern und dem Rest –, wie dieser Herausforderung begegnet werden sollte. Angesichts der wirtschaftlichen Probleme wuchs auch die Kritik an den Erdölexporteuren, die nun zunehmend als (Mit-)Schuldige für die eigene Misere benannt wurden. Gleichzeitig wuchsen die Spannungen innerhalb der OPEC. *High* und *low absorber* artikulierten deutlich unterschiedliche Interessen bezüglich der Gestaltung der Ölpreise, was Ende 1976 zu ernsthaften Spaltungstendenzen innerhalb der Organisation führte. Vor diesem Hintergrund der wachsenden Differenzen innerhalb der Dritten Welt schloss der Pariser Dialog nach fast zwei Jahren mit mageren Ergebnissen. Dies war einerseits auf die nachlassende Einigkeit des Südens und der damit verbundenen sinkenden Wahrscheinlichkeit, dass die OPEC ihre Ölmacht tatsächlich für die ökonomischen Interessen der übrigen Entwicklungsländer einsetzen würde, zurückzuführen. Andererseits war es aber ebenso eine Folge der letztlich erfolgreichen Strategie des Westens, den Süden mit einer Kombination aus rhetorischem Entgegenkommen und begrenzten materiellen Konzessionen zu befrieden und damit zu verhindern, dass die Schlüsselstaaten der OPEC sich dazu gezwungen sähen, der Intransingenz des Westens mit offener Konfrontation zu begegnen.

Am 27. Dezember 1978 folgte der nächste Schlag für das Projekt der Neuen Weltwirtschaftsordnung. Der erst 53-jährige Houari Boumedienne erlag einem seltenen Blutleiden. Die Massen von Menschen, die seinen Sarg durch die Straßen von Algier begleiteten, betrauerten nicht nur den Tod des amtierenden algerischen Präsidenten, sondern auch, dass die Dritte Welt den entschiedensten Vorkämpfer für eine Neue Weltwirtschaftsordnung verloren hatte[722].

722 Evans/Phillips, Algeria, S. 101; Malley, Call from Algeria, S. 206 f; Garavini, After Empires, S. 245.

5 Die zweite Ölkrise, 1979/80

„Shah raft! Shah raft!", der Schah ist weg, skandierten am 16. Januar 1979 die Massen auf den Straßen Teherans und überall im Iran. Sie tanzten durch die Straßen, umarmten sich, warfen Blumen aus den Fenstern und rissen die Statuen des Schahs und seines Vaters und Vorgängers auf dem Pfauenthron von den Sockeln. Zuvor hatte Reza Pahlavi, gemeinsam mit seiner Frau und einigen Beratern, eine Boeing 707 bestiegen und war nach Ägypten geflogen. Offiziell handelte es sich um eine Urlaubsreise, doch die Tränen, die der Schah auf dem Flugplatz vergoss, offenbarten, dass er nicht damit rechnete, wieder zurückzukehren. Nach 37 Jahren war seine Herrschaft endgültig beendet – die iranische Revolution, die die zweite Ölkrise innerhalb von fünf Jahren auslösen sollte, hatte ihren Höhepunkt erreicht[723].

Obwohl – oder vermutlich gerade weil – der Iran in den späten 1970er Jahren sehr viel reicher war, als irgendjemand einige Jahrzehnte zuvor zu träumen gewagt hätte, und der Schah die rapide Modernisierung des Landes vorantrieb, gärte in weiten Teilen der Bevölkerung die Unzufriedenheit. Die Flut an Petrodollars, die, wie Daniel Yergin schreibt, „in größenwahnsinniger Weise in verstiegene Modernisierungsprogramme gesteckt wurden oder in Verschwendung und Korruption versickerten, erzeugten ein wirtschaftliches Chaos und führten überall zu sozialen und politischen Spannungen"[724]. Die iranische Infrastruktur war dem Crashprogramm nicht gewachsen: Das Stromnetz brach regelmäßig zusammen und weder Eisenbahnen noch Straßen konnten das neue Verkehrsaufkommen bewältigen. Die Nahrungsmittelproduktion sank, während die Landbevölkerung in die ohnehin überfüllten Städte zog, und die Inflation geriet völlig außer Kontrolle. Nachdem es dann im Januar 1978 als Reaktion auf einen Zeitungsartikel, der den exilierten Oppositionsführer, den schiitischen Geistlichen Ayatollah Ruhollah Khomeini, verunglimpfte, zu offenen Protesten gekommen war, brach sich die Unzufriedenheit mit dem Regime zunehmend Bahn. Streiks griffen um sich und erreichten schließlich auch die Ölindustrie. Im Oktober drangen Streikende in das Hauptquartier der Oil Service Company of Iran ein, die die großen Ölfelder im

---

723 Zum Abschied des Schah und den folgenden Freudenszenen siehe Eric Pace, On Streets: Cheers, Roses, Falling Statues, in: The New York Times, 17.1.1979, S. A1; William Branigin/Jonathan C. Randal, Iranians Jubilant as Shah Departs, in: The Washington Post, 17.1.1979, S. A1. Zur iranischen Revolution insgesamt siehe etwa Daniel, Iran, S. 164–173; Patrick Clawson/Michael Rubin, Eternal Iran. Continuity and Chaos, New York/Basingstoke 2005, S. 79–93; Bösch, Zeitenwende, S. 18–60.

724 Yergin, Preis, S. 830.

https://doi.org/10.1515/9783110770001-009

Südwesten des Landes betrieb. Als dann im Dezember der US-Amerikaner Paul Grimm, der stellvertretende Betriebsdirektor, erschossen wurde, nachdem er versucht hatte, den Streik zu beenden, evakuierte das Unternehmen sämtliche westlichen Mitarbeiter. Die iranischen Erdölexporte kamen Ende 1978 vollkommen zum Erliegen und niemand wusste, wie lange dieser Zustand anhalten würde[725].

Es war dieser Totalausfall der Produktion des zweitgrößten Erdölexporteurs der Welt, der den Impuls gab für eine erneute Umstrukturierung des Weltölmarktes und der die Preise in neue Dimensionen hochschnellen ließ. Im September 1978 hatte der Iran etwa sechs Millionen Barrel pro Tag gefördert, wovon circa fünf Millionen für den Export bereitstanden. Ende Dezember lag dieser Wert bei null. Der OPEC *marker price* stieg in der Folge von $ 12,70 pro Fass im Dezember 1978 auf $ 30 im September 1980. Der Ausfall des iranischen Erdöls war dafür aber nur ein wichtiger Faktor. Was den Preis ebenfalls weiter nach oben trieb, war die Angst, die sich im Westen breitmachte und zu Panikkäufen führte. Diese westliche Reaktion steht im Zentrum des ersten Abschnitts dieses Kapitels. Dabei wird auch gefragt, wie sehr sich die westlichen Industriestaaten in einer Abhängigkeitsposition gegenüber der OPEC wähnten. Anschließend rücken die Erdölexporteure in den Fokus, die einen zweiten Geldsegen gewärtigten, denen es aber anders als 1973/74 nicht gelang, eine gemeinsame Linie in der Preisfrage zu finden. Einig waren sie sich hingegen, in ihren Forderungen nach Veränderungen der Weltwirtschaftsordnung zugunsten der Dritten Welt. Schließlich richtet sich der Blick auf die übrigen Entwicklungsländer, die der zweite Ölpreissprung – verglichen mit 1973 – mehrheitlich in einer ökonomisch prekären Situation traf. Angesichts dieser Lage waren die NOPECs weit weniger bereit, die Preiserhöhungen der OPEC zu unterstützen, sondern gingen stattdessen zu offener Kritik über.

5.1 Panik im Westen

Am 4. Januar 1979 legte der amerikanische Energieminister James Schlesinger Präsident Carter ein ausführliches Memorandum zur „Iranian Oil Situation" vor. Darin rechnete er vor, dass der Ausfall der iranischen Erdölexporte von 5 bis 5,5 Millionen Barrel pro Tag durch die Ausweitung der Produktion um fast 3,5 Millionen in anderen Ländern weitgehend ausgeglichen werde. Vor allem Saudi-Arabien habe die Förderung im letzten Quartal des Jahres 1978 deutlich

725 Yergin, Preis, S. 830 – 842.

gesteigert. Die Differenz von 1,5 bis 2 Millionen Barrel täglich ließe sich, so Schlesinger, in den kommenden Monaten dadurch ausgleichen, dass man – wie es im Winter ohnehin üblich war – auf die Lagerbestände zurückgriff. Wenn dann die iranische Produktion möglichst bald wieder auf 4 bis 4,5 Millionen Barrel anwachsen würde, was im Mai tatsächlich geschehen sollte, sah der Energieminister keine größeren Probleme voraus. „[M]arket conditions would return to normal."[726] In Wirklichkeit sollte sich der Markt in den folgenden 18 Monaten aber keineswegs beruhigen, und mit Daniel Yergin lässt sich fragen, wie eine 5-prozentige Reduktion der globalen Erdölversorgung eine 150-prozentige Steigerung des Erdölpreises bedingen konnte[727]. Die Antwort hat viel mit einer Gefahr zu tun, die Schlesinger im Schlussparagraphen seines Memorandums ansprach: „The greatest shot-term danger, outside of another crisis elsewhere in the world, would be an overreaction by the public leading to panic buying and hoarding."[728]

Spotmärkte und Panikkäufe – Die Entstehung der Krise

Dass es zu einer Panikreaktion der Konsumenten kam, und das auf verschiedenen Ebenen, hatte viel mit der allgemeinen Antizipation einer großen Energiekrise zu tun. Die *New York Times* etwa warnte im Juni 1978 in eindringlichen Worten vor dem kommenden „energy crunch":

> It need not happen. But, unless we bestir ourselves, it most likely will. By 1985 or 1986 or 1987, if present trends continue, we'll be staring at an energy crisis far worse than the one we went through in the early 70's. [...] In that event, the reality we wake up to is apt to be frightening. Prices will double or triple, in real terms, within a short time. The standard of living of every American will nosedive.[729]

Westliche Politiker schlugen in dieselbe Kerbe – besonders prominent US-Präsident Jimmy Carter, der in einer Rede im April 1977 von der kommenden Energiekrise als der größten Herausforderung „during our lifetime" sprach[730]. Darüber

726 Memorandum From Secretary of Energy Schlesinger to President Carter, 4.1.1979, in: FRUS 1969 – 1976, Bd. XXXVII, Dok. 181.

727 Yergin, Preis, S. 843; vgl. auch Skeet, OPEC, S. 160.

728 Memorandum From Secretary of Energy Schlesinger to President Carter, 4.1.1979, in: FRUS 1969 – 1976. Bd. XXXVII, Dok. 181.

729 Daniel Yergin, The Real Meaning of the Energy Crunch, in: The New York Times, 4.6.1978, S. SM9.

730 Jimmy Carter, The Energy Problem: Address to the Nation, 18.4.1977, in: Merrill, Oil Crisis, S. 124 – 127.

hinaus sagten zahlreiche Studien eine kommende Versorgungslücke für die 1980er Jahre voraus, wenn die Erdölnachfrage das Angebot endgültig übersteigen würde[731]. Francisco Parra, ein ehemaliger OPEC-Generalsekretär, beschreibt den damals omnipräsenten Glauben an die kommende Versorgungslücke in seiner „Modern History of Petroleum" gar als „mind-set of 1978"[732].

Als dann Ende 1978 die iranische Produktion ausfiel, schien es, als sei die von allen erwartete große Krise nun einfach schon ein paar Jahre früher eingetreten. Ulf Lantzke, Generaldirektor der Internationalen Energieagentur, bekannte in einem Interview im Herbst 1979: „We always expected it to come at some point, but we didn't think that stage would arrive till 1982 or so. Iran has moved it up to today."[733] Hinzu kam die Unsicherheit, ob die iranische Revolution sich in der Region ausbreiten und so zu Produktionsausfällen in den Nachbarstaaten führen würde. Gerade die Besetzung der Großen Moschee in Mekka durch 700 bewaffnete Fundamentalisten Ende November 1979 schien Befürchtungen zu bestätigen, dass auch Saudi-Arabien vor einer Revolution stünde. Und die Besetzung der amerikanischen Botschaft in Teheran durch radikale Studierende einige Tage zuvor sowie das sich über 444 Tage erstreckende Geiseldrama machten eine sichere Erdölversorgung aus dem Iran ebenfalls kaum wahrscheinlicher[734]. In der Erwartung, dass Erdöl in Zukunft knapp sein und die Preise dauerhaft kräftig steigen würden, war es aus Sicht sowohl der einzelnen Konsumenten und Unternehmen in den Industriestaaten als auch der Ölkonzerne nur logisch, Öl auf Vorrat zu kaufen. Diese Tendenz wurde durch die Ankündigung der OPEC vom Dezember 1978 noch verstärkt, die Preise im Folgejahr schrittweise um 14,5 Prozent anzuheben. Damit konnte sich jeder ausrechnen, „that he would not lose money by filling his storage facilities"[735].

Ganz vorne mit dabei waren diesbezüglich die amerikanischen Autofahrer. Anders als auf dem Welterdölmarkt insgesamt entwickelte sich im Laufe des

---

731 Siehe John R. Brodman/Richard E. Hamilton, A Comparison of Energy Projections to 1985, Paris 1979; vgl. Parra, Oil Politics, S. 218 f; Maugeri, Age of Oil, S. 122.

732 Parra, Oil Politics, S. 218.

733 Getting Out of the Crisis: Interviews, in: Foreign Policy Research Institute (Hg.), Oil Diplomacy: The Atlantic Nations in the Oil Crisis of 1978–79, Philadelphia 1980, S. 129–134, hier S. 130. Ganz ähnlich äußerte sich übrigens der saudische Ölminister Yamani in einem Interview mit Radio Monte Carlo abgedruckt in MEES XXII, Nr. 15, 29.1.1979, S. 2.

734 Für eine frühe Äußerung dieser Sorge siehe o. A., Schlesinger Worried about Iranian Turmoil Overspilling into Neihghboring Arab Producers, in: MEES XXII, Nr. 17, 12.2.1979, S. 5; und der *Spiegel* titelte am 20. August 1979 „Nach Persien – Fällt Saudi-Arabien?". Vgl. Skeet, OPEC, S. 167 f; Vessela Charakova, Oil Supply Crises: Cooperation and Discord in the West, Lanham u. a. 2013, S. 78.

735 Parra, Oil Politics, S. 220; vgl. auch Skeet, OPEC, S. 157 f; Yergin, Preis, S. 842–846.

Jahres 1979 in den USA tatsächlich eine Kraftstoffknappheit. Der Grund dafür war, dass das leichte iranische Rohöl durch schwerere Sorten ersetzt wurde, aus denen die Raffinerien nicht die gleiche Menge Benzin gewinnen konnten. Außerdem benachteiligte das amerikanische Verteilungssystem, das anhand des Bedarfs von 1972 operierte, strukturell urbane Gegenden und jene Gebiete, die seitdem ein besonders starkes Bevölkerungswachstum erlebt hatten. Anfang Mai machten sich in Kalifornien die ersten Anzeichen einer Kraftstoffknappheit bemerkbar, auf die die Bevölkerung umgehend mit Panikkäufen reagierte. „[P]anic buying created a demand surge of 8 per cent above normal", berichtete der Journalist Paul Kemezis, „and supplies collapsed."[736] Die Geschichte wiederholte sich anschließend in Florida und den nordöstlichen Bundesstaaten. Waren westliche Autofahrer vor 1979 im Schnitt mit einem viertelvollen Tank unterwegs gewesen, hielten sie den Pegel nun bei drei Vierteln. Manche Bundesstaaten verboten den Autofahrern in dieser Situation, für mehr als $ 5 zu tanken, was lediglich dazu führte, dass die Frequenz der Tankstellenbesuche zunahm. Die ikonischen Schlangen vor den Zapfsäulen der Jahre 1973/74 kehrten zurück und trieben den Spritverbrauch weiter in die Höhe. Einer Schätzung zufolge verbrauchten amerikanische Autofahrer im Frühjahr und Sommer 1979 allein 150.000 Barrel Erdöl pro Tag dabei, mit laufendem Motor in den Tankstellenschlangen zu warten. „Fast über Nacht", so schreibt Daniel Yergin, „wurden fast vier Milliarden Liter Autokraftstoff von Amerikas verängstigten Autofahrern aus den Tankstellenvorräten gesaugt."[737]

Wie die Einzelkonsumenten an den Zapfsäulen legten nun auch industrielle Abnehmer Vorräte an – vor allem aber stockten die Ölgesellschaften ihre Lager auf, nachdem sie diese 1978 stark reduziert hatten. Am 27. April 1979 erklärte etwa Bruce Sachs, Executive Vice-President bei Exxon International, dass das „workable inventory" der US-Ölindustrie seit Januar von 600 auf 100 Millionen Barrel gesunken sei. Das seien etwa 200 Millionen weniger als am Ende eines normalen Winters. Sollte der Verbrauch in den Industriestaaten nicht umgehend reduziert und die Lagerbestände aufgestockt werden, könnte es im kommenden Winter zu ernsthaften Versorgungsengpässen kommen. Exxon würde daher nun vermehrt Rohöl einlagern, um die Vorräte bis 1. Oktober auf Normallevel zu bringen[738]. Die übrigen Ölgesellschaften gingen genauso vor. Die Hortungskäufe von Konsu-

---

736 Paul Kemezis, The Permanent Crisis: Changes in the World Oil System, in: Foreign Policy Research Institute (Hg.), Oil Diplomacy, S. 3–26, hier S. 17.

737 Yergin, Preis, S. 846. Zu den Panikkäufen der Autofahrer insgesamt siehe auch ebd., S. 852–857; und Kemezis, The Permanent Crisis, S. 16 f; Richard B. Mancke, The American Response: „On the Job Training?", in: Foreign Policy Research Institute (Hg.), Oil Diplomacy, S. 27–43, hier S. 35 f.

738 O. A., Exxon Executive Warns of Oil Shortage Next Winter, in: MEES XXII, Nr. 29, 7.5.1979, S. 8.

menten und Ölfirmen verursachten eine zusätzliche Nachfrage von etwa drei Millionen Barrel pro Tag, die das Defizit von zwei Millionen Barrel auf dem Welterdölmarkt nach der iranischen Revolution faktisch mehr als verdoppelte[739]. Die Kombination aus Panikkäufen und dem Ausfall der persischen Produktion sorgte für ein circa 10-prozentiges Gesamtdefizit, das den Preissprüngen der Jahre 1979/80 zugrunde lag.

Ein zweiter, verwandter Faktor, der die Preise in die Höhe trieb, war die Aufwertung des Spothandels mit Erdöl. Vor Beginn der Krise waren lediglich etwa 8 Prozent aller Erdölprodukte auf dem sogenannten „Rotterdam-Markt"[740] umgeschlagen worden, der in Wirklichkeit ein durch Telefon- und Telexleitungen verbundener globaler Markt war. Zunächst handelte es sich um einen eher peripheren Ausgleichsmechanismus, um Überschüsse loszuwerden bzw. verbilligtes Öl zu erwerben. Doch 1979 erlangte er eine vollkommen neue Bedeutung. Das lag primär daran, dass der Wegfall der iranischen Produktion nur bestimmte Käufer traf, die sich nun händeringend nach alternativen Bezugsquellen umsahen. Betroffen waren vor allem British Petroleum und Shell, die nicht wie die amerikanischen Aramco-Partner von der erhöhten saudischen Produktion profitierten und nun eine Kettenreaktion in Gang setzten. BP hatte auf einen Schlag 40 Prozent seines Rohöls verloren und sah sich dementsprechend außerstande, seine Lieferverträge mit Dritten – teils mit anderen Ölmultis, teils mit unabhängigen Raffinerien, vor allem in Japan – zu bedienen. Der Konzern berief sich auf höhere Gewalt und schränkte die Lieferungen ein, was die vormaligen Käufer teils zu ähnlichen Schritten gegenüber ihren Kunden zwang. Gleichzeitig drängte British Petroleum auf den Spotmarkt, in der Hoffnung dort zusätzliches Rohöl einkaufen zu können. Hier konkurrierten die BP-Einkäufer mit jenen Kunden, denen sie soeben die Lieferungen gekürzt hatten und die ihrerseits verzweifelt nach neuen Versorgungsquellen Ausschau hielten. Binnen kürzester Zeit tummelten sich so zahlreiche potenzielle Käufer auf den Spotmärkten, ohne dass das Angebot in gleichem Maße zugenommen hätte. Es kam zum „overbidding by nervous customers", wie es in einem britischen Dokument zur „Energy Crisis" hieß, und die Preise gingen durch die Decke[741].

Anfang 1979 war Erdöl der Sorte Arabian Light in Rotterdam noch für etwa $ 15 pro Fass gehandelt worden – etwa zwei Dollar über dem offiziellen OPEC-

739 Yergin, Preis, S. 846; Göbel, Ölpreiskrisen, S. 43.

740 Benannt nach dem großen niederländischen Erdölhafen. Yergin, Preis, S. 848; auch Sampson, Seven Sisters, S. 334.

741 NAL, FCO 96/888: The Energy Crisis. Speaking Note, undatiert [vermutlich Oktober oder November 1979]. Zu den ungleichen Auswirkungen des iranischen Ausfalls und den Konsequenzen für den *spot market* siehe Parra, Oil Politics, S. 227–232 und Yergin, Preis, S. 846–848.

Preis. Im Februar lag der Spotpreis bereits bei $ 23. Als Saudi-Arabien im April – angesichts der wieder anlaufenden iranischen Förderung – die eigene Produktion auf 8,5 Millionen Barrel täglich zurückfuhr, folgte der nächste Preissprung auf etwa $ 35. Bis Jahresende überschritten die Spotpreise immer wieder die $ 40-Marke[742]. Der OPEC *marker price* folgte dieser Preisentwicklung mit gewissem Abstand, wie noch auszuführen sein wird. Faktisch verlor er aber seine Bindekraft in einer Situation, in der die meisten Ölexporteure darauf erpicht waren, durch den Aufschlag von exzessiven Prämien das Maximum an Gewinn zu generieren. Erst im Oktober 1981 einigten sich die Ölminister der OPEC wieder auf einen wirklich gemeinsamen Preis von $ 34 Dollar pro Barrel[743].

Der Westen muss sparen – Ökonomische Folgen und Reaktionen

Was bedeutete der Preissprung der Jahre 1979/80 für die Wirtschaft der westlichen Industriestaaten? Und wie reagierten sie auf die Herausforderungen der zweiten Ölkrise?

Da die Ölkrise von 1979, noch eindeutiger als der Vorläufer von 1973, vor allem eine Preis- und keine Versorgungskrise war[744], zeigten sich die ökonomischen Auswirkungen vor allem in den Zahlungsbilanzen. Gaben die OECD-Staaten 1978 insgesamt $ 124 Milliarden für ihre Ölimporte aus, waren es 1979 $ 180 und 1981 $ 254 Milliarden[745]. Gleichzeitig verwandelte sich ein gemeinsames Zahlungsbilanzplus aller westlichen Industriestaaten von $ 31,9 Milliarden 1978 in ein Defizit von $ 5,6 Milliarden im Jahr darauf und $ 38,8 Milliarden 1980[746]. Bezeichnend ist, dass anders als nach der ersten Ölkrise nun auch exportstarke Länder wie die Bundesrepublik tief in die roten Zahlen abrutschten. Besser als 1973 erging es in dieser Hinsicht diesmal vor allen Dingen Großbritannien, das dank des nun reichlich verfügbaren Nordseeöls weitgehend unabhängig von Energieimporten war[747].

---

742 Zu den Spotpreisen 1979/80 siehe Seymour, OPEC, S. 182–185; Skeet, OPEC, S. 161; Sampson, Seven Sisters, S. 334 f.

743 Skeet, OPEC, S. 157–180; Parra, Oil Politics, S. 224; Yergin, Preis, S. 882.

744 Vgl. Venn, Oil Crisis, S. 27; Wilfrid L. Kohl, Introduction: The Second Oil Crisis and the Western Energy Problem, in: Wilfrid L. Kohl (Hg.), After the Second Oil Crisis. Energy Policies in Europe, America, and Japan, Lexington 1982, S. 1–7, hier S. 1; Skeet, OPEC, S. 166.

745 Parra, Oil Politics, S. 238.

746 International Monetary Fund, Annual Report 1985, Washington 1985, S. 16.

747 N. J. D. Lucas, British Energy Policy, in: Kohl (Hg.), Second Oil Crisis, S. 91–112, hier S. 107.

Tab. 7: Zahlungsbilanz ausgewählter Industriestaaten in Milliarden US-Dollar, 1978–1983 (nominale Preise)[748]

	1978	1979	1980	1981	1982	1983
BRD	9,28	-5,39	-15,66	-5,3	5,51	4,35
Frankreich	7,06	5,14	-4,21	-4,81	-12,08	-5,17
Italien	6,05	5,92	-10,57	-10,37	-7,4	0,65
Japan	17,0	-7,9	-9,5	6,2	8,1	22,2
Kanada	-8,19	-8,38	-6,09	-12,53	1,8	-2,52
Niederlande	-0,90	0,35	-0,85	3,83	5,02	5,09
UK	2,16	-0,78	6,86	14,13	7,98	5,29
USA	-15,75	0	2,13	4,81	-11,61	-44,22

Ähnlich wie Mitte der 1970er Jahre folgte auch dieser zweiten Ölpreisexplosion eine globale Wirtschaftskrise. Der Einbruch von 1980/82 entpuppte sich sogar als noch ausgeprägter als 1974/75. Auf dem Höhepunkt der Krise, im Jahr 1982, wuchs die Weltwirtschaft nur noch um 0,4 Prozent, die der OECD-Staaten um 0,3 Prozent – 1975 waren es weltweit immerhin 0,7 Prozent gewesen. In den Vereinigten Staaten (-1,9 %), der BRD (-0,4 %) oder den Niederlanden (-1,2 %) schrumpfte sogar das Bruttoinlandsprodukt[749]. Japan, das weiterhin in besonders hohem Maß von Rohölimporten abhängig war, zeigte sich hingegen wirtschaftlich erstaunlich robust – ein Anzeichen dafür, dass der ökonomische Einbruch, wie Mitte der 1970er Jahre, nicht allein den gestiegenen Ölpreisen geschuldet war[750]. Auch machte sich die Abkühlung der Konjunktur etwa in den USA schneller bemerkbar als in Italien oder der Bundesrepublik. Noch im Juni 1980 erklärte Bundeskanzler Schmidt seinen Kollegen während des Weltwirtschaftsgipfels in Venedig, dass die „forces for growth" in seinem Land immer noch stark seien. Es wäre daher falsch, zu diesem Zeitpunkt weitere Nachfrage zu schaffen und die Wirtschaft zu stimulieren. Stattdessen werde seine Regierung weiterhin eine resolute Geld- und

748 World Bank, Data, https://data.worldbank.org/indicator/BN.CAB.XOKA.CD?end=1987&locations=IT-DE-FR-CA-NL-GB-US&start=1970, 4.1.2022. Die Daten für Japan entstammen International Monetary Fund, Annual Report 1985, S. 16.

749 Die Wachstumszahlen entstammen World Bank, DataBank – World Development Indicators, http://databank.worldbank.org/data/source/world-development-indicators, 4.1.2022.

750 Göbel, Ölpreiskrisen, S. 223–232; Ronald A. Morse, Japanese Energy Policy, in: Kohl (Hg.), Second Oil Crisis, S. 255–270.

Fiskalpolitik befolgen, um die Inflation einzuhegen[751]. Genau diese Politik sollte nun aber spürbar zur Verschärfung der ökonomischen Kontraktion beitragen.

Wie im Zuge der ersten Ölkrise zog die Inflationsrate Ende der 1970er Jahre kräftig an. Lag sie im zweiten Quartal 1978 in den OECD-Staaten insgesamt bei 8,9 Prozent, knackte sie Anfang 1980 die 15-Prozent-Marke[752]. Angesichts dieser Zahlen entwickelte sich die Bekämpfung der Geldentwertung nun in den meisten Industriestaaten zur Top-Priorität der Wirtschaftspolitik. Während des G7-Gipfels in Tokio im Juni 1979 hatten vor allem die neu gewählte britische Premierministerin Margaret Thatcher und Bundeskanzler Helmut Schmidt die Notwendigkeit deflationärer Maßnahmen betont. Thatcher regte an, dass „Heads of Government should give more attention to the need to fight inflation". Sie machte keynesianische Politiken der Nachfragestimulierung für die Geldwertprobleme mitverantwortlich und forderte „strict control of the money supply". Schmidt pflichtete ihr bei, „[though] he might use different words to express the same philosophy"[753]. Bedenken äußerten hingegen Valéry Giscard d'Estaing und der italienische Ministerpräsident Giulio Andreotti, die fürchteten, dieser Ansatz könne zu viel Wachstum kosten[754]. Im Juli 1979 ernannte Jimmy Carter dann Paul Volcker, der aus seinen „anti-inflationary views"[755] keinen Hehl machte, zum Chef der Federal Reserve, der amerikanischen Notenbank. Dies war ein klares Zeichen, dass der Kampf gegen die Inflation nun auch in den USA an Vehemenz zulegen würde. Binnen weniger Monate löste der neue Mann an der Spitze der Fed den sogenannten „Volcker-Schock" aus, indem er – angelehnt an die „monetaristischen" Vorstellungen von Ökonomen wie Milton Friedman – die Geldmenge und die Kreditvergabe begrenzte, was zu einem Hochschnellen der Zinssätze auf absolute Rekordwerte führte, Konsum und Investitionen abwürgte und so die Rezession vertiefte[756]. Auf dem nächsten G7-Gipfel in Venedig 1980 identifizierten die

---

751 NAL, PREM 19/189, S. 10: Record of the First Session of the Venice Economic Summit, Sunday 22 June.

752 Die Zahlen entstammen OECD.Stat, Consumer Prices – Annual Inflation, https://stats.oecd.org/index.aspx?queryid=21761#, 4.1.2022; vgl. auch Venn, Oil Crisis, S. 164.

753 NAL, PREM 19/28, S. 12: Record of the Economic Summit Meeting Held in Tokyo on 28/29 June 1979 in the Akasaka Palace, First Session. Zu Thatchers Reformen und ihren Maßnahmen gegen die Inflation vgl. auch Bösch: Zeitenwende, S. 269–285.

754 NAL, PREM 19/28, S. 13: Record of the Economic Summit Meeting Held in Tokyo on 28/29 June 1979 in the Akasaka Palace, First Session.

755 Jacobs, Panic, S. 237.

756 Zum Volcker-Schock und „monetaristischen" Vorstellungen siehe Göbel, Ölpreiskrisen, S. 177–183; Newton, World Economy, S. 120–128; Sargent, A Superpower Transformed, S. 282–285; Thomas Borstelmann, The 1970s. A New Global History from Civil Rights to Economic Inequality, Princeton/Oxford 2012, S. 122–174; Helleiner, Global Finance, S. 131–135.

versammelten Staats- und Regierungsspitzen die Reduktion der Inflation dann einmütig als ihre „immediate top priority“[757].

Reagierten die meisten westlichen Regierungen auf die wirtschaftspolitische Herausforderung der Stagflation mit den Mitteln deflationärer Politik, mussten sie gleichzeitig im energiepolitischen Bereich aktiv werden. Das Instrument, das sie nach der ersten Ölkrise geschaffen hatten, der Krisenmechanismus der Internationalen Energieagentur, entpuppte sich allerdings angesichts der Natur der zweiten Krise als wirkungslos. Der Rückgang der Erdölversorgung um 5 Prozent war zu gering, um das vereinbarte Umverteilungssystem zu aktivieren – die Schwelle lag bei 7 Prozent[758]. Stattdessen vereinbarte der Verwaltungsrat der IEA am 1. März 1979, dass jedes Land die Erdölimporte im laufenden Jahr um 5 Prozent reduzieren sollte[759]. Da alle davon ausgingen, dass die momentane Krise lediglich den Beginn einer Phase dauerhaft knapper Ölversorgung darstelle, einigten sich die Chefs der G7 während ihres Gipfels in Tokio dann wenig später ebenfalls auf längerfristige Ziele. Alle Teilnehmenden versprachen, die Ölimporte bis 1985 nicht über das Level der späten 1970er Jahre steigen zu lassen, wobei sie konkrete Mengenangaben festlegten und die Einhaltung von einer „high level group of representatives“ kontrollieren lassen wollten[760].

Wie dieses Ziel zu erreichen war, bestimmte jede Regierung selbst, wobei sich die groben Linien ähnelten. Zum einen setzten alle Länder auf Einsparungen im Energieverbrauch. Ganz in diesem Sinne eröffnete der japanische Premierminister Masayoshi Ohira den nicht-öffentlichen Teil des Tokio-Gipfels mit den Worten: „Here in Japan we are in the process of conserving energy; we often open our shirt necks because of the heat. In this room, we may permit ourselves to take our jackets off and work in shirt sleeves, with your concurrence.“[761] Wie 1973 versuchten Politikerinnen und Politiker mit gutem Beispiel voran zu gehen, um die eigenen Bürger zum Energiesparen zu bewegen. Sie ließen die Thermostate in den Ministerien herunterregeln und verordneten Tempolimits für Fahrten mit Dienstwagen. Jimmy Carter orderte gar eine Solaranlage fürs Weiße Haus, die Ronald Reagan einige Jahre später wieder entfernen ließ. Auch der bundesdeutsche So-

757 NAL, PREM 19/189, S. 2: Declaration of the Venice Summit (22nd and 23rd of June 1980).
758 Kemezis, Permanent Crisis, S. 12; Venn, Oil Crises, S. 27; Skeet, OPEC, S. 166.
759 Es stellte sich aber bald heraus, dass das Ziel verfehlt werden würde. Vgl. Kohl, Introduction, S. 2; Hanns W. Maull, Western Europe: A Fragmented Response to a Fragmenting Order, in: Foreign Policy Research Institute (Hg.), Oil Diplomacy, S. 45–66, S. 56; Parra, Oil Politics, S. 232.
760 NAL, PREM 19/28: Declaration: Tokyo Summit Conference. Vgl. auch Kemezis, Permanent Crisis, S. 18 f.
761 Minutes of the Tokyo Economic Summit Meeting, June 28–29, 1979, in: FRUS 1969–1976. Bd. XXXVII, Dok. 221.

zialdemokrat Erhard Eppler ließ auf seinem Privathaus ein ähnliches Gerät installieren, um es anschließend der Presse zu präsentieren[762]. Die Bundesrepublik investierte Milliarden in die Wärmedämmung, so dass allein zwischen 1978 und 1980 Dämmmaßnahmen an 800.000 Wohnungen vorgenommen wurden, und führte die Sommerzeit ein[763]. In den Vereinigten Staaten begann Carter mit der Deregulierung der Ölpreise, die im Inland weit unter Weltmarktniveau lagen, um so eine Preissteigerung einzuleiten und damit finanzielle Anreize zum sparsameren Umgang mit Energie zu liefern[764]. Frankreich verschärfte zahlreiche Vorschriften, um den Energieverbrauch zu mindern. Diese betrafen etwa Einschränkungen beim Einsatz von Leuchtreklame und bei der Werbung für Energie verbrauchende Geräte oder Bezugsbeschränkungen beim Heizöl[765].

Zum anderen bemühten sich alle Länder, importiertes Erdöl durch andere Energieträger zu ersetzen. Anders als nach der ersten Ölkrise erschien die Kernenergie nun aber weit weniger als die Lösung der Zukunft. Das lag daran, dass es im März 1979 zu einem schweren Unfall im amerikanischen Atomkraftwerk Three Mile Island bei Harrisburg gekommen war, der die Zweifel an der Sicherheit dieser Technik weltweit stark befeuerte. In den USA wurden tatsächlich für etwa drei Jahrzehnte keine neuen Atommeiler mehr geplant, bereits im Bau befindliche Kraftwerke gingen aber im Laufe der 1980er Jahre ans Netz. Auch verschiedene europäische Länder legten ihre Kernkraftprogramme auf Eis oder fuhren sie zumindest zurück. Die Ausnahme bildeten die extrem Öl-abhängigen Franzosen und Japaner, die ihre Atomprogramme beibehielten bzw. beschleunigten[766]. Länder mit Kohlevorkommen, wie die USA und die Bundesrepublik, setzten auf den verstärkten Einsatz dieses Brennstoffs bei der Elektrizitätserzeugung, auch wenn das angesichts der sehr teuren heimischen Kohle im deutschen Fall aus-

---

762 O. A., „Die Öl-Konzerne brauchen ein Klima der Angst", in: Der Spiegel, 25.6.1979, S. 24–27; Bösch, Zeitenwende, S. 320; Jacobs, Panic, S. 213, 289.

763 Bösch, Zeitenwende, S. 320–326; Dieter Schmitt, West German Energy Policy, in: Kohl (Hg.), Second Oil Crisis, S. 137–158, hier S. 149–154.

764 Jacobs, Panic, S. 196–232; Yergin, Preis, S. 854 f; Göbel, Ölpreiskrisen, S. 132.

765 Göbel, Ölpreiskrisen, S. 362 f.

766 Bösch, Zeitenwende, S. 333–362; vgl. auch Yergin, Preis, S. 851 f; zu Frankreich siehe Guy de Carmoy, French Energy Policy, in: Kohl (Hg.), Second Oil Crisis, S. 113–135; und Lieber, Oil Decade, S. 80 f; zu Japan Morse, Japanese Energy Policy. Auch im Vorfeld des Tokyo-Gipfels gab es langwierige Diskussionen über die zukünftige Rolle der Kernkraft. Memorandum From Rutherford Poats of the National Security Council Staff to Henry Owen of the National Security Council Staff, 30.4.1979, in: FRUS 1969–1976. Bd. XXXVII, Dok. 203.

gesprochen kostspielig war[767]. Erdgas spielte eine zunehmend wichtige Rolle. Zahlreiche Politiker sprachen darüber hinaus öffentlich von erneuerbaren Energien, auch wenn deren Potenzial intern oft sehr niedrig eingeschätzt wurde und die Investitionen in diesem Feld zunächst gering blieben. So brachte Carter, kurz bevor er aus dem Amt schied, ein $ 88-Milliarden-Programm zur Herstellung von synthetischen Treibstoffen aus Kohle, Schieferöl und Teersand auf den Weg, neben dem die $ 3 Milliarden für eine Solarbank eher bescheiden ausfielen[768].

Schließlich bemühten sich die Industriestaaten darum, die OPEC-Länder zur Steigerung der Produktion bzw. zur Zurückhaltung im Preisbereich zu animieren. Plötzlich wurde allerorten wieder von einem Dialog zwischen Ölproduzenten und Konsumenten gesprochen. Diese Initiativen führten allerdings zu keinen Ergebnissen. Erfolgversprechender war der bilaterale Weg. Vor allem die USA nutzten ihre „special relationship" mit Saudi-Arabien, um das Königreich zur Mehrproduktion zu bewegen. Nachdem die Saudis ihre zunächst ausgeweitete Produktion im April 1979 wieder auf die ursprünglichen 8,5 Millionen Barrel täglich zurückgefahren hatten, drängten amerikanische Diplomaten im Sommer auf eine erneute Steigerung. Sie verwiesen auf die westlichen Anstrengungen beim Energiesparen und argumentierten, dass diese Zeit benötigten, um Wirkung zu zeigen. In der Zwischenzeit könne nur eine erhöhte saudische Ölförderung eine Wirtschaftskrise wie 1974/75 verhindern[769]. Kronprinz Fahd erklärte in einem Gespräch mit dem US-Botschafter daraufhin, dass er einer erhöhten Produktion „favorably inclined" gegenüberstehe[770]. Und tatsächlich setzte das Königreich die Förderquote zum 9. Juli wieder auf 9,5 Millionen Barrel pro Tag hoch, was den Ölmarkt entspannte und dazu beitrug, dass sich die Schlangen an den amerikanischen Tankstellen binnen weniger Wochen in Luft auflösten[771].

---

767 William F. Martin, World Coal Prospects, in: Kohl (Hg.), Second Oil Crisis, S. 57–66; Bösch, Zeitenwende, S. 328f. Zur BRD speziell siehe Göbel, Ölpreiskrisen, S. 68f und Schmitt, West German Energy Policy.

768 Jacobs, Panic, S. 262–264; Rüdiger, Danish Energy Policy; vgl. allgemein Bösch, Zeitenwende, S. 326–329.

769 Telegram From the Department of State to the Embassy in Saudi Arabia, 8.6.1979, in: FRUS 1969–1976. Bd. XXXVII, Dok. 215.

770 Siehe ebd., Fußnote 2.

771 Skeet, OPEC, S. 161–164; Parra, Oil Politics, S. 224–227; Jacobs, Panic, S. 235.

Die Ohnmacht des Westens – Wahrnehmungen der Krise

Im Sommer 1980 veröffentlichte der renommierte Öl-Analyst Walter J. Levy einen viel zitierten Artikel in *Foreign Affairs*, den er mit „Oil and the Decline of the West" überschrieb[772]. In dem pessimistischen Text blickte er auf das vergangene Jahr zurück, die Tumulte im Iran und auf dem Weltmarkt für Erdöl sowie die sowjetische Invasion in Afghanistan im Dezember, was die „impotence of Western power"[773] illustriert hätte. Er beobachtete, dass westliche Regierungen und Unternehmen aus Angst, von der Ölversorgung abgeschnitten zu werden, praktisch jede politische oder ökonomische Bedingung der Produzenten akzeptierten. „[P]roducing countries can have it nearly all their way."[774] Er hielt es für unwahrscheinlich, dass „unser" nationales und internationales Finanzsystem mit den gigantischen Devisentransfers in die OPEC-Staaten fertig werden würde und prognostizierte „sustained recessions, a slow – if any – rate of economic growth, high rates of inflation, widespread unemployment, industrial and national bankruptcies, and political upheaval"[775]. „The medium-term prospects for the security and availability of oil and for the economic and political stability and strategic security of the world", so schloss Levy, „are indeed disturbing."[776]

Mit dieser düsteren Einschätzung stand der New Yorker Ölexperte keinesfalls allein. Sowohl in westlichen Medien als auch in Regierungskreisen wurden die Ohnmacht des Westens und die neue Stärke der OPEC-Staaten beschworen[777]. Im Dezember 1979, in Erwartung des nächsten OPEC-Treffens, erklärte etwa der britische *Guardian*, die Ölpreise würden weiter steigen, denn „OPEC totally dominates the non-communist world's supply of energy. [I]ndustrial consuming countries have very little lee-way. [...] The truth is that the west has been pushed into a corner by its failure to conserve energy." Das alles könne nur „more gloom for the waiting governments, bankers and industrialists" bedeuten[778]. Richard D. Lyons hatte bereits ein paar Wochen zuvor in der *New York Times* bemerkt: „The United States – as well as other major industrialized nations – is becoming ever

---

772 Walter J. Levy, Oil and the Decline of the West, in: Foreign Affairs 58 (1980), 5, S. 999–1015. Zitiert wird der Artikel etwa in Yergin, Preis, S. 870; Jacobs, Panic, S. 266 f.

773 Levy, Decline of the West, S. 1000.

774 Ebd., S. 1004.

775 Ebd., S. 1002.

776 Ebd., S. 1011 f.

777 Diese allgemeine Einschätzung auch bei Yergin, Preis, S. 866 f; oder Maugeri, Age of Oil, S. 129.

778 O. A., How high and how much?, in: The Guardian, 17.12.1979, S. 14.

more vulnerable to the power of the oil weapon."[779] Der *Spiegel* sprach gar von „Apokalypse now"[780] und strich die in diesen Tagen besonders devote Haltung des Westens gegenüber den Ölexporteuren heraus: „Kurz vor dem Dezember-Treffen, auf dem die Organisation Öl exportierender Staaten (OPEC) den Verbrauchern neue Preis-Aufschläge beschert, huldigen Abgesandte der öldurstigen Nationen dieser Erde den Petro-Königen aus dem Morgenlande. Noch kein US-Finanzminister jedoch machte sich so demütig bescheiden wie in diesem Jahr G. William Miller auf die Nahost-Wallfahrt."[781]

Ganz ähnlich lesen sich die Kommentare aus Regierungskreisen westlicher Industriestaaten. Ein Papier, das der amerikanische National Security Council 1979 vorlegte, kam etwa zu dem Schluss, dass „[t]he tight oil market is tempting governments of middle-rank oil powers to rattle the oil weapon". Eine koordinierte Produktionskürzung der arabischen Staaten sei nun „far more serious" als das Embargo von 1973/74 – nicht zuletzt, da der Iran nun mitziehen würde[782]. Entsprechend düster äußerte sich Präsident Carter während eines Frühstücks mit Thatcher, Giscard d'Estaing und Schmidt am Rande des Wirtschaftsgipfels in Tokio. Eine britische Gesprächsnotiz hielt fest: „President Carter was deeply pessimistic about future relations between the consumer countries and OPEC and about the possibility of OPEC blackmail."[783] Die britische Premierministerin teilte diese Einschätzung offensichtlich, denn nur einen Tag später berichtete sie ihrem australischen Amtskollegen, „there was a real risk that the free world would become a hostage to the oil producing Arab states"[784]. Außerdem, so argumentierte sie auf dem nächsten Weltwirtschaftsgipfel in Venedig, habe die Explosion der Ölpreise nicht allein eine „redistribution of income but also a redistribution of power in favour of OPEC countries" bewirkt[785]. In einem Memorandum für den Bundesaußenminister über die „strukturellen Veränderungen auf den internationalen Ölmärkten" wurde vor den neuen „Pressionsmöglichkeiten" der Ölländer

779 Richard D. Lyons, Deploying the Oil Weapon. The New Tool of Geopolitics, in: The New York Times, 18.11.1979, S. F1.

780 O. A., Opec-Konferenz: Apokalypse now, in: Der Spiegel, 24.12.1979, S. 21.

781 O. A., OPEC. Nicht zu überhören, in: Der Spiegel, 10.12.1979, S. 144.

782 Paper Prepared by the National Security Council Staff, The Politics of the Tight Oil Market, undatiert, in: FRUS 1969–1976, Bd. XXXVII, Dok. 212.

783 NAL, PREM 19/28: Note for the Record: Prime Minister's Conversation at a Quadripartite Breakfast at the French Embassy, Tokyo, on 29 June 1979 and During the Prime Minister's Subsequent Car Journey to the Akasaka Palace, Tokyo, with President Carter, Secret, 30.6.1979.

784 Ebd.: Extract: Mtg Record PM/PM of Australia, Malcolm Fraser, Parliament House, Canberra, Sat. 30 June, 1600 Hrs.

785 Ebd., PREM 19/189, S. 20 f: Record of the First Session of the Venice Economic Summit, Sunday 22 June [1980].

und der wachsenden Verwundbarkeit der Industriestaaten gewarnt, während Kanzler Schmidt den Ölproduzenten nun gar die „possibility of destroying the international division of labor, monetary markets and so on" attestierte[786].

Bemerkenswert an dieser Wahrnehmung bzw. Konstruktion der Krise als fundamentale Machtverschiebung zugunsten der OPEC ist dreierlei: Erstens ist auffallend, dass die OPEC genau wie 1973/74 als Ausgangspunkt des Aufruhrs erscheint. In unmissverständlicher Klarheit formulierte das der Energie-Ökonom Arnold E. Safer in einem Beitrag für die *New York Times:* „OPEC was the problem five years ago, it still is the problem, and it will be the problem for many years to come."[787] Auch die Staats- und Regierungschefs der G7, die sich im Juni 1979 in Tokio trafen, reagierten auf den zeitgleichen Beschluss der OPEC, die Ölpreise kräftig anzuheben, mit einem Statement, das klar machte, wo sie die Ursachen der weltwirtschaftlichen Probleme verortet sehen wollten. Bereits in den ersten Absätzen ihres Kommuniqués stellten sie heraus, dass die Weltwirtschaft seit dem letzten Wirtschaftsgipfel in Bonn auf einem guten Weg gewesen sei, Ölknappheit und steigende Preise hätten diese Entwicklung nun jedoch abgewürgt. Dann legten sie nach: „We deplore the decisions taken by the recent OPEC Conference. We recognise that relative moderation was displayed by certain of the participants. But the unwarranted rise in oil prices nevertheless agreed are bound to have serious economic and social consequences. They mean more world-wide inflation and less growth. That will lead to more unemployment, more balance of payments difficulty and will endanger stability in developing and developed countries of the world alike."[788]

Hier handelt es sich offensichtlich um eine Strategie, die OPEC zum Sündenbock für die eigenen ökonomischen Probleme und jene der Öl importierenden Entwicklungsländer zu machen und auf diese Weise einerseits vor der eigenen Bevölkerung von den eigenen Versäumnissen abzulenken und andererseits einen

786 PA AA, B 71/121282, S. 3: Lautenschlager an Herrn Bundesminister, betr.: Strukturelle Veränderungen auf den internationalen Ölmärkten, 18.10.1979; Minutes of the Tokyo Economic Summit Meeting, June 28–29, 1979, in: FRUS 1969–1976. Bd. XXXVII, Dok. 221. Ähnliche Einschätzungen traf auch Oskar Vogler, Spezialist für Fragen der Energiepolitik im Bundeswirtschaftsministerium, in einer 1981 publizierten Monographie. Oskar Vogler, Herausforderung Ölkrise. Risiken – Vorsorge – Alternative, München 1981, vor allem S. 92–103. Der französische Premierminister Raymond Barre wiederum sprach von der „exploitation" der Industriestaaten durch die „monopoly power of the OPEC countries". NAL, PREM 19/184, Bl. 62f: Extract from Meeting Note PM & French PM at the Matignon, 19.9.1980.

787 Arnold E. Safer, How the U.S. Could Stand Up to OPEC, in: The New York Times, 6.5.1979, S. 144.

788 NAL, PREM 19/28, S. 1, 6: Declaration: Tokyo Summit Conference.

Keil in die Front der Dritten Welt zu treiben[789]. Das war es aber nicht nur. Denn auch in den internen Evaluationen, in denen es nicht um die Außenwirkung ging, erschienen die Ölproduzenten als treibende Kraft hinter der zweiten Ölkrise und den damit verbundenen Wirtschaftsproblemen. So sprach Carter in einer der nicht-öffentlichen Sitzungen des Gipfels in Tokio vom „abuse of the LDCs and ourselves by the OPEC price increase". Auf dem Folgegipfel betonte Kanzler Schmidt, dass die letzte Runde der Ölpreiserhöhungen für die Entwicklungsländer noch zerstörerischer gewesen sei als jene von 1973/74, „and that responsibility for solving this problem belonged with OPEC and not with the industrialised countries". Japans Außenminister Saburo Okita beeilte sich, diese Einschätzung zu bestätigen: „Major responsibility rested with OPEC."[790]

Diese internen Bemerkungen deuten zweitens darauf hin, dass die Rezeption der 1979er-Ölkrise durch westliche Akteure stark durch die Erfahrungen mit der ersten Ölkrise geprägt war. Sie erschien als Wiederkehr der Ereignisse von 1973. Ein US-Botschaftsbericht registrierte entsprechend ein „uncomfortable feeling of ‚deja-vu'"[791]. Vor dieser Folie stellte die reflexhafte Beschuldigung der Erdölproduzenten, die sechs Jahre zuvor ja tatsächlich Embargo (OAPEC) und Preissprünge (OPEC) eingeleitet hatten, eine naheliegende Reaktion dar, auch wenn die Rolle der OPEC für die Entwicklung der Krise von 1979 vergleichsweise gering war. Der iranische Ausfall war nicht das Resultat eines Embargos oder gezielter Produktionskürzungen, vielmehr weiteten verschiedene Produzenten die Produktion aus, um das entstandene Defizit zu reduzieren. Die Preiserhöhungen wurden dann vor allen Dingen durch westliche Panikkäufe hervorgerufen, während die OPEC den Spotmarkt-Preisen deutlich hinterherhinkte[792]. Auch die westlichen Reaktionen folgten im Übrigen der Blaupause von 1973. Das galt für die Intensivierung der Einsparbemühungen sowie die bereits angesprochene Suche nach alternativen Energiequellen ebenso wie für den Versuch, die Front der Dritten Welt zu spalten, und die Wiederaufnahme der Dialogidee.

Dass nun im Westen vielerorts erneut ein – seit dem unrühmlichen Ende der Pariser Nord-Süd-Konferenz weitgehend diskreditiert erscheinender – Dialog zwischen Konsumenten und Produzenten ins Spiel gebracht wurde, hatte viel mit

789 Den Spaltungsgedanken formulierte etwa Australiens Premier Malcolm Fraser, ebd., S. 10: Extract: Mtg Record PM/PM of Australia, Malcolm Fraser, Parliament House, Canberra, Sat. 30 June, 1600 Hrs.

790 Ebd., PREM 19/189, S. 12 f und 17: Record of the First Session of the Venice Economic Summit, Sunday 22 June [1980].

791 Telegram From the Embassy in Belgium to the Department of State, 12.2.1979, in: FRUS 1969–1976. Bd. XXXVII, Dok. 189.

792 Vgl. Parra, Oil Politics, S. 239.

der Wahrnehmung der eigenen Vulnerabilität zu tun. *Die Zeit* stellte in einem Bericht über das OPEC-Treffen in Genf im Juni 1979 fest: „Es sieht jedenfalls ganz danach aus, als werde den westlichen Industriestaaten in Zukunft für jedes zusätzlich geförderte Faß Öl nicht nur ein höherer Geldpreis, sondern auch ein Mehr an weltwirtschaftlichem, vor allem auch nahost-politischem Entgegenkommen abverlangt." Der Artikel schloss mit dem Appell, dass nun das Forum für einen „brückenschlagenden Dialog" gefunden werden müsse[793]. Einige Monate später kommentierte dann der britische *Guardian*, dass der Schlüssel zur Lösung der westlichen Energiekrise angesichts der „economic strength of the OPEC cartel and the political influence of its individual members" nur in der Kooperation zwischen Konsumenten und Produzenten liegen könne[794]. Sogar die US-Administration dachte nun über einen Dialog nach, den sie 1974 noch eindeutig abgelehnt hatte. Im Juni 1979 riet Zbigniew Brzezinski, Carters Assistant for National Security Affairs, dem Präsidenten, einen „special emissary" auszusenden, der einen neuen Dialog „on the model of CIEC – Conference on International Economic Cooperation – run out of Paris" initiieren könne[795].

Dass sich dieses Mal sogar die Vereinigten Staaten offen für einen Energiedialog zeigten, unterstreicht einen dritten wichtigen Punkt: Im Vergleich zu 1973 fühlten sich die USA während der zweiten Ölkrise deutlich verwundbarer, was eine Konfrontationsstrategie dieses Mal inopportun erscheinen ließ. Ein Telegramm aus der US-Botschaft in Brüssel warnte etwa das State Department, dass man keine Schritte unternehmen solle, die von der OPEC als Gefahr für ihre „souveränen" Rechte verstanden werden könnten. Denn eine direkte Konfrontation „we can expect to lose"[796]. Ein US-Senator sprach gar von der „OPEC gun at our head"[797]. Dieses neue Gefühl der Verwundbarkeit hatte viel damit zu tun, dass die Importabhängigkeit der Vereinigten Staaten seit 1973 deutlich zugenommen hatte. Das lag daran, dass der Ölkonsum – anders als in Japan und Europa – das Niveau von 1973 nun deutlich überschritt und gleichzeitig die heimische Produktion abgenommen hatte. Dementsprechend hatten sich die Rohölimporte

---

793 Andreas Kohlschütter, Auftakt zu einem neuen Öldrama, in: Die Zeit, 29.6.1979, S. 2.

794 John Andrews, A Greater Degree of Political Sympathy Must Take Over From Oil-Muscle Flexing, in: The Guardian, 19.11.1979, S. 18.

795 Alternativ brachte Brzezinski auch die Möglichkeit einer geeinten Konsumentenfront, die ebenfalls einige Entwicklungsländer wie Indien einschließen könnte, ins Spiel. Memorandum From President's Assistant for National Security Affairs (Brzezinski) to President Carter, 12.6.1979, in: FRUS 1969–1976. Bd. XXXVII, Dok. 217.

796 Telegram From the Embassy in Belgium to the Department of State, 12.2.1979, in: ebd., Dok. 189.

797 Jacobs, Panic, S. 240.

zwischen 1973 und 1979 auf 6,5 Millionen Barrel täglich mehr als verdoppelt. Rechnet man die Einfuhr von raffinierten Produkten hinzu, importierten die Vereinigten Staaten nun annähernd die Hälfte der benötigten Erdölprodukte[798]. Diese Vulnerabilität ließ einen kooperativen Umgang mit den OPEC-Staaten angebracht erscheinen, sie schürte aber auch Zweifel innerhalb der Administration, ob ein Dialog zum jetzigen Zeitpunkt nützlich sei. Angesichts der angespannten Lage auf dem Welterdölmarkt, so warnte etwa ein Memorandum des National Security Council, „‚dialogues' between crude oil producing and consuming countries will not get very far, since we will lack needed bargaining power"[799]. Noch deutlicher formulierte es Robert Hormats, Deputy Assistant Secretary of State for Economic and Business Affairs, der einen Dialog grundsätzlich befürwortete, den richtigen Zeitpunkt jedoch nicht für gekommen hielt: „The time for pursuit of a broad initiative for a dialogue is particularly bad now, because the oil market is tight and we have little bargaining power. We would risk appearing not only as demandeurs but as supplicants."[800]

In der Folge der iranischen Revolution und der damit einhergehenden Produktionsausfälle griff im Westen die Angst um sich. Sie sorgte für die Panikkäufe, die die Ölpreisexplosion der Jahre 1979/80 erst möglich machten, und führte vielerorts zu einer Beurteilung der globalen Machtverhältnisse, die die Industriestaaten zunehmend als impotente Bittsteller gegenüber den immer mächtigeren Ölexporteuren konstruierte. So deplatziert eine solche Einschätzung aus der Rückschau erscheint – nicht zuletzt mit Blick auf die Ölschwemme, die Mitte der 1980er Jahre folgen sollte –, 1980 war sie durchaus verständlich. Die symbolträchtigste Bestätigung dieser These schien der 25. April 1980 zu liefern. Jimmy Carter hatte den Befehl gegeben, die Geiseln in der Teheraner Botschaft durch militärische Spezialkräfte befreien zu lassen. Nachdem drei der acht eingesetzten Hubschrauber binnen kürzester Zeit ausgefallen waren, einer davon, weil er in einem Sandsturm mit einem Betankungsflugzeug zusammengestoßen war, musste der Einsatz abgebrochen werden. Umgehend erfuhr die ganze Welt vom kläglichen Scheitern der Operation. Nichts schien die Ohnmacht der Industriestaaten so anschaulich zu machen wie die mehr als ein Jahr andauernde Unfä-

798 Vgl. Venn, Oil Crises, S. 114; Kohl, Introduction, S. 2.

799 Memorandum by James Cochrane and Henry Owen of the National Security Council Staff, 15.5.1979, in: FRUS 1969–1976, Bd. XXXVII, Dok. 204.

800 Briefing Memorandum From the Acting Assistant Secretary of State for Economic and Business Affairs (Hormats) to the Deputy Secretary of State (Christopher), undatiert, in: ebd., Dok. 199.

higkeit der Führungsmacht des Westens, ihre Staatsbürger aus der Geiselhaft im Iran zu befreien[801].

5.2 Der nächste Geldsegen für die OPEC

Am 17. März 1979 hielt Nordine Ait Laoussine, stellvertretender Generaldirektor des nationalen algerischen Öl- und Gaskonzerns Sonatrach, einen Vortrag vor dem Oxford Energy Policy Club – einem 1976 gegründeten Forum, in dem sich regelmäßig die Größen der Ölwelt zum Austausch trafen. Laoussine warb für einen „new pact between producers and consumers". Angesichts der absehbaren Endlichkeit der Erdölreserven und der begrenzten Möglichkeiten, weitere Petrodollar gewinnbringend im eigenen Hoheitsbereich anzulegen, liege es eigentlich im Interesse der OPEC-Staaten, ihre Ölexporte um vier bis fünf Millionen Barrel täglich zu reduzieren. Die Folgen für die globale Ökonomie wären allerdings fatal. Damit die Ölstaaten ein Produktionslevel weit über ihren eigenen Bedürfnissen in Zukunft rechtfertigen könnten, müssten die Industriestaaten ihnen in Sachen Preis, Technologietransfer, Marktzugang und Geldwertstabilität entgegenkommen. In Laoussines Augen war die Zeit gekommen, „to try to re-establish a dialogue between producers and consumers, which would set the problem of future energy prices within the broader context, not only of the fundamental issues of international cooperation on industrial development, but also of that new economic order, based on justice and fraternity, to which OPEC is committed. Without such a global approach, I believe that it is impossible to talk of stability of oil supplies in any meaningful sense"[802]. In Laoussines Analyse verbanden sich das Bewusstsein der eigenen Ressourcenmacht und eine nur ansatzweise versteckte Drohung an die Industriestaaten mit der Forderung nach grundsätzlichen Veränderungen der Weltwirtschaftsordnung zugunsten der Dritten Welt – eine Melange, die deutlich an die Phase nach 1973 erinnert. Inwiefern die OPEC-Staaten insgesamt beabsichtigten, ihre gestärkte Position wie im Gefolge der Ölrevolution für die Belange der Dritten Welt einzusetzen und nun verstärkt auf die Verwirklichung der Neuen Weltwirtschaftsordnung zu drängen, ist Thema dieses Kapitels. Zunächst wird aber gefragt, wie sich die Veränderungen der Jahre 1979/80 auf die Ölexporteure auswirkten, wie sie auf diese reagierten und inwiefern die Ereignisse die in den Vorjahren zunehmend prekäre Einheit der OPEC beeinflussten.

---

801 Zur Geiselnahme und fehlgeschlagenen Befreiungsaktion und ihrer symbolischen Bedeutung siehe Bösch, Zeitenwende, S. 38–51, hier vor allem S. 45; oder Yergin, Preis, S. 864–871.
802 Nordine Ait Laoussine, The Stability of Oil Supplies – A Producer's Viewpoint, abgedruckt in: Supplement to MEES XXII, Nr. 22, 19.3.1979, S. 1–5.

Wahrnehmung, Auswirkungen und Reaktionen – Die OPEC und die zweite Ölkrise

Am 3. Juni 1979, wenige Wochen bevor sich die OPEC-Staaten zu erneuten Preisgesprächen in Genf treffen sollten, interviewte die saudi-arabische Tageszeitung *Al-Jazeera* Ölminister Yamani. Angesprochen auf eine mögliche Preiserhöhung antwortete er: „As it is oil prices are high enough without a decision from OPEC. The Kingdom will determine its position in consultation with the other member countries with a view to halting the deterioration in the current oil crisis and putting a stop to the large profits being reaped by some oil companies at the expense of consumers and producers."[803] Bemerkenswert an dieser Aussage ist zunächst, dass Yamani hier nicht wie 1973 von „oil revolution", sondern von „oil crisis" sprach[804]. Mit dieser Wortwahl signalisierte der Minister, dass sich die Ölexporteure 1979, anders als sechs Jahre zuvor, nicht als treibende Kraft hinter den Ereignissen sahen. Immer wieder betonten Yamani und die übrigen Ölminister: „The market forces are doing it."[805] Und angesichts des Umstands, dass es die Kombination aus iranischer Revolution und westlichen Panikkäufen war, die Angebot und Nachfrage ins Ungleichgewicht brachten und die Preise auf den Spotmärkten explodieren ließen, enthielt diese Einschätzung mehr als nur ein Körnchen Wahrheit.

Nicht zuletzt deutete der Verweis auf die „großen Profite" der Ölmultis zu Ungunsten sowohl der Produzenten als auch der Konsumenten an, dass die OPEC diesen Entwicklungen nicht tatenlos zusehen würde. Bereits seit Ende Februar verlangten Kuwait und Venezuela einen Aufpreis von $ 1,20 für ihr Erdöl. Kuwaits Ölminister Ali Khalifah al-Sabah begründete dies mit dem Verhalten der Ölkonzerne, die Teile ihres zu OPEC-Preisen bezogenen Öls auf den Spotmärkten weiterverkauften, wo es $ 7 pro Fass mehr einbrächte. Die Zurückhaltung der Ölexporteure habe nur die „Gier der Ölkonzerne befriedigt", außerdem sei der

---

803 Zitiert nach o. A., Yamani Says Oil Output Will Not Be Used as a Political Lever, in: MEES XXII, Nr. 34, 11.6.1979, S. 7.

804 Dieser Wortwahl bediente sich auch Saddam Hussein während einer Rede am 1. Juni 1979. Siehe MEES XXII, Nr. 34, 11.6.1979, S. 4.

805 Yamani-Interview, BBC Television, The Money Program, 20 June, abgedruckt in: MEES XXII, Nr. 36, 25.6.1979, S. 7. Siehe auch Some Post-Caracas Press Conferences, Kuwait: Shaik Ali Khalifah al-Sabah, in: MEES XXIII, Nr. 11, 31.12.1979, S. vii. Fadhil Al-Chalabi, A Second Oil Crisis? A Producer's View of the Oil Developments of 1979, in: Kohl (Hg.), Second Oil Crisis, S. 11–22, hier S. 16. In den internen Gesprächen während der OPEC-Konferenz im März 1979 in Genf hatten die Delegierten vor allem den internationalen Ölkonzernen die Schuld an den stark gestiegenen Preisen gegeben. Siehe NYUAD, GGC, AD-MC-038–062: OPEC, Minutes of the Fifty-Third Extraordinary Meeting of the Conference Held in Geneva, Switzerland, March, 1979.

Aufschlag mit Blick auf die Spotmarkt-Preise ausgesprochen moderat[806]. Auf einer außerordentlichen Sitzung der OPEC Ende März in Genf einigten sich die versammelten Ölminister dann darauf, die für das vierte Quartal des Jahres geplante Preiserhöhung vorzuziehen. Außerdem segneten sie die Praxis ab, Aufpreise nach eigenem Gutdünken zu verlangen. MEES-Redakteur Ian Seymour schrieb daraufhin von einer „multi-tier price structure for OPEC“, während andere Korrespondenten von einem „free-for-all“ sprachen[807]. Auf dem nächsten regulären Treffen im Juni, als die Spotpreise auf etwa $ 30 pro Barrel gestiegen waren, verständigten sich die Minister auf einen *marker price* von $ 18. Außerdem versuchten sie, den Aufschlag von „Premiums“ einzuschränken, indem sie einen Höchstpreis (inklusive aller Aufschläge) von $ 23,50 fixierten. Schon bald erwies sich diese Grenze jedoch als ausgesprochen durchlässig. In ihrem Kommuniqué verwiesen die Minister einmal mehr auf die „irresponsible practice“ der Ölkonzerne „of taking advantage of the present situation to reap unwarranted profits“[808].

Im Dezember fand in Caracas „the toughest Conference ever“ statt, wie ein OPEC-Veteran bemerkte. Auch in Venezuela gelang es den versammelten Delegierten nicht, sich auf einen verbindlichen, gemeinsamen Preis zu einigen. Angesichts von Preisen von circa $ 40 pro Fass in Rotterdam hob eine Gruppe von sieben Staaten um Saudi-Arabien ihren *marker price* auf $ 24 (teils $ 26) an. Der Iran und die afrikanischen Exporteure riefen nun aber bereits $ 28,5 bzw. $ 30 für ihre leichten Rohöle auf und die nächsten Erhöhungen sollten im Januar folgen. Es war „each one for himself on prices“, wie es Berichterstatter Seymour diesmal ausdrückte. Die turbulenten Entwicklungen, die das Jahr 1979 für die Welt des Öls brachte, ließen die Uneinigkeit und die Preiskämpfe innerhalb der OPEC mit neuer Vehemenz aufbrechen. Im Nobelhotel Tamanaco in Caracas gerieten vor

806 O. A., Kuwait and Venezuela Impose $1,20/Barrel Surcharge On Crude Oil Exports, in: Supplement to MEES, Special Supplement Mailed On 27.2.1979, S. 2. Vgl. Skeet, OPEC, S. 158 f; Seymour, OPEC, S. 186 f. Sehr deutlich formulierte auch Yamani später den Wunsch, die hohen Profite der Ölmultis durch Preiserhöhungen zu beschneiden. Siehe etwa das Spiegel-Gespräch o. A., „Wir werden eine Ölschwemme bekommen“, in: Der Spiegel, 31.12.1979, S. 71.

807 Ian Seymour, A Multi-Tier Price Structure For OPEC, in: MEES XXII, Nr. 24, 2.4.1979, S. 1; Post-OPEC Press Interviews, in: ebd., S. vi–vii; NYUAD, GGC, AD-MC-038 – 062: OPEC, Minutes of the Fifty-Third Extraordinary Meeting of the Conference Held in Geneva, Switzerland, March, 1979, vgl. auch Skeet, OPEC, S. 159.

808 OPEC Communique, 28.6.1979, abgedruckt in: MEES XXII, Nr. 37, 2.7.1979, S. 5 f. Ganz ähnlich äußerte sich auch der OPEC-Vorsitzende Mana Saeed al-Otaiba im Zeit-Interview. Andreas Kohlschütter, „Wir können das Öl nicht trinken“, in: Die Zeit, 8.6.1979, S. 6. Vgl. zum OPEC-Treffen im Juni in Genf Seymour, OPEC, S. 187 f. Dort findet sich auch eine detaillierte Tabelle mit Spot-, Marker- und offiziellen Preisen, S. 192 f.

allem Yamani und Irans Ölminister Ali Akbar Moinfar aneinander. Während der entscheidenden Marathonsitzung in Yamanis Präsidentensuite attackierte der Iraner seinen saudischen Kollegen scharf, während die „discussions grew unruly“, wie Delegierte nachher der Presse berichteten[809].

Wie Mitte der 1970er Jahre waren es vor allem Saudi-Arabien und die Vereinigten Arabischen Emirate, die für Zurückhaltung in Preisfragen warben, während sich der Iran und die (Nord-)Afrikaner als Preisfalken betätigten. Letztere sahen nun die Gelegenheit gekommen, eine Entschädigung für die Kaufkrafteinbußen der letzten Jahre zu erwirken, in denen der Preis für Erdöl real gesunken war. Nachdem die Zahlungsbilanzen dieser Staaten infolge dieser Entwicklung und angesichts der ambitionierten heimischen Entwicklungsprogramme in den Vorjahren in den roten Bereich abgerutscht waren, bot sich nun die Chance, das Blatt zu wenden[810]. Auch argumentierten sie wie Algeriens Energieminister Belkacem Nabi, die Ölpreise sollten sich an den Kosten alternativer Energiequellen orientieren[811]. Die Preistauben hingegen fürchteten die negativen Folgen für die Weltwirtschaft und den Erdölmarkt. Mana Saeed al-Otaiba, der Ölminister der Vereinigten Arabischen Emirate, erklärte im Mai 1979 seine ablehnende Haltung gegenüber einer erneuten Preiserhöhung mit folgenden Worten: „We should allow the industrialized world and the developing countries time to digest the price rises that have happened so far this year [...]. After all most OPEC prices have already effectively risen by 25–30 % since last December. This is enough to compensate, at least partially for the time being, for past losses of purchasing power through inflation and dollar depreciation. If we go higher, we risk running into dangerous negative effects on the world economy – perhaps another round of

809 Anthony J. Parisi, OPEC Talks Go to Fourth Day Without Price Accord, in: The New York Times, 20.12.1979, S. A1 und D5; Anthony J. Parisi, OPEC Talks End Without Accord; Latest Round of Price Rises Stand, in: ebd., 21.12.1979, S. A1 und D3; vgl. auch Yergin, Preis, S. 868 f. Über die Gespräche in Yamanis Suite geben die Konferenzprotokolle leider keine Auskunft. Vgl. NYUAD, GGC, AD-MC-038 – 067: OPEC, Minutes of the Fifty-Fifth Meeting of the Conference Held in Caracas, Venezuela, December, 1979.

810 Siehe auch die Ausführungen in Kapitel 4.2; vgl. außerdem Venn, Oil Crisis, S. 26; oder Peter Christ, Die ungleichen Kartellbrüder, in: Die Zeit, 14.12.1979, S. 17 f. In diese Richtung argumentierten etwa Al-Chalabi, Second Oil Crisis oder Tayeh Abdul-Karim, OPEC: Challenges of the Present and Strategy for the Future, abgedruckt in: Supplement to MEES XXII, Nr. 52, 15.10.1979, S. 1–8, hier vor allem S. 3. Vgl. etwa auch die Diskussion während der Juni-Konferenz der OPEC. NYUAD, GGC, AD-MC-038 – 064: OPEC, Minutes of the Fifty-Fourth Meeting of the Conference Held in Geneva, Switzerland, June, 1979.

811 O. A., Algeria Will Press for Substantial Price Rise at OPEC Conference in June, in: MEES XXII, Nr. 30, 14.5.1979, S. 4. Vgl. Ian Seymour, Each One For Himself on Prices, in: Supplement to MEES XXIII, Nr. 10, 24.12.1979, S. 1.

recession and inflationary spiral like in 1974–75."[812] Eine „very deep recession" oder gar „depression" fürchtete auch Yamani – nicht zuletzt da diese für sein Heimatland ausgesprochen schmerzhaft sein würde. Im Interview mit der BBC erklärte er: „We want to industrialize the country and this [eine schwere Rezession, J. K.] will hurt our program. And also we are heavily investing in the West, and this will also hurt our interests."[813] Schließlich prognostizierte der saudische Ölminister – angesichts der hohen Preise – gar das Kommen einer Ölschwemme. Damit meinte er aber sicher nicht eine Schwemme des Ausmaßes der späteren 1980er Jahre, die die Ölpreise 1986 auf das Niveau der Zeit vor der Ölrevolution drücken sollte, wie es Daniel Yergin in seiner monumentalen Öl-Monographie suggeriert. Vielmehr hatte er einen moderaten Überschuss im Kopf, der nach sechs bis zwölf Monaten wieder verschwinden würde und vor allem dabei behilflich sein könnte, die OPEC-Preise wieder auf moderatem Level zu vereinheitlichen[814].

Dass die Preisstreitigkeiten innerhalb der OPEC ein solches Ausmaß erreichten, dass die Organisation über zwei Jahre – von Anfang 1979 bis September 1981 – unfähig war, einen gemeinsamen Preis zu fixieren, lag auch an bedeutenden Machtverschiebungen innerhalb der Gruppe. Saudi-Arabien, die bisherige Führungsmacht der OPEC, hatte im Zuge des iranischen Exportausfalls seine schärfste Waffe eingebüßt. Seit dem vierten Quartal 1978 produzierte das Königreich nahe der eigenen Kapazitätsgrenze und konnte die Preissteigerungspläne der übrigen Produzenten nun nicht mehr dadurch ausbremsen, dass es drohte, die eigene Förderung massiv hochzufahren und so das Angebot auf dem internationalen Ölmarkt zu erhöhen. Yamani selbst bekannte: „Ich glaube, unsere Macht ist geschrumpft, denn mit dem Beginn der Ölknappheit kommt Saudi-Arabien gegen die Marktkräfte nicht mehr an."[815]

Trotz der teils heftigen Auseinandersetzungen um den Preis betonten die Ölminister aber, dass die OPEC keinesfalls vor der Spaltung stehe. Kurz vor Ende der Konferenz in Caracas erklärte der kuwaitische Minister al-Sabah gegenüber seinen Kollegen durchaus zufrieden, dass sie zwar in der Preisfrage uneinig seien,

---

812 O. A., Otaiba Recommends Price Moderation, in: MEES XXII, Nr. 30, 14.5.1979, S. 4.

813 Yamani-Interview, BBC Television, The Money Program, 20 June, abgedruckt in: MEES XXII, Nr. 36, 25.6.1979. S. 6f.

814 O. A., Confusion Regarding Differences Over Production and Prices in Saudi Arabia, in: MEES XXIII, Nr. 2, 29.10.1979, S. 8; Saudi Arabia: Shaik Ahmad Zaki Yamani, in: ebd., Nr. 11, 31.12.1979, S. i; O. A., „Wir werden eine Ölschwemme bekommen", in: Der Spiegel, 31.12.1979, S. 71; Yergin, Preis, S. 869–871. Tatsächlich lag ein moderater Überschuss im Interesse Yamanis und er arbeitete darauf hin. Siehe Memorandum From Secretary of Energy (Duncan) to President Carter, Saudi Arabia Trip Report, March 1–4, 1980, 6.3.1980, in: FRUS 1969–1976, Bd. XXXVII, Dok. 263.

815 O. A., OPEC. Ohne Joker, in: Der Spiegel, 25.6.1979, S. 109; vgl. auch Ian Seymour, A Multi-Tier Price Structure For OPEC, in: MEES XXII, Nr. 24, 2.4.1979, S. 3.

aber immerhin „with love and respect towards each other"[816]. Als er anschließend vor die Presse trat, antwortete er auf die Frage, ob die Preisunterschiede nicht zwangsläufig auch Uneinigkeit innerhalb der OPEC bedeuteten: „Definitely not. I can assure you that we in OPEC are very unified and we will cooperate in a number of areas. [...] Moreover, we all have an open mind about coming back together and agreeing on a unified price." Vergleichbar hatte kurz zuvor auch Yamani auf die Fragen der Journalistinnen und Journalisten reagiert: „OPEC is a solid and strong organization."[817] Tatsächlich rechneten auch westliche Beobachter*innen nicht mit einer baldigen Auflösung der Produzentenvereinigung[818].

Was die ölexportierenden Staaten bei aller Uneinigkeit in der Preisfrage gemein hatten, war ein kräftiger Anstieg in den Exporteinnahmen. Diese verdoppelten sich OPEC-weit von $ 136 Milliarden im Jahr 1978 auf $ 287 Milliarden 1980[819]. Nachdem das Zahlungsbilanzplus der Erdölexporteure 1978 auf $ 2,9 Milliarden zusammengeschmolzen war, kletterte es 1979 auf $ 69,8 Milliarden und 1980 auf $ 116,4 Milliarden[820]. So waren die Kassen der OPEC-Staaten nun wieder gut gefüllt, und zwar auch jene der bevölkerungsreichen *high absorber*, die in den Vorjahren zunehmend Kredite hatten aufnehmen müssen, um ihre ambitionierten Entwicklungsprogramme am Leben zu erhalten. Grundsätzlich blieb das – in Kapitel 2.1 beschriebene – Ziel der Petrostaaten bestehen, die Einnahmen aus dem Erdölexport zur Entwicklung und vor allem Diversifizierung ihrer Ökonomien zu nutzen, um sich für die Zeit nach dem Öl zu wappnen[821]. Allerdings erschien der Iran nun als warnendes Beispiel, dass man das Tempo der Veränderungen nicht zu hoch veranschlagen sollte, wollte man Korruption, Ineffizienz und schließlich politischen Aufruhr vermeiden[822]. Nur wenige Tage nachdem der Schah sein Heimatland verlassen hatte, führte der Planungsminister

816 NYUAD, GGC, AD-MC-038 – 067, S. 83: OPEC, Minutes of the Fifty-Fifth Meeting of the Conference Held in Caracas, Venezuela, December, 1979.
817 Some Post-Caracas Press Conferences, Kuwait: Shaik Ali Khalifah al-Sabah und Saudi Arabia: Shaik Ahmad Zaki Yamani, beide in MEES XXIII, Nr. 11, 31.12.1979, S. i und vii.
818 Parisi, OPEC Talks End Without Accord, in: The New York Times, 21.12.1979, S. A1.
819 Parra, Oil Politics, S. 238.
820 International Monetary Fund, Annual Report 1982, Washington 1982, S. 18; vgl. auch die in gewissem Maße abweichenden Werte bei Amuzegar, Managing the Oil Wealth, S. 265, der mit OPEC-Zahlen arbeitet und für 1978 sogar ein leichtes Defizit ausweist.
821 Siehe dazu etwa Ali A. Attigas Vortrag „Crossing the Energy Bridge" vor dem OPEC Seminar „OPEC and Future Energy Markets", abgedruckt in: Supplement to MEES XXII, Nr. 52, 15.10.1979, S. 9 – 14; und ausführlicher Ali A. Attiga: Interdependence on the Oil Bridge: Risks and Opportunities, Safat 1988; auch Memorandum From Secretary of Energy (Duncan) to President Carter, Saudi Arabia Trip Report, March 1 – 4, 1980, 6.3.1980, in: FRUS 1969 – 1976. Bd. XXXVII, Dok. 263.
822 Christ, Die ungleichen Kartellbrüder, in: Die Zeit, 14.12.1979, S. 17 f.

der Vereinigten Arabischen Emirate im Rahmen eines internationalen Symposions durchaus selbstkritisch aus: „The rapid increase in oil revenues and the numerous needs of the country led us in the early seventies and during the first stages of economic development to focus our financial policies on spending rather than on mobilizing resources and using them economically. Recent socioeconomic development has thus been the result of spontaneous decision-making policy." Das Resultat dieser Ad-hoc-Investitionen, so der Minister weiter, sei neben beachtlichen Wachstumszahlen vielfach die „duplication of projects such as the construction of ports and airports". Die Vermeidung solcher „wasteful duplication" sei nun eine der Maximen einer vorsichtigeren und besser durchdachten Entwicklungsplanung für die Zukunft[823]. Dieses Umdenken beobachtete auch *oil consultant* Walter Levy aus seinem Büro in der New Yorker Fifth Avenue. Im Gespräch mit dem *Spiegel* erklärte er, die Regierungen der Ölländer hätten erkannt, dass sie sich mit ihren Investitionen in „hochkomplizierte Industriezweige" nach 1973 einfach übernommen hätten. „Viele Regierungen wissen inzwischen, daß sie eine sich selbst tragende Wirtschaft nicht aus dem Boden stampfen können. Sie verlangsamen deshalb ihr Entwicklungstempo. Ihnen ist nicht entgangen, daß Milliarden verschwendet, buchstäblich in den Sand gesetzt werden."[824]

Aus westlicher Perspektive erschien diese Adjustierung der Entwicklungsstrategie als bedrohlich. Denn das bedeutete einerseits, dass die Importnachfrage aus den OPEC-Staaten – nach Maschinen, Baumaterialien, Know-how etc. – nicht so rapide anwachsen würde wie 1974. Dementsprechend dürfte es nun schwieriger werden, die stark gestiegenen Ölimportkosten durch Exporte zu refinanzieren[825]. Andererseits versetzte die Reduzierung der Entwicklungspläne die Petrostaaten in die Lage, ihre Ölexporte zu drosseln, um die eigenen Reserven zu schonen, aber potenziell auch um Druck auf die Konsumenten auszuüben. Mitte der 1970er Jahre hatten Beobachter aus den Industriestaaten noch mit Beruhigung festgestellt, dass bevölkerungsreiche Ölexportstaaten wie Algerien oder Iran jeden Petrodollar

---

823 Saeed Ghobash, Development Planning in the UAE, abgedruckt in: MEES XXII, Nr. 16, 5.2. 1979, S. i–v, hier S. iii und iv.

824 O. A., „Das gesamte System gerät in Gefahr". SPIEGEL-Interview mit dem amerikanischen Ölexperten Walter Levy über die Kämpfe auf den Ölmärkten, in: Der Spiegel, 11.6.1979, S. 27 f. Vgl. auch Robert Stobaugh/Daniel Yergin, After the Second Shock: Pragmatic Energy Strategies, in: Foreign Affairs 57 (1979), 4, S. 836–871, hier S. 839.

825 Siehe etwa Christ, Die ungleichen Kartellbrüder, in: Die Zeit, 14.12.1979, S. 17 f; Dennis Healey, Oil, Money and Recession, in: Foreign Affairs 58 (1979), 2, S. 217–230, hier S. 223; Levy, Decline of the West, S. 1001 f. Siehe auch Helmut Schmidts Aussagen während des Venedig G7-Gipfels: NAL, PREM 19/189, S. 11: Record of the First Session of the Venice Economic Summit, Sunday 22 June. Tatsächlich sollten die Importe in den Folgejahren zwar wachsen, aber deutlich langsamer als nach 1973. Siehe International Monetary Fund, Annual Report 1982, S. 28.

so dringend für ihre Industrialisierungspläne benötigten, dass sie es sich gar nicht leisten konnten, ihre Produktion aus politischen Gründen zu reduzieren[826]. Als sich im November 1979 jedoch abzeichnete, dass der Iran die Vereinigten Staaten mit einem Ölembargo belegen könnte (und die USA sich gleichzeitig entschieden, iranisches Öl zu boykottieren), rechnete das State Department vor, dass das „Iranian regime“ trotz der stark reduzierten Ölförderung seit der Revolution aktuell etwa doppelt so viele Devisen einnehme, wie es ausgebe[827]. Auch die jüngste Erfahrung, dass eine Reduktion der eigenen Ölexporte die Preise auf dem Weltmarkt nach oben treiben und so sogar zu gesteigerten Einnahmen führen konnte, begünstigte eine mögliche Embargopolitik[828]. Finanziell stand dem Einsatz der Ölmacht nach der zweiten Ölkrise jedenfalls nichts im Wege.

Weiter auf der Agenda – Die OPEC und die Neue Weltwirtschaftsordnung

Eine ganz andere Frage war, ob die OPEC-Staaten tatsächlich an den erneuten Einsatz der sogenannten Ölwaffe dachten und, falls ja, mit welchem Ziel. Spielte die Etablierung einer Neuen Weltwirtschaftsordnung auch 1979/80 noch eine Rolle in der Gedankenwelt der Ölexporteure? Stimulierte die zweite Ölkrise eventuell entsprechende Forderungen, ebenso wie es die „Ölrevolution“ fünf Jahre zuvor getan hatte?

Tatsächlich finden sich einzelne Aussagen, die den Einsatz der „Ölwaffe“ in den Bereich des Möglichen rückten. Im Oktober 1979 erklärte etwa Scheich Yamani während eines Vortrags an der University of California: „We used oil as a political means from the beginning. In 1973 we used oil to send a message that there is a Palastenian problem... So far we haven't had to use that power again, but it is possible we may have to.“ Gleichzeitig betonte er, dass die Folgen eines weiteren Exportausfalls für die Industriestaaten massiv wären und damit meine er nicht bloß Schlangen an den Tankstellen[829]. In einem Interview mit dem US-

826 Vgl. Kapitel 4.2.

827 Paper Prepared in the Department of State, Iranian Oil Contingencies, undatiert, in: FRUS 1969–1976. Bd. XXXVII, Dok. 242.

828 O. A., „Das gesamte System gerät in Gefahr“. SPIEGEL-Interview mit dem amerikanischen Ölexperten Walter Levy über die Kämpfe auf den Ölmärkten, in: Der Spiegel, 11.6.1979, S. 27 f; Memorandum From Secretary of the Treasury Blumenthal and Henry Owen of the National Security Council Staff to President Carter, Oil Prices, 25.5.1979, in: FRUS 1969–1976. Bd. XXXVII, Dok. 209.

829 O. A., Yamani Denies Saudi Arabia Has Any Plan to Increase Output to 10,5 Million B/D, in: MEES XXIII, Nr. 3, 5.11.1979, S. 1.

Magazin *Newsweek* hatte er bereits zuvor gewarnt: „Most of the Western world's plants would then have to close and it would be worse than the 1929 depression."[830] Ein „politischer" Einsatz der Ölmacht erschien aber weniger im Kontext der Durchsetzung einer Neuen Weltwirtschaftsordnung als Möglichkeit, sondern vielmehr im Israel-Palästina-Konflikt[831]. Der Abschluss eines von Jimmy Carter befürworteten separaten Friedensvertrages zwischen Israel und Ägypten in Washington im März 1979 war in weiten Teilen der arabischen Welt auf Ablehnung gestoßen, da man fürchtete, dass damit das Problem der übrigen von Israel besetzten Gebiete dauerhaft ungelöst bleiben könnte. Dementsprechend bezogen sich die in Washington ausgearbeiteten „Contingency Plans for Coping with or Countering Severe OPEC/OAPEC Actions" auf den Nahost-Konflikt. In einem Papier des National Security Council vom Mai 1979 hieß es etwa: „The probability of a further Arab oil embargo has been discounted heavily in recent years, but this optimism could change if the Israeli-Egyptian negotiations fail to produce movement on the Palestinian-Jerusalem issues by early in 1980."[832]

Das heißt aber nicht, dass die Suche nach einer anderen Weltwirtschaftsordnung für die Erdölproduzenten nun keine Rolle mehr spielte, wie das offizielle Kommuniqué zum OPEC-Ministertreffen im Juni 1979 in Genf verdeutlicht. Nord-Süd-Fragen und die Bekräftigung der „strong solidarity with the Third World" standen hier nicht nur an erster Stelle, sondern machten insgesamt etwa die Hälfte des gesamten Textes aus. Die Minister erklärten: „The conference takes this opportunity to invite the industrialized countries to take a more positive stand toward the problems of the Third World countries, whether in regard to grants, aid, and other forms of financial support, as well as the restructuring of the international economic order so as to give developing countries a better chance of solving their problems."[833] Sie einigten sich, den OPEC Special Fund um weitere $ 800 Millionen aufzustocken und gaben sich offen gegenüber einer Wiederaufnahme des Nord-Süd-Dialogs. Schließlich diskutierten sie einen Vorschlag des

830 Das Interview ist auch abgedruckt in MEES XXII, Nr. 38, 9.7.1979, S. i–iii.

831 Siehe etwa o. A., Yamani Says Oil Output Will Not Be Used as a Political Lever, in: MEES XXII, Nr. 34, 11.6.1979, S. 7; oder auch die Aussagen von Kronprinz Fahd in ebd. XXIII, Nr. 33, 2.6.1980, S. 5. Auch Saddam Hussein rief während eines Gipfels der Arabischen Liga im November 1979 zum Einsatz der „Ölwaffe" gegen Unterstützer Israels auf. O. A., Iraq Calls for Use of Oil Weapon, in: The Guardian, 21.11.1979, S. 6.

832 Memorandum From Rutherford Poats of the National Security Council Staff to the President's Assistant for National Security Affairs (Brzezinski) and Henry Owen of the National Security Council Staff, 14.5.1979, in: FRUS 1969–1976. Bd. XXXVII, Dok. 204, Tab A; vgl. auch Paper Prepared by the National Security Council Staff, The Politics of the Tight Oil Market, undatiert, in: ebd., Dok. 212.

833 OPEC Communique, 28 June 1979, abgedruckt in: MEES XXII, Nr. 37, 2.7.1979, S. 5f.

Irak, einen trilateralen Fonds einzurichten, der den übrigen Entwicklungsländern bei der Finanzierung der höheren Importkosten aufgrund gestiegener Ölpreise und der „inflation exported by the industrialized countries“ helfen sollte[834]. Der Clou bei der Sache war, dass sich sowohl die OPEC- als auch die Industriestaaten an diesem Fonds beteiligen sollten, um anteilig die von ihnen verursachten Preissteigerungen zu kompensieren. Außerdem hatten die OPEC-Minister bereits im März während eines außerordentlichen Treffens auf Beschwerden aus den Entwicklungsländern reagiert und die Ölfirmen angewiesen, Lieferungen in die Dritte Welt nicht zu kürzen und keine Aufschläge zu kassieren[835].

Ian Skeet wertet diese Maßnahmen als Versuch, von der Uneinigkeit der OPEC in der Preisfrage abzulenken[836]. Auch ließe sich argumentieren, dass die versammelten Ölminister lediglich den Rest der Dritten Welt, der von den Ölpreiserhöhungen erneut hart getroffen wurde, bei der Stange halten wollten. Sicherlich spielte beides eine Rolle und gerade die Gefahr einer Spaltung der Dritten Welt erschien in den Diskussionsbeiträgen während der OPEC-Konferenzen nun sehr viel reeller und präsenter als 1973/74[837]. Die Menge an Solidaritätsbekundungen und Forderungen nach einer Neuen Weltwirtschaftsordnung aus den OPEC-Staaten legt allerdings nahe, dass taktische Motive nicht alles waren, sondern vielmehr auch Überzeugung eine Rolle spielte.

Während des OPEC-Seminars „OPEC and Future Energy Markets“ im Oktober 1979 in Wien erklärte etwa der irakische Ölminister Tayeh Abdul-Karim, „member countries of OPEC cannot be historically, politically, socially and economically viewed apart from the remaining developing countries in Asia, Africa and Latin America. Consequently, the strategy of OPEC must adopt the general principles of the strategy of the Third World“. Wollten die Industriestaaten weiterhin mehr Erdöl von der OPEC beziehen, als im Eigeninteresse der Ölländer liege, müssten sie verschiedene Garantien geben. Eine davon sei der „support of endeavors to

---

834 Rede Saddam Husseins am 1.6.1979, abgedruckt in: ebd., Nr. 34, 11.6.1979, S. 3f; NYUAD, GGC, AD-MC-038 – 066: Iraqi Proposal for the Creation of a Long-Term International Fund to Assist Developing Countries Against Inflation, Working Paper Presented by the Iraqi Delegation to the 54th Meeting of the OPEC Conference, Geneva, 26th June, 1979; und OPEC Communique, 28 June 1979, abgedruckt in: MEES XXII, Nr. 37, 2.7.1979, S. 5.

835 Communique of OPEC Geneva Conference, abgedruckt in: MEES XXII, Nr. 24, 2.4.1979, S. xii.

836 Skeet, OPEC, S. 159.

837 Siehe NYUAD, GGC, AD-MC-038 – 062: OPEC, Minutes of the Fifty-Third Extraordinary Meeting of the Conference Held in Geneva, Switzerland, March, 1979; und ebd., AD-MC-038 – 064: OPEC: Minutes of the Fifty-Fourth Meeting of the Conference Held in Geneva, Switzerland, June, 1979.

establish a new, just international economic order“[838]. Ähnlich argumentierte auch Ali M. Jaidah, Managing Director der Qatar General Petroleum Corporation, auf der Wiener Konferenz. Zunächst betonte er, „we cannot see our [OPEC's, J. K.] problems being resolved on their own without a meaningful solution for the developmental problems of the rest of the Third World.“ Und er führte aus, dass angesichts der aktuellen „international division of labor“ keine Entwicklung möglich sei:

> [W]ith a huge gap between rich and poor in terms of know-how and technology; with an economic structure based on protectionism through tariffs and barriers; and with technology being monopolized by large industrial giants and protected by patents and industrial secrecy, the only way to solve the difficulties of developing countries is to find some departures from the traditional economic order. Therefore, a major effort is called for to reverse the present institutions which work towards increasing the gap between advanced and developing countries. In this process, OPEC is in a position to be in the forefront of efforts to achieve a restructuring of the present relations between the industrialized countries and the developing countries. OPEC Member Countries have two advantages which enable them to play this role, namely: they do not suffer from the same financial constraints of other developing countries and, secondly, they have a bargaining position arising from the vital interests of the industrialized countries in securing hydrocarbon supplies.[839]

Passenderweise sollte das nächste OPEC-Seminar dann im Folgejahr zum Thema „OPEC Long-Term Policies: Towards a New International Economic Order“ abgehalten werden[840]. Und Ali Khalifah al-Sabah, der kuwaitische Ölminister, gab sich während eines Vortrags im schweizerischen Montreux im Juni 1979 überzeugt, dass die Solidarität mit der Dritten Welt in Zukunft bestehen bleibe: „OPEC's deep commitment to the welfare of the developing countries is unlikely to decrease. To the contrary, that trend is expected to be strengthened.“[841]

---

838 Tayeh Abdul-Karim, OPEC: Challenges of the Present and Strategy for the Future, abgedruckt in: Supplement to MEES XXII, Nr. 52, 15.10.1979, S. 1–8, hier S. 3f.

839 Ali M. Jaidah, OPEC Policy Options, abgedruckt in: ebd., S. 15–20, hier S. 20. Bemerkenswert ist an Jaidahs Aussagen auch, dass hier die Industriestaaten als Blockierer von Globalisierung erscheinen, die Technologietransfers und Marktzugang und damit die „Entwicklung“ der Dritten Welt verhindern.

840 MEES XXIII, Nr. 36, 23.6.1980, S. 8.

841 Ali Khalifah al-Sabah, Oil in the 1980's – A Gulf Minister's View, abgedruckt in Supplement to MEES XXII, Nr. 37, 2.7.1979, S. 1–4, hier S. 2. Auch Venezuelas Energieminister Calderon Berti verlautbarte im März 1979, dass Erdöl für die neue Regierung des Landes „an instrument of negotiation in the hands of underdeveloped countries for the development and construction of a new international order on the basis of international social justice“ bleibe. Siehe PA AA, B 71/121282: Dieckmann an Staatssekretär, betr: OPEC-Konferenz vom 26./27. März 1979, 2.4.1979.

Bezeichnend ist aber vor allem, dass OPEC-Minister solche Aussagen nicht nur öffentlich formulierten, sondern auch während ihrer internen Sitzungen und das Thema dort 1979 insgesamt breiten Raum einnahm. So regte der indonesische Minister Sobruto während eines Treffens im März 1979 beispielweise an, die OPEC solle „positive steps to assist those developing countries which were finding themselves in difficulty“ unternehmen. Weiter erklärte er, dies sei ausgesprochen wichtig „and [would] result in putting OPEC once again in the position where it should be, namely that of an instrument to be used in the effort the developing countries were making so as to improve their standard of living and to achieve a new international order“[842]. Während des Dezember-Treffens in Caracas betonten dann fast alle anwesenden Minister, dass es wichtigere Fragen als jene des Öl-Preises gebe, „namely that of a very well-defined programme of cooperation with the other developing countries.“[843] All das deutet darauf hin, dass die Solidarität mit den übrigen Entwicklungsländern und die Einführung einer Neuen Weltwirtschaftsordnung für die Erdölexporteure auch Ende der 1970er Jahre von großer Bedeutung waren.

Als ein möglicher Weg hin zu Veränderungen in der Weltwirtschaftsordnung erschien die Wiederaufnahme eines Nord-Süd-Dialogs, der 1979 sowohl von westlichen Akteuren als auch aus den Reihen der OPEC wiederholt ins Spiel gebracht wurde. Ende Februar berichteten westliche Tageszeitungen von einem offiziellen Erlass, in dem das saudische Königshaus zu einem Treffen von Ölproduzenten und -konsumenten aufrief[844]. Wie Mitte der 1970er Jahre stellten verschiedene Sprecher der Ölstaaten aber bald klar, dass sie sich keinesfalls auf einen reinen Energiedialog einlassen würden. Yamani etwa erklärte unmissverständlich: „We are not prepared to have a dialogue with the consumers on the energy issue alone. We can have a dialogue in a forum similar to CIEC to discuss all the problems that we have including energy.“[845] Mit den radikalsten Worten lehnte wohl der irakische Ölminister Abdul-Karim einen reinen Energiedialog ab. Der

842 NYUAD, GGC, AD-MC-038–062, S. 11: OPEC, Minutes of the Fifty-Third Extraordinary Meeting of the Conference Held in Geneva, Switzerland, March, 1979.

843 Ebd., AD-MC-038–067, S. 8: OPEC, Minutes of the Fifty-Fifth Meeting of the Conference Held in Caracas, Venezuela, December, 1979.

844 Charles Cook, OPEC moves towards oil price rise, in: The Guardian, 28.2.1979, S. 18; O. A., Saudis Break Chain of Oil Price Increases, in: The Globe and Mail, 28.2.1979, S. B2; Briefing Memorandum From the Acting Assistant Secretary of State for Economic and Business Affairs (Hormats) to the Deputy Secretary of State (Christopher), Producer-Consumer Conference on World Oil Market Conditions, undatiert, in: FRUS 1969–1976. Bd. XXXVII, Dok. 199; PA AA, B 71/121283: Communique du Gouvernement Royal d'Arabie Saoudite, 28.2.1979.

845 Post-OPEC Press Interviews, in: MEES XXII, Nr. 24, 2.4.1979, S. iii. Siehe etwa auch Andreas Kohlschütter, „Wir können das Öl nicht trinken“, in: Die Zeit, 8.6.1979, S. 6.

Vorschlag sei „nothing more than a hysterical reaction fully unmasking the patronizing and power-oriented syndrome of the industrialized nations, which has its origins in the colonialist tradition.“ Stattdessen müsse man über das ganze „international framework“ sprechen[846].

Folgte die OPEC-Reaktion auf den Dialogvorschlag exakt den bekannten Mustern aus der Zeit nach der ersten Ölkrise, waren die Rollen im Lager der Ölexporteure nun zum Teil neu verteilt. Auffällig ist vor allem, dass Algerien nach dem Tod Boumediennes nicht mehr die treibende Kraft hinter der Nord-Süd-Politik der OPEC-Staaten war. Am ehesten schlüpften Venezuela und der Irak in die Rolle der Vorkämpfer der Dritten Welt. Beide Staaten entschieden sich 1979 – ebenso wie Mexiko – Teile der Ölimportkosten der NOPECs durch günstige Kredite zu kompensieren. Im Falle des Irak sollte jedes Entwicklungsland, das irakisches Erdöl erwarb, ab dem 1. Juni 1979 im Falle einer Preissteigerung langfristige, zinsfreie Kredite in Höhe der Mehrkosten erhalten[847]. Der venezolanische Energieminister Humberto Calderon Berti drängte dann im Rahmen der nächsten OPEC-Ministerkonferenz im heimischen Caracas darauf, dass sich die Minister mehr um die Entwicklungsländer als die Industriestaaten kümmern sollten – eine Position, die auch die Irakis unterstützten[848]. Tatsächlich standen die Beziehungen zum Rest der Dritten Welt dann im Zentrum der Gespräche in Venezuela und die Delegierten beschlossen eine weitere substanzielle Vergrößerung des OPEC Special Fund um $ 1,6 auf $ 4 Milliarden als Soforthilfe. Mittelfristig schlug Venezuela gemeinsam mit Algerien die Umwandlung des Special Fund in eine „OPEC Bank“ vor, die mit einer Kapitalausstattung von $ 20 Milliarden „the dimensions of a world bank“ haben sollte. Die Industriestaaten sollten dieser Institution nicht als Mitglieder beitreten können. Zur weiteren Prüfung wurde der Vorschlag – ebenso wie die irakische Idee eines trilateralen Fonds – an das Long-Term Strategy Committee der OPEC übermittelt[849].

---

846 O. A., Iraqi Oil Minister Rules Out Dialogue with Consumers on Oil Matters Alone, in: MEES XXII, Nr. 33, 4.6.1979, S. 10.

847 O. A., Iraq Announces Measures to Protect Developing Countries Against Oil Price Increases, in: ebd., S. 9; O. A., Iraqi Oil Aid to LDC's Reaches $ 170 Million Since 1 June, in: ebd. XXIII, Nr. 2, 29.10.1979, S. 10; O. A., Mexico and Venezuela Launch Scheme for Loans to Nine Consuming Countries, in: ebd., Nr. 43, 11.8.1980, S. 4; vgl. auch Seymour, OPEC, S. 265.

848 O. A., Venezuela Energy Minister Voices Concern for Developing Countries, in: MEES XXIII, 10.12.1979, S. 7; Joseph A. Mann, OPEC Chief Favors Price Unity, in: The New York Times, 22.12.1979, S. 30; Some Post-Caracas Press Conferences, in: MEES, XXIII, Nr. 11, 31.12.1979, S. x.

849 NYUAD, GGC, AD-MC-038 – 067, S. 47 und 28: OPEC, Minutes of the Fifty-Fifth Meeting of the Conference Held in Caracas, Venezuela, December, 1979; OPEC Communique, 20 December 1979, in: Supplement to MEES, XXIII, Nr. 10, 24.12.1979, S. 7; Seymour, OPEC, S. 265.

Dieses Komitee arbeitete seit 1978 unter dem Vorsitz des saudischen Ölministers Ahmed Zaki Yamani an einem Bericht, den es im Mai 1980 den Ölministern der OPEC vorlegte. Im September diskutierten dann die Öl-, Außen- und Finanzminister der Organisation während eines gemeinsamen Treffens die Strategie, die anschließend auf dem für November geplanten Gipfeltreffen in Bagdad, zum zwanzigjährigen Jubiläum der OPEC, beschlossen werden sollte. Das Langzeitkonzept enthielt drei Kernelemente, die alle im Bereich der Nord-Süd-Beziehungen und der Durchsetzung einer Neuen Weltwirtschaftsordnung zu verorten sind: Erstens sah der Plan die Formulierung einer langfristigen Preisstrategie vor, die die Ölpreise durch Indexierung gegen Inflation und Währungsschwankungen absichern sollte – eine Idee, die auch im Rahmen des Pariser Dialogs bereits diskutiert worden war. Zweitens adressierte er das Verhältnis der OPEC zu den übrigen Entwicklungsländern, „with a view to stregthening solidarity within the Third World, of which OPEC is an integral part". Und drittens, widmete er sich, wie es das Kommuniqué der tri-ministerialen Konferenz formulierte, „OPEC's relationship with the industrialized countries and its positive contribution to the success of global negotiations between the North and the South, with a view to promoting the New International Economic Order"[850]. Ganz in diesem Sinne schrieb OPEC-Chronist Ian Seymour nur einige Wochen vor dem angekündigten Gipfel: „Of all the problems facing the OPEC leaders, none is more serious and urgent than the economic plight of the Third World." Dass die Ölstaaten die nötige Macht hatten, um entsprechende Veränderungen einzuleiten, schien dem Journalisten evident. Auf ihrem Gipfel würden sie schließlich nicht nur über ihr eigenes Schicksal entscheiden, „but the fate of the world as well"[851].

Mit der zweiten Ölkrise hatte sich die Verhandlungsposition der Petrostaaten gegenüber dem Westen erneut stark verbessert. Gleichzeitig betonten Vertreter der Ölländer, entschieden auf eine Durchsetzung der Neuen Weltwirtschaftsordnung hinwirken zu wollen – nicht zuletzt im Rahmen des OPEC-Gipfels in Bagdad. Doch dann kam alles ganz anders. Am 22. September 1980, fünf Tage nach Abschluss des tri-ministerialen Vorbereitungstreffens in Wien, griffen irakische Truppen den Iran an. Präsident Saddam Hussein hoffte, mit diesem Militärschlag die arabisch

850 Communique of the Tri-Ministerial Meeting of OPEC Ministers of Foreign Affairs, Petroleum and Finance Issued in Vienna on 18 September 1980, in: MEES XXIII, Nr. 49, 22.9.1980, S. 17; NYUAD, GGC, AD-MC-038 – 072: OPEC, Minutes of the Fifty-Sixth (Extraordinary) Meeting of the Conference Held in Taif, Saudi Arabia, May, 1980, Draft. Zur *long-term strategy* siehe auch Ian Seymour, OPEC Sets Base Marker Crude Price at $30/Barrel, in: MEES XXIII, Nr. 49, 22.9.1980, S. 1 – 15; Skeet, OPEC, S. 172 – 175; Walter J. Levy, Oil: An Agenda for the 1980s, in: Foreign Affairs 59 (1981), 5, S. 1079 – 1101; Garavini, OPEC, S. 289 – 300.

851 Seymour, OPEC, S. 264, 266.

dominierten Gebiete im umstrittenen Grenzgebiet des Shatt al-Arab unter irakischen Kontrolle zu bringen, sich so einen Ruf als Verteidiger der arabischen Sache zu erwerben und das iranische Revolutionsregime zu stürzen. Letzteres erschien ihm umso dringlicher, als er ein Übergreifen der Revolution auf die schiitische Bevölkerungsmehrheit im Irak fürchtete. Allerdings leistete der Iran, trotz der Schwächung des Militärs durch die Revolution, entschiedenen Widerstand und ging bald zur Gegenoffensive über. Es folgte ein acht Jahre währender Krieg, der über eine Million Menschenleben kostete und beide Länder, so formulieren es Lawrence Potter und Gary Sick, „in ihrer Entwicklung für etwa eine Generation zurückwarf“[852]. Angesichts der Kampfhandlungen fiel der Bagdad-Gipfel aus, und die langfristige Strategie der OPEC verlor ebenso rapide an Bedeutung wie ein Dialog mit dem Norden oder die Bemühungen um eine Neue Weltwirtschaftsordnung. „With two of its leading members at war“, kommentiert Francisco Parra, einer der Experten, die an der *long-term strategy* mitgearbeitet hatten, „OPEC was incapable of dialogue with anyone about anything.“[853]

5.3 Die Schere öffnet sich weiter

„As regards the developing world,“ erklärte Helmut Schmidt während der internen Diskussion mit den anderen Regierungschefs auf dem Weltwirtschaftsgipfel in Venedig im Juni 1980, „the latest round of oil price increases had been even more devastating in its effects than the first.“ Die Ölimportrechnung der Entwicklungsländer belaufe sich nun auf $ 50 Milliarden, was in etwa ihrem gemeinsamen Zahlungsbilanzdefizit entspreche. Schwellenländer wie Brasilien, Südkorea oder Taiwan könnten sich eventuell selbst helfen, das Gros der Länder sei hingegen „in a deep mess“. „Some [...] had reached the limit of their potential indebtedness. Attempts to deal with their problems by recycling with loans of petrodollars would be self-defeating.“[854] Auch Weltbankpräsident Robert McNa-

852 Lawrence G. Potter/Gary G. Sick, Introduction, in: Lawrence G. Potter/Gary G. Sick (Hg.), Iran, Iraq, and the Legacies of War, New York/Basingstoke 2004, S. 1–9, hier S. 1. Zum Krieg siehe auch die übrigen Beiträge im selben Band sowie Henner Fürtig, Der irakisch-iranische Krieg 1980–1988, in: Bernd Greiner/Christian Th. Müller/Dierk Walter (Hg.), Heiße Kriege im Kalten Krieg, Hamburg 2006, S. 376–407; oder Ernest Tucker, The Middle East in Modern History, 2. Aufl., New York 2019, S. 284–300.

853 Parra, Oil Politics, S. 239.

854 NAL, PREM 19/189, S. 11–13: Record of the First Session of the Venice Economic Summit, Sunday 22 June.

mara unterstrich einige Wochen später während des gemeinsamen Treffens von Weltbank und IWF in Washington den Ernst der Lage mit Blick auf die Dritte Welt. „The new surge in oil prices, and the downturn in trade with developed nations, have imposed on these countries huge and potentially unsustainable current account deficits. [...] In the short run the deficits can be, and are being, financed by additional external borrowing. But in the longer run this will not suffice since at the levels involved the mounting burden of debt service would soon become unsupportable."[855] Zu den Staaten, die die Grenzen der Kreditaufnahmefähigkeit erreicht hatten, gehörte auch Sambia, das erneut als Beispiel dient, um die Folgen der zweiten Ölkrise für Öl-arme Entwicklungsländer zu verdeutlichen. Anschließend weitet sich der Blick auf weitere Teile des Südens mit dem Ziel, den sambischen Fall zu kontextualisieren. Wie stark traf die zweite Ölkrise die Öl-armen Entwicklungsländer tatsächlich und wie versuchten sie, auf die Herausforderungen zu reagieren? Schließlich fragt das Unterkapitel, drittens, wie sich die Veränderungen von 1979 auf das Verhältnis der NOPECs zu den Ölexporteuren und zum Projekt der Neuen Weltwirtschaftsordnung auswirkten.

Die abgewürgte Stabilisierung – Sambia und die zweite Ölkrise

Am 31. Juli 1979 veröffentlichte die *Times of Zambia* den Leserbrief eines „beunruhigten" Bürgers aus Kitwe im Copperbelt, der Kupferregion des Landes. Der Autor machte verschiedene Vorschläge, „how we can cut our oil import bill". Er regte an, die Nutzung von Dienstwagen streng zu kontrollieren, so dass diese nicht länger für private Fahrten missbraucht würden. Außerdem solle man die Mittagspause kürzen, um zu verhindern, dass die Arbeitnehmer zum Essen nach Hause führen. Streng durchgeführt könnten diese Maßnahmen zu einem „enormous saving of fuel in Zambia" führen. Allerdings, so fügte er rhetorisch hinzu: „[H]as someone in authority in the Government ever given serious thought to this problem?"[856]

Tatsächlich war der beunruhigte Leser nur einer unter vielen Sambiern, die im Jahr 1979 massive Einsparungsbemühungen forderten, um die nationale Ölimportrechnung in den Griff zu bekommen. Präsident Kaunda hatte sich bereits Anfang April, kurz nachdem die OPEC in Genf ihre nächste Preiserhöhung be-

855 McNamaras Rede findet sich abgedruckt im MEES. World Bank President Assesses Economic Outlook for Oil Importing Developing Countries, in: Supplement to MEES XXIV, Nr. 1, 20.10.1980, S. 1–13.

856 Letter to the editor, How we can cut our oil import bill, in: Times of Zambia, 31.7.1979, S. 8.

schlossen hatte, an die Nation gewandt. Er appellierte an die Bevölkerung, den Verbrauch von Treibstoff um mindestens 50 Prozent zu reduzieren, „[to] contain the oil crisis caused by the ever increasing prices“[857]. Im Mai forderte auch der Gouverneur der Bank of Zambia, Luke Mwanashiku, sowohl öffentlich als auch innerhalb der „party and its government“, wie es zeitgenössisch hieß, entschiedene Konservierungsanstrengungen. Neben der Kürzung der Mittagspausen setzte er auf eingeschränkte Öffnungszeiten der Tankstellen und vor allem die technische Umrüstung der sambischen Raffinerie. Letzteres allein könne jährlich 20 Millionen Kwacha an Devisen sparen. Auch plädierte er für die Vergrößerung der Erdöl-Lagerbestände, da im Zuge der iranischen Revolution auch die Versorgungssicherheit in Zweifel gezogen sei[858]. Und ein erregter Mulala Sikota, *political secretary* im Ministry of National Guidance and Culture, trat im Juni entschieden für die Rationierung von Treibstoff für die Dienstwagen von Ministern und Managern parastaatlicher Betriebe ein, um die „petrol bills rocketing high“ einzuschränken[859].

Anders als 1973 waren sich Politiker und Medien 1979 offenbar früh bewusst, dass diese Ölkrise Sambia bedrohte und keinesfalls lediglich eine Krise der anderen, eine Krise der Industriestaaten war. Das lag sicher auch an den schmerzhaften Erfahrungen mit der Öl- und Weltwirtschaftskrise einige Jahre zuvor, die Sambias Ökonomie nachhaltig aus der Bahn geworfen hatte. Vor allem aber stand das Land infolge dieser Entwicklungen schon vor der erneuten Ölpreisexplosion – anders als 1973/74 – kurz vor dem Bankrott und konnte sich eine neuerliche Belastung der Zahlungsbilanzen schlicht nicht leisten[860]. Das Hauptproblem sei, so erklärte der Zentralbank-Gouverneur in einem Memorandum, „that an increasing portion of our foreign exchange is going into oil consumption and is being diverted from other important imports such as raw materials for our factories. What, in other words, this means is that our development effort is being hampered by the high cost of importing oil.“[861] Tatsächlich verdreifachten sich die Kosten für Öl-

857 O. A., Conserve fuel, nation urged, in: Times of Zambia, 7.4.1979, S. 1.

858 UNIPA, UNIP 8/3/59, Bl. 68 – 74: Memorandum by the Governor, Bank of Zambia, Energy: Control of Petrol Consumption, 24.5.1979; O. A., ‚Sambia spent K70 m on petrol last year‘, in: Times of Zambia, 19.5.1979, S. 5.

859 O. A., ‚Start fuel rationing to curb waste‘, in: Times of Zambia, 23.6.1979, S. 5. Auch die *Times of Zambia* brachte im Laufe des Jahres eine Reihe von Artikeln und Kommentaren, die die Notwendigkeit des Energiesparens unterstrichen. Siehe etwa o. A., Comment, in: Sunday Times, 20.5. 1979, S. 1; Ron Gough, Maximum efficiency must be keyword, in: Times of Zambia, 6.6.1979, S. 4; O. A., Opinion, in: ebd., 16.6.1979, S. 1.

860 Vgl. Kapitel 4.1.

861 UNIPA, UNIP 8/3/59, Bl. 70: Memorandum by the Governor, Bank of Zambia, Energy: Control of Petrol Consumption, 24.5.1979.

importe zwischen 1978 und 1981 fast von 68 auf 185 Millionen Kwacha (siehe Tabelle 8) – und das, obwohl die eingeführte Menge zurückging. Damit entfielen 1981 auf die Ölimporte gut 20 Prozent der Gesamtimportkosten.

Tab. 8: Sambias Ölimporte, 1973–1982[862]

Jahr	Menge in Barrel	Preis in Millionen Kwacha (Millionen $)	Anteil an den Gesamtimportkosten in Prozent
1973	6.457.978	16,557	4,74
1974	6.178.570	45,998 (71,297)	9,03
1978	6.022.984	68,101 (83,764)	13,76
1979	5.382.927	97,144 (122,401)	16,20
1980	5.768.276	153,963 (195,533)	17,41
1981	5.680.282	185,000 (212,750)	20,30
1982	4.523.281	158,434 (171,109)	17,42

Die zweite Ölkrise verschärfte damit das bereits oben beschriebene Problem, dass Sambia seit dem Einbruch der Kupferpreise Mitte 1974 die Devisen fehlten, um die heimischen Betriebe mit den notwendigen Inputs zu versorgen. Ohne den Import von Ersatzteilen, Maschinen, bestimmten Rohstoffen und Know-how mussten die Unternehmen die Arbeit einstellen oder nutzten ihre Kapazitäten zumindest bei Weitem nicht aus. Als etwa die Autoproduktion bei den Livingstone Motor Assemblers wieder angelaufen war, nachdem der 1978er-IWF-Kredit die Devisen für die notwendigen Importe bereitgestellt hatte, ging die Produktion 1980 erneut massiv zurück. Angesichts der hohen Ölimportkosten und der sinkenden Exporterlöse fehlte es an Devisen für die Einfuhr der Produktionskits aus Italien und die Produktion fiel von 1.153 auf 668 Automobile[863]. Insgesamt ging die Kapazitätsauslastung in vielen Unternehmen der parastaatlichen INDECO-Gruppe, die etwa drei Viertel der industriellen Aktivitäten des Landes ausmachten, in den 1980er Jahren auf unter 50 Prozent zurück[864].

862 Daten für die Jahre 1973 und 1974 aus Bank of Zambia, Report 1978, S. 52 und 60. Für die übrigen Jahre aus Bank of Zambia, Report and Statement of Accounts for the Year Ended 31st December 1982, Lusaka 1983, S. 55 und 66.

863 Bank of Zambia, Report and Statement of Accounts for the Year Ended 31st December 1980, Lusaka 1981, S. 38.

864 Ebd., S. 35; Burdette, Zambia, S. 118.

In gewisser Weise erwischte die zweite Ölkrise Sambia zu einem besonders ungünstigen Zeitpunkt. 1978 hatten sich die sambische Regierung und der Internationale Währungsfonds auf ein Stabilisierungsprogramm geeinigt, das 1979 erste positive Folgen zeitigte. Hinzu kam, dass sich die Transportsituation nach der Wiedereröffnung der Handelsroute über Rhodesien verbesserte und der Kupferpreis auf dem Weltmarkt infolge der globalen konjunkturellen Erholung deutlich anzog. Erstmals seit Jahren arbeiteten die Kupferminen wieder profitabel und erstmals seit 1975 konnte das Land dank der Kredite des IWF und der höheren Exporteinnahmen ein Zahlungsbilanzplus erwirtschaften. Sogar die Inflation sank auf vergleichsweise moderate 12 Prozent. Angesichts dieser positiven Entwicklungen sprachen die Autor*innen des Jahresberichtes der Bank of Zambia von einem erfolgreichen Stabilisierungsprogramm, das die Grundvoraussetzungen für zukünftiges Wachstum wieder hergestellt habe. In Anbetracht der desaströsen Wachstumszahlen im Berichtsjahr war das ein beachtliches Urteil. Das sambische Bruttoinlandsprodukt war 1979 real um gewaltige 9 Prozent gesunken – vor allem weil die Kupferproduktion aufgrund fehlender Investitionen in den Vorjahren, Entlassungen und Minenschließungen stark geschrumpft war. Zu einer positiven Prognose für das Folgejahr wollten sich die Bankexpert*innen mit Blick auf die ökonomische Weltlage dann auch nicht durchringen. Sie ahnten, dass sich die Entwicklungen der Jahre 1974/75 nach der zweiten Ölkrise wiederholen würden – mit heftigen Folgen für die sambische Wirtschaft[865].

Wie 1974 gab der Kupferpreis mit Einsetzen der globalen Rezession deutlich nach. Wurde das Metall 1979 an der London Metall Exchange im Jahresdurchschnitt für 935,90 Britische Pfund gehandelt, kletterte der Preis bis Februar 1980 auf 1.274,10 Pfund. Dann brach er ein und notierte zum Jahresende nur noch bei 800,52 Pfund[866]. Gleichzeitig zogen nicht nur die Ölimportkosten ab 1979 stark an, sondern – wie Mitte der 1970er Jahre – auch die Kosten der zahlreichen Industriegüter, die das Land aus dem Westen importierte und ohne die weder die Minen noch die herstellenden Betriebe arbeiten konnten. Die Terms of Trade verschlechterten sich für Sambia radikal. Wie die National Commission for Development Planning vorrechnete, war der Terms-of-Trade-Index seit 1970 von 100 auf 24 im Jahr 1982 gefallen. Mit anderen Worten: Wollte Sambia nun die gleiche Menge an Waren einführen wie zwölf Jahre zuvor, musste es mehr als vier Mal so viel exportieren, um diese Importe zu finanzieren. Diese Entwicklung habe sich,

---

865 Bank of Zambia, Report and Statement of Accounts for the Year Ended 31st December 1979, Lusaka 1980, S. 5–8.

866 Die entsprechenden Kupferpreis-Angaben finden sich in Bank of Zambia, Report 1980, S. 26.

so die Kommission, nach der „second round of oil price increases which occurred in 1979–80" stark beschleunigt[867].

Wie reagierte die sambische Regierung nun auf die zweite Ölpreiskrise, die sie diesmal frühzeitig als Herausforderung erkannt hatte? Vor allem setzte sie auf die Reduzierung von Erdölimporten, um die eigene Zahlungsbilanz zu schonen. Zunächst schuf sie ein Ad Hoc Committee of Officials on Measures to Conserve Petroleum Products, das Vorschläge unterbreiten sollte[868]. Eine ganze Reihe weiterer Akteure formulierte ebenfalls Ideen, die sich durchaus auch an dem orientierten, was in anderen Ländern praktiziert wurde. Neben den oben genannten Sparappellen war die Rückkehr zur Kohle eine der häufigsten Forderungen. Präsident Kaunda etwa regte in einer seiner berüchtigten Marathon-Reden während des National-Council-Treffens im Oktober 1979 an, man solle beim Heizen, Kochen, aber auch in der Industrie verstärkt auf die in Maamba lokal abgebaute Kohle setzen. Auch die Eisenbahnen sollten umgehend wieder von Diesel- auf Kohlebetrieb umgestellt werden, wobei parallel zu prüfen sei, wie sich das gesamte System in Zukunft mit elektrischem Strom betreiben lasse. Auch bedürfe es eines besseren öffentlichen Nahverkehrs in den Ballungsräumen[869]. Ein Memorandum, das im Economic and Finance Committee der UNIP diskutiert wurde, ging noch einen Schritt weiter und forderte ein Programm zur Kohleverflüssigung – wie in Südafrika – und zur Produktion von Alkohol als Kraftstoffzusatz, wie es in Brasilien bereits mit Erfolg praktiziert würde. Mit diesen beiden Maßnahmen ließen sich, so der Autor, 50 Prozent der nationalen Ölimporte einsparen[870]. Ein weiterer Schritt war die Exploration nach Erdöl, die das Ministry of Mines anregte – ein Projekt, das in den frühen 1980ern auch durch die Weltbank unterstützt wurde. Zwar räumte Fred Thieme, der Direktor des zuständigen Geological Survey Department, ein, die Chancen Erdöl zu finden, seien eher gering, allerdings hoffe er, wie bei früheren geologischen Untersuchungen auf weitere Vorkommen von Kohle und Uran zu stoßen[871]. Der Uranabbau erschien dabei als eine Möglichkeit, gerade vor dem Hintergrund der globalen Energiekrise, ein lukratives zweites

---

867 Republic of Zambia, Office of the President, National Commission for Development Planning, Economic Report 1982, Lusaka 1983, S. 22–25.

868 Bruchstücke der Korrespondenz dieses Kommittees finden sich in UNIPA, UNIP 7/1/19.

869 UNIPA, UNIP 1/3/23, S. 63–65: Address by His Excellency the President Dr. K. D. Kaunda at Mulungushi Hall, Lusaka, October 8th, 1979. Über die Wiederinbetriebnahme alter Dampflokomotiven dachte auch die *Zambia Daily Mail* (26.9.1979, S. 7) nach.

870 UNIPA, UNIP 8/3/59, Bl. 75–77: R. C., Energy: Supplementary Information to EFC (79) 2.

871 Thandie Kapambwe, Search for oil, Zambia advised, in: Times of Zambia, 24.5.1979, S. 2; Fanwell Zulu, Oil find sparks big cash plea, in: Times of Zambia, 14.7.1979, S. 1; National Commission for Development Planning, Economic Report 1982, S. 206 f.

Exportprodukt hinzuzugewinnen. Tatsächlich befand sich Sambia Ende der 1970er Jahre in Verhandlungen mit Firmen aus Japan, Italien und der Bundesrepublik, die Interesse an dem radioaktiven Element zeigten[872].

Faktisch aber wurden wenige der ambitionierten und oft langfristig angelegten Ideen umgesetzt. Schon 1979 wies Chefgeologe Fred Thieme zu Recht darauf hin, dass Kohleverflüssigung extrem kostspielig sei, und ein Entwicklungsland wie Sambia ohne externe Hilfe kaum zu einem entsprechenden Programm in der Lage sein dürfte[873]. Aber auch sonst entpuppte sich der Plan, Erdöl durch Kohle zu ersetzen, als wenig zielführend. In geringem Maße stellten die Kupferminen ihren Primärenergieverbrauch um, aber die Züge fuhren auch in den frühen 1980er Jahren weiter mit Diesel[874]. Ein fundamentales Problem war in diesem Zusammenhang, dass die heimische Kohleproduktion rückläufig war und schon 1980 nicht den Bedarf der sambischen Verbraucher decken konnte. Stattdessen importierte Sambia hochpreisigen Koks aus der Bundesrepublik, um die Minen ausreichend zu versorgen[875]. Auf diese Weise ließen sich keine Devisen einsparen. Das effektivste Mittel, den Import von Erdöl zu bremsen, war die kräftige Erhöhung der Preise für Raffinerieprodukte, die die Endnutzer zum Sparen bewegte. Während der Krise von 1979/80 erhöhte die Regierung mehrfach die Preise für Benzin, Diesel, Heizöl, etc. Insgesamt stieg so etwa der Preis von regulärem Benzin von Mai 1978 bis November 1981 von 86,06 auf 762,15 Kwacha pro Tonne – eine Steigerung um 886 Prozent, die viele Autofahrer erzürnte. Peter Kamuyanga, ein wütender Lehrer aus Masala, etwa hielt die neuen Spritpreise für „die Hölle" und erklärte, er überlege, nun sein Auto zu verkaufen[876]. Auf verpflichtende Maßnahmen wie Fahrverbote oder ein Rationierungssystem verzichtete die Regierung hingegen. Lediglich das Militär errichtete in einer einmaligen

---

872 Innerhalb der UNIP und der sambischen Regierung gab es entschieden unterschiedliche Auffassungen, ob man das Uran tatsächlich exportieren sollte oder besser für die eigene Nutzung in der Zukunft vorbehalten solle. Ein *provincial political secretary* argumentierte gar, mit der Unterschrift unter den Uran-Deal würde man die Abhängigkeit von den Industriestaaten perpetuieren und „a long lease for neo-colonialism in Zambia" sanktionieren. UNIPA, UNIP 7/1/19: Joseph W. Musole, Comments on the „Specimen of Uranium Agreements" (MM/Sec/100) Supplied by the Ministry of Mines. Siehe ebenfalls die übrigen Dokumente in dieser Akte. Zur deutschen Seite siehe auch die Schreiben in BAK, B 102/295649.

873 Thandie Kapambwe, Search for oil, Zambia advised, in: Times of Zambia, 24.5.1979, S. 2.

874 Republic of Zambia, Office of the President, National Commission for Development Planning, Economic Report 1981, Lusaka 1982, S. 158 f.

875 National Commission for Development Planning, Economic Report 1982, S. 193 – 195; Bank of Zambia, Report 1980, S. 51 f.

876 Bank of Zambia, Report 1982, S. 57. Siehe auch o. A., Petrol goes up by 20n, in: Times of Zambia, 17.7.1979, S. 1.

Aktion am 22. Juli 1979 Straßensperren in verschiedenen Vierteln Lusakas, an denen es Regierungsfahrzeuge stoppte und jene am Weiterfahren hinderte, die nicht im Dienst waren[877].

Der Erdölverbrauch sank 1979, insbesondere wegen der einbrechenden Konjunktur, kräftig, stieg aber im Folgejahr aufgrund der ökonomischen Erholung wieder an. Vor allem die Kupferminen produzierten nun wieder mehr und benötigten entsprechend mehr Energie[878]. Mit steigenden Importpreisen für Erdöl und Industriegüter, wachsenden Kosten, um alte Kredite zu bedienen, dem Auslaufen des IWF-Programms im März 1980 und dem zeitgleichen Nachgeben der Kupferpreise auf dem Weltmarkt, gerieten Sambias Zahlungsbilanzen umgehend wieder ins Ungleichgewicht (siehe Tabelle 9).

Tab. 9: Zentrale Wirtschaftsdaten für Sambia, 1978–1982[879]

Jahr	Zahlungsbilanz in Millionen Kwacha	Reales Wachstum BIP in %	BIP pro Kopf in konstanten (1970) Preisen	Kupferpreis an der LME
1978	-258,8	+1,9	K 272	£ 708,98
1979	+158,4	-9,6	K 238	£ 935,90
1980	-219,7	+4,1	K 240	£ 941,41
1981	-341,4	-0,7	K 231	£ 872,08
1982	-287,8	+3,5	K 232	£ 846,34

1981 musste das Land gut 44 Prozent seiner gesamten Exporteinnahmen für den Schuldendienst und Ölimporte ausgeben – für essenzielle Inputs für die Landwirtschaft und produzierende Betriebe blieb da wenig übrig[880]. Wie Mitte der 1970er Jahre wurden die Kapazitäten nicht ausgenutzt, das Wachstum stotterte, während das Land immer mehr in Zahlungsverzug gegenüber dem Ausland geriet. Auch weitere Kredite halfen in dieser Situation wenig. 1981 handelte Sambia einen gigantischen Kredit mit dem IWF über 800 Millionen Sonderziehungsrechte (ca. eine Milliarde US-Dollar) aus, der vor allem zur Rückzahlung alter Schulden ge-

877 O. A., Petrol crack-down, in: Times of Zambia, 23.7.1979, S. 1.
878 Bank of Zambia, Report 1980, S. 47.
879 Bank of Zambia, Report 1979, S. 23; Bank of Zambia, Report 1980, S. 26; Bank of Zambia, Report 1982, S. 12, 28, 66.
880 Die entsprechenden Werte sind entnommen aus World Bank, Zambia. Country Economic Memorandum 1984, S. 62 und 87 und Bank of Zambia, Report 1982, S. 55.

nutzt wurde. Diese *Extended Fund Facility*, der zweitgrößte Kredit an ein afrikanisches Land, war an strenge Bedingungen geknüpft, die die Handlungsfreiheit der sambischen Regierung zunehmend einschränkten. Die Unterhändler versprachen, den Kwacha weiter abzuwerten, die Importe zu stutzen, die Preise für Grundnahrungsmittel freizugeben, die Löhne einzufrieren und die Devisenbewirtschaftung ausländischer Firmen zu lockern[881].

Trotz des frischen Geldes sank Sambias Bruttoinlandsprodukt pro Kopf zwischen 1980 und 1993 um durchschnittlich 3,1 Prozent pro Jahr, wodurch das Land in den Weltbank-Rankings nun auf Rang 26 der ärmsten Staaten angekommen war[882]. Allerdings tangierte die Krise nicht alle Bevölkerungsteile gleichermaßen. Die von Subsistenzwirtschaft lebende Bevölkerungsmehrheit auf dem Land, die nur wenige Verbindungen zur monetarisierten Ökonomie Lusakas oder des Copperbelt hatte, war weniger unmittelbar betroffen als ihre Landsläute in den Städten. Es waren gerade die mitunter als „labour aristocracy" bezeichneten (Minen-)Arbeiter in den Städten, die zuvor zu den Priveligierten der politischen Ökonomie des Landes gehört hatten, die unter der Krise und den folgenden Strukturanpassungen in den 1980er Jahren am meisten litten. Die Arbeitslosigkeit, die Lebenshaltungskosten und damit die Armut stiegen in der Stadtbevölkerung rasant an, während die Lebenserwartung landesweit von 50 auf 35 sank. Folgt man den Einschätzungen der Weltbank stieg die Quote der von städtischer Armut Betroffenen zwischen 1975 und 1994 von vier auf annähernd fünfzig Prozent[883].

Die wirtschaftliche Krise trug auch zu Verschiebungen in den Geschlechter- und Familienverhältnissen bei. Wie in anderen Ländern – etwa dem benachbarten Zaire – engagierten sich Frauen zunehmend im Mikrohandel, um die Einkommensverluste der Männer auszugleichen, und wurden nun mitunter zu den Hauptverdienerinnen in den Familien[884]. Gleichzeitig veränderten sich, wie der

---

881 Burdette, Zambia, S. 122f; Fundanga, The Role of the IMF; Julius O. Ihonvbere, Structural Adjustment and Democratization in Zambia, in: Malinda S. Smith (Hg.), Globalizing Africa, Trenton/Asmara 2003, S. 325 – 342.

882 Ferguson, Expectations of Modernity, S. 6; vgl. auch Fraser, Introduction, S. 9.

883 Jane L. Parpart, The „Labour Aristocracy" Debate in Africa. The Copperbelt Case, 1924 – 1967, in: African Economic History 13 (1984), S. 171 – 191; Ferguson, Expectations of Modernity, S. 10; Gewald/Hinfelaar/Macola, Introduction, S. 3; Larmer, Rethinking African Politics, S. 241. Vgl. auch die Ausführungen in A. M. Mwanza/N. Mwamba/E. Kakuwa, The Structural Adjustment Programme in Zambia: Lessons from Experience, Harare 1992, vor allem S. 10 – 40.

884 Ferguson, Expectations of Modernity, S. 166 – 206; Karen Tranberg Hansen, The Informalization of Lusaka's Economy. Regime Change, Ultra-Modern Markets, and Street Vending, 1972 – 2004, in: Gewald/Hinfelaar/Macola (Hg.), One Zambia, S. 213 – 239. Zu Zaire siehe David van Reybrouck, Kongo. Eine Geschichte, Bonn 2013, S. 462f.

Anthropologe James Ferguson herausgearbeitet hat, die innerfamiliären Machtverhältnisse zwischen Stadt und Land. Minenarbeiter sahen sich nun in der Regel gezwungen, die Stadt nach der Pensionierung zu verlassen und zurück in ihre Heimatdörfer zu ziehen. Da sie dort auf die Unterstützung ihrer Verwandten angewiesen waren, galt es bereits zuvor verstärkt Rücksicht auf deren Wünsche zu nehmen und das umfasste neben ökonomischer Unterstützung auch „cultural compliance". Hatten viele Minenangestellte während der Boom-Jahre einen „kosmopolitischen Stil" gepflegt, „relaxing in bars and clubs, drinking bottled beer or liquor, listening to Western or ‚international' music, speaking English and mixing languages with ease, dressing smartly", mussten sie nun einen „localist style" an den Tag legen, um ihren Verwandten nicht vor den Kopf zu stoßen[885].

Laut Ferguson wurden diese urbanen Gruppen im Speziellen und Sambia im Allgemeinen in den 1980er Jahren von der sich zunehmend globalisierenden Weltgesellschaft abgeschnitten, zu der sie nach der Unabhängigkeit noch zu gehören schienen. Besonders greifbar wird dies mit Blick auf die internationalen Flugverbindungen des Landes. Hatten in den 1970er Jahren zahlreiche Airlines Lusaka angeflogen und existierten Direktverbindungen u.a. nach New York, Frankfurt, Belgrad oder Bombay, so gab es in den späten 1990ern nur noch eine einzige sporadische trans-kontinentale Verbindung nach London[886]. Während in weiten Teilen der Welt die globale Vernetzung an Fahrt aufnahm und auch in Sambia im Zuge der Strukturanpassungsprogramme bestimmte ökonomische Schranken gegenüber der Welt abgebaut wurden, lässt sich die von Ferguson beschriebene „disconnection" als parallel verlaufender Prozess der Deglobalisierung verstehen[887]. Weltbank und IWF mit Ngaire Woods ausschließlich als „Globalisierer" zu verstehen, wie es in der Literatur üblich ist, greift angesichts dieses Befundes zu kurz[888].

Nach zwei Ölkrisen und globalen Rezessionen war Sambia, das ehemalige *middle income country*, das noch 1973 kurz vor dem ökonomischen Take-off zu stehen schien, ein wahrlich armes Land geworden. Statt der politischen Unab-

---

885 Ferguson, Expectations of Modernity, S. 82–122, Zitate auf S. 112 und 91 f. Siehe auch Moore/Vaughan, Cutting Down Trees, S. 176 f.

886 Ferguson, Expectations of Modernity, S. 234–238.

887 Ebd., S. 234–254; auch James Ferguson, Global Shadows. Africa in the Neoliberal World Order, Durham/London 2006. Auf die Notwendigkeit nicht allein globale Verflechtungen, sondern auch Prozesse der Deglobalisierung und Nicht-Verflechtung in den Blick zu nehmen haben etwa Frederick Cooper und Jeremy Adelman eindrücklich hingewiesen. Cooper, What is the Concept of Globalization Good for?; Adelman, What Is Global History Now?. Für die Interpretation von Strukturanpassungsprogrammen als Instrumenten der Globalisierung siehe Woods, The Globalizers.

888 Woods, Globalizers.

hängigkeit in den 1970er Jahren die ökonomische Dekolonisierung folgen zu lassen, nahm die wirtschaftliche Abhängigkeit von internationalen Geldgebern ab Mitte der 1970er Jahre stetig zu. Und anstelle wachsender Verbindungen mit der Welt, nahm die globale Vernetzung des Landes nach 1979 eher ab.

Mehr Schulden – Die NOPECs und die zweite Ölkrise

Wie Sambia wurden auch die meisten anderen Entwicklungsländer im Zuge der zweiten Ölkrise dreifach getroffen. Sie zahlten, erstens, deutlich mehr für ihre Ölimporte und, zweitens, für Industrieprodukte aus den Industriestaaten, während, drittens, die Preise für ihre Rohstoffexporte im Zuge der folgenden Rezession einbrachen. Verglichen mit der ersten Welle gestiegener Importpreise nach 1973, so haben die Politikwissenschaftler Willard R. Johnson und Ernest J. Wilson III argumentiert, war der Einfluss gestiegener Ölpreise dieses Mal aber merklich größer[889].

Wie 1973/74 war der unmittelbare Effekt der Ölpreissteigerung 1979/80 in anderen Staaten der Dritten Welt noch deutlicher ausgeprägter als in Sambia. Gewann der zentralafrikanische Staat Ende der 1970er Jahre lediglich gut ein Viertel der benötigten Energie aus importiertem Öl, während der Rest nahezu vollständig aus heimischer Kohle und vor allem Wasserkraft stammte, mussten Länder wie Kenia, die Elfenbeinküste oder Tansania fast ihren gesamten kommerziellen Energieverbrauch mit eingeführtem Erdöl bestreiten[890]. Dementsprechend höher fiel in diesen Ländern auch der Anteil der Ölimporte an der Gesamtimportrechnung aus. In Kenia wuchs er von 1978 bis 1981 von 18 auf 37,3 Prozent, in der Elfenbeinküste von 9,6 auf 22 Prozent und in Tansania von 11,1 auf 30,8 Prozent. Im gleichen Zeitraum stiegen Guyanas Ölimporte von 24,6 auf 37,5 Prozent der Gesamtimportkosten und Indien erreichte 1980 einen Spitzenwert von 44,6 Prozent, obwohl es über eine substanzielle heimische Erdöl- und Kohleförderung verfügte[891].

Bemerkenswert an der kombinierten Erdöl- und Weltwirtschaftskrise ist, dass nun sogar Länder, die noch nach 1973 hohe Wachstumszahlen aufgewiesen und

889 Johnson/Wilson, Oil Crisis, S. 222.

890 Bank of Zambia, Report 1979, S. 38; Johnson/Wilson, Oil Crisis, S. 228, 232. Im Falle Tansanias wurden allerdings schätzungsweise 95 Prozent aller Energie nicht-kommerziell (Brennholz) genutzt.

891 World Bank, DataBank – World Development Indicators. Fuel imports (% of merchandise imports), https://databank.worldbank.org/data/reports.aspx?source=world-development-indicators, 4.1.2022.

zum Teil ein regelrechtes Wirtschaftswunder erlebt hatten, von der Rezession erfasst wurden. Brasiliens Wachstum brach 1981 nachhaltig ein. Südkorea verzeichnete 1980 erstmals seit den 1950er Jahren eine negative Wachstumsrate, setzte aber anschließend seine ökonomische Erfolgsgeschichte fort[892]. Besonders nachhaltig war der Bruch in der Elfenbeinküste. Das Land galt damals als die ökonomische Erfolgsgeschichte im postkolonialen Afrika mit durchschnittlichen Wachstumszahlen von 8 Prozent in den 1960ern und 6,7 Prozent in den 1970ern und dem – nach dem Ölexporteur Gabon – höchsten Pro-Kopf-Einkommen der Region. Grundlage des „Ivorian miracle“ war der rasant steigende Export von Kakao, Kaffee und Holz. Diese und weitere landwirtschaftliche Produkte dienten darüber hinaus als Grundstoffe für verarbeitende Betriebe, die Dosenfrüchte, Stoffe, Holz- und Gummiprodukte für den Export herstellten. Daneben entwickelte sich aber auch ein Industriezweig, der sich auf Importsubstitution spezialisierte und der – wie etwa in Sambia oder Kenia – auf importierte Inputs angewiesen war. Anders als in diesen Ländern handelte es sich dabei aber nicht um parastaatliche Unternehmen, sondern meist um Tochtergesellschaften französischer Firmen, die große Teile ihrer Gewinne ins Ausland transferierten. Als dann Ende der 1970er Jahre die Weltmarktpreise für die beiden wichtigsten Exportgüter – Kaffee und Kakao – einbrachen und sich gleichzeitig die Kosten für importiertes Erdöl vervielfachten, rutschten die Zahlungsbilanzen tief in den roten Bereich. Ein Defizit von $ 173 Millionen 1977 verzehnfachte sich auf $ 1.832 Millionen im Jahr 1980. Der Schuldenberg wuchs in derselben Zeit von $ 2,7 auf $ 5,8 Milliarden, während das Bruttoinlandsprodukt allein 1980 um 11 Prozent sank (siehe Tabelle 10)[893]. Vor diesem Hintergrund startete die Elfenbeinküste ein erfolgreiches Erdölexplorationsprogramm und setzte auf den Ausbau von Wasserkraftkapazitäten[894]. Außerdem begann die Regierung von Félix Houphouët-Boigny 1981 mit Unterstützung von IWF und Weltbank ein Strukturanpassungsprogramm, das das Land – wie Sambia – zu schmerzhaften Einschnitten verpflichtete, aber das Absinken der Wirtschaftsleistung des Landes in den 1980er Jahren dennoch nicht aufhalten konnte[895].

892 Siehe Harris, Third World, S. 30–45.

893 World Bank, The Cote d'Ivoire in Transition: From Structural Adjustment to Self-Sustained Growth. Bd. IV. Statistical Annexes, Washington 1987, S. 11, 15.

894 Johnson/Wilson, Oil Crisis, S. 230 f.

895 Zur Elfenbeinküste siehe Fieldhouse, Black Africa, S. 187–206; Robert M. Hecht, The Ivory Coast Economic ‚Miracle‘: What Benefits for Peasant Farmers?, in: Journal of Modern African Studies 21 (1983), 1, S. 25–53; Neil B. Ridler, Fixed Exchange Rate and Structural Adjustment Programmes: Cote d'Ivoire, in: Journal of Modern African Studies 31 (1993), 2, S. 301–308.

Tab. 10: Wirtschaftswachstum in Prozent in ausgewählten Entwicklungsländern, 1978–1983[896]

Land	1978	1979	1980	1981	1982	1983
Brasilien	3,2	6,8	9,1	-4,4	0,6	-3,4
Elfenbeinküste	10,9	2,4	-11,0	3,5	0,2	-3,9
Guyana	-1,8	-1,8	1,7	1,5	-13,2	-6,8
Indien	5,7	-5,2	6,7	6,0	3,5	7,3
Kenia	6,9	7,6	5,0	3,8	1,5	1,3
Südkorea	10,8	8,6	-1,7	7,2	8,3	13,2
Tansania	2,7	2,7	-1,0	-0,3	-0,8	4,4

Indien und Kenia, deren Ölimportrechnungen besonders hoch waren, kamen vergleichsweise besser durch die Krise. Kenia bemühte sich durch den Ausbau der Wasser- und Thermalenergie sowie durch die Ethanolherstellung aus Biomasse und ein – wenig erfolgreiches – Ölexplorationsprogramm, die Öleinfuhren mittelfristig zu reduzieren. Kurzfristig setzte die Regierung vor allem auf die Erhöhung der Preise für Petroleumprodukte, um Bevölkerung und kommerzielle Nutzer zum Energiesparen zu bringen. Deutlich abgefedert wurden die hohen Ölimportkosten durch den Weiterexport von Raffinerieprodukten in die Nachbarländer ohne eigene Raffinerie. Der Wert dieser Reexporte belief sich 1980 immerhin auf 57 Prozent der Ölimporte[897]. Dennoch verschlechterten sich die kenianischen Terms of Trade und die Zahlungsbilanz ab 1978 massiv. 1980 lag das Zahlungsbilanzdefizit bei $ 876 Millionen, und die Schuldenlast verdreifachte sich zwischen 1977 und 1982 fast von $ 1 auf $ 2,8 Milliarden. Parallel verlangsamte sich das Wirtschaftswachstum, blieb aber, vor allem dank vorteilhafter Wetterbedingungen und entsprechend guter Ernten, auch in den frühen 1980er Jahren im positiven Bereich. Wie Sambia und die Elfenbeinküste einigte sich die kenianische Regierung, nach dem Tod Jomo Kenyattas 1978 mit Daniel arap Moi als Präsidenten, angesichts der finanziell schwierigen Lage mit IWF und Weltbank auf ein Strukturanpassungsprogramm. Dieses Austeritätsprogramm, das unter anderem durch mehrere Abwertungen des kenianischen Schilling helfen sollte,

896 World Bank, DataBank – World Development Indicators. GDP growth (annual %), https://databank.worldbank.org/data/reports.aspx?source=world-development-indicators, 4.1.2022. Daten zu Tansania aus World Bank, Tanzania. Economic Report. Towards Sustainable Development in the 1990s. Bd. II. Background Papers, Washington 1991, S. 141.

897 Zu Kenias Energiepolitik siehe Johnson/Wilson, Oil Crisis, S. 227–231; World Bank, Kenya: Issues and Options in the Energy Sector, Washington 1982.

die Zahlungsbilanzen ins Gleichgewicht zu bringen, bedeutete schmerzhafte Einschnitte für das ostafrikanische Land in Form von sinkenden Lebensstandards und wachsender Arbeitslosigkeit[898]. Auch habe die Situation, so D. Katete Orwa von der University of Nairobi, der Weltbank, dem IWF und westlichen Geberländern „undue influence on national policies" verschafft. „Kenya has become more externally dependent as it relies more and more on the goodwill of its friendly donor countries and financial institutions [...]."[899]

Tab. 11: Zahlungsbilanzen ausgewählter Entwicklungsländer in Millionen US-Dollar, 1978–1983[900]

Land	1978	1979	1980	1981	1982	1983
Brasilien	-6.996	-10.516	-12.831	-11.764	-16.317	-6.834
Elfenbeinküste	-895	-1375	-1833	-1140	-1024	-926
Guyana	-30	-83	-129	-183	-141	-157
Indien	692	50	-1.785	-2.698	-2.524	-1.937
Kenia	-659	-493	-876	-562	-305	-47
Südkorea	-1.085	-4.151	-6.845	-6.422	-5.542	-3.506
Tansania	-466	-345	-521	-407	-523	-305

Für Indien begann im Gefolge der zweiten Ölkrise eine Hochwachstumsphase, mit Wachstumsraten deutlich jenseits der häufig so bezeichneten „Hindu rate of growth" von 3,5 Prozent. Danach hatte es 1979 allerdings zunächst nicht ausgesehen. Im Februar musste Saudi-Arabien einspringen, um den Ausfall des iranischen Erdöls, von dem Indien stark abhängig war, auszugleichen und eine physische Ölknappheit zu verhindern[901]. In den Folgemonaten machten sich dann aber vor allem die rapiden Preissteigerungen für Öleinfuhren bemerkbar, die bald beinahe die Hälfte der Gesamtimportrechnung des Subkontinents ausmachten. Die nationale Wirtschaft gab auch unter dem Eindruck der Ölkrise 1979 stark nach

898 World Bank, Kenya Country Economic Memorandum, Washington 1983, S. vii–viii; Orwa, External Economic Relations; vgl. auch Fieldhouse, Black Africa, S. 163–173.

899 Orwa, External Economic Relations, S. 402.

900 World Bank, Data – Current Account Balance (BoP, current US$), https://data.worldbank.org/indicator/BN.CAB.XOKA.CD?end=1988&locations=GY-BR-IN-KE-KR-TZ&start=1978&view=chart, 4.1.2022. Die Daten für die Elfenbeinküste enstammmen World Bank, The Cote d'Ivoire in Transition. Bd. IV, S. 11.

901 Swaminathan S. Aiyar, Riyad to India's rescue: oil, in: The Times of India, 26.2.1979, S. 1.

und die ins Amt der Premierministerin zurückgekehrte Indira Gandhi entschied sich, die Wirtschaft zu liberalisieren und frisches Geld beim Internationalen Währungsfonds zu leihen. 1981 schloss ihre Regierung den bis dahin größten Kredit mit dem IWF über $ 5,8 Milliarden zu erstaunlich vorteilhaften Bedingungen ab. In den Folgejahren verdoppelte sich dann aber die nationale Kohleproduktion, während sich die Ölförderung verdreifachte. Der Anteil der Petroleumimporte an den Gesamteinfuhren sank entsprechend auf gut 30 Prozent 1983 und halbierte sich bis 1986 noch einmal. Landwirtschaft und Industrie wiesen ebenfalls beeindruckende Wachstumszahlen auf, so dass die indische Regierung den IWF-Kredit schließlich nicht voll ausnutzen musste und bereits 1984 komplett zurückzahlte[902].

Weit weniger vorteilhaft war die Lage im karibischen Guyana, um ein letztes Beispiel aus einer anderen Weltregion zu nennen. Im August 1979 zeichnete Premier Linden Forbes Sampson Burnham in seiner Rede vor dem National Council im Sophia Center in Georgetown ein Bild der ökonomischen Lage, das den anwesenden Gästen aus anderen Dritt-Welt-Staaten, nicht zuletzt jenen aus Sambia, sehr bekannt vorkommen musste. Burnham verwies auf die stark gestiegenen Erdölpreise, die höheren Kosten für Importe aus den Industriestaaten und die schwankenden Weltmarktpreise für Guyanas Hauptexportgut Zucker. Dessen Preis liege momentan weit unter den Produktionskosten. Ein Blick auf Tabelle 11 offenbart die negativen Folgen dieser miteinander verbundenen Entwicklungen für die Zahlungsbilanzen des Inselstaates. Angesichts der Problemlage, so Burnham, sei es nun unvermeidbar, Energie zu sparen und auf günstigere Energieträger umzusteigen. Er erklärte kategorisch: „[T]here is no alternative. The rich United States has enforced fuel conservation and oil-producing Romania has introduced stern measures to cut down fuel consumption.“ Warum, so schloss er den Gedankengang mit einer rhetorischen Frage ab, solle „poor developing Guyana continue to be wasteful of a commodity which it can hardly afford to purchase“? Mittelfristig gelte es außerdem, die eigenen hydroelektrischen Kapazitäten auszubauen und ein Erdölexplorationsprogramm auf den Weg zu bringen[903]. Wie in vielen Entwicklungsländern halfen diese Schritte angesichts der

902 Rothermund, Economic History of India, S. 163f; Kishore C. Dash, India's International Monetary Fund Loans: Finessing Win-Set Negotiations within Domestic and International Politics, in: Asian Survey 39 (1999), 6, S. 884–907; World Bank, DataBank – World Development Indicators. Fuel imports (% of merchandise imports), https://databank.worldbank.org/data/reports.aspx?source=world-development-indicators, 4.1.2022.

903 UNIPA, UNIP 8/1/120, Bl. 270 – 292, hier vor allem Bl. 271 und 275: Address by Comrade L. F. S. Burnham, Leader of the People's National Congress, Prime Minister of Guyana at the Third

sich radikal verschlechternden Terms of Trade allerdings wenig. Den Bauxitminen, dem anderen wichtigen Wirtschaftszweig neben Zucker, fehlten wie den produzierenden Betrieben Devisen für die notwendigsten Importe an Ersatzteilen und Maschinen, so dass die Produktion sank. Guyana versuchte sich mithilfe von IWF- und Weltbankkrediten an einem Strukturanpassungsprogramm, war aber dennoch immer weniger in der Lage, seinen Zahlungsverpflichtungen nachzukommen, und häufte wie Sambia einen Berg an nicht bezahlten Rechnungen an. Vor diesem Hintergrund brach das Bruttoinlandsprodukt des Landes in den Jahren 1982/83 um gewaltige 20 Prozent ein[904].

Abgesehen von den ostasiatischen „Tigern" und wenigen Ausnahmen wie Indien verschärfte die zweite Öl- und Weltwirtschaftskrise die Probleme der Öl-armen Entwicklungsländer also massiv. Während die Wachstumszahlen weiter einbrachen, litten die Zahlungsbilanzen unter dem Gewicht von gestiegenen Importkosten – für Öl und Industriegüter – und sinkenden Erlösen für die eigenen Exportprodukte. Angesichts des Schuldenbergs, den diese Länder häufig bereits im Gefolge der ersten Ölkrise angehäuft hatten, waren private Bankhäuser immer weniger bereit, mit frischen Krediten auszuhelfen und Petrodollar in den Süden zu recyceln. In dieser Situation blieb Staaten wie Sambia oder Guyana nur noch der Weg zu Weltbank und Internationalem Währungsfonds, deren Strukturanpassungskredite an zunehmend striktere Bedingungen geknüpft waren und den Handlungsspielraum der nationalen Regierungen spürbar einschränkten. Statt zunehmender wirtschaftlicher Entwicklung und Selbstständigkeit, der erhofften ökonomischen Dekolonisation, brachten die späten 1970er Jahre zunehmende Abhängigkeit von den internationalen Finanzinstitutionen.

UNCTAD V in Manila – Streit um den Ölpreis

Wie sehr sich die Öl-armen Staaten der Dritten Welt 1979 durch die erneuten Ölpreissprünge bedroht fühlten und wie wenig sie bereit waren, diese wie 1973 weitgehend ruhig hinzunehmen, verdeutlichen die Diskussionen auf der fünften Welthandelskonferenz, die im Mai und Juni 1979 in Manila stattfand. Wie die vorangegangene UNCTAD-Konferenz in Nairobi 1976 hatten die Abgesandten der Dritten Welt das Treffen in der philippinischen Hauptstadt mit dem weitreichenden Ziel begonnen, die Weltwirtschaft grundlegend zu restrukturieren. In seiner

---

Biennial Congress of the People's National Congress at Sophia Centre, Georgetown on 23rd August, 1979.

904 World Bank, Economic Memorandum on Guyana, Washington 1981, vor allem S. i–vii und World Bank, Guyana. A Framework for Economic Recovery, Washington 1985, S. i–vi.

Eröffnungsrede benannte es der philippinische Präsident Ferdinand Marcos dementsprechend als Aufgabe der versammelten Delegierten, „to design and build a new world economic order“[905]. Und dieses Ziel der Etablierung einer Neuen Weltwirtschaftsordnung fehlte in kaum einem der Statements der Sprecher aus der Dritten Welt, die die ersten Wochen des Treffens füllten[906]. Dieses Mal sollten die Ergebnisse der vierwöchigen Mammutkonferenz mit 5.000 Teilnehmerinnen und Teilnehmern aber noch weniger ertragreich sein als in den Jahren zuvor. *Die Zeit* sprach von einem „Fiasko“, während die *Times of India* befand, „UNCTAD V has less to show for itself than previous sessions“[907]. Doch das lag in Manila – und diese Einschätzung formulierten nicht allein westliche Beobachter*innen – weniger an der ablehnenden Haltung der reichen Industriestaaten als an Streitigkeiten innerhalb der Gruppe der 77, wobei das Öl zum „Zankapfel“ wurde[908].

Am 14. Mai, eine Woche nach Konferenzbeginn, hatte Kolumbiens Chefdelegierter, Alfonso Palacio Rudas, erklärt, er müsse ein Thema von größter Wichtigkeit ansprechen: „the increasing problem of underdevelopment resulting from the shifting of the burden of the new international adjustment brought by the rise in oil prices“. Seiner Meinung nach konnten die Industriestaaten die höheren Ölkosten durch aufgeblähte Preise für ihre Güter und Dienstleistungen weitergeben, während Entwicklungsländer wie Kolumbien die wahren Leidtragenden seien, deren Zahlungsbilanzen und Wachstumsaussichten ernsthaft in Mitleidenschaft gezogen würden[909]. Später präzisierte Rudas: „We think that OPEC producers should not impose a heavier burden on weaker economies: This is simply justice and morality.“ Erdöl gehöre daher ebenfalls auf die UNCTAD-Agenda. „We are talking here about cotton fibres and sugar. Why not oil too? We want fairplay in world trade.“ Öl auf die UNCTAD-Agenda zu setzen, sei für ihn

---

905 Address of President Marcos at the opening ceremonies of UNCTAD V, 7.5.1979, https://www.officialgazette.gov.ph/1979/05/07/address-of-president-marcos-at-the-opening-ceremonies-of-unctad-v/, 4.1.2022.

906 Vgl. dazu United Nations, Proceedings of the United Nations Conference on Trade and Development. Fifth Session, Manila, 7 May–3 June 1979. Bd. 2. Statements by Heads of Delegation, New York 1983.

907 Wolfgang Hoffmann, Absurdes Theater in Manila, in: Die Zeit, 8.6.1979, S. 20; O. A., One More UNCTAD, in: The Times of India, 5.6.1979, S. 8.

908 Hoffmann, Absurdes Theater in Manila, in: Die Zeit, 8.6.1979, S. 20; vgl. Swaminathan S. Aiyar, What Went Wrong at Manila and Why, in: The Times of India, 9.6.1979, S. 8; O. A., UNCTAD 5 a Watershed – Not a Success, in: The Guardian, 6.6.1979, S. 19.

909 Statement made at the 158th plenary meeting, on 14 May 1979, by Mr. Alfonso Palacio Rudas, Ambassador Extraordinary and Plenipotentiary of Colombia, in: United Nations, Proceedings UNCTAD Manila, S. 56–60.

letztlich sogar wichtiger als die Einheit der G77[910]. Drei Tage später legte Fernando Altmann Ortíz, der Chefdelegierte Costa Ricas nach. Zwar erkannte er das „legitime Recht" der OPEC an, einen „fairen Preis" für ihre endliche Ressource zu verlangen, und befand, dass die Industriestaaten die gestiegenen Energiekosten direkt an die Entwicklungsländer weitergäben, doch auch er wollte Erdöl zum Thema in Manila machen: „We firmly believe that, in considering the subject of economic development and a new international economic order to promote such development, it is essential to refer to the question of petroleum [...]." Daher stelle Costa Rica mit der Unterstützung verschiedener mittelamerikanischer Staaten formal den Antrag, Energie auf die Konferenzagenda zu setzen[911].

Diese Intervention der Mittelamerikaner, so kommentierte Swaminathan S. Aiyar in der *Times of India*, „shifted the spotlight at UNVTAD-V away from the developed countries to the Organisation of Oil Production [sic] Exporting Countries"[912]. Die OPEC-Staaten weigerten sich in Manila jedoch ebenso kategorisch wie auf früheren Treffen, über Öl zu sprechen. Das Resultat war ein tiefgehender Streit innerhalb der Gruppe der 77, der die Konferenz blockierte. „Drei Wochen lang bewegte sich auf der Konferenz nichts", konstatierte die *Zeit*[913]. Erst dann hatten sich die Entwicklungsländer auf eine gemeinsame Verhandlungsposition geeinigt, wobei sich die Erdölexporteure mit Unterstützung der Afrikaner und Asiaten durchsetzten, das Energiethema außen vor zu lassen[914]. Zu diesem Zeitpunkt war es allerdings bereits zu spät, um die komplizierten Verhandlungen zu einem erfolgreichen Ende zu führen, zumal die Industriestaaten sich ihrerseits erst am letzten Konferenztag ebenfalls bereit erklärten, das Ölpreisthema aus den Resolutionen zu halten[915]. Letztlich kamen die Delegierten aus den Industrie-

---

910 Zitate aus Iain Duest, Latin America Slams OPEC Oil Price Rises, in: The Guardian, 16.5.1979, S. 17 und Iain Duest, Third World Split at UNCTAD, in: The Guardian, 22.5.1979, S. 24.

911 Statement made at the 164th plenary meeting, on 17 May 1979, by Mr. Fernando Altmann Ortíz, Minister of Economic Affairs, Industry and Trade of Costa Rica, in: United Nations, Proceedings UNCTAD Manila, S. 62–64. Vgl. auch PA AA, B 37/110709: Fernschreiben Botschaft Manila an AA, Nr. 297, 27.5.1979.

912 Swaminathan S. Aiyar, Latin Nations Rap OPEC Policy, in: The Times of India, 23.5.1979, S. 9. Vgl. auch die Einschätzung im State Department: Briefing Memorandum From Director of the Policy Planning Staff (Lake) to Secretary of State Vance, 22.6.1979, in: FRUS 1977–1980. Bd. III, Dok. 330.

913 Hoffmann, Absurdes Theater in Manila, in: Die Zeit, 8.6.1979, S. 20.

914 O. A., Fourth Week with Promise, in: Times of Zambia, 29.5.1979, S. 2; Aiyar, Latin Nations Rap OPEC Policy, in: The Times of India, 23.5.1979, S. 9.

915 Swaminathan S. Aiyar, What Went Wrong at Manila and Why, in: The Times of India, 9.6.1979, S. 8; O. A., UNCTAD 5 a Watershed – Not a Success, in: The Guardian, 6.6.1979, S. 19.

staaten „ungerupft“[916] durch eine Konferenz, die viele im Vorhinein als konfrontatives „Tribunal gegen die Industriestaaten“ antizipiert hatten[917]. Mit Blick auf die Uneinigkeit innerhalb der G77 äußerte ein westlicher Abgesandter nach Ende der Abschlusssitzung: „We've called their bluff.“[918] Last-Minute-Konzessionen waren in dieser Situation – anders als in den Vorjahren – nicht notwendig. „From a Western vantage point“, so kommentierte der britische *Guardian*, „the pressure is clearly off.“[919] Die Uneinigkeit der Dritten Welt in der Ölfrage hatte entscheidend dazu beigetragen zu verhindern, dass in Manila nennenswerte Schritte in Richtung einer Neuen Weltwirtschaftsordnung gemacht werden konnten.

Es waren im Übrigen nicht allein die Mittelamerikaner, die ein Interesse an einer Diskussion der Ölpreise hatten. Die *Times of India* bemerkte: „Many oil-importing nations of Asia and Africa are secretly happy that the issue has been raised in such blunt terms, but for tactical reasons, they feel UNCTAD is the wrong place to bring up the subject.“[920] Insbesondere die Afrikaner fürchteten, dass sie die OPEC-Staaten verärgern und diese zugesagte Hilfsgelder zurückziehen könnten[921]. Außerdem sei es „vital for the developing nations“, so räsonnierte die indische *Times* weiter, „to present a united front at Manila in order to put maximum pressure on the developed countries. A more appropriate forum for demanding cheaper oil would be the non-aligned bureau [...].“[922] Genau dort ging die Diskussion dann tatsächlich weiter. Im Juni traf sich das Koordinierungsbüro in Colombo, Sri Lanka, wo Jamaika, Guyana und der Irak Vorschläge zum Umgang mit der Ölpreisproblematik machten. Wie Dennis Benn schreibt, war es vor allem eine Gruppe aus Guyana, Indien, Jamaika und Jugoslawien, die im Rahmen der Bündnisfreien versuchte, Konzessionen von den Erdölexporteuren zu erwirken. Schließlich scheiterten die Bemühungen aber an der Weigerung der OPEC-Staaten, die mögliche Eingriffe in ihre Preispolitik grundsätzlich ablehnten[923]. Den-

916 Hoffmann, Absurdes Theater in Manila, in: Die Zeit, 8.6.1979, S. 20.
917 O. A., Dritte Welt: Von den Reichen gebeutelt?, in: Der Spiegel, 7.5.1979, S. 142.
918 Zitiert nach o. A., UNCTAD 5 a Watershed – Not a Success, in: The Guardian, 6.6.1979, S. 19.
919 Ebd.; vgl. auch Hoffmann, Absurdes Theater in Manila, in: Die Zeit, 8.6.1979, S. 20. Auch die bundesdeutsche Delegation sah die Streitigkeiten innerhalb der G77 als wichtigen Grund für den vergleichsweise geringen Druck der Entwicklungsländer. PA AA, B 1/178822: Fernschreiben Botschaft Manila an AA, Nr. 343, 4.6.1979.
920 Aiyar, Latin Nations Rap OPEC Policy, in: The Times of India, 23.5.1979, S. 9.
921 Guest, Third World Split at UNCTAD, in: The Guardian, 22.5.1979, S. 24.
922 Aiyar, Latin Nations Rap OPEC Policy, in: The Times of India, 23.5.1979, S. 9. Ähnlich kommentierte auch die indonesische Zeitung Merdeka. Vgl. PA AA, B 37/110709: Fernschreiben Botschaft Jakarta an AA, Nr. 360, 1.6.1979.
923 Benn, Multilateral Diplomacy, S. 164–168.

noch war die Botschaft bei den Ölexporteuren angekommen, wie die Protokolle der OPEC-Treffen des Jahres 1979 offenbaren. Vor allem nach der UNCTAD-Konferenz – siehe Kapitel 5.2 – diskutierten die Ölminister intensiv über Wege, den übrigen Entwicklungsländern zu helfen und die Einheit der Dritten Welt zu festigen.

5.4 Zwischenfazit

„As a shock to the international system“, so urteilte Ian Skeet in den späten 1980er Jahren über die zweite Ölkrise, „this was greater than that of December 1973.“[924] Ökonomisch trafen die rapiden Ölpreissteigerungen die Konsumenten nach Jahren der ökonomischen Schwierigkeiten sowohl in den Industrie- als auch den Entwicklungsländern tatsächlich härter als sechs Jahre zuvor. Die Ölexporteure gewärtigten hingegen einen erneuten Geldsegen, der ihre Zahlungsbilanzen gewaltig aufbesserte. Das hatte Auswirkungen auf die gefühlten Machtverhältnisse auf der Welt. „[T]he consumers [were] paralyzed by fear“, so schreibt Francisco Parra vielleicht etwas zu pointiert in seiner Geschichte des Öls, „[t]he cartel was drunk with power.“[925] In jedem Fall aber fühlte sich der Westen 1979 durch die Ölmacht der OPEC ebenso verwundbar wie während der ersten Ölkrise – die USA sogar deutlich stärker als 1973/74. Die Ölexporteure ihrerseits waren gewillt, ihren gestiegenen Einfluss für die Etablierung einer Neuen Weltwirtschaftsordnung geltend zu machen. Dennoch gingen von der zweiten Ölkrise – anders als bei der ersten – kaum Impulse für die Nord-Süd-Diskussion aus. Das lag an der Paralyse der OPEC durch den Iran-Irak-Krieg, aber auch an den Konflikten innerhalb der Dritten Welt, hervorgerufen durch die ökonomische Belastung der Öl-armen Entwicklungsländer aufgrund der Ölpreissteigerungen. Hatten die Machtverschiebungen in der Welt des Öls in den 1970er Jahren die Diskussion um eine Neue Weltwirtschaftsordnung zunächst stark befeuert, so erodierten die divergierenden wirtschaftlichen Folgen für OPEC-Staaten und NOPECs mittelfristig die Basis für die Einheit der Dritten Welt. Die Schere zwischen den verschiedenen Gruppen des Südens öffnete sich immer weiter. Wie die Streitigkeiten innerhalb der Gruppe der 77 während der UNCTAD-Konferenz in Manila verdeutlichen, drohte das Öl 1979 von einer Waffe zur Belastung im Kampf um die Neue Weltwirtschaftsordnung zu werden.

924 Skeet, OPEC, S. 157.
925 Parra, Oil Politics, S. 239.

Anstatt der politischen Unabhängigkeit in den 1970er Jahren die ökonomische Dekolonisation im Rahmen einer neuen und gerechteren Weltwirtschaftsordnung folgen zu lassen, sahen sich viele Öl-arme Entwicklungsländer mit stagnierenden oder gar sinkenden Einkommen bei stetig wachsenden Schulden konfrontiert. In dieser Situation hatten sie – wie Sambia, Guyana oder die Elfenbeinküste – praktisch keine andere Wahl mehr, als sich an die internationalen Finanzinstitutionen zu wenden. IWF und Weltbank halfen ihnen zwar mit frischem Geld, griffen aber im Gegenzug indirekt in die Wirtschaftspolitik der Länder ein. So endeten die 1970er Jahre aus der Perspektive vieler Dritte-Welt-Staaten letztlich mit geringerer ökonomischer Unabhängigkeit, als sie begonnen hatten.

6 Das Ende der Neuen Weltwirtschaftsordnung, 1979–1983

1986 veröffentlichte der Wirtschaftswissenschaftler Nigel Harris ein Buch mit dem programmatischen Titel „The End of the Third World". Er fokussierte vor allem auf die rasante wirtschaftliche Entwicklung der Schwellenländer in Ostasien und Lateinamerika, die, so argumentierte er, mit den „low-income countries" heute genauso wenig gemein hätten, wie Letztere mit den Industriestaaten. Damit sei dem „Third Worldism" die Grundlage entzogen. In einer zentralen Passage des Buches heißt es: „The Third World is disappearing. Not the countries themselves, nor the inhabitants, much less the poor who so powerfully coloured the original definition of the concept, but the argument. Third Worldism began as a critique of an unequal world, a programme for economic development and justice, a type of national reformism dedicated to the creation of new societies and a new world."[926] Die Forderung nach einer Neuen Weltwirtschaftsordnung war zentraler Bestandteil dieses „Third Worldism" in den 1970er Jahren. In den frühen 1980ern verschwand auch sie, so die These dieses Kapitels, von der internationalen Agenda. Das lag einerseits an der zunehmenden ökonomischen Interessendivergenz unter den Entwicklungsländern, wie zunächst anhand der Hängepartie um den Common Fund verdeutlicht wird. Andererseits ließen wichtige westliche Akteure jede Konzessionsbereitschaft vermissen und verloren zusehends das Interesse an der Weiterführung des Nord-Süd-Dialogs, als eine Schwemme auf dem Ölmarkt eintrat und die OPEC ihre Ölmacht weitgehend einbüßte. Das Schicksal des Brandt-Reports, das Scheitern der sogenannten „globalen Verhandlungen" und des Nord-Süd-Gipfels in Cancún zeugen von dieser Entwicklung. Den Schlusspunkt bildet der G-7 Gipfel in Williamsburg, auf dem die Nord-Süd-Thematik erstmals gar keine Rolle mehr spielte.

6.1 Die Hängepartie um den Common Fund, Genf 1980

„The story of the Common Fund is a story of a negotiating success", schrieb der ehemalige UNCTAD-Generalsekretär Gamani Corea Anfang der 1990er Jahre. „The negotiations were long and complex. But they ended with the adoption, on the basis of unanimity, of the Articles of Agreement of a legally binding instrument that provided for the establishment of a new institution concerned with the sta-

926 Harris, The End of the Third World, S. 144 und 200.

https://doi.org/10.1515/9783110770001-010

bilization of commodity prices. This was on any reckoning a considerable achievement."[927] Tatsächlich erzielten Industrie- und Entwicklungsländer im Juni 1980, nach vier Jahre währenden Verhandlungen, eine Einigung über die Einrichtung eines „Gemeinsamen Fonds". Dieser sollte das Herzstück des „integrated program for commodities" sein – eines Programms, das Stephen Krasner völlig zu Recht das „centerpiece of Third World efforts to alter existing regimes during the mid-1970s" nannte[928]. Dennoch ist die Geschichte dieses Projekts keine Erfolgsgeschichte aus Sicht jener, die für eine Neue Weltwirtschaftsordnung stritten, und Coreas positive Bewertung wohl vor allem dem Wunsch geschuldet, sein Projekt, sein „Kind"[929], wie es ein Gesprächspartner nannte, in ein positives Licht zu rücken. Warum der Common Fund letztlich enttäuschte, wird in diesem Unterkapitel mit Blick auf das Verhandlungsergebnis und vor allem das Drama um die (Nicht-) Ratifizierung des Fonds erläutert.

Quelle oder Pool? Die Genfer Verhandlungen um den Common Fund

Die UNCTAD-Konferenz in Nairobi hatte im Mai 1976 mit dem Versprechen der Industriestaaten geendet, sich auf Gespräche über einen Gemeinsamen Fonds zur Stabilisierung der Rohstoffpreise einzulassen. Das heiße aber noch nicht – so die Delegierten des Westens –, dass sie einem solchen Fonds letztlich zustimmen würden, sondern nur, dass sie bereit seien, das Konzept zu prüfen. Im Folgejahr, während der Schlussphase des Pariser Nord-Süd-Dialogs waren sie dann einen Schritt weiter gegangen und hatten erklärt, den Common Fund grundsätzlich zu akzeptieren. Vor diesem Hintergrund begannen Ende 1976 im Genfer Palais des Nations die Verhandlungen, die zwei separate Bereiche umfassten. Erstens ging es um den Abschluss weiterer internationaler Rohstoffabkommen – etwa für Kupfer, Eisenerz oder Tee –, die anschließend auf den Gemeinsamen Fonds würden zugreifen können. Zweitens verhandelten die Abgesandten aus Nord und Süd über dessen konkrete Ausgestaltung. Im Zentrum stand die Frage, was für einen Common Fund man zu erschaffen gedenke. Dabei gingen – wie bereits in den Abschnitten zu den Konferenzen in Nairobi und Paris erläutert – die Konzeptionen zwischen den Entwicklungs- und den Industrieländern deutlich auseinander.

---

927 Corea, Taming Commodity Markets, S. 69.

928 Krasner, Structural Conflict, S. 69. Ganz ähnlich etwa US-Außenminister Cyrus Vance in Memorandum From Secretary of State Vance to President Carter, 18. 8. 1978, in: FRUS 1977 – 1980. Bd. III, Anhang zu Dok. 314.

929 Gamani Corea/Altaf Gauhar, Interview, in: Third World Quarterly 1 (1979), 3, S. 1 – 16, hier S. 9.

Die Gruppe der 77 imaginierte den Fonds als unabhängige „source of finance". Er sollte durch substanzielle direkte Beiträge der Teilnehmerländer finanziert werden und darüber hinaus am Kapitalmarkt Geld aufnehmen können, um Rohstofflager zu finanzieren, die dabei helfen sollten, die erfahrungsgemäß stark volatilen globalen Rohstoffpreise zu stabilisieren. Die Lager an sich sollten im Rahmen internationaler Rohstoffabkommen betrieben werden, in denen sich die wichtigsten Importeure und Exporteure eines bestimmten Produkts zusammenschlossen. Diese vereinbarten einen Mindestpreis für ihren Rohstoff, den sie verteidigten, indem sie in Zeiten schwacher Preise kauften, das Produkt in einem *buffer stock* einlagerten und so die globale Nachfrage steigerten. Näherte sich der Rohstoff dem verabredeten Höchstpreis, sollte das Management des Ausgleichslagers wiederum das Angebot vergrößern, indem es aus den Lagerbeständen verkaufte. Eines der zentralen Probleme beim Abschluss solcher internationaler Rohstoffabkommen war, dass die Finanzierung der Ausgleichslager schwierig war, weswegen in den späten 1970er Jahren lediglich vier solcher Abkommen existierten. Der Common Fund, an den die G77 dachte, sollte dieses Finanzierungsproblem lösen und so als Katalysator für den Abschluss weiterer Rohstoffabkommen wirken. Er sollte, in den Worten Coreas, „a kind of pathbreaker for the New International Economic Order" sein[930].

Die Industriestaaten favorisierten hingegen einen Gemeinsamen Fonds, der als „Pool" funktionieren und sehr viel passiver agieren sollte. Die Regierungen der Teilnehmerländer sollten lediglich einen kleinen Betrag entrichten, um die administrativen Kosten zu decken, während die Mittel für das Betreiben der Ausgleichslager über die Rohstoffabkommen selbst (bzw. von den jeweils beteiligten Ländern) bereitzustellen seien. Der einzige Vorteil eines solchen Fonds lag letztlich im finanziellen Bereich. Da es unwahrscheinlich erschien, dass die Preise aller Rohstoffe gleichzeitig gestützt werden müssten, reduzierte das „Poolen" der Mittel in einem Gemeinsamen Fonds den Finanzbedarf des Gesamtunterfangens. Dies machte aber die Finanzierung der einzelnen Rohstoffabkommen in keiner Weise leichter und der Fonds konnte daher nicht als „catalytic agent" dienen[931].

930 Corea, Taming Commodity Markets, S. 77 f; vgl. Konrad Seitz, The Negotiations on the Common Fund, in: Intereconomics 13 (1978), 3/4, S. 60 – 64.

931 Corea, Taming Commodity Markets, S. 77 f; Als „catalytic agent" bezeichnete Corea den Fonds in einem Interview. Siehe Corea/Gauhar, Interview, S. 4. Zur westlichen Position siehe etwa Memorandum From Guy Erb of the National Security Council Staff to the President's Assistant for National Security Affairs (Brzezinski), 9.11.1977, in: FRUS 1977 – 1980. Bd. III, Dok. 284; Memorandum From Secretary of State Vance to President Carter, 18.8.1978, in: ebd., Anhang zu Dok. 314; vgl. auch NAL, PREM 16/2287: Tel. FCO an Certain Missions, 13.11.1978.

Die kommunistischen Staaten, die an den Genfer Verhandlungen ebenfalls beteiligt waren, verhielten sich insgesamt abwartend.

Verkompliziert wurden die Gespräche außerdem durch eine neue Forderung, die vor allem von den afrikanischen Delegierten vehement unterstützt wurde – die Ergänzung des Common Fund um ein sogenanntes „zweites Fenster". Aus diesem zweiten Topf, der aus freiwilligen Spenden gespeist werden sollte, sollten „andere Maßnahmen" finanziert werden, um die Entwicklungsländer im Rohstoffbereich zu stärken: z. B. im Bereich der Forschung oder der Weiterverarbeitung von Rohstoffen vor Ort. Der Hintergrund war, dass gerade die ärmeren Rohstoffproduzenten befürchteten, von den Preisstabilisierungsmaßnahmen des „ersten Fensters" wenig zu profitieren. Im Westen stieß diese Erweiterung des Gemeinsamen Fonds allerdings auf massive Ablehnung und die Verhandlungen gerieten in eine Sackgasse. In dieser Situation setzten die afrikanischen Staaten Ende 1977 eine Aussetzung der Gespräche auf unbestimmte Zeit durch, die nur wieder aufgenommen würden, wenn alle Beteiligten der Schaffung eines „zweiten Fensters" zustimmten[932].

Es dauerte fast ein Jahr, bis die Delegierten im November 1978 wieder zusammenkamen. Bis zum März 1979, rechtzeitig vor Beginn der fünften großen UNCTAD-Konferenz in Manila, hatten sie alle großen Streitpunkte ausgeräumt und sich auf die „fundamental elements of the Common Fund" geeinigt[933]. Der Widerstand der Industriestaaten gegen das „zweite Fenster" hatte sich praktisch in Luft aufgelöst[934]. Sogar die Deutschen, lange die vehementesten Gegner der gesamten Common-Fund-Idee, hatten ihre Meinung geändert. Noch im November 1978 hatte der britische Premierminister im Telefonat mit seinem jamaikanischen Kollegen Michael Manley konzediert: „[W]e on the whole have had to pull the Germans along with us." Angesichts der deutschen Haltung sei es besonders wichtig, so Callaghan, dass Manley auf dem anstehenden kleinen Nord-Süd-Gipfel in Kingston auf Kanzler Schmidt einwirke: „Basically, the important thing is

---

932 Corea, Taming Commodity Markets, S. 85 – 87; O. A., Rich-Poor Talks Urged, in: Times of Zambia, 14.12.1977, S. 3; Overseas Development Institute, Whither the Common Fund?, in: ODI Briefing Paper 4 (1978).

933 Die „Fundamental elements of the Common Fund" finden sich als Annex I in UNCTAD, Report of the United Nations Negotiating Conference on a Common Fund Under the Integrated Programme for Commodities on its Third Session, Geneva, 12 to 19 March 1979 (TD/IPC/CF/CONF/19), 28.3.1979.

934 Siehe etwa NAL, PREM 16/2287: Tel. FCO an Certain Missions, 13.11.1978; vgl. auch AEI, COM (78) 496 final, http://aei.pitt.edu/5132/1/5132.pdf, 4.1.2022: Communication from Commission to Council, Resumptions of Negotiations on the Common Fund, 29.9.1978; Corea, Taming Commodity Markets, S. 95; auch Edmund Dell, The Common Fund, in: International Affairs 63 (1986 – 87), 1, S. 21 – 38.

that you should see Schmidt."[935] Als der Bundeskanzler aus der Karibik nach Hause kam, schien er dann tatsächlich vom Gemeinsamen Fonds überzeugt zu sein[936]. Das freute nicht zuletzt das Auswärtige Amt in Bonn, das schon einige Monate auf einen solchen Positionswechsel hingearbeitet hatte, um den „fatalen Ruf" der Bundesrepublik in der Dritten Welt aufzupolieren[937].

Der Common Fund, auf den sich Nord und Süd bis März 1979 in Grundzügen verständigt hatten und dessen *Articles of Agreement* sie bis zum 27. Juni 1980 ausarbeiteten, sah dem Pool-Fund, den die Industriestaaten favorisiert hatten, letztlich ähnlicher. Sein Startkapital zur Stabilisierung der Rohstoffpreise im „ersten Fenster" betrug nun lediglich $ 400 Millionen, nicht die ursprünglich vorgeschlagene Milliarde. Der Rest sollte über die internationalen Rohstoffabkommen bereitgestellt werden, die Zugriff auf den Fonds erhalten sollten[938]. Dieser „considerably emasculated" Fonds, wie ihn der britische Ökonom und langjährige UNCTAD-Mitarbeiter Alfred Maizels bezeichnete, konnte schwerlich als „pathbreaker" für neue Rohstoffabkommen und die Neue Weltwirtschaftsordnung fungieren[939]. In anderen Bereichen kam er den Entwicklungsländern aber durchaus entgegen. Es gab ein „zweites Fenster" zur Finanzierung von Maßnahmen jenseits der Preisstabilisierung. Die Lagerkosten sollten zwischen Produzenten und Konsumenten geteilt werden. Außerdem erhielten die Dritte-Welt-Staaten im Common Fund ein viel größeres Mitspracherecht als in den älteren internationalen Finanzinstitutionen – etwa der Weltbank oder dem IWF.

935 NAL, PREM 16/2287: Prime Minister's Conversation with Mr. Manley on 29 November 1978.

936 O. A., Entwicklungshilfe: Farbige Sieben, in: Der Spiegel, 8.1.1979, S. 26 f; Heinz Blüthmann, Die Zeche zahlt der Verbraucher, in: Die Zeit, 2.2.1979, S. 23.

937 O. A., Nord-Süd-Konflikt: Fataler Ruf, in: Der Spiegel, 1.5.1978, S. 46–49.

938 Corea betont, dass der Common Fund dadurch keinesfalls „whittled down in size" und nicht bloß ein „shadow of the initial concept" sei, wie Kritiker behaupteten. Sollten internationale Abkommen für alle 18 avisierten Rohstoffe abgeschlossen werden und dem Fonds beitreten, würden weiterhin sechs Milliarden Dollar für die Finanzierung von Lagern (*buffer stocks*) zur Verfügung stehen. Zwei Milliarden durch die Beiträge der verschiedenen Abkommen und vier durch Anleihen des gemeinsamen Fonds auf dem Kapitalmarkt. Das wahre Problem ist aber, dass es ungleich schwieriger war, entsprechende Rohstoffabkommen erfolgreich auszuhandeln, ohne dass eine externe Finanzierung zur Verfügung stand. Corea, Taming Commodity Markets, S. 112 f. Entsprechende Kritik formulierte etwa Iain Guest im Guardian. Iain Guest, Poor Will Not Benefit from Commodity Fund, in: The Guardian, 2.7.1980, S. 13.

939 Alfred Maizels, A Clash of Ideologies, in: IDS Bulletin 15 (1984), 3, S. 18–23, hier S. 18. Eine ähnliche Einschätzung traf der Generaldirektor des OPEC Special Fund: Ibrahim Shihata, The OPEC Special Fund and the North-South Dialogue, in: Third World Quarterly 1 (1979), 4, S. 28–38, hier S. 36. L. N. Rangarjan sprach vom vereinbarten Common Fund als einer „Maus". L. N. Rangarjan, Commodity Conflict Revisited: From Nairobi to Belgrade, in: ebd. 5 (1983), 3, S. 586–609, hier S. 591.

Waren die Stimmanteile dort einzig an das eingezahlte Kapital gebunden, wodurch die westlichen Industriestaaten die Mehrheit hielten, sorgte hier ein anderes Berechnungsverfahren dafür, dass auf die Gruppe der 77 mit 47 Prozent die meisten Stimmen entfielen. Die marktwirtschaftlich orientierten Industrieländer hielten aber ebenfalls 42 Prozent der Stimmanteile, so dass sie bei wichtigen Entscheidungen, für die qualifizierte Mehrheiten notwendig waren, praktisch ein Veto einlegen konnten[940].

Die Dritte Welt hatte in diesem zentralen Bereich ihrer Agenda ein durchwachsenes Ergebnis erzielt. Dementsprechend schlossen die Verhandlungen, wie Generalsekretär Corea notierte, nicht mit dem Gefühl eines „überwältigenden Triumphes", aber doch der „Erleichterung und vorsichtigen Zufriedenheit"[941]. Der Sprecher der G77 räumte ein, „that the Fund being set up was far from being ideal when compared with the Fund as originally conceived"[942]. Dennoch gäbe es, wie auch die *Times of India* kommentierte, „reason to be gratified"[943]. Die Hauptsache sei, so erklärten UNCTAD-Offizielle, dass ein Anfang gemacht sei – „even such a modest one". Auch wenn der Fonds in seiner jetzigen Form sicher keine „central plank in a ‚new international economic order'" sei, auf die die Dritte Welt gehofft hatte[944]. In den Folgejahren sollte sich aber herausstellen, dass der Anfang noch gar nicht geschafft war. Das Drama um die Ratifizierung des Vertragswerks sollte fast ein Jahrzehnt dauern.

Das Ratifizierungsdrama

Nach der Einigung über den Common Fund im Juni 1980 hatte sich Gamani Corea zuversichtlich gezeigt, dass die neue Institution binnen eines Jahres das Licht der Welt erblicken würde. Dazu mussten mindestens neunzig Staaten, die wiederum mindestens zwei Drittel des vorgesehenen Startkapitals des Fonds beisteuern sollten, das Vertragswerk ratifizieren. Am 31. März 1982, dem Stichtag, an dem die beigetretenen Regierungen den Ratifizierungsprozess überprüfen wollten, hatten lediglich 26 Länder die notwendigen Schritte unternommen. Bis die Bedingungen

---

940 United Nations, Agreement Establishing the Common Fund for Commodities (TD/IPC/CF/CONF/25), New York 1981; vgl. auch Corea, Taming Commodity Markets, S. 100 f, 121.

941 Corea, Taming Commodity Markets, S. 105.

942 Zitiert nach ebd., S. 105.

943 O. A., A Happy Augury, in: The Times of India, 1.7.1980, S. 6.

944 Iain Guest, How the West Was Won…, in: The Guardian, 27.3.1979, S. 23.

erfüllt waren, vergingen fast zehn Jahre. Erst am 19. Juni 1989 konnte der Gemeinsame Fonds endlich die Arbeit aufnehmen[945].

Warum hatte das so lange gedauert? Zunächst einmal waren Ratifizierungsprozesse immer zeitaufwendig, weswegen Coreas Prognose grundsätzlich als über die Maßen optimistisch einzustufen ist[946]. Damit lässt sich eine Verzögerung des Prozesses um ein weiteres Jahr erklären, aber sicher nicht bis 1989. In den frühen 1990er Jahren brachte der ehemalige UNCTAD-Generalsekretär dann eine andere Erklärung vor: Es sei die Blockadehaltung der beiden Supermächte gewesen, die die Ratifizierung praktisch ausgeschlossen habe. Ohne den substanziellen Finanzbeitrag der Vereinigten Staaten (15,71 %) oder der Sowjetunion (6,21 %) sei es nahezu unmöglich gewesen, zwei Drittel des Fondskapitals zusammenzubekommen[947]. Tatsächlich hatte die scheidende Carter-Administration die Einigung über den Common Funds noch unterschrieben, bevor Reagans Team im Januar 1981 das Ruder in Washington übernahm. Doch bereits die alte Regierung hatte intern die Linie vertreten, den Common Fund nur dann zu ratifizieren, wenn „an adequate number of commodity agreements ready to associate with the Fund's buffer stock account" existieren würde[948]. Das sollte nicht geschehen. Die neue republikanische Regierung stand dem Common-Fund-Projekt – wie den Forderungen des Südens insgesamt – weit weniger aufgeschlossen gegenüber und erklärte 1985 kategorisch, das Abkommen nicht zu ratifizieren[949]. Die osteuropäischen Staaten wiederum hatten nach der Einigung von Genf angekündigt, den Gemeinsamen Fonds zunächst in Ruhe zu prüfen. Lange Zeit hielt sich Moskau daraufhin bedeckt. Erst unter Gorbatschow verkündete die Sowjetunion 1987, dass sie den Fonds gutheiße, womit der Weg für sein Inkrafttreten perspektivisch frei wurde[950].

Dieser Umstand unterstützt zweifelsohne Coreas These. Doch erklärt die Verweigerung der Supermächte die lange Verzögerung nur zum Teil. Da nahezu alle OECD-Länder außer den Vereinigten Staaten das Abkommen bis Mitte der 1980er Jahre ratifiziert hatten, hätte eine konsequentere Ratifizierung durch die Entwicklungsländer die notwendigen Bedingungen erfüllt. Warum schreckten so

945 Corea, Taming Commodity Markets, S. 124–135; Benn, Multilateral Diplomacy, S. 95–98.
946 Vgl. o. A., UNCTAD Trends Positive, in: The Times of India, 14.6.1983, S. 1.
947 Corea, Taming Commodity Markets, S. 128.
948 Memorandum From Acting Secretary of State Christopher to President Carter, 27.6.1980, in: FRUS 1977–1980. Bd. III, Dok. 346.
949 Corea, Taming Commodity Markets, S. 128 f; vgl. auch Steven G. Livingston, The Politics of International Agenda-Setting: Reagan and North-South Relations, in: International Studies Quarterly 36 (1992), S. 313–329.
950 Corea, Taming Commodity Markets, S. 129–132.

viele Regierungen der Dritten Welt vor diesem Schritt zurück, obwohl es sich beim Common Fund um eine Institution handelte, die sie über Jahre vehement gefordert hatten?

Ein Problem war, dass gerade die ärmsten Entwicklungsländer Schwierigkeiten hatten, die „minimum equal contribution" für den Fonds in Höhe von einer Million Dollar zu stemmen. Zwar hatte sich der OPEC Fund for International Development 1979 bereit erklärt, diese Kosten für die 35 ärmsten Staaten zu übernehmen, und Norwegen formulierte 1983 ein ähnliches Angebot, doch dauerte es, bis die entsprechenden Vereinbarungen unterzeichnet waren[951]. Auch versprach die Rohstoffpreisstabilisierung lediglich geringe Vorteile für die sogenannten *least developed countries*, deren Anteil an den Exporten gering war[952]. Das war ein Grund dafür gewesen, warum vor allem die afrikanischen Staaten auf die Einrichtung eines „zweiten Fensters" gedrungen hatten, dessen Volumen mit maximal $ 350 Millionen aber recht begrenzt war. Dennoch ratifizierten immerhin sieben *least developed* den Common Fund bis Ende März 1982, Ende 1983 waren es bereits 22 und 1988 trat mit den Malediven der 35. und letzte Staat, den die UN 1982 auf der Liste der am wenigsten entwickelten Länder geführt hatte, dem Abkommen bei[953].

Schwerer wog das zögerliche Verhalten anderer Staatengruppen. Bis zum Stichtag am 31. März 1982 hatte von den sogenannten Schwellenländern lediglich Südkorea ratifiziert. Erst Jahre später sollten mit Singapur (Dezember 1983) und Brasilien (Juni 1984) zwei weitere folgen. Ihren ökonomischen Interessen als Exporteuren von vornehmlich verarbeiteten Produkten war der Common Fund nicht dienlich[954]. Entsprechend hatten die britischen Gesandten bereits während der Verhandlungen in Genf mit Interesse festgestellt, „that the Brazilians may be getting fed up with the extremism of some of their G77 partners on North/South issues. [...] As their economy matures their interests should gradually shift them towards a position from which they could act as a force for moderation and

---

951 Vgl. Benn, Multilateral Diplomacy, S. 98; Corea, Taming Commodity Markets, S. 125 f.

952 Thomas K. Morrison, Africa and the Common Fund: UNCTAD's Integrated Program for Commodities, in: Africa Today 24 (1977), 3, S. 61 – 67.

953 Vgl. die Liste der *least developed countries* der Vereinten Nationen mit der „list of ratifications". United Nations, Creation of LDC category and timeline of changes to LDC membership and criteria, https://www.un.org/development/desa/dpad/least-developed-country-category/creation-of-the-ldc-category-and-timeline-of-changes-to-ldc-membership-and-criteria.html, 4. 1. 2022; The Common Fund: list of ratifications, in: Corea, Taming Commodity Markets, S. 251 – 253.

954 Vgl. Tosi, Dialogue with the Third World, S. 184 f. Singapurs Premierminister Lee Kuan Yew hatte bereits Ende 1978 in einem Interview zu verstehen gegeben, dass er von einem Gemeinsamen Fonds nicht allzu viel erwarte. Lee Kuan Yew/Altaf Gauhar, Interview, in: Third World Quarterly 1 (1979), 2, S. 1 – 6.

realism."[955] Auch die OPEC-Staaten, deren wirtschaftliche Interessen ebenfalls woanders lagen, zeigten sich zögerlich. Ende März 1982 hatten lediglich fünf der 13 OPEC-Staaten ratifiziert, darunter mit Algerien, Venezuela und dem Irak jene „Radikalen", die am entschiedensten für die Neue Weltwirtschaftsordnung eingetreten waren. Von den „moderaten" arabischen *low absorbern* hatte es keiner geschafft. Schließlich war es Saudi-Arabien, das am 16. März 1983 als erster dieser Staaten seine „instruments of ratification" bei den Vereinten Nationen hinterlegte[956].

Am selben Tag vollzog auch Sambia diesen Schritt. Dass die sambische Regierung für die Ratifizierung fast drei Jahre gebraucht hatte, ist erklärungsbedürftig. Schließlich war Sambia als wichtiger Kupferproduzent eines der Länder, die ein unmittelbares Interesse am Gemeinsamen Fonds haben mussten. In einem Artikel aus dem Jahr 1977 hatte der US-Ökonom Thomas Morrison prognostiziert, dass das Land zu den Hauptprofiteuren einer solchen Institution auf dem afrikanischen Kontinent zählen würde[957]. Entsprechend hielt auch der sambische Delegationschef H. K. Matipa in seinem Bericht über UNCTAD Nairobi fest, dass sein Land ein „direktes Interesse" am Common Fund habe, zumal der Abschluss von Rohstoffabkommen bislang meist am Fehlen finanzieller Ressourcen gescheitert sei. Er fuhr fort:

> For instance in the case of a copper buffer stock the burden of sharing or contributions would be unbearable if developing CIPEC producers were solely responsible for its financing. This is a valid technical argument in favour both of the principle of equitable producer-consumer participation, and the principle of the Common Fund. In view of the fact that CIPEC has espoused the idea of a copper buffer stock, and Zambia being a leading founder member of the Organization, we have a direct interest in the establishment of a Common Fund. It is therefore right and gratifying that Zambia has been among the first twenty countries or so which have announced their readiness to contribute to a Common fund.[958]

Das Problem aus sambischer Sicht war nun allerdings, dass der Gemeinsame Fonds in der beschlossenen Form das Finanzierungsproblem nicht löste, da er selbst nur über bescheidene Ressourcen verfügte. Das Gros der Mittel zur Lagerfinanzierung musste von den an den einzelnen internationalen Rohstoffabkom-

---

955 NAL, PREM 16/2287: Tel. FCO an verschiedene Botschaften, Nr. 168, 21.12.1978. Ganz ähnlich hatte die deutsche Botschaft in Buenos Aires nach einem Gespräch mit dem argentinischen Staatssekretär Beckmann berichtet. Vgl. PA AA, B 71/113932: Botschaft Buenos Aires an AA, 8.1. 1976. The Common Fund: list of ratifications, in: Corea, Taming Commodity Markets, S. 251–253.

956 Corea, Taming Commodity Markets, S. 251–253.

957 Morrison, Africa and the Common Fund.

958 UNIPA, UNIP 7/2/31, S. 17: Report by Hon. Dr. H. K. Matipa, MP., on the Fourth Session of United Nations Conference on Trade and Development, 27th April to 30th May, 1976 – Nairobi.

men Beteiligten bereitgestellt werden. Selbst wenn die Kosten paritätisch zwischen Produzenten und Konsumenten aufgeteilt werden sollten, handelte es sich um Summen, die für Sambia – gerade angesichts der ökonomischen und finanziellen Krise in den frühen 1980er Jahren – schwer finanzierbar waren. Ein Mitarbeiter des Auswärtigen Amtes hatte schon während der Verhandlungen um den Common Fund darauf hingewiesen, dass ein Kupferabkommen mit Ausgleichslager Mittel von $ 1 bis 3 Milliarden erfordern würde, wobei Sambia und Zaire einen ähnlichen Anteil zu tragen hätten wie die BRD[959]. 1980 brachten die USA dann ein noch bedeutend größeres Ausgleichslager ins Spiel – mit Kosten von $ 2 bis 6 Milliarden. Iain Guest bemerkte daraufhin im *Guardian*, dass sich dies als „tactic to forestall the possibility of any agreement" werten ließe[960]. Trotz Dutzender Sondierungsgespräche, die in Genf parallel zu den Verhandlungen um den Common Fund unter der Schirmherrschaft der UNCTAD stattfanden, gelang es den Kupferkonsumenten und -produzenten nicht einmal, konkrete Verhandlungen aufzunehmen[961]. Ohne die Aussicht auf ein Kupferabkommen verlor der Fonds für Sambia und die übrigen Kupferproduzenten der Dritten Welt massiv an Attraktivität. Das erklärt, warum Sambia das Abkommen erst im März 1983 ratifizierte – Zaire im folgenden Oktober und Peru erst Mitte 1987[962].

Ähnlich wie den Kupferproduzenten ging es auch den Exporteuren anderer Rohstoffe. Die Gespräche über Baumwolle, Eisenerz, Tee etc. zeitigten keinerlei Ergebnisse. Lediglich ein einziges neues Rohstoffabkommen, das Ausgleichslager vorsah und somit einen Beitrag zum „ersten Fenster" des Gemeinsamen Fonds hätte leisten können, wurde im Rahmen des integrierten Rohstoffprogramms ausgehandelt – das Abkommen über Naturkautschuk. Hinzu kamen die bereits

---

959 Seitz, Common Fund, S. 63.

960 Iain Guest, Jargon Clouds the Conference on Commodities, in: The Guardian, 26.2.1980, S. 18.

961 Das lag nicht allein an der Finanzierungsfrage, sondern auch an weiteren Uneinigkeiten sowohl in den Reihen der Industrie- als auch der Entwicklungsländer. Pinochets Chile etwa sperrte sich gegen ein Kupferabkommen mit „economic provisions". Vgl. Corea, Taming Commodity Markets, S. 147 und UNIPA, UNIP 7/2/31, S. 25 f: Report by Hon. Dr. H. K. Matipa, MP., on the Fourth Session of United Nations Conference on Trade and Development, 27th April to 30th May, 1976 – Nairobi. Zu den Verhandlungen insgesamt siehe Guest, Jargon Couds the Conference on Commodities, in: The Guardian, 26.2.1980, S. 18; vgl. auch Raymond F. Mikesell, The Global Copper Industry: Problems and Prospects, London/New York/Sidney 1988, S. 113 – 116; United Nations, Proceedings of the United Nations Conference on Trade and Development. Fifth Session. Manila, 7 May–3 June 1979. Bd. 3. Basic Documents, New York 1981, S. 88 f.

962 Siehe The Common Fund: list of ratifications, in: Corea, Taming Commodity Markets, S. 251–253.

existierenden Abkommen für Kaffee, Kakao und Zinn[963]. In der beschlossenen Form entfaltete der Common Fund offensichtlich keinerlei katalytische Wirkung im Bereich der Rohstoffabkommen, ohne die er wiederum nutzlos war. So war der Fonds selbst für viele wichtige Rohstoffexporteure der Dritten Welt nur noch wenig attraktiv und sie ließen sich Zeit mit der Ratifizierung.

Die Hängepartie um die Ratifizierung war also einer Kombination mehrerer Faktoren geschuldet. Die Supermächte wandten sich (lange) von dem Projekt ab. Die ärmsten Staaten mussten auf finanzielle Unterstützung warten, bevor sie beitreten konnten. Vor allem aber versprach der „emasculated" Common Fund, der dann 1980 tatsächlich beschlossen worden war, für viele Rohstoffexporteure keine Lösung ihrer drängendsten ökonomischen Probleme. Das galt umso mehr für die Schwellenländer und die Ölexporteure, die ohnehin kein unmittelbares wirtschaftliches Interesse am Gemeinsamen Fonds hatten. Ihr Verhalten war ein klarer Indikator, dass es um die Solidarität innerhalb der Dritten Welt in den 1980er Jahren nicht mehr sonderlich gut bestellt war. Damit soll jedoch nicht gesagt werden, dass die schwindende Kohäsion innerhalb des Südens ausschließlich ökonomische Gründe hatte. Im Folgenden werden verschiedene Ereignisse und Entwicklungen – politische Konflikte und Kriege zwischen Entwicklungsländern ebenso wie das Wiederaufleben des Kalten Krieges – skizziert, die zu diesem Prozess beitrugen. Aber ökonomische Faktoren waren mit Bezug auf das Scheitern des Gemeinsamen Fonds besonders prominent. In jedem Fall verschwand mit dem Common Fund und dem zugehörigen Integrierten Rohstoffprogramm Anfang der 1980er Jahre ein Herzstück der Neuen Weltwirtschaftsordnung aus dem Fokus der internationalen Politik.

6.2 Die Brandt-Kommission und der gescheiterte Nord-Süd-Gipfel, Cancún 1981

Am 3. Januar 1978 trat Willy Brandt auf Einladung des Lusaka Press Club vor die versammelten Journalist*innen im luxuriösen Hotel Inter-Continental im Zentrum der sambischen Hauptstadt. Den Anwesenden, darunter auch Präsident Kaunda, erläuterte der ehemalige Bundeskanzler die Aufgaben der „Unabhängigen Kom-

963 Einige weitere Rohstoffabkommen existierten bzw. wurden neu ausgehandelt, enthielten aber keine Mechanismen zur Preisstabilisierung (Jute, Olivenöl, Tropenholz, Weizen und Zucker). Zu den verschiedenen Abkommen siehe Wolfgang Maennig, A New Departure in International Commodities Policies?, in: Intereconomics 23 (1988), 3, S. 121–125; Katharina Michaelowa/Ahmad Naini, Der Gemeinsame Fonds für Rohstoffe und die speziellen Rohstoffabkommen, Hamburg 1994 (HWWA-Report Nr. 141).

mission für internationale Entwicklungsaufgaben", die erst vor Kurzem zu einem ersten Arbeitstreffen zusammengekommen war und als deren Vorsitzender er fungierte[964]. Die Nord-Süd-Kommission ging auf einen Vorschlag von Weltbankpräsident Robert McNamara zurück, der bei einer Rede im Januar 1977 angeregt hatte, eine „high-level, but deliberately unofficial, commission" einzusetzen, die das Nord-Süd-Problem analysieren und konkrete Handlungsvorschläge formulieren solle, um die im Rahmen des Pariser Dialogs und der UNCTAD festgefahrenen Gespräche neu zu beleben[965]. Brandt, McNamaras Wunschkandidat, hatte zunächst die Lage sondiert und dann im Herbst die Schaffung seiner Kommission verkündet[966]. Deren 21 Mitglieder, durchweg hochrangige Persönlichkeiten, deckten ein breites Spektrum ab. Sie umfasste neben zahlreichen Politikern, darunter vier ehemalige Staats- bzw. Regierungsspitzen, mit Katharine Graham die Vorstandsvorsitzende der *Washington Post*, einen amerikanischen Spitzenbanker und einen ehemaligen kanadischen Gewerkschaftsfunktionär. Unter den Politikern fanden sich gleichermaßen konservative Stimmen – etwa Eduardo Frei (Chile) und Edward Heath (GB) – wie linke Vertreter – z. B. Olof Palme (Schweden) oder Jan Pronk (Niederlande). Vor allem aber kam mehr als die Hälfte der Mitglieder der auch finanziell unabhängigen Kommission aus der Dritten Welt[967]. In Lusaka wiederholte Brandt nun für eine afrikanische Zuhörerschaft, was er bereits einige Tage zuvor in Neu-Delhi verkündet hatte: „It is my firm conviction that a

964 O. A., Economic War Alert, in: Times of Zambia, 4.1.1977, S. 1.

965 Robert S. McNamara, Remarks of Robert S. McNamara On the Occasion of Receiving the World Affairs Council Christian A. Herter Memorial Award, Boston, 14.1.1977, http://documents.worldbank.org/curated/en/747931468335684176/Remarks-of-Robert-S-McNamara-on-the-occasion-of-receiving-the-World-Affairs-Council-Christian-A-Herter-memorial-award, 4.1.2022, S. 10. Zu McNamaras Kalkül siehe auch World Bank Group Archives (WBGA), Brandt Commission – Correspondence 07, http://pubdocs.worldbank.org/en/166351389301411901/wbg-archives-1771348.pdf, 4.5.2019: Robert S. McNamara an Cyrus Vance, 2.3.1977.

966 Zur Entstehung der Kommission siehe etwa Schreiben des Vorsitzenden der SPD, Brandt, an den Präsidenten der Weltbank, McNamara, 15.7.1977, in: Helga Grebing/Gregor Schöllgen/Heinrich August Winkler (Hg.), Willy Brandt. Berliner Ausgabe. Bd. 8. Über Europa hinaus. Dritte Welt und Sozialistische Internationale, Bonn 2006, Dok. Nr. 15. AfsD, Nord-Süd-Kommission, Bd. 24: Fritz Fischer, Ergebnisvermerk, betr.: Gespräche von W. B. in Washington (25./26.9.) und New York (26.–28.9.1977), 12.10.1977.

967 Zur Zusammensetzung der Kommission siehe Das Überleben sichern. Der Brandt-Report. Bericht der Nord-Süd-Kommission, Frankfurt a. M./Berlin/Wien 1981, S. 363 – 367. Die Kosten der Kommission wurden durch Spenden von 20 verschiedenen Regierungen, Organisationen und Stiftungen gedeckt, die keinerlei Auflagen vorsahen. Fast die Hälfte der Gesamtsumme von circa zehn Millionen Schweizer Franken kamen aus den Niederlanden. Siehe NAL, PREM 19/184: Jan Pronk, Honorary Treasurer, Closing Statement on the Finance of the Independent Commission on International Development Issues, 12.6.1980.

solution of the grave world-wide problems between North and South constitutes the main economic and social question for the rest of the century." Um das Problem zu lösen, bedürfe es eines „new system of orderly economic relations". Innerhalb der Kommission herrsche Einigkeit darüber, dass die Schaffung einer Neuen Weltwirtschaftsordnung im Zentrum der Arbeit stehen müsse[968].

Die Brandt-Kommission sollte sich als die „last major initiative in the campaign for a New International Economic Order" entpuppen, wie es Scott Newton in seiner Geschichte der Weltwirtschaft ausdrückt[969]. Ihr Bericht „Das Überleben sichern" erzeugte 1980 ein weltweites Medienecho und wurde in Regierungskreisen intensiv diskutiert. Im Herbst 1981 folgte ein Nord-Süd-Gipfeltreffen im mexikanischen Cancún, das die Kommission angeregt hatte. Letztlich sollten Bericht und Gipfel jedoch weitgehend wirkungslos bleiben. Was für eine Neue Weltwirtschaftsordnung die Brandt-Kommission propagierte und warum sie letztlich scheiterte, ist Gegenstand der folgenden Abschnitte.

Die Nord-Süd-Kommission

Als Willy Brandt den fertigen Bericht, im englischen Original mit „A Programme for Survival" betitelt, am 12. Februar 1980 an UN-Generalsekretär Kurt Waldheim übergab, hatte die Kommission ein intensives Programm hinter sich. Das hochrangig besetzte Gremium hatte sich seit Dezember 1977 zu insgesamt zehn Sitzungen zusammengefunden, überwiegend in Europa, aber auch in den USA, Mali und Malaysia[970]. Auf diesen Treffen brachten nicht nur die Kommissionsmitglieder ihre divergierenden Positionen ein, sondern auch sogenannte „eminent persons", die eingeladen worden waren. Zu diesen gehörten etwa die Entwicklungsökonomen W. Arthur Lewis (St. Lucia), Raúl Prebisch (Argentinien) und Jan Tinbergen (Niederlande), der französische EG-Kommissar Claude Cheysson und der ehemalige Secretary of State Henry Kissinger. Außerdem reisten die einzelnen Kommissionsmitglieder in die verschiedenen Teile der Welt und führten unzählige Gespräche[971]. So traf Brandt im Zuge seines Afrikaaufenthalts um den Jahres-

968 O. A., Economic War Alert, in: Times of Zambia, 4.1.1977, S. 1; vgl. AfsD, Nord-Süd-Kommission, Bd. 24: Press Release, Delhi Announcement on Brandt Commission, 22.12.1977. Vgl. auch die Angaben zu den *terms of reference* im Abschlussbericht. Das Überleben sichern, S. 369.

969 Newton, Global Economy, S. 116

970 Der angeschlagene Gesundheitszustand Brandts nach einem Herzinfarkt im Herbst 1978 verhinderte weitere Kommissionssitzungen außerhalb Europas. Das Überleben sichern, S. 376.

971 Auf eine Liste der einzuladenden „eminent persons" einigte sich die Kommission während ihres ersten Treffens in Schloss Gymnich bei Bonn. Siehe ebd., S. 370.

wechsel 1977/78 etwa mit den Präsidenten Kenneth Kaunda und Julius Nyerere sowie dem Premierminister von Mauritius Seewoosagur Ramgoolam zusammen[972]. Er führte Gespräche mit dem sowjetischen Generalsekretär Leonid Breschnew und anderen Staats- und Regierungschefs in Osteuropa. Auf diese Weise flossen die Einschätzungen der sozialistischen Staaten, die selbst keine Kommissionsmitglieder stellten, zumindest vermittelt in den Bericht ein[973].

Abb. 5: Der sambische Präsident Kenneth Kaunda und der ehemalige Bundeskanzler Willy Brandt tauschten sich zum Jahreswechsel 1977/78 mehrmals über die Themen der von Brandt geleiteten Nord-Süd-Kommission aus. Diese Aufnahme entstand während eines Staatsbesuch Kaundas in Bonn am 15. Oktober 1970, Bundesregierung/Salek.

Bemerkenswert bei dieser Menge an Inputs und den ganz unterschiedlichen Vorerfahrungen und Ausgangspositionen der verschiedenen Kommissionsmitglieder war, dass sie sich schließlich einstimmig hinter den gemeinsam erarbei-

972 AfsD, WBA, A 13.6: Willy Brandt, Vermerk, Gespräche des Vorsitzenden der Unabhängigen Kommission für Internationale Entwicklungsfragen, Willy Brandt, in Mauritius, Tansania, Sambia, Botsuana, Kenia, Südl. Afrika (23.12.1977 – 7.1.1978), 8.1.1978.

973 Das Überleben sichern, S. 373 f. Mit dem Jugoslawen Dragoslav Avramovic saß ein Südost-Europäer in der Kommission. Jugoslawien, ein führendes Mitglied der Bündnisfreien, lässt sich in Nord-Süd-Fragen jedoch eher dem Süden als dem Osten zurechnen.

teten Bericht stellten[974]. Die Distanz zwischen dem Algerier Layachi Yaker, „a master in three languages of the rhetoric of the New International Economic Order“[975], oder Amir Jamal aus Tanzania, den „hard-liners of the South“, einerseits und einem Mann wie dem Vorstandsvorsitzenden von Lehman Brothers, Peter Peterson, war enorm. Letzterer hatte in einer der ersten Kommissionssitzungen erklärt, „my eyes glaze over“, wenn er den Begriff „New International Economic Order“ nur höre[976]. Vor allem der konservative ehemalige britische Prime Minister Edward Heath und der guyanische Commonwealth Generalsekretär Shridath Ramphal waren immer wieder aneinandergeraten. Während der neunten Sitzung platzte Brandt angesichts der andauernden Diskussionen zwischen den beiden der Kragen. „I've had enough, if after nearly two years we can't agree, let us give up the effort and tell the world we failed.“ Nach hitzigen Wortgefechten forderte Brandt die beiden schließlich auf, sich untereinander auf einen Konsens zu einigen und innerhalb von zwei Monaten einen Berichtsentwurf zu erarbeiten. Ramphal und Heath zogen sich mit einigen Helfern ins Londoner Commonwealth Sekretariat im Marlborough House zurück, um zur folgenden Dezembersitzung tatsächlich einen Entwurf zu präsentieren[977].

Der so entstandene Bericht ging von der Prämisse aus, dass eine grundlegende Veränderung der internationalen Ordnung notwendig sei, um das Überleben der Menschheit zu sichern, und damit im gemeinsamen Interesse von Nord und Süd läge. Brandt notierte in der Einleitung: „Was heute auf der Tagesordnung steht, handelt von einer Neuordnung der internationalen Beziehungen, vom Errichten einer neuen Ordnung und einer neuen Art, die Entwicklungsprobleme umfassend zu betrachten.“[978] Gelänge dies nicht, drohten die Zunahme von Massenarmut und Hunger in der Dritten Welt, den Industriestaaten das Ausgehen der Rohstoffe und schließlich Chaos und Krieg. Vor diesem Hintergrund sei es zentral, die wachsende Interdependenz der Welt anzuerkennen, die dazu führe, dass das Wohlergehen der Armen auch im Interesse der Reichen läge und um-

974 Memorandum From the Assistant Secretary of the Treasury for International Affairs (Bergsten) to Secretary of the Treasury Miller, 25.2.1980, in: FRUS 1977–1980. Bd. III, Dok. 345; siehe auch Das Überleben sichern, S. 12 f.

975 Sampson, Money Lenders, S. 288.

976 Ramphal, Glimpses, S. 304 und 311.

977 So berichtet Ramphal selbst über den Prozess in seinen Memoiren. Ramphal, Glimpses, S. 311; siehe auch Sampson, Money Lenders, S. 290 f. Weder Brandt noch Heath erwähnen den Streit in ihren Memoiren. Heath zeigte sich hingegen ziemlich kritisch bezüglich Brandts Führungsstil. Edward Heath, The Course of My Life. My Autobiography, London 1998, S. 605–613; vgl. auch NAL, PREM 19/184, Bl. 214–216: G. G. H. Walden an Michael Alexander, 26.10.1979; Willy Brandt, Erinnerungen, Berlin/Frankfurt a. M. 1989, S. 375–388.

978 Das Überleben sichern, S. 26.

gekehrt. Bei einem Wirtschaftswachstum des Nordens, so erklärten die Kommissionsmitglieder, steige die Nachfrage nach mehr Gütern aus dem Süden und damit die Bereitschaft zum „konstruktiven Transfer von Ressourcen".[979] Erhielten die Entwicklungsländer wiederum „faire und stabile Preise" für ihre Rohstoffe, seien sie an weiteren Lieferungen interessiert, wodurch die Versorgungssicherheit der Industriestaaten wachse[980]. Vor dem Hintergrund der gerade akuten zweiten Ölkrise war dies ein gewichtiges Argument. Außerdem seien die Länder des Südens dann in der Lage, mehr Güter aus dem Norden zu importieren und so deren Wirtschaft zu stimulieren. Angesichts der wechselseitigen Abhängigkeiten, so hatte Brandt bereits in der Frühphase der Kommission z. B. in Gesprächen mit Julius Nyerere bekannt, solle man den Begriff „aid" gänzlich fallen lassen und nicht mehr über „the rich helping the poor" reden, sondern von einer „mutuality of interests"[981].

Was für eine Neue Weltwirtschaftsordnung war es nun aber, die die Kommission vorschlug? Welche „tiefgreifenden Veränderungen in den internationalen, besonders den weltwirtschaftlichen Beziehungen"[982] regte sie an? Zunächst einmal erklärte die Kommission selbst, dass ihre Vorschläge „nicht revolutionär" seien, manche wären „dem heutigen Denken vielleicht ein bißchen voraus, andere liegen schon seit Jahren auf dem Tisch"[983]. So sprachen sich die Kommissionsmitglieder für den altbekannten Common Fund zur Stabilisierung von Rohstoffpreisen aus oder für den sogenannten Link – also den Plan, neue Sonderziehungsrechte des Internationalen Währungsfonds den Entwicklungsländern zur Verfügung zu stellen. Auch warben sie dafür, den Süden stärker in die Entscheidungsprozesse gerade in der internationalen Wirtschaft einzubeziehen. Das alles waren altbekannte G77-Forderungen aus dem Dunstkreis der Neuen Weltwirtschaftsordnung. Hinzu kamen etwa der Vorschlag einer globalen Entwicklungsabgabe und die Schaffung eines World Development Fonds. Schließlich regte die Kommission einen Nord-Süd-Gipfel mit begrenzter Teilnehmerzahl an, um den politischen Willen und das Vertrauen unter den Partnern zu stärken[984].

979 Ebd., S. 29.

980 Ebd., S. 30.

981 O. A., Brandt Rejects ‚Aid' Concept, in: Daily News, 27.12.77, S. 1; O. A., Comment, in: ebd., 28.12.77, S. 1. Vgl. auch Das Überleben sichern, S. 44.

982 Das Überleben sichern, S. 16.

983 Ebd., S. 87.

984 Zu den vorgeschlagenen Maßnahmen siehe vor allem ebd., S. 333–351.

Der „main thrust of the recommendations“, wie es ein US-Memorandum ausdrückte, „is on transferring additional resources to the LDCs“[985]. Die Grundidee dahinter wurde vielfach als eine Art „global Keynesianism“ beschrieben[986]. Während der britische Ökonom dafür eingetreten war, dass Regierungen in Phasen des Konjunktureinbruchs durch groß angelegte Ausgabenprogramme die nationale Nachfrage stimulieren sollten, plädierten Brandt und seine Mitstreiterinnen und Mitstreiter für eine ähnliche Politik auf Weltebene. Sie wollten eine Verdoppelung der jährlichen Entwicklungshilfe von $ 20 auf 40 Milliarden und eine gleichzeitige Ausweitung kommerzieller Kredite in den Süden. Dieser Kapitaltransfer sollte die Wirtschaften des Südens stimulieren, der Weltwirtschaft – vor allem dem globalen Handel – einen Wachstumsimpuls verleihen und damit mittelbar auch den Industriestaaten aus der Krise helfen[987]. Die Kommission setzte hier dezidiert auf verstärkte Globalisierung. Außerdem strebte sie eine Verständigung im Energiebereich an. Die Ölexporteure sollten auf zukünftige Preissprünge wie auf Lieferkürzungen verzichten, während sich die reichen Konsumenten verpflichteten, ihren Verbrauch konsequent zu reduzieren und remunerative Preise zu zahlen, die wiederum durch eine Indexierung gegen inflationäre Tendenzen geschützt werden könnten. „The South was asked to disarm the Oil Weapon“, fasste Vijay Prashad zusammen[988].

Die Neue Weltwirtschaftsordnung der Brandt-Kommission war also weit entfernt von dem revolutionär-konfrontativen Programm, das etwa Algerien 1974 unter demselben Titel vertreten hatte. Schlagworte waren vielmehr Interdependenz, Kooperation und gemeinsamer Nutzen. Der Bericht enthielt eine Reihe von Forderungen, die zum Standardrepertoire der Dritten Welt zählten, aber die radikalen, konfrontativen Instrumente wie die (entschädigungslose) Enteignung multinationaler Konzerne oder die Schaffung von Rohstoffkartellen spielten keine Rolle. Es handelte sich um einen Mittelweg, auf den sich gemäßigte Vertreter der Entwicklungsländer und links-liberale oder sozialdemokratische Westler einigen konnten. Entsprechend charakterisieren Historiker*innen den Brandt-Report heute als Produkt eines „North Atlantic Liberalism“ (Vijay Prashad) oder als „an

985 Memorandum From the Assistant Secretary of the Treasury for International Affairs (Bergsten) to Secretary of the Treasury Miller, 25.2.1980, in: FRUS 1977–1980. Bd. III, Dok. 345.

986 André Gunder Frank, North-South and East-West Keynesian Paradoxes: Brandt Commission's Report, in: Economic and Political Weekly 15 (1980), 31, S. 1314–1320, hier S. 1317; oder Josef Joffe, Mit Klischees gegen die Armut, in: Die Zeit, 23.10.1981, S. 9–11; vgl. Vijay Prashad, The Poorer Nations: A Possible History of the Global South, London/New York 2012, S. 69; Newton, Global Economy, S. 118.

987 Das Überleben sichern, S. 87–90, 340–343 und 346.

988 Prashad, Poorer Nations, S. 70; Das Überleben sichern, S. 347 f.

attempt to build a global system based on social-democratic principles" (Scott Newton)[989].

Jedenfalls kam „A Programme for Survival" bei westlichen Liberalen, bei Sozialdemokraten und den Moderaten der G77 tendenziell gut an[990]. Thomas Harford etwa schrieb im britischen *Guardian:* „The Brandt Commission made a totally convincing case for the mutual material benefits North and South have in developing the capacity of the Third World." Weiter berichtete er vom „convincing consensus supporting the Brandt ‚Programme for Survival'" unter den Teilnehmenden einer prominent besetzten Podiumsdiskussion der Society for International Development, an der er teilgenommen hatte[991]. Der Sozialist und ehemalige portugiesische Premierminister Mário Soares sah in der Publikation des Berichts „ein politisches Ereignis von höchster Bedeutung", weil er „die Aufmerksamkeit der Welt in dramatischer, präziser und unwiderlegbarer Weise auf die *große Herausforderung* lenkt, mit der sich die Welt in den letzten zwei Jahrzehnten des 20. Jahrhunderts konfrontiert sieht"[992]. Und Indiens Außenminister Narasimha Rao erklärte in seiner Funktion als Sprecher der Gruppe der 77 vor den Vereinten Nationen, „the Brandt proposals are not only reasonable: they are eminently feasible given adequate political will to back the ideas and implement them"[993].

Teils harsche Kritik kam hingegen aus den radikaleren Zirkeln des Südens und aus Teilen der „professional arena" – aus den Politikwissenschaften und der Entwicklungsökonomie[994]. Der marxistisch orientierte ägyptische Ökonom Samir Amin etwa warf der Kommission angesichts der Betonung gemeinsamer Interessen in Nord und Süd „Wunschdenken" vor. Für ihn war die Welt weniger durch

989 Prashad, Poorer Nations, S. 75 f; Newton, Global Economy, S. 116. Ähnliche Label finden sich ebenfalls in der zeitgenössischen Rezeption. Siehe etwa Susan Strange, Reactions to Brandt. Popular Acclaim and Academic Attack, in: International Studies Quarterly 25 (1981), 2, S. 328–342, S. 330; vgl. auch Mazower, Governing the World, S. 360.

990 Vgl. dazu allgemein Strange, Reactions to Brandt; auch Newton, Global Economy, S. 118 und 120.

991 Thomas Harford, The Tomorrow That We Just Want to Forget, in: The Guardian, 16.7.1980, S. 16.

992 Hervorhebung im Original. Mário Soares, in: Friedrich-Ebert-Stiftung (Hg.), Unfähig zum Überleben? Reaktionen auf den Brandt-Report, Frankfurt a. M./Berlin/Wien 1983, S. 27–32, hier S. 27.

993 Mr. Rao (India), in: United Nations General Assembly, Eleventh Special Session, Official Records, 2nd Plenary Meeting, 25.8.1980, S. 26. Vgl. auch o. A., Developed Nations Must Resume Talks: Rao, in: The Times of India, 26.8.1980, S. 6.

994 Strange, Reactions to Brandt, S. 335–339; vgl. auch Michael Dauerstädt/Alfred Pfaller, Einführung, in: Friedrich-Ebert-Stiftung (Hg.), Unfähig zum Überleben?, S. 9–20.

„Interdependenz" als durch „Abhängigkeit" geprägt[995]. Der linke britische Historiker und Journalist Richard Gott hielt den Brandt-Report für keine leidenschaftslose Analyse des Weltwirtschaftssystems, sondern für eine „propaganda weapon devised by Robert McNamara of the Vietnam War and the World Bank to appeal to the peoples of the North over the heads of their governments, to enlist their support in propping up an unequal and evil system that deserves to be not reformed but destroyed"[996]. Ganz ähnlich urteilten die Teilnehmer eines internationalen Symposiums der Afro-Asian Peoples Solidarity Organisation, für die der Nord-Süd-Bericht eine „imperialist vision of a capitalist solution to the present crisis" verkörperte[997]. Für diese Akteure handelte es sich bei Brandts Reformvorhaben um einen Versuch (des Nordens), die existierende kapitalistische und als neokolonial wahrgenommene Ordnung so zu reformieren, dass sie überlebensfähig blieb. Sie selbst waren hingegen überzeugt, dass die Lösung der Probleme nur in einem gänzlich neuen System, durch einen revolutionären Bruch mit der Vergangenheit, möglich sei. Bezeichnend ist, dass Nouri Abdel Razzak von der Afro-Asian Peoples Solidarity Organisation den Brandt-Bericht dezidiert als „most recent record of *western* thought as regards the acute economic crisis" bezeichnete, ihm damit letztlich unterstellte, dass er lediglich die Interessen der Industriestaaten vertrete und damit kaschierte, dass die Mehrheit der Kommissionsmitglieder aus der Dritten Welt stammten[998].

Wichtiger als die Kritik von „Radikalen" der Dritten Welt – hinsichtlich der Chancen, etwas zu verändern – war die Rezeption in westlichen Regierungskreisen. So fragte Josef Joffe in der *Zeit:* „Was nützt es, wenn das algerische Kommissionsmitglied Layachi Yaker den englischen Ex-Premier Edward Heath überzeugt? Auf Margaret Thatcher kommt es an."[999] Und die Premierministerin reagierte – wie die Regierungen der meisten westlichen Schlüsselstaaten – verhalten. In der Thatcher-Administration fürchtete man schon kurz vor Abschluss der Kommissionsarbeit, nach vertraulichen Gesprächen mit Edward Heath, dass die „developing country prescriptions for the ‚New International Economic Or-

995 Samir Amin, in: Friedrich-Ebert-Stiftung (Hg.), Unfähig zum Überleben, S. 302–319, hier S. 304f.

996 Gott spielt darauf an, dass McNamara, bevor er 1968 Präsident der Weltbank wurde, amerikanischer Verteidigungsminister und damit direkt mit dem Krieg in Vietnam beschäftigt war. Richard Gott, A Timely Spoke in the Brandt Bandwagon, in: The Guardian, 23.7.1980, S. 7.

997 Nouri Abdel Razzak, Introduction, in: North-South Debate on Brandt Commission Report (Special Issue von Development & Socio-Economic Progress, März 1981), S. 3f, hier S. 4.

998 Ebd., S. 3. Hervorhebung durch J. K. Für weitere kritische Stimmen aus der Dritten Welt und der Wissenschaft siehe die Beiträge von André Gunder Frank, Immanuel Wallerstein oder Amilcar O. Herera in Friedrich-Ebert-Stiftung (Hg.), Unfähig zum Überleben?

999 Josef Joffe, Mit Klischees gegen die Armut, in: Die Zeit, 23.10.1981, S. 8–10.

der'" den Bericht zu einem „embarassment for us" machen könnten[1000]. Nach der Veröffentlichung äußerte sich das Foreign and Commonwealth Office dann verhalten bis kritisch, was zu teils wütenden Reaktionen in der britischen Öffentlichkeit führte, die „A Programme for Survival" weitgehend positiv aufgenommen hatte[1001]. Um nicht zu ablehnend zu erscheinen, willigte die Premierministerin ein, einen kurzen Kommentar zum Brandt-Report für einen Sammelband der Friedrich-Ebert-Stiftung beizutragen und dort trotz ihres „scepticism about some of the reports recommendations" einige „friendly noises" zu produzieren[1002]. Sie schrieb: „Der Bericht stellt, insbesondere wegen seiner Reichweite und visionären Kraft, einen wertvollen Beitrag zur Diskussion dar." In der Sache lehnte sie den Ansatz der Kommission, die Weltwirtschaftsordnung tiefgreifend zu reformieren, aber weiterhin ab: „Damit jedes Land einen wirkungsvollen Beitrag zur internationalen Entwicklung leisten kann, ist es erforderlich, daß das Weltwirtschaftssystem reibungslos funktioniert. Es sind Stimmen laut geworden, das gegenwärtige System bedürfe durchgreifender Reformen. Ich möchte mich eher für eine kontinuierliche Anpassung des bestehenden Systems aussprechen."[1003]

Ganz ähnlich argumentierten im selben Band Helmut Schmidt und der Assistant Secretary for International Affairs im US-Finanzministerium C. Fred Bergsten. Der Bundeskanzler betonte, die wirtschaftliche Zusammenarbeit müsse „ohne Systembruch" vonstattengehen, die Verfahren und Institutionen erhalten bleiben, die sich bewährt haben[1004]. Und Bergsten brachte vor, dass es gerade die „fundamentale Beweglichkeit des Weltwirtschaftssystems" gewesen sei, die es den Entwicklungsländern erlaubt habe, vergleichsweise glimpflich durch die Energie- und Wirtschaftskrisen der 1970er Jahre zu kommen. „Die Systemerhaltung", so schloss er, „ist daher für die Entwicklungsländer von wesentlicher Bedeutung."[1005] Tiefgreifende Veränderungen der Weltwirtschaftsordnung wollten sie offensichtlich nicht. Vor allem die US-Regierung begegnete dem Bericht „mit

1000 NAL, PREM 19/184, Bl. 214 – 216: Walden an Alexander, 26.10.1979.

1001 Zur Aufnahme des Berichts in Großbritannien siehe Gott, A Timely Spoke in the Brandt Bandwagon, in: The Guardian, 23.7.1980, S. 7; Jonathan Power, Dusting Off the Brandt Report, in: The Washington Post, 29.7.1980, S. A11; Harford, The Tomorrow That We Just Want to Forget, in: The Guardian, 16.7.1980, S. 16; Richard Norton-Taylor, Britain Dismisses Brandt Remedies, in: ebd., 17.7.1980, S. 1; vgl. auch Gabriele Venzkey, Das Überleben sichern, in: Die Zeit, 3.7.1981, S. 14.

1002 Siehe die Marginalie von Michael Alexander an Thatcher auf dem Schreiben NAL, PREM 19/184, Bl. 98: Roderic Lyne an Michael Alexander, 20.6.1980; und ebd., Bl. 90: Roderic Lyne an Michael Alexander, 4.7.1980.

1003 Margaret Thatcher, in: Friedrich-Ebert-Stiftung (Hg.), Unfähig zum Überleben?, S. 127 – 133, hier S. 127 und 132.

1004 Helmut Schmidt, in: ebd. S. 134 – 140, hier S. 135.

1005 C. Fred Bergsten, in: ebd., S. 141 – 155, hier S. 150.

Vorsicht“, was angesichts des geringen Interesses der amerikanischen Öffentlichkeit auf wenig innenpolitischen Druck stieß[1006]. Der Einmarsch der Sowjetunion in Afghanistan im Dezember 1979 und der damit wieder aufflammende Ost-West-Konflikt drängte das Thema gerade in den Vereinigten Staaten in den Hintergrund[1007]. Besonders wenig enthusiastisch waren Schmidt und Präsident Carter – ebenso wie Thatcher und auch Giscard d'Estaing – hinsichtlich des Vorschlags der Kommission, einen Nord-Süd-Gipfel einzuberufen. Zwar hatte die Bundesregierung ein solches Treffen gegenüber der Öffentlichkeit vorsichtig begrüßt. Im privaten Gespräch zeigte sich Schmidt jedoch skeptisch[1008].

Zur Reserviertheit, mit der viele westliche Regierungen den Vorschlägen der Brandt-Kommission begegneten, trug sicher auch bei, dass diese aus ihrer Sicht dem aktuellen Denken keineswegs „ein bißchen voraus“[1009] waren, wie der Bericht konstatierte, sondern vielmehr überholt erschienen. Wie für die Weltwirtschaftsgipfel der G7 1979 und 1980 bereits herausgearbeitet worden ist, nahm die Bekämpfung der Inflation in den meisten Industriestaaten nun den Spitzenplatz in der wirtschaftspolitischen Prioritätenliste ein. Vor allem Thatchers Tories und die amerikanische Regierung – bereits unter Carter, aber erst recht unter dem 1980 neu gewählten Ronald Reagan – liebäugelten mit monetaristischen Ansätzen, die dem „globalen Keynesianismus“ des Brandt-Reports diametral entgegengesetzt waren[1010]. Angesichts der reservierten Haltung gegenüber den Vorschlägen der Kommission in den Regierungen der wichtigsten Industriestaaten versprach die konkrete Umsetzung schwierig zu werden. Immerhin kam es im Oktober 1981 aber zu dem geforderten Nord-Süd-Gipfel im mexikanischen Cancún, der im folgenden Abschnitt im Fokus steht.

1006 Memorandum From the Assistant Secretary of the Treasury for International Affairs (Bergsten) to Secretary of the Treasury Miller, 25.2.1980, in: FRUS 1977–1980. Bd. III, Dok. 345.

1007 Power, Dusting Off the Brandt Report, in: The Washington Post, 29.7.1980, S. A11; Strange, Reactions to Brandt, S. 333.

1008 Siehe NAL, PREM 19/184, Bl. 158: Paul Lever an Michael Alexander, 27.3.1980; ebd., Bl. 21 f: Tel. FM Washington an FCO, Nr. 4374, 23.10.1980; ebd., Bl. 59–61: Extract from the Summary Record of President Giscard Lunch, 19.9.1980.

1009 Das Überleben sichern, S. 87.

1010 Eine ähnliche Beobachtung findet sich bereits in Frank, North-South and East-West Keynesian Paradoxes, S. 1318.

Der Nord-Süd-Gipfel

Schließlich kamen sie – aller Skepsis zum Trotz – doch sämtlich ins Sheraton-Hotel in Cancún auf der mexikanischen Halbinsel Yucatán, um an den Nord-Süd-Gesprächen teilzunehmen. Ein Gruppenfoto zeigt die 23 Teilnehmerinnen und Teilnehmer vor dem strahlend blauen Wasser des Golfs von Mexiko: Margaret Thatcher neben Julius Nyerere, der neue sozialistische Präsident Frankreichs François Mitterrand neben Indira Gandhi, Ronald Reagan vor Titos Nachfolger Sergej Kraigher aus Jugoslawien und Chinas Premier Zhao Ziyang vor UN-Generalsekretär Kurt Waldheim. In der Mitte der Gruppe saßen die beiden Ko-Vorsitzenden: der mexikanische Präsident José López Portillo und der kanadische Premierminister Pierre Elliot Trudeau. Krankheitsbedingt fehlten kurzfristig der deutsche Bundeskanzler Helmut Schmidt und sein österreichischer Kollege Bruno Kreisky, der das Gipfeltreffen gemeinsam mit López Portillo in die Wege geleitet hatte. Beide wurden durch ihre Außenminister vertreten. Die Sowjets waren zwar eingeladen worden, hatten aber auf eine Teilnahme verzichtet. Ebenfalls nicht auf dem Foto ist Willy Brandt, den die Algerier unter keinen Umständen dabeihaben wollten[1011].

US-Präsident Reagan, am äußersten rechten Rand der Gruppe sitzend, entpuppte sich auch während der zweitägigen Diskussionen, die sich lose um die Themenkomplexe Ernährung und Landwirtschaft, Rohstoffe, Handel, Industrialisierung, Energie und Finanzen drehen sollten, als Außenseiter. Einige Tage vor dem Gipfel hatte er eine programmatische Rede in Philadelphia gehalten, in der er erklärte: „At Cancún we will promote a revolutionary idea born more than 200 years ago. ... It is called freedom and it works. It is still the most exciting, progressive and successful idea the world has ever known."[1012] In Mexiko wiederholte er diesen Gedanken und schlug den versammelten Staats- und Regierungschefs ein „positive program of action" vor: Man solle die Märkte öffnen „both within individual countries and among countries" und so den internationalen Handel stimulieren. Es gelte, das Klima für private Investitionen und eine politische Atmosphäre zu schaffen, „in which practical solutions can move forward, rather than founder on a reef of misguided policies that restrain and interfere with the international marketplace or foster inflation". In den USA habe es in der Vergangenheit genau

---

1011 Vijay Prahsad vermutet, dass die Algerier wütend waren, „that Brandt had stolen the NIEO's thunder, and of course that he had tried to sell out not only Oil Power, but also Commodity Power." Prashad, Poorer Nations, S. 81. Vgl. auch UNA, S-0972 – 0005 – 03: Notiz von A. Rohan, 25.4.1981.

1012 UNA, S-0972 – 0005 – 03: Summary of Remarks Made by President Reagan in Philadelphia on 15 October 1981.

Abb. 6: Gruppenfoto des Gipfeltreffens in Cancún, 23. Oktober 1981, Ronald Reagan Presidential Library.

daran gemangelt. „For years our government has overspent, overtaxed and overregulated, causing our growth rates to decline and our inflation and interest rates to rise."[1013] Die Lösung schien für Reagan sowohl in den Vereinigten Staaten als auch für die anderen Staaten und die gesamte Weltwirtschaft in weniger staatlicher Einmischung und mehr Markt zu liegen[1014]. Es war eine Absage an die Planungsgläubigkeit westlicher Technokraten, die sich in den 1960er Jahren die Globalsteuerung nationaler Wirtschaften auf die Fahnen geschrieben hatten. Reagan richtete sich aber genauso gegen die Entwicklungspläne der meisten Länder der Dritten Welt, die staatlichen Planungskommissionen und parastaatlichen Unternehmen die Hauptrollen zudachten. Und es war ein deutliches Zeichen, dass sich der Entwicklungsdiskurs in den frühen 1980er Jahren fundamental wandeln sollte.

1013 PA AA, B 37/141075: Statement by Ronald Reagan, President of the United States of America, 22.10.1981.

1014 Zu Reagans wirtschaftspolitischer Agenda in den USA siehe etwa John Patrick Diggins, Ronald Reagan. Fate, Freedom, and the Making of History, New York/London 2007, S. 172–183; Doug Rossinow, The Reagan Era. A History of the 1980s, New York 2015, S. 31–46.

Für explizit ungeeignet, um die Probleme der Dritten Welt zu lösen, hielt Reagan dementsprechend die Vorschläge der Brandt-Kommission: „[H]unger and poverty [...] cannot be solved overnight, nor can massive transfers of wealth somehow miraculously produce well-being."[1015] Brandts globalen Keynesianismus lehnte er strikt ab. Auch die durchgreifenden Reformvorschläge der Weltwirtschaftsordnung der Nord-Süd-Kommission und umso mehr die revolutionären Umgestaltungswünsche der radikaleren Entwicklungsländer waren in seinen Augen deplatziert. Er betonte hingegen die Erfolge des bestehenden Systems und die gute Arbeit der Bretton-Woods-Institutionen, auch wenn es natürlich noch einiges zu tun gebe, um die armen Länder zu stärken. „But we are just as convinced that the way to do this is not to weaken the very system that has served us so well, but to continue working together to make it better."[1016] Faktisch, so urteilt der britische Historiker Mark Mazower, signalisierte Reagans Rede „the end of the Third World's New International Economic Order"[1017] – oder zumindest das Ende der Bereitschaft des Westens, sich mit diesen Forderungen auseinanderzusetzen.

Dass die Teilnehmenden ebenso wie viele Medienleute danach dennoch nicht von einem klaren Scheitern des Gipfels sprachen, lag zum einen an der kooperativen Atmosphäre des Treffens, am „Spirit of Cancún"[1018], den Kopräsident López Portillo immer wieder herausstellte, und zum anderen an einem scheinbaren Zugeständnis der Amerikaner[1019]. Das zentrale Thema des Gipfels waren die sogenannten „globalen Verhandlungen" und hier schien Reagan gesprächsbereiter als erwartet.

1015 Ronald Reagan Presidential Library and Museum, https://www.reaganlibrary.gov/archives/speech/remarks-reporters-upon-departure-international-meeting-cooperation-and-development, 4.1.2022: Remarks to Reporters Upon Departure for the International Meeting on Cooperation and Development, Mexico, 21.10.1981.

1016 PA AA, B 37/141075: Statement by Ronald Reagan, President of the United States of America, 22.10.1981.

1017 Mazower, Governing the World, S. 360; vgl. auch Greg Grandin, Empire's Workshop. Latin, America, the United States, and the Making of an Imperial Republic, New York 2021, S. 218 – 226; Ogle, State Rights, S. 211.

1018 Etwa in NAL, PREM 19/699: José López Portillo an Margaret Thatcher, 29.10.1981. Auch die Presse griff das Schlagwort auf, stellte aber bald fest, dass dieser zu nichts geführt habe. Siehe etwa Alma Guillermoprieto/Alex Brummer, Spirit of Cancun Merely a Ghost, in: The Guardian, 26.10.1981, S. 6; Gustav Ranis, Where's the ‚Spirit of Cancún'?, in: The Washington Post, 7.6.1982, S. A15; Charles J. Hanley, Gloom of Recession Has Eclipsed ‚Spirit of Cancun', in: The Boston Globe, 21.10.1982, S. 3.

1019 Für eher positive Einschätzungen des Gipfels siehe etwa Hobart Rowen, Reagan's Success At Cancun, in: The Washington Post, 29.10.1981, S. A27; PA AA, B 37/141075: Fernschreiben New Delhi an AA, Nr. 905, 27.10.1981; UNA, S-0972 – 0005 – 03: Summary by the Co-Chairmen of the international Meeting on Cooperation and Development, 23.10.81.

Nach dem Ende der Konferenz für internationale wirtschaftliche Zusammenarbeit Mitte 1977 waren viele Mitglieder der G77 der Meinung gewesen – gerade auch jene, die zu dem limitierten Pariser Dialog nicht eingeladen worden waren –, dass die Gespräche um eine Neue Weltwirtschaftsordnung in die Vereinten Nationen zurückgeholt werden sollten[1020]. Umgehend beschloss die UN-Generalversammlung die Einrichtung eines Committee of the Whole, das die Verhandlungen in den verschiedenen UN-Institutionen überwachen sollte. Dieses Komitee sprach sich im September 1979 für die Initiierung „globaler Verhandlungen", eine ursprünglich algerische Idee, innerhalb der Vereinten Nationen aus, woraufhin die Generalversammlung zwei entsprechende Resolutionen verabschiedete. Im Resolutionstext hieß es, dass die General Assembly „*convinced* of the urgent need for the establishment of the new international economic order", entschieden habe, „to launch at its special session in 1980 a round of global and sustained negotiations on international economic co-operation for development"[1021]. Die Vorbereitungen für diese zeitlich begrenzten Verhandlungen legte die Generalversammlung wiederum in die Hände des Committee of the Whole[1022].

Die 11. Sondergeneralversammlung scheiterte schließlich im September 1980 bei dem Versuch, die „global negotiations" einzuleiten. Die Vereinigten Staaten stellten sich in New York – unterstützt von Großbritannien und der BRD – gegen die Initiative. Der Hauptstreitpunkt war folgender: Die Gruppe der 77 wollte, dass die in der UN angesiedelte Verhandlungskonferenz den „specialized bodies", wie dem IWF, der Weltbank oder dem GATT, Instruktionen erteilen könnte „and, if

1020 Eine weitere Reaktion auf das Scheitern des Nord-Süd-Dialogs im Jahr 1977 war die Verquickung von Neuer Weltwirtschaftsordnung und Menschenrechtsdiskurs im Rahmen der Menschenrechtskommission der Vereinten Nationen, die in den Folgejahren über ein „Recht auf Entwicklung" diskutierte. Letztlich schlug aber auch dieser Versuch, „dem Westen in der Sprache seiner eigenen Moralität Zugeständnisse abzuringen", wie Jan Eckel resümiert, fehl. Eckel, Ambivalenz des Guten, S. 62. Vgl. auch ausführlich Ramon Leemann: Entwicklung als Selbstbestimmung. Die menschenrechtliche Formulierung von Selbstbestimmung und Entwicklung in der UNO, 1945 – 1986, Göttingen 2013, S. 275 – 456; Moyn, Not Enough; und für die Ursprünge Daniel J. Whelan, „Under the Aegis of Man": The Right to Development and the Origins of the New International Economic Order, in: Humanity 6 (2015), 1, S. 93 – 108.

1021 Hervorhebung im Original. Res. 34/138. Global negotiations relating to international economic co-operation for development, 14.12.1979, in: United Nations, Resolutions and Decisions adopted by the General Assembly during its Thirty-Fourth Session, 18 September 1979 – 7 January 1980, New York 1980, S. 41; und Res. 34/139. Proposals for global negotiations relating to international economic co-operation for development, 14.12.1979, in: ebd., S. 41 f.

1022 Zum *Committee of the Whole* und den Globalverhandlungen siehe Benn, Multilateral Diplomacy, S. 87 – 95 und 113 f und United Nations, The Yearbook of the United Nations 1980. Bd. 34, New York 1983, S. 519 – 526.

necessary, alter and override the results of their work"[1023]. Die Industriestaaten fürchteten, dass die Integrität dieser in ihren Augen bewährten Institutionen in Gefahr sei und vor allem, dass „issues as the nature of the international monetary system and the rules that govern international trade, now covered by the IMF and GATT respectively, are up for negotiation in New York, in a highly charged political atmosphere"[1024]. Das erschien ihnen auch deshalb hochgradig unvorteilhaft, weil die Entwicklungsländer innerhalb der UN, wo die Stimmanzahl anders als in den „specialized bodies" nicht am eingezahlten Kapital hing, über eine klare Stimmenmehrheit verfügten.

Von Cancún erhofften sich die meisten Teilnehmenden nun eine Wiederbelebung der Vorbereitungen der „Globalverhandlungen". Das galt ganz besonders für die Vertreterinnen und Vertreter der Dritten Welt. Der algerische Außenminister Mohamed Benyahia etwa hatte Generalsekretär Waldheim zu verstehen gegeben, dass eine Bedingung für die algerische Partizipation am Gipfel „a link between the Summit and the Global Negotiations" sei[1025]. Auch Willy Brandt und Shridath Ramphal wandten sich vor Cancún mit einem Brief an die Staats- und Regierungschefs, wobei ihre erste Aufforderung war, „to enable the Global Round of negotiations to commence"[1026]. Sogar die Regierungen der meisten Industrieländer hofften nun, dass es zu Fortschritten bei den Verhandlungen kommen würde. Rüdiger von Wechmar, der deutsche UN-Botschafter und Präsident der Generalversammlung der Vereinten Nationen, hatte zum Beispiel eine Konsultativgruppe, die „Friends of the President", ins Leben gerufen, um die Verhandlungen nach der missglückten Special Session wieder in Gang zu bringen[1027]. Und Bundesaußenminister Hans-Dietrich Genscher wandte sich kurz vor dem Gipfeltreffen sogar direkt an seinen US-Kollegen Alexander Haig, um ihm mitzuteilen, dass es die Bundesregierung „außerordentlich begrüßen [würde], wenn es Präsident Reagan möglich wäre, sich zu Gunsten der Globalen Verhandlungen zu entscheiden"[1028].

1023 NAL, PREM 19/699: Brief: The New International Economic Order (NIEO) and the Global Negotiations, 20.10.1981.

1024 Memorandum From the Under Secretary of State for Economic Affairs (Cooper) to Secretary of State Muskie, 8.9.1980, in: FRUS 1977–1980. Bd. III, Dok. 348; vgl. auch NAL, PREM 19/699: Brief: The New International Economic Order (NIEO) and the Global Negotiations, 20.10.1981.

1025 UNA, S-0972–0005–03: Notiz von A. Rohan, 25.4.1981. Vgl. auch NAL, CAB 133/519: Global Negotiations, Brief by FCO, 13.10.1981; oder PA AA, B 1/178849: Gespräch BM mit Präsident Shagari, Nigeria, in Cancun am 21.10.1981, Dolmetscheraufzeichnung, 27.10.1981.

1026 NAL, CAB 133/519: Offener Brief von Willy Brandt und Shridath Ramphal, 11.9.1981.

1027 Siehe United Nations, Yearbook 1980, S. 525 f.; und die Akten in UNA, S-0972–0005–02; auch Waldheim, Eye of the Storm, S. 120 f.

1028 PA AA, B 1/178849: Hans-Dietrich Genscher an Alexander Haig, 9.10.1981.

Tatsächlich war die Reagan-Administration die einzige, die sich nicht für Globalverhandlungen aussprach, und vielen Beobachtern erschien es, als gebe es wenig Hoffnung, dass sich dies in Cancún ändern könnte[1029]. Im britischen Foreign and Commonwealth Office meinte man wenige Tage vor Konferenzbeginn mit Blick auf Washington zu beobachten, dass „their views seem to be hardening against the Global Negotiations“[1030]. Als Reagan dann im Sheraton-Hotel am Golf von Mexiko erklärte, die USA seien bereit, „to participate in preparations for a mutually acceptable process of global negotiations“, war dies ein überraschend positives Signal. Die Bedingungen, die der Präsident in diesem Zusammenhang stellte, deuteten aber bereits darauf hin, dass damit kein Durchbruch gelungen war. Die „competence, functions and powers of the specialized international agencies“ müssten respektiert und die Probleme „case by case“ und eben nicht als umfassendes „package agreement“, wie es der G77 vorschwebte, angegangen werden[1031].

Schon bald stellte sich heraus, dass von Cancún kein Impuls für den Nord-Süd-Dialog ausging. Keine zwei Monate nach dem Treffen beschwerte sich US-Finanzminister Donald Regan bei seinem deutschen Kollegen Hans Matthöfer, dass die Bedingungen, die Präsident Reagan an die Ausgestaltung der Globalverhandlungen geknüpft hatte, in den Vereinten Nationen ignoriert würden. Solange in diesen Punkten aber keine Einigung in einem erneuten Vorbereitungsprozess erzielt würde, „we should not be plunging into launching negotiations about which we know so little“[1032]. Im Januar 1982 beschlossen dann die beiden Kopräsidenten von Cancún, mit einem Schreiben an die Gipfelteilnehmerinnen und -teilnehmer zu intervenieren. Sie stellten fest, dass der „Spirit of Cancun“ wenig wert sei, wenn er nicht in konkrete Handlungen übersetzt würde, und zwar vor allem im zentralen Bereich der globalen Verhandlungen. Drei Monate nach dem Treffen sei davon noch wenig zu sehen und sie hielten ihre Kolleginnen und Kollegen an, auf eine Einigung hinzuwirken[1033]. Ihr Ruf verhallte ergebnislos. Zu Globalverhandlungen über die Neue Weltwirtschaftsordnung sollte es nicht mehr

1029 Isoliert waren die Amerikaner ebenfalls in ihrer Ablehnung eines „energy affiliate“ der Weltbank, der die Energieproduktion in den Öl-armen Entwicklungsländern fördern sollte.

1030 NAL, CAB 133/519: Global Negotiations, Brief by FCO, 13.10.1981. In New York hatte der algerische UN-Botschafter bemerkt, dass die Globalverhandlungen „had been held up, regrettably, by a single country.“ Siehe ebd., PREM 19/698: Tel. UKMIS New York an FCO, Nr. 1027, 12.10. 1981.

1031 PA AA, B 37/141075: Statement by Ronald Reagan, President of the United States of America, 22.10.1981. Zum „package agreement“ siehe United Nations, Yearbook 1980, S. 520.

1032 PA AA, B 1/178849: Donald T. Regan an Hans Matthöfer, 5.12.1981.

1033 NAL, PREM 19/699: José Lopez Portillo und Pierre Elliot Trudeau an Margaret Thatcher, 13.1. 1982.

kommen. Sogar die Protagonisten stellten in der Rückschau fest, dass der „Nord-Süd-Gipfel 1981 in Cancun [...] eine folgenlose Episode" blieb[1034], während so mancher Beobachter die Ergebnisse nur noch mit Zynismus quittierte. So schrieb der sambische Botschafter in Brüssel an seinen Außenminister über die Rolle, die Großbritannien in Mexiko gespielt hatte: „The lesson which can be drawn from the above, if any is needed, is that when a country such as Britain with such strong historical connections with the Third World adopts this unfortunate neglect of our interests, then we on our part should not feel guilty for remaining cynical and indifferent to various promises for support on issues of vital interest."[1035]

Der Brandt-Report und der darauf folgende Nord-Süd-Gipfel sollten die letzten bedeutenden Initiativen im Zeichen der Neuen Weltwirtschaftsordnung sein. Beide scheiterten letztlich primär an dem neuen, meist als „neoliberal" bezeichneten Zeitgeist, der mit Thatcher und Reagan in London und Washington (und darüber hinaus) eingezogen war. Ihr Mantra von Deregulierung, freien Märkten und monetaristischer Inflationsbekämpfung war inkompatibel mit den Vorstellungen von Produzentenkartellen, marktregulierenden Rohstoffabkommen oder dem massiven Ressourcentransfer in den Süden, die die Neue Weltwirtschaftsordnung und in Teilen auch die Arbeit der Nord-Süd-Kommission bestimmten. Insofern war Cancún nicht, wie Brandt und Ramphal in ihrem offenen Brief an die Gipfelteilnehmerinnen und -teilnehmer hoffnungsvoll geäußert hatten, „not an end but a beginning", sondern tatsächlich der Endpunkt[1036].

6.3 Von der Tagesordnung gestrichen, Williamsburg 1983

Enttäuscht von der Ergebnislosigkeit des Cancún-Gipfels traf sich die Brandt-Kommission im Januar 1982 in Kuwait, wo sie sich an die Erarbeitung eines Folgeberichts machte. Dieser erschien im Jahr 1983 unter dem Titel „Common Crisis. North-South: Cooperation for World Recovery" und dürfte die Enttäuschung nur noch vertieft haben. Denn auch wenn der erste Brandt-Report und der Nord-Süd-Gipfel letztlich wenig verändert hatten, so hatten sie doch weltweite Aufmerk-

1034 Brandt, Erinnerungen, S. 385; ähnlich auch Willy Brandt, Der organisierte Wahnsinn. Wettrüsten und Welthunger, Köln 1985, S. 9; Heath, Course of My Life, S. 612 f; oder Waldheim, Eye of the Storm, S. 124.

1035 UNIPA, UNIP 7/23/69, S. 10: F. F. Bwalya an L. K. H. Goma, Political Report for October/November 1981, undatiert. Zur Enttäuschung über die Ergebnisse von Cancún siehe auch Sam Ngoma, Rich Still Plunder Africa, in: Times of Zambia, 15.1.1983, S. 4.

1036 NAL, CAB 133/519: Offener Brief von Willy Brandt und Shridath Ramphal, 11.9.1981. Vgl. auch Prashad, Poorer Nations, S. 78.

samkeit auf sich gezogen. In Cancún waren mehrere Tausend Journalisten vor Ort und ihre Berichte erschienen rund um den Globus. 1983 interessierte sich kaum noch jemand für den zweiten Kommissionsbericht[1037]. Das war kein Einzelphänomen. Das gesamte Nord-Süd-Thema hatte Anfang der 1980er Jahre rapide an Bedeutung verloren und die Forderung nach einer Neuen Weltwirtschaftsordnung war weitgehend von der internationalen Agenda verschwunden. Dies wird im folgenden Abschnitt mit Blick auf den achten Weltwirtschaftsgipfel im amerikanischen Williamsburg im Mai 1983 illustriert. Warum das so war, soll abschließend mit Blick auf verschiedene globale Veränderungen skizziert werden. Eine davon war eine neue Form der Ölkrise.

Reagans Weltwirtschaftsgipfel

Am 9. Mai schrieb die indische Premierministerin Indira Gandhi ihrem deutschen Kollegen Helmut Kohl, um ihn vor dem G7-Gipfel in Williamsburg auf die Interessen der Entwicklungsländer aufmerksam zu machen. Gandhi hatte einige Wochen zuvor das siebte Gipfeltreffen der Bündnisfreien in Neu-Delhi ausgerichtet und wandte sich nun in ihrer neuen Funktion als Vorsitzende der Bewegung an verschiedene westliche Staats- und Regierungschefs. In Neu-Delhi hatten die indischen Gastgeber viel Energie in die Gestaltung der „Economic Declaration“ gesteckt, die erneut zur Schaffung einer Neuen Weltwirtschaftsordnung aufrief und zu diesem Zweck weiterhin an der Idee der Globalverhandlungen festhielt. Die Verhandlungen sollten nun in zwei aufeinanderfolgenden Schritten stattfinden. Zunächst sollte eine Konferenz innerhalb der UN ab Anfang 1984 die wenig kontroversen Themen angehen, um dann in einer zweiten Runde die „other issues, particularly those affecting the structure of the international economic system and institutions“, zu diskutieren[1038]. Parallel dazu – und das war der Vorschlag, der Indien besonders am Herzen lag – gelte es, die dringendsten Probleme der Entwicklungsländer durch ein „Programme of Immediate Measures“ zu lindern[1039]. In ihrem Brief informierte Gandhi den Bundeskanzler über diese Initiativen und formulierte abschließend die Hoffnung, „that the concerns I

1037 Willy Brandt u. a., Common Crisis. North-South: Cooperation for World Recovery. The Brandt-Commission, London 1983; Prashad, Poorer Nations, S. 82.

1038 Final Documents of the Seventh Conference of Heads of State or Government of Non-Aligned Countries, held at New Delhi from 7 to 12 March 1983, Economic Declaration, http://cns.miis.edu/nam/documents/Official_Document/7th_Summit_FD_New_Delhi_Declaration_1983_Whole.pdf, 4.1.2022, S. 73.

1039 Ebd., S. 74–79.

have set out above will receive your personal attention and be carefully considered at the Williamsburg Summit“[1040].

Dieser Wunsch war keinesfalls abwegig, wenn man bedenkt, dass Nord-Süd-Themen seit dem ersten Weltwirtschaftsgipfel in Rambouillet im Jahr 1975 immer einen wichtigen Part beim Treffen der großen Industriestaaten gespielt hatten. Nicht zuletzt waren die Gipfel auch als Reaktion auf die Herausforderungen der ersten Ölkrise und der Forderung nach einer Neuen Weltwirtschaftsordnung entstanden. Nach dem Gipfel im Sommer 1980 hatte Bundeskanzler Schmidt etwa seinem Vorgänger geschrieben: „Das Nord-Süd-Thema hat in Venedig in der Tat in einem hohen Maße die Diskussion bestimmt, wie das bisher noch auf keinem Wirtschaftsgipfel der Fall war.“[1041] 1981 setzte sich dieser Trend im kanadischen Ottawa fort, nicht zuletzt, weil Gastgeber Pierre Elliot Trudeau großes Interesse an dem Themenfeld zeigte[1042]. Und 1982 bestätigten die Teilnehmenden in Versailles immerhin ihre Bereitschaft zum Beginn von Globalverhandlungen, sofern die Unabhängigkeit der „Specialised Agencies“ garantiert sei[1043]. Im historischen „Colonial Williamsburg“[1044], dem Ort des folgenden Wirtschaftsgipfels, sollten die Forderungen der ehemaligen Kolonien nach einer strukturellen Veränderung der Weltwirtschaftsordnung nun erstmals praktisch keine Rolle mehr spielen. Zwar enthält das Abschlusskommuniqué noch ein paar mitfühlende Sätze, die die schwierige ökonomische Lage der „developing countries“ und die Gesprächsbereitschaft des Westens vor der anstehenden UNCTAD-Konferenz in Belgrad betonen, aber von „global negotiations“ oder Veränderungen der Weltwirtschaftsordnung ist keine Rede mehr[1045].

Besonders deutlich wird die Verschiebung der Agenda in einem Vorbereitungspapier des britischen Foreign and Commonwealth Office für den Weltwirt-

1040 PA AA, B 202/130542: Indira Gandhi an Helmut Kohl, 9.5.1983.

1041 Helmut Schmidt an Willy Brandt, Vorsitzender der Unabhängigen Kommission für Internationale Entwicklungsfragen, Bonn, 4.7.1980, in: Meik Woyke (Hg.), Willy Brandt – Helmut Schmidt. Partner und Rivalen. Der Briefwechsel (1958 – 1992), Bonn 2015, Dok. 581.

1042 NAL, PREM 19/446: Ottawa Economic Summit Conference, Relations With Developing Countries, and Energy, Record of a Plenary Session Held at Chateau Montebello, Ottawa on Monday 20 July 1981 at 3.15 pm. Vgl. auch Böhm, Sicherheit des Westens, S. 163 – 166, 195 f.

1043 NAL, PREM 19/725: Declaration of the Seven Heads of State and Government and Representatives of the European Communities, Château de Versailles, 4, 5 et 6 Juin 1982.

1044 Donnie Radcliffe, Life, Livery & a Pursuit of Classiness: Colonial Williamsburg Goes All Out for the World Economic Summit, in: The Washington Post, 4.4.1983, S. B1.

1045 NAL, PREM 19/1009: Williamsburg Declaration on Economic Recovery. Bezeichnender Weise spielte die Neue Weltwirtschaftsordnung auch während des folgenden UNCTAD-Treffens keine Rolle mehr. „In Belgrade, at UNCTAD's sixth session in June 1983,“ so notiert Sara Lorenzini, „the NIEO was officially declared dead.“ Lorenzini, Global Development, S. 159.

schaftsgipfel, das sich dem Nord-Süd-Komplex widmet. Darin heißt es, es mache keinen Sinn, in Williamsburg weiter über Globalverhandlungen zu diskutieren. „The G77 (developing countries) are in a more realistic mood this year, as a result of the grave economic problems facing them. They are giving less priority to their demands for a New International Economic Order (NIEO) and calling instead for more specific measures in their favour." Der indische Ruf nach „immediate measures" während der Konferenz der Bündnisfreien bedeute faktisch die Abkehr von der alten Strategie – „privately many G77 moderates have been losing interest in Global Negotiations"[1046]. Noch viel stärker als für Indien galt dies im Übrigen für manche Delegierte aus den Schwellenländern, die nun zunehmend offen für die Orientierung an westlichen Grundsätzen der Marktwirtschaft warben. Singapurs Vize-Premier Sinnathamby Rajaratnam etwa hatte bereits 1979 in der Generalversammlung der Vereinten Nationen erklärt: „The policies that work best are those based on free market competition, with government's role limited to protecting the people against the heinousness and injustices unrestrained competition could inflict and redistributing the fruits of competition without deadening the competitive spirit."[1047]

Mehr Bedeutung als das Foreign and Commonwealth Office wiesen die Regierungen in Frankreich, Italien, Kanada, Japan oder der BRD dem Thema zu. Sie sprachen sich zumindest dafür aus, „konstruktive Aussagen zu UNCTAD VI und zu den Globalen Verhandlungen" in die Abschlussdeklaration aufzunehmen, waren sich aber bewusst, dass sie dazu vor allen Dingen die USA überzeugen mussten[1048]. Und das war nicht einfach. Die Reagan-Administration verfolgte dezidiert eine Strategie „to remove North-South relations from the international agenda", wie der Politikwissenschaftler Steven G. Livingston schrieb, nachdem er in den 1980er Jahren eine Reihe von vertraulichen Interviews mit höheren Beamten im Außen- und Finanzministerium geführt hatte. Für diese sei das Thema lediglich eine „annoying distraction to the administration's goal of restoring

1046 NAL, CAB 133/534: Williamsburg Economic Summit, 28 – 30 May 1983, North/South, Brief by Foreign and Commonwealth Office, 20.5.1983.

1047 Zitiert nach Prashad, Darker Nations, S. 211 f. Der IWF-Historiker James Boughton spricht von der zunehmenden Durchsetzung marktwirtschaftlicher Vorstellungen in der Dritten Welt seit 1979 als „silent revolution". Siehe James M. Boughton, Silent Revolution. The International Monetary Fund 1979 – 1989, Washington 2001.

1048 PA AA, B 202/130539: Fernschreiben AA (?) an Tokyo, 21.4.1983; vgl. auch ebd.: Gesprächsführungsvorschlag, USA-Reise des Bundeskanzlers am 15.4.1983, 7.4.1983; ebd.: Gespräch Bundeskanzler Dr. Helmut Kohl mit Weltbankpräsident Alden W. Clausen am 18. April 1983, 17.00 – 18.00 Uhr.

American global influence“[1049]. Während der Vorbereitungstreffen zeigten sich die US-Delegierten „ungerührt“, wenn etwa die Deutschen das Nord-Süd-Thema ansprachen[1050]. Ohnehin waren die Amerikaner entschlossen, den Gipfel nach ihren Vorstellungen zu gestalten und vor allem Präsident Reagan in der Führungsrolle zu präsentieren[1051]. Insofern kann es nicht verwundern, dass, als die eigentlichen Gipfelgespräche dann begannen, die Globalverhandlungen und die Forderungen nach einer Neuen Weltwirtschaftsordnung – zumindest sofern man den stichpunktartigen Protokollen der Deutschen folgt – keinerlei Rolle gespielt zu haben scheinen[1052]. Beobachter in der Dritten Welt waren dementsprechend zu Recht enttäuscht und der *Indian Express* bemerkte treffend, die Entwicklungsländer hätten, was ihre Forderungen nach Global Negotiations und Neuer Weltwirtschaftsordnung angeht, eine „totale Niete“ gezogen[1053].

In den Diskussionen kamen die Entwicklungsländer lediglich in zweierlei Hinsicht vor: zum einen als Empfänger von Hilfszahlungen, als es um die Finanzierungszusagen zur International Development Agency (IDA) ging – der Weltbanktochter, die günstige Kredite an besonders arme Länder vergibt. Hier ist bezeichnend, dass es die Gipfelteilnehmer schon als Erfolg präsentierten, dass die großen Industriestaaten sich zu ihren zuvor gemachten Zusagen bekannten[1054]. Angesichts der Kürzungen der Entwicklungshilfebudgets unter Thatcher und Reagan und ihrer Skepsis gegenüber multilateraler Hilfe im Allgemeinen war das nicht mehr selbstverständlich gewesen[1055]. Auch strichen die G7 auf amerikani-

---

1049 Livingston, Reagan and North-South Relations, hier vor allem S. 317 f. Vgl. auch Henry R. Nau, Where Reaganomics Works, in: Foreign Policy 57 (1984 – 1985), S. 14 – 37; und Deuerlein, Zeitalter der Interdependenz, S. 316 – 322.

1050 PA AA, B 202/130539: Fernschreiben AA (?) an Tokyo, 21.4.1983.

1051 Ebd., B 32/135251: Sachstand, Wirtschaftsgipfel Williamsburg, 3.5.1983; ebd.: Ortez, Wirtschaftsgipfel Williamsburg vom 28. – 30. Mai 1983, I. Wirtschaftlicher Teil, 2.6.1983; NAL, CAB 133/534, S. 6: FCO, Steering Brief, Williamsburg Economic Summit, 28 – 30 May 1983, 25.5.1983; Hedrick Smith, Reagan Plans Ambitious Role as Summit Host, in: The New York Times, 26.5.1983, S. A1, D5.

1052 PA AA, B 202/130541: Wirtschaftsgipfel Williamsburg, Teil 1 und Teil 2.

1053 Ebd.: Fernschreiben New Delhi an AA, WWG Williamsburg in indischer Presse vom 01.06.1983, Nr. 586, 1.6.1983; vgl. auch ebd.: Botschaft Caracas an AA, Venezolanische Reaktion auf den Weltwirtschaftsgipfel von Williamsburg, 6.6.1983.

1054 NAL, PREM 19/1009: Williamsburg Declaration on Economic Recovery; PA AA, B 32/135251: Ortez, Zum Wirtschaftsgipfel Williamsburg vom 28. – 30. Mai 1983, 2.6.1983.

1055 Zu Großbritannien siehe NAL, PREM 19/184, Bl. 62 f: Extract from Meeting Note PM and French PM at the Matignon 19.9.1980; und Christopher C. Erswell, UK Aid Policy and Practices 1974 – 1990: An Analysis of the Poverty Focus, Gender-Consciousness and Environmental Sensitivity of British Official Aid, Irvine 2001, S. 93 – 142; zu den USA siehe PA AA, B1/178849: Stein an BM, Ausblick auf den Nord-Süd-Gipfel von Cancún vom 22.–23.10.81, 7.10.1981; ebd.: Vermerk,

sches Betreiben hin eine Bemerkung aus dem Kommuniqué, dass sie sich über die Wichtigkeit einer zukünftigen Wiederaufstockung der IDA-Mittel einig seien[1056]. Der Kontrast zu Gesprächsrunden in den Vorjahren, als es im Zeichen des Brandt-Reports und der Forderungen nach der Neuen Weltwirtschaftsordnung um die massive Ausweitung des Ressourcentransfers in den Süden gegangen war, sticht ins Auge.

Zum anderen waren die Entwicklungsländer im Kontext der Schuldenkrise Gesprächsthema, die nach der Bankrotterklärung Mexikos und anderer lateinamerikanischer Staaten im Vorjahr weit oben auf der Agenda stand. Die Strategie, auf die sich die Staats- und Regierungsspitzen in Williamsburg einigten, hatte allerdings erneut wenig mit den Rezepten zu tun, die aus der Gruppe der 77 in den späten 1970er Jahren vorgeschlagen worden waren – etwa ein allgemeines Schuldenmoratorium oder die Einberufung einer umfassenden Schuldenkonferenz. Die Großen Sieben drängten nun vielmehr auf „effective adjustment" innerhalb der Schuldnerländer, flankiert von internationalen Krediten, um den Übergang zu ermöglichen. Außerdem sollten die weitere Öffnung der Märkte und die Erholung der Weltwirtschaft die Exportmöglichkeiten für die Schuldner verbessern[1057]. Eine zentrale Rolle kam dabei IWF und Weltbank zu, die durch sogenannte „structural adjustment loans" die notwendige Finanzierung bereitstellen und gleichzeitig die Einhaltung interner Reformen kontrollieren sollten. Diese Reformen beinhalteten die drastische Reduzierung der Staatsausgaben, die Einschränkung der Geldmenge, den Abbau von Zöllen und Kapitalkontrollen und die Abwertung der nationalen Währung. So verwandelten sich die Bretton-Woods-Institutionen „into a powerful sponsor of global financial deregulation". In den Worten Mark Mazowers bedeutete diese Antwort des Westens auf die Schuldenkrise die Erschaffung einer „neoliberalen", echten „New International Economic Order [...] that easily rebuffed the Third World version"[1058]. Sie implizierte nicht nur vollkommen andere Vorstellungen von wirtschaftlicher Entwicklung, als sie im Rahmen staatlicher Entwicklungspläne zuvor formuliert worden waren, son-

---

Treffen der Wirtschaftsdirektoren von D, F, GB, J und US am 18.2.1981 in London, 23.2.1981; Livingston, Reagan and North-South Relations, S. 320.

1056 PA AA, B 202/130541, S. 3: Wirtschaftsgipfel Williamsburg, Teil 2; ebd.: Williamsburg Declaration on Economic Recovery (Entwurf).

1057 NAL, PREM 19/1009: Williamsburg Declaration on Economic Recovery.

1058 Mazower, Governing the World, S. 343–377, Zitate auf S. 346 und 350. Ganz ähnlich auch Newton, Global Economy, S. 126. Jüngst hat auch Quinn Slobodian herausgearbeitet wie „Neoliberale", die er der „Genfer Schule" zuordnet, ihr Programm in den 1970er Jahren als Reaktion auf die Forderung nach einer Neuen Weltwirtschaftsordnung ausarbeiteten, die sie als „größte Gefahr für die Integrität des Welthandelsystems" ausmachten. Slobodian, Globalisten, S. 311–373, das Zitat findet sich auf S. 355. Vgl. auch Bair, Taking Aim.

dern auch eine Form der ökonomischen Globalisierung, die sich von jener, die die Brandt-Kommission und die verschiedenen Dokumente zur Neuen Weltwirtschaftsordnung vorgeschlagen hatten, fundamental unterschied. Es war jene Form der Kapitalmarktliberalisierung und weltweiten Verflechtung, die Zeitgenossen bald als Globalisierung bezeichneten und die unsere heutige Welt prägt.

Globale Verschiebungen

Die Forderungen der Dritten Welt nach Globalverhandlungen und einer Neuen Weltwirtschaftsordnung waren in Williamsburg nun faktisch von der Agenda der großen Industriestaaten verschwunden. Warum das so war, hängt mit verschiedenen globalen Prozessen zusammen, die die Rahmenbedingungen für den Nord-Süd-Dialog grundlegend veränderten und die hier knapp skizziert werden sollen.

Zunächst einmal zog der Ost-West-Konflikt nach dem sowjetischen Einmarsch in Afghanistan im Dezember 1979 nun wieder viel mehr Aufmerksamkeit auf sich, als das während der 1970er Jahre im Zeichen der Détente der Fall gewesen war. Vor allem in den Vereinigten Staaten war – wie bereits erwähnt – der Brandt-Report angesichts der Ereignisse am Hindukusch nur bedingt beachtet worden. Die Reagan-Regierung ging auf Konfrontationskurs mit den Sowjets und intensivierte Stellvertreterkriege und Wettrüsten. Die 1980er Jahre waren durch einen „zweiten Kalten Krieg“ gekennzeichnet, was den Nord-Süd-Konflikt verstärkt in den Hintergrund treten ließ.[1059] Es ist zum Beispiel bemerkenswert, wie viel Zeit und Aufmerksamkeit auf dem Weltwirtschaftsgipfel in Williamsburg „politischen Gesprächen“ eingeräumt wurden. Sämtliche Essen – mit Ausnahme des festlichen Abschlussdinners –, eine Vormittagssitzung der Außenminister und Teile der Plenarsitzung waren dafür reserviert. Das war deutlich mehr als bei früheren G7-Gipfeln. Im Mittelpunkt standen dabei eindeutig die „West-Ost-Beziehungen, einschließlich Abrüstung und Rüstungskontrolle“[1060], während es kaum Gesprä-

---

1059 Zum Wiederaufflammen des Kalten Krieges siehe etwa Odd Arne Westad, The Cold War. A World History, New York 2017, S. 475 – 526; Carole K. Fink, Cold War. An International History, Boulder 2014, S. 204 – 228; David S. Painter, The Cold War. An International History, London 1999, S. 95 – 111.

1060 PA AA, B 32/135251: Ortez, Wirtschaftsgipfel Williamsburg vom 28. – 30. Mai 1983, Politischer Teil, 31.5.1983. Bemerkenswert ist in dieser Hinsicht auch, dass Helmut Kohl, als er vor dem Bundestag eine Erklärung der Bundesregierung zum Weltwirtschaftsgipfel abgab, mehr über Sicherheitspolitik als über Wirtschaftsthemen sprach. Ebd., B 202/130541: Erklärung der Bundesregierung zum Weltwirtschaftsgipfel vom 28. bis 30. Mai 1983 in Williamsburg abgegeben von Bundeskanzler Helmut Kohl in der 11. Sitzung des Deutschen Bundestages am 9. Juni 1983.

che zu Nord-Süd-Themen gab. Diese veränderte Prioritätensitzung lässt sich auch an den Gesprächen über die Globalverhandlungen in den Vereinten Nationen illustrieren. Nach dem Cancún-Gipfel bewegten sich die G77 und die Amerikaner in der Sache sukzessive aufeinander zu und erstellten dabei verschiedene Resolutionsentwürfe. Bevor jedoch die letzten Differenzen überwunden werden konnten, kam, so erklärte der britische Außenminister Lord Carrington verschiedenen Botschaftern, im Dezember 1981 die „Polish Crisis" dazwischen und die Generalversammlung endete, ohne dass eine Einigung über die Global Negotiations erzielt worden wäre[1061].

Ein zweiter wichtiger Faktor war, dass sich die gefühlte Machtbalance zwischen Nord und Süd Anfang der 1980er erneut verschob. Die Analysten des Research Department im britischen Außenministerium etwa glaubten, dass das vergleichsweise moderate Dokument, das die Bündnisfreien in Neu-Delhi erstellt hatten, Ausdruck der „weak bargaining power of the non-aligned (now arguably even weaker than in 1979)" sei[1062]. Verschiedene Entwicklungen führten zu diesem Ergebnis, wobei die Veränderungen auf den internationalen Ölmärkten besonders wichtig waren. Während des letzten Gipfeltreffens der Blockfreien in Havanna im September 1979 war es um die Einigkeit der Dritten Welt nur bedingt gut bestellt gewesen. Es gab Streitigkeiten um die Positionierung der Bewegung zwischen den Supermächten – Gastgeber Fidel Castro sah die Sowjetunion als natürlichen Verbündeten der Blockfreien – und um die steigenden Ölpreise[1063]. Einig schien man sich aber darüber zu sein, dass die Ölmacht der OPEC-Staaten angesichts der Knappheit auf dem Ölmarkt und der damit einhergehenden massiven Preissteigerungen der Jahre 1979/80 ein bedeutender Faktor in den internationalen Beziehungen war[1064]. Vier Jahre später hatte sich die Situation jedoch in ihr Gegenteil verkehrt. Der zweiten Ölkrise war eine Ölschwemme gefolgt und nun wurde die OPEC ihr Erdöl nicht mehr los. Von 1979 bis 1983 sank die Nachfrage nach OPEC-Öl um 13 Millionen Barrel pro Tag. Das waren umgerechnet 43 Prozent[1065]. Was war passiert?

1061 NAL, PREM 19/938: FCO an Certain Missions, Global Negotiations, 8.1.1982. Am 13. Dezember 1981 verhängte der von den Sowjets gestützte polnische Premier General Wojciech Jaruzelski den Kriegszustand in Polen und ließ die Führung der oppositionellen Solidarność verhaften, woraufhin die USA scharfe Sanktionen gegen Warschau und Moskau verhängte. Siehe Fink, Cold War, S. 206f.

1062 NAL, FCO 58/3246: Research Department Note No 10/83, The New Delhi Seventh Non-Aligned Summit March 1983, August 1983.

1063 Vgl. Dinkel, Bewegung der Bündnisfreien, S. 243–249; Benn, Multilateral Diplomacy, S. 167.

1064 Siehe Kapitel 5.

1065 Yergin, Preis, S. 887.

Drei Faktoren kamen zusammen. Erstens hatten die Erwartung einer künftigen, dauerhaften Ölknappheit und die hohen Preise die Explorations- und Produktionsanstrengungen außerhalb der OPEC stimuliert. Im Laufe der späten 1970er Jahre begann im großen Stil die Förderung in der Nordsee, in Mexiko und Alaska und auch eine Reihe kleinerer Exporteure wie Malaysia, China oder Angola kamen hinzu, die das Ölangebot insgesamt um etwa vier Millionen Barrel täglich erweiterten. Zweitens sank der Erdölverbrauch weltweit massiv ab. Das lag einerseits an der schweren Krise, die die Weltwirtschaft in den Jahren 1980 bis 1982 erfasst hatte. Die wirtschaftliche Aktivität ging zurück und damit auch der Energieverbrauch. Andererseits zeigten die Maßnahmen, mit denen die Regierungen der Industriestaaten auf die beiden Ölkrisen reagiert hatten, nun Wirkung. Größere Effizienz und technische Innovation führten zu deutlichen Einsparungen im Energieverbrauch. Auch ersetzten Kohle, Gas und Atomkraft das Erdöl in der Stromproduktion, so dass der Anteil des Öls am Gesamtenergieverbrauch des Westens von 1978 bis 1985 von 53 auf 43 Prozent fiel. Als 1983 die Weltwirtschaft wieder anzog, wurde deutlich, wie groß diese Einsparungen waren: Trotz der konjunkturellen Erholung lag der Ölverbrauch in der nicht-kommunistischen Welt nun mit 45,7 Millionen Barrel pro Tag um etwa sechs Millionen unterhalb des Niveaus von 1979. Drittens fluteten die Ölkonzerne den Markt mit zusätzlichem Öl, da sie sich bemühten, ihre beachtlichen Reserven abzubauen, die sie in den Vorjahren in Antizipation steigender Preise angelegt hatten[1066].

Im März 1982 reagierte die OPEC auf die Veränderungen, indem sie Förderquoten für sämtliche Mitgliedsstaaten aushandelte, um so den Gesamtausstoß von 31 Millionen Barrel pro Tag 1979 auf zukünftig 17,5 Millionen zu begrenzen. Damit agierte sie erstmals wirklich als Kartell. Exakt ein Jahr später bestätigten die in London versammelten Ölminister die Quotenregelung und setzten außerdem den Ölpreis von 34 auf 29 Dollar herab. Es war die erste Preissenkung seit Gründung der Organisation. Dennoch schrumpften die Marktanteile in den Folgejahren weiter und vor allem Saudi-Arabien, das als sogenannter „swing producer" seine Produktionsmenge flexibel anpassen sollte, um den Markt auszubalancieren, trug die Hauptlast. 1985 fiel die saudische Produktion zeitweilig unter jene Großbritanniens, während die Einnahmen seit 1981 von $ 119 auf $ 26 Milliarden gesunken waren. In dieser Situation änderten die Saudis die Strategie, erhöhten die Produktion und gaben die Preise frei, um Marktanteile zurückzugewinnen. Die übrigen OPEC-Staaten taten es ihnen gleich und binnen

1066 Ebd., S. 885 – 887. Vgl. auch Abbas Alnasrawi, The Rise and Fall of Arab Oil Power, in: Arab Studies Quarterly 6 (1984), S. 1 – 12; Venn, Oil Crisis, S. 54 – 56; und Garavini, OPEC, S. 326 – 360.

kürzester Zeit kollabierte der Preis für Erdöl, das an der New York Mercantile Exchange (NYMEX) gehandelt wurde, von $ 31,75 auf circa $ 10 Dollar pro Fass[1067].

War der neue Preis ein Segen für die Verbraucher in Öl-armen Staaten, beklagten die OPEC-Minister, die 1973 von einer „Ölrevolution" geschwärmt hatten, nun ihrerseits eine „Ölkrise"[1068]. Klar wurde in jedem Fall, dass die Ölmacht der OPEC und sogar der vermeintlichen Öl-Supermacht Saudi-Arabien deutlich begrenzt war. Ölminister Yamani erklärte 1985 im saudischen Fernsehen: „[N]iemand wird leugnen, daß die politische Macht der Araber 1973 auf Öl beruhte und ebenso ihr Einfluß 1979 auf Grund des Öls seinen Höhepunkt erreicht hatte. Zurzeit aber leiden wir unter der wiederum auf Öl basierenden politischen Machtschwäche der Araber. Dies sind elementare Tatsachen, die selbst der Mann auf der Straße kennt."[1069] Im selben Jahr erinnerte die semi-offizielle algerische Tageszeitung *El Moudjahid*, dass die „Ölwaffe" 1973 in den Händen der OPEC gelegen hatte, während der „impotente" Westen den Forderungen der Dritten Welt habe zustimmen müssen. „A decade later, in the eighties, there has been a profound and fundamental change." Angesichts der gewaltigen Ölvorräte, die die Industrieländer in ihren Lagern hätten, seien sie faktisch im Besitz der „Ölwaffe". Die OPEC befinde sich nun in „a situation of weakness vis-a-vis the western industrialized countries. [...] the Organization which has in the past served the interests of the oil exporters so well – and beyond that the interests of the Third World in raising the price of raw materials and seeking a new and fairer economic order – is now in a difficult situation."[1070] Dass der Westen aus Furcht vor der „Ölwaffe" zu Konzessionen bereit sein könnte, schien Mitte der 1980er Jahre abwegig. In der Tat hatte das Energiethema derartig an Bedeutung verloren, dass

1067 Skeet, OPEC, S. 178 – 221; Venn, Oil Crisis, S. 56 – 58; Yergin, Preis, S. 887 – 890 und 919 – 924.

1068 Siehe etwa Ali M. Jaidah, OPEC, Non-OPEC and Cooperation in Pursuit of Price and Market Stability, abgedruckt in MEES XXVIII, Nr. 22, 11.3.1985, S. D1–D5; Fadhil J. Al-Chalabi, The Role of OPEC in Market Stabilization, in: MEES XXIX, Nr. 7, 25.11.1985, S. D1–D4; Abir, Saudi Arabia, S. 178. Auch Yergin spricht von einem „dritten Ölschock". Yergin, Preis, S. 922. Historische Arbeiten zur Welt des Öls sprechen auch vielfach vom „oil counter-shock". Duccio Basosi/Giuliano Garavini/Massimiliano Trentin (Hg.), Counter-Shock: The Oil Counter-Revolution of the 1980s, London 2018; und Maugeri, Age of Oil, S. 133 – 144.

1069 Zitiert nach Yergin, Preis, S. 918. Ein venezolanischer Ölmann erklärte: „OPEC is now facing what may turn out to be its most serious crisis. The Organization is losing its power to determine the price of oil in the international market." Statement of Dr. Hernan Anzola, Head of the Venezuelan Delegation to the 75th (Extraordinary) Meeting of the Conference, Vienna, 4 October 1985, abgedruckt in MEES XXVIII, Nr. 52, 7.10.1985, S. D2f. Eine pessimistische Einschätzung der „Arab Oil Power" gab 1984 auch der irakische Ökonom Abbas Alnasrawi ab. Alnasrawi, The Rise and Fall of Arab Oil Power.

1070 Eine gekürzte Übersetzung des Artikels Oil: Times are Changing, El Moudjahid, 22./23.2. 1985 ist abgedruckt in MEES XXVIII, Nr. 23, 18.3.1985, A5–A7.

die westlichen Staats- und Regierungschefs in Williamsburg kaum darüber sprachen und nur auf kanadischen Wunsch hin einen kurzen Passus in die Abschlusserklärung aufnahmen[1071].

Der zweite Faktor, der die Verhandlungsposition der Dritten Welt unterminierte, war die bereits erwähnte Schuldenkrise, die ebenfalls mit den Entwicklungen im Ölbereich zusammenhing. Einerseits hatten die Ölpreissteigerungen der 1970er Jahre deutlich dazu beigetragen, die Verschuldung der Öl-armen Entwicklungsländer in die Höhe zu treiben. Ende 1984 belief sich der Schuldenberg der Dritten Welt auf insgesamt $ 920 Milliarden[1072]. Andererseits war es – ironischerweise – gerade das Nachgeben des Ölpreises, das die akute Phase der Schuldenkrise mit auslöste. Im Spätsommer 1982 musste Mexikos neu berufener Finanzminister Jésus Silva Herzog einräumen, dass das Land seine Schulden in Höhe von $ 84 Milliarden nicht mehr finanzieren konnte. Enorme Staatsausgaben, Kapitalflucht, Schwierigkeiten, die eigenen Exportgüter in die krisengeschüttelten Industriestaaten abzusetzen, und sinkende Öleinnahmen belasteten die Wirtschaft[1073]. Hinzu kam, dass das internationale Zinsniveau aufgrund der monetaristischen Politik der Inflationsbekämpfung, der sich zunächst Großbritannien und die USA, aber zusehends auch die anderen Industriestaaten verschrieben hatten, förmlich explodiert war. Die London Interbank Offered Rate (kurz LIBOR), die den Zinssätzen für Kredite an die Dritte Welt meist zugrunde liegt, verdoppelte sich auf über 16 Prozent, wodurch sich die Kosten für den Schuldendienst vervielfachten. Bernard Nossiter schätzt, dass diese Entwicklung die Dritte Welt allein „$ 41 billion in extra interest“ gekostet habe. Hinzu kam, dass der Dollar stark an Wert gewann und damit auch die in Dollar notierten Schulden[1074]. Mexiko jedenfalls konnte unter diesen Bedingungen seine Zinsen nicht mehr zahlen, während an Tilgung nicht einmal zu denken war.

Der mexikanische Offenbarungseid löste eine Kettenreaktion aus, weil private Banken sich nun weigerten, neue Kredite an hoch verschuldete lateinamerikanische Staaten zu vergeben, die ohne frisches Geld ebenfalls nicht mehr in der Lage waren, ihre alten Kredite zu bedienen. Aber auch zahlreiche andere Länder, vor allem in der Karibik und Afrika, standen vor ähnlichen Problemen. Mexiko handelte in Washington mit den Banken, dem US-Finanzministerium, der Federal

---

1071 Siehe etwa PA AA, B 202/130539, S. 5f: Entwurf einer Aufzeichnung, Betr.: Wirtschaftsgipfel: Entstehung, Inhalte, Ergebnisse, Wertung und Ausblick, 14.3.1983. Vgl. auch Böhm, Sicherheit des Westens, S. 157–163 und 192f.

1072 Nossiter, The Global Struggle for More, S. 8.

1073 Yergin, Preis, S. 902–905; Williame R. Cline, Mexico's Crisis, the World's Peril, in: Foreign Policy 49 (Winter 1982–1983), S. 107–118.

1074 Nossiter, The Global Struggle For More, S. 14–16. Vgl. auch Newton, Global Economy, S. 144.

Reserve und dem Internationalen Währungsfonds ein Multi-Milliarden-Rettungspaket aus, das nicht zuletzt den Zusammenbruch der größten amerikanischen Banken verhindern sollte. Diese hatten dem Nachbarland dermaßen große Kredite gewährt, dass ein mexikanischer Bankrott sie ruiniert hätte. Vor allem der IWF und der sogenannte Pariser Klub, ein informelles Gremium staatlicher Gläubiger, spielte auch bei der Schuldenfinanzierung der anderen Länder eine zentrale Rolle, wobei sie ihre Hilfe an die Durchführung „neoliberaler" Reformen knüpften[1075]. In jedem Fall bedeutete die Schuldenkrise eine wachsende Abhängigkeit von westlichen Geldgebern – privaten wie staatlichen – und vor allem vom Internationalen Währungsfonds, in dem die Industriestaaten weiterhin die Stimmmehrheit hielten. Auch dies beeinträchtigte ganz offensichtlich die Verhandlungspositionen des Südens gegenüber dem Norden.

Schließlich erwies sich drittens die Weltwirtschaftskrise, die 1980 begonnen hatte, für viele Entwicklungsländer als deutlich schwerwiegender als im Westen, wo ab 1983 wieder ein robustes Wachstum einsetzte. Ein solches blieb in den primär von der Schuldenkrise betroffenen Staaten aus. In Lateinamerika, wo die 1980er als „verlorene Dekade" bezeichnet werden, schrumpfte das BIP pro Kopf zwischen 1981 und 1984 um 8,9 Prozent[1076]. Und auch Afrika verzeichnete in der ersten Hälfte der 1980er praktisch kein reales Wachstum[1077]. Der Anteil der Exporte aus Entwicklungsländern am Welthandel fiel bis 1988 um 20 Prozent, während die Rohstoffpreise im Schnitt auf den niedrigsten Stand seit den 1930er Jahren sanken[1078]. Die Dritte Welt büßte also nicht nur die Ölmacht der OPEC, sondern auch jeden Rest von Rohstoffmacht gegenüber dem Westen ein. 1973/74 und 1979/80 hatte das anders ausgesehen, aber in den frühen 1980er Jahren agierten die Industriestaaten gegenüber dem Süden erneut aus einer eindeutigen Position der Stärke.

Die positive Ausnahme mit Blick auf die Dritte Welt war Asien, wo die „Tiger" weiterhin schneller wuchsen als die westlichen Industrieländer und sich andere

1075 Für Mexiko siehe Yergin, Preis, S. 902–905 und ausführlich zu den Beziehungen zum IWF Woods, The Globalizers, S. 84–103; allgemeiner auch Mazower, Governing the World, S. 347–359; Nossiter, The Global Struggle for More, S. 1–28; Harold James, International Economic Cooperation Since Bretton Woods, Washington D.C. 1996, S. 347–408; Boughton, Silent Revolution; und zu Lateinamerika José Antonio Ocampo, The Latin American Debt Crisis in Historical Perspective, in: Joseph E. Stiglitz/Daniel Heymann (Hg.), Life After Debt. The Origins and Resolutions of Debt Crises, Basingstoke 2014, S. 87–115.

1076 Newton, Global Economy, S. 146; Ocampo, Latin American Debt Crisis, S. 87.

1077 International Monetary Fund, Annual Report of the Executive Board for the Financial Year Ended April 30, 1986, Washington 1986, S. 10.

1078 Livingston, Reagan and North-South Relations, S. 322; siehe auch International Monetary Fund, Annual Report 1986, S. 13–15.

Staaten – etwa Malaysia und Indonesien – zusehends zu Schwellenländern entwickelten[1079]. Damit wuchsen aber auch die Differenzen innerhalb des Südens, die bereits mit Blick auf die Ratifizierung des Common Fund und den Umgang mit der zweiten Ölkrise herausgearbeitet worden sind. Sie waren ein weiterer Faktor, warum die Neue Weltwirtschaftsordnung von der internationalen Agenda verschwand. Die unterschiedlichen ökonomischen Interessen der Ölexporteure, der Schwellenländer, der *least developed* und der übrigen Entwicklungsländer erlaubten es immer weniger, gemeinsame Forderungen zu formulieren. Hinzu kamen zunehmend häufiger politische Konflikte, die die Handlungsfähigkeit der Bewegung der Bündnisfreien und der Gruppe der 77 einschränkten. Das war etwa der erwähnte Richtungsstreit zwischen jenen, die die Blockfreien – wie Castro – näher an die sozialistischen Staaten heranführen wollten, und jenen, die – etwa Jugoslawien oder Indien – strikt dagegen waren. Hier spielte natürlich auch das Wiederaufflammen des Kalten Krieges eine wichtige Rolle[1080]. Darüber hinaus kam es, wie Jürgen Dinkel bemerkt, auch zu zahlreichen militärischen Konflikten zwischen Ländern der Dritten Welt. „Ende der 1970er Jahre", so führt er aus, „bekämpften sich unter anderem, in unterschiedlicher Intensität, Algerien und Marokko, Angola und Zaire, Kambodscha und Vietnam, Tschad und Libyen, Kuba und die Mehrzahl der lateinamerikanischen Staaten, Ägypten und die Mehrzahl der arabischen Staaten, Äthiopien und der Sudan, Indien und Pakistan, Ghana und Togo sowie Tansania und Uganda."[1081] Ab 1980 kam dann der destruktive und langwierige Krieg zwischen Iran und Irak hinzu.

Schließlich war es die „neo-liberal counter-revolution"[1082], die im Westen seit den späten 1970er Jahren um sich griff, die ein westliches Eingehen auf das Programm der Neuen Weltwirtschaftsordnung zunehmend unwahrscheinlich machte. Das Mantra von freien Märkten, Deregulierung und Inflationsbekämpfung, für das Reagan und Thatcher symbolhaft standen, war unvereinbar mit diesem Programm, das selbst in seinen weniger radikalen Ausformungen auf Marktregulierungen und massive Ressourcentransfers setzte. In den frühen 1980er Jahren, so hat es der indische Historiker Vijay Prashad treffend formuliert, lasen sich solche Vorschläge wie „undecipherable hieroglyphics"[1083].

1079 Newton, Global Economy, S. 138–140; Frieden, Global Capitalism, S. 413–434; siehe auch die Wachstumszahlen in International Monetary Fund, Annual Report 1986, S. 10.

1080 Dinkel, Die Bewegung Bündnisfreier Staaten, S. 246–249. Zu den Querelen während des 1979er Havanna-Gipfels siehe z. B. auch NAL, FCO 51/474, S. 35 f: Research Department Memorandum, The Non-Aligned Movement and the Group of 77, April 1980.

1081 Dinkel, Die Bewegung Bündnisfreier Staaten, S. 250.

1082 Newton, Global Economy, S. 127; ganz ähnlich Toye/Toye, UN, S. 254–275.

1083 Prashad, Darker Nations, S. 244.

Es war das Zusammenspiel der dargestellten umfassenden Entwicklungen in den frühen 1980er Jahren, die dafür sorgten, dass die Neue Weltwirtschaftsordnung bis zum Weltwirtschaftsgipfel in Williamsburg von der internationalen Agenda verschwand. Die zunehmende Fragmentierung der Dritten Welt verhinderte effektives und gemeinsames Handeln. Der Verlust an Verhandlungsmacht gegenüber dem Westen, der stark mit dem Verlust der Ölmacht und der Schuldenkrise zusammenhing, erlaubte es den Industriestaaten, entsprechende Forderungen ungestraft zu ignorieren, zumal diese angesichts des „neoliberalen" Zeitgeistes aus ihrer Sicht immer inakzeptabler erschienen. Und der Beginn des „zweiten Kalten Krieges" rückte nun erneut ins Zentrum der internationalen Politik und drängte die Nord-Süd-Themen an den Rand.

6.4 Zwischenfazit

Die frühen 1980er Jahre bedeuteten für die Dritte Welt und für die Nord-Süd-Beziehungen eine Zäsur. Die globalen Diskussionen um eine Neue Weltwirtschaftsordnung, die die internationale Agenda seit 1973 mit geprägt hatten, kamen in den Jahren nach der zweiten Ölkrise zunächst zum Stillstand, um bald gänzlich zu verschwinden. Das hatte verschiedene Gründe. Während der Common Fund vor allem zur Hängepartie wurde, weil die Solidarität der Dritten Welt nachließ und viele Entwicklungsländer keinen Sinn mehr in dem Fonds sahen, scheiterten der Brandt-Report und der folgende Nord-Süd-Gipfel von Cancún primär an der ablehnenden Haltung der Schlüsselstaaten des Westens. Gerade die neuen konservativen und aggressiv marktliberalen Regierungen in Großbritannien und den Vereinigten Staaten waren kaum noch zu Zugeständnissen bereit. Das lag auch am massiven Verlust der Verhandlungsmacht des Südens, besonders mit Blick auf die rapide schwindende Ölmacht der OPEC, was ein solches Verhalten nun ungefährlich erscheinen ließ. Bis zum Weltwirtschaftsgipfel von Williamsburg im Jahr 1983 war das Thema faktisch von der internationalen Agenda verschwunden.

7 Schlussbetrachtung

„Between OPEC and the affluent West, the third world is being squeezed", schrieb der leitende Redakteur der *Times of India* A. S. Abraham am 1. August 1980[1084]. Gerade hatte die britische Regierung ihre ablehnende Haltung gegenüber dem Brandt-Report bekannt gegeben und in gewisser Weise schien der in Bombay lebende „veteran journalist"[1085] dankbar dafür. Denn nun könne man sehen, wie der Westen wirklich dachte – aller „altruistischen" Rhetorik zum Trotz. „When the chips are down", so Abraham, seien die Industriestaaten zu keinen Zugeständnissen bereit und die Erdölexporteure kümmerten sich ebenfalls herzlich wenig um die armen Entwicklungsländer. Ihre „windfall petrodollar" investierten sie in den Banken des Westens, von wo sie auch Expertise und Waren für ihre eigene Entwicklung bezögen. Fatalistisch schloss er: „The more one thinks about it, the more one is inclined to despair whether North-South relations can ever become more genuinely equitable."[1086] Sechs Jahre zuvor hatte die Situation grundlegend anders ausgesehen. Eine Neue Weltwirtschaftsordnung war damals zum Greifen nahe erschienen. Warum das so war und warum sich die Situation Anfang der 1980er Jahre vollkommen anders darstellte, hing – so das zentrale Argument dieser Arbeit – ganz entscheidend mit den beiden Ölkrisen zusammen.

Das Herausarbeiten dieser Wechselwirkung ist der grundlegende Beitrag dieser Arbeit zur Geschichte der Nord-Süd-Beziehungen und des Öls, also den ersten beiden Forschungsfeldern die den Referenzrahmen für dieses Projekt bilden. Die erste Ölkrise von 1973/74 markierte für die Nord-Süd-Beziehungen einen Einschnitt. Zwar hatte die Dritte Welt Forderungen nach einer tiefgreifenden Reform – wenn nicht Revolutionierung – der Weltwirtschaftsordnung zumindest seit den frühen 1960er Jahren immer wieder formuliert, aber die westlichen Industriestaaten zeigten wenig Bereitschaft, größere Veränderungen am Status quo vorzunehmen. Sam Ngoma schrieb in dieser Hinsicht durchaus treffend in der *Times of Zambia:* „Without oil there could hardly be any North-South dialogue. Without the success of OPEC all the talk about a satisfactory pricing mechanism for our commodities would be tantamount to whistling in the wind."[1087] Die Ölrevolution schien der gesamten Welt die Ölmacht der OPEC – und in geringerem

1084 A. S. Abraham, The North and South: When the Chips Are Down, in: The Times of India, 1. 8. 1980, S. 6.
1085 D. S. Mehta, Mass Communication and Journalism in India, Neu-Delhi u. a. 1979, S. 100.
1086 Abraham, The North and South: When the Chips Are Down, in: The Times of India, 1. 8. 1980, S. 6.
1087 Sam Ngoma, Rich Still Plunder Africa, in: Times of Zambia, 15. 1. 1983, S. 4

https://doi.org/10.1515/9783110770001-011

Maße die Rohstoffmacht der übrigen Entwicklungsländer – vor Augen zu führen, was die internationalen Beziehungen spürbar veränderte. Vor allem Japaner und Europäer, weniger die Vereinigten Staaten, die über eine größere eigene Ressourcenbasis verfügten, bemühten sich, auf die zunächst in bemerkenswerter Einigkeit vorgetragenen Forderungen des Südens nach einer Neuen Weltwirtschaftsordnung einzugehen. So eröffnete sich ein Möglichkeitsraum, den die Entwicklungsländer nutzten, um zunächst die Forderung nach einer Neuen Weltwirtschaftsordnung auf den Spitzenplatz der internationalen Agenda zu setzen. Wie erfolgreich sie dabei waren, zeigen die Einberufung und der thematische Zuschnitt der 6. und 7. UN-Sondergeneralversammlungen sowie des Pariser Nord-Süd-Dialogs. Letzteren transformierte der Süden gegen den Willen des Westens von einem reinen Energiedialog in ein Forum über die gesamte Weltwirtschaftsordnung. Auch gelang es den Entwicklungsländern in dieser Phase, eine Reihe von materiellen Konzessionen von den Industriestaaten zu erwirken – milliardenschwere Sonderhilfsprogramme für die von der Ölkrise besonders Betroffenen und die am wenigsten entwickelten Länder, Begünstigungen im Rahmen der Lomé-Konvention und die Zusage zur Einrichtung eines Common Fund. Entscheidend war dabei einerseits, dass sich die Öl-armen Entwicklungsländer auf das Narrativ der OPEC einließen, dass ihre ökonomischen Probleme Folge der Kolonialzeit bzw. der neo-kolonialen Weltwirtschaftsordnung seien und nicht – wie der Westen immer wieder betonte – Resultat der Ölpreisexplosion. Damit lief auch der Versuch des Westens zunächst ins Leere, die Gruppe der 77 zu spalten. Andererseits erlaubte es das nicht näher definierte Konzept einer Neuen Weltwirtschaftsordnung, eine ganze Reihe heterogener Forderungen aus den verschiedenen Ländern des Südens unter diesem Schlagwort zu subsumieren, was es leichter machte, die Einigkeit zu wahren.

Gleichzeitig unterminierten die erste Ölkrise und die folgende Weltwirtschaftskrise aber das Projekt der Dritten Welt. Enorm gesteigerte Importpreise für Energie und westliche Industrieprodukte sowie einbrechende Exporterlöse für die meisten anderen Rohstoffe trieben die Zahlungsbilanzen von Ländern wie Sambia tief in den roten Bereich – ein wichtiger Befund, der in den existierenden geschichtswissenschaftlichen Auseinandersetzung mit der Ölkrise bisher kaum eingehender untersucht worden ist. In der zweiten Hälfte der 1970er Jahre zeigte sich dann immer deutlicher, dass es sich nicht um kurzfristige Probleme handelte, die sich mit Krediten überbrücken ließen, sondern weite Teile der Dritten Welt in einer dauerhaften Krise steckten. Die ökonomischen Interessen von Ölexporteuren, Schwellenländern und anderen Entwicklungsländern waren keinesfalls deckungsgleich, entwickelten sich vielmehr auseinander, und die Spannungen – sogar innerhalb der OPEC – traten immer offensichtlicher zutage.

Die zweite Ölkrise von 1979/80 verstärkte diese Tendenzen und führte unter den Entwicklungsländern zu offenen Auseinandersetzungen um den Ölpreis, etwa während der fünften UNCTAD-Konferenz in Manila und auf dem Gipfel der Bündnisfreien in Havanna. Angesichts einer Dritten Welt, die zu uneinig war, um gemeinsame Forderungen effektiv zu formulieren, geriet der Nord-Süd-Dialog ins Stocken. Hinzu kam, dass der Westen Anfang der 1980er Jahre immer weniger bereit war, auf die Wünsche des Südens einzugehen. Angesichts des erstarkenden „neoliberalen" Marktdenkens in den Industriestaaten wirkten die Rezepte einer Neuen Weltwirtschaftsordnung zunehmend inakzeptabel. Im Zuge von Schuldenkrise und Ölschwemme verlor der Süden außerdem seine Verhandlungsmacht und der sogenannte zweite Kalte Krieg drängte das gesamte Themenfeld in den Hintergrund. So verschwand die Forderung nach einer Neuen Weltwirtschaftsordnung bis 1983 faktisch von der internationalen Agenda.

Angesichts dieser Entwicklungen lässt sich ein Befund zum dritten in der Einleitung skizzierten Forschungsfeld formulieren, zur Debatte um den Platz der 1970er Jahre in der Zeitgeschichte. Nimmt man die Nord-Süd-Beziehungen, aber auch das Denken über Entwicklung und das Programm der ökonomischen Dekolonisierung, in den Blick, macht es Sinn, nicht allein das Jahr 1973 als Zäsur zu verstehen, sondern die 1970er Jahre insgesamt als eine Art Zwischenphase. In dieser Dekade und vor allem in den Jahren nach der ersten Ölkrise verlief die zentrale globale Konfliktachse nicht mehr von Ost nach West, sondern von Süd nach Nord. Für einige Jahre erschien eine durchgreifende Umstrukturierung der Weltwirtschaftsordnung möglich – vielleicht sogar wahrscheinlich. Dabei stand nie fest, wie diese Neue Weltwirtschaftsordnung genau aussehen sollte. Teil ihrer Attraktivität war immer, dass sie von allen Beteiligten unterschiedlich imaginiert werden konnte. Die Vorstellungen reichten von keynesianisch inspirierten Ideen der Einhegung von und Intervention in globale Märkte – etwa durch die Mechanismen eines integrierten Rohstoffprogramms – bis hin zur faktischen Abschaffung von Marktmechanismen – etwa im Fall der Indexierung der Preise für Rohstoffe und Industrieprodukte und der Enteignung multinationaler Unternehmen. Ideen zur Reformierung des kapitalistischen Systems standen neben Vorschlägen, ein sozialistisch orientiertes Modell im globalen Maßstab einzuführen. In jedem Fall aber sollte sich die neue Ordnung von der als „neokolonial" gebrandmarkten Nachkriegswelt ebenso unterscheiden wie von jener „neoliberalen" Weltwirtschaftsordnung, die sich ab 1980 durchsetzen sollte und unsere Welt bis heute prägt.

Die globalisierte Welt des schrankenlosen Finanzkapitalismus, in der wir leben, war insofern keinesfalls alternativlos. Damit ist als vierter Anknüpfungspunkt die Globalisierungsforschung angesprochen. Die Durchsetzung einer Neuen Weltwirtschaftsordnung in den 1970er Jahren hätte eine andere Gegenwart nach sich gezogen – eine, die jedoch nicht zwangsläufig weniger globale Vernetzung produziert hätte. Schließlich zielten auch viele der Vorschläge aus dem Süden letztlich auf mehr weltweiten Handel, mehr Austausch und mehr Kooperation. Das galt sowohl für die Wirtschaftsbeziehungen zwischen Nord und Süd, als auch für die Verbindungen innerhalb der Dritten Welt, die etwa im Rahmen der Bewegung der Bündnisfreien vielfach unter dem Schlagwort der „Economic Cooperation among Developing Countries“[1088] gefordert wurden. Freie Märkte hätten im Rahmen dieser alternativen Globalisierung jedoch eine deutlich geringere Rolle gespielt[1089]. In jedem Fall greift es zu kurz, die Akteurinnen und Akteure aus der Dritten Welt primär als Blockierer von Globalisierung zu begreifen, wie es Teile der Forschung bisher getan haben. Und umgekehrt konnte auch die ökonomische Liberalisierungswelle, die im Zuge der Strukturanpassungsprogramme in den 1980er Jahren über die Dritte Welt spülte, Prozesse der Deglobalisierung auslösen, wie das sambische Beispiel deutlich gemacht hat.

Von den 1970er Jahren als einer distinkten Phase lässt sich auch mit Blick auf die Geschichte der Entwicklung – das fünfte Forschungsfeld – und der ökonomischen Dekolonisierung innerhalb der Länder des globalen Südens sprechen. Zwar lassen sich zweifelsohne wichtige Kontinuitätslinien seit der spätkolonialen Zeit feststellen, vor allem was die Vorstellung angeht, Entwicklung lasse sich auf dem Weg staatlich gelenkter Industrialisierung erreichen. Aber gerade die zahlreichen Nationalisierungen multinationaler Unternehmen in der Ölindustrie wie im Bergbau, im Bankensektor wie in der Fertigungsindustrie, die in Sambia oder Chile um das Jahr 1970 ebenso durchgeführt wurden wie in den OPEC-Staaten, deuten darauf hin, dass Regierungen in der Dritten Welt nun besonders entschlossen waren, der politischen die ökonomische Unabhängigkeit folgen zu lassen. Sie wollten die Kommandohöhen ihrer nationalen Ökonomien unter eigene Kontrolle bringen, weil sie dies als Grundvoraussetzung für tatsächliche Entwicklung verstanden. Die Forderung nach einer Neuen Weltwirtschaftsordnung war die internationale Seite dieser Bestrebungen nach größerer ökonomischer Unabhängigkeit und Entwicklung. Sie sollte die nationalen Maßnahmen komplementieren und schien diese teilweise sogar erst möglich zu machen. In beiden Bereichen – national wie international – erreichte das Projekt der ökonomischen Dekolonisierung in den 1970er Jahren eine neue Qualität.

Mit der zunehmenden Verschuldung, mit der die meisten NOPECs als Folge der Ölkrisen konfrontiert waren, änderte sich die Situation dann grundlegend. Als

1088 Vgl. etwa Benn, Multilateral Diplomacy, S. 144–176.
1089 Adom Getachew spricht mit Blick auf die Neue Weltwirtschaftsordnung von „regulated globalization“. Getachew, Worldmaking, S. 174.

Sambia, Zaire oder Jamaika ihre Schulden ab Ende der 1970er Jahre nicht mehr bedienen konnten – und etwas später auch Mexiko oder Brasilien –, wandten sie sich an den Internationalen Währungsfonds und die Weltbank. Diese gewährten zwar umfangreiche Kredite, banden die Vergabe aber an die Erfüllung von bestimmten Konditionen. Die sogenannten Strukturanpassungsprogramme zielten auf Deregulierung, Privatisierung, die Abschaffung von Subventionen, die Devaluierung der nationalen Währungen, auf mehr Markt und weniger Staat und bedeuteten massive Eingriffe in die wirtschaftspolitische Souveränität der betroffenen Länder. In den 1970er Jahren war der wirtschaftspolitische Entscheidungsspielraum dieser Staaten vergleichsweise größer, in Sachen ökonomischer Dekolonisierung waren sie weiter gewesen. Mit Schuldenkrise und Strukturanpassungsprogrammen einher ging das dauerhafte Einbrechen der Wachstumszahlen in Lateinamerika sowie im Afrika südlich der Sahara und das Pro-Kopf-Einkommen in den frühen 1990ern war meist geringer als Ende der 1970er Jahre.

Die Einmischung im Rahmen der Strukturanpassungsprogramme erfolgte nun allerdings nicht mehr durch die ehemaligen Kolonialmächte, sondern durch internationale Finanzinstitutionen, in denen die westlichen Industriestaaten aber weiterhin den größten Einfluss hatten. Dennoch wäre es analytisch wenig überzeugend, hier von „Neokolonialismus“ zu sprechen, da es sich eben nicht um ein formales Herrschaftsverhältnis handelte, wie der Begriff „Kolonialismus“ suggeriert, sondern um Einflussnahme durch ökonomische Macht[1090]. Letztlich waren die Strukturanpassungsprogramme Ausdruck einer veränderten Konzeption von wirtschaftlicher Entwicklung, die den Staat nun nicht mehr als Hauptakteur ökonomischer Modernisierung verstand, sondern als potenzielles Hindernis. Michael Latham spricht hier gar von einer konservativen „counterrevolution“ unter Entwicklungsexpert*innen[1091]. Zwei einflussreiche Berichte aus dem Jahr 1981 verdeutlichen dies. Sowohl der sogenannte Bates- als auch der Berg-Report der Weltbank identifizierten Korruption, exzessive Einmischung des Staates und die Überbetonung von Industrialisierung als Hauptprobleme bei der Entwicklung im sub-saharischen Afrika. Die Probleme erschienen als hausgemacht und nicht mehr als Folge globaler Wirtschaftsstrukturen oder fluktuierender Weltmarkt-

1090 Für weitere Kritik am analytischen Gehalt des Neokolonialismus-Begriffs, etwa seine Blindheit gegenüber der Agency der Akteure aus dem Süden, siehe Ulrike von Hirschhausen/Jonas Kreienbaum, „Neocolonialism“ Revisited: An Empirical Enquiry into the Term's Theoretical Substance Today, in: Comparativ 29 (2019), 3, S. 65 – 85. Zur Definition des Kolonialismus-Begriffs siehe beispielsweise Jürgen Osterhammel, Kolonialismus. Geschichte – Formen – Folgen, 5. Aufl., München 2006, S. 19 – 22.

1091 Latham, Revolution, S. 176.

preise[1092]. Dementsprechend drängten Internationaler Währungsfonds und Weltbank im Rahmen der Strukturanpassungsprogramme nun darauf, dass die Schuldnerländer ihre Hausaufgaben machten. Letztlich waren die Programme ein Instrument zur Durchsetzung jener „neoliberalen" Weltwirtschaftsordnung, die Mark Mazower die „real new international economic order" genannt hat[1093]. Die Hochphase des Nord-Süd-Dialogs bzw. -Konfliktes, der ökonomischen Dekolonisierungsbestrebungen, staatlicher Entwicklungsplanung und alternativer Globalisierungsideen, die die 1970er Jahre mit Blick auf die Dritte Welt zu einer distinkten Phase machten, war damit beendet. Sie war ein wichtiger Teil der Vorgeschichte der Gegenwart. Nun, um das Jahr 1980, folgte was Frank Bösch jüngst als „Zeitenwende" in „unsere Gegenwart" bezeichnet hat[1094].

Heute ist die Neue Weltwirtschaftsordnung praktisch komplett in Vergessenheit geraten[1095]. Viele der Problemlagen, die in den 1970er Jahren den Ruf nach einer grundlegenden Reform der Spielregeln internationaler Wirtschaft hervorriefen, existieren aber weiterhin. In seinem 2002 erschienenen globalen Bestseller „Globalization and Its Discontents" beschrieb etwa der Wirtschaftsnobelpreisträger und vormalige Chefökonom der Weltbank, Joseph E. Stiglitz, die fundamentale Ungerechtigkeit der Weltwirtschaftsordnung:

> Globalization today is not working for many of the world's poor. [...] The problem is not with globalization, but with how it has been managed. Part of the problem lies with the international economic institutions, with the IMF, World Bank, and WTO [World Trade Organization, J. K.], which help set the rules of the game. They have done so in ways that, all too often, have served the interests of the more advanced industrialized countries – and particular interests within those countries – rather than those of the developing world.[1096]

Die Handelsbedingungen – so Stiglitz – seien unfair, der Süden habe wenig Mitbestimmungsrechte in den internationalen Finanzinstitutionen und die Ein-

1092 Robert H. Bates, Markets and States in Tropical Africa. The Political Basis of Agricultural Policies, Berkley/Los Angeles/London 2005 [1981]; World Bank, Accelerated Development in Sub-Saharan Africa. An Agenda for Action, Washington 1981.

1093 Mazower, Governing the World, S. 343.

1094 Bösch, Zeitenwende, S. 405. Bösch ist jedoch zu widersprechen, wenn er behauptet, es habe keinen umfassenden Nord-Süd-Konflikt gegeben. Nach 1979 ist das richtig, aber in den 1970er Jahren spricht viel dafür, dass der Ost-West-Konflikt in der Tat von einem Nord-Süd-Konflikt bzw. -Dialog überschattet wurde. Vgl. ebd., S. 397.

1095 Vgl. Nils Gilman, The New International Economic Order: A Reintroduction, in: Humanity 6 (2015), 1, S. 1–16, hier S. 1f; auch Garavini, Boumedienomics, S. 88.

1096 Stiglitz, Globalization and Its Discontents Revisited, S. 303. Es handelt sich hier um eine stark erweiterte Neuauflage. Das Buch erschien ursprünglich als Joseph E. Stiglitz, Globalization and Its Discontents, New York 2002.

mischung des Internationalen Währungsfonds im Rahmen der Strukturanpassungsprogramme „smacked of a new form of colonialism" – zumindest für die betroffenen Länder[1097]. Auch ein UN-Bericht aus dem Jahr 2016, der sich mit „major international and economic policy challenges" im Lichte der Resolutionen zur Errichtung der Neuen Weltwirtschaftsordung von 1974 befasst, kommt zu dem Ergebnis, dass zahlreiche der damaligen Forderungen „are still highly relevant"[1098].

Die heutige Lage ist aber natürlich kein einfaches Abbild der 1970er Jahre. Eine Reihe von Ländern der vormaligen Dritten Welt – die reichsten Ölexporteure, die asiatischen „Tiger" und natürlich China – gehören mittlerweile zu den Kernstaaten der Weltwirtschaft und nicht mehr zu den „have-nots". Es ist in dieser Hinsicht bezeichnend, dass Vorwürfe des „Neokolonialismus", etwa in Form des systematischen Aufkaufs von Land und von Ressourcen in Afrika, heute neben Frankreich vor allem an China gerichtet werden[1099]. Für viele andere Staaten aber präsentiert sich die ökonomische Herausforderung in altbekannter Weise. Angesprochen auf die immer noch enorme Abhängigkeit des Landes von Kupferexporten (70 Prozent der nationalen Exporterlöse) und den jüngsten Zusammenbruch der internationalen Kupferpreise erklärte der sambische Botschafter Anthony Mukwita in Berlin Anfang 2019 dem *Diplomatischen Magazin* des Auswärtigen Amtes Folgendes: Sambias Sechster Nationaler Entwicklungsplan sehe die Diversifizierung der Wirtschaft weg vom Kupfer vor – vor allem durch die Stärkung der Sektoren Landwirtschaft und Tourismus. Das biete sich auch deshalb an, weil die Festlegung der Preise für Landwirtschaftsprodukte stärker in sambischer Hand läge, während die Kupferpreise „are dictated in London". Außerdem gehe es darum, die lokalen Rohstoffe bereits im Land zu verarbeiten, „in order to create jobs and earn more money. Instead of exporting raw copper,

1097 Stiglitz, Globalization and Its Discontents Revisited, S. 127.

1098 United Nations General Assembly, Updated Overview of the Major International Economic and Policy Challenges for Equitable and Inclusive Sustained Economic Growth and Sustainable Development, and of the Role of the United Nations in Addressing these Issues in the Light of the New International Economic Order, 20.7.2016; vgl. Calori/Spaskovska, Reimagining the World, S. 619.

1099 Siehe etwa Felwine Sarr, Afrotopia, Berlin 2019, S. 59 und 92–94; Arijita Sinha Roy, The Chinese Dawn of Neo-colonialism?, in: Foreign Policy News, 14.8.2018, https://foreignpolicynews.org/2018/08/14/the-chinese-dawn-of-neo-colonialism/, 4.1.2022. Vgl. auch Timothy S. Rich/Sterling Recker, Understanding Sino-African Relations: Neocolonialism or a New Era?, in: Journal of International and Area Studies 20 (2013), 1, S. 61–76; Lee Wengraf, Extracting Profit. Imperialism, Neoliberalism, and the New Scramble for Africa, Chicago 2018, S. 93–130; Aram Ziai, Neokoloniale Weltordnung? Brüche und Kontinuitäten seit der Dekolonisation, in: Aus Politik und Zeitgeschichte 44–45 (2012), S. 23–30.

President Lungu now wants to refine it in Zambia. Instead of exporting corn and soybeans and so on, we have to produce flour and bread."[1100] Mit solchen Aussagen hätte Botschafter Mukwita auch in den 1960er oder 1970er Jahren voll im Trend gelegen, als genau diese Vorschläge schon einmal formuliert worden sind.

In einer Welt, in der Industriestaaten weiterhin höhere Zölle für verarbeitete Produkte erheben als für Rohstoffe und viele landwirtschaftliche Produkte keinen Zugang zu den geschützten europäischen und nordamerikanischen Märkten haben, birgt eine solche Strategie aber durchaus politischen Zündstoff. Fast zwangsläufig stellen sich Fragen nach den Spielregeln des globalen Handels und der Weltwirtschaft, die aber ohne die Zustimmung der Industrieländer kaum veränderbar sind. Das gilt nicht zuletzt, weil in den entsprechenden multilateralen Foren, etwa der 1995 neu gegründeten Welthandelsorganisation, das Einstimmigkeitsprinzip herrscht oder weil die Staaten des Westens weiterhin über deutliche Stimmmehrheiten verfügen. So entfallen allein auf die Vereinigten Staaten in IWF und Weltbank immer noch fast drei Mal so viele Stimmen (rund 15 Prozent) wie auf China oder alle afrikanischen Staaten zusammen[1101]. Die in den 1970er Jahren aus dem Süden geforderte Demokratisierung der internationalen Beziehungen und der Ruf nach einem größeren Mitspracherecht der Entwicklungsländer in den internationalen Finanzinstitutionen haben daran nur bedingt etwas verändert. Während das Schlagwort der Neuen Weltwirtschaftsordnung heute also vollkommen vergessen ist, sind die Problemlagen, die sie beheben sollte, und die Debatten, die in ihrem Namen geführt wurden, offensichtlich weiterhin von großer Aktualität.

1100 Interview with the Ambassador of Zambia, H.E. Anthony Mukwita, in: Diplomatisches Magazin, Februar 2019, S. 6–14.

1101 Siehe International Monetary Fund, IMF Members' Quotas and Voting Power, and IMF Board of Governors, https://www.imf.org/external/np/sec/memdir/members.aspx, 4.1.2022; World Bank, International Bank for Reconstruction and Development Subscriptions and Voting Power of Member Countries, http://pubdocs.worldbank.org/en/795101541106471736/IBRDCountryVotingTable.pdf, 4.1.2022. Vgl. auch Ziai, Neokoloniale Weltordnung.

Abkürzungsverzeichnis

AA	Auswärtiges Amt
AdsD	Archiv für soziale Demokratie
AEI	Archive of European Integration
AKP	Gruppe afrikanischer, karibischer und pazifischer Staaten
BAC	European Commission
BAK	Bundesarchiv Koblenz
BIP	Bruttoinlandsprodukt
BoP	Balance of Payments (Zahlungsbilanz)
BP	British Petroleum
CAB	Records of the Cabinet Office
CIPEC	Conseil Intergouvernmental des Pays Exportateurs de Cuivre
CO	Cabinet Office (Sambia)
DNSA	Digital National Security Archive
EWG	Europäische Wirtschaftsgemeinschaft
FCO	Foreign and Commonwealth Office
FNDP	First National Development Plan
FRUS	Foreign Relations of the United States
GATT	General Agreement on Tariffs and Trade
GGC	Giuliano Garavini Collection
GP	Government Publications
HAEU	Historical Archive of the European Union
IDA	International Development Agency
IEA	International Energy Agency
IWF / IMF	Internationaler Währungsfonds / International Monetary Fund
K	Kwacha
KIWZ	Konferenz für internationale wirtschaftliche Zusammenarbeit
KT	Kissinger Transcripts
LDC	Less Developed Country
LIBOR	London Interbank Offered Rate
LME	London Metal Exchange
MCT	Ministry of Power, Transport and Works
MEES	Middle East Economic Survey
MIT	Massachusetts Institute of Technology
MM	Ministry of Mines and Mining Development
MSA	most seriously affected
NAL	National Archives London
NAZ	National Archives of Zambia
NCDP	Ministry of Finance
NIEO	New International Economic Order
NOPEC	non-oil-exporting country
NYMEX	New York Mercantile Exchange
NYUAD	New York University Abu Dhabi
OAPEC	Organization of Arab Petroleum Exporting Countries
OECD	Organisation for Economic Co-operation and Development

https://doi.org/10.1515/9783110770001-012

OPEC	Organization of Petroleum Exporting Countries
OAU	Organisation of African Unity
PA AA	Politisches Archiv des Auswärtigen Amtes
PREM	Records of the Prime Minister's Office
SZR / SDR	Sonderziehungsrechte / Special Drawing Rights
SGV	Sondergeneralversammlung
SNDP	Second National Development Plan
TNDP	Third National Development Plan
UNA	United Nations Archive, New York
UNCTAD	United Nations Conference on Trade and Development
UNIP	United National Independence Party
UNIPA	United National Independence Party Archives
WBA	Willy Brandt Archiv
WBGA	World Bank Group Archives
ZIMCO	Zambia Industrial and Mining Corporation

Bibliografie

Archivquellen

AdsD – Archiv der sozialen Demokratie, Bonn
Depositum Herbert Ehrenberg
  Box 1/HEAB300128
Nord-Süd-Kommission
  24 Tageskopien ab 1.10.1977 bis 14.1.1978
WBA – Willy Brandt Archiv
  A 9/13 Geheim
  A 13/6 Sozialistische Internationale

BAK – Bundesarchiv Koblenz
B 102 – Bundesministerium für Wirtschaft
  213012 Besuch führender Persönlichkeiten aus Sambia, Dez 1966 bis Feb 1976
  295649 Energie-, Wasser- und Atomwirtschaft in Sambia, Mai 1976 bis Jan 1983

NAL – National Archives London
CAB – Records of the Cabinet Office
133 Commonwealth and International Conferences and Ministerial Visits to and from the UK: Minutes and Papers
  519 Cabinet Memoranda. Cancun Summit, 22–23 October 1981
  534 Cabinet. Williamsburg Economic Summit, 28–30 May 1983. Memoranda (Secret)
FCO – Foreign and Commonwealth Office
28 Northern Department and East European and Soviet Department
  3119 Soviet Attitude to North-South Dialogue, 1977
30 European Economic Organisations Department and successors
  2630–2636 Negotiations with developing countries associated or associable with EEC on Protocol 22 of Treaty of Accession: general, 1975
31 East Africa Departments
  1741 Organisation for African Unity: policy on oil, 1974
45 Southern African Department and predecessors
  1558 Visit by Sir Alec Douglas-Home, Secretary of State for Foreign and Commonwealth Affairs, to Zambia and Malawi, 31 January – 3 February 1974
  1560 Visit by Sir Alec Douglas-Home, Secretary of State for Foreign and Commonwealth Affairs, to Zambia and Malawi, 31 January – 3 February 1974: briefing
  1761 Political relations between Zambia and UK, 1975
  2319 Zambia: annual review for 1977, and valedictory and first impressions despatches by British High Commissioners, 1978
51 Research Department
  474 Research Department memorandum: The Non-Aligned Movement and the Group of 77, 1980
58 United Nations (Political) Department

https://doi.org/10.1515/9783110770001-013

3246 Non-Aligned Movement Summit, New Delhi, March 1983
59 Economic Relations Department and Foreign and Commonwealth Office, Financial Policy and Aid Department and Financial Policy Department
1528 Post Conference on International Economic Co-operation (CIEC) bilateral relations with developing countries: Indo-British talks on North/South issues, 1977
61 United Nations (Economic and Social) Department
1153 – 1155 Despatch by Ivor Richard, UK Ambassador to United Nations, on 6th special session of the UN General Assembly, entitled, 'The United Nations and the New Economic Order', 1974
1168 – 1169 6th special session of United Nations General Assembly, New York, 9 April to 2 May 1974: briefing
1310 – 1312 7th special session of United Nations General Assembly, New York, 1 – 16 September 1975: reports on proceedings
1313 7th special session of United Nations General Assembly, New York, 1 – 16 September 1975: follow-up
63 North American and Caribbean Department and Caribbean Department
1053 Non Aligned Summit Conference in Algeria
93 Near East and North Africa Department
7 – 8 Conference of Non-Aligned States Held in Algiers, September 1973
96 Energy Department
74 International Discussion of Oil Matters (Including French Proposal for International Oil Conference), 1974
183 Assessment and handling of international economic repercussions of oil shortage and higher oil prices, 1974
267 International Energy Agency (IEA): Standing Group on Relations with Producers and Other Consumer Countries, 1975
331 Possibility of oil being used as a financial weapon by Middle East, 1975
665 Relations with Developing Countries
888 Commonwealth Parliamentary Association (CPA): annual conference, New Zealand, November 1979; the energy crisis, 1979
PREM – Records of the Prime Minister's Office
16 Correspondence and Papers, 1974 – 1979
317 COMMONWEALTH. Commonwealth Heads of Government Meeting in Kingston, Jamaica, April – May 1975; part 2
710 – 713 TRADE. Trade in commodities: UK initiative on commodities at Commonwealth Prime Ministers' Meeting in Kingston, Jamaica, April 29 – 6 May 1975
1417 POWER. International energy policy: OPEC meeting in Doha on oil prices; price of North Sea oil; Conference on International Economic Co-operation (CIEC); part 7, 2 Dec 1976 – 23 May 1977
2287 UNITED NATIONS. United Nations Conference on Trade and Development (UNCTAD); North/South dialogue; Commonwealth consultations on the Common Fund for stabilisation of commodity markets; part 5, 2 Oct 1978 – 11 Apr 1979
19 Correspondence and Papers, 1979 – 1997
28 ECONOMIC POLICY. Tokyo economic summit, June 1979; part 2, 30 Jun 1979 – 18 Oct 1979
184 ECONOMIC POLICY. The Brandt Commission: report on international development issues; proposal for a North/South summit meeting; part 1, 26 Oct 1979 – 18 Nov 1980

189 ECONOMIC POLICY. Venice Economic Summit, June 1980: policy; part 4, 20 Jun 1980 – 28 Aug 1980
446 ECONOMIC POLICY. Ottawa Economic Summit, July 1981; statement on terrorism; part 7, 16 Jul 1981 – 10 Nov 1981
698 – 699 ECONOMIC POLICY. International Meeting for Co-operation and Development (North/South Summit), Cancun, Mexico, October 1981; Brandt Commission, 24 Sep 1981 – 9 Jul 1982
725 ECONOMIC POLICY. Versailles Economic Summit, June 1982; part 9, 6 Jun 1982 – 12 Jul 1982
938 UNITED NATIONS. North/South Global Negotiations, 17 Mar 1980 – 8 Jan 1982
1009 ECONOMIC POLICY. Williamsburg Economic Summit, May 1983; part 13, 27 May 1983 – 2 Oct 1983

HAEU – Historical Archive of the European Union, Florenz
BAC – European Commission
25/1980, Nr. 987 Conférence des Nations Unies sur le commerce et le développement (CNUCED): élaboration de la charte des droits et devoirs économiques des Etats: rapports et missions des membres du Groupe de travail de préparation; rapport destiné à la Commission sur la 4e et dernière session du Groupe de travail (Mexico, 10 – 29 juin 1974).

NAZ – National Archives of Zambia, Lusaka
CO – Cabinet Office
2/1 International Organisation Conferences
7 United Nations U.N. Special Funds
GP – Government Publications
Box 61 E Conference. Non-Aligned Countries, 3rd., Lusaka 1970
Box 130 A President
Box 130 B President
MCT – Ministry of Power, Transport and Works
1/4/27 Economic Reports
1/6/31 United Nations Conference on Trade and Development (UNCTAD)
MM – Ministry of Mines and Mining Development
1/6/7 C.I.P.E.C. Executive Committee Meetings
NCDP – Ministry of Finance
2/17/7 Copper Price Forecast
ZIMCO – Zambia Industrial and Mining Corporation
2 Minutes
202 Livingstone Motor Assemblers Ltd 16th Meeting, 25. 2. 1975
260 Livingstone Motor Assemblers Ltd 26th Board Meeting, 8. 12. 1977
5 Projects
7 Indeco Chemical Ltd, Tazama Pipeline Ltd, Board Papers, 1973 – 74

NYUAD – New York University Abu Dhabi Library
GGC – Giuliano Garavini Collection
AD-MC-038 Minutes of OPEC Meetings

PA AA – Politisches Archiv des Auswärtigen Amtes, Berlin

B 1 – Ministerbüro
- 579 7. Sonder-Generalversammlung über Entwicklung und internationale Zusammenarbeit, 1.–12. Sep. 1975
- 580 Außenhandel, Rüstungsexportkontrolle, VN-Sondersitzung über Rohstoffe, Jan. 1973 – Okt. 1973
- 178822 UNCTAD V in Manila, 1978–79
- 178849 Gipfeltreffen in Cancun, 1981

B 30 – Vereinte Nationen
- 127981 VN-Politik; bilaterale Konsultationen mit Sambia, 1975–79

B 32 – Länderreferate USA, Kanada
- 135251 Weltwirtschaftsgipfel 1983 in Williamsburg/USA vom 28.–30.05.1983, 1983

B 37 – Länderreferate Asien
- 110709 UNCTAD – 4. WHK in Nairobi, 1973–77
- 141075 Außenministertreffen am 1./2.8.1981 und Nord-Süd-Gipfelkonferenz vom 22.–23.10.81 in Cancun/Mexiko, 1981

B 46 – Koordinierung, Dritte Welt, Ausrüstungshilfe, Organisierte Kriminalität, Terrorismus
- 100730 Konferenz der „Blockfreien" in Algier, 3.1.1973–1.4.1974

B 54 – Weltweite wirtschaftliche Organisationen, Wirtschaftsfragen im Rahmen der Vereinten Nationen
- 122010 VN – 6. Sonder-GV, 1974
- 122128 Rohst.pol. Erdöl, 1973–80; Sonderband Energie u. Rohst.pol. (Gymnich), Jan. – Dez. 1975; KIWZ allgemein, 1976–77
- 122130 AKP Neuverhdlg., Jan. 1973–80

B 71 – Internationale Energiepolitik
- 113893 Div. Vorgänge u. Energiekonferenz 1974 i. Washington, 1973–1976
- 113894 Energiekonferenz, Energieprogramm, 1974
- 113907 Erdölpolitik der OPEC und OAPEC, 1973–76
- 113909 Konf. d. Erdölerzeuger- u. Verbraucherländer, 1974–75
- 113911 Erdölpolitik allg. u. Erdölpolitik div. Länder, 1973–76
- 113912 Erdölpolitik div. Länder, 1973–76
- 113932 KIWZ, 1976
- 121282 Erdölpolitik in div. Ländern, 1977–79
- 121283 Erdölpolitik in div. Ländern, 1977–79

B 91 – Multilaterale Kulturpolitik
- 512 Neue Weltwirtschaftsordnung, 1974–75

B 200 – Europäische Gemeinschaften Grundsatzangelegenheiten
- 105617 EG-AKP-Abkommen (Lomé), 1974
- 105618 EG-AKP-Abkommen (Lomé), 1974–75

B 202 – Internationale Währungspolitik, Verkehrs-, Sozial- und Energiepolitik der EG
- 122480 OECD – KIWZ, 1975–78
- 130539–130542 Wirtschaftsgipfel Williamsburg, 1983

LUSA – Botschaft Lusaka
- 11613 Pol Bezieh. BRD–Sambia allg, 1964–1976
- 11617 Südafrika, Sowjetunion, Tansania, Uganda, USA, Zaire, Commonwealth, Konf. zentralfr. Staaten, nichtgebund. Staaten, andre Gr., 1964–1976

UNA – United Nations Archive, New York
UN. Secretary-General (1972 – 1981: Waldheim)
S-0972 Secretary-General's correspondence with intergovernmental and non-governmental organizations, 1971 – 1981
0003 – 04 Agenda and Statements Made at the Fourth Summit of Heads of State/Government of Non-aligned Countries
0003 – 06 Non-aligned Conference – Algeria, Algiers
0005 – 02 NIEO Global Negotiations, 21 Apr 1980 – 16 Nov 1981
0005 – 03 NIEO Economic Summit in Mexico + Prep, 25. Apr – 28. Oct 1981

UNIPA – United National Independence Party Archives, Lusaka
UNIP – United National Independence Party
1 National Council
3 Speeches
23 Blue Print for Economic Development, 1979
7 Government
1 Office of the President
19 His Excellency's Correspondence, 1979 – 81
2 Office of the Vice President
31 Ministers Tours Abroad, 1975 – 82
5 Ministry of Finance
18 Ministry of Finance and Technical Co-operation, Correspondence 1980 – 81
23 Foreign Affairs
51 US Visit KK, 1975
59 Afro-Arab Co-operation, 1977
69 Brussels (Belgium), 1978 – 82
8 Central Committee
1 Central Committee
120 Tour Reports, 1979 – 81
3 Economic and Finance
9 Economic and Finance Sub. Committee, 1972 – 1976
12 Finance & Economic Committee, J.B. Litana MCC, 1973 – 78
49 Correspondence with State House, 1976 – 78
59 Economic and Finance Commitee Meetings, 1979/1980

Digitale Quellensammlungen und Archive

AEI – Archive of European Integration
EU Commission – COM Documents

DNSA – Digital National Security Archive
KT – Kissinger Transcripts
KT01095 Secretary's Staff Conference, Wednesday, April 10, 1974–3:10 p.m.

KT01124 Conversation at Dinner at the People's Palace, Algiers, April 29, 1974 (9:10 – 10:30 p.m.)

FRUS – Foreign Relations of the United States
1969 – 1976. Bd. E-14. Teil 1. Documents on the United Nations, Washington 2008
1969 – 1976. Bd. XXXI. Foreign Economic Policy, 1973 – 1976, Washington 2009
1969 – 1976. Bd. XXXVI. Energy Crisis 1969 – 1974, Washington 2011
1969 – 1976. Bd. XXXVII. Energy Crisis, 1974 – 1980, Washington 2012
1969 – 1976. Bd. XXXVIII. Teil 1. Foundations of Foreign Policy, 1973 – 1976, Washington 2012
1977 – 1980. Bd. III. Foreign Economic Policy, Washington 2013
1977 – 1980. Bd. XVIII. Middle East Region; Arabian Peninsula, Washington 2015

Open Society Archives
Radio Free Europe/Radio Liberty Background Reports

Ronald Reagan Presidential Library and Museum
Public Papers of the President: Ronald Reagan, 1981 – 1989

WBGA – World Bank Group Archives
Brandt Commission – Correspondence 07

Literatur

Zeitungen und Zeitschriften

Daily News (Tansania)
Der Spiegel
Die Zeit
Frankfurter Allgemeine Zeitung
Jeune Afrique
L'Observateur
South China Morning Post
Sunday Times (of Zambia)
The Boston Globe
The Christian Science Monitor
The Globe and Mail
The Guardian
The Los Angeles Times
The New York Times
The Observer
The Times of India
The Wall Street Journal
The Washington Post
Times of Zambia

Zambia Daily Mail

Primärliteratur

Address of President Marcos at the opening ceremonies of UNCTAD V, 7.5.1979, https://www.officialgazette.gov.ph/1979/05/07/address-of-president-marcos-at-the-opening-ceremonies-of-unctad-v/, 4.1.2022.
Ahmia, Mourad (Hg.), The Collected Documents of the Group of 77. Bd. VI, New York 2015.
Akins, James, The Oil Crisis. This Time the Wolf is Here, in: Foreign Affairs 51 (1973), 3, S. 462–490.
Al-Chalabi, Fadhil, A Second Oil Crisis? A Producer's View of the Oil Developments of 1979, in: Wilfrid L. Kohl (Hg.), After the Second Oil Crisis. Energy Policies in Europe, America, and Japan, Lexington 1982, S. 11–22.
Al-Sowayegh, Abdulaziz, Arab Petropolitics, London 1984.
Ali, Sheikh Rustum, Saudi Arabia and Oil Diplomacy, New York 1976.
Alnasrawi, Abbas, The Rise and Fall of Arab Oil Power, in: Arab Studies Quarterly 6 (1984), S. 1–12.
Amuzegar, Jahangir, OPEC in the Context of the Global Power Equation, in: Jordan J. Paust/Albert P. Blaustein, The Arab Oil Weapon, Dobbs Ferry 1977, S. 181–188.
Amuzegar, Jahangir, A Requiem for the North-South Conference, in: Foreign Affairs 56 (1977), S. 136–159.
Amuzegar, Jahangir, Managing the Oil Wealth. OPEC's Windfalls and Pitfalls, London/New York 2001.
Attiga, Ali A., Interdependence on the Oil Bridge: Risks and Opportunities, Safat 1988.
Baker, Jonathan, Oil and African Development, in: The Journal of Modern African Studies 15 (1977), 2, S. 175–212.
Bank of Zambia, Report and Statement of Accounts for the Year Ended December 31st 1974, Lusaka 1975.
Bank of Zambia, Report and Statement of Accounts for the Year Ended December 31st 1978, Lusaka 1979.
Bank of Zambia, Report and Statement of Accounts for the Year Ended 31st December 1979, Lusaka 1980.
Bank of Zambia, Report and Statement of Accounts for the Year Ended 31st December 1980, Lusaka 1981.
Bank of Zambia, Report and Statement of Accounts for the Year Ended 31st December 1982, Lusaka 1983.
Bates, Robert H., Markets and States in Tropical Africa. The Political Basis of Agricultural Policies, Berkley/Los Angeles/London 2005 [1981].
Bejaoui, Mohammed, Towards a New International Economic Order, Paris/New York 1979.
Bell, Michael W., The Decline and Fall of Planning in Zambia, in: The University of Aston Management Centre. Working Paper Series 213 (1981).
Bergsten, C. Fred, The Threat From the Third World, in: Foreign Policy 11 (1973), S. 102–124.
Bergsten, C. Fred, The Threat is Real, in: Foreign Policy 14 (1974), S. 84–90.
Bergsten, C. Fred, A New OPEC in Bauxite, in: Challenge 19 (1976), 3, S. 12–20.

Bhagwati, Jagdish N. (Hg.), The New International Economic Order: The North-South Debate, Cambridge/London 1977.

Braillard, Philippe/Mohammad-Reza Djalili (Hg.), The Third World and International Relations, London 1986.

Brandt, Willy u. a., Common Crisis. North-South: Cooperation for World Recovery. The Brandt-Commission, London 1983.

Brandt, Willy, Der organisierte Wahnsinn. Wettrüsten und Welthunger, Köln 1985.

Brandt, Willy, Erinnerungen, Berlin/Frankfurt a. M. 1989.

Brodman, John R./Richard E. Hamilton, A Comparison of Energy Projections to 1985, Paris 1979.

Brower, Charles N./John B. Tepe, Jr., The Charter of Economic Rights and Duties of States: A Reflection or Rejection of International Law?, in: International Lawyer 9 (1975), 2, S. 295 – 318.

BP, BP Statistical Review of World Energy 2019 – all data, 1965 – 2018, https://www.bp.com/en/global/corporate/energy-economics/statistical-review-of-world-energy.html, 12. 8. 2019.

Carmoy, Guy de, French Energy Policy, in: Wilfrid L. Kohl (Hg.), After the Second Oil Crisis. Energy Policies in Europe, America, and Japan, Lexington 1982, S. 113 – 135.

Cline, Williame R., Mexico's Crisis, the World's Peril, in: Foreign Policy 49 (Winter 1982 – 1983), S. 107 – 118.

Comel, Gabriela, Die Rückwirkungen von realen Ölpreisänderungen auf die Wirtschaftsentwicklung in Lateinamerika, insbesondere in Brasilien und Mexiko, in: Fritz Lücke (Hg.), Ölkrise 10 Jahre danach, Köln 1984, S. 305 – 308.

Conference of Developing Countries on Raw Materials, Resolution I. Strengthening the Unity and Solidarity of the Developing Countries, Dakar, 3rd to 8th February 1975, in: International Legal Materials 14 (1975), 2, S. 534 f.

Conference on International Economic Cooperation, Final Communique on Energy, Raw Materials and Trade, Development, and Finance, in: International Legal Materials 16 (1977), 4, S. 970 – 976.

Congressional Research Service, Library of Congress, Oil Fields as Military Objectives. A Feasibility Study. Prepared for the Special Subcommittee on Investigations of the Committee on International Relations, Washington 1975.

Corea, Gamani, Taming Commodity Markets. The Integrated Programme and the Common Fund in UNCTAD, Manchester/New York 1992.

Corea, Gamani/Altaf Gauhar, Interview, in: Third World Quarterly 1 (1979), 3, S. 1 – 16.

Dahrendorf, Ralf u. a., Die Energiekrise. Episode oder Ende einer Ära? Eine Diskussion zwischen Ralf Dahrendorf, Hans Joachim Langmann, Helmut Schmidt, Hans Karl Schneider, Carl Friedrich von Weizsäcker. Vorwort von Marion Gräfin Dönhoff, Hamburg 1974.

Darmstadter, Joel, Energy Today and Tomorrow. Living With Uncertainty, New Jersey 1983.

Darmstadter, Joel/Hans H. Landsberg, The Economic Background, in: Daedalus 104 (1975), 4, S. 15 – 37.

Dauerstädt, Michael/Alfred Pfaller, Einführung, in: Friedrich-Ebert-Stiftung (Hg.), Unfähig zum Überleben? Reaktionen auf den Brandt-Report, Frankfurt a. M./Berlin/Wien 1983, S. 9 – 20.

Dell, Edmund, The Common Fund, in: International Affairs 63 (1986 – 87), 1, S. 21 – 38.

Enders, Thomas O., OPEC and the Industrial Countries: The Next Ten Years, in: Foreign Affairs 53 (1974–5), S. 625–637.
Epstein, Arnold L., Scenes From African Urban Life. Collected Copperbelt Essays, Edinburgh 1992.
Erdman, Paul, The Billion Dollar Killing, London 1973.
Fanon, Frantz, Die Verdammten dieser Erde, Frankfurt a. M. 1966.
Final Documents of the Seventh Conference of Heads of State or Government of Non-Aligned Countries, held at New Delhi from 7 to 12 March 1983, Economic Declaration, http://cns.miis.edu/nam/documents/Official_Document/7th_Summit_FD_New_Delhi_Declaration_1983_Whole.pdf, 4.1.2022.
Foreign Policy Research Institute (Hg.), Oil Diplomacy: The Atlantic Nations in the Oil Crisis of 1978–79, Philadelphia 1980.
Frank, André Gunder, Capitalism and Underdevelopment in Latin America, New York 1967.
Frank, André Gunder, North-South and East-West Keynesian Paradoxes: Brandt Commission's Report, in: Economic and Political Weekly 15 (1980), 31, S. 1314–1320.
Friedrich-Ebert-Stiftung (Hg.), Unfähig zum Überleben? Reaktionen auf den Brandt-Report, Frankfurt a. M./Berlin/Wien 1983.
Gandhi, Indira, Indira Gandhi spricht, Percha 1975.
Generalsekretariat des Rates der Europäischen Gemeinschaften, Am 28. Februar 1975 unterzeichnetes AKP-EWG-Abkommen von Lomé und dazugehörige Dokumente, https://publications.europa.eu/en/publication-detail/-/publication/c973175b-9e22–4909-b109-b0ebf1c26328/language-en, 3.1.2022.
Grebing, Helga/Gregor Schöllgen/Heinrich August Winkler (Hg.), Willy Brandt. Berliner Ausgabe. Bd. 8. Über Europa hinaus. Dritte Welt und Sozialistische Internationale, Bonn 2006.
Gosovic, Branislav, UNCTAD. Conflict and Compromise. The Third World's Quest for an Equitable World Economic Order Through the United Nations, Leiden 1972.
Hager, Wolfgang (Hg.), Erdöl und internationale Politik, München 1975.
Hallwood, Paul/Stuart W. Sinclair, Oil, Debt and Development: OPEC in the Third World, London 1981.
Hammeed, K. A., The Oil Revolution and African Development, in: African Affairs 75 (1976), S. 349–358.
Harris, Nigel, The End of the Third World. Newly Industrializing Countries and the Decline of an Ideology, London 1986.
Hart, Jeffery A., The New International Economic Order. Conflict and Cooperation in North-South Economic Relations, 1974–77, London 1983.
Healey, Dennis, Oil, Money and Recession, in: Foreign Affairs 58 (1979), 2, S. 217–230.
Heath, Edward, The Course of My Life. My Autobiography, London 1998.
Hecht, Robert M., The Ivory Coast Economic ‚Miracle': What Benefits for Peasant Farmers?, in: Journal of Modern African Studies 21 (1983), 1, S. 25–53.
Hermes, Peter, Meine Zeitgeschichte 1922–1987, Paderborn 2007.
Hobday, Peter, Saudi Arabia Today. An Introduction to the Richest Oil Power, London 1978.
International Monetary Fund, Annual Report 1975, Washington 1975.
International Monetary Fund, Annual Report 1976, Washington 1976.
International Monetary Fund, Annual Report 1977, Washington 1977.
International Monetary Fund, Annual Report 1980, Washington 1980.

International Monetary Fund, Annual Report 1982, Washington 1982.
International Monetary Fund, Annual Report 1985, Washington 1985.
International Monetary Fund, Annual Report of the Executive Board for the Financial Year Ended April 30, 1986, Washington 1986.
International Monetary Fund, Zambia: History of Lending Arrangements as of April 30, 2018, https://www.imf.org/external/np/fin/tad/extarr2.aspx?memberkey1=1080&date1Key=2018-04-30, 3.1.2022.
International Monetary Fund, IMF Members' Quotas and Voting Power, and IMF Board of Governors, https://www.imf.org/external/np/sec/memdir/members.aspx, 4.1.2022.
Interview with the Ambassador of Zambia, H.E. Anthony Mukwita, in: Diplomatisches Magazin, Februar 2019, S. 6–14.
Jankowitsch, Odette/Karl P. Sauvant/Jörg Weber (Hg.), The Third World Without Superpowers, Dobbs Ferry 1978 ff.
Jansen, G. H., Nonalignment and the Afro-Asian States, New York/Washington 1966.
Jaycox, Edward V. K. u. a., The Nature of the Debt Problem in Eastern and Southern Africa, in: World Bank Reprint Series 378 (1986).
Johnson, Willard R./Ernest J. Wilson III, The ‚Oil Crisis' and African Economies. Oil Wave on a Tidal Flood of Industrial Price Inflation, in: Daedalus 111 (1982), 2, S. 211–241.
Katz, Richard, How Japan's Nakasone Should Play His Cards against Henry Kissinger, in: Executive Intelligence Review 9 (1982), 48, S. 47–50.
Kaunda, Kenneth D., Humanism in Zambia and a Guide to Its Implementation, 2. Bde., Lusaka 1968–1974.
Kemezis, Paul, The Permanent Crisis: Changes in the World Oil System, in: Foreign Policy Research Institute (Hg.), Oil Diplomacy: The Atlantic Nations in the Oil Crisis of 1978–79, Philadelphia 1980, S. 3–26.
Khene, Abderrahmane, Die Krise aus Sicht der OPEC, in: Wolfgang Hager (Hg.), Erdöl und internationale Politik, München 1975, S. 17–27.
Kissinger, Henry A., Address to the Sixth Special Session of the United Nations General Assembly, in: International Organization 28 (1974), 3, S. 573–583.
Kissinger, Henry, Years of Upheaval, Boston 1982.
Knowles, Ruth Sheldon, America's Oil Famine. How it Happened and When it Will End, New York 1975.
Kohl, Wilfrid L. (Hg.), After the Second Oil Crisis. Energy Policies in Europe, America, and Japan, Lexington 1982.
Kohl, Wilfrid L., Introduction: The Second Oil Crisis and the Western Energy Problem, in: Kohl, Wilfrid L. (Hg.), After the Second Oil Crisis. Energy Policies in Europe, America, and Japan, Lexington 1982, S. 1–7.
Krasner, Stephen D., Oil is the Exception, in: Foreign Policy 14 (1974), S. 68–84.
Krasner, Stephen D., Structural Conflict. The Third World against Global Liberalism, Berkeley 1985.
Lantzke, Ulf, The OECD and Its International Energy Agency, in: Daedalus 104 (1975), 4, S. 217–227.
Legum, Colin (Hg.), Africa Contemporary Record. Bd. 7. Annual Survey and Documents 1974–75, London/New York 1975.
Legum, Colin, Africa, Arabs and Oil, in: Africa Contemporary Record 1974–75, S. A102–A113.

Legum, Colin (Hg.), Africa Contemporary Record. Bd. 8. Annual Survey and Documents 1975–1976, London/New York 1976.
Levy, Walter J., Oil and the Decline of the West, in: Foreign Affairs 58 (1980), 5, S. 999–1015.
Levy, Walter J., Oil: An Agenda for the 1980s, in: Foreign Affairs 59 (1981), 5, S. 1079–1101.
Lieber, Robert J., Oil and the Middle East War: Europe and the Energy Crisis, Cambridge 1976.
Lieber, Robert J., Oil Decade, New York 1983.
Lucas, N. J. D., British Energy Policy, in: Wilfrid L. Kohl (Hg.), After the Second Oil Crisis. Energy Policies in Europe, America, and Japan, Lexington 1982, S. 91–112.
Lücke, Fritz (Hg.), Ölkrise 10 Jahre danach, Köln 1984.
Macpherson, Fergus, Kenneth Kaunda of Zambia. The Times and the Man, Lusaka 1974.
Maennig, Wolfgang, A New Departure in International Commodities Policies?, in: Intereconomics 23 (1988), 3, S. 121–125.
Maizels, Alfred, A Clash of Ideologies, in: IDS Bulletin 15 (1984), 3, S. 18–23.
Mancke, Richard B., The American Response: „On the Job Training?", in: Foreign Policy Research Institute (Hg.), The Atlantic Nations in the Oil Crisis of 1978–79, Philadelphia 1980, S. 27–43.
Martin, William F., World Coal Prospects, in: Wilfrid L. Kohl (Hg.), After the Second Oil Crisis. Energy Policies in Europe, America, and Japan, Lexington 1982, S. 57–66.
Maull, Hanns, Oil and Influence. The Oil Weapon Examined, in: Gregory Treverton (Hg.), Energy and Security, Westmead/Montclair 1980, S. 3–39.
Maull, Hanns W., Western Europe: A Fragmented Response to a Fragmenting Order, in: Foreign Policy Research Institute (Hg.), Oil Diplomacy: The Atlantic Nations in the Oil Crisis of 1978–79, Philadelphia 1980, S. 45–66.
McNamara, Robert S., Remarks of Robert S. McNamara On the Occasion of Receiving the World Affairs Council Christian A. Herter Memorial Award, Boston, 14.1.1977, http://documents.worldbank.org/curated/en/747931468335684176/Remarks-of-Robert-S-McNamara-on-the-occasion-of-receiving-the-World-Affairs-Council-Christian-A-Herter-memorial-award, 4.1.2022.
Meadows, Donella u.a. (Hg.), The Limits to Growth. A Report for the Club of Rome's Project on the Predicament of Mankind, New York 1972.
Meagher, Robert F., An International Redistribution of Wealth and Power. A Study of the Charter of Economic Rights and Duties of States, New York 1979.
Mehta, Balraj, India and the World Oil Crisis, Neu-Delhi 1974.
Mehta, D. S., Mass Communication and Journalism in India, Neu-Delhi u.a. 1979.
Merrill, Karen R., The Oil Crisis of 1973–1974: A Brief History with Documents, Boston 2007.
Mingst, Karen A., Cooperation or Illusion: An Examination of the Intergovernmental Council of Copper Exporting Countries, in: International Organization 30 (1976), 2, S. 263–287.
Ministère de l'Information et de la Culture, Discours du President Boumediene, 19 Juin 1965–19 Juin 1970, Constantine 1970.
Mork, Knut Anton/Robert E. Hall, Energy Prices, Inflation, and Recesssion, 1974–1975, in: The Energy Journal 1 (1980), 3, S. 31–63.
Morrison, Thomas K., Africa and the Common Fund: UNCTAD's Integrated Program for Commodities, in: Africa Today 24 (1977), 3, S. 61–67.
Morse, Ronald A., Japanese Energy Policy, in: Wilfrid L. Kohl (Hg.), After the Second Oil Crisis. Energy Policies in Europe, America, and Japan, Lexington 1982, S. 255–270.
Mudenda, Eljiha, Zambia: A Generation of Struggle, Harare 1999.

Mwaanga, Vernon, An Extraordinary Life, Lusaka 1982.
Mwanakatwe, John, Teacher, Politician, Lawyer: My Autobiography, Lusaka 2003.
Nakasone, Yasuhiro, The Making of the New Japan. Reclaiming the Political Mainstream, Richmond 1999.
Nau, Henry R., Where Reaganomics Works, in: Foreign Policy 57 (1984–1985), S. 14–37.
Nayyar, Deepak, India's Balance of Payments, in: Economic and Political Weekly 17 (1982), 14/16, S. 641–660.
Nkrumah, Kwame, Ghana. The Autobiography of Kwame Nkrumah, London 1957.
Nkrumah, Kwame, Neo-Colonialism: The Last Stage of Imperialism, New York 1966.
Nossiter, Bernhard, The Global Struggle for More. Third World Conflicts with Rich Nations, New York 1987.
Nyerere, Julius K., Non-Alignment in the 1970s. Opening Address Given on Monday, 13th April, 1970, Daressalam 1970.
Nyerere, Julius, Third World Negotiating Strategy, in: Third World Quarterly 1 (1979), 2, S. 20–23.
Odell, Peter, Oil and World Power, 6. Aufl., London 1981.
OECD, OECD.Stat, https://stats.oecd.org/, 22. 12. 2021.
Oltmans, Willem, On Growth II, New York 1975.
Overseas Development Institute, The Paris Conference on International Economic Co-operation (CIEC), in: ODI Briefing Paper (August 1976).
Overseas Development Institute, Whither the Common Fund?, in: ODI Briefing Paper 4 (1978).
Overseas Development Institute, UNCTAD V: A Preview of the Issues, in: ODI Briefing Paper 2 (1979).
Paust, Jordan J./Albert P. Blaustein, The Arab Oil Weapon, Dobbs Ferry 1977.
Penrose, Edith, Origins and Developments of the International Oil „Crisis", in: Millenium 3 (1974), S. 37–44.
Power, Paul F., The Energy Crisis and Indian Development, in: Asian Survey 15 (1975), 4, S. 328–345.
Prebisch, Raúl, The Economic Development of Latin America and Its Principal Problems, New York 1950.
Prodi, Romano/Alberto Clô, Europe, in: Raymond Vernon (Hg.), The Oil Crisis, New York 1976, S. 91–112.
Quirós Corradi, Alberto, Energy and the Exercise of Power, in: Foreign Affairs 57 (1979), 5, S. 1144–1166.
Ramphal, Shridath, Glimpses of a Global Life, Toronto 2014.
Rangarjan, L. N., Commodity Conflict Revisited: From Nairobi to Belgrade, in: Third World Quarterly 5 (1983), 3, S. 586–609.
Razzak, Nouri Abdel, Introduction, in: North-South Debate on Brandt Commission Report (Special Issue von Development & Socio-Economic Progress, März 1981), S. 3 f.
Republic of Zambia, Financial Report for the Year Ended 31st December 1974, Lusaka 1975.
Republic of Zambia, Financial Report for the Year Ended 31st December 1975, Lusaka 1976.
Republic of Zambia, Central Planning Office, An Outline of the Transitional Development Plan, Lusaka 1965.
Republic of Zambia, Ministry of Development Planning and National Guidance, Second National Development Plan. January, 1972 – December, 1976, Lusaka 1971.

Republic of Zambia, Ministry of Finance, Economic Report 1975. Presented to National Assembly, Lusaka 1976.

Republic of Zambia, Ministry of Planning and Finance, Economic Report 1973. Presented to the National Assembly, Lusaka 1974.

Republic of Zambia, Ministry of Planning and Finance, Development Planning Division, Mid-term Review of the Second National Development Plan (Performance of the Zambian Economy, 1972 – 1974), Lusaka 1974.

Republic of Zambia, Office of Development and Planning, First National Development Plan, 1966 – 1970, Lusaka 1966.

Republic of Zambia, Office of the President, National Commission for Development Planning, Third National Development Plan, 1979 – 1983, Lusaka 1979.

Republic of Zambia, Office of the President, National Commission for Development Planning, Economic Report 1981, Lusaka 1982.

Republic of Zambia, Office of the President, National Commission for Development Planning, Economic Report 1982, Lusaka 1983.

Republic of Zambia, Office of the Prime Minister, National Commission for Development Planning, Economic Report 1977, Lusaka 1978.

Republic of Zambia, Office of the Prime Minister, National Commission for Development Planning, Economic Report 1978, Lusaka 1979.

Rich, Timothy S./Sterling Recker, Understanding Sino-African Relations: Neocolonialism or a New Era?, in: Journal of International and Area Studies 20 (2013), 1, S. 61 – 76.

Rodney, Walter, How Europe Underdeveloped Africa, Nairobi/Kampala/Daressalam 2009 [1972].

Rothstein, Robert L., Global Bargaining. UNCTAD and the Quest for a New International Economic Order, Princeton 1979.

Roy, Arijita Sinha, The Chinese Dawn of Neo-colonialism?, Foreign Policy News, 14. 8. 2018, https://foreignpolicynews.org/2018/08/14/the-chinese-dawn-of-neo-colonialism/, 4. 1. 2022.

Sampson, Anthony, The Seven Sisters. The Great Oil Companies and the World They Made, London 1975.

Sampson, Anthony, The Money Lenders. Bankers and a World in Turmoil, New York 1982.

Sarr, Felwine, Afrotopia, Berlin 2019.

Sauvant, Karl P., Group of 77, London 1981.

Schmidt, Helmut, The German View, in: Atlantic Quarterly Review 12 (1974), 1, S. 37 – 42.

Schmitt, Dieter, West German Energy Policy, in: Wilfrid L. Kohl (Hg.), After the Second Oil Crisis. Energy Policies in Europe, America, and Japan, Lexington 1982, S. 137 – 158.

Seidman, Ann, The Distorted Growth of Import Substitution: The Zambian Case, in: Ben Turok (Hg.), Development in Zambia: A Reader, London 1979, S. 100 – 127.

Seitz, Konrad, The Negotiations on the Common Fund, in: Intereconomics 13 (1978), 3/4, S. 60 – 64.

Seymour, Ian, OPEC. Instrument of Change, London/Basingstoke 1980.

Shihata, Ibrahim, The OPEC Special Fund and the North-South Dialogue, in: Third World Quarterly 1 (1979), 4, S. 28 – 38.

Shihata, Ibrahim F. I., The Other Face of OPEC. Financial Assistance to the Third World, London 1982.

Shihata, Ibrahim F. I. (Hg.), The OPEC Fund for International Development. The Formative Years, London/New York 1983.
Skeet, Ian, OPEC: Twenty-Five Years of Prices and Politics, Cambridge u. a. 1988.
Solemn Declaration I, Conference of Sovereigns and Heads of State of OPEC Member Countries, Algier, Algeria, 4 – 6 March 1975, in: OPEC Solemn Declarations, https://www.opec.org/opec_web/static_files_project/media/downloads/publications/Solemn_Declaration_I-III.pdf, 3. 1. 2022.
Stobaugh, Robert/Daniel Yergin, After the Second Shock: Pragmatic Energy Strategies, in: Foreign Affairs 57 (1979), 4, S. 836 – 871.
Stork, Joe, Middle East Oil and the Energy Crisis, New York/London 1975.
Strange, Susan, Reactions to Brandt. Popular Acclaim and Academic Attack, in: International Studies Quarterly 25 (1981), 2, S. 328 – 342.
Szeftel, Morris, Political Graft and the Spoils System in Zambia: The State as a Resource in Itself, in: Review of African Political Economy 24 (1982), S. 4 – 21.
Tanous, Peter J./Paul Rubinstein, The Petrodollar Takeover, New York 1975.
Terzian, Pierre, OPEC: The Inside Story, London 1985.
The Ministry of Foreign Affairs. Republic of Indonesia, Asia-Africa Speaks from Bandung, Jakarta 1955.
Treverton, Gregory (Hg.), Energy and Security, Westmead/Montclair 1980.
Tsurumi, Yoshi, Japan, in: Daedalus 104 (1975), 4, S. 113 – 127.
Turok, Ben (Hg.), Development in Zambia: A Reader, London 1979.
UNCTAD, An Integrated Program for Commodities, Genf 1974.
UNCTAD, Report of the United Nations Negotiating Conference on a Common Fund Under the Integrated Programme for Commodities on its Third Session, Geneva, 12 to 19 March 1979 (TD/IPC/CF/CONF/19), 28. 3. 1979.
United National Independence Party, A Review of the Implementation of the National Policies for the Decade 1974 – 1984, Lusaka [1984?].
United Nations, Towards a New Trade Policy for Development. Report by the Secretary-General of the United Nations Conference on Trade and Development, New York 1964.
United Nations, Proceedings of the United Nations Conference on Trade and Development, Geneva, 23 March – 16 June 1964. Bd. 1. Final Act and Report, New York 1964.
United Nations, Proceedings of the United Nations Conference on Trade and Development, Fourth Session, Nairobi, 5 – 31 May 1976, Bd. I. Report and Annexes, New York 1977.
United Nations, Yearbook of the United Nations 1974. Bd. 28, New York 1977.
United Nations, The Yearbook of the United Nations 1977. Bd. 31, New York 1980.
United Nations, Resolutions and Decisions adopted by the General Assembly during its Thirty-Fourth Session, 18 September 1979 – 7 January 1980, New York 1980.
United Nations, Agreement Establishing the Common Fund for Commodities (TD/IPC/CF/CONF/25), New York 1981.
United Nations, The Yearbook of the United Nations 1980. Bd. 34, New York 1983.
United Nations, Proceedings of the United Nations Conference on Trade and Development. Fifth Session, Manila, 7 May–3 June 1979. Bd. 2. Statements by Heads of Delegation, New York 1983.
United Nations, Proceedings of the United Nations Conference on Trade and Development. Fifth Session. Manila, 7 May–3 June 1979. Bd. 3. Basic Documents, New York 1981.

United Nations, Creation of LDC category and timeline of changes to LDC membership and criteria, https://www.un.org/development/desa/dpad/least-developed-country-category/creation-of-the-ldc-category-and-timeline-of-changes-to-ldc-membership-and-criteria.html, 4.1.2022.

United Nations General Assembly, Sixth Special Session, Official Records, 2208th Plenary Meeting, 10.4.1974.

United Nations General Assembly, Sixth Special Session, Official Records, 2209th Plenary Meeting, 10.4.1974.

United Nations General Assembly, Sixth Special Session, Official Records, 2211th Plenary Meeting, 11.4.1974.

United Nations General Assembly, Sixth Special Session, Official Records, 2217th Plenary Meeting, 16.4.1974.

United Nations General Assembly, Sixth Special Session, Official Records, 2223rd Plenary Meeting, 19.4.1974.

United Nations General Assembly, Sixth Special Session, Official Records, 2229th Plenary Meeting, 1.5.1974.

United Nations General Assembly, Sixth Special Session, Official Records, 2230th Plenary Meeting, 2.5.1974.

United Nations General Assembly, Sixth Special Session, Official Records, 2231st Plenary Meeting, 2.5.1974.

United Nations General Assembly, Resolutions adopted by the General Assembly during its Sixth Special Session, 9 April – 2 May 1974, New York 1974.

United Nations General Assembly, Seventh Special Session, Official Records, 2326th Plenary Meeting, 1.9.1975.

United Nations General Assembly, Seventh Special Session, Official Records, 2327th Plenary Meeting, 1.9.1975.

United Nations General Assembly, Resolutions adopted by the General Assembly during its Seventh Special Session, 1–16 September 1975, New York 1976.

United Nations General Assembly, Thirty-First Session, Official Records, 108th Plenary Meeting, 13.9.1977.

United Nations General Assembly, Eleventh Special Session, Official Records, 2nd Plenary Meeting, 25.8.1980.

United Nations General Assembly, Updated Overview of the Major International Economic and Policy Challenges for Equitable and Inclusive Sustained Economic Growth and Sustainable Development, and of the Role of the United Nations in Addressing these Issues in the Light of the New International Economic Order, 20.7.2016.

UN General Assembly Resolution 1785 (XVII), United Nations Conference on Trade and Development, 8.12.1962, https://undocs.org/en/A/RES/1785(XVII), 22.12.2021.

UN General Assembly Resolution 1803 (XVII), Permanent sovereignty over natural resources, 14.12.1962, https://www.un.org/ga/search/view_doc.asp?symbol=A/RES/1803%28XVII%29, 22.12.2021.

UN General Assembly Resolution 2158 (XXI), Permanent sovereignty over natural resources, 25.11.1966, https://www.un.org/ga/search/view_doc.asp?symbol=A/6316(SUPP), 22.12.2021.

UN General Assembly Resolution 3281 (XXIX), Charter of Economic Rights and Duties of States, 12.12.1974, https://www.un.org/ga/search/view_doc.asp?symbol=A/RES/3281(XXIX), 3.12.2021.
Vernon, Raymond (Hg.), The Oil Crisis, New York 1976.
Vogler, Oskar, Herausforderung Ölkrise. Risiken – Vorsorge – Alternative, München 1981.
Vries, Tom des, Jamaica, or the Non-Reform of the International Monetary System, in: Foreign Affairs 54 (1976), 3, S. 577–605.
Waldheim, Kurt, In the Eye of the Storm. A Memoir, Bethesda 1986.
Williamson, John, SDRs: The Link, in: Jagdish N. Bhagwati (Hg.), The New International Economic Order: The North-South Debate, Cambridge/London 1977, S. 81–100.
Wina, Sikota, The Night Without a President, Lusaka 1985.
Wischnewski, Hans-Jürgen, Mit Leidenschaft und Augenmaß: in Mogadischu und anderswo; politische Memoiren, München 1989.
World Bank, World Development Report 1978, Washington 1978.
World Bank, World Development Report 1979, Washington 1979.
World Bank, World Development Report 1980, Washington 1980.
World Bank, World Debt Tables. Bd. II. External Public Debt of Developing Countries, Washington 1980.
World Bank, Economic Memorandum on Guyana, Washington 1981.
World Bank, Accelerated Development in Sub-Saharan Africa. An Agenda for Action, Washington 1981.
World Bank, Kenya: Issues and Options in the Energy Sector, Washington 1982.
World Bank, Kenya Country Economic Memorandum, Washington 1983.
World Bank, Zambia. Country Economic Memorandum. Issues and Options for Economic Diversification, Washington 1984.
World Bank, Guyana. A Framework for Economic Recovery, Washington 1985.
World Bank, Zambia. Country Economic Memorandum. Economic Reforms and Development Prospects, Washington 1986.
World Bank, The Cote d'Ivoire in Transition: From Structural Adjustment to Self-Sustained Growth. Bd. IV. Statistical Annexes, Washington 1987.
World Bank, Tanzania. Economic Report. Towards Sustainable Development in the 1990s. Bd. II. Background Papers, Washington 1991.
World Bank, DataBank – World Development Indicators, http://databank.worldbank.org/data/reports.aspx?source=world-development-indicators, 22.12.2021.
World Bank, International Bank for Reconstruction and Development Subscriptions and Voting Power of Member Countries, http://pubdocs.worldbank.org/en/795101541106471736/IBRDCountryVotingTable.pdf, 4.1.2022.
Woyke, Meik (Hg.), Willy Brandt – Helmut Schmidt. Partner und Rivalen. Der Briefwechsel (1958–1992), Bonn 2015.
Yew, Lee Kuan/Altaf Gauhar, Interview, in: Third World Quarterly 1 (1979), 2, S. 1–6.
Zulu, Alexander Grey, The Memoirs of Alexander Grey Zulu, Ndola 2007.

Sekundärliteratur

Abelshauser, Werner, Deutsche Wirtschaftsgeschichte. Von 1945 bis zur Gegenwart, Bonn 2011, S. 392 f.

Abir, Mordechai, Saudi Arabia in the Oil Era. Regime and Elites, Conflict and Collaboration, London 1988.

Achberger, Jessica Lynn, „Forward With the Nation“: Zambia, China, and the West, 1960–1970 (Dissertation, University of Texas, 2012).

Adelman, Jeremy, International Finance and Political Legitimacy. A Latin American View of the Global Shock, in: Ferguson, Niall u. a. (Hg.), The Shock of the Global: The 1970s in Perspective, Cambridge/London 2010, S. 113–127.

Adelman, Jeremy, What Is Global History Now?, in: Aeon, https://aeon.co/essays/is-global-history-still-possible-or-has-it-had-its-moment, 2. 3. 2017.

Adler, Paul, „The Basis of a New Internationalism?“: The Institute for Policy Studies and North-South Politics from the NIEO to Neoliberalism, in: Diplomatic History 41 (2017), 4, S. 665–693.

Aissaoui, Ali, Algeria. The Political Economy of Oil and Gas, Oxford 2001.

Ajaegbo, D. I., First Development Decade, 1960–1970: The United Nations and the Economic Development of Africa, in: Transafrican Journal of History 15 (1986), S. 1–17.

Allan, John Anthony/Kaoru Sugihara (Hg.), Japan and the Contemporary Middle East, London/New York 2005.

Alnasrawi, Abbas, Arab Nationalism, Oil, and the Political Economy of Dependency, New York/Westport/London 1991.

Andersson, Per-Ake, Foreign Aid, Debt, and Growth in Zambia, Uppsala 2000.

Anghie, Anthony, Imperialism, Sovereignty and the Making of International Law, Cambridge u. a. 2005.

Askari, Hossein, Saudi-Arabia's Economy. Oil and the Search for Economic Development, Greenwich 1990.

Aspers, Patrik, Economic Theories of Globalization, in: Bryan S. Turner (Hg.), The Routledge International Handbook of Globalization Studies, New York 2010, S. 42–61.

Bair, Jennifer, Taking Aim at the New International Economic Order, in: Philip Mirowski/Dieter Plehwe (Hg.), The Road from Mont Pèlerin. The Making of the Neoliberal Thought Collective, Cambridge/London 2009, S. 347–385.

Barbosa, Fernando de Holanda, Economic Development: the Brazilian Experience, in: Akio Hosano/Neantro Saavedra-Rivano (Hg.), Development Strategies in East Asia and Latin America, Basingstoke/London 1998, S. 69–87.

Basosi, Duccio/Giuliano Garavini/Massimiliano Trentin (Hg.), Counter-Shock: The Oil Counter-Revolution of the 1980s, London 2018.

Bedore, James M., Saudi Arabian Industrialization: History and Prospects, in: Klaus Jürgen Gantzel/Helmut Mejcher (Hg.), Oil, the Middle East, North Africa and the Industrial States, Paderborn u. a. 1984, S. 185–206.

Beers, Marloes, The OECD Oil Committee and the International Search for Reinforced Energy-Consumer Cooperation, 1972–3, in: Elisabetta Bini/Giuliano Garavini/Frederico Romero (Hg.), Oil Shock. The 1973 Oil Crisis and Its Economic Legacy, London/New York 2016, S. 142–171.

Benjamin, Bret, Bookend to Bandung: The New International Economic Order and the Antinomies of the Bandung Era, in: Humanity 6 (2015), 1, S. 33–46.

Ben-Madani, Mohammed, A Comparison of Development in Two Oil Based Economies: Algeria and Libya, in: Klaus Jürgen Gantzel/Helmut Mejcher (Hg.), Oil, the Middle East, North Africa and the Industrial States, Paderborn u. a. 1984, S. 159 – 169.
Benn, Dennis, Multilateral Diplomacy and the Economics of Change. The Third World and the New International Economic Order, Kingston/Miami 2003.
Bennoune, Mahfoud, The Making of Contemporary Algeria, 1830 – 1987. Colonial Upheavals and Post-Independence Development, Cambridge u. a. 1988.
Bernecker, Walther L./Thomas Fischer, Rise and Decline of Latin American Dependency Theories, in: Itinerario 22 (1998), 4, S. 25 – 43.
Biney, Ama, The Political and Social Thought of Kwame Nkrumah, New York/Houndsmill 2011.
Bini, Elisabetta/Giuliano Garavini/Frederico Romero (Hg.), Oil Shock. The 1973 Oil Crisis and Its Economic Legacy, London/New York 2016.
Birmingham, David, Kwame Nkrumah. The Father of African Nationalism, Athens 1998.
Black, Brian, Struggling to Green the American Ride: Consumer Culture Meets Petroleum Scarcity, Vortrag gehalten während der Konferenz „The Energy Crises of the 1970s as Challenges to the Industrialized World“ am Zentrum für Zeithistorische Forschung Potsdam, September 2013.
Bockman, Johanna, Socialist Globalization against Capitalist Neocolonialism: The Economic Ideas behind the New International Economic Order, in: Humanity 6 (2015), 1, S. 109 – 128.
Böhm, Enrico, Die Sicherheit des Westens. Entstehung und Funktion der G7-Gipfel (1975 – 1981), München 2014.
Bordo, Michael D., Globalization in Historical Perspective. Our Era is not as Unique as We Might Think, and Current Trends Are not Irreversible, in: Business Economics 37 (2002), 1, S. 20 – 29.
Borstelmann, Thomas, The 1970s. A New Global History from Civil Rights to Economic Inequality, Princeton/Oxford 2012.
Bösch, Frank, Umbrüche in die Gegenwart. Globale Ereignisse und Krisenreaktionen um 1979, in: Zeithistorische Forschungen/Studies in Contemporary History 9 (2012), S. 8 – 32.
Bösch, Frank, Zweierlei Krisendeutungen: Amerikanische und bundesdeutsche Perspektivierungen der 1970er Jahre, in: Neue Politische Literatur 58 (2013), S. 217 – 230.
Bösch, Frank, Energy Diplomacy: West Germany, the Soviet Union and the Oil Crises of the 1970s, in: Historical Social Research/Historische Sozialforschung 39 (2014), 4, S. 165 – 185.
Bösch, Frank, Zeitenwende 1979. Als die Welt von heute begann, München 2019.
Bösch, Frank/Rüdiger Graf (Hg.), Themenhaft „The Energy Crisis of the 1970s. Anticipations and Reactions in the Industrialized World“, Historical Social Research/Historische Sozialforschung 39 (2014), 4.
Bösch, Frank/Rüdiger Graf, Reacting to Anticipations: Energy Crises and Energy Policy in the 1970s. An Introduction, in: Historical Social Research/Historische Sozialforschung 39 (2014), 4, S. 7 – 21.
Bott, Sandra u. a. (Hg.), Neutrality and Neutralism in the Global Cold War. Between or Within the Blocs, London/New York 2016.
Boughton, James M., Silent Revolution. The International Monetary Fund 1979 – 1989, Washington 2001.
Burdette, Marcia M., Zambia. Between two Worlds, Boulder 1988.

Büschel, Hubertus, Internationale Geschichte als Globalgeschichte – Prämissen, Potenziale und Probleme, in: Zeithistorische Forschungen/Studies in Contemporary History 8 (2011), 3, S. 439–445.
Büschel, Hubertus/Daniel Speich (Hg.), Entwicklungswelten. Globalgeschichte der Entwicklungszusammenarbeit, Frankfurt a. M./New York 2009.
Butler, Larry J., Copper Empire. Mining and the Colonial State in Northern Rhodesia, c. 1930–64, Houndsmill/New York 2007.
Byrne, Jeffrey James, Mecca of Revoluton. Algeria, Decolonization, and the Third World Order, New York 2016.
Calori, Anna u. a. (Hg.), Between East and South. Spaces of Interaction in the Globalizing Economy of the Cold War, Berlin 2019.
Calori, Anna/Ljubica Spaskovska, Reimagining the World: Decolonisation and the Promise of Development, in: Contemporary European History 30 (2021), S. 613–620.
Charakova, Vessela, Oil Supply Crises: Cooperation and Discord in the West, Lanham u. a. 2013.
Claes, Dag Harald/Giuliano Garavini (Hg.), Handbook of OPEC and the Global Energy Order. Past, Present and Future Challenges, London/New York 2020.
Clawson, Patrick/Michael Rubin, Eternal Iran. Continuity and Chaos, New York/Basingstoke 2005.
Connelly, Matthew, A Diplomatic Revolution. Algeria's Fight for Independence and the Origins of the Post-Cold War Era, Oxford u. a. 2002.
Conrad, Sebastian, Globalgeschichte. Eine Einführung, München 2013.
Conrad, Sebastian/Andreas Eckert/Ulrike Freitag (Hg.), Globalgeschichte. Theorien, Ansätze, Themen, Frankfurt a. M./New York 2007.
Conze, Eckart/Ulrich Lappenküper/Guido Müller (Hg.), Geschichte der internationalen Beziehungen. Erneuerung und Erweiterung einer historischen Disziplin, Köln/Weimar/Wien 2004.
Cooper, Frederick, What is the Concept of Globalization Good for? An African Historian's Perspective, in: African Affairs 100 (2001), S. 189–213.
Cooper, Frederick, Africa Since 1940. The Past of the Present, Cambridge 2002.
Cooper, Frederick, Writing the History of Development, in: Journal of Modern European History 8 (2010), 1, S. 5–23.
Daniel, Elton L., The History of Iran, Westport/London 2001.
Dash, Kishore C., India's International Monetary Fund Loans: Finessing Win-Set Negotiations within Domestic and International Politics, in: Asian Survey 39 (1999), 6, S. 884–907.
Davidson, Basil, Black Star. A View of the Life and Times of Kwame Nkrumah, Oxford 2007.
Decker, Stephanie, Dekolonisation der Wirtschaft? Wirtschaftsnationalismus in Afrika nach 1945, in: Archiv für Sozialgeschichte 48 (2008), S. 461–486.
Dejung, Christof, Oral History und kollektives Gedächtnis. Für eine sozialhistorische Erweiterung der Erinnerungsgeschichte, in: Geschichte und Gesellschaft 34 (2008), 1, S. 96–115.
DeRoche, Andy, Kenneth Kaunda, the United States and Southern Africa, London 2016.
DeRoche, Andy, Asserting African Agency: Kenneth Kaunda and the USA, 1964–1980, in: Diplomatic History 40 (2016), 5, S. 975–1001.
Deuerlein, Martin, Das Zeitalter der Interdependenz. Globales Denken und internationale Politik in den langen 1970er Jahren, Göttingen 2020.

Deuerlein, Martin, Interdependenz: Nord-Süd-Beziehungen und die Auseinandersetzung um die Deutung der Welt, in: Jürgen Dinkel/Steffen Fiebrig/Frank Reichherzer (Hg.), Nord/Süd. Perspektiven auf eine globale Konstellation, Berlin/Boston 2020, S. 21–44.
Dietrich, Christopher R. W., Oil Power and Economic Theologies: The United States and the Third World in the Wake of the Energy Crisis, in: Diplomatic History 40 (2016), 3, S. 500–529.
Dietrich, Christopher R. W., Oil Revolution. Anticolonial Elites, Sovereign Rights, and the Economic Culture of Decolonization, Cambridge u. a. 2017.
Diggins, John Patrick, Ronald Reagan. Fate, Freedom, and the Making of History, New York/London 2007.
Dinkel, Jürgen, „Dritte Welt" – Geschichte und Semantiken, Version 1.0, in: Docupedia-Zeitgeschichte, 6.10.2014, http://docupedia.de/zg/dinkel_dritte_welt_v1_de_2014, 21.12.2021.
Dinkel, Jürgen, Die Bewegung Bündnisfreier Staaten. Genese, Organisation und Politik (1927–1992), Berlin 2015.
Dinkel, Jürgen, „Third World Begins to Flex Its Muscles". The Non-Aligned Movement and the North-South Conflict During the 1970s, in: Sandra Bott u. a. (Hg.), Neutrality and Neutralism in the Global Cold War. Between or Within the Blocs, London/New York 2016, S. 108–123.
Dinkel, Jürgen/Steffen Fiebrig/Frank Reichherzer (Hg.), Nord/Süd. Perspektiven auf eine globale Konstellation, Berlin/Boston 2020.
Dinkel, Jürgen/Steffen Fiebrig/Frank Reichherzer, Zur Historisierung globaler Beziehungen in der zweiten Hälfte des 20. Jahrhunderts: Eine Einleitung, in: Jürgen Dinkel/Steffen Fiebrig/Frank Reichherzer (Hg.): Nord/Süd. Perspektiven auf eine globale Konstellation, Berlin/Boston 2020, S. 1–19.
Dirlik, Alif, Global South: Predicament and Promise, in: The Global South 1 (2007), S. 12–23.
Doering-Manteuffel, Anselm/Lutz Raphael, Nach dem Boom: Perspektiven auf die Zeitgeschichte seit 1970, 3. Aufl., Göttingen 2012.
Doering-Manteuffel, Anselm u. a. (Hg.), Vorgeschichte der Gegenwart: Dimensionen des Strukturbruchs nach dem Boom, Göttingen/Bristol 2016.
Dörnemann, Maria, Modernisierung als Praxis? Bevölkerungspolitik in Kenia nach der Dekolonisation, in: Anselm Doering-Manteuffel u. a. (Hg.), Vorgeschichte der Gegenwart: Dimensionen des Strukturbruchs nach dem Boom, Göttingen/Bristol 2016, S. 271–292.
Dosman, Edgar J., The Life and Times of Raúl Prebisch, 1901–1986, Montreal u. a. 2008.
Drayton, Richard/David Motadel, Discussion: The Futures of Global History, in: Journal of Global History 13 (2018), S. 1–21.
Dülffer, Jost/Marc Frey (Hg.), Elites and Decolonization in the Twentieth Century, Houndsmill u. a. 2011.
Dülffer, Jost/Wilfried Loth (Hg.), Dimensionen internationaler Geschichte, München 2012.
Düwell, Kurt, Die Entwicklungspolitik der Europäischen Gemeinschaft zwischen Jaunde und Lomé (1963–1984), in: Franz Knipping/Matthias Schönwald (Hg.), Aufbruch zum Europa der zweiten Generation. Die europäische Einigung 1969–1984, Trier 2004, S. 187–200.
Eckel, Jan, Die Ambivalenz des Guten. Menschenrechte in der internationalen Politik seit den 1940er Jahren, Göttingen 2014.
Eckel, Jan, Alles hängt mit allem zusammen. Zur Historisierung des Globalisierungsdiskurses der 1990er und 2000er Jahre, in: Historische Zeitschrift 307 (2018), S. 42–78.

Eckert, Andreas/Shalini Randeria, Geteilte Globalisierung, in: Shalini Randeria/Andreas Eckert (Hg.), Vom Imperialismus zum Empire. Nicht-westliche Perspektiven auf Globalisierung, 2. Aufl., Frankfurt a. M. 2015, S. 9–33.

Eich, Stefan/Adam Tooze, The Great Inflation, in: Anselm Doering-Manteuffel u. a. (Hg.), Vorgeschichte der Gegenwart: Dimensionen des Strukturbruchs nach dem Boom, Göttingen/Bristol 2016, S. 173–196.

Eichengreen, Barry/Peter H. Lindert (Hg.), The International Debt Crisis in Historical Perspective, Cambridge/London 1989.

Epple, Angelika, Globalisierung/en, Version: 1.0, in: Docupedia-Zeitgeschichte, 11. 6. 2012, http://docupedia.de/zg/epple_globalisierung_v1_de_2012, 21. 12. 2021.

Erswell, Christopher C., UK Aid Policy and Practices 1974–1990: An Analysis of the Poverty Focus, Gender-Consciousness and Environmental Sensitivity of British Official Aid, Irvine 2001.

Esseks, John D., Political Independence and Economic Decolonization: The Case of Ghana under Nkrumah, in: The Western Political Quarterly, 24 (1971), S. 59–64.

Evans, Martin/John Phillips, Algeria. Anger of the Dispossessed, New Haven/London 2007.

Ferguson, James, Expectations of Modernity. Myths and Meanings of Urban Life on the Zambian Copperbelt, Berkeley/Los Angeles/London 1999.

Ferguson, James, Global Shadows. Africa in the Neoliberal World Order, Durham/London 2006.

Ferguson, Niall, Introduction: Crisis, What Crisis? The 1970s and the Shock of the Global, in: Niall Ferguson u. a. (Hg.), The Shock of the Global: The 1970s in Perspective, Cambridge/London 2010, S. 1–21.

Ferguson, Niall u. a. (Hg.), The Shock of the Global: The 1970s in Perspective, Cambridge/London 2010.

Ferguson, Niall, Kissinger. Bd. 1. 1923–1968. The Idealist, London 2015.

Fiebrig, Steffen, Unequal exchange? Post-koloniale Wirtschaftsordnung, Handelsliberalisierung und die UNCTAD, in: Jürgen Dinkel/Steffen Fiebrig/Frank Reichherzer (Hg.), Nord/Süd. Perspektiven auf eine globale Konstellation, Berlin/Boston 2020, S. 135–170.

Fieldhouse, David Kenneth, Black Africa 1945–1980. Economic Decolonization & Arrested Development, London/New York 1986.

Fieldhouse, David Kenneth, The West and the Third World. Trade, Colonialism, Dependence, and Development, Oxford 1999.

Fink, Carole K., Cold War. An International History, Boulder 2014.

Franczak, Michael, Losing the Battle, Winning the War: Neoconservatives versus the New International Economic Order, 1974–82, in: Diplomatic History 43 (2019), 5, S. 867–889.

Fraser, Alastair, Introduction: Boom and Bust on the Zambia Copperbelt, in: Alastair Fraser/Miles Larmer (Hg.), Zambia, Mining, and Neoliberalism. Boom and Bust on the Globalized Copperbelt, New York 2010, S. 1–30.

Fraser, Alastair/Miles Larmer (Hg.), Zambia, Mining, and Neoliberalism. Boom and Bust on the Globalized Copperbelt, New York 2010.

Frey, Marc/Sönke Kunkel/Corinna R. Unger (Hg.), International Organizations and Development, 1945–1990, Houndsmill/New York 2014.

Frieden, Jeffry A., Global Capitalism. Its Fall and Rise in the Twentieth Century, New York/London 2007.

Fundanga, Caleb, The Role of the IMF and World Bank in Zambia, in: Bade Onimode (Hg.), The IMF, the World Bank and African Debt. Bd. I. The Economic Impact, London/New Jersey 1989, S. 142–148.

Fürtig, Henner, Der irakisch-iranische Krieg 1980–1988, in: Bernd Greiner/Christian Th. Müller/Dierk Walter (Hg.), Heiße Kriege im Kalten Krieg, Hamburg 2006, S. 376–407.

Gantzel, Klaus Jürgen/Helmut Mejcher (Hg.), Oil, the Middle East, North Africa and the Industrial States, Paderborn u. a. 1984.

Garavini, Guiliano, Completing Decolonization: The 1973 ‚Oil Shock' and the Struggle for Economic Rights, in: The International History Review 33 (2011), 3, S. 473–487.

Garavini, Giuliano, After Empires. European Integration, Decolonization, and the Challenge From the Global South, 1957–1986, Oxford 2012.

Garavini, Giuliano, From Boumedienomics to Reaganomics: Algeria, OPEC, and the International Struggle for Economic Equality, in: Humanity 6 (2015), 1, S. 79–92.

Garavini, Giuliano, The Rise and Fall of OPEC in the Twentieth Century, Oxford 2019.

Garavini, Giuliano/Francesco Petrini, Continuity or Change? The 1973 Oil Crisis Reconsidered, in: Antonio Varsori/Guia Migani (Hg.), Europe in the International Arena During the 1970s. Entering a Different World, Brüssel 2011, S. 211–230.

Getachew, Adom, Worldmaking after Empire: The Rise and Fall of Self-Determination, Princeton/Oxford 2019.

Gewald, Jan-Bart/Marja Hinfelaar/Giacomo Macola (Hg.), One Zambia, Many Histories. Towards a History of Post-colonial Zambia, Leiden 2008.

Gewald, Jan-Bart/Marja Hinfelaar/Giacomo Macola, Introduction, in: Jan-Bart Gewald/Marja Hinfelaar, Giacomo Macola (Hg.), One Zambia, Many Histories. Towards a History of Post-colonial Zambia, Leiden 2008, S. 1–13.

Gfeller, Aurélie Élisa, Building a European Identity. France, the United States, and the Oil Shock, 1973–1974, New York/Oxford 2015.

Gilman, Nils, Mandarins of the Future. Modernization Theory in Cold War America, Baltimore 2003.

Gilman, Nils, The New International Economic Order: A Reintroduction, in: Humanity 6 (2015), 1, S. 1–16.

Gilpin, Robert, The Political Economy of International Relations, Princeton 1987.

Glyn, Andrew, Capitalism Unleashed. Finance, Globalization, and Welfare, Oxford u. a. 2006.

Göbel, Stefan, Die Ölpreiskrisen der 1970er Jahre: Auswirkungen auf die Wirtschaft von Industriestaaten am Beispiel der Bundesrepublik Deutschland, der Vereinigten Staaten, Japans, Großbritanniens und Frankreichs, Berlin 2013.

Gocking, Roger S., The History of Ghana, Westport/London 2005.

Graf, Rüdiger, Making Use of the „Oil Weapon": Western Industrialized Countries and Arab Petropolitics in 1973–1974, in: Diplomatic History 36 (2012), 1, S. 185–208.

Graf, Rüdiger, Öl und Souveränität. Petroknowledge und Energiepolitik in den USA und Westeuropa in den 1970er Jahren, Berlin/München/Boston 2014.

Graf, Rüdiger, Der Konflikt der nicht stattfand: Ressourcen, Interdependenz, Sicherheit und die Erwartung des Nord-Süd-Konflikts in den 1970er Jahren, in: Jürgen Dinkel/Steffen Fiebrig/Frank Reichherzer (Hg.), Nord/Süd. Perspektiven auf eine globale Konstellation, Berlin/Boston 2020, S. 423–446.

Graf, Rüdiger/Kim Priemel, Zeitgeschichte in der Welt der Sozialwissenschaften. Legitimität und Originalität einer Disziplin, in: Vierteljahreshefte für Zeitgeschichte 59 (2011), 4, S. 479 – 508.

Grandin, Greg, Kissingers langer Schatten, München 2016.

Grandin, Greg, Empire's Workshop. Latin, America, the United States, and the Making of an Imperial Republic, New York 2021.

Gray, William Glenn, Learning to ‚Recycle': Petrodollars and the West, 1973 – 5, in: Elisabetta Bini/Giuliano Garavini/Frederico Romero (Hg.), Oil Shock. The 1973 Oil Crisis and Its Economic Legacy, London/New York 2016, S. 172 – 197.

Greiner, Bernd/Christian Th. Müller/Dierk Walter (Hg.), Heiße Kriege im Kalten Krieg, Hamburg 2006.

Greiner, Bernd/Christian Th. Müller/Claudia Weber (Hg.), Ökonomie im Kalten Krieg, Hamburg 2010.

Guderzo, Max/Bruna Bagnato (Hg.), The Globalization of the Cold War. Diplomacy and Local Confrontation, 1975–85, London/New York 2010.

Haftendorn, Helga, Sicherheit und Stabilität. Außenbeziehungen der Bundesrepublik zwischen Ölkrise und Nato-Doppelbeschluß, München 1986.

Haggard, Stephan, Pathways from the Periphery. The Politics of Growth in the Newly Industrializing Countries, Ithaca 1990.

Hamauzu, Tetseo, The Changing Structure of Oil Connections, in: John Anthony Allan/Kaoru Sugihara (Hg.), Japan and the Contemporary Middle East, London/New York 2005, S. 50 – 76.

Hansen, Karen Tranberg, The Informalization of Lusaka's Economy. Regime Change, Ultra-Modern Markets, and Street Vending, 1972 – 2004, in: Jan-Bart Gewald/Marja Hinfelaar/ Giacomo Macola (Hg.), One Zambia, Many Histories. Towards a History of Post-colonial Zambia, Leiden 2008, S. 213 – 239.

Harks, Eno/Friedemann Müller (Hg.), Petrostaaten. Außenpolitik im Zeichen von Öl, Baden-Baden 2007.

Helleiner, Eric, States and the Reemergence of Global Finance. From Bretton Woods to the 1990s, Ithaca/London 1994.

Hellema, Duco/Cees Wiebes/Toby Witte, The Netherlands and the Oil Crisis. Business as Usual, Amsterdam 2004.

Herren, Madeleine, Internationale Organisationen seit 1865. Eine Globalgeschichte der internationalen Ordnung, Darmstadt 2009.

Hiepel, Claudia (Hg.), Europe in a Globalising World. Global Challenges and European Responses in the „long" 1970s, Baden-Baden 2014.

Hirschhausen, Ulrike von/Jonas Kreienbaum, „Neocolonialism" Revisited. An Empirical Enquiry into the Term's Theoretical Substance Today, in: Comparativ 29 (2019), 3, S. 65 – 85.

Hobsbawm, Eric, Das Zeitalter der Extreme. Weltgeschichte des 20. Jahrhunderts, 12. Aufl., München 2014.

Hodge, Joseph Morgan, Triumph of the Expert. Agrarian Doctrines of Development and the Legacies of British Colonialism, Athens 2007.

Hohensee, Jens, Und sonntags wieder laufen...Die erste „Ölkrise" 1973/74 und ihre Perzeption in der Bundesrepublik Deutschland, in: Michael Salewski/Ilona Stölken-Fitschen (Hg.), Moderne Zeiten. Technik und Zeitgeist im 19. und 20. Jahrhundert, Stuttgart 1994, S. 175 – 196.

Hohensee, Jens, Der erste Ölpreisschock 1973/74. Die politischen und gesellschaftlichen Auswirkungen der arabischen Erdölpolitik auf die Bundesrepublik Deutschland und Westeuropa, Stuttgart 1996.
Hosano, Akio/Neantro Saavedra-Rivano (Hg.), Development Strategies in East Asia and Latin America, Basingstoke/London 1998.
Ihonvbere, Julius O., Structural Adjustment and Democratization in Zambia, in: Malinda S. Smith (Hg.), Globalizing Africa, Trenton/Asmara 2003, S. 325–342.
Iriye, Akira, Global Community. The Role of International Organizations in the Making of the Contemporary World, Berkley/Los Angeles/London 2002.
Iriye, Akira (Hg.), Geschichte der Welt. 1945 bis heute. Die globalisierte Welt, München 2013.
Jacobs, Meg, Panic at the Pump. The Energy Crisis and the Transformation of American Politics in the 1970s, New York 2017.
James, Harold, International Economic Cooperation Since Bretton Woods, Washington 1996.
James, Harold, Finance Capitalism, in: Jürgen Kocka/Marcel van der Linden (Hg.), Capitalism. The Reemergence of a Historical Concept, London u. a. 2016, S. 133–163.
James, Leslie/Elisabeth Leake (Hg.), Decolonization and the Cold War. Negotiating Independence, London u. a. 2015.
Jankowitsch, Odette/Karl P. Sauvant, Introduction. The Non-Aligned Countries, in: Odette Jankowitsch/Karl P. Sauvant (Hg.), The Third World Without Superpowers. Serie 1. The Collected Documents of the Non-Aligned Countries. Bd. 1, Dobbs Ferry 1978, S. xxx–lv.
Jansen, Jan C./Jürgen Osterhammel, Dekolonisation. Das Ende der Imperien, München 2013.
Jarausch, Konrad H. (Hg.), Das Ende der Zuversicht? Die siebziger Jahre als Geschichte, Göttingen 2008.
Jarausch, Konrad H., Verkannter Strukturwandel. Die siebziger Jahre als Vorgeschichte der Probleme der Gegenwart, in: Konrad H. Jarausch (Hg.), Das Ende der Zuversicht? Die siebziger Jahre als Geschichte, Göttingen 2008, S. 9–26.
Kalter, Christoph, Die Entdeckung der Dritten Welt. Dekolonisierung und neue radikale Linke in Frankreich, Frankfurt a. M./New York 2011.
Kanet, Roger E., Vier Jahrzehnte sowjetische Wirtschaftshilfe, in: Bernd Greiner/Christian Th. Müller/Claudia Weber (Hg.), Ökonomie im Kalten Krieg, Hamburg 2010, S. 45–62.
Kapur, Devesh/John P. Lewis/Richard Webb, The World Bank. Its First Half Century. Bd. 1. History, Washington 1997.
Kennedy, Paul M., Parlament der Menschheit. Die Vereinten Nationen und der Weg zur Weltregierung, Bonn 2007.
Kershaw, Paul V., Averting a Global Financial Crisis: The US, the IMF, and the Mexican Debt Crisis of 1976, in: The International History Review 40 (2018), 2, S. 292–314.
Keys, Barbara, Henry Kissinger: The Emotional Statesman, in: Diplomatic History 35 (2011), 4, S. 587–609.
Klammer, Kristoffer, ‚Wirtschaftskrisen'. Effekt und Faktor politischer Kommunikation. Deutschland 1929–1976, Göttingen 2019.
Knipping, Franz/Matthias Schönwald (Hg.), Aufbruch zum Europa der zweiten Generation. Die europäische Einigung 1969–1984, Trier 2004.
Kocka, Jürgen, Geschichte des Kapitalismus, München 2013.
Kocka, Jürgen/Marcel van der Linden (Hg.), Capitalism. The Reemergence of a Historical Concept, London u. a. 2016.

Kreienbaum, Jonas, Der verspätete Schock. Sambia und die erste Ölkrise von 1973/74, in: Geschichte und Gesellschaft 43 (2017), 4, S. 612–633.

Krepp, Stella, Weder Norden noch Süden: Lateinamerika, Entwicklungsdebatten und die „Dekolonisierungskluft", 1948–1973, in: Jürgen Dinkel/Steffen Fiebrig/Frank Reichherzer (Hg.), Nord/Süd. Perspektiven auf eine globale Konstellation, Berlin/Boston 2020, S. 109–134.

Krippner, Greta R., Capitalizing on Crisis. The Political Origins of the Rise of Finance, Cambridge/London 2011.

Kruke, Anja (Hg.), Dekolonisation. Prozesse und Verflechtungen 1945–1990, Bonn 2009.

Kunkel, Sönke, Zwischen Globalisierung, internationalen Organisationen und „global governance". Eine kurze Geschichte des Nord-Süd-Konflikts in den 1960er und 1970er Jahren, in: Vierteljahreshefte für Zeitgeschichte 60 (2012), 4, S. 555–577.

Kunkel, Sönke, Contesting Globalization: The United Nations Conference on Trade and Development and the Transnationalization of Sovereignty, in: Marc Frey/Sönke Kunkel/Corinna R. Unger (Hg.), International Organizations and Development, 1945–1990, Houndsmill/New York 2014, S. 240–258.

Lal, Priya, African Socialism and the Limits of Global Familyhood: Tanzania and the New International Economic Order in Sub-Saharan Africa, in: Humanity 6 (2015), 1, S. 17–31.

Lambert, David/Alan Lester (Hg.), Colonial Lives Across the British Empire. Imperial Careering in the Long Nineteenth Century, Cambridge 2006.

Larmer, Miles, Mineworkers in Zambia. Labour and Political Change in Post-Colonial Africa, London 2007.

Larmer, Miles, Historical Perspectives on Zambia's Mining Booms and Busts, in: Alastair Fraser/Miles Larmer (Hg.), Zambia, Mining, and Neoliberalism. Boom and Bust on the Globalized Copperbelt, New York 2010, S. 31–58.

Larmer, Miles, Rethinking African Politics. A History of Opposition in Zambia, Franham u. a. 2011.

Lassassi, Assassi, Non-Alignment and Algerian Foreign Policy, Aldershot u. a. 1988.

Latham, Michael E., The Cold War in the Third World, 1963–1975, in: Melvyn P. Leffler/Odd Arne Westad (Hg.), The Cambridge History of the Cold War. Bd. II. Crises and Détente, Cambridge 2010, S. 258–280.

Latham, Michael E., The Right Kind of Revolution. Modernization, Development, and U.S. Foreign Policy from the Cold War to the Present, Ithaca/London 2011.

Lawrence, Mark Atwood, The Rise and Fall of Non-Alignment, in: Robert J. McMahon (Hg.), The Cold War in the Third World, New York 2013, S. 139–155.

Lee, Christopher J. (Hg.), Making a World after Empires. The Bandung Moment and Its Political Afterlives, Athens 2010.

Lee, Christopher J., Introduction, in: Christopher J. Lee (Hg.), Making a World after Empires. The Bandung Moment and Its Political Afterlives, Athens 2010, S. 1–42.

Leemann, Ramon, Entwicklung als Selbstbestimmung. Die menschenrechtliche Formulierung von Selbstbestimmung und Entwicklung in der UNO, 1945–1986, Göttingen 2013.

Licklider, Roy, Political Power and the Arab Oil Weapon. The Experience of Five Industrial Nations, Berkeley/Los Angeles/London 1988.

Lifset, Robert D., A New Understanding of the American Energy Crisis of the 1970s, in: Historical Social Research/Historische Sozialforschung 39 (2014), 4, S. 22–42.

Lipson, Charles, International Debt and National Security: Comparing Victorian Britain and Postwar America, in: Barry Eichengreen/Peter H. Lindert (Hg.), The International Debt Crisis in Historical Perspective, Cambridge/London 1989, S. 189–226.
Livingston, Steven G., The Politics of International Agenda-Setting: Reagan and North-South Relations, in: International Studies Quarterly 36 (1992), S. 313–329.
Lorenzini, Sara, Global Development. A Cold War History, Princeton/Oxford 2019.
Luna, Francisco Vidal/Herbert S. Klein, Brazil Since 1980, Cambridge 2006.
Lundt, Bea/Christoph Marx (Hg.), Kwame Nkrumah 1909–1972. A Controversial African Visionary, Stuttgart 2016.
Lüthi, Lorenz M., Non-Alignment, 1961–1974, in: Sandra Bott u. a. (Hg.), Neutrality and Neutralism in the Global Cold War. Between or Within the Blocs, London/New York 2016, S. 90–107
Macekura, Stephen J./Erez Manela (Hg.), The Development Century. A Global History, Cambridge u. a. 2018.
Macekura, Stephen J./Erez Manela, Introduction, in: Stephen J. Macekura/Erez Manela (Hg.), The Development Century. A Global History, Cambridge u. a. 2018, S. 1–18.
Madureira, Nuno Luis, Waiting for the Energy Crisis: Europe and the United States on the Eve of the First Oil Shock, in: Historical Social Research/Historische Sozialforschung 39 (2014), 4, S. 70–93.
Maier, Charles S., „Malaise“: The Crisis of Capitalism in the 1970s, in: Niall Ferguson u. a. (Hg.), The Shock of the Global: The 1970s in Perspective, Cambridge/London 2010, S. 25–48.
Maier, Charles S., Das Politische in der Ökonomie. Zur Machtvergessenheit der Wirtschaftswissenschaft, in: Mittelweg 36 22 (2013), 2, S. 7–20.
Malley, Robert, The Call From Algeria. Third Worldism, Revolution, and the Turn to Islam, Berkeley/Los Angeles/London 1996.
Malti, Hocine, Algeria and OPEC, in: Dag Harald Claes/Giuliano Garavini (Hg.), Handbook of OPEC and the Global Energy Order. Past, Present and Future Challenges, London/New York 2020, S. 57–63.
Mark, James/Artemy M. Kalinovsky/Steffi Marung (Hg.), Alternative Globalizations. Eastern Europe and the Postcolonial World, Bloomington 2020.
Marx, Christoph, Geschichte Afrikas. Von 1800 bis zur Gegenwart, Paderborn 2004.
Maugeri, Leonardo, Age of Oil. The Mythology, History and Future of the World's Most Controversial Resource, Westport 2006.
Maurer, Michael (Hg.), Aufriß der Historischen Wissenschaften. Bd. 7. Neue Themen und Methoden der Geschichtswissenschaft, Stuttgart 2003.
Mazower, Mark, No Enchanted Palace. The End of Empire and the Ideological Origins of the United Nations, Princeton 2009.
Mazower, Mark, Governing the World. The History of an Idea, London 2012.
McFarland, Victor, The New International Economic Order, Interdependence, and Globalization, in: Humanity 6 (2015), 1, S. 217–233.
McFarland, Victor, Oil Powers. A History of the U.S.-Saudi Alliance, New York 2020.
McKenzie, Francine, Free Trade and Freedom to Trade: The Development Challenge to GATT, 1947–1968, in: Marc Frey/Sönke Kunkel/Corinna R. Unger (Hg.), International Organizations and Development, 1945–1990, Houndsmill/New York 2014, S. 150–170.

McMahon, Robert J., Die Macht der Schwachen, in: Bernd Greiner/Christian Th. Müller/Claudia Weber (Hg.), Ökonomie im Kalten Krieg, Hamburg 2010, S. 30–44.
McMahon, Robert J. (Hg.), The Cold War in the Third World, New York 2013.
McMahon, Robert J., Introduction, in: Robert J. McMahon (Hg.): The Cold War in the Third World, New York 2013, S. 1–10.
Michaelowa, Katharina/Ahmad Naini, Der Gemeinsame Fonds für Rohstoffe und die speziellen Rohstoffabkommen, Hamburg 1994 (HWWA-Report Nr. 141).
Migani, Guia, Lomé and North-South Relations (1975–1984): From the „New International Economic Order" to a New Conditionality, in: Claudia Hiepel (Hg.), Europe in a Globalising World. Global Challenges and European Responses in the „long" 1970s, Baden-Baden 2014, S. 123–146.
Mikesell, Raymond F., The Global Copper Industry: Problems and Prospects, London/New York/Sidney 1988.
Mirowski, Philip/Dieter Plehwe (Hg.), The Road from Mont Pèlerin. The Making of the Neoliberal Thought Collective, Cambridge/London 2009.
Mitchell, Timothy, Carbon Democracy. Political Power in the Age of Oil, London/New York 2011.
Möckli, Daniel, European Foreign Policy During the Cold War: Heath, Brandt, Pompidou and the Dream of Political Unity, London u. a. 2009.
Monson, Jamie, Africa's Freedom Railway: How A Chinese Development Project Changed Lives and Livelihoods in Tanzania, Bloomington/Indianapolis 2009.
Monson, Jamie, Working Ahead of Time. Labor and Modernization During the Construction of the TAZARA Railway, 1968–1986, in: Christopher J. Lee (Hg.), Making a World after Empires. The Bandung Moment and Its Political Afterlives, Athens 2010, S. 235–265.
Moore, Henrietta L./Megan Vaughan, Cutting Down Trees. Gender, Nutrition, and Agricultural Change in the Northern Province of Zambia, 1890–1990, London u. a. 1994.
More, Charles, Black Gold. Britain and Oil in the Twentieth Century, London 2009.
Moyn, Samuel, Not Enough. Human Rights in an Unequal World, Cambridge/London 2019.
Mwanza, A. M./N. Mwamba/E. Kakuwa, The Structural Adjustment Programme in Zambia: Lessons from Experience, Harare 1992.
Niblock, Tim, The Political Economy of Saudi Arabia, London 2007.
Ocampo, José Antonio, The Latin American Debt Crisis in Historical Perspective, in: Joseph E. Stiglitz/Daniel Heymann (Hg.), Life After Debt. The Origins and Resolutions of Debt Crises, Basingstoke 2014, S. 87–115.
Ochieng', William R./Robert M. Maxon (Hg.), An Economic History of Kenya, Nairobi 1992.
Ogle, Vanessa, State Rights against Private Capital: The „New International Economic Order" and the Struggle over Aid, Trade, and Foreign Investment, 1962–1981, in: Humanity 5 (2014), 2, S. 211–234.
Ogonda, R. T., Kenya's Industrial Progress in the Post-Independence Era: An Overview of Kenya's Industrial Performance up to 1980, in: William R. Ochieng'/Robert M. Maxon (Hg.), An Economic History of Kenya, Nairobi 1992, S. 287–312.
Alanna O'Malley, Everything the Light Touches. The Expanding Frontiers of International History, in: H-Soz-Kult 2.12.2021, http://hsozkult.geschichte.hu-berlin.de/forum/2021-12-001.
Onimode, Bade (Hg.), The IMF, the World Bank and African Debt. Bd. I. The Economic Impact, London/New Jersey 1989.

Onwuka, Emmanuel C., The Lome Convention and the Search for a New International Economic Order, in: The Indian Journal of Economics 299 (1995), S. 479 – 495.
Orwa, D. Katete, Independent Kenya's External Economic Relations, in: William R. Ochieng'/ Robert M. Maxon (Hg.), An Economic History of Kenya, Nairobi 1992, S. 389 – 403.
Osterhammel, Jürgen, Kolonialismus. Geschichte – Formen – Folgen, 5. Aufl., München 2006.
Osterhammel, Jürgen/Nils P. Petersson, Geschichte der Globalisierung. Dimensionen, Prozesse, Epochen, 5. Aufl., München 2012.
O'Sullivan, Kevin, A „Global Nervous System": The Rise and Rise of European Humanitarian NGOs, 1945 – 1985, in: Marc Frey/Sönke Kunkel/Corinna R. Unger (Hg.), International Organizations and Development, 1945 – 1990, Houndsmill/New York 2014, S. 196 – 219.
Painter, David S., The Cold War. An International History, London 1999.
Painter, David S., Oil and Geopolitics. The Oil Crises of the 1970s and the Cold War, in: Historical Social Research/Historische Sozialforschung 39 (2014), 4, S. 186 – 208.
Parra, Francisco, Oil Politics. A Modern History of Petroleum. London/New York 2004.
Perna, Valerio, La politique international face aux jeunes États. Le cas de la Belgique, in: Antonio Varsori/Guia Migani (Hg.), Europe in the International Arena During the 1970s. Entering a Different World, Brüssel 2011, S. 231 – 240.
Perović, Jeronim (Hg.), Cold War Energy. A Transnational History of Soviet Oil and Gas, Cham 2017.
Pfaff, Richard H., Petrodollars and the Legitimacy Crisis in the Middle East, in: Klaus Jürgen Gantzel/Helmut Mejcher (Hg.), Oil, the Middle East, North Africa and the Industrial States, Paderborn u. a. 1984, S. 253 – 277.
Philip, Georg, The Political Economy of International Oil, Edinburgh 1994.
Phiri, Bizeck Juba, A Political History of Zambia. From the Colonial Period to the Third Republic, 1890 – 2001, Trenton 2006.
Potter, Lawrence G./Gary G. Sick, Introduction, in: Lawrence G. Potter/Gary G. Sick (Hg.): Iran, Iraq, and the Legacies of War, New York/Basingstoke 2004, S. 1 – 9.
Potter, Lawrence G./Gary G. Sick (Hg.), Iran, Iraq, and the Legacies of War, New York/ Basingstoke 2004.
Prashad, Vijay, The Darker Nations. A People's History of the Third World, New York/London 2007.
Prashad, Vijay, The Poorer Nations: A Possible History of the Global South, London/New York 2012.
Raffaelli, Marcelo, The Rise and Demise of Commodity Agreements: An Investigation Into the Breakdown of International Commodity Agreements, Cambridge 1995.
Rahman, Mahfuzur, World Economic Issues at the United Nations: Half a Century of Debate, Boston 2002.
Randeria, Shalini/Andreas Eckert (Hg.), Vom Imperialismus zum Empire. Nicht-westliche Perspektiven auf Globalisierung, 2. Aufl., Frankfurt a. M. 2015.
Raphael, Lutz, Jenseits von Kohle und Stahl. Eine Gesellschaftsgeschichte Westeuropas nach dem Boom, Suhrkamp 2019.
Ravenhill, John, International Political Economy, in: Christian Reus-Smit/Duncan Snidal (Hg.), The Oxford Handbook of International Relations, Oxford u. a. 2008, S. 539 – 557.
Reus-Smit, Christian/Duncan Snidal (Hg.), The Oxford Handbook of International Relations, Oxford u. a. 2008.
Reybrouck, David van, Kongo. Eine Geschichte, Bonn 2013.

Reyels, Lili, Die Entstehung des ersten Vertrags von Lomé im deutsch-französischen Spannungsfeld 1973–1975, Baden-Baden 2008.
Ricupero, Rubens, Beyond Conventional Wisdom in Development Policy. An Intellectual History of UNCTAD (1964–2004), Genf 2004.
Ridler, Neil B., Fixed Exchange Rate and Structural Adjustment Programmes: Cote d'Ivoire, in: Journal of Modern African Studies 31 (1993), 2, S. 301–308.
Rivarola Puntigliano, Andrés/Örjan Appelqvist, Prebisch and Myrdal: Development Economics in the Core and on the Periphery, in: Journal of Global History 6 (2011), S. 29–52.
Roberts, Andrew, A History of Zambia, London u. a. 1976.
Robinson, Jeffrey, Yamani. The Inside Story, London 1989.
Rolf, Malte (Hg.), Themenheft „Imperiale Biographien", Geschichte und Gesellschaft 40 (2014), 1.
Römer, David, Wirtschaftskrisen. Eine linguistische Diskursgeschichte, Berlin/Boston 2017.
Romero, Frederico, How OPEC Made the G7. Western Coordination in the Wake of the ‚Oil Shock', in: Dag Harald Claes/Giuliano Garavini (Hg.), Handbook of OPEC and the Global Energy Order. Past, Present and Future Challenges, London/New York 2020, S. 111–120.
Rossinow, Doug, The Reagan Era. A History of the 1980s, New York 2015.
Rothermund, Dietmar, An Economic History of India. From Pre-Colonial Times to 1986, Manohar 1988.
Rothermund, Dietmar, The Routledge Companion to Decolonization, London/New York 2006.
Roy, Tirthankar, India in the World Economy. From Antiquity to the Present, Cambridge 2016.
Rüdiger, Mogens, The 1973 Oil Crisis and the Designing of Danish Energy Policy, in: Historical Social Research/Historische Sozialforschung 39 (2014), 4, S. 94–112.
Salewski, Michael/Ilona Stölken-Fitschen (Hg.), Moderne Zeiten. Technik und Zeitgeist im 19. und 20. Jahrhundert, Stuttgart 1994.
Sanchez-Sibony, Oscar, Energy and Soviet Economic Integration: Foundations of a Future Petrostate, in: Elisabetta Bini/Giuliano Garavini/Frederico Romero (Hg.), Oil Shock. The 1973 Oil Crisis and Its Economic Legacy, London/New York 2016, S. 222–244.
Sargent, Daniel J., The United States and Globalization in the 1970s, in: Niall Ferguson u. a. (Hg.), The Shock of the Global: The 1970s in Perspective, Cambridge/London 2010, S. 49–64.
Sargent, Daniel J., A Superpower Transformed. The Remaking of American Foreign Relations in the 1970s, Oxford/New York 2015.
Sargent, Daniel J., North/South: The United States Responds to the New International Economic Order, in: Humanity 6 (2015), 1, S. 201–216.
Sassen, Saskia (Hg.), Deciphering the Global. Its Scales, Spaces and Subjects, New York/London 2007.
Sassen, Saskia, Introduction: Deciphering the Global, in: Saskia Sassen (Hg.), Deciphering the Global. Its Scales, Spaces and Subjects, New York/London 2007, S. 1–18.
Schliephake, Konrad, Micro- and Macro-Regional Effects of Oil Industry: National and International Implications with Cases from Algeria and Saudi Arabia, in: Klaus Jürgen Gantzel/Helmut Mejcher (Hg.), Oil, the Middle East, North Africa and the Industrial States, Paderborn u. a. 1984, S. 171–184.
Schneider, Nina, Between Promise and Skepticism: The Global South and Our Role as Engaged Intellectuals, in: The Global South 11 (2017), 2, 18–38.

Schröder, Iris u. a. (Hg.), Themenheft „Internationale Ordnungen und neue Universalismen im 20. Jahrhundert", Zeithistorische Forschungen/Studies in Contemporary History 8 (2011), 3.

Seefried, Elke, Towards *The Limits to Growth?* The Book and its Reception in West Germany and Britain 1972–73, in: German Historical Institute London Bulletin 33 (2011), 1, S. 3–37.

Shipway, Martin, Decolonization and Its Impact. A Comparative Approach to the End of the Colonial Empires, Malden/Oxford/Carlton 2008.

Singham, A. W./Shirley Hume, Non-alignment in the Age of Alignments, London/Westport/Harare 1986.

Slobodian, Quinn, Globalisten. Das Ende der Imperien und die Geburt des Neoliberalismus, Bonn 2020.

Smith, Malinda S. (Hg.), Globalizing Africa, Trenton/Asmara 2003.

Spaskovska, Ljubica, ‚Crude' Alliance – Economic Decolonisation and Oil Power in the Non-Aligned World, in: Contemporary European History 30 (2021), 4, S. 1–16.

Speich, Daniel, Der Entwicklungsautomatismus. Ökonomisches Wissen als Heilsversprechen in der ostafrikanischen Dekolonisation, in: Archiv für Sozialgeschichte 48 (2008), S. 183–212.

Speich Chassé, Daniel, Fortschritt und Entwicklung, Version 1.0, in Docupedia-Zeitgeschichte, 21.9.2012, http://docupedia.de/zg/chasse_fortschritt_v1_de_2012, 21.12.2021.

Speich Chassé, Daniel, Die „Dritte Welt" als Theorieeffekt. Ökonomisches Wissen und globale Differenz, in: Geschichte und Gesellschaft 41 (2015), S. 580–612.

Spohr, Kristina, Helmut Schmidt. Der Weltkanzler, Darmstadt 2016.

Stearns, Peter N., Globalization in World History, Abingdon/New York 2010.

Steinberg, Guido, Saudi Arabien: Öl für Sicherheit, in: Eno Harks/Friedemann Müller (Hg.), Petrostaaten. Außenpolitik im Zeichen von Öl, Baden-Baden 2007, S. 54–78.

Stiglitz, Joseph E., Globalization and Its Discontents, New York 2002.

Stiglitz, Joseph E., Globalization and Its Discontents Revisited. Anti-Globalization in the Era Trump, London 2017.

Stiglitz, Joseph E./Daniel Heymann (Hg.), Life After Debt. The Origins and Resolutions of Debt Crises, Basingstoke 2014.

Suri, Jeremi, Henry Kissinger and the American Century, Cambridge 2007.

Suri, Jeremi, Henry Kissinger and the Geopolitics of Globalization, in: Niall Ferguson u. a. (Hg.), The Shock of the Global: The 1970s in Perspective, Cambridge/London 2010, S. 173–188.

Tauer, Sandra, Störfall für die gute Nachbarschaft? Deutsche und Franzosen auf der Suche nach einer gemeinsamen Energiepolitik (1973–1980), Göttingen 2012.

Thomas, Raju C. G. (Hg.), Energy & Security in the Industrializing World, Lexington 1990.

Thomas, Raju C. G., India, in: Raju C. G. Thomas (Hg.), Energy & Security in the Industrializing World, Lexington 1990, S. 13–34.

Thomlinson, B. R., The Economy of Modern India. From 1860 to the Twenty-First Century, 2. Aufl., Cambridge 2013.

Thornton, Christy, A Mexican International Economic Order? Tracing the Hidden Roots of the Charter of Economic Rights and Duties of States, in: Humanity 9 (2018), 3, S. 389–421.

Tosi, Luciano, Europe, the United Nations and Dialogue with the Third World, in: Antonio Varsori/Guia Migani (Hg.), Europe in the International Arena During the 1970s. Entering a Different World, Brüssel 2011, S. 161–191.

Toye, John/Richard Toye, The UN and Global Political Economy. Trade, Finance, and Development, Bloomington/Indianapolis 2004.

Trecker, Max, Red Money for the Global South. East-South Economic Relations in the Cold War, London/New York 2020.

Tucker, Ernest, The Middle East in Modern History, 2. Aufl., New York 2019.

Türk, Henning, The Oil Crisis of 1973 as a Challenge to Multilateral Energy Cooperation among Western Industrialized Countries, in: Historical Social Research/Historische Sozialforschung 39 (2014), 4, S. 209 – 230.

Turner, Bryan S. (Hg.), The Routledge International Handbook of Globalization Studies, New York 2010.

Tvedt, Terje, Angels of Mercy or Development Diplomats? NGOs and Foreign Aid, Oxford 1998.

Unger, Corinna, Histories of Development and Modernization: Findings, Reflections, Future Research, in: H-Soz-Kult, 9.12.2010, www.hsozkult.de/literaturereview/id/forschungsberichte-1130, 21.12.2021, S. 1 – 41.

Unger, Corinna R., International Development. A Postwar History, London u. a. 2018.

Varsori, Antonio/Guia Migani (Hg.), Europe in the International Arena During the 1970s. Entering a Different World, Brüssel 2011.

Venn, Fiona, The Oil Crisis, London u. a. 2002.

Vitalis, Robert, America's Kingdom. Mythmaking on the Saudi Oil Frontier, Stanford 2007.

Vries, Margaret Garritsen de, The International Monetary Fund 1972 – 1978. Cooperation on Trial. 3 Bde., Washington 1985.

Wengraf, Lee, Extracting Profit. Imperialism, Neoliberalism, and the New Scramble for Africa, Chicago 2018.

Westad, Odd Arne, The Global Cold War. Third World Interventions and the Making of Our Times, Cambridge 2005.

Westad, Odd Arne, The Cold War. A World History, New York 2017.

Whelan, Daniel J., „Under the Aegis of Man": The Right to Development and the Origins of the New International Economic Order, in: Humanity 6 (2015), 1, S. 93 – 108.

Wierling, Dorothee, Oral History, in: Michael Maurer (Hg.), Aufriß der Historischen Wissenschaften. Bd. 7. Neue Themen und Methoden der Geschichtswissenschaft, Stuttgart 2003, S. 81 – 151.

Williams, Marc, International Economic Organisations and the Third World, New York u. a. 1994.

Wolvers, Andrea u. a., Concepts of the Global South. Introduction, in: Voices From Around the World 1 (2015).

Woods, Ngaire, The Globalizers. The IMF, the World Bank, and Their Borrowers, Ithaca 2006.

Yergin, Daniel, Der Preis. Die Jagd nach Öl, Geld und Macht, Frankfurt a. M. 1991.

Zeiler, Thomas W., Free Trade, Free World. The Advent of GATT, Chapel Hill 1999.

Zeiler, Thomas W., Offene Türen in der Weltwirtschaft, in: Akira Iriye (Hg.), Geschichte der Welt. 1945 bis heute. Die globalisierte Welt, München 2013, S. 183 – 356.

Ziai, Aram, Neokoloniale Weltordnung? Brüche und Kontinuitäten seit der Dekolonisation, in: Aus Politik und Zeitgeschichte 44 – 45 (2012), S. 23 – 30.

Zimmermann, Hubert, Die politische Ökonomie der internationalen Geschichte, in: Eckart Conze/Ulrich Lappenküper/Guido Müller (Hg.), Geschichte der internationalen Beziehungen. Erneuerung und Erweiterung einer historischen Disziplin, Köln/Weimar/Wien 2004, S. 113 – 138.

Index

https://doi.org/10.1515/9783110770001-014

www.ingramcontent.com/pod-product-compliance
Lightning Source LLC
La Vergne TN
LVHW010644300926
849161LV00005B/1037
9783110769708